福建省社会科学研究基地闽南师范大学闽南文化研究中心研究成果

闽南师范大学闽南文化研究院重大项目：闽南民间信仰与漳州社会变迁（项目编号：SS1225）

闽南文化研究院学术文库

漳州民间信仰与闽南社会（上）

林国平　钟建华 ◎ 主编

ZHANGZHOUMINJIANXINYANG
YUMINNANSHEHUI

作者：林国平　钟建华　黄耀明
　　　罗臻辉　张晓松　段凌平
　　　张宏明　马海燕　范正义
　　　郑镛　陈静

中国社会科学出版社

图书在版编目（CIP）数据

漳州民间信仰与闽南社会/林国平等主编.—北京：中国社会科学出版社，2016.3
ISBN 978-7-5161-7648-1

Ⅰ.①漳… Ⅱ.①林… Ⅲ.①信仰—民间文化—研究—漳州市 Ⅳ.①B933

中国版本图书馆 CIP 数据核字（2016）第 032814 号

出 版 人	赵剑英
责任编辑	张　林
特约编辑	吴连生
责任校对	周　昊
责任印制	戴　宽

出　　版	中国社会科学出版社
社　　址	北京鼓楼西大街甲 158 号
邮　　编	100720
网　　址	http://www.csspw.cn
发 行 部	010－84083685
门 市 部	010－84029450
经　　销	新华书店及其他书店
印刷装订	三河市君旺印务有限公司
版　　次	2016 年 3 月第 1 版
印　　次	2016 年 3 月第 1 次印刷
开　　本	710×1000　1/16
印　　张	47
字　　数	792 千字
定　　价	168.00 元（全 2 册）

凡购买中国社会科学出版社图书，如有质量问题请与本社营销中心联系调换
电话：010－84083683
版权所有　侵权必究

总目录

上　册

绪论 ………………………………………………………………… （1）

第一篇　漳州都市民间信仰

第一章　明清时期浦头港及其民间宫庙群的兴起与发展 …………（19）
第二章　近现代以来浦头港及其民间宫庙群的变迁 …………………（83）

第二篇　漳州内陆民间信仰

第一章　华安县仙都镇社区背景考察 …………………………（139）
第二章　村落的信仰空间建构 …………………………………（152）
附录　华安大地碑铭辑录 ………………………………………（207）

第三篇　漳州海岛民间信仰

第一章　传统的延续与复兴：浯屿岛民间信仰 ………………（221）
第二章　传统的变迁与转型：东山岛民间信仰 ………………（256）
第三章　传统的断裂与重构：古雷半岛民间信仰 ……………（305）

下 册

第四篇　漳州福佬、客家民间信仰

第一章　福佬、客家源流及其在漳州的地理分布 ……………… (369)
第二章　平和县九峰镇民间信仰调查 ……………………………… (383)
第三章　漳州福佬、客家谢安信仰 ………………………………… (413)

第五篇　漳州畲族民间信仰

第一章　漳州畲族的分布与漳浦畲族乡 …………………………… (455)
第二章　漳浦畲族民间庙神 ………………………………………… (481)
第三章　漳浦赤岭雨霁顶三界公庙的个案研究 …………………… (505)

第六篇　漳州民间信仰的海外联系

第一章　保生大帝信仰的海外联系 ………………………………… (531)
第二章　妈祖信仰的海外联系 ……………………………………… (606)
第三章　开漳圣王信仰的海外联系 ………………………………… (649)

第七篇　漳州民间信仰宫庙管理

第一章　中国古代的政教关系及其对民间信仰的管理 …………… (685)
第二章　福建省政府的民间信仰庙宇管理 ………………………… (694)
第三章　漳州民间信仰宫庙管理 …………………………………… (699)

附录 …………………………………………………………………… (728)
后记 …………………………………………………………………… (737)

目 录

(上 册)

绪论 ··· (1)

第一篇　漳州都市民间信仰

第一章　明清时期浦头港及其民间宫庙群的兴起与发展 ············· (19)
　　第一节　明清时期月港与厦门湾港口经济的兴起与影响 ········· (19)
　　第二节　浦头港与浦头大庙 ·································· (35)
　　第三节　浦头港文英楼（定潮楼）周仓爷庙 ··················· (53)
　　第四节　浦头港霞东书院 ···································· (68)
　　第五节　浦头港增福祠土地公庙 ······························ (77)

第二章　近现代以来浦头港及其民间宫庙群的变迁 ················· (83)
　　第一节　近现代以来浦头港的变迁 ···························· (83)
　　第二节　改革开放至 21 世纪初浦头港宫庙群的复兴与大修 ····· (89)
　　第三节　21 世纪以来城市化进程中的浦头港民间宫庙群 ········ (104)

第二篇　漳州内陆民间信仰

第一章　华安县仙都镇社区背景考察 ···························· (139)
　　第一节　边缘地理与社会环境 ································ (139)

第二节　姓氏繁衍与宗族 …………………………………………（143）
第三节　社区的信仰空间 …………………………………………（148）

第二章　村落的信仰空间建构 …………………………………（152）
第一节　宗族的发展与互动 ………………………………………（152）
第二节　村落信仰空间的建构与布局 ……………………………（164）
第三节　信仰空间中的节庆仪式 …………………………………（193）

附录　华安大地碑铭辑录 ………………………………………（207）

第三篇　漳州海岛民间信仰

第一章　传统的延续与复兴：浯屿岛民间信仰 ………………（221）
第一节　浯屿岛的地理位置与浯屿水寨的兴废 …………………（221）
第二节　浯屿岛人口、家族与社会经济 …………………………（227）
第三节　浯屿岛的宫庙与神明 ……………………………………（232）
第四节　浯屿岛民众的日常宗教信仰与大型祭典和游神活动 …（244）

第二章　传统的变迁与转型：东山岛民间信仰 ………………（256）
第一节　东山岛的地理位置与铜山所的兴废 ……………………（256）
第二节　东山岛的人口、家族与社会经济 ………………………（259）
第三节　东山岛的宫庙与神明 ……………………………………（265）
第四节　关帝信仰与东山传统社会 ………………………………（272）
第五节　关帝信仰与东山现代社会 ………………………………（287）
第六节　东山民间关帝祭祀仪式与信俗活动 ……………………（299）

第三章　传统的断裂与重构：古雷半岛民间信仰 ……………（305）
第一节　古雷半岛的自然环境与社会经济文化 …………………（305）
第二节　古雷半岛的宫庙、神明与祭祀仪式 ……………………（310）
第三节　古雷半岛民间信仰的主要特点 …………………………（347）
第四节　古雷半岛民间信仰的断裂与重构 ………………………（352）

绪 论

一 "闽南"区域的认识和划定

福建地处东南沿海，从自然地理条件来看，福建的东南是茫茫大海，西北横亘着武夷山脉，西南有博平岭山脉，东北是鹫峰山脉，大海和高山峻岭严重地阻隔了福建与外邻的联系，使福建在相当长的历史时期内处于与外邻相对隔绝的状态。这种半封闭的自然地理条件决定了秦汉以前福建历史自成体系，并对秦汉以后中国传统文化在福建较完整的保存和长期延续产生了重大影响。

早在距今18万年前的旧石器时代，在福建这块气候温暖、雨水充沛、物产丰富、自然条件十分优越的土地上，就生息和繁衍着古人类，拉开了福建文明的序幕。进入新石器时代，福建先民的分布范围已经遍及全省各地，逐步由迁徙不定的、以游猎和采集为主的生活，走向定居的、以原始农业为主、以采集和捕捞为辅的生活。在青铜时代（夏、商、周时期），福建各地已有古老民族"闽"或"七闽"。他们由众多的支系或部落构成，以此为基因，与后来的其他民族文化融合，形成闽中地区多样性的文化面貌。

由于福建远离中国传统文化的发源地——中原地区，先秦的中原人对福建的地理环境知之甚少，故《山海经》才有"闽在海中"的说法。汉代之后，随着北方汉人的陆续南迁入闽，到隋唐时期福建得到全面的开发，逐渐从一个蛮荒之地发展为比较富庶的地区。然而，中央对福建的政治控制比较滞后，直到唐睿宗景云二年（711年）立闽州都督府，才有了正式省级建制机构。开元十三年（725年），改名为福州都督府。开元二十一年（733年），设福建经略使，领福、建、泉、漳和潮州。显然，当时福建的辖区尚未定型，还包括岭南的潮州。直到大历六年（771年），朝廷将潮州划归岭南道，福建辖有福、建、泉、漳、汀州，辖区才基本确定下来。因此，在唐代中期之前，多称福建为"闽中"，并没有对福建进行更加细致的区域划分，也就是说当时还没有出现诸如"闽南""闽北""闽东""闽西"的说法。

文献记载的"闽南"一词最早见于韩愈的《唐故中散大夫少府监胡良公墓神道碑》："少府监胡公者，讳珦，字润博，年七十九，以官卒。明年八月十四日，葬京兆奉先。夫人天水赵氏祔焉。其子逞、乃、巡、遇、述、迁、造，与公婿广文博士吴郡张籍，以公之族出行治、历官、寿年为书，使人自京师南走八千里，至闽南两越之界上，请为公铭，刻之墓碑，于潮州刺史韩愈，曰：……"①我们知道，韩愈担任潮州刺史是在元和十四年（819年），此时潮州早已划入岭南道，文中把"闽南"与"两越"（闽越和南越）并列，并作为潮州的地界，显然是指福建的南部，其地域范围应该包括泉州、漳州和汀州。实际上，在宋代之前文献中提到"闽南"的也只有韩愈的《唐故中散大夫少府监胡良公墓神道碑》这一处，从一个侧面反映了时人没有对福建投入关注的目光，福建内部的区域划分尚未真正形成。

宋代，特别是南宋时期，随着中国经济文化中心的南移，泉州港成为世界大港，福建的经济文化得到长足的发展，一跃成为"东南全盛之邦"②。福建这个"东南山国"备受世人的关注，福建内部的区域划分也开始形成，出现了"闽北""闽东""闽西""闽南"的说法。如咸淳五年正月二十九日著名文学家刘克庄去世，"莆之士大夫皆挥泪以相吊，有方敛而往枕尸以哭者，有既殡而往拊棺以哭者，莫不尽哀。又数日，则泉南之南，闽北之北，吊唁往来，交驰于道"③。这段话的作者林希逸，是宋代福建理学家，福清人，应该说他对福建的地理区划比较了解，作者把"闽北"与"泉南"相对应，值得玩味。"闽东"的提法，最早见于陈烈《鼓山铭》中有："鼓屴峛峰顶特，穷岛夷，俯封域，屏闽东，拱辰

---

① 韩愈：《唐故中散大夫少府监胡良公墓神道碑》，《四库全书》集部，《别本韩文考异》卷三十。
② 张全真：《闽帅到任谢上表》，《四库全书》集部，《五百家播芳大全文粹》卷五上。
③ 林希逸：《竹溪鬳斋十一藁续集》卷二十三，《四库全书》集部。

北。"① 至于"闽西"一词,最早见于《东坡志林》:"人间无酒仙,兀兀三杯醉。世上无眼禅,昏昏一觉睡。虽然无交涉,其奈略相似。相似尚如此,何况真个是。予奉使闽西,见邸店壁上书此数句,爱而诵之。"②

值得指出的是,无论是"闽北""闽东"还是"闽西"的提法,在宋代文献中都是屈指可数,即使在明清文献中,出现的次数也不多。与之相反,"闽南"一词在宋代文献中出现的频次却较高,相当于宋元明清时期文献提到的"闽北""闽东""闽西"的总和。宋代以后,文献中提到的"闽南"一词更加频繁,检索《四库全书》,宋元明清时期文献中出现"闽南"一词有400处,剔除重复的,也有300多处。综观古代文献中"闽南"一词的区域范围,最常见的有以下两种:

一是"闽南"等同于"福建"。宋濂《送许从善还闽序》:"颇闻闽南有武夷山,其高万丈,薄太清而凌飞霞,多有隐君子栖遁岩穴间。"③宋濂为"明初诗文三大家"之一,号称"一代名儒"和"当今文章第一",籍贯浙江金华。显然,他把武夷山说是在闽南,绝非地理知识的匮乏,而是秉承传统的闽南等同于福建的观念。与宋濂同时代的杨士奇和林登州在其文章中也提到"闽南八郡五十邑"④ 和"以闽南八郡新入职方"⑤,他们所说的"闽南八郡",显然是指福建的福州、兴化、泉州、漳州、建宁、延平、汀州、邵武八府。明末费道用编辑的《闽南唐雅》十二卷,"所录皆闽中有唐一代之诗,自薛令之以下得四十人"⑥。从收入的诗人籍贯来看,有建安人、剑浦人、福安人、福宁人、闽县人、侯官人、福州人、莆田人、仙游人、晋江人、龙溪人、漳浦人、南安人、福清人、建阳人等,显然,编纂者眼中的"闽南"无疑是指福建省。

二是"闽南"等于福建南部。这一块的文献资料较多,有泛指福建南部的,有把福建下四府(福州、兴化、泉州、漳州)称为"闽南"的,有把兴化府归入"闽南"的,有把泉州府以南地区称为"闽南"的。其中,把泉州府以南地区称为"闽南"最为流行,并逐渐被世人所认同。

---

① 转引郑方坤:《全闽诗话》卷二,《四库全书》集部。
② 苏东坡:《东坡志林》卷九《绝倒》,《四库全书》子部。
③ 宋濂:《文宪集》卷八,《四库全书》集部。
④ 杨士奇:《东里集》诗集卷一"送杨叅政致仕归永嘉兼简宗豫",《四库全书》集部。
⑤ 林登州:《林登州集》卷九《送实庵师使归序》,《四库全书》集部。
⑥ 《钦定四库全书总目》卷一百九十三。

在古人眼里，泉州和漳州在地域上关系特别密切，属于"禹贡扬州之南境下"，所以两者"不即不离"①，因此，古文献也经常把泉州府和漳州府视为"闽南"，如宋代晋江人吕言《寄九日山僧》："目极闽南道，云山隔几层？深秋城外寺，白日定中僧。野蔓穿松甲，幽泉漱石棱。遥思茶话夕，敲破玉池冰。"②元朝"赵必暐，宋宗室，家泉州，与傅公定保为友。其文章议论，渊懿浩博，为闽南硕儒"③。泉州府和漳州府同属闽南的观念，在陈真晟身上得到集中的体现。陈真晟（1411—1474年），字晦德，后改字剩夫，本泉州人，后迁徙漳州，自号曰漳南布衣④，又号泉南布衣⑤，还自号"闽南布衣"，《明儒言行录》卷六："陈真晟，字晦德，改字剩夫，福建镇海卫（龙海）。携兄子一人行，戒之曰：'我死即瘞于道，题曰闽南布衣陈某墓。'"在清代，泉州被视为"闽南门户"⑥，凡涉及海盗骚扰"闽南"的文献记载中，基本上是指泉州和漳州府，如"时海寇郑彩纵掠闽南，遂督右翼兵往征之"⑦，康熙十五年董应魁任福建总督时，"闽南初定，余孽尚炽，廷相剿抚互用，出奇制胜，旬月之间，沿海诸郡□盗，次第悉平"⑧。"海氛起于明季，自郑成功巢穴兹岛，传子经及其孙，历三世出没为闽南患。"⑨

近代以来，"闽南"的区域划分最终明晰，基本达成共识。

综上所述，"闽南"一词由来已久，不同地方、不同人有不同的认识，其区域大到福建省，中到福建南部，小到泉州、漳州府，但无论"闽南"一词的区域范围有多大的不同，泉州府和漳州府都包含其中，也就是说，泉州府和漳州府是"闽南"的基本构成要素，不可或缺。总体而言，历史上对"闽南"区域的认识和划定，有一个逐渐明晰和缩小的过程，直至今天，检索百度"闽南"条，有如下文字说明："福建简称为闽，闽南即指福建的南部，从地理上可以说，厦门、泉州、漳州、莆田四

---

① 阎若璩：《尚书古文疏证》卷六下，《四库全书》经部。
② 转引厉鹗《宋诗纪事》卷五，《四库全书》集部。
③ 李清馥：《闽中理学渊源考》卷三十六《赵先生必暐》，《四库全书》史部。
④ 《明史》卷二百八十二，《四库全书》史部。
⑤ 沈佳：《明儒言行录》卷六《陈真晟》，《四库全书》史部。
⑥ 《世宗宪皇帝朱批谕旨》卷七十六，《四库全书》史部。
⑦ 《钦定盛京通志》卷七十二，《四库全书》史部。
⑧ 《钦定盛京通志》卷七十七，《四库全书》史部。
⑨ 《皇朝文献通考》卷一百五十，《四库全书》史部。

个地区均可称为闽南。但我们通常所说的闽南这个说法,具有特定的含义,并不包含莆田、新罗、漳平,其主要是依据语言、文化、风俗上等来划分的。莆田通行语言是莆田话略区别于闽南话,龙岩市新罗区和漳平市通行语言是龙岩方言,两地均不属闽南语系。因此狭义上所指的闽南仅指厦门—泉州—漳州三个地区。""闽南"区域的最终明晰和划定,既与泉州、漳州、厦门所处的福建南部的地理方位有关,也与以闽南方言为载体的闽南文化有密切关系。

二 "闽南文化"的内涵与特色

闽南文化是在特定的自然环境和社会历史条件下,通过漫长的历史积淀,融合诸多的文化要素而逐渐形成的。

首先,闽越文化是闽南文化的底蕴。

福建地处中国的东南,这里气候温暖,雨水充沛,自然条件优越,非常适合人类的生存和发展。距今18万年以前,福建中部的三明境内就有原始人类出现,很有可能就是从云南或其他更早于此地出现人类的地区迁来。然后继续向南迁移,距今4万—8万年前,闽南的漳州也有原始人生活。距今1万年前,在福建的武夷山、三明、清流、泉州、厦门、漳州、东山、宁德、龙岩等地区都发现原始人活动的遗迹。这些远古人类往往以洞穴为家,过着狩猎、捕捞和采集生活。在距今1万年至4000年前,福建先民的分布范围已经遍及全省各地,新石器时代遗址分布的特点是"大分散,小聚落",表明福建先民逐步由迁徙不定的、以游猎和采集为主的生活走向定居的、以原始农业为主、以采集和捕捞为辅的生活。

在青铜时代(夏、商、周时期),福建各地已有古老民族"闽族"出现,他们由众多的支系或族团组成,故称之为"七闽"。战国晚期于越人大批南迁,进入闽中之后,他们与当地土著闽人融合形成闽越族,并建立闽越国,形成独特的闽越文化。

元鼎六年(公元前111年)秋,闽越国公开反汉,汉武帝下令发四路兵马征讨,翌年,闽越国灭亡。为了防止闽越族继续反汉,路远难制,汉武帝下令"悉徙其众于江淮之间,东越遂虚"。大批闽越王室贵族和军队被强行迁往江淮之间,而闽越百姓则大多逃亡深山密林之中,成为后世之所谓"山越"。闽越文化并没有随着闽越国甚至闽越族的灭亡而消亡，而是伴随着闽越族的后裔与陆续进入闽南的北方汉人的融合，渗透到汉文化中，成为闽南文化的底蕴。

其次，中原文化是闽南文化的主体。

闽越国灭亡后，西汉中央政府派遣一批军队入闽，并在闽中设立冶县（今福州市），加强了对闽中之地的实质性管治，为北方地区汉族人民的入闽创造了便利的条件。由于汉代时期的福建仍然是偏僻的边疆，除了驻防的官吏和军队外，见诸文献记载的流寓很少，中原文化的影响不大。东汉末年，中原战乱频繁，百姓四处逃亡，不少逃亡的北方汉民，便开始批量入闽。特别是孙吴集团崛起于江东，为了扩展势力范围，经营闽中，先后五次派遣军队入闽，带动大批北方汉民入闽。经过东汉末、三国时期北方人民的南迁，在福建的闽江流域及沿海地区，北方汉人的移民社会已经形成初步的规模，这一时期闽中的人口数量在10万—20万人。[①]

伴随着晋代到唐代北方汉人移民入闽的高潮，闽南地区才得以大规模开发。晋江流域的大规模开发始于晋代，有大量的北方汉人陆续迁入，故在东晋时就设立晋江县，南朝陈代和唐初改为南安县和武荣州，唐代景云二年（711年）改为泉州[②]。唐代中期，晋江流域的社会经济文化的发展水平居全省各流域之首，这一点从当时的人口数量的多寡得到反映，据《元和郡县志》记载，开元年间泉州户数多达50754户，而福州只有31067户，建州20800户，漳州和汀州才区区的1690户和2618户[③]。泉州的户口数约占全省户口总数的47.5%。九龙江流域的大规模开发始于唐代初年，当时九龙江流域爆发了所谓"蛮獠"的"啸乱"，唐高宗麟德年间（664—665年）朝廷派大军驻扎九龙江东岸。总章二年（669年），复派陈政、陈元光率府兵三千六百多名，从征将士自副将许天正以下一百二十三员入闽平定叛乱。叛乱平定后，朝廷准陈元光之请，在泉、潮州之间置漳州，委陈元光任漳州刺史，把所属军队分布于闽南各地。陈军将士

[①] 参见葛剑雄、曹树基、吴松弟《简明中国移民史》第二章《秦、汉、三国时期》，福建人民出版社1993年版。

[②] 《元和郡县志》卷二十九《江南道五·福建观察使》。

[③] 同上。

所到之处，且守且耕，招徕流亡，就地垦殖，建立村落。根据今人的统计，先后两批府兵共七千余人，可考姓氏计有六十余种，还有随军家眷可考姓氏者四十余种，这数十姓府兵将士及其家眷，繁衍生息，形成了唐代开发九龙江流域的骨干力量，逐渐缩小了与泉州等地社会经济发展上的差距。

总之，随着晋唐时期北方汉人大批进入晋江和九龙江流域，随着原有闽越族的后裔或被军事征服或被同化，随着南迁汉族人口的迅速繁衍，至迟到唐代中期，中原文化已经在闽南占据统治地位了。

再次，闽南方言是闽南文化的主要载体。

语言既是交流的工具，也是文化的主要载体。语言学家普遍认为，大约在中唐时期闽南方言已经形成，李如龙指出："到了中唐，看来不管是老泉州，不论是久居的土著还是新来的移民，不论是幕臣还是村黎，大家都十分融洽，彼此听惯的土音，也就是定型了的闽南方言了。"① 由于泉州和漳州的开发时间先后不同，迁徙到泉州和漳州的北方汉人的原乡不一样，原先居住在晋江流域和九龙江流域的土著种族存在差异，北方汉语与当地土著语言的融合程度也不一样，因此，泉州的闽南方言和漳州的闽南方言在唐代中期应该说还是有所差别的。五代，留从郊、陈洪进割据闽南数十年，随着泉州和漳州两地政治、经济、文化交流的日益密切，两地的方言趋于一致，闽南方言区真正形成了。

闽南方言既是闽南人以及移民后裔交流的工具，也是区别其他族群或民系的重要标志之一。闽南方言区的形成，标志着闽南区域文化的产生。

最后，海洋文化是闽南文化的突出特色。

所谓海洋文化，是指人类与海洋有关的活动中所生成和创造的精神文明，包含观念、民俗、宗教、信仰等。闽南文化相对于福建其他区域文化而言，具有比较浓厚的海洋文化色彩，这一点国内外学术界基本上达成共识。这里要强调的是，闽南文化中的海洋文化色彩并非一时一地生成的，而是不同时代、不同地区叠加而成的，泉州、漳州、厦门都在其中发挥着不可取代的作用，并赋予强大的生命力和张力。

泉州的安海、后渚、永宁等港早在唐代就有"市井十洲人，还珠入

---

① 李如龙：《福建方言》，福建人民出版社1997年版，第28页。

贡频"①的描述。到了宋熙宁年间（1068—1077年）更是"泉有藩舶之饶，杂货山积"②，其海上商业的发展可见一斑。随着政治中心的南移，泉州的人口进一步增长，原本勉强维持的农业生产已然不能适应地区的需求，从而促使工商业和海外贸易发生了一次重大的飞跃，让其成为"富商大贾往来之会"③；宋元以降泉州又在"本州田赋登足，舶货充羡，称为富州"④的基础上，利用发达海外交通一举超越明州、广州，于元初之际成为"世界上最大港口之一"⑤，这种兴盛一直到明代初期仍旧可从典籍中寻觅到蛛丝马迹。

漳州拥有福建最大的冲积平原，得天独厚的自然地理条件，使农业生产一直占主导地位，农耕文化的影响自然较为深远。然而，随着明初以降海禁政策下泉州港的逐渐没落，漳州的月港因其特殊的地理条件成为当时最大的走私贸易大港，在明成弘之际，就被称"小苏杭"⑥，而后又"两涯商贾辐辏，一大镇也"⑦。时人曾据此评曰："漳郡之东，迤四十里，有地一区，是名月港，乃海陆之要冲，实东南之门户，当其盛，则云帆烟橹，辐凑于江皋，市肆街廛，星罗于岸畔。商贾来吴会之遥，货物萃华夏之美，珠玑象犀，家阗而户溢。鱼盐粟米，泉涌而川流。"由此足见其繁盛之貌。不仅如此，到了万历巅峰时期，月港甚至出现了"货物通商旅，资财聚富商，货物亿万计"⑧的情景，其气势规模即使当年的泉州港也难出其右。

厦门在明初仅为一军事卫所，至明清之际因郑氏海商集团的活动才逐步发展起来，"其地上硗下卤，率不可田，即田不足食民三之一；则土人

---

① 包何：《送泉州李使君之任》，载《全唐诗》卷二〇八，上海古籍出版社1986年版，第2170页。
② 脱脱等：《宋史》卷三三〇《杜纯传》，中华书局1977年版，第10632页。
③ 王十朋：《梅溪后集》卷二十一《泉州到任谢表》。
④ 真德秀：《西山集》卷十五《申尚书省乞拨降度牒添助宗子请给》，转引自徐晓望《论明代厦门湾周边港市的发展》，《福建论坛·人文社科版》2008年第7期，第61—72页。
⑤ 马可·波罗：《马可·波罗游记》，中国书籍出版社2009年版，第367页。
⑥ 邓来祚等：乾隆《海澄县志》卷十五《风土》，乾隆二十七年刊本，第2页。
⑦ 刘天授等：嘉靖《龙溪县志》卷一《地理·月港》，上海古籍书店1963年影印天一阁藏本。
⑧ 高克正：《海上采金议》，收录于蔡世远等：康熙《漳州府志·卷三十·艺文志》，康熙五十三年刊本，第51页。

出船贸粟海上,下至广而上及浙。盖船以三百余"①。到了康熙二十三年（1684年），清朝在厦门设置闽海关厦门衙署，自此"百余年来，生齿日繁。阛阓民居，不下数万户。俨然东南一都会焉"②。而五口通商以来，厦防厅更是"为吾闽第一优缺，海舶麇集，市廛殷赈。官廨尤极豪奢。大堂左右设自鸣钟两架，高与人齐，内署称是。署中蓄梨园两班，除国忌外，无日不演唱"③。

由于自古以来闽南沿海百姓善于行舟，"以海为田"，活跃于海上，开辟海上丝绸之路，足迹遍及港澳台地区、东南亚各国和世界各地④，形成了以开放融合、拼搏进取、四海为家为主要特色的海洋文化。

总之，闽南文化是指以闽南人及其后裔共同创造的、以闽越文化为底蕴、以中原文化为主体、以海洋文化为特色、以闽南方言为主要载体的文化共同体。

三 民间信仰与闽南民间信仰

在闽南文化中，民间信仰是其中重要组成部分。

民间信仰这一概念，源于19世纪末的欧洲，荷兰籍汉学家德格如特在《中国宗教体系》（1892年）最早提出，1897年日本学者姊崎正治介绍到亚洲，并于20世纪初传入中国。然而，在相当长时期内的中国，民间信仰一直是比较敏感话题，一些权威的辞典采取回避的态度，如《宗教百科全书》《中国大百科全书》《宗教大辞典》《宗教词典》《宗教工作手册》《中国神秘文化辞典》《中国各民族宗教与神话大词典》等大型工具书中都无民间信仰词条。不过，近年来，学术界则对民间信仰展开热烈

---

① 何乔远：《嘉禾惠民碑》，引自沈有容《闽海赠言》，收录于台湾文献丛刊第56种，第1—2页。

② 周凯：《厦门志·卷十五·风俗记》，厦门鹭江出版社1996年重刊道光十二年刊本，第512页。

③ 梁恭辰：《劝戒录·续编》卷二《纨绔子弟》，清同治六年刻本，第11—12页。

④ 自古以来，福建人就有"漂洋过海，过蕃谋生"的传统，尽管其危险和艰辛超出移民台湾，但仍乐此不疲，特别是19世纪以来，移民海外成了热潮，仅近代就有579.3万余闽人移居海外。据1997年统计，闽籍华侨华人共有1086万人，分布在全世界五大洲160多个国家和地区，为移居地的经济文化的发展做出重大的贡献。

的讨论①，有关"民间信仰"的定义也众说纷纭，不下二十种，归纳起来，大致有三种观点：第一种观点认为民间信仰不是宗教，而是一种信仰形态，此说以1989年、1999年彩图珍藏本《辞海》为代表②。第二种观点认为，民间信仰本质上是宗教，此说以台湾学者李亦园为代表，他把民间信仰称之为"普化宗教"（diffused religion）③。第三种观点认为，对民间信仰的界定不必要太精确，相反模糊一点还更有利于研究的进行，此说以叶涛为代表④。

我们认为，民间信仰确实具有一般宗教的内在特征，即信仰某种或某些超自然的力量，但又不同于一般宗教，它不是以彼岸世界的幸福而是以现实利益为基本要求；民间信仰也有祭祀仪式、活动场所、禁忌等宗教元素，但又没有完备的教义、教规、戒律、教阶制度、教团组织等一般宗教的外在特征。因此，无论是主张民间信仰是信仰形态还是主张民间信仰是宗教形态，均有不够周密的地方。实际上，民间信仰界于一般宗教和一般信仰形态之间，权且称民间信仰为"准宗教"也许比较准确些。如果一定要给民间信仰下个定义的话，那么，我们认为，民间信仰是指信仰并崇拜某种或某些超自然力量（以万物有灵为基础，以鬼神信仰为主体），以祈福禳灾等现实利益为基本要求，自发在民间流传的、非制度化、非组织化的准宗教⑤。

关于民间信仰的特点，学界也做了不少的研究。如乌丙安认为，其主要特点是多样性、多功利性和多神秘性⑥。贾二强又在乌丙安的基础上增加了自发性、多变性⑦。郑立勇认为，中国民间信仰具有群众性、低层次性、功利性、民俗性、海外性诸特点⑧。金泽认为，民间信仰具有五个特点：（1）属于"潜文化"或"隐文化"的范畴，它的基本信众是生活在

---

① 王健：《近年来民间信仰问题研究的回顾与思考：社会史角度的考察》，《史学月刊》2005年第1期。
② 《辞海》，上海辞书出版社1989年版，第5120页；1999年彩图珍藏本，第4543页。
③ 李亦园：《文化的图像》下卷，台北允晨文化实业股份有限公司1992年版，第180页。
④ 叶涛：《中国民间信仰与社会研究的几个视角》，《山东社会科学》2006年第5期。
⑤ 参见林国平《关于中国民间信仰研究的几个问题》，《民俗研究》2007年第1期。
⑥ 乌丙安：《中国民间信仰》，上海人民出版社1996年版，第4—14页。
⑦ 贾二强：《唐宋民间信仰》，福建人民出版社2003年版，第1—5页。
⑧ 郑立勇：《关于民间信仰特性的几点思考》，《福建省社会主义学院学报》1999年第4期，第32页。

社会下层的老百姓；（2）它的神祇十分庞杂；（3）它与原始的氏族宗教有着千丝万缕的联系；（4）不是"正统"的宗教，也不同于活跃于明清时代的民间宗教；（5）禁忌（"讲究"或"避讳"）特别多，与此相关的禳解之法也是任何一种"正统"宗教所无法比拟的①。

自古以来，福建民间信仰特别发达，神明多且庞杂、宫庙多且富丽堂皇、信众多且虔诚、信仰活动多且隆重②。闽南民间信仰是福建民间信仰的典型代表，具有强烈的闽南文化的特征。

首先，多元包容。闽南神明来源主要有六个：一是闽越族遗留下来的神明，诸如蛇崇拜等；二是随着移民从北方传入的神明，如山川水火、日月星辰、风雨雷电崇拜、天公、城隍、土地公、关帝等；三是一些早先入闽开发有功且有德于民的先民死后被奉为神灵，如开漳圣王及其随从将军、各地铺境中的大王、王公等；四是一些著名僧人道士死后被奉为神明，如清水祖师、三代祖师、三平祖师、保生大帝等；五是一些具有灵异的巫觋和神奇故事的人、物被奉为神明，如妈祖、王爷、三太子、齐天大圣和神奇的石头、木头乃至夭折、死于非命的亡魂等；六是少数民族和海外传入的神明，如居住在闽南的畲、回、蒙、藏、苗、彝、壮、侗族等少数民族都有着本民族的神明，从海外传入的摩尼佛等也被百姓所崇拜。清末泉州人吴增在《泉俗激刺篇·多淫祠》中写道："淫祠多无算，有宫又有馆，捏造名号千百款，禽兽与水族，朽骨与枯木，塑像便求福。"不同来源的神明都得到百姓的崇拜，和睦相处，泉州还被称为"世界宗教文化博物馆"。

其次，实用功利。任何宗教信仰都带有一定的实用功利性，但民间信仰的实用功利性特别突出。在善男信女的观念中，崇拜鬼神有百益无一害，只要点上几根香，献上若干祭品（这些祭品在祭拜后仍带回食用），再磕上几个无伤大雅的响头，就可以得到万能神灵的保佑，诸多愿望（如逢凶化吉、财运亨通、全家平安、人丁兴旺、风调雨顺、五谷丰登等）都可以实现，何乐而不为呢？由于受闽南自然、社会、历史、文化的影响，闽南人似乎特别"迷信"，热衷于建庙和造神，闽南地区的宫庙之多之富丽堂皇，神明之多之庞杂，信众之多之虔诚，信仰活动之多之隆

---

① 金泽：《中国民间信仰》，浙江教育出版社1995年版，第1—6页
② 参见林国平、彭文宇《福建民间信仰》，福建人民出版社1992年版，第1页。

重，都是福建其他地区所无法比拟的，《重纂福建通志》指出："照得闽人好鬼，习俗相沿，而淫祀惑众，……从未有淫污卑辱，诞妄凶邪，列诸象祀，公然祈报，如闽俗之甚者也。"① 又曰："自城邑至村庐，淫鬼之有名号者不一，而所以为庙宇者，亦何啻数百所。……一庙之迎，动以十数像。"② 这里虽然说的是全省的情况，实际上在闽南得到集中的体现。《厦门志》载："邪怪交作，石狮无言而爷，大树无故而立祀，木偶飘拾，古枢嘶风，猜神疑仙，一唱而和，酒肉香纸，男女狂趋。"③

再次，家族印记。福建自古以来就有聚族而居的传统，闽南地区更加典型，一个村社往往是由单一的家族组成，所以村社宫庙的创建大多由家族集资兴建，所建造的宫庙也为家族所有，所奉祀的神灵自然也就成为家族的保护神，民间信仰在其发展的过程中深深地打上了宗族的烙印。许多家族建造数座甚至数十座的家族宫庙，祈求本家族的兴旺发达。惠安北部十三都的陈氏宗族，现有人口3000多人，有福德正神庙、东岳宫、相公祠、姑妈庵、天妃宫、祖师庙、九峰宫、三教祠等宫庙10多座，另有各房所属的斋堂7座。惠安山腰乡的庄氏家族，族人达万人，各类寺庙、斋堂，据称不下50座。同安柏埔的洪氏宗族，族内的宫庙有真武祖师庙、吴府王爷庙、池府王爷庙、徐府王爷庙、芳洲大人祠、社公庙、慈济庙等10余座。为了体现宫庙的家有、族有性质，一方面闽南有些家族在家庙、族庙中兼奉祖先的牌位，使寺庙与家祠结合起来；另一方面家族中有功名的先祖被其后裔奉尊为神明。另外，族庙或家庙的迎神赛会等信仰活动往往由该家族组织和主持，不允许其他家族参与④。

最后，对外辐射。闽南民间信仰对外辐射力极强，闽南人的移民足迹到哪里，民间信仰也就随之传播到哪里。就国内而言，台湾民间信仰几乎是闽南民间信仰的复制，其崇奉的神明80%以上源自闽南。至今在粤东、浙南、海南岛、香港、澳门等闽南人聚居地，闽南民间信仰仍然是主要的精神支柱。就国际而言，闽南民间信仰的对外辐射与海外贸易和海外移民

---

① 道光《重纂福建通志》卷五十五《风俗志》。
② 道光《重纂福建通志》卷五十六《风俗》。
③ 道光《厦门志》卷十五《风俗志》。
④ 详见林国平主编《闽台区域文化研究》，中国社会科学出版社2000年版，第425—428页。

相联系，主要有三条对外传播路线：一是向东南亚地区传播[①]；二是向日本本土传播[②]；三是向琉球传播[③]。开漳圣王、三平祖师、清水祖师、保生大帝等神明在新加坡、马来西亚、印度尼西亚、泰国、越南等地均有较大的影响。

四 漳州民间信仰与闽南社会

漳州民间信仰具备闽南民间信仰的基本要素，又具有一些地域特色。如漳州地区开漳圣王信仰、谢安信仰影响广泛，曲折地反映了漳州百姓具有较浓厚的中原文化情结。又如漳州的诏安、南靖、平和、云霄等县混居着福佬人和客家人，两个族群的民间信仰互相交融渗透，形成独特的文化景观；再如龙海、漳浦县有三个畲族乡，聚居数万畲族同胞，其民间信仰颇具特色。

关于漳州民间信仰问题，学术界也予以关注并取得一些研究成果，特别是改革开放以来出版了许多论著。然而，相对于泉州和厦门民间信仰研究，漳州民间信仰研究还是比较薄弱，其中最大的缺憾是个案研究不够深入，研究方法单一，依据资料陈旧。为了推动漳州民间信仰研究的深入发展，我们围绕着"漳州民间信仰与闽南社会"这一主题，设立七个子课题，以解剖麻雀式的实证研究，分别从不同侧面观察漳州民间信仰与闽南社会的关系，各篇章主要内容简述如下：

第一篇 漳州都市民间信仰。我们选择位于漳州府城（今漳州市区）商业最繁华的东门街起点的浦头港为研究个案，探讨城镇社区民间信仰与社会经济文化发展的互为关联与影响。研究结果表明，明清以来，浦头港的兴衰与位于九龙江出海口左右两侧的"月港"与"厦门港"的兴衰有着密切的联系，它由明前期的"荒浦"发展为清代中后期九龙江流域中下游最繁华的内河码头——浦头港，直至民国末期才走向衰微，改革开放以来重获繁荣。反观浦头港的民间信仰，也在此历史过程之中历经了几乎

---

① 详见林国平、彭文宇《福建民间信仰》，福建人民出版社1993年版，第373—380页；林金水、谢必震《福建对外文化交流史》，福建教育出版社1997年版，第108—109页。

② 童家洲：《日本华侨的妈祖信仰及其与新、马的比较研究》，林文豪主编《海内外学人论妈祖》，中国社会科学出版社1992年版，第318—334页。

③ 林金水、谢必震：《福建对外文化交流史》，福建教育出版社1997年版，第200—202页。

同步的形塑、发展、衰微和复兴，在 21 世纪以来的都市化进程中焕发出惊人的生命力与影响力。浦头港民间信仰的兴衰嬗变具有一定的普遍意义，为管窥明清以来闽南都市民间信仰与社会变迁提供了较为典型的研究个案。

第二篇　漳州内陆民间信仰。我们选择华安县仙都镇为研究对象，运用历史学和人类学相结合的研究方法，侧重探讨仙都镇的宗族与信仰之间的关系，并以大地村为个案，剖析刘、蒋两个姓氏的宗族发展脉络及其互动、宗族内部自我认同的建构等，探究刘、蒋两姓的关系及其在信仰空间建构中的作用。我们发现，在闽南内陆社区内，宗族逐渐认识到神明是凝聚宗族的主要媒介，利用多种手段实现宗族与神明的结合，进而掌控着地域社会的话语权，建构自己的信仰空间。本篇的研究，不但对漳州内陆民间信仰进行微观的分析，而且对闽南民间信仰的空间建构模式也做了有价值的尝试。

第三篇　漳州海岛民间信仰。我们选择三个不同类型的海岛民间信仰作为调研对象，发现十分有趣的文化现象。浯屿岛地理环境相对闭塞，自古以来一直以渔业为主，文化教育相对低下，岛民对神明的依赖性相对强烈，民间信仰得以延续和复兴，"礼失求诸野"的古训在浯屿岛可以找到很好的例证。东山岛地理环境相对开放，其民间信仰与当地社会的变迁与转型紧密关联。明清时期当地影响最大的神明关帝从最初的武神逐渐向家族神、海神和财神的转化，集中体现了这一变化趋势。近代以来，官方积极介入东山关帝信仰，政治色彩逐渐浓厚，官方和民间对民间信仰博弈加剧。东山关帝信仰的兴衰嬗变，既反映了东山岛社会的转型与变迁，也体现东南沿海民众实用功利性的宗教信仰取向。古雷半岛民间信仰因近年大规模的工业开发而产生断裂与重构，是一个独特的研究范例。这种因巨大外力的作用使古雷民间信仰产生断裂几乎是致命性的，但在多种因素共同作用下，古雷的民间信仰奇迹般地生存下来并得以初步重构，传统以新的形态得以延续，体现了民间信仰具有无比顽强的再生能力。古雷半岛民间信仰的断裂与重构的历史，无论在理论层次、经验层次乃至实践层次上，都具有很高的研究价值。三个不同类型岛屿的民间信仰兴衰嬗变，实际上是漳州乃至闽南地区岛屿民间信仰的缩影。

第四篇　漳州福佬、客家民间信仰。我们选择福佬、客家混居比较典型的平和九峰镇为调研区域，对其民间信仰宫庙进行了深入的田野调查，对其中影响较大的城隍信仰、开漳圣王信仰、谢安信仰等进行了梳理、辨析，又以谢安信仰为个案，对福佬、客家地区的谢安信仰做了比较研究，探究其源流、异同的原因及对闽南社会的影响。本篇是第一次对福佬、客家的民间信仰与闽南社会进行研究，也是第一次对在福佬、客家地区都有较大影响的谢安信仰进行了较为全面深入的对比研究，基本厘清了福佬、客家地区谢安信仰的源流，分析探究了其异同的原因及对闽南社会的影响。

第五篇　漳州畲族民间信仰。我们第一次对漳州畲族乡10平方米以上民间庙宇进行全面的调查，对畲族乡崇拜的神明进行分门别类加以介绍，记录主要祭祀仪式，在此基础上，分析漳州畲族民间信仰的性质与特点，以及相应的组织形式。并以漳州畲族最普遍崇拜的三界公祖庙——雨霁顶三界公庙为调研个案，详细记录其春祈、巡安、送王船、三界公神诞、抢孤等祭祀仪式和活动，进而探讨畲族蓝氏的移民史、家族史、族群关系、祭祀圈等，填补了漳州畲族研究的部分空白。

第六篇　漳州民间信仰的海外联系。漳州民间信仰与海外联系密切，明清以来，随着漳州民众渡台湾、下南洋，漳州民间信仰也传播到台湾和东南亚地区。改革开放后，台湾同胞和东南亚侨胞络绎不绝到漳州原乡进香谒祖，对当地社会经济文化产生积极的推动作用。保生大帝、妈祖和开漳圣王是漳州民间信仰中影响最大的三位神明，我们选择了奉祀保生大帝的龙海白礁慈济宫、南靖和溪慈济行宫、平和坂仔心田宫，奉祀妈祖的龙海角美五恩宫、漳浦乌石天后宫，奉祀开漳圣王的龙海白水石龙宫、漳州官园威惠庙等为调研对象，对民间信仰的海外联系与漳州社会变迁之间的关系进行了探讨。大量的调研资料表明，民间信仰提供的血缘和神缘两条纽带，相互交织，使得海外漳州人与漳州原乡的联系更加密切。这种密切的海外联系，从三方面带来了漳州社会的变迁：一是台胞、侨胞从经济上回馈原乡，推动原乡各项社会事业的发展；二是有利于原乡发展旅游经济，带动原乡外向型经济的发展；三是改变了原乡政府对传统文化的认识，保存了原乡的民俗传统，丰富了民众的文化生活。

第七篇　漳州民间信仰宫庙管理。自古以来，民间信仰宫庙管理一直是一个难题，政府和民间进行不懈的探索，至今仍未找到最佳的管理模式。本篇回顾中国古代政教关系及其历代政府对民间信仰的基本对策，简述福建省政府对民间信仰管理的探索历程和所采取的民间信仰宫庙管理模式，以平和县三平寺、山格慈惠宫、龙海市凤山岳庙和山后红滚庙的管理沿革为个案，重点分析漳州民间信仰宫庙管理，认为，1919年以来漳州民间信仰管理状况呈现出宫庙事务管理规范化、宫庙空间使用公益化、宫庙资金流向多元化、信仰崇拜行为理性化等特点。

总之，社会存在决定社会意识，民间信仰是现实生活的曲折、虚幻的反映。一方面，漳州民间信仰的产生、发展与演变是在闽南社会经济文化的大背景下进行的，不可避免地打上闽南文化的烙印。另一方面，漳州民间信仰是闽南文化的重要组成部分，其兴衰嬗变也从一个侧面反映闽南社会文化的变迁。因此，漳州民间信仰与闽南社会的研究无疑具有很高的学术价值和一定的现实意义。

第 一 篇
漳州都市民间信仰

第一章

明清时期浦头港及其民间宫庙群的兴起与发展

第一节 明清时期月港与厦门湾港口经济的兴起与影响

一 明清时期月港与厦门湾港口经济的兴起

明代中后期，月港的兴起对于漳州府城的影响是不言而喻的，这一点对于我们追溯浦头港的兴起及其民间信仰圈的形成与发展，具有相当重要的价值与意义。根据现有文献记载的比照，月港兴起肯定早于浦头港，其兴起，乃至后续清代厦门湾港口经济的兴起，对于整个九龙江流域的社会经济的发展与繁荣起到了不可忽视的作用，尤其是对近在咫尺的漳州郡城经济的辐射作用，相当明显。从明嘉靖《龙溪县志》记录的"龙溪县舆地图"（图1-1）来看，月港在九龙江的出海口，而九龙江主干分西溪与北溪，浦头溪紧贴着漳州府城，是西溪流经漳州府城即龙溪县衙东门外的一段，其位置与北溪的浦南墟大致相若（但浦头市具有背靠漳州府城的独特优势），两者都距离九龙江出海口不远，且水流平缓，水深江阔，实际上拥有九龙江中下游地带最好的内河航运条件，其两岸是九龙江中下游人口最密集最富庶的地带，因此，两者在明代月港以及清代厦门湾经济圈的带动下，分别扮演了西溪与北溪中下游地带商贸集中地的角色，也是月港乃至厦门湾港口经济辐射深入到九龙江腹地，而产生的最重要的两大商贸集散地，即清中前期民间所谓的"浦头市"（位于龙溪县二十七都）与

"浦南墟"（位于龙溪县二十三、二十四都）。

图1-1 明嘉靖《龙溪县志》"龙溪县舆地图"

对于原属于龙溪县八、九都的月港来说，其兴起，根据陈自强先生的归纳，可分为两个历史阶段：

第一个阶段是15世纪至16世纪中叶，为非法的民间海外交通贸易港；第二阶段是16世纪中叶至17世纪前期，明政府局部开放海禁，于月港开设"洋市"，月港作为我国东南沿海唯一合法的民间海外交通贸易港而兴起①。

明代厉行海禁，使得宋元以来一直辉煌的泉州港与广州港趋向没落，而处在偏僻地带，官方疏于管理，又拥有天然海湾条件的漳州诏安梅岭与厦门湾南岸的海澄月港，前接广州港，后接泉州港的海外贸易资源，成为了泉州、广州之间民间海外贸易走私的最好所在。明中后期，在戚继光与俞大猷平定倭寇之乱后，明政府在福建地方官员的力主下，调整海洋政策，局部开放海禁。"先是发舶在南诏之梅岭，后以盗贼梗阻，改道海

---

① 陈自强：《明清时期闽南海洋文化概论》，海峡出版发行集团鹭江出版社2012年版，第7—8页。

澄。"① 隆庆元年（1567年）从龙溪县分出海澄县并于月港开设"洋市"，由政府监管民间海外交通贸易。"月港"开洋前后对于漳州地方经济文化的影响，其实在万历年间《漳州府志》与嘉靖年间《龙溪县志》中体现得并不多，但是我们从明代龙溪县张燮（1574—1640年）的著述中倒是找到了相关的信息：

> 漳在无诸国为最南，汉武帝时，徙民江淮间，虚其地。其后为绥安，为绥城，羁縻瘴乡，声教尚阻。沈怀远谓"阴崖猿昼啸，阳畆秔先熟。稚子练葛衣，樵人薛萝屋"，萧索景象至今可覆案也。唐垂拱时，玉钤建麾，始得比于郡国。周潘通籍而后，夫亦稍知学矣。赵宋以来，经制渐备，生齿渐繁，釿釶渐殷，风徽渐启。迨乎考亭作牧，嘉与所部兴化，名教经术递为沾染，余风流韵，盖岁向犹有存者，则大儒建标之力也。若左道尊而尚鬼，雄心炽而喜争，尸说渺论，终复难革，习俗之渐，所由来焉。
>
> 明兴圣治翔洽，被于海表，易固陋而文明，往往自啬而丰。施雕琢于醇初，又往往刓厚而薄，人情物态亦略可言。如婚姻不甚择婿，在门户为主，其有高门降衡，修庭树蓬者，中或别有利焉，则远近丑之。男礼女赘，豪华相尚，觉明珠翠羽之属，大为腾踊。死丧之门，粗知备礼，顾强半作佛事，绅韦犹然。营葬一节，见窘阴阳家，岁月迁延，十室而九。然娶妇无不亲迎者，读礼无不终制者，即琐族细人，尽知守此，尚依古道之遗耳。尝试考比年之间，士大夫多能自树坊表，扃门户，课洒扫，谈稼穑，乐寒温，耳目足迹不复出百里外。而高者乃披赤心而忧国是，抱素业而思名山，白屋绳枢，人铉户诵，秃翁稍具修脯，莫不阿儿作计，挟策而问吾伊者。士从单门起家以为常，至后来骏快，又多自童牙学作謦语，琴书图籍，较有远志，前此未有也。此士风之盛也。田家毕力从事汙邪，即高邱悬崖可辟而亩，他或结网而渔，或反裘而薪，足复生活。城闉之内，百工鳞集，机杼炉锤，心手俱应，又或别市方物，贸易而时盈缩焉。四方环视大有可观，前此未有也。此民风之盛也。甲第连云，朱甍画梁，负妍争丽，海滨饶石，门柱庭砌，备极广长，雕摩之工，倍于攻木砖植设色也。每见委巷穷间，矮墙败屋，转盼未几，合

---

① 张燮：《东西洋考》卷七《饷税考》，谢方点校本，中华书局2000年版，第132页。

并作翚飞鸟革之观矣。中人家才自存，伶俜环堵，亦强自修饰，为乡里颜面焉。人无贵贱，多衣绮绣，意制相诡，华采相鲜，盖一二华胄贵人，或存寒素，而俗子官仪、娈童妇饰，每每瓶无余粟，桁列残衣，尝见隆万初年布衣，未试子衿，依然皂帽，今则冠盖相望于道，不知何族之弟子也。叹世者谓竟盛之端即伏衰之路，省烦裁僭，是当世第一吃紧。然一家之繁费，十家取给焉。贫人因得糊口其间，损有余，补不足，安知非天道乎？所可笑者，一种敝衣羸马，诡托清修，而辇贿避名，攫金闭眼；又如老子素封，衣不曳地，食不重肉，弄牙等，争刀锥，征以施予赈贷，摇头而走，若者竟日阿堵，贫民不得名其一钱，出孔甚悭，入孔甚溢，复何益于人世哉？又其甚者，豪门上族，实繁有徒，蜂目既嗔，豺声乍展，始犹祸中黔庶也，终且扇虐士绅矣。间左无赖，拔扈鞱张，鸡肋安拳，螳臂摧辙，始犹横施村落也，终且明目都市矣。大都竞胜终讼，竞利启梦，鼠辈因凭社作威，虎冠以生翼滋暴，狡者视阛阓为奇货，后进凌长大作死灰，此漳与四方之所同也。筑水为田，淄渑稍混，因而攘夺不休；以夷为市，子母既赢，因而机械百变。此漳与四方之所异也。若夫行乐公子，闲身少年，斗鸡走马，吹竹鸣丝，连手醉欢，遂神辽旷，虽妨本业，然亦足鼓吹盛世，点缀丰年，不容此无以见太平已。世重福田，每梵宫有所修葺，金钱之施，不呼而满，然多不媚道而佞佛，人家祈禳，置坛甚尊，膜拜甚虔，焚香作供甚备，然又不信僧而信巫，此其不可解者。

若夫寻常闺闱之内，差敦四维，妇人非老大，足迹不逾阈，而贞女烈姬在在，有黄鹄之韵焉。男子安分守法，亦不乏人，老翁坐大树下，谈上皇及京朝事，侪辈艳耳以听，或公家之吏胥舆隶，偶尔相遭，辄起立气肃，惟恐失乃公欢。催科在他处，最易蹲道。而漳人东皋输税，即甚俭岁不敢缩额于常供。郡国吏稍稍恩泽留在民间，去辄尸而祝之，或事久经过，迎送至万余口。此亦末俗之近于庞厚者也。

夫以孤屿遥屯，前代不啻瘠土，忽而声名文物为东南一大都会，然世变江河之虑，亦复乘之而趋，是必有人焉砥柱其间，临尾闾而防沃焦，洪涛不至荡岳耳。是所望于司世者。①

---

① 张燮：《清漳风俗考》，江国栋修，陈元麟、庄亨阳纂《龙溪县志》清康熙五十六年（1717年）刻本，2005年漳州市图书馆整理，第351—352页。

明代龙溪举人张燮是赫赫有名的《东西洋考》的编撰者，其祖上连榜进士，其本人也考中举人，是龙溪有名仕宦家族。其长期居住在镇江（即石码）与漳州府城，是明代中后期漳州文坛最活跃者之一，也是直接见证与受惠于月港开洋的士绅之一，曾与本地名流蒋孟育等十二子组建"玄云诗社"，与黄道周、何乔远、徐霞客等交好，参修过《漳州府志》与《海澄县志》等。因此，张燮对于月港开洋后漳州地方政治经济文化风俗的全面观察，兼具宏观与微观的视角，从其文可以看出整个漳州府社会风气在月港开洋前后的比较与巨变：月港开洋后，龙溪县作为传统农业经济社会，深受月港港口经济的刺激，此必然带动整个社会风气的渐变。张燮看到和担心的正是这一点，他希望官方有所作为，加以预防与引导，因此该文最后提到："夫以孤屿遥屯，前代不啻瘠土，忽而声名文物为东南一大都会，然世变江河之虑，亦复乘之而趋，是必有人焉砥柱其间，临尾闾而防沃焦，洪涛不至荡岳耳。是所望于司世者。"

　　前面对于明代月港兴起的简单追述，目的在于探索其兴起背后与漳州府城相关的几点要素：

　　其一，隆庆元年（1567年），也就是"月港"官方正式开洋的这一年，龙溪县析一二三都、四五都、六七都、八都、九都5个都建立海澄县，并割二十八都的第五图隶属海澄县。至此，龙溪县辖10个都，即十一都、十二三都、二十一都、二十二都、二十三四都、二十五都、二十六都、二十七都、二十八都、二十九三十都。这一举措与改革开放初期在闽南一带设立厦门经济特区相仿，其影响效应还远超厦门经济特区对于原属地泉州的经济辐射作用。月港的开放与海澄县的设立，使南至广东，北至泉州、兴化与福州等地的海外贸易资源与人脉纷集于此，而近在咫尺的龙溪县治即漳州府城显然受益更多：从唐代设置漳州伊始，漳州经济政治文化的发展格局一直都是东强西弱，"向东看"仍然是现今漳州经济文化发展的方向标。月港的开放与海澄县的设立显然再次强化了这一倾向。明末月港没落，明郑与清代厦门港后继兴起，厦门港南岸的经济节点由海澄城关下移到龙溪县十一都的石码，有无名氏诗云："南漳名胜地，石码更称雄。金厦如襟带，澎台接舰艟。街衢夸洞达，阛阓庆盈丰。一自海氛息，安歌乐土中。"① 显然，海氛后，尤其是1683年清政府统一了台湾，

---

① http://baike.baidu.com/view/22695.htm?fr=aladdin."石码"条。

1684年清康熙皇帝下旨解除迁界，取消海禁，令开海贸易，并相继设立闽海关、粤海关、江海关和浙海关，厦门海关成为了福建省通洋正口。正如陈自强先生所指出那样：

> 月港衰落后（图1-2），九龙江流域的航运中心移至石码。它距离厦门水程百里，厦门海关在此设一口岸，"查验龙溪、漳浦往泉州货物，遇盐鱼零星水陆各货不进正口者，即由该口征税"①。石码还是厦关正口所辖的钱粮口岸之一。漳州的外贸商品也经由石码抵厦门而去。石码，成为了九龙江流域仅次府城的商业集镇。漳州府城东门外的浦头港，位于九龙江西溪航道，是漳州与厦门之间的货物转输、商旅往来的水陆联运内河港，商贾云集②。

这种情形一直持续到民国时期。新中国成立后，1960年海澄县与龙溪县大部合并而成的龙海市，依然是现今漳州最富庶的地带之一。

图1-2 月港遗址一角

---

① 周凯总纂：《厦门志》清道光十九年刊本，卷七"关赋"。
② 陈自强：《明清时期闽南海洋文化概论》，海峡出版发行集团鹭江出版社2012年版，第16页。

其二，明代政府选择在月港开洋，而非在南诏梅岭开洋，其原因除了史书所述的盗贼骚扰外，还在于梅岭所在的南诏的经济政治文化资源远远比不上月港所在地，九龙江下游才是漳州经济人口资源最充裕的地带，而非处在闽粤交界的南诏可比拟，再加上月港左侧的泉州同安与晋江等腹地的经济资源，为月港提供了充足的海外贸易资源。同理，围绕月港的漳、泉两府下辖着沿海几个大县的政治文化资源，是闽南地区官宦家族的主要聚集地，也是南诏梅岭所不能比拟的，此群体对于海外贸易利润的持续追逐，本身就是明代月港与后续厦门湾兴起的一大潜在推动力。

二 月港与厦门湾港口经济的兴起对浦头港的影响

根据明代万历《漳州府志》记载："大海在府城东南，其潮汐分为三派。一自濠门，达于诸港，入于柳营江，止于北溪。一自泥仔乌礁、许茂，经通津门，止于西溪，分于浦头，至于东湖小港。"[①] 大海潮汐直达浦头溪的景象，一直到了1967年至1970年位于九龙江下游龙海市榜山镇洋西村的大型水利工程"西溪桥闸"建成后，才被彻底终结；在西溪桥闸下游4公里处，西溪之水与九龙江北溪之水汇合后东流入海，这巨大的桥闸实际上也就彻底截断了西溪通向大海的航道。

《漳州府志》记载："东湖，旧在东门外，周四千余亩。宋绍兴间，郡守刘才邵、林安宅、赵汝谠、庄夏相继修治。今悉变为平田，中有十二土墩，人称为郡东罗星。今耕者侵没其半矣。"[②] 由此可见，来自月港的潮汐顺着西溪上溯，可影响至浦头港，乃至东湖。另，浦头必定有港道岔口通向东湖，反言之，浦头港更在东湖东边之外。府志又称：

浦头渡、西浦渡、碧湖渡、陈洲渡、上苑渡、马洲渡、马岐渡、上七渡，俱在二十七都。[③]

二十七都，统图九。在府城东三十里。宋唐化里。……龙溪县，

---

① 罗青霄编纂，陈叔侗点校，福建省地方志编纂委员会整理：《漳州府志》，厦门出版社2007年版，第393页。

② 同上。

③ 同上书，第422页。

宋分六乡，三十三里，一百一十五保。淳祐间，改保为都。元析七都隶南靖县。国朝分在城为三隅，附郭为三厢，在乡为十五都。永乐间，省一厢，辖一百五十二图，后省为一百四十九图。隆庆元年，析一三都至九都属海澄县。今实在十都，统图一百三。①

上述文献资料显示，在明代，浦头渡口还远在漳州府城附郭之外，浦头渡即今浦头大庙前码头渡口，西浦渡即现在的诗浦社区内，碧湖渡在现在碧湖生态公园边上的碧湖社。而清初民间所谓的"浦头溪"的首尾恰恰与这三个渡口紧密相关：西浦渡是西溪入浦头溪的开端，浦头渡恰在浦头溪中间，而碧湖渡则在浦头溪再入西溪的出口处。同时也显示了在明末浦头渡是漳州府城东出必经的第一个大渡口。

"万历三十七年（1609年），知府韩擢因新改南桥露三台洲，改命南门曰三台，东门曰文昌，北门曰太初，西门曰太平焉。"②"龙溪县近郭为湖者二，曰东湖，曰西湖。"③ 显然，文昌门是明代中后期漳州府城的东大门，而东湖更在文昌门外，浦头渡则更在东湖外。东湖即现在的九龙公园内，浦头港至今有喜心港水道与九龙公园内的湖泊相连。现存有一块浦头大庙明万历十年（1582年）"大庙码头碑"："公议凡渡船在此停泊者，每日头摆渡布施钱四十文，二摆渡钱二十文，以为香火之费，不得违误。万历十年立。"也就是说，早在万历十年，浦头渡口已经是一个商业性渡口。明清时期漳州历来有收摆渡税钱以资修桥修路、资助书院社学束脩或正祀之祭等资费的惯例，如康熙版《龙溪县志》记载"间道出于莲浦（属十二三都），迤西陵（属十一都），凡铺二，东入于澄。北由草亭、乌石度揭鸿塞，之华崶，上达于漳平（今多由浦南登舟，入九龙潭，至跃鱼碛过岭，从陆者稀，故道不设铺）。又东北岐于岳口渡鳌岛（即渡头渡。一名云英渡。原编渡夫，本县一名，长泰县一名。明季无编。国朝康熙五十六年，知县江国栋审拨渡税，分为四季：春归渡头开漳王庙内香资，夏归蓬洲社修筑渡头台级，秋归芗江朱子祭费，冬归郭坑迎福寺社学束修。勒碑渡头），至于

---

① 罗青霄编纂，陈叔侗点校，福建省地方志编纂委员会整理：《漳州府志》，厦门出版社2007年版，第418页。

② 闵梦得编纂：《漳州府志》，中国人民政治协商会议福建省漳州市委员会整理，万历癸丑刻本，2012年，第1941页。

③ 同上书，第1945页。

五里亭，抵泰境。此路之四达者也"①。明代《明史·食货志》载："凡是商税，三十而取一，过者以违令论。"那么，如果按明代商业税率来算，浦头渡的头摆渡一次的总费用至少1200文，甚为可观；不过这块"大庙码头碑"显然是民间乡约碑刻，不可能按照商业税来计算，但足以证明浦头渡在明万历年间人来人往，颇为繁盛。经过明清的改朝换代，尤其是明郑政权与清军在漳州的来回拉锯战争，漳州府城几度成为废墟，如此对于民间社会经济文化等影响可能会更大。郭上人在《东门古街史话》记载了这一期间的漳州政治经济社会大形态：

> 明代中叶，漳州月港开洋市对外贸易，"漳泉商民，贩东西两洋，代农贾之利，比比皆是"。从月港输出的货物，主要有丝绸、布匹、瓷器、果品等。"丝绒之利，不胫而走""男耕女织"日盛，城乡"机杼之声相闻"。漳州城内、东厢及四乡生产的纱布、绢、绸、缎，以及柑橘、荔枝、砂糖、大豆，从"后港""浦头港"运往"月港"。东门古街及浦头成为了出口商品集散地，客商云集，贸易繁忙。逐渐形成民居聚集，店坊罗列的街区。
>
> 明末清初，郑成功以金厦为反清复明基地，数度围攻漳州城。《台湾外纪》载，顺治九年（1652年），清廷为解漳州之围，调浙江金衢总兵马逢知率步骑四千援漳。清军从东门出击，经激烈战斗，被郑军冲杀击溃。东门古街成为战场。顺治十八年（1661年），郑成功率军渡海驱荷复台后，漳州得暂时安定，古街才从战乱中复苏。康熙十三年至二十年（1674—1681年），郑成功子郑经为继父志，又从台进军闽粤。郑军再次设营环城围攻漳州城。两度战劫，古街断墙残壁，满目荒凉。战争给古街带来灾难。
>
> 康熙二十二年（1683年）清廷统一台湾，漳州经五十多年经营，经济才逐渐恢复。……②

---

① 江国栋修，陈元麟、庄亨阳纂：《龙溪县志》清康熙五十六年（1717年）刻本，2005年漳州市图书馆整理，第26页。

② 中国人民政治协商会议福建省漳州市委员会、芗城区委员会文史资料委员会：《漳州市文史资料·合订本·第五卷》（内部资料），2009年，第3345页。

到了清康熙年间,《龙溪县志》记载:"外此,不桥而道者有横渡,不胫而至者有长渡。横渡于镇门,于福河,于石码(属十一都),于西渡(属二十二都),于蓬莱,于香洲,于松洲(属二十三四都),于西浦,于碧湖,于陈洲(知县沈铉吉定为朱文公祭业,白云、云洞分收其税。有碑立渡头),于上坂,于马洲,于马岐(属二十七都),于湾头(二十八都),于石美(二十九都)。而长渡之舟会于浦头,自近及远,靡所不至。此平政之大端、惠人之善道也。出斯途者,岂必借智于老马,兴歌于苦叶哉?"[①] 发展至清代中前期,浦头渡已经由横渡之渡口,发展为长渡之总码头(图1-3),且长渡之范围可谓无所不至,这也就意味着浦头码头已经不仅仅只是漳州府城东出必经之地的一渡口,而是在康熙年间已经发展成了一座货客汇集的大码头。

图1-3 石堤岸左侧中段凹处为浦头大庙古码头所

[①] 江国栋修,陈元麟、庄亨阳纂:《龙溪县志》清康熙五十六年(1717年)刻本,2005年漳州市图书馆整理,第26—27页。

康熙版《龙溪县志》还记载：

（龙溪墟市）凡民之生，以食以用。蔬果艰鲜之余，耕凿织纍之具，欲使化居无积，则贸迁之制尚矣。古者前朝后市，市之制也。日中为市，墟之制也。民稠聚而食用繁多者取诸市，市以日，故亦谓之集；民散处而食用可备者取诸墟，墟有期。是以城镇制市，而村落制墟。在城有东铺头市（府治东）、西市（县前）、南市（府治南）、北桥市（府治北）、东街市、浦头市（东厢）、南桥市、新桥市（南厢）、北圣楼市（北厢）。在镇有石码市（十一都。初，钞关人役踞石码市，横抽担钱。康熙五十二年，知县江国栋申详抚宪请禁，嗣奉院批不许。钞关人役仍踞石码馆，横抽刻剥，商民违者详究治罪，勒石在石码市）、天宝市（二十一都。宋理宗时，郑玠中京元，因号曰京元市）、华封市（十五都，俗名茶硙）、石尾市（二十九都）。而墟之市，浦南为大（二十三四都，逢五、十日为墟期），南山、天宝（十一都，四、九为期）次之；长桥（二十六都。一、四、七为小墟，鬻米谷之属；二、五八为大墟，鬻牛豕之属）、黄枣（二十五都，四、九为期）、新埭、乌屿（二十九都）又次之；浦西、龙潭（俱二十三四都，二、七为期）、店仔（二十五都，三、八为期）又次之；莲花、乌云、凤塘（十二三都）、山都、塔仑（二十五都），其小者也。福河（十一都）、翰林（二十六都），市之古盛而今寥者也；草市（二十六都）、汐浦（二十二都），墟之古设而今废者也。大抵墟市随人迁徙，讥察征税，準上意之重轻；贵贱淫巧，烛民情之好恶。溪当闽广之交，货物易聚，舟舰所臻，亦通苏洋珍奇玩好。小民易奢，奇赢子母，大贾多诈，龙断私登，豪强放利。欲使正量平价，易事通功，彼不见有余，此不见不足，熙熙穰穰，民藏民归，实赖有施之仁政者耳。岂以其末忽之哉？[①]

至少在清康熙年间，浦头市已属于漳州府城的东厢，紧接着文昌门外的东街市，已经远非在明万历《漳州府志》所载之府城之二十七都那种

[①] 江国栋修，陈元麟、庄亨阳纂：《龙溪县志》清康熙五十六年（1717年）刻本，2005年漳州市图书馆整理，第31页。

荒郊野泽所能比拟。换个角度表述，也就是说，漳州府城的东向一带的发展，已经达到了浦头渡这一带，其中，浦头码头的人货交通便利功不可没。

从明万历到清康熙，浦头渡发展成了浦头市，这是暗合月港的兴起与厦门港湾的全面发展的经济规律。明清漳州府城内城并不大，西至闽南师范大学新旧校区交界处，东端到文昌门，古今文昌门位置差别不大，但是其东向的商业街市则延伸发展到了距离内城三公里的浦头市，这对于漳州府城的经济格局来说，是很大的突破。因此，康熙版《龙溪县志》才会记载："郡城南河，昔年水从东西闸直通城内，小舟载鱼盐抵上街，为渔头处，今有渔头庙现存，盖昔年鱼盐市也。及后，河沟壅塞，而市遂移东南浦头矣。其路旁有祈保亭，中《碑记》云：'昔年此地荆榛，午后绝人迹，傍晚磷火青熠。'则知浦头原属荒浦也。"① 渔头庙在现今文昌门内，中闽百货大厦前，原为东西闸在内城的交汇处，可谓原东门街最内里的商贸码头，再往西不远即为府衙；东门街出文昌门则为东门市，祈保亭在东门市最东端，大约在今南昌路东段凤霞宫的附近。隔着一条新开的丹霞路，浦头即在祈保亭的东南角处。

据汤怀亮先生在《漳州浦头与西溪故道的变迁》一文的归纳：

> 西溪未改道前，浦头溪是其故道，西溪水从城南诗浦的西浦低洼处涌入，沿着故有的沟渠，流经港脚、港口等村社，北流到浦头，再开始向东在港尾分成南北两道，朝东北向的北道流经田丰村入九十九湾，通向九龙江北溪；朝东南向的南道流经土坪、东洋、溪头、庵仔边、后坂、田厝、最后到碧湖出口与古县里港合流汇入西溪下流，直通月港、厦门等地。②

浦头溪主干的起点即为府城东厢与南厢的交接点即诗浦，中间为城东的浦头渡，终点在东向远端的碧湖村。出碧湖村，浦头溪与现西溪流向再

---

① 江国栋修，陈元麟、庄亨阳纂：《龙溪县志》清康熙五十六年（1717年）刻本，2005年漳州市图书馆整理，第319页。
② 中国人民政治协商会议福建省漳州市委员会、芗城区委员会文史资料委员会：《漳州市文史资料·合订本·第五卷》（内部资料），2009年，第3371—3374页。

度重合，即一路浩荡流向江东，汇合北溪，直入月港。"郡治附郭龙溪县，诸川至县界皆安澜，去海尚百里而遥潮汐应焉。其环绕城南者，曰南溪。……东过于郡城南，疏为三台洲，南桥亘焉。下至方壶洲，水势微折而南，故又束以文昌之桥。其云方壶洲者，桥东水中洲也，以西望员峤得名。从此曲而抱城者，再乃东过文山，而会于北溪。"① "从此曲而抱城者"的这一段西溪流程，即为民间俗称之浦头溪。

又根据清康熙版《龙溪县志》记载：

其川之大者为溪。自西来者，溯天宝墨场，北源出于永丰禾溪，南源出于管溪，至南靖合流，绕郡城为南河（旧名西溪。中三台洲，南桥亘焉。下至方壶洲，水势微折而南，又束以新桥。其云方壶洲者，以西望员峤得名），过诗浦（从此曲而抱城，东过浦头。其上流分一水为田里港，初流绝细，自戊申（1668年）以后，洪水时至，港岸崩陷，西溪之水从此港直下，汇出陈洲之上，入于大溪。而诗浦港沙壅，绕城之水甚微，诸绅士以有关形势，募众填塞，寻圮。康熙四十六年（1707年），陆路提督郡人蓝理，慨然引为己任，捐金筑之。从此数年，西溪之水复绕抱城。知府魏荔彤以港中水利拨充仰文书院，为诸生水夫之费。五十六年五月，洪水大作，港岸复崩），出镇门与北溪会。自北来者，曰九龙江（以九龙戏水，故名），源出于延、汀，合宁、岩、平之水，下华封，历天宫、漫潭，复会长泰之水，渡香洲，出两峡，过柳营江，出三叉河，与西溪会。②

资料显示，清初西溪从田里港分流，并因历次的洪水冲刷，而导致堤岸的屡次崩解之危，虽经地方士绅蓝理等人屡次修复，然而人力最终不敌大自然的力量，西溪主干顺势直东而去，不再形成抱城之势。但是，从后面的文史资料来看，西溪改道，对于浦头溪而言，并非是绝对的坏事。由于康熙之前至明末很长的一段时间里，没有文字记载浦头渡或浦头港的具

---

① 闵梦得编纂：《漳州府志》万历癸丑刻本，2012年中国人民政治协商会议福建省漳州市委员会整理，第1946页。
② 江国栋修，陈元麟、庄亨阳纂：《龙溪县志》康熙五十六年（1717年）刻本，2005年漳州市图书馆整理，第17页。

体存在情况，因此无从了解浦头溪相关的存在态势，但是从康熙年间就可以看出，此时浦头港已经不再是简单的浦头渡，而已经是相当繁华的码头街市。西溪的改道，并没有完全淤塞浦头溪的上游，自诗浦至浦头这一段，沙壅而水微，一如原先田里港之水，保留了西溪水对于浦头溪的源头灌注。而浦头溪中下游浦头至碧湖这一段，并没有淤积，不仅水深港阔，更加上月港顺着西溪主干的潮汐返涌，其航道运输功能的发挥一直持续到新中国于1970年建成西溪桥闸。更重要的是，浦头溪最有商业运输价值的也恰恰在浦头至碧湖村，再往东朝向月港这一段，由此也促成了漳州民众对于浦头溪中下游航道运输的畅通的有意识的维护。至于漳州士绅所关心的漳州府城的风水形胜之事，"自兵戈之后，亭、楼俱废，塔亦无存，加以西溪之流溃于田里港，绕城之水，不绝如线，数十年来，风气日下矣。儒者言：'人事不征形势。'然先王建国，亦相阴阳，未可以形气家言废之也。近者，士大夫共兴文昌阁，而太守魏公已建亭芝山，将成威镇阁，以卓异升去，未果所志。田里港筑而复坏，兴复未能。是不能无望于恺惠之君子。"①则不是务实的浦头港民众日常关心的首要之事。

清代乾隆《龙溪县志》记载：

> 东厢（宋城东郭），统图一辖保十，曰文昌、曰元魁、曰迎恩、曰东郭、曰附凤、曰岳口、曰官园、曰葱园、曰护满、曰田霞。……二十七都（宋永宁乡唐化里），统图九辖保十，曰诗浦、曰浦头、曰蔡耀、曰陈洲、曰蔡润、曰李阳、曰蔡吉、曰林云、曰关下、曰蔡吴唐。……街市，府前街、新府路街、衙口街、南市街、西桥街、马坪街、道口街、海道后街、东坂后街、公府街、东桥街、少司徒街、渔头庙街、步武街、东埔街、县口街、西市头街、开元口街、总爷街、正气街、后街、观口街、三圣庙街、北门街、北桥街、院路街、霞井街（俱内城），东门街（东厢）、东铺头市（县志治东）、西市（县治后）、南市（县治南）、北桥市（县治北，俱城内），东街市、浦头市（俱东厢），南桥市、新桥市（俱南厢），北圣楼、北庙市（俱北厢）。石码镇市（商贾辐辏舟徒纷集）、福河市、下浒市（俱十

---

① 江国栋修，陈元麟、庄亨阳纂：《龙溪县志》清康熙五十六年（1717年）刻本，2005年漳州市图书馆整理，第17页。

都)、乌云桥墟、凤塘墟(今改为田紫，俱十二三墟)、天宝市(宋理宗时郑玠中京元，因名京元市，又有天宝墟)、南山墟、月岭墟、墨场墟、莲花墟(俱二十一都)、郭坑市、汐浦市(府志汐作社，今废，俱二十二都)、浦南墟、浦西墟、龙潭墟(俱二十三四都)、华封市(俗名茶砛，旧有税或入五百余镪，里人吕式及子□捐赀置地免其税，都人祠祀之)、店仔墟、山都墟、塔崙墟、黄枣墟(俱二十五都)、菓亭墟、长桥墟、长市墟(今废)、翰林市(俗呼内林，今废，俱二十六都)、东美市、许茂市(俱二十八都)、石美市、壶屿桥市、新岱市、角尾墟(俱二十九都)。①

浦头渡在乾隆年间编撰《龙溪县志》时，已经成为东厢有名的浦头市，与东街市密切连接，可直通城内东门街，构成了漳州府城东向一系列的街市对外开口处。

　　西浦潮水与溪水汇灌田十顷余，可通舟楫。郑公渠在留佩洋(留佩洋桥)宋嘉靖间郡倅郑焕浚。喜心港(喜心港闸，明嘉靖间里人孙宜忠林遵距重造)上承西港(西港通浦头溪万余亩)南入浦头溪。天亭港(天亭港闸，国朝里人黄宏遇修；天亭桥长七丈有奇，国朝里人黄宏遇修)上承市后洋南入浦头溪。碧湖港(碧湖港闸，国朝里人黄廷辉修；林节桥长十一长有奇，国朝里人黄廷辉修)上承赤岭南入西溪②。

由此可见，喜心港与天亭港处天浦头大庙的左右两边，喜心港还从府城直通浦头港最繁华处。一是沟通浦头港与内城西港与偏北的市后洋的水道交通；二是为浦头溪注入新的水源，使得浦头溪通往城内与碧湖的商业港道水源循环往复，满足其水上交通的基础用水量。喜心港闸、天亭港闸与碧湖港闸的修建，也意味着浦头港的民众有意识地对这一段很重要的水上交通进行人工调节，一方面防止潮汐返涌与保证农业灌溉，另一方面可

---

① 吴宜燮修，黄惠、李田寿撰：《龙溪县志》清乾隆廿七年修，光绪五年补刊本，影印，成文出版社印行，1967年，第23—24页。

② 同上书，第74—81页。

以确保水上交通的畅通。

　　虎渡桥一名江东桥，在柳营江，为郡之寅方，因名虎渡，俗传昔有虎渡江。（谶云：虎渡通人行，渐渐出公卿）宋绍熙间守赵伯逷始作浮梁；嘉定间守庄夏易以木垒石为址，酾水为十五道而屋之名通济；嘉熙丁酉毁于火，守李韶捐钱五十万为倡，里人颜颐仲及故守夏之子梦说衰成之，里人陈正义董其事，其役长二百余长，梁长八尺余，桥东西各有亭；（守黄朴为之记）明洪武间知府钱古训，正统间佥事陈祚知府甘瑛，成化间知府刘瀚，正德间知府陈洪谟、潘旦，嘉靖间知府詹莹、孙裕、顾四科，同知龙遂，相继修建，知府唐德砌石为栏，东西为关，二曰三省通衢曰八闽重镇；国朝康熙十七年海寇刘国轩焚毁殆尽，十八年总督姚启圣修以木梁，三十四年提督施琅以石，四十年郡人蓝理重建，五十二年知府魏荔彤修，雍正九年里人郭元龙重修，（郡人蔡世远为记）乾隆二十一年桥石中断，巡道杨景素知县陶敦和倡捐重建，里人王维杰董其事。（王材为记）
　　拱石桥、留佩洋桥、通仙桥、通源驿东桥、天亭桥（长七丈有奇，国朝里人黄宏遇修）、林节桥长（十一长有奇，国朝里人黄廷辉修）、陈洲桥（旧桥一新桥一）。以上俱二十七都。
　　浦头渡在东南三里许，通厦门、海澄、石码各处。镇头渡旧为洋西渡、福河渡、石码渡、碧水寺津、锦江渡，俱在十一都。……西浦渡、碧湖渡、陈洲渡（知县沈铉吉以为白云、云洞两处朱子祠祭业）、上坂渡、马岐渡、马洲渡，俱在二十七都[①]。

　　桥的增多、小渡口的减少与大渡口名目的凸显，意味着漳州府城以东一带经济与人口的增量有巨大的提升，才能满足建设更多桥梁的财力与人力；桥增多意味着阻碍日常交通的小渡口的不断减少，而来往的商贸人群的增多则意味着大渡口及其航运价值的凸显。浦头渡靠近漳州府城，又有其天然的水陆地理优势，成为了衔接府城与府城东向一带的经济节点，发展至康乾时期，浦头渡一跃成为了漳州府城附近最大的内河港口。

[①] 吴宜燮修，黄惠、李田寿撰：《龙溪县志》清乾隆二十七年修，光绪五年补刊本，影印，成文出版社印行，1967年，第81—82页。

第二节　浦头港与浦头大庙

清代以前，关于浦头港各宫庙的文献记载十分稀少，原因：一是浦头港一带在明代虽有发展，但毕竟还是地属漳州府偏僻地带，注重精英文化记录的正史很少有兴趣关注及此；二是明郑时期前后漳州府城尤其是东向区域经历海禁、战乱与迁界，浦头港一带难免被殃及，相关的文献资料保留难度极大。尽管如此，浦头港各宫庙还是留下了许多碑刻或庙志可供我们探索它们的历史渊源。

一　明清时期浦头大庙的兴起

浦头大庙是浦头港宫庙群的核心宫庙，其现存最早的碑刻是一块明万历十年（1582年）的"大庙码头"碑（图1-4）："公议凡渡船在此停泊者，每日头摆渡布施钱四十文，二摆渡钱二十文，以为香火之费，不得违误。万历十年立。"这也是浦头港宫庙群存留至今最早的碑刻。从碑刻内容可知，至少在明万历十年，浦头大庙已经存在，并且是作为浦头渡口西岸的停靠点而存在的。我们可以合理推测，当时浦头大庙不仅为浦头渡口提供了遮风避雨的所在，更可能的是，浦头渡西岸应该是浦头大庙的土地，现存的浦头大庙码头就设在浦头大庙前右侧。因此才有公议抽取头摆渡与二摆渡的摆渡钱来作为浦头大庙的日常香火费用。

另有"崇福宫沿革碑"：

图1-4　浦头大庙"大庙码头"碑

崇福宫沿革碑

石碑立在庙前东侧忠勇亭。崇福宫俗称浦头大庙，处漳郡东郊浦头交通中心。始建于宋孝宗淳熙十四年岁次丁未,解州全志有敕文。宫内奉祀关王为至尊,因关侯一生富豪侠,除吕熊,桃园结义守誓明,为人忠与友信,重诺言,丹心碧血扶炎汉,志节凛然。昔人赞曰:三国名将如云,而绝伦逸群者,莫若关侯,三事辞曹,秉烛达旦,传其大节,两军对阵万军显神勇,即解白马围,单刀赴会世服其神威,独行千里报主之志坚,义释华容酬恩之重,行事如青天白日,待人如霁月风光,威镇荆襄,纪律严明,水淹七军威震华夏,是古往今来名将中第一人。故为士庶所景仰。世传汉寿亭侯精工数算,封金挂印时将曹相馈赠各物附簿原、收、出、存,后世商家采其式当简明日清,认其创始者。遂奉祀关侯为武财神。而浦头于明、清之际,漳龙汀各地货客云集于此,溪日聚千帆,四通八达,货物装卸码头日夜不停,尤其五月龙舟比赛,大船排列沿岸,更拥挤不堪。昔商旅船户,途经浦头无不谒宫参乡,祈神庇佑。传云蓝理寒贱之时,曾寄身宫内或金城内好汉街,遗址犹存。日后蓝理投军平台建奇功,官至福建提督,衣锦还乡,为答神恩,扩建宫寝,增其庙制,雕金身画栋梁,并题匾"江汉以濯"高悬正堂,复疏浚浦头溪,拓建新行街,筑田里港排涝。乾隆庚申二年,庙主持感念蓝公讳理生前仁义,立神碑供奉。迨至民国初颜木治再翻修庙堂,旁室改霞浦小学,辟后花园为操场。抗战期间,苏有能复作维修。解放后,庙作他用。改革开放,乡里信士讨回旧宫,不惜重金按原制修整,植榕六株。今宫宇焕然一新,为市级文物保护单位,千年沧桑随时代建设,昔溪河港已成为市内排水沟,陆路发达,工厂林立,前所未有,特建亭立碑昭示后人永志不忘。

颜知森撰
浦头关帝庙理事会
公元一九九五年岁次乙亥桂月穀旦立

颜知森是浦头港老一辈知识分子,热心家乡历史文化的搜集和研究,对浦头港的历史也了如指掌,其撰写的"崇福宫沿革碑"告诉我们以下历史信息:

其一,浦头大庙相传始建于"宋孝宗淳熙十四年岁次丁未"。至于这个时间从何而来,不可考,我们根据上述"大庙码头"碑而确切知道的是至迟明万历十年，浦头大庙（图1-5）已经存在，并有一定规模。"崇福宫沿革碑"还提到"解州全志有敕文"，不甚可靠，这提法应该是浦头大庙信众于1995年乙亥端月曾组团去解州关帝祖庙进香并请祖庙管委会颁发"解州分镇"牌匾之事有关。下有"解州朝圣碑"可以佐证：

图1-5 浦头大庙正面

解州朝圣碑

  吾乡浦头大庙额号崇福宫，奉祀尊神乃忠义神武关圣大帝也。帝本河东解州人，即今山西运城市解州镇有帝之庙堂，曰崇宁殿，规模宏伟，为全国之最，耆老相传，昔日乡信士曾往朝圣焉，后因时局变化，已无问津者。今逢开放改革大好良机，里人皈响景仰不已，遂有此番进香之议。甲戌小阳虔诚祝祷蒙帝君恩准，以后岁次己亥，应往。乙亥端月理事会礼聘田丰、上厝、笃厚社派代表先期赴解接洽事宜，随后进香，众人竭诚斋戒三日，桐月十五晨皆沐浴，更新服辞宫登程，十八另批搭机皆在三门峡会齐，由浦头大庙理事会领队至解州关圣文物管理所所长张洁严礼接香旗入庙稽首朝圣，并介绍这庙始建于隋代开皇九年至宋代大中祥符七年扩建初具规模，后经历朝增修遂令其他庙宇望尘莫及，钟鼓楼皆城楼式，钟清初吾乡人所献，惜巨鼓已废，乃与协商愿重添置一鼓补其全。端门上匾额左题"精忠贯日"右书"大义参天"与本宫匾额吻合。依依惜别，再临常平村祖庙参拜，返途经洛阳重谒关林，另派四人往禹帝古刹取香，此番信士七十二人，万里旅程历时两周，依神灵威除氛祲，童耆无恙，皆帝君有灵，佑吾里巷万事吉祥，今实录勒石以志。

颜知森撰
浦头关帝庙理事会
公元一九九五年岁次乙亥桐月榖旦立

其二，明清之际浦头大庙与浦头港的关系；明清时期浦头港码头经济繁荣状况；自明清以来历经数次修缮的时间节点与主持人，等等。这些信息与我们在梳理明清以来浦头港的兴起与繁荣，以及浦头大庙的兴衰历史的文献碑刻是可以相互印证的，为我们梳理明清以来浦头港与浦头大庙的历史沿革提供了纵向的线索。

2009年浦头大庙被列为福建省第七批文物保护单位，2010年6月特别在大庙的左侧门前方大埕树了一块石碑，题名为："福建省第七批文物保护单位浦头大庙"，其石碑背面题有浦头大庙的简单历史沿革：

（浦头大庙）又称浦头崇福宫。庙宇坐北朝南，主祀关帝，宋淳熙十四年（1187年）始建，清康熙三十四年（1695年）由著名平台将领蓝理主持扩建，清乾隆五年（1740年）重修。悬山顶燕尾脊式二进建筑，占地规模宏大；石木构件雕刻精细，梁架风格雍丽大方；文物保护工程实施规范，建筑高度保留原有价值。庙内保存的明清时期碑刻，是浦头港的辉煌历史见证，对于研究漳州对外贸易经济史有珍贵的参考价值。

保护范围：建筑四周向外延伸20米。

碑文显示，碑文撰写者浦头大庙管委会已经意识到清代这一时期、浦头港与蓝理等历史要素对于浦头大庙历史重构的重要性，以及浦头大庙保存下来的数块碑刻的珍贵（图1-6）。现存在浦头大庙内的还有清代康乾年间五块碑刻。其中与里人平台名将蓝理有关的就有三块：一是"蓝公理扩建大庙碑：康熙乙亥（1695 年）募缘重建清出本庙周围巷地阔三尺乙寸尺寸庙后无设门窗立石志之"；二是里人蓝理在康熙丁乙亥正月谷旦立（康熙四十六年，1707 年）的"江汉以濯"（图 1-7）匾额（原物已失，现存里人张如南重书匾额）；三是"浦头崇福宫主持立蓝公理神牌"（1740 年）：

大清乾隆庚申二月榖旦立
檀越蓝公讳理神位
浦头崇福宫主持供奉

里人蓝理一生与浦头大庙有着不解之缘，他是清康熙重修浦头大庙，奠定浦头大庙在浦头港历史地位的关键人物，因此在乾隆庚申，即乾隆五年（1740 年）重修浦头大庙时，浦头大庙的主持在大庙内供奉了蓝理的恩主神位碑，以供信众纪念与祭祀。漳州关于蓝理年轻时在浦头港流浪的传说有很多，最为著名的是关于蓝理、柯彩等五虎将尚未出人头地时的"五人三条裤"的系列民间故事，可以佐证浦头大庙一度是蓝理年轻时候浪荡的居留地。鉴于蓝理与浦头大庙

图 1-6　浦头大庙供奉的蓝理
　　　　神位碑及神像

的民间故事颇多，这里选择的代表作是《中国民间故事集成·福建卷·漳州市分卷》（三）收集的浦头人厦大已故叶国庆教授 1990 年元月讲述的"蓝理学书法"的民间故事：

蓝理一生最敬仰山西夫子关云长，敬仰他为人"义薄云天"，襟怀"忠义"。蓝理青年时期，曾经躲在漳州东关浦头大庙里，过着"五人三条裤"的紧日子。当时，他跟几个穷哥儿结拜兄弟，谁出门干活，得轮流穿裤子，剩下两个只好躲藏在关帝的供桌下，免得露丑。

图1-7 浦头大庙正堂及其上悬挂的"江汉以濯"牌匾

等到蓝理征战归来，贵为福建提督时，旧时的兄弟早已星散云消，不知去向了。他只有出巨资重修关帝大庙，并想亲书写一块"江汉以濯"匾额，悬诸大殿上，以表明心迹。可自己是个大老粗，使刀弄枪还算内行，舞文弄墨可用不上力，请人代笔，又显得不虔诚，思来想去，最后下定决心：自己苦练。

于是他闭门谢客，诸事不理，吃过饭就练字。一天，二天，三天，写得很吃力，鸦涂满纸，自己看都脸红；十天，半个月以后，字体稍为有些骨架子了。俗话说："字无百日功"，练久了自会进步的，何况他只写四个大字："江汉以濯"。

终于，他写得满地斗方大字，收集起来一大叠，足足有三尺厚，叫人送到师爷处，请他从中挑选四字，再制成匾额，高悬在浦头大庙的殿上。说不上是什么体的字，然而，铁骨铮铮，遒劲有力，像个武夫的架势。

讲述人：叶国庆，男，90岁，厦大教授
采录人：啸华，男，65岁，离休教师

采录时间：1990年元月
流传地点：漳州浦头一带①

民间故事当然不能简单地直接作为信史来看，但是从中还是可以探讨我们所获得的历史信息，比如蓝理为何不重修别的宫庙，而对浦头大庙情有独钟，其动机是什么？现今高悬于浦头大庙的"江汉以濯"是真是假？为何浦头大庙遗留下来的碑刻与蓝理关系最为密切？为何浦头大庙供奉有蓝理的神牌位？"对于在浦头土生土长"的叶国庆教授来说，其生平经历了清末、民国到现代，这则民间故事是其从小耳濡目染蓝理与浦头大庙的相关历史传说而总结出来的，关于蓝理这样一位浦头历史人物的一些民间事迹总不会偏差太大。另外，我们再看康熙版《龙溪县志》记载：

> 其川之大者为溪。自西来者，溯天宝墨场，北源出于永丰禾溪，南源出于管溪，至南靖合流，绕郡城为南河（旧名西溪。中三台洲，南桥亘焉。下至方壶洲，水势微折而南，又束以新桥。其云方壶洲者，以西望员峤得名），过诗浦［从此曲而抱城，东过浦头。其上流分一水为田里港，初流绝细，自戊申（1668年）以后，洪水时至，港岸崩陷，西溪之水从此港直下，汇出陈洲之上，入于大溪。而诗浦港沙壅，绕城之水甚微，诸绅士以有关形势，募众填塞，寻圮。康熙四十六年（1707年），陆路提督郡人蓝理，慨然引为己任，捐金筑之。从此数年，西溪之水复绕抱城。知府魏荔彤以港中水利拨充仰文书院，为诸生水夫之费。五十六年五月，洪水大作，港岸复崩］，出镇门与北溪会。自北来者，曰九龙江（以九龙戏水，故名），源出于延、汀，合宁、岩、平之水，下华封，历天宫、漫潭，复会长泰之水，渡香洲，出两峡，过柳营江，出三叉河，与西溪会。②

康熙四十六年，蓝理贵为福建提督，衣锦还乡，在浦头一带做了许多

---

① 漳州市民间文学集成编委会：《中国民间故事集成·福建卷·漳州市分卷》（三），华安印刷厂，(87)闽出管准印证第13—1800号，第148页。
② 江国栋修，陈元麟、庄亨阳纂：《龙溪县志》清康熙五十六年（1717年）刻本，2005年漳州市图书馆整理，第17页。

善事。其中最大的两件：一是修筑田里港，疏浚浦头溪；二是扩建重修浦头大庙。1988年浦头大庙被列为漳州市级文物保护单位，其1988年6月10日树立在庙前的"漳州市级文物保护单位浦头大庙"石碑背面还附有以下文字：

> 浦头大庙崇祀关圣，清康熙间提督蓝理扩建浦头街，并重修此庙，理善大书，题"江汉以濯"匾，惜原物已失，现存为里人张如南重书，原匾与"南海佛国"普陀山四大字，均为蓝氏遗迹。

可见，蓝理还扩建了浦头街，即现存在浦头大庙背后的新行街。距离浦头大庙南侧300米处的霞东书院留存有清道光元年（1821年）碑刻（图1-8）：

重建霞东书院碑记

郡东文昌宫故金浦蓝总戎馆地太傅蔡文勤公塑帝像祀焉即邑志所载霞东书院也年久倾废居民占筑房屋岁壬申黄君步蟾过其地故见颓垣断瓦不蔽雨旸独像犹新询知为帝示梦重塑未久归谋诸同志佥议移祀或别营先后筶请不许则稍稍修葺谨奉明禋以俟时丁丑复月乡士夫复谋重建适施君照顾以所居室数楹为帝殿基众异之相与往观其居去祠可百步亦书院馆舍地施君价购而有者面山负市溪流远其前峰峦朝拱林木映带洵胜区也因卜之帝一珓得吉即日募金

图1-8 霞东书院"重建霞东书院碑记"

营建浃旬之间踊跃输诚者已累千石乃价赎民居拓地培田用宏厥制时余适尹兹土闻而题之捐奉为劝落成之日诸庙展礼六工既良八材斯饬制作

备矣士夫等复嘱余为记余日记者纪实也爰书其废兴本末勒兹贞珉以告后之尚义者其捐金姓氏另碑镌列永垂久远

　　　　　　　　　　　道光元年腊月榖旦前知龙溪县事桐城姚莹撰
　　　　总理绅士黄步蟾郑启祥欧阳山黄千龄林蘅黄存志
　　分理绅士黄世俊林翰陈宗任陈谟黄拱辰郑宗濂黄珪璋黄彦施颖源黄存心
　　　　　　　　督工绅士欧阳琦谢恩翁懋昌蔡国梁
　　劝捐绅士林广显梆廷爵苏廷耀林如兰陈淬锋翁自超黄鸿绪王先登钱经炯黄国英唐际虞郑开阳陈连如陈壁黄存谦徐国伟刘维桢黄瀛黄存宜等仝勒石

这块碑刻内容显示，金浦蓝即指蓝理，霞东书院是蓝理的总戎馆地，也就是蓝理在漳州府城的公馆。在更早的康熙四十年（1701年），蓝理还重建了虎渡桥：

　　虎渡桥一名江东桥，在柳营江，为郡之寅方，因名虎渡，俗传昔有虎渡江。……国朝康熙十七年海寇刘国轩焚毁殆尽，十八年总督姚启圣修以木梁，三十四年提督施琅以石，四十年郡人蓝理重建，五十二年知府魏荔彤修，雍正九年里人郭元龙重修，（郡人蔡世远为记）乾隆二十一年桥石中断，巡道杨景素、知县陶敦和倡捐重建，里人王维杰董其事[①]。（王材为记）

综上所述可见，里人蓝理衣锦还乡后，十分热心家乡公益事业，对于早期流浪栖身之处的浦头大庙进行重修扩建也就一点也不让人意外了。难得的是，蓝理上述所做的几件公益事业还都与家乡经济有关，尤其是与浦头港经济有关，修筑田里港、疏浚浦头溪、扩建新行街，乃至重建虎渡桥，其实都与浦头港的经济民生息息相关。当然，这也是传统闽南人常常凸显出来的一种地方人文性格表现。

蓝理利用自身的号召力，或亲力亲为，或号召家乡士绅，疏浚浦头溪，扩建了浦头大庙，这对于浦头大庙的历史地位的塑造影响相当大，浦

---

① 江国栋修，陈元麟、庄亨阳纂：《龙溪县志》康熙五十六年（1717年）刻本，2005年漳州市图书馆整理，第81页。

头大庙有可能就此一跃成为了漳州府城东厢最有影响的民间宫庙。首先，蓝理是平台名将，官至福建提督，这种显赫的身份对于一所位于城郊的民间宫庙的影响是不言而喻的，这在闽南许多民间宫庙的历史发展中都得到了验证，比如颜氏家族之于青礁与白礁保生大帝庙的意义，李光地对安溪石门保生大帝庙的褒扬①；其次，蓝理是漳州本地人，虽然是出生在"金漳浦"，但是在浦头流浪，出人头地后又在浦头置有馆地即今日的霞东书院等地，并在浦头大庙西北端不远处的岳口街还树有"勇壮简易 所向无前坊"② 御赐牌坊，一直存留至今。再加上有关蓝理这种典型的闽南式"鲈鳗"投机式的富贵，契合诸多闽南城乡青年崇奉"富贵险中求"的生活理念。

蓝理为何为浦头大庙题"江汉以濯"匾额？《孟子·滕文公章句上》有此匾额文字出处：

> 他日，子夏、子张、子游以有若似圣人，欲以所事孔子事之，强曾子。曾子曰："不可。江汉以濯之，秋阳以暴之，皜皜乎不可尚已。"

这里的"江汉以濯"形容孔子的高洁博广，而蓝理借此典故题写匾额，何尝不是在浦头大庙的大殿上剖明自身已经改邪归正的心迹，为自己年轻时候的浪荡埋单？这深深契合闽南老一辈人对所谓青年"浪子回头金不换"的人生价值观的肯定。因此，有关蓝理的诸多民间故事，深受闽南大众的喜爱，一直流传至今，充分说明了蓝理在闽南地区得到了历史认可，保持了持续不间断的社会影响。对于浦头大庙而言，蓝理就是浦头大庙庙史上的一大标杆，因此，也才有了浦头大庙东厅壁的"崇福宫主持立蓝公理神牌"的长期保存，更促使浦头耆老颜知森撰写、厦大已故教授叶国庆先生监阅"蓝公赞"，杨阿聪书，并镌刻在浦头大庙大殿右侧墙壁石碑上，由此可知蓝理对现代浦头大庙及浦头民众影响犹在，这也是浦头港宫庙群其他宫庙无法企及之处。

---

① 林国平、王志宇主编：《闽台神灵与社会》，厦门大学出版社2010年版，第229页。
② 吴宜燮修，黄惠、李田寿撰：《龙溪县志》清乾隆二十七年修，光绪五年补刊本，影印，成文出版社印行，1966年，第46页。

蓝公赞

蓝公讳理字义甫，入宦又号义山名。
祖籍漳浦赤岭乡，石椅山庄种玉堂。
公生首裔具异相，躯干魁梧兼纬武。
处事光明又磊落，英风飒爽有奇志。
膂力超群人景仰，真是本宗千里驹。
乘船破浪更称雄，八般武艺比精纯。
少时家境清贫寒，天生桀骜性不驯。
空有气概难肆武，飘身浪迹漳州城。
浦头大庙暂寄身，又宿金城好汉街。
呼朋引类成怪杰，正业不务乖正道。
竖子未达风云会，岁月蹉跎年暂长。
返里操持漂染业，偶遇族叔宣世道。
英雄无种丈夫志，欲造时势此其时。
应为国家立功名，矍然而悟振臂起。
且效班超定远志，人生几得奋发日。
莫负当朝好男儿，破缸亮节誓改道。
号聚村壮五十人，决为地方除恶害。
海上征寇立初志，血洒格斗岱嵩岛。
盗魁卢质竟伏诛，战胜无功反遭诬。
郡官无良黑心肝，是非不明乱裁判。
十载春秋死狱囚，厄运未劫放光明。
适值叛藩耿精忠，募用死囚效其劳。
公为脱身不附逆，弃暗投明大义伸。
凛然度出仙霞关，时势荡荡正邪分。
认明前途为国忠，走投亲王统军前。
旗帜分明讨逆从，王嘉其志令随征。
呼啸龙骧执先锋，功造初立游志街。
紫绶灌口靖海军，明末遗恨台湾岛。
施琅奉旨帅远征，窃闻蓝公英勇名。
执印先锋带甲兵，破浪扬帆趁季风。
正是英雄叱咤时，澎湖初战陷敌阵。

奋不顾身冒死战，一弹竟然进腹腔。
泌入危难尚指挥，三军若定破重围。
惊退敌军似神助，公伤破肚肠未断。
力挽狂澜庆生还，泥丸未能封函台。
明社气数终垒卵，平台战功公屈指。
天恩爵赐紫绶衣，不期家报婶母丧。
致阻入京拜表时，三年守制孝在兹。
满服入京拟觐见，途出长城古北口。
适逢圣驾出狩猎，金吾喧吓避不及。
被执始得参帝前，帝知蓝理解衣验。
累累伤痕眼底生，破肚将军圣口占。
无意获得光荣号，谢恩之外并马行。
慰宠特赐御园游，炎夏气候身上蒸。
寻凉解暑自经营，园中景物静中求。
好在石板会生凉，赤身一睡万事休。
华胥入梦无人觉，谁知圣驾亦来临。
步履声传朦胧眼，惊起莫赎犯失仪。
接近帝身才俯伏，头撞圣上随身剑。
不知所措但惊遑，赳赳武夫动帝怜。
帝躬俯身细耳语，警告赤身失朝仪。
为感爱国慰干城，撞剑赐剑表宠爱。
竖子成名立根本，满朝文武皆侧目。
人生几得日中天，廷议授官几命笔。
宣化府门荣归第，铨叙总兵是正衔。
镇守朔方越三载，为国经营造海田。
官兵经济多自给，时逢浙江起寇氛。
海匪出没扰潮信，旨饬蓝公立绥靖。
十载剿伐勤守备，移师匡政绩福建。
立功官拜提督名，频亲父老桑梓情。
衣锦还乡一代臣，回首当年殊途日。
聊作南柯一梦游，勤政纬武兼经文。
贪官污吏一刷新，解除豪强压平民。

惩罚缴得不义财，集资扩建崇福宫。
浦头大庙香烟盛，次第再建文昌宫。
文人荟萃国学兴，漳州海航何处是。
商贾云集浦头溪，为答桑梓留手旨。
"江汉以濯"亲题匾，物华天宝应护持。
浦头大庙崇福宫，更有东霞文昌阁。
防旱排涝诗浦闸，挖填桥埔九肚尾。
再整通潦田里港，拓宽商城新行街。
欣欣事物良不朽，皆赖蓝公桑梓情。
功德无量非止此，公以武职勤民政。
廉节忠孝皆可嘉，康熙特赐二手书。
"所向无前"初旌表，"勇壮简易"荣光第。
朝廷赐立壹华表，桑梓念其仁义情。
诚心以篆立神牌，深情一牌记千秋。
垂泽后世一瓣香，蓝公青史彪万年。

颜知森撰于芗江
荣杰
本社港后弟子高天仁率子　镇荣　敬奉
镇铠
厦大叶国庆教授监阅杨阿聪书
公元一九九七年岁次丁丑腊月

二　清代浦头大庙的地位及其社会功能

　　浦头大庙作为浦头港宫庙群的核心并非偶然，尤其是经历了康熙年间蓝理的重修与扩建。通过浦头大庙现存其他两块乾隆年间的碑刻，我们可以管窥乾隆年间，浦头大庙开始发挥出什么样的功能。

　　其一，"沐思本县主章勘丈绿洲碑记"，该碑文字因年久渐次湮没，无法轻易辨识，现根据浦头文保小组与浦头理事会汇编的《福建浦头关帝庙》相关整理资料，抄录如下（该碑刻无阿拉伯数字，这是大庙管委会按照其传统竖行进行标示并逐行拓摹）：

沐思本县主章勘丈绿洲碑记

（1）皇上尊念

（2）关夫子至忠至圣幸神光赫灵庙前新浮沙埔兹蔡云忠等为愿恩赐鉴以隆祀典事据二十七都浦头保耆民蔡云忠苏国鼎

（3）欧阳实苏开盛杨国栋文焕林永芳联名具呈词称烟火常篆光映南极祀典崇隆

（4）蒙思定于浦头保社中前士民就地溪傍建筑庙宇一座崇祀关夫子神像凡官长来往迎送必在其所朔望宣讲亦集于斯

（5）庙宇宣称而烟火未垂永久兹神光赫灵庙前溪南新浮埔一片堪垦圣洲园忠等乐输工本填筑充入庙产配享祀典以

（6）供需国课一举两得合情相率向呈乞垦俯采思赐垦科纳课庶庶祀典日隆烟火永垂神人共沐千万载不朽矣等

（7）情本县据此经报里保叶文登乡保蔡日升等亦著蔡云忠等呈垦新溪沙埔果系实情旧洲界外丈有十三亩六

（8）分七厘三毫水涨时盖压土一半求其成洲众缘香愿出工本填筑成洲系是官溪新浮并无争占是否准其垦筑等情并

（9）据蔡云忠等认垦请示前来续据陈瑞以神占等事具呈着里保应加确众去后兹据里保叶文登等覆称并同查蔡云

（10）忠等呈垦之地系大庙前官溪边新涨未能成洲所缴图并填明陈瑞及朱夫子洲隔越沟港界址昭然果系新浮之洲与

（11）他并无干涉等馀核卷批示既系新浮饬令分界另管毋许混并并票外合就出示为此仰该地乡保人等知悉

（12）嗣后大庙前溪南新浮沙埔饬令耆民蔡云忠等分界垦地充入庙产照例隆神纳课并严禁不许人民乱控混土棍争及放

（13）牛羊践踏致误垦筑如敢故违不遵该乡保同乡耆蔡云忠等指名具禀本县以凭拿究不贷毋忽特示众耆民乐输工本填筑轮流祭祀姓名开列

（14）高天辉陈宏忍王维义陈延仕谢瑜荣许仲元李正文蔡先贵詹国宝高火煌吴夫伯礼谢恩赐蔡朝念谢光国曾廷文苏永瑞陈群老林世荣林爵世陈登甲李邦福苏邦英陈居录胡澄海陆名扬陈士峰李长盛苏长去郑国志林锡禧王国佐李宗岳苏长源

乾隆十一年五月□日立

该碑文主旨是清乾隆十一年（1746年）耆民蔡云忠向龙溪县衙乞垦浦头大庙浦头溪南新浮一片沙埔，面积达十三亩六分七厘三毫，乞垦的理由是"分界垦地充入庙产照例隆神纳课"。按照新浮沙埔的地理方位，近在咫尺的南侧文英楼周仓爷庙也有机会享受新纳此庙产的福利，然而，浦头大庙的地位决定了其独享此庙产。乾隆十一年，适逢清朝崇奉关圣最高峰时期，山西夫子即为乾隆帝所称，全国掀起了崇祀关帝的热浪，浦头大庙无疑也从中受益。更重要的是，乾隆时期的浦头关帝庙已经成为浦头渡"（龙溪县）官长来往迎送必在其所朔望宣讲亦集于斯"的定点接待处与政令宣讲点，也就意味着，乾隆时期浦头大庙的地位与影响不降反升。又因为庙前新浮沙埔是浦头溪新冲积出来的土地，浦头溪水涨时该浮洲还会被淹盖掉一半面积，因此还得纠集一定的财力进行围垦，这就需要地方政府的支持或依靠地方社会群力群策凑齐工本费用进行填筑围垦。俗语说"无利不起早"，地方社会的民众都是非常务实的。但是，正因为有了浦头大庙的存在，使得这次围垦前的填筑工本得到了保证，且是"耆民乐输"！其中原因肯定不是单纯为了围垦成功后能输纳国课这种大公无私的理念，而是为了浦头大庙的隆神祀典乃至烟火永续，这才符合素有"尚巫俗鬼"传统的漳州民众的正确反应。该碑下列了35位浦头大庙的耆民乐输新浮沙埔填筑的工本费，实际上也就是这批信众为浦头大庙添置庙产的重大举措，这与现代信众重修庙宇或添增香火钱的动机与举措是一致的，并且，这一举措是在龙溪县官方权力体系的监督与支持下完成的，从此，浦头大庙也就有了官方保障的恒定的庙产，这对于一座民间宫庙来说，无疑有了恒久存在的保证，其香火才能永续，神光才能更加赫灵。

再看存留在浦头大庙前的另一块乾隆十年（1745年）的"奉宪严禁碑"，可以佐证上述乾隆年间浦头大庙已作为浦头保官方朔望宣讲政令地点的这一事实。

奉宪严禁

漳州府龙溪县为渡船贪载等事蒙本府信票奉本道批府严禁，溪邑各处渡口船载客计梁头一尺载渡三人，每水程十里按客给钱二文，随身行李不另取值，搭货一担减人之半，不许于定额之外多载人货，亦不许于定价之外多索钱文，风往雨骤之时禁其开渡。并饬各员澳保不时巡查，毋许勒索多载，如有地保土棍劣监豪绅巧立渡主名色霸图利违抗不遵，立即访实详究。仍取勒石示禁榻摹，并各渡船捎遵依送查等因毋忽，特示。

乾隆十年六月日立浦头保

时至乾隆年间（1736—1795年），浦头港已经蔚为大观，浦头大庙傲视浦头诸宫庙，作为离漳州府城最近最大的内河码头，浦头港已经是鱼龙混杂，因此，才需要官方树立"奉宪严禁"碑（图1-9），以确保各口各渡船的搭载客货规范与安全。浦头渡作为漳州府城水陆交通的始发地，浦头大庙当然是官方宣讲政令的最佳地点，同时也彰显了浦头渡的渡船经济已经到达一定的规模，如此才值得龙溪县衙门勒石示禁，对各渡口渡船进行规范与保障。

到了道光年间（1821—1850年），浦头港一如任何一个地方社会的繁荣码头与街市，官方权威的下降，导致了官方对地方社会繁华地秩序的失控，这从浦头大庙留存下来的清道光年间两块碑刻可以得到验证。其一，"龙溪县正堂陈示禁"，反映的是道光年间官方配合地方民众整治浦头保地方治安问题，比如示禁私宰耕牛开牛灶、滋事扰民、踏辱屠弱与商旅、匪棍结党等。

龙溪县正堂陈示禁

署漳州府龙溪县正堂三级纪录五次陈为抗示藐禁佥恳勒石永禁事

道光十一年二月初八日，据浦头保武生谢恩、陈标、街长苏

图1-9 浦头大庙现存的"奉宪严禁"碑

克成、卢献、陈光沛、颜九、杨汉瑞、高孟兴、陈节、苏汉成、杨天喜、柯惠、张国明、王渊、苏景、陈信仁、苏应甲、颜天筹、陈开盛、

苏尚、陈福凝、谢上达、李溪、林顺德、苏光厚、郑红光等呈称切浦头保什姓鸠居，商民铺户守分安业，缘有案棍黄店在保内聚集窝穴，名开牛灶，而实鸠匪类结党成群，逞凶滋扰街邻，屠弱畏威，任其踏辱，商旅不安。幸蒙仁台暨府宪都开府各出示严禁并饬封牛灶，匪巢扎谕设立更图条规禁约查巡数日，保内稍安，讵料棍伙仍在浦头保内肆行搭厂再开牛灶窝集匪类，诚恐再酿祸端，叩乞示禁立碑以垂久远以靖地方等情到县据此除勒差查拿外合行出示晓谕为此示仰该处军民人等知悉尔等务各自安生业切勿贪图微利开设牛灶私宰耕牛以及窝集匪类扰害乡民，滋生事端，倘敢故违，许该社长等协仝地保指禀赴县，以凭按名拿判，决不宽贷，该社长地保如敢徇私容隐，察出一并惩罚，宜凛遵毋违，特示

道光十一年三月十三日给发浦头保勒石

该碑文中，呈报示禁内容的人物已经从"沐思本县主章勘丈绿洲碑记"中的耆民、乡保、里保，换成了武生、街长、社长、地保，尤其是耆民与武生的对照，以及街长的出现，寓意着浦头保经济政治文化的进一步提升，可以窥见浦头港码头经济繁盛，街市成排成为了常态，浦头保低等级的士绅逐渐涌现，并介入到浦头保的地方事务管理中来，而浦头保地方保甲治安事务获得龙溪县正堂的直接重视，更显示了浦头保已非常规的地方保甲，地方治安不靖，首当其冲的受害者就是地方商业经济，因此浦头保士民不得不集体呈请龙溪县令以获得勒石禁示，长治久安。

其二，"厦关税行公启"碑（图1-10）。

厦关税行公启

尝谓利不避害私不蔽公古今定理也，惟我税铺创置。各港渡船募雇出海舵水，驾驶往来运载客货，自道光二年间原有成约立定章程，各船出海，舵水以及帮铺俱遵约束，不敢犯禁。迩来人心不古，法久弊生，所有行郊货客，寄搭银货，批单倘遇不虞，辄尔捋船指交甲纠缠图赖，甚有奸猾之徒，私与驾船人等交通营利，而长短欠项亦欲就船跟讨，殊属无理。独不思船系税铺之船，揽载各货赴关征税上供国课，下通民商，关系匪轻，驾船人等不过日给工资于本船毫无干涉，

所有寄搭交关并非本船自行经手保认,奈何以各营利起见,而利则欲私收,稍有短欠以及不虞,则欲使该船坐受其害乎,且行郊铺户既与出海人等交关,必索信其人之忠诚可托,方敢交付,更不应累及局外之饷须可。我同人议革之弊,重申旧约。自今以往,凡行郊货客铺户寄搭银项以及交关必须慎自审择人品端正,方可托付,不可任意乱交,临时恃强拖累本船,倘有故犯,我同人鸣众闻官究治,仰或各船舵水私自交关,亦因相信之人,方肯赊欠,倘有拖欠不明,亦不得与本船出海取讨,一并遵守勿替,谨此告白。

道光十二年十二月　日厦关税行公启

图1-10　浦头大庙"厦关税行公启"碑

　　该碑刻引人注目的是它是由厦门关税行,而非龙溪县令来颁布的,这是厦门海关税行深入到浦头港设置税铺（或称:税哨口。石码是厦门海关的钱粮口岸即征税口）,以管理渡船的营运与秩序,足见浦头港航运经济的发展。自海氛澄静后,清政府开东南海禁,于康熙二十三年（1684年）先后设立闽海关、粤海关、江海关与浙海关等四海关,厦门湾南北岸港口经济全面发展,实际上全面带动了闽南沿海城市的经济发展,漳州府城也不例外,浦头港即是其中的代表。该碑文还显示了,浦头港的渡船被纳入厦门税行的国课纳交专项管理范畴,其远近可达,出海成为常态;更有专门的行郊、铺户等专门的航运、邮递等商业贸易群体,实现货客流通两便更高层次的商业贸易体系。这则"厦关税行公启"碑的设置,预示着浦头港经济发展到某一个高峰期。水涨船高,浦头大庙受益匪浅。

第三节　浦头港文英楼（定潮楼）周仓爷庙

一　明清以来文英楼的兴起与港脚社陆氏宗族的关系

文英楼又名定潮楼，与浦头大庙在1988年同一批被授予"漳州文物保护单位"，文物名录为"定潮楼古码头"。文英楼原格局是一座两侧垒墙、前后以石柱加支撑的二层楼，正面临街朝向盐鱼市，背面靠水向浦头港即定潮楼古码头。楼上一层面阔三间，硬山顶，两进一天井，靠街一进祀周仓，靠水一进祀妈祖。其楼下一层有意构建为干栏式门洞，门洞内两侧铺长石板可供行人商旅休憩，地板亦由石板铺就，方便行旅商贾通过，是盐鱼市与定潮楼古码头的直接通道。

此楼始建年代不明，现有建筑实物最早纪年为清雍正七年（1729年），现存一楼大门两石柱槛联："义勇擒庞功蚤著，英灵镇浦泽长流"，梁上石柱刻有"石码镇太学生林梦崧喜舍楼前石梁三支，石柱四柱，雍正七年孟春穀旦立"。不过在田野调查过程中，我们抄录到了一则2010年张贴在文英楼周仓爷庙东侧走廊上的题名为《生尽义勇忠故主神显灵威渡解元》的红纸告示，这则民间故事与《中国民间故事集成·福建卷·漳州分卷》（一）的《周爷楼的传说》大致类同，内容核心都是《一夜渡南台》，相关的信息都显示了周仓爷庙的创建年代远超清朝雍正七年，两则民间故事内容抄录如下：

（一）生尽义勇忠故主神显灵威渡解元

古时住在漳州东门外港脚桥仔头角姓陆的村民，据传说是陆秀夫之后裔。传说曾有一个秀才陆希韶在此居住，父母双亡的他，从小靠叔父养大，故而祖上财产全归叔父所有。叔父有一个与他同年龄的秀才儿子，且在同一所学堂读书。某年的一个傍晚，其叔父上茅厕解手，忽听附近树下传来"啾啾啾"的声音，被吓得毛骨悚然，不敢做声，忽听得有一声音在问：今年科试解元乃谁？另一声答：乃港脚社陆家之相公也。其叔父想上前问明，但见树下空无一人也，疑是贵人托梦，或是神鬼作祟。心想：社里只有儿子与侄儿是秀才，要中解元,非他俩莫属。左思右想,便起私心,绝对不能让侄儿去应试。于是就将侄儿关在书房内读书写作,以阻止去参加应试。秋考前他替儿子筹备马匹干粮,让佣人送儿子去福州应试。在秋考前一天的傍晚才将侄儿放出。陆希韶因被叔父阻止无法参加应试,心中不快,便独自沿着港边解闷。忽见有一位粗眉大眼满面胡须的老者驶着小船向他划来,老者停船上岸,关切地问他:科试已至,你为何不去应试,却在港边散步?希韶便告实情。老者笑曰:你若想科试,吾可助你。希韶欣喜万分,即向老者致谢。老者唤他上船,坐在船舱闭眼,待风平浪静时方可眼开。希韶耳边只听阵阵风浪之声,片刻便睡眠了。翌晨当他睁眼时船已停在福州南台,立即赶往考场应试,一时都忘记向老者询问姓名、地址。陆希韶如愿以偿,名列第一高中解元。当喜讯传到陆家时,叔父以为是儿子高中,喜乐筹备为儿子接风贺喜。当儿子与侄儿回家时方知是侄儿高中,暗想自己明明将侄儿关在书房内,他却高中,因此,百思不解之。后来,陆希韶进京又考中进士,回乡后,要报答助他应试圆梦之老者,细心四处查巡,但全无音信。有一次在浦头港边漫步,刚好走到文英楼看到周爷公的神像与当年助他应试的老者一模一样,才恍然大悟,周爷公即是助他高中解元的神仙也。

真乃:周兴浦头千秋福,爷震古今万代春。

文英毓秀凤飞龙翔万民福,浦头呈祥莺歌燕舞合境兴。

公元二○一○年孟冬杨子艺整理蒋盛尔书

(二) 周爷楼的传说

漳州城东浦头港的古渡口有一座周爷庙,庙里供奉的尊神就是周仓将军,由于有一段《一夜渡南台》的神觋传说,至今香火鼎盛。

传说明朝崇祯年间,浦头港附近有个港兜社,有个秀才,名叫陆希韶,据说是宋末忠臣陆秀夫的后代。他从小父母早亡,由他的叔父抚养长大,他父亲留下的家产,都被他叔父霸占了,说是希韶还没成年,不能管家产。他的叔父也有一个儿子,也中过秀才,跟希韶同年,两兄弟都在县里学宫读书。

这一年的秋闱前,两兄弟正在"三更灯火五更鸡"地拼命苦读苦练文章。有一天夜晚,陆希韶叔父上厕所大便,忽听墙外树荫里有两人低声细语地在谈话。一个声音在问:"今年这科乡试,解元该谁中?"另一个声音答道:"是港兜社陆家相公得中的。"希韶的叔父听了,赶紧系上裤子,想找到那人问个明白,那知道墙外树下空无一人,黑暗中传来"啾啾"几声鬼叫,吓得他全身毛孔都竖起来了,大气也不敢出,便溜回家去。

但是,他心里明白,那是野鬼们在悄悄议论人间私密,泄露了天机。于是他暗暗盘算:小鬼说今科乡试的解元是陆相公得中的,我这社里中过秀才的,也只有我儿子和希韶两人。这样看来,今科解元不是我儿子,便是希韶了。他想来想去,私心大发作,咬牙切齿地说:"今科秋闱只能让我儿子去考,中个解元,绝不能让希韶也去考,他要中也得等来年。"于是,他断然阻止希韶去应考,硬说他的文章火候不到,还应闭门读书作文,再下一番苦功方行。希韶无可奈何,被叔父蛮不讲理地锁在书库里,强迫他读书作文。眼巴巴地看着他堂弟骑着高头大马,带着家僮,高高兴兴地到福州应试去了。直到秋闱的前一天傍晚,才把他放出书房去散散心。

陆希韶平白无故地遭到叔父阻挡,不知为了何事,偏不让他去应试,心里想不通就沿着门前小港溪,漫无目的地走着,走着,不知不觉地来到了浦头港。只见茫茫一派大水,挡住了他的去路,希韶触景伤情,悲从中来,不禁恸哭流泪,仰天叹气。正在这时,只见一叶扁舟,向他驶来,等小船靠岸时,只见船上站着一位老渔翁。你看他:粗眉大眼,两腮刺猬胡须,双目炯炯有神,气度不凡。老渔翁系好船,登岸来,关切地问希韶道:"今科秋闱已到,相公为何不去省城应试,却在江边恸哭叹气呢?"陆希韶正憋着一肚子委屈,无处倾诉,见老渔翁这么慈祥关切,就把自己的遭遇,统统告诉了老阿伯,最后他失声痛哭说:"明天就要考试了,今科我没希望了。"

老渔翁听了呵呵大笑道:"我还以为你有什么天大的难事在此恸哭,原来只怕明天赶不上考试,来,来,请上船来,老汉包你一夜潮水,就送你到福州,'赶赴'进考场。"

陆希韶听了大欢喜,赶紧跳上船,千恩万谢渔父老阿伯,他想都没想,这只小船怎能一夜行驶七百里,赶上明天清晨去府学应试。老渔翁和蔼地说:"免谢,免谢,日后不要把我忘记了就行。开船啰,相公请闭上眼睛。"果然,他闭上眼睛坐在船舱里,只听见舱外风声呼呼,水浪拍着船舷,不久,竟昏昏睡去了。等到老渔翁来叫醒他时，天还"暗眠摸"（还没大亮），说是已经船泊福州南台码头上了，叫他赶紧进城入考场。陆希韶匆匆忙忙告别老渔翁赶紧赴考，竟然忘记请教好心仗义的老渔翁尊姓大名，仙乡何处了。

三场考试下来，乡试发榜了，陆希韶大名高居榜首，果然中了解元，而他的弟弟却名落孙山。当快马传喜报到达陆家时，希韶的叔父满心欢喜，还以为他的儿子考中解元了，赶紧准备接风酒宴，还得酬谢野鬼通风报信的功劳。等到他儿子和希韶一同回家来，这才弄明白，高中的却是他的侄儿陆希韶而不是他的儿子，自己白费心思，落得一场空欢喜，可是他怎么也弄不通，希韶考试前明明被自己关在书房里，直到临考前夕才放出来，他怎么能赶得上到福州应试呢？

陆希韶当上解元公了，社会地位高了，他叔父只好将他父亲遗留的田产屋厝全部归还给他。又过了两年，希韶进京参加会试，中了进士及第，被派到广西做了几年知县。后来满清入关，明朝倾覆了，陆希韶就弃官归隐，回到原籍，立誓不为清廷效劳。但是为了报答老渔翁的恩情，他走遍浦头附近四乡村社，都查问不着。有一天，他来到浦头咸鱼市的周爷楼敬香，抬头看见神龛坐着的周仓爷的神像，跟当年帮助他的老渔翁长得一模一样，这才恍然大悟，没有神力，扁舟怎能夜行七百里，赶得上省城赴考呢？恩人正是周大将军啊！于是他出资重修了周爷楼并尊称神为"渡人侯"。

讲述人：王燕贻，64岁，女，退休职工。

采录人：戴志尧，16岁，男，学生。

采录时间：1990年8月13日。

流传地区：漳州、龙海一带。①

上述两则民间故事的主角都是龙溪解元陆希韶，查阅《福建省志·人事志·选官》之《明代福建乡试解元、举人统计表》②，龙溪县陆希韶为明崇祯六年（1633年）解元，这点确切无疑。陆希韶出生地港脚社就在浦头溪边，处在诗浦与浦头之间的溪段，该社建有供奉玄天上帝的德兴

---

① 漳州市民间文学集成编委会：《中国民间故事集成·福建卷·漳州市分卷》（一），华安印刷厂，(87) 闽出管准印证第 13—1800 号，92—94 页。

② 福建省地方志编纂委员会：《福建省志·人事志》，方志出版社 2000 年版，第 17 页。

宫，也是参加浦头溪端午节"扒龙舟"习俗的六大宫庙之一，与浦头大庙与文英楼关系密切。陆希韶属于港脚社陆氏小宗，时至今日，陆氏小宗的宗祠仍然存在，且翻修一新，在陆氏小宗祠堂的大厅三对石柱上，分别镌刻了三副对联：

一夜乘风越南台，八闽赴试列前茅。
世人逐世争奔走，沥胆镰肝惟恐后。
临朝尽忠明天主，解元换朝出外洋。

这些材料都印证了陆希韶这一历史人物的真实存在，并且与上述两则民间故事相互印证，证明了文英楼周爷庙的始建时间不晚于陆希韶的生平，以及陆希韶曾经重修过文英楼周仓爷庙。我们在港脚社做田野调查时，还在该社居民陆江先生那里采录到了陆希韶广西辞官后的一些逸事。

其一：

又过了几年，李自成攻下北京，崇祯皇帝自杀。翌年清军入关建立了清朝，明朝灭亡。陆希韶辞官归里，把他考上解元的旗匾毁于"解元洲"中，陆希韶十分忠心于故国。清初封疆大吏唐朝彝劝陆希韶归顺清朝担任官职，陆希韶严厉拒绝了唐朝彝的好意，他说："一女不侍二夫，一心不为二主！"并告诫子孙说："有谁去任清朝官职的就是不孝！"所以清朝一代，港口、港脚姓陆的没有一个参加过科举的，就是遵循这个告诫。

其二：

陆希韶晚年流落异乡，至死都未回归故乡，据说，当年陆希韶因故国灭亡，心情烦闷，外出到一友人家中做客，不巧这户人家的女主人与当地一男子通奸，此时正好碰上其友人回来捉奸，奸夫听闻动静立马从后院逃跑，男主人气愤难忍四处寻找，正好此时陆希韶从其院边经过，友人便认定是希韶与其夫人通奸，便扭打希韶，要其四周乡邻给其做主。此时希韶本来就已因故国灭亡，整个人跌落人生低谷，在这时候却又碰上这样的事，实在是令其痛苦不堪。而后陆希韶便决定离开自己从小生活的这片土地，远下南洋新加坡。

陆希韶至死都未曾回到故土，其子孙早已在新加坡生根发芽，期间有一部分子孙回到大陆，据说已在厦门定居生活，我（指陆江先生自己）曾前往厦门找寻回来的陆希韶后代，只可惜最终无功而返。

可见，港脚社陆氏小宗宗祠大厅三对石柱上镌刻的三副对联内容均有所指，既契合漳州关于陆希韶"一夜渡南台高中解元"的民间传说，也符合港脚社陆姓宗族居民对于其精英级别的祖辈陆希韶解元忠于明朝，入清不仕，且规定后世族人不许在清朝入仕，以及自身辞官归隐，浪迹南洋，大有"伯夷、叔齐不食周粟"的气节的诸多记忆，这都并非偶然。其中原句出自于唐代开元进士李欣《杂曲歌辞·行路难》的"世人逐势争奔走，沥胆隳肝惟恐后"这一对联尤其符合陆希韶忠于明朝不肯仕清朝的心境与处境。

直至现代，港脚社陆氏宗族与文英楼周仓爷庙关系仍然十分密切，我们抄录了2000年以来浦头文英楼周仓爷庙经历过的一次抬升和一次增修庙堂的两块碑文加以佐证，分别是2009年的"文英楼抬升捐资芳名碑"和2011年"文英楼兴建庙室捐资芳名碑"：

（1）文英楼抬升捐资芳名碑（2009年）

漳州市浦头文英楼，又名周爷楼、定潮楼。属市文物保护单位。近年来因城市建设等原因地势升高。文英楼变成了低洼，逢大雨就浸水。在本社的里人及热心信众提议将庙抬升。于2009年岁次己丑年，本社里人及当任理事与神明商议，问卦征得神明同意，择良辰吉时动工抬升重建。得广大信众热心捐资，经过四个月到农历十月竣工。庙貌焕然一新。现将热心捐资的信士芳名勒碑相传永久。

（捐款信士100余人姓名从略，其中陆姓27人、以港脚社信士名义捐献一次；金额省略）

文英楼理事会
二〇〇九年己丑年孟冬

（2）文英楼兴建庙室捐资芳名碑（2011年）

浦头文英楼庙室于公元二〇一〇年八月兴建，二〇一一年春竣工，其建筑面积二百零六多平方米，系群勇十二组大埕之地，经理事会研究决定付人民币一十二万元作为此地补偿费。

恳承社会各界信士敬献爱心喜乐捐资兴建而成。

（捐款信士60余人姓名从略，其中陆姓23人；金额省略）

现今文英楼周爷庙即是上述2009年岁次己丑年提升重修的，因为2000年以来芗城区城市建设日新月异，浦头一带变化巨大，比如盐鱼市的彻底颓废，浦头港宫庙群的统一规划，也基于更为美观与便利等因素考虑，经过"掷珓杯"问卦周仓爷，得允后抬升的文英楼（图1-11）改变了原来坐东朝西的坐向，而为坐西朝东，上下楼大门统统朝向浦头溪，楼依然分为两层，楼下仍为门洞走廊，可直通盐鱼市，只不过前后都安装了拉闸门，两壁即为上述两块捐资芳名碑的石刻安置处，走廊中间成为了摆放两艘端午节"扒龙舟"之用的龙舟与其他祭祀杂物。二楼原来的后进改为前进，仍然祭祀妈祖，原前进改为大后进，主祀义勇将军周仓爷。因改变了文英楼朝向，导致文英楼一楼大门紧贴着马路，且缺少信众活动空

图1-11 现今抬升后的文英楼，又名定潮楼，即周仓爷楼

间，因此在2010年至2012年再次拓展了文英楼的大门前埕与新建主殿左边侧室。从上述两块捐款芳名碑提供的主要捐款人可以发现，港脚社陆姓居民在这两次捐款活动中，表现十分踊跃，且人数众多。这也表明了港脚社虽有自己的社区庙德兴宫，但是因为其祖陆解元与文英楼周仓爷庙的历史渊源，以及港脚社与文英楼周仓爷庙近在咫尺，日常生活中周仓爷庙对港脚社民众具有相当的信仰吸引力，因此，才会出现如此密集的陆姓捐款人。

二 清代文英楼周仓爷庙的历史沿革

（一）文英楼周仓爷庙与浦头地方士绅的关系

文英楼周仓爷庙现存最早的纪年实物是位于其一楼大门左右的一对古老石柱，其楹联曰："义勇擒庞功蚤著，英灵镇浦泽长流"，梁上石柱刻有"石码镇太学生林梦崧喜舍楼前石梁三支，石柱四柱，雍正七年孟春榖日立"。崇祯六年（1633年）乡试癸酉科高中解元的陆希韶重修了文英楼周仓爷庙，距离雍正七年（1729年）太学生石码林梦崧捐献文英楼周仓爷庙楼前石梁与石柱的时间，还不到一百年，况且陆希韶的生平显然横跨了明末清初，想必距离林梦崧的出生时期并不遥远。我们相信只有"秀才"功名的太学生石码林梦崧向文英楼捐献石梁石柱是有其深刻寓意的，先不说"喜舍石梁石柱"对于一名太学生来说简直就是在表述自己那种想早日成为"国家栋梁"的隐喻，更重要的是，陆希韶"八闽第一"的解元头衔更是太学生林梦崧梦寐以求的功名，因为太学生虽然在清朝雍正年间贵为最高学府国子监的生员，但是想更进一步，一样必须参加科举考试，才能真正拥有出仕的机会，其中最重要的一关就是参加乡试，然后才有机会参加会试。显然，陆希韶无疑是太学生林梦崧的偶像，他来浦头港祭拜负有盛名的、曾帮助陆希韶"一夜渡南台"的文英楼周仓爷庙，并捐献石梁石柱，要表达的不外是祈求神明保佑其金榜题名。由此也从另一侧面反映了文英楼周仓爷庙凭借陆希韶的声名，对于浦头港附近参加科举考试的士子的吸引力。反过来说，明末清初的文英楼周仓爷庙也由这些地方士绅的推崇，而在世俗上获得了更大的影响力。

文英楼周仓爷庙与浦头大庙一样，其楼邻水一面就是浦头港四大古码头之一的"定潮楼古码头"的起泊所在，同样保留了许多清代的碑刻。"定潮楼古码头"是清代浦头港全面发展后在浦头保奠定的四大码头之一，因此，文英楼又雅称定潮楼，其一楼正面还架设着一道古石梁，其上赫然镌刻着一排文字："观潮　定潮楼　问渡"。该石梁的材质与古旧程度，以及该文字的雅驯，极有可能是石码太学生林梦崧所捐赠的三枝石梁之一，当然，因为该石梁并无直接的题写人的名字与年代，因此没办法百分百确定。不过，也不排除本来就是"八闽第一"的陆希韶解元所题写，抑或前来祭拜的文人雅士所捐助镌刻。

（二）文英楼周爷庙现存碑刻解读

康熙年间（1662—1722年）是文英楼周爷庙所保留碑刻的一个空白期，但在清乾隆元年（1736年）出现了一块碑文冗长的由当时龙溪县、漳州府、闽浙总督等逐级办理签发的示禁碑（图1-12）：

图1-12　文英楼现存清代乾隆元年"奉宪示禁浦头泥泊自三间桥至喜心港止海道船只往来停泊不许索取牙钱碑文"残片

奉宪示禁浦头泥泊自三间桥至喜心港止海道船只往来停泊
不许索取牙钱碑文

漳州府龙溪县为访查事。乾隆元年五月四日，蒙署漳州府□事海防分俯加六级刘信票，乾隆元年五月初二日，蒙署暨福建等处承宣布政司□都转盐运使司盐法道加二级纪录一次王宪牌，乾隆元年四月十三日，奉闽浙总督□专管福建等处地方军务兼理粮饷兵部尚书兼都察院右副御史拜他桂布勒哈番加八级纪录四十二次功加一等郝，岂容势豪认输公须钱，狼踞为己业，横抽扰累。兹据漳州府申详：龙溪县浦头地方船只往来，该地澳甲李领多人手执铁戳，每船抽钱。该府拘拏，檄发龙溪县究讯。据供系海澄公家每年十二月初一时起至年底，此前赴抽收。凡船只到地，大船每只取钱六十文；小船二三十文不等。按日具数，报明伊主。供认确凿，请饬该县查明。自三间桥至喜心港止，海道□十里勒石声明，永远禁革。毋许势豪仍前索取，倘敢故违，即严拿通详鸠治。至从前收过税银，姑念无人告发，又在恩赦以前，免其深求。原认钱粮五钱□□分零，饬县□除，将新□粮额拨补。澳甲林艾参藉口船只朽坏打破，不禀销号，枉自匀派，各船互相效尤，擅用戳记，明属违例，应予枷责革逐。红黑戳销毁，赃钱四百二十七文收贮，候拨公用等由。前来查乡宦恃势纵仆横抽，大干功□，本应严究，但事在赦前，可否□如县府可请从宽，禁革将效尤之。澳甲遍赃发落，伏候宪台察夺批示，以便转节遵照并取摹另送等缘由。奉批均如详，行仰即转饬遵照并取勒禁碑摹送查，仍候抚都院批示缴奉，本月初十日，先奉巡抚福建等处地方提督军务都察院右副都御史加一级纪录六次卢批详前由，奉批姑如详，从宽援免，转饬遵照取碑摹。并再犯倍处，甘结送查。仍候督部院批示缴奉，此合行饬遵备牌，行府立即转饬遵照。将澳甲林艾参照檄发落，追得赃银入官。其浦头泥泊查明，三间桥起至喜心港止，共海道若干里勒石声明禁革。听民驾舟停泊，毋许势宦纵仆仍前索［取］。倘敢故违，即严拿通详倍究。取具碑摹仝，不敢再犯。甘结送查，以凭转送。赃钱收贮，候拨公用，毋违等。因蒙此□备□□，仰县官吏照依事理，立即遵照将澳甲林艾参照檄发落，追所得赃钱入官。其浦头泥泊查明，三间桥起至喜心港止，共海道若干里勒石声明禁革。听民驾舟停泊，毋许势宦纵仆仍前索［取］。倘敢故违，即严拿通详倍究。取具碑摹仝，不敢再犯。甘结送查，以凭转送。赃钱收贮，候拨公用，毋违等。因蒙此□将原认泥泊钱粮五钱七分零豁免，归入新陆粮额拨补。并澳甲林艾参责革追赃及取具王石等，不敢再犯。甘结外，合就勒石，严禁为此示。仰商民人等知悉，嗣后浦头泥泊地方，三间桥起至喜心港止，海道三里，听从诸色大小船只驾驭、停泊、贸易，毋许势宦纵仆及澳保地棍仍前每腊月索取船家牙钱。倘敢故违，立即严拿通详究处，断不轻贷。毋忽。特此。

乾隆元年六月

曾经竖立在定潮楼古码头上的这块碑刻，其内容主要记录漳州府官方为保障三间桥至喜心港，到浦头港，出浦头溪，沿着西溪下游，一直到九龙江出海口石码等处的这一段航道的畅通与秩序，不惜开罪清中前期在漳南如日中天的世袭海澄公爵位的黄梧的后代子孙，历经请秉龙溪县、漳州府、闽浙总督等的逐级批示办理，最后成功处置了犯法的海澄公的豪仆与其他平时浑水摸鱼的低劣澳保地棍，并借此勒石示禁。

江焕明认为："喜心港位于古漳州郡城东门外，处在凤霞街（今文化街）与新行街之间，港道中段，凤霞宫横跨两岸，铺筑大面积的石桥梁，形成桥埕，甚为壮观，喜心港因此也叫凤霞港，俗称后港。喜心港西引东湖（今九龙公园）水，向东注入浦头溪，全长约三华里。港道上架有七座石梁桥，由西至东依次为教子桥、三间桥、灰窑巷桥、凤霞宫桥、崩桥、闸仔头桥、增福桥，这七座石桥横跨南北岸，几百年来为两岸交通和物流作出无可估量的贡献。"①

喜心港道与浦头溪呈丁字型，从而汇入浦头港，该示禁碑保护的航道实际上深入到了东湖，而东湖就在漳州郡城文昌门不远处，东边则一直到出海口石码等处，并且实行的是若干里便勒石示禁的原则，可以说，这就是乾隆年间浦头港的黄金航道，出现多方利益抢占也就毫不意外，甚至连清代前中期称霸漳南的世袭黄梧海澄公爵位的后裔子孙也不禁染指其中。

再有清嘉庆十三年（1808年）《重修文英楼碑记》记载：

重修文英楼碑记

郡城东二十七都有文英楼者，漳之澳区，鹭岛贾船咸萃于斯，四方百货之所从出也。楼奉义勇将军，俯瞰溪流，吞吐潮汐，巍然屹峙，为一方巨镇。以地在阛阓之间，人烟错出。戊辰春，适遭回禄，栋宇半就圮毁，诸同志谋葺之，因醵金以相后，既蒇事，远近欢欣。以为斯楼聿新，地灵毓秀，惟兹桑梓文物丕显其光。则夫舳舻停泊，企仰崇闳，又孰不荷垂佑而阜通货贿也哉！因援笔为之记。

---

① 江焕明：《丹霞萃金——漳州古城史迹考》，厦门大学出版社2014年版，第174页。

捐银各铺户姓名开列于左

金丰源捐银四十大圆

太学生方向茂 柯树观 黄志士观 黄和兴各捐银二十四大圆

恩授迪功郎施云彩 金协益柯惠观 各捐银一十二大圆

顺源号捐银一十大圆

何起凤观 黄承庆观 黄双凤 方双兴 陈绵昌 黄侯兴 李益千 方文振 协荣号 孙方川 游瑞兰各捐银六大圆

谢茂辰观 杨太和 梁茂珍 庄仪兴 庄瑞春 振盛号 何春源 吴堆观 黄双鹰观 永兴号 合吉号 源茂号 合美号 大安号 庆芳号 胜丰号 咸丰号 洪长号 信详号 德利号各捐银四大圆

许奕谋观 吴川观 陈坤观各捐银三大圆

陈凤山观 高焕章观 黄肖陶观 梁友观 黄五和观 林应元观 方文山 英圃号 恒升号 锦盛号 利源号 陈节观 陈义成 金兴荣 景美号 协兴号 恒胖号 联源号 合成号 万丰号 振和号 协盛号 万丰号 胜茂号 永顺号 振顺号 水源号各捐银二大圆

顺美号 开兴号 协茂号 长兴号 源茂号 瀛隆号 顺兴号 均和号 源兴号 双茂号 泰盛号 茂源号 丰源号 荣利号 逢源号 恒兴号 德丰号 岱源号 东泰号 松茂号 向茂号 锦源号 丰盛号 合利号 丰盛号 瑞林号 开泰号 源盈号 金盛号 奇兴号 藏兴号 信源号 源茂号 泰成号 集成号 仁盛号 益兴号 吉茂号 恒胜号 馨茂号 恒丰号 成兴号 裕德号 升记号 宝树号 长盛号 合源号 茂盛号 联成号 仁泰号 鸿兴号 东昌号 恒利号 会源号 松林号 金瑞号 茂盛号 成美号 启源号 茂林号 德昌号 合成号 振茂号 永盛号 升泰号 春林号 芳源号 兴茂号 恒盛号 灿成号 春发号 陈发春 金协兴 陈协发 金协泰 金逢泰 金开泰 金益发 得进春 金进德 金德发 陈寿 陈爵 陈印观 李阳观 柯功观 陈波观 陈二观 陈三观 黄粤观 林轩观 鲁慷慨观 言杖观 黄拱星观 黄光照号 李昆山观 陈江涌观 吴长亨观 方腰路观 林登科观 严海观 黄景兴观 黄光敬观 陈祖简观 赖茂盛观 廖津梁各捐银四圆

隆盛号 裕源号 隆茂号 茂利号 长瑞号 春茂号 泰美号 利泽号各捐银一中圆

开兴号捐银一十二大圆 德隆号捐银四大圆

董事方文漳柯树观黄志土仝立石

第一篇·第一章　明清时期浦头港及其民间宫庙群的兴起与发展　65

嘉庆十三岁次戊辰葭月吉置

该碑文（图1-13）显示，至迟到了嘉庆十三年（1808年），浦头港的繁华已经到了另一个高峰，尤其是与时处繁荣高峰期的鹭岛厦门港的稳定航运与商贸，使得浦头港，尤其是定潮楼码头为"四方百货之所出"，文英楼这一带因此成为"阓阓之地""人烟错出""为一方巨镇"。然而，文英楼周仓爷庙只是清代浦头港西岸四大码头之一的"定潮楼码头"的主庙，并非整个浦头港的主庙（浦头港的主庙是浦头大庙），地方士绅对其繁荣的盛誉，可以想见其他三个码头的繁荣程度。此次文英楼因遭遇火灾而重修，捐助其重修的人员身份遍及浦头港的士绅、耆民与商铺。其中总捐款为187人/户，其中商铺124户，所占的比例高达66%，显然是此次捐赠人中比例最大的，这种情况只有在清代嘉庆年间（1796—1820年）浦头港商业经济繁盛的基础上，才有可能实现。

图1-13　清代嘉庆十三年"重修文英楼碑记"

文英楼周仓爷庙还保存了道光五年（1826年）与光绪四年（1878年）的两块清代龙溪县令示禁石碑，为我们探讨清中后期浦头港的发展态势提供了实物证据。

署漳州府龙溪县正堂加十级记录十次蔡为出示禁事①

道光五年四月十九日接东厢棉花铺户瑞丰号等呈称：瑞等鸠集东厢迎恩保开张棉花铺，往厦采买花包，雇船运载抵漳。向系由客择船，未尝听船包载，历例已文。道光元年，突有无赖船户不思货须由主，乃敢就船分货，擅设条规，按额分载。经瑞等以逆例难依听从，劝处每包加贴载工钱六文，众舵约解，依旧相守。越今五载，地棍包揽溪门，平地起波，复生故态。胆敢议会：凡漳铺所有的往厦采买棉花，归伊各船配搭，不许货客私倩，如有不从，名为私载，通船仪罚。伏思溪为官溪，货为客货。采买自客，岂容私设分配，强横混载。此例不除，不特漳厦各货线归毒焉，且外溪定被截塞。情迫相率匍呼叩乞恩准出示严禁。□情到县，据此除批示外，合行示禁为此禁。仰该处船户人等知悉：嗣后遇有货客采买棉花，听其自行雇船运载，毋许恃强包揽，分船配搭。藉端阻挠，倘敢不遵，许该商客□保指名具禀赴县，以凭拘究。该商客人等应给船钱，亦须查照前价给发，不得稍有短少致兹事端。各宜凛遵毋违，特示。

道光五年四月日给众棉铺遵示勒石

钦加同知御调署漳州府龙溪县正堂加十级纪录
十次八为出示严禁事②（图1-14）

本年四月十四日，奉本府宪沈札，蒙布政司周批据，本府禀龙溪县新充牙户籍名分开重抽勒取，禀恳分别究革，经办，缘由蒙批。查例载：龙溪县谨止额征牛税、猪牙税，又石码盐鱼牙税、业对阜牙税四项已据详请充设。此外并无黄麻口袋、柴炭、烟叶、竹笋等牙税，

---

① 该碑拓文参见江焕明《丹霞萃金——漳州古城史迹考》，厦门大学出版社2014年版，第181—182页。

② 该碑拓文参见江焕明《丹霞萃金——漳州古城史迹考》，厦门大学出版社2014年版，185页。

乃该县分详请设。黄麻各牙本定章不符，业经批驳在案。兹据该府以龙溪详充猪、鱼、烟叶、柴炭、麻袋各牙先各乡市镇开设多处，勒抽致弊，众情不服。先由该府饬县示禁，请将烟叶、柴炭、麻袋各项由商自运交易，无须设牙。猪鱼二牙俟民困稍苏再为充补等。由复查，烟叶等牙本已驳节不准开设，其猪鱼牙行既多扰累□，应一并禁止。将贴扣发以安商民，仰即遵照办理，饬县立即出示晓谕，一并禁止等因。奉此查此案，前据民人何朝宗等分别禀请新充猪鱼、烟叶、柴炭、麻袋、竹笋等牙抽仲纳税，经前县分文转详。嗣因查明实情与民未便，又经

图 1-14 文英楼"钦加同知御调署漳州府龙溪县正堂加十级纪录十次八为出示严禁事"告示碑

禀请将牙贴一概暂缓札发，并蒙本道府以察看漳属情刑，民困未苏，禀请将牙行分别免办缓办在案。兹奉前因，合行出示晓谕，为此示。仰合邑军民商贩人等知悉。要知前次所请新充猪、鱼、烟叶、柴炭、麻袋、竹笋等各牙行，现奉藩宪批示，一并禁止。将贴扣发不得再行开张，以免扰累。如敢私自开设，抽取仲用致累商贩，定即拘案计赃，从重究办。其余商贩亦均照常自运交易。其各凛遵毋违，持行。

光绪四年四月　日给晓谕

这两块示禁碑分别记录了道光五年（1826年）浦头港到厦门港的棉花铺户贩运棉花遭到地棍包揽运费的事实，以及光绪四年（1878年）浦头港到石码的日常航运贸易被滥收牙钱的情况。龙溪县衙据实进行惩戒与禁示，目的还是为了维护该航道商业贸易的正常运行。但是我们从中也可

以看到，清代自乾隆以后，政治经济文化大环境渐次走下坡路，尤其是鸦片战争前后，清朝政府对外软弱，对内专制且吏治败坏，这种态势对于民间最大的影响就是社会秩序的逐渐失控与紊乱，民间商业经济受到多方势力的侵袭，因此，繁华的浦头港的航运商业经济必然受到侵害，除了天灾影响外，人害尤其是地痞流氓与蠹吏的趁势盘剥在所难免，由此产生了这两块示禁碑，以确保恢复浦头港正常的航运与商贸。

第四节　浦头港霞东书院

1988年浦头港被列入漳州市级文物保护单位的宫庙还有霞东书院（图1-15），因其保存的碑刻以及宫庙实物较多，2003年按"修旧如旧"的原则重修后，于2005年被升格为福建省文物保护单位。霞东书院历史渊源和浦头大庙一样，与平台名将、福建提督蓝理有直接的关系，现其宫庙内部右侧廊房也设有蓝理的神位碑（图1-17），以供信众纪念与祭拜。

图1-15　霞东书院正面

霞东书院的历史渊源，可以先从其树立在庙前的"1988年（漳州市级文物保护碑"背后的碑文开始解读：

> 霞东书院，原为清提督蓝理旧馆地。蔡世远塑文昌像以祀，又称文昌宫。道光元年（1821年）重建。现存古建筑及姚莹撰碑、章銮书碑，均有较高文化艺术价值。

江焕明在《丹霞萃金——漳州古城史迹考》一书中，认为"霞东书院始建于明代，清康熙年间（1662—1772年），霞东书院一度作为提督蓝理的官邸"①，不知何据？查阅正德版《漳州府志》，并无任何霞东书院的记录，康熙版《漳州府志》亦无霞东书院的任何字迹，乾隆版《龙溪县志》补录的光绪五年（1879年）的《新增龙溪县志目录》倒是正式记载："学校（七）……霞东书院在郡东浦头，嘉庆二十二年，知县姚莹重建。"② 再根据霞东书院现存最早的碑刻，我们可以进行一番梳理：

重修霞东书院碑记

> 郡东文昌宫故金浦蓝总戎馆地，太傅蔡文勤公塑帝像祀焉，郡邑志所载：霞东书院也。年久倾颓，居民占筑房屋，岁壬申黄君步蟾，过其地顾见颓垣断瓦，不蔽雨阳，独像犹新，询问为帝示梦重塑。未久，归谋诸同志佥议移祀或别营，先后筶请不许，则稍稍修葺，谨奉神明，禋以俟时。丁丑复月，乡士大夫复谋重建，适施君[拱]照愿以所居数槛为帝殿，众异之，相与往观，其居去祠可百步，亦书院馆舍地，施君价购而有者。面山负市，溪流绕其前，峰峦朝拱，林木映带，洵胜区也。因卜之，帝一玫得吉，即日募金营建，浃旬之间踊跃输诚者已累千万，乃价赎民居拓地培（赔）田，用宏厥制。时余适尹兹土，闻而题之，捐奉为劝。落成之日，诣□庙展礼，六工既良，八材斯饬，制作备矣。士大夫等复嘱余为记，余曰："记者纪实也。"爰书其废兴本末，勒之贞珉以告后之尚义者。其捐金姓氏另碑镌列永垂久远。

---

① 江焕明：《丹霞萃金——漳州古城史迹考》，厦门大学出版社2014年版，第19页。
② 吴宜燮修，黄惠、李田寿撰：《龙溪县志》清乾隆二十七年修，光绪五年补刊本，影印，成文出版社印行，1986年，第401页。

道光元年腊月谷旦前知龙溪县事桐城姚莹撰
总理绅士黄步蟾郑启祥欧阳山 黄千龄林蘅黄存忠
分理绅士黄士俊林翰陈宗任陈谟黄拱辰郑宗谦黄珪璋黄彦施颖源黄存心
督工绅士欧阳琦谢恩翁懋昌蔡国梁
劝捐绅士林广显柳延爵苏延耀林如兰陈淬锋翁自超黄鸿绪王先登钱经炯黄国英唐际虞郑开阳陈连茹陈壁黄存谦徐国伟刘维桢黄瀛黄存宜等仝立石。

霞东书院捐金姓氏[1]（图1-16）

福建水师提督世袭子爵王得禄一百元（台湾嘉义人）福建汀漳龙兵备道方传燧一百元（安徽桐城人）福建漳州府龙溪县知县姚莹一百元（安徽桐城人）福建水师中军参府杨继勋三十元山西辽州直隶州知州黄步蟾三百元（长泰人，拔贡）兵部职方司员外郎郑启祥（漳浦人）庠生黄拱辰各一百二十元（龙溪人）信士陈合成号一百元庠生黄□□ 黄鼎金 信士同仁秩名六十元 中宪大夫蔡远洪 建安学训道蔡承禧（龙溪人）贡士陈申士 职员陈祖纯 监生黄朝荣 信士周明云各四十元 庠生黄左□二十六元 赐进士吏部稽勋司员外郎郑开禧（龙溪人）举人黄存志（长泰人）欧阳琦 苏廷耀（龙溪人）通政司经历黄彦（龙溪人）庠生郑宗濂 黄阳春 陈常 监生陈洪 郭时镇 黄鼎昌 黄光廷 邵羽仲 □志尹各二十七元 廪生黄琮瑚二十二元 原任广西柳州府知府林平侯（台湾板桥人）恩荫通判孙云鸿（龙溪人）庠生蔡光邦 监生蔡褒功 陈国仕 信士张迈南 黄为让 黄为逊各二十元 监生施澜源十八元 贡生陈天福 庠生黄祥宜 钱寅 蔡鸿谟各十六元 庠生庄敬 信士黄存中各十四元 进士欧阳山（南靖人，举孝廉方正）举人林偕泽 职员郑开勋 陈德陞 林蘅 贡生许书绅 蔡祥云 李承豫 黄世雄 庠生蔡邦坊 郑乐圭 钱经炯 金鸣玉 陈□□ 陈日肃 唐礼琥 陈士从 林飞鹤 黄英 蔡振魁 监生叶世模 叶开秀 曹建琛 王□恕

---

[1] 该碑文的姓氏籍贯来源参考林盛发《漳州霞东书院〈捐金姓氏〉碑——海峡两岸文化交流见证物》，收录于中国人民政治协商会议福建省漳州市芗城区委员会学习文史委员会编《芗城文史资料》第二十三辑，（漳）新出（2012）内书第120号，第47—48页。

陈学宽 郑廷祐 郑开阳 黄屏藩 蔡国栋 陈大猷 陈国辅 孙义和 信士郑宗□ 林应文 陈□ 蔡清腊 黄屏□各二十元 举人施赈（龙溪人，同安教谕）上八旗官学教习蔡□职员黄颖新 庠生黄文炯 监生戴灼森 施颖涛 谢鹏飞 黄以嘉 杨捷中 黄国扬 信士何藩 石永祚 黄肯堂 黄善构各十元 职员陈大华 钱经纶 同安学讯导陈天爵 安溪学训导陈向荣（龙溪人）庠生陈礼耕（龙溪人，府学岁贡）陈德新 陈德成 蔡正本 陈大训 钱芹 监生陈廉直 郑元□ 钱国祚 蔡正奕 陈延鬓 吴家祥 信士黄以敬各八元 举人陈际森 柳延熙 泉州府教授黄□□ 福清学讯导郑鹤翔 晋江学训导施在田（龙溪人，举人，内阁中书）职员李元志 庠生黄子龄 郑□漳 杨如兰 王州光 蔡进 施鹤鸣 施长耀 郑际昌 监生黄存心 苏傅香 蔡昇 方绍衢 向玥 郭志□□锦□□甲先□□□ 施承□李玉音 陈承恩 □成 石昌泗 谢应嘉 张国钧 徐国伟 介宾郑光泽 信士黄光讃 周云胜 许世英 蔡晖 石廷瑶 同登科黄汝嘉 郭特钟 柯邦彦 陈挺锋 施淮江 杨德光 严和鸣 广盛号 □□号 怡和号 如陶号 全发号 骏发号 振盛号 建安号 长美号 捷贸号 建昌号 庆德号 捷成号 广隆号 广源号 德春号 广成号 广益号 义盛号 裕源号 捷源号 茂盛号 裕隆号 瑞成号 合成号 震丰号 植茂号 茂丰号 正诚号各六元 钦赐国子监学正蔡飞鹏（龙溪人）举人蔡雨（海澄人）蔡国洽（海澄人）郑崇礼（龙溪人，永春训导）职员谢世逹 郑攀龙 贡生陈泰安 黄鼎吉 庠生翁逢春 陈谟（海澄人，定海镇游击）王国栋 陈声仁 陈逢泰 黄震初 陈璧 杨元喜 郑东溪 蔡鹤 林禄缯 郑微兴 陈成 黄对初 洪启猷 洪亮（漳浦人，游击）蔡光华 陈光耀 陈震 郑吉 陈开泰 陈景 孙应运 黄崇礼 施汀 谢恩 监生黄以雅 杨锦文 周传奎 卢阙基 王友直 郑荆壁 李承吉 林荣春 刘文福 黄世材 欧阳兴 石绍华 周远涧 郑亮禄 方向上 陈鸾和 陈学簧 信士郑梦乔 江□ 阙舜文 苏运扬 吴应聘 陈标相 黄光汉 陈廷萍 梁学山 戴荆川 吴敦让 黄湑明 蔡德才 洪树福 赖一贤 冯士璋 欧阳燧 陈为霖 许瞬时 蔡源潮 郑振耀 连式焕 何元芝 黄向荣 陈臣象 翁懋昌 林英华 芳美号 茂珍号 崇文堂 曾华堂各四元 庠生杨旁招 施逊和 信士杨德文 王汶水 方□□ 梁树□ 陈敦 钱国玑各三元 举人张金极（南靖人，进士）黄世俊（长泰人，举人，青田知县）黄璣（龙溪人，长乐同安教谕）张琯 贡生林象 陈树滋 高湘 卢长溪 陈玠 陈良谟 许迁乔 许梦渭 职

员陈大纶 谢振谟 谢世逵 庠生王敬贤 陈宗任 严润 石崧 林荣 蔡金波 郑鸿□ 郑汝谐 杨必捷 蔡若虚 郑国栋 郑锡朋 □□钧 林□ 邱谭 高奇 刘□祯 王建福 杨森 叶春魁 周春霖 吴腾 唐除卢 翁自越 陈猷 陈□锋 □□昌 黄文宽 林利□ 吴华朝 陈世荣 翁應昌 柯志亨 黄金华 陈莲茹 黄天爵 石世勋 庄□庸 陈简 谢太章 郑鸿业 王司直 林翰（龙溪人，兴化城守参将） 陈祖望 黄南金 监生黄明扬 林元吉 欧阳汉 王国栋 施□□ 蔡寅 欧阳珍 □□吉 王先登 信士陈志霖 黄存智 黄存实 王捷南 蔡光宾 郑振玉 蔡捷登 □秀清 王青岚 黄瀛 周徽哲 郑启心 黄耀日 郑时雨 黄在中 郑鸿苞 蔡光森 黄佐三 吴士绮 陆其桴 郑宾书 林金□ 韩文邢 许檀官 苏耀诗 蔡凤梧 卢仲宽 黄文翰 施礼 向鳌 郑云卿 颜方穀 董俨然 洪怡丰 陈心源 王炳文 郑之良 林书溪 江崇贵 黄廷湖 胡翰翀 李邦佐 陈明昭 黄世炳 陈州 陈文芳 张大吉 江□金 联安号 □远号 源茂号 东泰号 建春号 兴南号 万丰号 瑞兴号 满汉□ 协兴德仪号各二元 举人吴士安 贡生苏徽东 林健章 郑泰交 倪懋第 倪之罴 庠生林锐 李超 吴南溟 蔡芹 □□□ 黄鸿绪 王载道 王象贤 黄违材 高墉 林琏 周郑材 郭梓材 高□□生洪玉成 唐树璋 高振祥 信士吴锡闲 唐克友 陈立德 黄长美 欧阳彰 胡记泰 杨应斗 郑寐岳 江捷三 柯彤云 林鸣鹤 戴承恩 带光天 苏东龄 永发号 源美号 永成号 德侯号 荣德号 永顺号 永□号 泰成号各一元

续增童生蔡耀鲲六元 举人郭羡官二元 庠生王裕春二元 童生蔡启畤十二元

道光元年十二月二十日董事等仝勒石

图1-16 "霞东书院捐金姓氏"碑

从碑文记载可知，漳州府长泰人署山西辽州直隶州知州黄步蟾于清嘉庆壬申年（1812年）路过废旧的霞东书院，身为儒者见书院废弃，触景伤情，更令人诧异的是"独像犹新""询问为帝示梦重塑"。在他问询下，当地信士告诉他文昌帝

君曾经示梦给当地信士要重塑金身，因此，才会出现"殿破像新"的奇怪景象。黄步蟾有心纠众易地重修之，但问筊请神未果，只能简单修葺祀神，以等来日有机会再重修。其后丁丑年（1817年），乡士绅复议此事，又恰巧有当地居民施君［拱］照积极出献吉地，众人再次请神问筊，获得吉兆，水到渠成下，时任龙溪知县桐城姚莹闻之积极响应，广徕同好，主持倡修霞东书院，并于道光元年（1821年）落成，为纪念此事树立了两块石碑，详载其事。

图1-17　霞东书院右侧厅供奉的"破肚将军"蓝理公神位与神像

第一块碑文很清楚地记录，霞东书院原属于漳浦人蓝理（1648—1719年）的总戎馆地，即蓝理提任总兵后在漳州府城建置的官邸；其后蓝理的漳浦老乡蔡世远（1681—1734年）在霞东书院塑文昌帝君像以祀，至于他如何获得霞东书院，史料无载，从《重修霞东书院碑记》碑文来看，极有可能也是购买所得。因为该碑文提到"适施君［拱］照愿以所居数槛为帝殿，众异之，相与往观，其居去祠可百步，亦书院馆舍地，施君价购而有者"。由此可见，蓝理的总戎馆地规模相当大，这样的规模才符合蓝理总兵乃至提督官邸的规格。只不过蓝理晚年官宦生涯颇有起落，康熙五十四年（1715）虽官复总兵职，然不久后病逝，因此，霞东书院随之衰败，中间被没收，或被拆分变卖，或颓败被居民侵占，也都是有可能的，施君也才有机会购买到其馆舍地的一部分，同为漳浦人且都是清代高级官员的蔡世远购买其老乡蓝理的部分馆舍地以作归隐讲学之用，似乎也无不妥之处。

　　蔡文勤身为清朝著名的理学大家与教育家，他不太可能只是单纯为祭祀文昌帝君而选择在蓝理的旧馆舍地增设帝像以祭祀，如果是文人的风雅之作，蓝理旧馆舍地西向不远处即漳州府城东门文昌门，其城墙上就有大名鼎鼎的文昌阁，历朝皆有文人雅士在彼处登高吟咏，蔡文勤公也大可在彼处吟风拂月；再说，只设帝像祭拜不讲学也有悖理学家书院讲学的传统做法。蔡文勤公应是将蓝理旧馆舍地改造成了他的讲学地，其中堂供奉文昌帝君，以便完成相关儒家讲学礼仪，这才符合清代理学大家的作为，从而也确立了蓝理旧馆舍地向霞东书院的转化。只可惜，蔡世远逝后，霞东书院年久倾废，又被居民侵占，到了长泰官绅黄步蟾路过其地时，也才过去七八十年。黄步蟾才会兴发感慨，又"因帝示梦"重塑，于是有了倡修的念头，这何尝不是儒者对于物伤其类的一种"哀伤的"应激反射。再加上知县姚莹的主持，一时间，姚莹的好友，以及漳州府远近官宦、乡士绅、耆民、信士及附近商户纷纷慷慨解囊，其人数高达368人，外加商户47家，其中有秀才功名以上的士绅不下200人，信士121人，捐金数量之大，比文英楼清嘉庆十三年（1808年）的《重修文英楼碑记》所记载的捐资人有过之而无不及，且规格更高。这首先要得益于直隶州知州黄步蟾与龙溪县知县姚莹的倡议与主持，其背后所代表的政治资源巨大，且无论是对士绅、耆民、商铺，还是信士，都有天然的吸引力；其次，书院建设本身对于漳州府士绅、商户、耆民与普通民众塑造自身的声望，以及扩展政治人脉圈，有其特定的作用；最后，该碑文直接出现号为"信士"与"商铺名称"的捐款人，可见当时对于文昌帝君的民间祭祀与信仰，在浦头港的平民、商户与耆民中间，相当有市场。

　　道光元年（1821年）霞东书院的新修落成，所得到的外地官宦的帮助是很可观的，而本地士绅、耆民更是中坚力量，这为其后的霞东书院的传承奠定了基石。到了道光二十二年（1842年），漳州府的士绅与耆民又

对霞东书院进行了增修,也留有相关碑刻,可供我们比较:

重建霞东书院并充祀业碑记①

　　正殿告成,有隙地,诸同人议构数椽于侧,以为习仪散福所,格于资,未遂也。岁辛卯颜君位宾谋成之,捐金为倡,诸同人从而倾焉。鸠工庀材,经营浃月,厅、室、庖、湢、焕焉具备。地虽不广,然拓辟位置,其间莳花莳竹,於以息游足,适也。工竣,因纪厥緐并捐金施业之姓氏,俱泐於左。

　　中书科中书颜位宾捐银二百元,兵部职方司员外郎郑启祥捐银十二元,庠生黄拱辰捐银十二元,太学生林志尹捐银六元,庠生苏陈常捐银二元,职员郑开阳捐银八元,太学生施长照捐银六元,廪生徐荣光捐银四元。

　　山西沁州直隶州知州黄亮国充祀田,种二斗,今实一斗八升,址吴圳港洋。太学生林志尹充祀田,种三斗,址本官前。庠生黄拱辰充祀田,种二斗,址诗浦洋。贡生蔡振魁充祀业洲田,种二斗又一斗二升。二斗种,址镇北官前。一斗二升种址洲里圣公庙前。中书科中书颜位宾充祀田二丘,种一斗五升,址诗浦洋。兵部职方司员外郎郑启祥充祀田二丘,种一斗五升,址在诗浦社后寨洋。

　　以上道光十八年粮户俱入文,运兴户内,共一两七钱八分八厘三毫。完串一两茶钱,八分九毫折寔库,它银重二两五钱六分五釐。

　　太学生施长照充祀业厝一间二进,址文英楼。信士杨定宇厝后进一进截充,拆为正殿基址。

　　　　　　　　道光二十二年壬寅五月榖旦霞东书院绅士仝泐石
　　　　　　　　　　　　　嘉禾萼生章銮敬书

　　道光二十二年(1842年),霞东书院重新扩大规模,完备建筑,以及添置祀田祀业,其捐资人基本是漳州府本地士绅,尤其是龙溪籍居多,且基本都是道光元年(1821年)参与重修霞东书院时候的重要捐资人,里中除了信士杨定宇没有秀才功名外(《霞东书院捐金姓氏》碑文显示职员

---

① 该碑拓文参见江焕明《丹霞萃金——漳州古城史迹考》,厦门大学出版社2014年版,第39页。

郑开阳，原是监生），其他人都有秀才以上功名在身。也许可以这样推论，这批捐资人就是经历霞东书院前一次重修，深受其影响，或者说受益于霞东书院前一次重修事件，而逐渐成长起来的漳州地方士绅。此次增修霞东书院的原因，碑文写得很清楚。

其一是"正殿告成，有隙地，诸同人议构数椽于侧，以为习仪散福所"。"正殿告成"，当指对道光元年姚莹主持重修霞东书院的主体结构的维修，不然，这批捐资人有限的捐款数目，不足以重新建造新正殿。因为还剩有地皮，因此拟扩建侧殿，以便有更宽裕的空间进行"习仪散福"。"习仪"当然是学习、演练与实践儒家礼仪，清代吴荣光《吾学录初编·乡饮酒礼》记载："前一日执事者于儒学之讲堂，依图陈设坐次，司正率执事诸生习仪。"① "散福"意指旧时祭祀礼仪结束后，把祭品分给众人吃，这叫散福或吃福，此风漳州现今犹存，显然是儒家乡饮礼仪的一部分。这显示此时的霞东书院已成为了漳州府城东厢的儒学或社学的中心，如此才有资格在其明伦堂举行"习仪散福"的儒学教导与乡饮酒礼。

其二是"于以息游致足"。不时前来霞东书院"息游致足"之人当然是这些捐资者，或闲暇聚会或归隐休憩，对于漳州本地的士绅来说，《重修霞东书院碑记》碑文描述的霞东书院"面山负市，溪流绕其前，峰峦朝拱，林木映带，洵胜区也"。且此次增修，使得霞东书院"麻雀虽小五脏俱全"，其"鸠工庀材，经营浃月，厅、室、庑、湢、焕焉具备。地虽不广，然拓辟位置，其间莳花萩竹，于以息游致足，适也"。可见，增修后的霞东书院成为了一处极适合、也极其方便的漳州士绅闲暇聚会的风雅之地。

其三是为霞东书院"充祀田祀业"。只有拥有恒定的田产或房租等收入来源，霞东书院才能恒久传承，这一点，这批捐资人从霞东书院历经坎坷的历史存留过程中看得很清楚，因此为霞东书院添置"祀田祀业"成了一种必需的手段与制度。霞东书院"祀田祀业"的功用实际上至少包含了往后霞东书院日常的维护、霞东书院作为社学所需的束脩、霞东书院文昌帝君日常祭祀的费用等，因此也引起了信士杨定宇积极"截充后厝一进"作为霞东书院的祀业。霞东书院即是漳州府城东厢的书院社学，又充当文昌帝君民间信仰宫庙的综合体，由此显现。因此，相对于同时期

---

① 吴荣光：《吾学录初编》卷三，《四部备要》第四八册，中华书局1989年版，第21页。

的漳州府城的其他书院（如丹霞书院、芝山书院、霞文书院、霞北书院）而言，霞东书院反而成为了保存至今最完整的，且还具有文昌帝君祭祀功能的民间信仰宫庙，其中原因不得不说有得益于上述因素。

第五节　浦头港增福祠土地公庙

浦头港增福祠土地公庙与增福桥密不可分。增福桥呈南北走向，横跨在喜心港上，与浦头溪相平行。桥南是浦头港盐鱼市，桥北是米市，是浦头港西岸连接南北商业街区的第一条桥梁，"也是漳州东乡人流、货物出入漳州城的必经之地"。[1] 增福祠就建在桥北不远处，担负着守护喜心港入浦头溪的港道风水，防止喜心港风水外泄的节点，同时还有守护增福桥与喜心港所处社里的职责。现今留存在增福祠有两块清代碑刻，分别是《新兴增福桥石碑记》与《重修增福祠碑记》，据此可管窥增福祠的历史沿革。

新兴增福桥石碑记

浦有枋桥，由来久矣。上通霞城，下接石镇，民无病涉，盖前任提台蓝德泽所敷也。于今，枋板腐折，商旅往来，有颠踬之苦。还欲费力填补，黎老量度，欺修葺之艰。僧宏义，主持大庙，出入经阅，未□不肃然感极，窃欲造石桥，永垂不朽，未敢轻举。甫闻凤林社周文美，素称风活，铺造不休，乃向募为缘首；同得内市中李候观、陈祐观、卢定观、黄意观、林合观、蔡孟恭、陈天生、陈荫亨、陈注观、许仲元、曾九观、陈理玉、张天助、陈喜老为董事，纠众募缘。幸一唱和。爰是，报土兴工。在本年花月廿七日寅时破土，连工接续，越麦月望日未时，石梁升架，无有阻无有窒，至荔月十八日竣工谢土。首主、董事、凡助缘匠工人等，福有攸助。兹告厥其成，谨将姓名勒石，以志功德云尔。

凤林社周文美助银三十二大员

候部参军郭喆勋助银十大员

---

[1] 江焕明：《丹霞萃金——漳州古城史迹考》，厦门大学出版社2014年版，第175页。

南澳米船共助银十二大员

路头信士共助银十大员

岁进士陈永缵助银十二大员

敕授儒林郎黄大利助银肆大员

苏邦德苏援观章闻观许仲元等各助银肆大员

过溪社太学生邱万山助银肆大员

乡大宾陈联芳太学生王言宗太学生黎兆联高天辉陈世锦等各助银三大员

郑龙丹李添寿吴忠观各助银一两

信官林兴陈□ 太学生谢初陞太学生徐应□ 太学生谢光国 □相公讳等榜各助银贰大员

陈荣观马外观王探观等共助银贰大员

邑庠生李厚观太学生□天问太学生王畅观（祠）生员柯用美乡大宾杨诚明太学生潘是观太学生潘就观太学生郑作丰太学生林克家王叐观罗色晓各助银一大员

柔远行隆益行广顺行徐补观各助银贰大员

（以下姓氏捐金略）

增福祠现保存的《新兴增福桥石碑记》，碑文已经年久模糊难辨，幸江焕明新著《丹霞萃金——漳州古城史迹考》一书收录有漳州市图书馆古籍部拓印整理的此碑文[①]，惜此碑文被节略，也无具体的纪年。不过笔者对照了清乾隆年间（1736—1795年）留存在浦头大庙的《沐思本县主章勘丈绿洲碑记》，发现里中有高天辉、许仲元、太学生谢光国三人的人名在这两块碑刻中同时出现，这就意味着，《新兴增福桥石碑记》出现的时间应该与《沐思本县主章勘丈绿洲碑记》相差无几，也是在清乾隆年间（1736—1795年）。碑文还提到，清康熙年间（1661—1722年）福建提督蓝理（1648—1719年）敷设了木质增福桥，可见增福桥建造时间至少可以推前到康熙年间。可惜该碑文无只字提及增福祠。我们再看清道光四年（1824年）的《重修增福祠碑记》：

---

① 江焕明：《丹霞萃金——漳州古城史迹考》，厦门大学出版社2014年版，第177—178页。

重修增福祠碑记[①]

霞浦择建增福祠，市廛境止而祈福庇者也。始自建造，中又修葺，各勒石以志。兹值倾颓，妥谋修善。各诚心向捐，兴工扩成，协力告竣，奂然一新。备举唱募捐资，介尔景福，勒石久垂，以志永远尔。

信士陈成兴号捐二十六大员

太学生黄兆凤捐银十四大员

广隆号捐银十二大员

荣陶号捐银十大员

陈文次观　双兴号　陈德丰号　陈四正号各捐银八员

严文观　源丰号　李发育号各捐银四员

严顺景　双茂号　李锦源号各捐银四员

太学生陈承恩　蔡心正观　王三江观　林殿绮　卢尚志　荣美号　荣兴号　萃丰号　源茂号各捐银三员

陈柏林观　盛德号　吉茂号　恒隆号　谢上达　蔡元美　陈日新　钱径英　苏邦定　陈知观　和利号　明德号　恒蛮号　李养观　孙庆新观各捐银二员

苏广兴号捐银三员九角

严江宁观捐银三员五角

许檀观捐银二员八角

欧有观捐银一员八角

陈三滔观捐银一员六角

张诒添观捐银一员二角

严碧郎观　翁四海观　严九观　王协观　苏在偹　杨琏观　长发号　游藜焕　庄和老各捐银一员

余捐中银登记録签

董事陈大泽　吴名时　曾事节　陈大器　陈日新　郑然　黄俊水　苏邦定仝立石

时道光四年岁次甲申蒲月日

[①] 该碑拓文参见江焕明《丹霞萃金——漳州古城史迹考》，厦门大学出版社2014年版，第178—179页。

这是增福祠始建历经重修留下来的最早的碑刻，时为道光四年（1824 年）。此碑文也没点出增福祠最早兴修的时间，但是提到了"中又修葺"，相信到道光四年，增福祠已经过不止一次的重修了，可惜以往各次勒石碑刻都没有留存下来。从此次捐资人的人数与捐银数目来看，增福祠规模不大，实际上，时至今日，增福祠也不大，就是漳州地区常规的独殿式的土地公庙。2000 年后，因旧城改造，增福祠进行了移建与扩建，2008 年落成后树有《增福祠沿革》碑，碑文中倒是提出了增福祠始建于宋代的说法，具体如下：

增福祠沿革

　　石桥头土地神庙增福祠，地处漳郡东郊浦头喜心港增福桥北端，庙坐东朝西，始建于宋。

　　清道光四年重修，因旧城改造，主庙向南移六米时，升地平零点八米，扩建左右厢房及后面双层楼，增建庙前增福亭及南无阿弥陀佛、南无观世音菩萨神牌两座，占地面积约五百平方米，主建筑面积一百三十多平方米。一九九八年评定为市级文物保护点。

　　增福祠主祠福德正神一公一婆，成双成对，白头偕老。手抱才子添丁进财，益寿延年。明清两朝浦头溪为漳州城南港口，石桥头米市仔港后，家家户户店铺经营五谷行、干果行、饮食店，应有尽有，人来人往，车水马龙，故增福祠香火旺盛，神尊灵感。民国时期，乡里福户轮流主持敬奉神明。改革开放，增福祠文物保护小组成员及有关人士积极参与保护古文化遗址，捐资重塑神祇，扩建庙宇，绿化环境。祠里供奉玄天上帝，为乡里兄弟会神尊，解放土改期间进入庙祠。另供奉神农谷王为闸仔头庙神尊，该庙在"文革"期间被废。今增福祠庙前保留一棵一百多年古榕树，枝繁叶茂。

　　增福桥原名长福桥，建于宋朝，为木桥，历代多次修造。清乾隆年间改建石桥。石碑立在桥南西侧，历史悠久。惜桥面石柱、石栏杆及石碑遗失，待日后修整补其完美，特立石碑以志。

漳州市增福桥及增福祠文物保护小组
公元二零零八岁次丁亥年腊月吉立

漳州市增福桥及增福祠文物保护小组在碑文中提出增福祠始建于宋代，其依据还在于增福祠中现还保存有一对宋代时期的石鼓，这在我们的田野调查过程中得到了该历史实物为宋代形制的验证，出于文物保护的目的，此碑文没有提及该石鼓。另外，碑文还提到"增福桥原名长福桥，建于宋代朝，为木桥"，把乾隆年间（1736—1795年）的《新兴增福桥石碑记》所能断代的增福桥的始建时间往前提前了一大截。增福桥与增福祠都始建于宋代的提法，引起了我们的注意，因为整个浦头港的民间诸宫庙在2000年左右竖立的沿革碑几乎都有始建时间在宋代的说法，这一现象值得我们进一步探讨。

增福祠供奉土地神是浦头港宫庙群中神职最低的一位，是清代浦头保中无数个社里小角落的土地神之一。无论增福祠（图1-18）始建于宋代是否准确，我们能肯定的是，增福祠肯定经历了一个从浦头溪西岸一乡村角落社稷坛向繁华商业区的土地公庙的转变过程。清代增福祠作为独立民间宫庙屡次获得兴修而留存，而非像浦头港其他村社小角落的土地神庙，或被遗忘，或被兼并到其他民间宫庙中去的处境，依然得益于浦头港的兴起，以及增福祠所处的水陆交通节点与商贸位置，使得增福庙能够在浦头港无数土地神小庙或香火中脱颖而出，以独立的香火延续了至今。我们看到清道光四年重修时，喜心港周边的耆民与商户起到了主导的作用，这就是增福祠存在历史的一大特点，这也是增福祠与其他清代浦头港众多民间诸宫庙重修史上共同存在的一个特点，只不过，增福祠的耆民与商户主导的人数比例与商业色彩更加浓厚，因其影响的范围更小，其影响力也必然更加集中且实际上也有限的缘故。因此，捐资人于道光四年重修增福祠目的还在"市廛境止而祈福庇者也"，增福祠就是土地神庙的本质在此语句中体

图1-18 浦头增福祠土地公婆庙

现得淋漓尽致，对于一社一土地庙的地方社会而言，增福祠履行的功能还是地方保护神的角色，尤其是喜心港石桥头角落与米市仔街社民商户的特定的保护神。增福祠与增福桥是浦头港兴起与繁华的见证之一，反过来，浦头港的兴起与繁华又促进了地方民间信仰宫庙的兴盛与地方交通建设的发展。

第 二 章

近现代以来浦头港及其民间宫庙群的变迁

第一节 近现代以来浦头港的变迁

鸦片战争爆发是为中国近现代史的开端，就闽南地区而言，对于漳州浦头港最大的影响是厦门港被迫向西方列强开放，近在咫尺的浦头港从此也被动纳入近代化的过程，其影响一直延续到民国中后期。鸦片战争前，浦头港与厦门港处在高度繁荣期，遗存的诸多碑刻显示，嘉庆与道光年间是浦头港民间诸宫庙重修的高峰期，这与浦头港经济处在繁荣期是密不可分的。鸦片战争后，浦头港经济与社会秩序都不可避免受到波动与破坏，但是有一点可以肯定的是：一直到民国中后期，浦头港与厦门港的对渡航线依然是漳州府城与厦门之间的商品与人力运输与流通、商业资本互动的极其重要又日常化的大动脉。

可惜的是，在我们关注的浦头溪西岸浦头港诸民间宫庙中，自鸦片战争以后存留下来的历史文献与碑刻寥寥无几。从第一次鸦片战争（1840年）爆发伊始，历经1853年闽南小刀会起义、太平天国（同治三年，1864年）波及漳州、清末民初改朝换代的动荡（1911年左右）、民国福建军阀混战（1920年左右）、抗日战争（1937—1945年）、国共战争（1949年前）以及新中国成立后（约1949—1978年）的"土改""破四旧""文化大革命"等，一直到改革开放这么长的时间段里，浦头港民间宫庙群同样经受了一次又一次的冲击，能够全身而退的寥寥无几，而我们能获得的相关历史信息显得异常的支离破碎，很多时候只能依靠浦头港耆老们的回忆与漳州文史工作者的回忆来复原。比较有代表性的观点，如漳州文史工作者苏宗谢晚年在《浦头话沧桑》一文中的记述：

> 我家住在浦头已经一百多年了，我今年事已高，也亲身目睹浦头六十多年的兴衰变迁，兹将所见所闻介绍于下：
>
> 浦头，自宋朝以来属于漳州府治的东厢，东厢管辖十个保，就是文昌、元魁、迎恩、东廊、附凤、岳口、官园、葱园、护满、田霞。（有些地名一直沿用于今）浦头那时算做一个市（市集也），也叫"浦头市"。其范围包括：东至田丰、北至塔后、上厝各乡村，南至后田，西至新行街，其中有盐鱼市、米市、粉街、枕头街、柑仔市等大小街道。……
>
> 要说浦头会成为漳州府治的一个商业区，这多亏有个浦头港，也有人称之为浦头渡。从前陆路交通运输很不发达，商业上的货物运输主要靠水路。因此，浦头市才应运而生，成为漳州及远近乡县的商货集散中心，从浦头港可以通往石码、海澄、厦门，再转口广东、台湾、上海，以及东南亚各国。年近八十的林蔡奢老人曾对笔者说过：民国初年，他首次去新加坡，就是从浦头港乘古代的三帆船往石码，转乘大通小火轮去厦门，在大同路华春栈集中，再乘丰平轮前往新加坡的。由此可见漳州商旅往返的途径了。另一位年逾九旬的施老太太说，她做闺女时，从福州远嫁到漳州来，是从南台下船直抵周爷楼，脚没踏过地上，便到婆家了。这样看来，浦头港给漳州的商旅往来提供多大的方便啊。所以说浦头港曾经是漳州商业上货物吞吐的运输孔道，是一条商业运输的大动脉，而浦头市则成了漳州水路运输的枢纽，货物的集散码头了。
>
> 然而浦头港却是人工开凿而成的，从浦头市的文英楼（俗称"周爷楼"，因为楼上供奉周仓将军，老百姓讹传为"珠仔楼"）起，开挖一条港，通到碧湖村（该村今属于龙海县步文乡），再纳入九龙江的西溪，全长约六华里，那时溪港水深，大小船只都可通航，尤其是涨潮时，南靖、平和的商船，和长泰、华安的商船，都可以沿西溪或北溪，经碧湖直驶文英楼的码头，甚至有些小船，还可以从浦头市的石桥头通往教子桥、七星墩、后桥港，抵东湖。……
>
> 浦头港货物集散曾有四个码头：周爷楼（即文英楼）码头、米

坞码头、大庙前码头和广兴码头。这四个码头上，每天都有上百只商船在这里装卸、进出。有满载外埠的百货、日用品，从厦门、石码来此卸货，有北溪的木材，西溪的米谷、柴碳，东山、漳浦的海产，安海的米粉、番薯等货物，都在这里码头上下。……

从浦头港到新行街，这一带，当年商铺货栈林立，其中以水产、粮食、木材、锡箔、烟草、盐等行业为主。现在仅就我记得的各商号，分述于下，不免有挂一漏万之嫌。

水产行业的商栈多数开设于盐鱼市。有丰昌、长成、东记、吉成、捷成、吉发、协兴、瑞发、坤成、同永源、源成、裕盛、茂昌、正茂等一二十家店号。……

粮食行业大多数开设在粉街、米市一带。经营米谷的商号有春发、合兴、顺发、春元栈、源成、漳记、建成、成记等十多家。……浦头的面线历来遐迩闻名，外销厦门、台湾、香港等埠。1947年，我在台湾任教时，曾经邂逅几位浦头乡亲，都是在那边做面线行业的。

木材行业则开设于浦头岸边一带，有捷发、合发、捷合、兴记、森太、财记、合兴、隆记等家。……随着木材行栈的开设，购买木材的方便，浦头街上制桶、制木屐、制水车的工匠也特多。因此，50年代手工业社会主义改造时，漳州市的水车、木桶、农具等合作社都设在浦头一带。

盐业的经营者，俗称"盐馆"，是有势力的商号向官府承包来搞专卖的，馆设于朝天宫，漳州城郊居民的食用盐均仰给于此。

此外，浦头街至新行街一带还开设锡箔、烟丝、打绳等行业的商店十多家。锡箔、烟丝、麻绳等货物，大都外销的。石桥头一带还有一处农贸市场，其中有食杂店、干果店、鱼肉摊、饮食摊、蔬菜摊等，每天吸引东门一带以及城里的居民，络绎不绝，前来光顾。

随着外地商贩往来众多，在盐鱼市还开设有两家客栈——高升客栈和攀记客栈，方便过往旅客宿用。

浦头港商业的衰落，是从20世纪30年代开始的。记得约在抗日战争爆发前几年，浦头港与九龙江汇合处的碧湖村，当地豪霸策动一帮农民强行将港口用流沙堵塞了，使过往商船、木排，都必须在碧湖卸下，改由该村船只载运，迫使船主增加运费负担。但是孰料从此造成潮断港浅,航道淤塞,货船、木排只好改道,泊靠在新桥头、洋老洲一带装卸了。于是,鱼行、米市、木材行相继迁移了,漳州的商业区自东向南移,浦头市商业一落千丈,碧湖人弄巧成拙,自作自受。不久抗战军兴,金、厦沦陷,海口封锁,商运中断,市场萧条,商行、货栈只好关闭,昔日繁荣的商业区终于变成萧条、冷落的居民住宅区了。40年代初,日寇进犯广东潮、汕时,大批难民逃难来漳州,浦头空屋特别多,许多难民就在这里赁屋栖身,直到现在浦头一带仍住有不少潮州籍的居民,已落户于此了。70年代以后,浦头新村的多层住宅楼在此兴建起,便是利用当年浦头市集的废墟为基地的。①

宏观地看,浦头港的淤塞不但与"船匪河霸"这样的浦头溪两岸村社地头蛇抢占航道经济的"吃路头"行为有关系,即社会秩序失控,更重要的是厦门港的萧条,陆路交通的开辟,军阀混战以及抗日战争民生凋零,漳州的商业经济在社会动荡中失血太多等因素从内在因素上进一步破坏了浦头港的存在根基。

郭上人在《漳州古城区的变迁》一文中记载了辛亥革命后的漳州有短暂的复兴,但很快又陷入发展低潮:

辛亥革命推翻清政府,漳州于1911年11月光复,……1918年漳州人民响应革命先驱孙中山先生护法的号召,成立工务局,开展市政建设。先后着手拆除城墙,扩宽街道,砌筑江堤,开造公路,铺设桥梁,兴办学校,创建公园,辟造机场等等,可谓百废俱兴。拆除城墙是项巨大工程,城墙石块主要用来平铺路面与砌筑江堤。

时漳州的交通落后,没有公路与汽车。货物运输靠肩挑、马驮、船运。九龙江是漳州接通临县的主要运输航道。拆城时利用城石在沿城区的江岸砌筑3华里长石堤,10个船只停靠码头,方便货物上下船。一时九龙江舟楫相随,水运一片繁忙。满载山区的粮、木、竹、纸、果等等货物的船只,纷纷会集漳州,再由漳州转运外地。与此同时,漳州开始辟建公路运输。先是始兴公司于1918年募股辟筑章码

---

① 中国人民政治协商会议福建省漳州市委员会芗城区委员会文史资料委员会:《漳州文史资料第十辑》(内部印刷),1988年,第130—134页。

公路，因铺桥造路是善举，海外侨胞及漳码绅商都乐意投资，共捐募5万银圆。漳州至石码公路于1920年春节建成通车。这是福建省第一条公路。因汽车运输业务兴旺，1920年发展为汀漳龙始兴汽车公司，募款30万银元，公路从石码延伸到海澄、浮官，并添置二艘轮船，开展漳厦客货联运。后又辟建漳州至靖城、浦南、江东桥、九龙岭的公路，1921年辟建漳州至程溪人力轻便车铁路。水陆交通的建设，有利于漳州与其他地区的货物交流。还在东门附近设文明集市，加快城乡物资交流。在市内创办"迎宾大旅馆"，招待来自龙岩、长汀、厦门、泉州，以及赣南宁都、瑞金和广东潮汕等地的商客，一时商旅往来频繁，市场倍加繁荣，经济加快发展。

……但好景不长，1920年以后，军阀混战，国民党腐败政治日趋严重，鸦片烟毒、赌博、娼妓遍布城区，加上日军封锁，日机轰炸，漳州民不聊生，外逃、求乞者甚众。①

新中国成立初期至改革开放前，国家政策对于港口贸易经济等商品经济内容的长时间压制，对浦头溪航运贸易的打击更加致命，西溪的"洋老洲"作为浦头港的替代码头，直接坐落在现西溪岸边，并不存在河港淤塞的问题，在新中国成立后随即迅速消亡，便是明证；与之并行的是"土改""破四旧"与"文化大革命"等政治运动，对于民间信仰的整体存在的摧残是全国性的，也是根本性的。浦头港民间宫庙群在此双重打击下，奄奄一息。从民间宫庙被挪为他用，神像被烧毁，祀产被没收，信众思想上更被"迷信"的官方观念所压抑，日常的祭祀制度因之被废除无疑，都在浦头港宫庙群中一一上演。

1949年新中国成立后，浦头港于1958年被拆开，大部分被划入市郊公社，号称有十二大队，小部分被并入步文公社。改革开放后，观念解放，公社与大队又改村镇、街道办事处，居民生活回到正常轨道，经济开始复苏，20世纪八九十年代曾在浦头港掀起一股民间宫庙复兴的浪潮，许多民间宫庙纷纷得到重修。其后，随着1998年以来城市建设与"农转非"的拆迁进程，浦头港的核心地带又设立了浦头社区、悦港社区、桂

---

① 中国人民政治协商会议福建省漳州市委员会芗城区委员会文史资料委员会：《漳州芗城文史资料》合订本第四卷（上册），第2272—2273页。

溪社区、田丰社区，部分村社还并入东门社区、龙文区等，浦头港老居民开始由"有地"农民或市民转变成了"无地"的市民，分散聚居不羁，生活方式也由原来的传统农业与小本生意纷纷转化成为靠房租、店租为主的市民经济，总体来说，浦头港经济还是得到了巨大的提升，而浦头港民间宫庙群因为此次"城市化"进程，再次重修或被迫拆迁修建，是改革开放以来浦头港民间宫庙群第二波修建高潮。

改革开放三十几年来，浦头溪（图1-19）淤积堵塞，甚至多处被截断，浦头港也随之彻底淤积堵塞，但是其原居民始终没有忘记传统社区"浦头港"的历史，他们以各种方式保存的基本认知：一是以其残存的四大码头的地理范围——周爷楼（即文英楼）码头、米坞码头、（浦头）大庙前码头、广兴码头，来铭记属于自己社区传统生活的历史与模样。二是

图1-19　1979年漳州市区地图（局部）：图上笔者用虚线重新勾勒的上年、诗浦、巷口、群勇、上厝、沟口、东洋、后坂与碧湖村之间构成图是"浦头溪"的大概范围

以风水地理确定各个民间信仰宫庙位置来还原自己传统社区的方位:"虎形风水"——浦头太庙为虎头,周仓爷庙(文英楼)与东岗祖宫(主体为米坞码头上的"关帝小庙")为双虎爪,面朝浦头溪,构成了浦头港的核心位置。三是以"扒龙舟"、关帝诞辰祭祀(浦头大庙)、东岗祖宫关帝诞辰、周仓爷诞辰祭祀等信俗活动来标识浦头港传统社区的外延和内核:"扒龙舟"等信俗活动是以现今的浦头港4社区全民参与的6宫庙6龙舟的传统端午节"扒龙舟"比赛,与浦头大庙关帝诞辰祭祀活动一起,有效地标识了浦头港的地理外延与内部认同;东岗祖宫关帝诞辰、周仓爷诞辰祭祀等信俗活动则增强了浦头港各社区内部的认同。

改革开放近四十年,按照社会观念与经济的发展节奏,浦头港民间宫庙至少经历了三次兴修:一是改革开放初的简单恢复与重修,限于经济实力的局限,所恢复或重建的民间宫庙基本都是原样复修或土木结构式原样复建;二是在2000年左右,因为改革开放初所恢复的土木结构的民间宫庙主体已经进入了朽败期,需要更新换代,同时,信众的经济实力得到了比较大的提升,民间信仰观念得到进一步激发,浦头港民间信仰宫庙进入全面翻新的阶段;三是2000年后,浦头港被纳入"农转非"的城市化进程中,城市改造促使浦头港民间宫庙群被动进行重建或迁建。

第二节 改革开放至21世纪初浦头港宫庙群的复兴与大修

一 浦头大庙

据今浦头大庙庙管人员林师傅回忆,改革开放前,浦头大庙被漳州市第五塑料厂占作仓库,主要供工人打麻绳之用。1987年浦头大庙终于被浦头社民收回,并进行了修整,恢复了关帝的祭祀活动。鉴于经济压力等问题,此次整修并非大规模,主要是恢复正常的民间信仰场所与活动等工作,随后被顺利列入1988年漳州第一批文物保护单位。浦头大庙信众经过近十年的酝酿,经济生活水平得到了很大的提升,观念进一步解放,也因为1995年浦头大庙大殿中脊老旧而突然裂损(此事件对于浦头信众来说是一种不祥的预兆),以浦头大庙信众四角落,即第一帝角、第二港后与石桥头等、第三工人亭与第四朝天宫等传统浦头保各角落以及传统浦港诸社，如田丰社、相厝社、笃厚社等为基本主体的浦头港信众有了大规模重修浦头大庙的冲动，并于1995年开始，至1996年桂月全面翻修落成了浦头大庙，并扩建了东西厅堂，具体有碑刻做了详细的记录（《崇福宫沿革碑》前文有述，此从略）。

重修浦头大庙

　　昔丙子年浦头大庙理事会研究决定岁次全面翻修并重建东西厅等现将各方信士及本社弟子自愿喜乐捐献祝万事如意兹将芳名列下：

　　二千四百元　田丰社　八百元　文英楼　五万元　张海雄　颜艳珠（夫妇）一万零一百六十八元　颜锡祜　六千八百零八元　林建国　二千六百八十元　苏阿标　二千五百八十元　郑炳鑫　洪阿忠　二千零八十元　康锦坤　一千八百八十元　颜于标　一千八百元　颜子深　孙宝莲一千四百元　郑阿勇　一千二百八十元　洪阿河　蔡阿水　苏石头　蔡源根　一千二百四十元　石锦海　一千一百元　陈阿平　一千元　郑阿水　许志坚　九百零八元　六百八十元　八百八十八元　陈根昌　八百六十元　洪阿金　八百元　吴少伟　林瑞祥　林阿水　六百八十元　苏荣煌　陈锦田　陈港顺　陈港榕　洪树水　六百六十八元　石文澜　六百四十元　黄政伟　六百零八元　兰炳森六百元　陈阿龙　郑南松　郑小龙　伍百元　陈蔡溪　四百八十八元　五百八十元　相厝社　忠英苗　一千二百元　笃厚社　四百八十元　郑丽贞　高旭　陈大庆陈阿专杨傅煌伟　四百六十八元　郑明福　洪顺裕　四百六十四元　郑阿勇　四百四十元　王阿河　四百二十元　杨文泽　四百零八元　吴雨霖　洪森树　苏木树　四百元　黄松　林建设　陈淑卿　苏宏财　林阿明　蔡建杏　苏柏木　林玉桃　蔡和顺　高廻荣　高炳辉　孙忠明　郭文祥　苏宏财　林阿明　蔡建杏　苏柏木　林玉桃　蔡和顺　高廻荣　高炳辉　孙忠明　陈淑卿　三百九十八元　陈开荣　陆茂松　三百八十八元　谢柯荣　林茶　三百六十八元　郭永辉　平宏伟　陈志平　三百四十八元　苏阿兴　三百二十八元　郑加和　陈宝宝　康阿池　蔡林忠　吴金金　三百二十元　吴金水　谢柯荣　三百十八元　林建明　三百零八元　赖锦辉　陆亨通　苏阿成　苏炳森　三百元　谢瑞麟　苏生国　李清波　陈宗山　杨李汉　侯升添　聂卫西　黄镒生　黄碧松　蔡和成　二百九十元　康金山　二百八十八元　黄清泉　李萌　方石花　魏炎　黄海水　陈建忠　陈建平　杨镇江　蔡苏伟　二百八十元　朱清云　吴启文　郑庆年　郭树林　庄阿辉　钟毅萍　钟昇保　陈金城　张少

正 苏开根 傅阿南 二百七十元 吴阿土 二百六十八元 郑美丽 洪锦平 杨阔嘴 陈志辉 郭爱民 林炎根 林国良 石建源 苏陈跃辉 李阿水 陈阿华 二百六十元 郭来成 二百五十八元 苏锦文 二百五十元 苏阿章 二百四十八元 唐寿祥 蔡渭西 石建源 刘阿坤 林海堂 陈炳龙 林来福 郑瑞贞 李伟英 陆文通 陈宝石 苏锦章 李茂兴 林志群 林志强 苏陈宗德 高启水 苏吴河山 林启运 肖三县 二百四十元 何志荣 陈莉玲 二百三十元 苏知头 郑恒有 陈美丽 苏通风 郑炎池 颜锡棠 吴游荣 郑胜杰 林文池 吴雨兰 吴雨斌 吴雨嘉 二百三十八元 苏滨勇 黄溪水 二百三十元 洪蝙蝠 二百二十八元 蔡金枝 严浴潘 陈吴泗 郑文明 颜跃辉 李劲民 黄宝贞 陈志明 施龙泽 郑水兰 黄炳煌 邓素英 许阿根 郑龙山 王阿辉 颜启棠 刘添荣 张瑞龙 王海欣 洪克生 吴志强 陆焕文 黄曾虬 郑卯 陆坤 陆碧莲 黄桂 黄瑞驹 吴颜子欣 黄海树 叶句星 郑龙山 杨更强 周来凤 纪玉来 苏荣海 叶向阳 高天仁 许巧菊 郑阿溪 曾志平 蒋万松 黄启棠 陈金明 金冠音像 许镇河 郑金山

本庙理事会

公元一九九六年桂月日吉置立碑

这次全面翻修扩建浦头大庙，资金来源大概有四类：一主要依靠收取浦头港浦头大庙周边原居民信众的"丁口钱"；二是按照自愿的原则，倡议个人捐献；三是浦头港各社里及友好宫庙的捐款；四是少数各方非浦头港的信众的捐资。这是改革开放近二十年来，浦头港信众兴修浦头大庙热望的一次大爆发，是浦头社区民众在改革开放近二十年来，恢复正常社会生活，并完成一定经济积累而产生的感恩情感，通过浦头大庙这一民间信仰载体的一种集体表达。这是一种源自传统社区居民辐射出来的自发行为，与历史上浦头大庙经历的每一次兴修的信众心理是一致的。因此，在该碑文中，捐资者的人数与捐款额数的点与面显得非常均衡，大家群力群策，共同促成了1995—1996年浦头大庙的全面翻修与扩建。此次浦头大庙的翻新与扩建是符合改革开放以来，漳州民间信仰复兴的周期表现的。

为了增加浦头大庙的主庙的正统、权威与影响，在此次全面翻修浦头大庙过程中，浦头关帝庙管委会专门讨论并组织浦头港浦头社及其关系较为亲近的其他几社里的代表，前往山西运城市解州崇宁殿关帝祖庙谒祖进香，并定下浦头大庙管委会六年一个周期组织人马前往山西关帝祖庙进香的夙愿。其中，山西解州关帝庙文物保管所所长张洁代表祖庙颁给了浦头大庙"福建漳州浦头关帝庙系山西解州关帝庙分镇"碑（图1-20）。

当年浦头大庙即立碑于庙前右侧，其碑背后文字详细描述了此次进香的详细过程，以及达成的目的与夙愿，具体如下：

解州朝圣碑

吾乡浦头大庙额号崇福宫，奉祀尊神乃忠义神武关圣大帝也。帝本河东解州人，即今山西运城市解州镇有帝之庙堂，曰崇宁殿，规模宏伟，为全国之最，耆老相传，昔日乡信士曾往朝圣焉，后因时局变化，已无问津者。今逢开放改革大好良机，里人皈响景仰不已，遂有此番进香之议。甲戌校阳虔诚祝祷蒙帝君恩准，以后岁次己亥，应往。乙亥端月理事会礼聘田丰、上厝、笃厚社派代表先期赴解接洽事宜，随后进香，众人竭诚斋戒三日，桐月十五晨皆沐浴，更新服辞馆登程，十八另批搭机皆在三门峡会齐，由浦头大庙理事会领队至解州关圣文物管理所所长张洁严礼接香旗入庙稽首朝圣，并介绍这庙始建于隋代开皇九年至宋代大中祥符七年扩建初具规模，后经历朝增修遂令其他庙宇望尘莫及，钟鼓楼皆城楼式，钟清初吾乡人所献，惜巨鼓已废，乃与协商愿重添置一鼓补其全。端门上匾额左题"精忠贯日"右书"大义参天"与本宫匾额吻合。依依惜别，再临常平村祖庙参拜，返途经洛阳重谒关林，另派四人往禹帝古刹取香，此番信士七十二人，万里旅程历时两周，依神灵威除氛祲，童耆无恙，皆帝君有灵，佑吾里巷万事吉祥，今实录勒石以志。

颜知森 撰
浦头关帝庙理事会
公元一九九五年 岁次 乙亥桐月穀旦立

图1-20 浦头大庙"山西解州关帝庙分镇碑"

1998年，浦头大庙还利用庙前左侧剩余的地皮建筑了一栋三层楼高的龙武堂。一充分利用地产，以防被无端占用；二围筑左手龙砂端以作风水之用；三作为庙里的恒产，出租所得租金作为浦头大庙的日常香火之费。一举三得。所获得的捐款同样来自于浦头大庙的核心信众群，这些人大多数在两年前重修浦头大庙时捐过款，龙虎堂一楼侧面因立有"募建龙虎堂功德榜"。

募建龙虎堂功德榜

颜志敏 一千八百八十元 颜志辉 一千八百八十元 郑炳鑫 一千八百八十元 洪仔忠 一千八百八十元 杨傅煌伟 一千六百八十八元 蔡建成 一千六百七十七元 陈锦田 一千六百元 蔡源根 一千四百九十元 林建设 九百六十八元 洪树木 八百八十八元 蔡阿水 八百元 康锦坤 六百八十元 颜志勇 六百八十元 吴志强 六百八十元 侯美丽 六百八十元 洪阿河 六百八十元 陈志平 四百八十元 林建国 四百八十元 蔡雄伟 四百八十元 陈棠棣 四百八十元 谢柯荣 四百八十元 张万山 四百元 陈松源 四百元 张惠新 四百元 叶向阳 二百八十元 高天仁 二百八十元 杨镇江 二百八十元 陈利坚 二百八十元 吴金全 二百六十元 许镇河 二百六十元 苏石头 二百六十元 郑满丽 二百四十元 林伟奇 二百四十元 颜子标 二百零八元 林春水 二百元 苏芳池 二百元 苏水财 二百元 苏水泉 二百元 洪福利 二百元 六建忠 二百元 吴长明 二百元 六中华 二百元 吴阿婴 二百元 吴文伯 二百元 聂卫西 二百元 蔡清河 二百元 洪朝正 二百元 傅阿南 二百元 赖国祥 二百元 陈丽卿 二百元 六天赐 二百元 郑阿太 二百元 石锦海 二百元 陈阿朝 二百元 陈西风 二百元 林建忠 二百元 六翠 二百元 方财德 一百八十元 蔡斌 一百八十元 苏开根 一百八十元 林秀珍 一百八十元 石锦户 一百六十元 许阿根 一百六十元 许勇清 一百八十元 苏阿通 一百八十元 纪清标 一百八十元 陈水泉 一百八十元 韩建忠 一百八十元 江仔乳 一百八十元 肖美莲 一百八十元 陈阿汉 一百八十元 杨更强 一百八十元 黄吴 一百八十元 蔡开荣 一百八十元 蔡和成 一百八十元 杨永敏 一百八十元 蔡少飞 一百八十元 林福和 一百八十元 郑惠娇 一百八十元 谢志亮 一百八十元 洪克生 一百八十元 陈沈生 一百八十元 苏阿标 一百八十元 蓝炳森 一百八

十元　陈志辉　一百八十元　陈宝石　一百八十元　苏木树　一百八十元　吴以霖　一百八十元　黄吴平　一百八十元　黄进约　一百八十元　翁文德　一百八十元　六亨通　一百八十元　蔡秋山　一百八十元　陈阿能　二百元　陈阿平　四百八十元　郑阿勇　二百八十元　苏世昌　四百元

浦头大庙两届理事会同立
公元一九九八年岁次戊寅年蒲月落成

二　文英楼周仓爷庙

从一张1978年浦头港"扒龙舟"的照片（图1-21）来看，文英楼周仓爷庙在当时保留相对完整，后被群勇大队等社民收回，简单维修后，恢复了周仓爷的祭祀活动，并在1988年被列入漳州市第一批文物保护单位。1994年，文英楼进行了第一次大修，比浦头大庙的第一次翻修提前了两年。其先后留下了三块碑刻，分别为《重建定潮楼又名文英楼捐献芳名于左》（1994年）、《捐献供奉观世音菩萨金身圣像宝座》（1994年）与《重建龙舟寮》（1995年），这是新时期文英楼周仓爷庙以群勇大队社民为主体的信众全面恢复自己传统社区生活的一次尝试。

重建定潮楼又名文英楼捐献芳名于左
甲戌仲夏一九九四年六月　立

群勇十一组　五千元　群勇十二组　三千元　杨世海　康锦坤　陆金毅　少鸿　各二千元　陈俊　一千八百元　群勇村委会　陆啟沙　各一千五百元　张美英　一千四百元　陆爱国　一千三百元　陆宝　苏阿庆　苏宜　许阿根　各一千二百元　陆何用　黄西念　苏长　陆年　苏凤鸣　洪溪河　蔡阿根　陈黄阿杰　吴阿能　郑炳泉　王河山　欧阳森　柯福能　江宝国　黄育平　王阿河　王荷莲　陆阿明　陆其中　林王清福　陆金山　林建荣　陆松　林添池　蔡陆建文　黄顺立　陆溪港　张宽勇　张宽辉　陆阔嘴　王河霖　吴耀芳　林国正　吴顺仁　陈阿蓉　陆啟标　黄河清　苏锦松　黄海山　黄阿万　陆德和　林贻升　来福制衣厂　陆坤河　蔡耀生　蔡清辉　陆茂松　陈开荣　唐福龙　蔡何辉　陆国平　傅献敏　鸿昌庄重来　欧亚松　以上各一千元　陆水通　陆溪山　苏石榕　各八百元　陆阿根七百元　康木根　陈发辉　林建兴　陆少北　各六百元　黄阿鹏　蔡文钦　康金国　欧黄阿木　陆松溪　陈阿阔　陆

图 1-21　1978 年浦头港举行"扒龙舟"一幕
（右侧二层楼即文英楼周仓爷庙）

金钟　康国勇　庄鸿添　林素月　陆顶金　陈志敏　陆金中　陈锦田　陈亚朝　林群友　黄庆生　陈粤　陆九婴　以上各五百元　念佛会四百八十元　吴顺河　四百二百一十元　布炳松　陆秀玲　陆阿山　陆阿鹅　杨庆福　魏炎　林清溪　张福年　林雄　卢庆辉　林加添　陆水莲　苏阿根　以上各四百元　陆天赐　陈金榕　郑太源　孟胜利、陆阿发　罗荣新　吴亚全　李聪明　吴雨浜　林志明　蔡亚垄　陆启裕　以上各三百元　蔡加容　二百五十元　陆启嵩　陆长和　郑明松　吴顺章　方亚西　以上各二百四十元　黄曾和伟二百二十元　吴剩勇　李胜利　林溪水　吴耀坤　蔡阿松　郑荣兴　黄阿恋　陈松山　游黑扩　林国华　张阿树　陆溪中　陆清　张阿同　陆雨霖　马阿知　蔡添福　曾炳煌　苏登福　陈天胜　蔡阿生　陆阿鱿　苏龙昌　苏龙修　游美华　陈水成　吴顺发　郑国泉　许阿东　黄清松　陆少波　黄明琼　陈德祥　陈炳生　李志林　陈国斌　蔡耀明　苏水树　王丽珍　刘德生　吴顺意　王炳毅　吴顺添　陈石池　吴啟沂　陆古鳖　张旺根　郑建平　戴安平　洪树松　陆翠　周阿国　陆石　蔡林忠　陆元根　郑锦国　陈友龙　苏水根　林建义　江青松　唐金池　蔡来意　陈亚鑫　张少正　陆建荣　林国斌　黄水根　陈迺财　王炳佑　苏阿勇　陈德财　陆阿端　林海龙　柯阿煌　陈雄标　杨树松　廖青山　林荣龙　吴

绍合 王炳宏 陈翠英 黄金治 傅胜 林康金城 刘春松 陆阿英 陆美玲 李连财 颜祥 陆文通 陆榕 阮亚金 以上各二百元

开庙门 苏石榕 吴满枝 苏长 各捐一千二百元

上列总合计捐献金额一十二万六千八百七十元整

董事：欧亚松 陈郑锦山 蔡亚根

头家：欧亚松 陈郑锦山 郑炳坤 陆其中 蔡耀生 黄亚树 吴亚能 黄亚水 陆阔嘴 陆小松 陆金山 吴亚金

修建组：欧亚松 陈郑锦山 蔡亚根 蔡添福 陆坤河 吴长明 陆宝

公元一九九四年岁次甲戌仲夏月 吉置

捐献供奉观世音菩萨金身圣像宝座

功德无量　福不唐捐

捐献芳名列下一九九四年岁次甲戌桂月

胡跃泉 方碧玉 黄延平 王裕鹏 陆锦东 郑春枝 王国猛 杨志忠 蔡清辉 陈石池 曾炳煌 陆爱国 陆国平 陈建阳 陈义松 戴培芬 蔡美琴 蔡秀华 林石英 苏瑞坤 庄仰生 林瑞美 王荷莲 陆加明 陆加水 陆亚加 林志明 吴瑞琴 蔡跃生 林俊 欧丽云 陆翠凤 周亚华 蔡紫莲 陆金山 许美蓉 李聪明 陆秀琴 朱加光 游□彩 黄亚水 杨庆福 吴建平 郑炎发 陆宝

上列百元以上捐献

新建龙舟寮

新造龙舟捐款芳名

王河成 张少鸿 苏龙庆 各五千元 群勇十一组 群勇十二组 陆建德 蔡陆建文 陆爱国 吴建平 康锦坤 各二千元 张宽辉 一千五百元 柯福能 陆国平 陆启沙 林建荣 吴建伟 陆阿明 各一千元 杨世涵 陆顶金 陈小兵 蔡加容 各五百元 陆阔嘴 陈光伟 傅献敏 欧阳森 陆阿山 张宽荣 陆溪港 吴长明 陈金榕 陈阿清 陈德祥 吴以兵 郑炳泉 陆启裕 吴顺添 陆文通 各二百元 总计捐献肆一万一千三百元

理事会：陈金榕 陈阿清 吴以兵 郑炳泉 吴顺添 傅献敏 欧阳森 陆启□ 陈德祥 陆阿山 陆文通 张宽辉

经办人：陈阿清 吴以兵

公元一九九五年岁次乙亥仲秋月吉置

1988年文英楼周仓爷庙同样被列入漳州市第一批文物保护单位，1994年文英楼的大修，虽然比浦头大庙早两年，但是与之差不多平行，动因也几乎是一致的：经过近二十年的酝酿，文英楼信众小有积蓄，再加上文英楼石木结构中木头的朽败，于是有必要进行大修。只不过文英楼宫庙规模相对较小，兴修所需的财力与人力也会更小一些，其信众的指向性也会更加集中，因此重修工程所涉及捐款人的范围相对来说也会较小。

　　此次翻修的捐资人是文英楼改革开放近二十年来的核心信众群，仍然以文英楼传统社区的社民为主，其中最大的特点就是商户所占比例的急剧减少。从中我们也可以发现，浦头港"定潮楼码头"码头经济与商业街确实衰落殆尽，这就意味着浦头港码头经济的彻底衰落。另一个特点就是知识分子在其中扮演的角色也几乎没有得到体现，这么大型的兴修，所树立的翻修纪念碑只是纯粹的芳名碑，没有传统碑刻那种充满了文人气息的历史记述，由此可见，浦头港口经济的没落，也导致了文化人的没落，文英楼周仓爷庙被还原回更加纯粹的民间信仰宫庙。

　　另外，1994年附加的《捐献供奉观世音菩萨金身圣像宝座》捐资芳名碑，表明了观世音菩萨虽然是文英楼周仓爷庙的主祀神义勇将军左边的陪祀神祇，但是这次专门重塑观世音菩萨的金身与宝座，显示了观世音菩萨在周仓爷庙中地位与影响力的提升，其中，随此次观世音菩萨金身与宝座重塑的还有"点平安灯"灯架的具体建筑，这是仿照佛教"点千佛灯"的举措，既满足信众祈愿消灾，又能增加宫庙香油钱的一种祈愿仪式。据我们这两年现场调研发现，在周仓爷庙每年许愿长点一盏"平安灯"人均价格是120元，因为实现了用电灯替代传统的油灯，两面墙密密麻麻近两百盏佛灯四分之三都是标有人名且亮着的，可见颇有市场，以2012年为例，一共有133人许愿了"平安灯"，此项香油钱收入合计金额：15960元。这也是文英楼周仓爷庙在新时期信仰内容产生转变的表现之一。

　　文英楼龙船寮的兴建，是文英楼周仓爷庙所代表的浦头港群勇大队的社民及周边相关社民，参加浦头港一年一度最盛大的集体民俗活动即端午节"扒龙舟"所必须准备的举措。《新建龙舟寮》芳名碑显示，新造龙舟与搭建置放龙舟的龙舟寮所费不菲，既是所在社区百姓集体认同的体现，也是浦头港的传统码头经济生活的历史记忆和重温，在某种意义上也代表了浦头港原居民回归传统社区生活的一种方式。

三 霞东书院

据苏宗谢《浦头话沧桑》一文记述：

> 文昌宫，建在后田新村入口处，内祀魁星神像，清代漳州有名的"霞东书院"即设于此。科举废除后，在这里设小学，浦头、新行街一带的学龄儿童均在此就学。至20年代初期，因学生人数激增，学校才迁址于浦头关帝庙，改为龙溪县第33小学，不久又改名霞东小学，后又改为霞浦初小。霞浦国民学校，一直到解放后才改办成完全小学，迁址于文化街，改称霞浦小学。霞浦小学自建校后，几十年来培养造就了不少英才。如厦门大学历史系名教授叶国庆，现任青岛海洋大学校长施正铿及已故知名音乐家施正镐等皆出身于该校。[①]

另据现浦头大庙管委会林师傅回忆，新中国成立前，霞东书院已因年久失去了书院的本色，成为纯粹的民间宫庙，且完全失去了文昌帝君祭祀的本来面目。因为供奉的神像身着绿装锦袍，十分像漳州府治西南边的圆山琵琶坂康仙祖庙的康仙祖，因此当地信众误认为霞东书院的主祀神为康仙祖，故霞东书院一度被讹称"仙祖庙"，虽然残存的石碑明确记录此是供奉文昌帝君的书院。"破四旧"期间其宫庙被拆除不少，"文化大革命"期间，霞东书院一度被群勇大队占为仓库之用，1987年被漳州市文管办收回，可惜只剩大殿，主要是霞东钧社南词古乐队在此活动。霞东书院于1988年被列入漳州市首批文物保护单位。因为霞东书院历史上不同于浦头港其他民间宫庙，它们各自有非常明确与固定的本地信众与社民，霞东书院历史上作为官方的社学，在新时期成为了无主的民间破殿，大殿部分空间被社民趁机占做工厂，主要做木棍，大量木刨花的积攒与缺乏管理，导致白蚁蛀空了大殿的木料，1994年中柱塌断，1997年霞东书院大殿彻

[①] 中国人民政治协商会议福建省漳州市委员会芗城区委员会文史资料委员会：《漳州文史资料第十辑》（内部印刷），1988年，第135页。

底倒塌。

霞东书院倒塌后六年中，浦头港当地的文保组组长杨镇江先生四处奔波呼吁，可惜劝募未果。事情的转机来自于民营企业家戚毅川与庄亚琛母子的捐资，他们捐资30多万元人民币于2003年重修了霞东书院，戚毅川亲任董事长执行此项修复工程。资助这次兴修工程的庄女士，被誉为当代漳州市个人独资修缮文物古迹第一人。由此，也折射了新时期霞东书院信众与归宿缺乏基础的艰难处境。

重修霞东书院碑记

书院沿革古碑已有详载兹不赘述，解放后百废待举，该院沦为工场仓库，神器摆设毁坏殆尽。该院自道光元年重修，时隔百余年，毁坏殊甚。九四年夏，后进中柱折断，突然塌地，颓垣断瓦，横杂成堆。经市文管办稍为修葺，搭盖竹棚得以保存，后进部分作为南词曲馆之所，但院貌仍甚破烂不堪。经当地文保组组长杨镇江积极劝募，未有效果。幸蒙企业家戚毅川先生暨令慈庄阿琛热心公益事业，慷慨捐资，巨金独资修建。亦请示市文管办领导杨丽华同意，利用浦头街铁板门拆迁之股构件制成材，添建不无稍补。现书院恢复原貌，使昔福建提督蓝理斥资建院造福闾间之用心得以再现，实属功德无量。慈庄阿琛一家义举，公尔忘私，神明共感，遐迩同颂。蓝公理富贵不忘本，造福桑梓，民怀其德，特塑其金身祀奉香火，尊为人神，为善必彰，理所当然，今勒石留念使后代子孙知所钦敬。

里人颜知森谨识杨阿聪敬书

书院修缮工程指挥杨丽华

董事长戚毅川

副董事长戚大明

理事长杨镇江

副理事长苏宜郑炳裕

理事黄松苏龙根蔡添福陆胜利

公元二〇〇三年岁次癸未仲冬榖旦立

随着自20世纪20年代初霞浦小学前身从霞东书院迁走后，至新中国成立以后很长一段时间里，霞东书院虽然没有完全倾颓，但是也已面目全非，祭祀对象由原来的文昌帝君讹传为圆山康仙祖，其存在的主要价值与信众基础逐渐消失。改革开放后，霞东书院是浦头港诸民间宫庙最晚进行大规模修建的一间，而且走的依然是官方倡导，民间跟进的捐资方式，2003年霞东书院修复后，才恢复原有的文昌帝君信仰。

四川梓潼进香碑记

霞东书院，原祀文昌，久年失掌，院貌非然神像甚废，幸蒙戚家慷慨解囊独资再次修建，岁次癸未桐月初八报土动工年菊月竣工。修葺之中，众所论议，需重塑神像，旧貌新颜，即议选戚毅川，杨镇江，李少伦等三人，前往帝乡祖庭联系谒香取经。庆典就序即组人员，南词乐队，艺校师生艺馆领导，随行记者，热心信士共集二十六人。香旗香担，香袋齐备，沐浴更衣，娇装礼服，整队有序，香烛拜敬，绕院一周，以表团圆，鸣锣响鼓，乡亲送行，阳月初七，乘列启程。另从搭机初九夜绵阳市汇合。次日乘车前往祖庭进香谒祖叩礼参拜，董事长戚毅川行敬旗礼，主持史有凯礼接香旗，香众响应掌声不绝。南词古韵，洞经圣乐，交换回响，古典雅乐，优美动听，以情达意，甜圆有味，互送曲谱，诚意长存，热心款待，诚情设宴，感慨万分，深表谢意，有情相待，三载重逢，欢言喜语，难以忘怀，依依惜别，思顾旧恋。此行谒祖，实属首创。从属分镇吾省榜首。文昌文化，得以奉扬，文人雅士，加深敬仰，帝君灵应，香烟鼎盛，学子雅士，供奉日益。望昔旧容，书院焕然，文运昌盛，文臻晋萃，百出人才，云汉天章，独占鳌头，敦促后人，承继发扬。

进香人员：

领队：戚毅川杨镇江执旗　苏清潭香担　苏龙根苏宜郑炳裕黄松陈有龙蒋亚明苏跃东陈松明蔡苏伟李少伦　戚毅敏陆平陆胜利林晚霞刘丽英黄瑞卿黄秀云陈溅柳晓燕刘明梅林艳梅黄文静王婷

在院管护人员：苏施根许亚东蔡添福石锦厚苏福榕陈大榕蔡锦波颜亚泉黄铭琼陈小溪陈阿阔杨港泉洪溪河

二〇〇三岁次癸未年孟冬月立

霞东书院诸多文物与相关文献记载证明了其历史价值，由于漳州市文管办的重视，以及民营企业家的资助、宣传与定位，顺利恢复了霞东书院文昌帝君的祭祀香火。为了确保新修霞东书院文昌帝君祭祀的权威性，霞东书院管委会重建霞东书院的过程中，特地决定到文昌帝君的祖庙四川梓潼文昌帝君庙去谒祖进香，以传统"刈香"的形式保证霞东书院文昌帝君的香火正统性，并从文昌帝君祖庙请来由"四川梓潼县文昌宫管委会颁发"的"福建漳州霞东书院文昌帝君系四川七曲山文昌祖庭福建第一分镇"的认证名分，于2003年岁次癸未年孟冬月在庙前右侧立了此镇碑，同时立了上述的《四川梓潼进香碑记》的石碑（图1-22）。显而易见，霞东书院此次前往四川七曲山文昌帝君祖庙进香，有模仿1995年浦头大庙前往山西解州关帝祖庙谒祖进香的痕迹。

紧接着，在漳州市文管办与民间企业家的共同合作下，霞东书院2003年重建落成后积极申报省级文物保护单位，并于2005年顺利列入福建省文物保护单位，并树立了相应的石碑。

图1-22　霞东书院"四川梓潼进香碑记"

　　正面：福建省文物保护单位
　　霞东书院
　　福建省人民政府二〇〇五年三月（公布）二〇〇五年九月（立碑）
　　背面：闽政2005〔164〕号文规定，第六批省级文物保护单位霞东书院保护范围：
　　南至前殿前檐滴水位起10米内；
　　北至后殿滴水位起10米内；

东至弘一法师纪念馆后山墙滴水位；

西至丹霞园游泳池围墙。

福建省人民政府二〇〇五年五月十一日公布

二〇〇五年九月立

很罕见的是，这块省级文物保护碑背面的碑文不同于浦头港其他民间宫庙的惯常书写本庙历史沿革的做法，而是详细描述了霞东书院的具体保护范围。在我们田野访谈中，发现这一缘由在于2000年左右霞东书院与一墙之隔的佛教法音寺发生过地皮之争，为了预防这一争执再次出现，霞东书院管委会充分利用福建省文物保护单位的相关保护法则，树碑立文，详细描画了新修霞东书院的保护范围，以作自我保护。

霞东书院21世纪初的复兴与定位，最终回到文昌帝君祭祀的传统上来。虽然其被建设为纯粹的民间信仰宫庙，完全丧失书院的功能，但是仍与教育考试紧密相关。文昌帝君主管文运，是历史上科举考试的祈愿主要神祇对象，改革开放后涌现的高考热、中考热及公务员考试热，实际上与科举考试并无二致，同样是青年人晋升中上流社会的敲门砖式考试，作为民间信仰的文昌帝君能很好地满足了普通大众的这一诉求。霞东书院管理层充分利用这一历史资源，并加以炒作，仿照四川七曲山梓潼县文昌宫祖庙一些成熟的祭祀仪式，倡导信众供奉香、烛、纸元宝等必备的祭祀物品外，还要携带"葱、芹、红萝卜、包子、糕点、粽子"［寓意聪明、勤学、好彩头（好菜头）、考试包（高）中］等供品前来祭祀，这种成本小，又寓意着美好祝愿内涵的供品受到了信众的热烈欢迎，一时间蔚然成风（图1-23）。霞东书院还在每年高考与中考前夕做"敬恩师法会参加高（中）考做大敬"（图1-24），外加年底"谢平安法会"与年初"二月初三文昌帝君诞辰暨求龟庆典"，充分满足了一年四季信众的诸多需求，也为自身香火的旺盛打下了有序的基础。事实证明，2000年来，霞东书院是浦头港民间宫庙群香火最旺盛的宫庙之一（图1-25）。

图1-23 霞东书院摆放的寓意"聪明勤学（中、高考）包高中好彩头"的供品（葱、芹菜、包子、发糕、粽子、红萝卜）

图1-24 霞东书院2014年农历五月初四举行高考祈愿"做大敬"现场

图1-25 霞东书院大堂，其两侧墙（此为右墙）上挂满历年学子中、高考祈愿和还愿敬献的绸带与锦旗

第三节　21世纪以来城市化进程中的浦头港民间宫庙群

21世纪以来，除了霞东书院没有经历过大的变动外，浦头港其他民间宫庙皆有被动的变化，其最大原因来自于城市改造与房地产建设的刺激。

一　浦头大庙与文英楼等宫庙的抬升和迁建

21世纪初年，浦头港整体居民陆续完成"农转非"的过程，社区整体被纳入漳州市区的城市建设中。这阶段城市化建设速度迅猛，浦头港两岸首先被市政府城市建设改造，迎接即将到来的房地产建设热潮。其改造的结果是：浦头溪两端彻底被堵塞，溪面由一百多米被压缩为三十米；浦头港端午节"扒龙舟"集体性习俗被迫中止五年，至2005年才恢复；浦头港民间宫庙群原来就在浦头溪溪边或港边，地势低洼，随着城市改造的进行，路基的填高，浦头港宫庙群的宫庙位置显得更加低洼，平均低于路基半米以上，平时尘土飞扬，下雨天则积水漫庙，其中浦头大庙、文英楼与增福祠受此影响最大。另外，这期间，芗城房地产建设也进入高潮，除文英楼外，浦头大庙、增福祠、东岗祖宫、探花码土地公庙、祥慈宫妈祖庙、文浦亭有应公庙、管仔顶保生大帝庙、合美宫王爷庙庙址或地皮都受到波及，与之对应的就是香格里拉楼盘的建设，导致了上述宫庙的抬升与迁建。

（一）浦头港浦头大庙的抬升

此次浦头大庙的抬升与时地处低洼的形势有直接的关系。另外，浦头大庙庙背后本是花园，虽然在新中国成立后被霞浦小学占为操场，但仍与浦头大庙息息相关，而且，浦头大庙是浦头港的主庙，其在整个浦头保的影响力很强，因此，此次抬升工程，负责香格里拉楼盘建设的悦华集团为之大力赞助。浦头大庙因势抬升，虽是修旧如旧，但建设后的形制更宏伟，不但十分和谐地融入周边建设新环境，且有开阔的庙前大埕、左右拜亭、附属房产一栋，提升了自身的完备程度。

漳州浦头崇福宫关帝庙碑记

　　漳州浦头关帝庙地处漳郡东郊浦头港北岸边交通便捷庙坐北朝南始建于宋孝宗淳熙十四年岁次丁未年宫庙面价约三百多平方庙埕一百多平方木宫内奉祀关圣帝君至尊

　　漳州自唐朝建立郡制古城区浦头关帝庙具有重点宫庙之一宗教信仰也有重要地位具有源远流长的宗教文化内涵及典故是古今保护完善的文物遗产

　　历经百年沧桑多次修缮据记载清康熙乙亥年由蓝理公答神恩募缘扩建浦头关帝庙改革开放后社里信士募资重修宫庙于一九八八年六月十日列为第一批市级文物保护单位

　　一九九八年因城市规划改造地势涨高崇福宫成为低洼地每次大雨积水遭涝为保护文物遗产信众自愿募资组织理事会筹建处向市文物管理委员会申请重修建经批准二〇〇七年底原拆原建抬升地面一米七三公分保持古色古香于二〇〇八年孟冬落成宫庙焕然一新特立此碑记昭示后人

漳州市浦头社理事会筹建处
公元二〇〇八戊子年孟冬立

助建浦头大庙捐资功德立碑

　　十万元　悦华集团　六万零六十六元　郑炳鑫　五万元　颜志铭　三万元　蔡建成　二万八千元　洪仔忠二万三千二百八十八　元林建国　一万八千八百元　陈港顺　一万六千二百元　邹立畴　一万五千六百八十九元郑胜杰　一万五千元　林叁跃　陈菁　一万二千八十八元　洪仔河　一万二千元　林建设　侯美丽　漳州市建　达塑胶有限公司　一万一千八百九十元　蔡原根　一万一千八百八十八元　杨镇江　一万一千六百六十六元　蔡清阳　一万一千元　郑阿勇　一万零八百元　康锦坤　蔡光辉　王添福　一万零六百十八元　颜志勇　颜志敏　一万元　漳州永利面粉有限公司　韩滨戚　毅川　陈瑞祥　蔡碧松　周金明　庄颜君　八千八百八十八元　陈锦田　八千元　何向荣　何志荣　陈郑炳裕　七千一百八十八元　黄金发　六千六百六十六元　谢志亮　六千二百元　蔡苏伟　五千八百元　郑丽真

五千六百八十元 林纬奇 五千二百八十元 吴建忠 五千一百六十元 颜子标 一万元 张英松 五千元 蔡建杏 林树鹄 四千八百元 蔡裕德 四千六百八十元 吴志强 我佳咖啡 四千二百元 陈旺根 四千元 苏志惠 徐志红 三千二百六十八元 蔡国章 三千元 许鸿洲 三千八百元 林金伟 叶向阳 洪以彬 吴明伟 吴志明 洪梵峪 颜锡祜 郑铭浪 二千六百八十元 肖奕斌 颜丽枝 二千六百元 苏玉山 二千四百元 蔡亚勇 洪锦平 严仁智 郑文聪 一千三百一十元 信建建材 二千二百八十元 郑瑞贞 二千二百元 洪仔金 陈少辉 二千零六十八元 杨松泉 二千零八元 蔡清云 二千零六元 龙舟协会 二千元 颜志辉 高维平 新城集团 林育忠 许锦龙 张福英 林志峰 蔡东伟 洪树木颜 佳能 高育德 郑加木 陈荣海 张丽君 洪树林 韩毅军 卢春黎 季亚海 陈炳辉 郭景阳 一千八百八十八元 陈港榕 一千八百八十七元 林来福 一千八百元 陆雪云 李小苹 陈志平 黄丽芬 一千六百元 周来凤 陈俊兴 林建东 郑小玲 一千二百九十六元 陈根昌 一千二百八十八元 洪志伟 张荣国 洪志鹏 洪碧娜 严建明 吴伟强 一千二百八十元 苏荣勇 蔡志坚 一千二百六十八元 石锦海 陆海洲 一千二百零八元 林小凤 林宝熔 一千二百元 郑丽英 蔡亚辉 郑亚溪 黄元渊 张团仁 谢小平 林亚琴 兰炳霜 张天枝 陈少明 林丽珍 苏源根 林启运 苏长林 文池 载杰平 吴金水 吴秋燕 傅亚坤 杨大目 傅亚南 戴杰平 刘亚坤 王志民 黄来福 曾思发 肖松溪 苏文华 苏少斌 谢文德 苏陈进发 李茂华 吴永根 陈李真 黄耀辉 李永顺 许宝华 严振南 傅仰越 吴福建 柯两德 蔡跃生 柯志坚 许镇河 蒋港顺 许巧菊 一千零八十八元 平宏伟 一千零三十二点五元 老人协会 一千零八十元 郑冬华 黄少强 黄炯东 一千元 杨庆年 郑建华 黄碧娥 卢亚惠 李小宣 游美华 苏文芳 苏龙金 陈戴胜 陈金成 陈金城 苏阿成 王剑虹 王海鹏 孙忠民 郑定国 曾炳辉 高週荣 江阿木 侯井祥 林奕新 许燕全 郑小玲 陈浩 许志扬 许伯廉 李德成 陆加木 吴顺添 刘王襃杰 侯和树 曾志坚 游寿南 孙志委 黄进伟 博阿榕 孙忠巍 侯井添 陈渊华 刘进雄 郑芳宇 蔡陆仁杰 九百八十八元 杨少漳 八百九十元 庄镇辉 八百八十八元 黄宝凤 蔡金枝 林坤钟 陈秀楼 八百八十元 郭幸雨 康锦发 谢陈兵 陈文昌 八百元 林文泉 陆建德 陆建国 陆建龙 黄建龙 侯河水 陈文通 陈文华 陈聪明 梁国平 林水榕 郑有河 王春安 王茂兴 蔡玉莲 吴月卿 曾志平 曾

志伟 陈林旭 邱建华 张峻明 郑茹茹 侯建能 侯和根 唐福龙 林淑清 陈陆炎明 侯建军 林亚岱 庄顺德 李大川 戚大明 戚毅敏 苏耀忠 陈永源 良祺公司 蔡海瑞 林斌斌 蒋月林 张宽辉 许黄建明 吴顺章 游炳福 陈益藤 陆松溪 吴清德 苏耀坤 何木来 洪阿国 七百八十元 陈庆丰 七百元 康金山 六百八十八元 王扁红 林学文 六百八十元 吴英祥 陆国霖 符海章 许聪明 许立己 陈俊 林志辉 林金枝 苏阿祥 吴亚玉 郑清源 张艺川 苏有新 颜清泉 六百六十八元 陆明义 林汤 林砖 蒋少宏 林国良 洪碧羡 林炫宇 陈艺红 林建阳 六百六十六元 杨文泽 六百六十元 游慧明 张跃进 游慧荣 谢锭彬 苏伟强 六百五十五元 郑水兰 莫禛 六百四十元 肖建明 六百一十八元 林娟 肖紫妍 苏锦钟 林惠明 林惠勇 陆智星 吴霖林 六百一十八元 郑跃西 蔡少鹏 赵明北 颜素珍 谢榕泽 六百零八元 林立人 蔡树 陈宝石 陈林建团 陈茂松 翁艺辉 六百元 林川根 郑永松 郭振木 洪克生 杨庆水 杨庆华 杨庆福 蔡文斌 周亚海 施志明 郑百卿 陈亚条 郭爱军 苏亚时 郑加强 蔡昌 林建发 许志成 洪荣伟 林海淼 陈玉树 陈炎 郑文正 李素美 邵芝成 邵一峰 林雅君 黄哲颖 林雅茹 林雅莹 陈炳龙 庄清林 陈清山 李明渊 陈秀花 洪炎武 浦东宾馆 陈天火 李家雄 郑治飚 李勇 陈永章 林国辉 翁小田 宋碧珠 颜振东 林宝玉 蒋丽贞 郭亚旭 李清海 林阿玲 游炳忠 郭永祥 林祈德 杨恩德 郑铭泉 吴剩勇 黄亚明 肖贵旺 陈翠红 钱俊义 李雅峥 吴木根 郑小菲 方德辉 高映虾 陈启裕 林小莉 林银燕 陈毅斌 陆翠英 陈石池 李文章 洪宇 黄祥龙 陈全民 陈明发 黄清辉 郑俊杰 陈建云 刘清松 洪炳福 陈胜 肖建明 陈阿乘 李忠标 陆亨通 漳州梦舒特服装 杨建明 苏耀明 庄海军 施昭客 郑庆年 张振毅 刘德星 连元欣 李莉苹 牧羊世家 小肥羊 林石角 刘生泉 王宗泌 林伟建 林坐炎 叶庆弟 苏亚平 曾振耀 杨傅煌 伟魏坚 魏有元 魏解平 魏黄巍 李为民 李添文 蔡兴国 郑力量 杨雅雯 郭亚建 洪阿菊 六百元 林浴河 郑炎松 郑炎标 陈港发 梁晓东 许维加 蔡古松 游卫勇 苏金菊 胡建泽 郑小玲 苏联凤 吴泓 张姬娜 柯正文 林克勤 高週才 杨志强 柯福能 蔡加坤 林跃能 杨志斌 陈少勇 罗海松 许志扬 曾海军 王永发 苏秀琴 许秀林 雅欣 张钦亮 五百六十元 王建国 高东庆 古银圆八块六百八十元 吴英祥 蔡和成 六百元 游伟文 林志群 蔡佑全 吴少萍 肖程洲 许西东 李为民 吴建云 李劲民 再添

二千元 陈庆丰 再添一千元 蔡建杏 再添一千元 吴顺添一千元 李美洲二千八百元 吴志雄 二千零零八元 肖亦惠 一千二百元年 黄旗 一千二百元 苏锦章八百元 刘顺坤 刘顺和 沈建芬 李仔章 徐天助 郭阿雄 高週木

浦头社淑女捐资芳名功德碑

二千元 郑丽华 一千二百元 林瑞虾 杨淑卿 一千元 郑金娥 郑金莲 八百八十八元 苏青 六百元 郑丽贞 陈丽真 杨丽卿 杨丽琴 杨丽钗 四百六十六元 陈少贞 四百元 林秀宝 林素莲 苏阿贞 苏阿珠 蔡林碧 珍卢阿惠 三百六十元 林英虾 二百八十八元 洪碧云 陈燕云 二百八十元 陆丽华 郑翠恋 魏淑宽 魏淑贞 魏淑珍 魏淑芬 魏淑惠 魏淑莲 陈燕红 二百四十元 陆美娟 陆美清 蒋丽华 刘惠华 刘惠清 刘惠美 刘惠白 二百二十元 林惠贞 蔡淑华 陆素珍 陆阿雪 二百元 林美莲 林赛花 蔡丽花 郑丽琴 郑玉羡 林明珠 石瑞卿 郭仔兰 郭仔红 郭少红 洪碧缎 陈阿杏 刘玉英 陆素华 陆阿羡 颜惠珍 颜惠贞 颜惠敏 郭爱月 陈淑卿 陈淑娟 陈淑宝 李燕红 洪蓓蓉 李素珍 兰莉苹 林阿莲 林娟 林阿楼 吴以兰 陆碧华 许美琴 许丽卿 许丽琴 黄素英 苏阿丽 苏爱琴 苏爱华 苏素琴 苏美丽 陆阿美 游秋月 游瑞月 郭瑞兰 陈丽羡 郑翠卿 颜美华 纪亚红 陈阿玉 蔡淑珠 蔡金瑄 蔡敏玲 杨静 许美丽 林坤英 林雪丽 洪丽红 吴丽珠 郑素珍 陈丽红 陈丽丽 陈丽琼 李素珠 张玲 张连红 颜运婵 颜美羡 颜阿珠 颜素珍 康来有 蔡美莲 陈文静 纪小红 林秀枝 唐丽华 吴幼慧 吴幼华 吴幼红 洪丽玲 郑阿卿 郑素环 郑美环 郑美玲 郑海燕 纪小宽 苏丽华 郑茹茹 侯玉环 陈陆金兰 陈陆玲兰 李素惠 陆美虾 林金莲

据我们调研，这次浦头大庙抬升不再按户收取丁口钱，而是按照自愿捐献的原则进行，然而，此次抬升的捐款人数与数目比1996年那次重修有了质的飞跃，也证明了浦头大庙香火的兴旺与影响力，浦头港原居民在城市化进程中，经济实力也都获得了巨大提升，此次捐款名单仍然以1996年捐资人的班底为主要组成部分，多出来的许多新人则多是他们的后裔。浦头大庙周围有几家商家也进行了捐款，但是数量绝少，可见，浦头港原有经济基础消失殆尽，浦头大庙被还原为纯粹的民间信仰宫庙，不再附属有古码头那种固有的经济地位。

值得注意的是，此次宫庙的捐资人还涌现了一批浦头社女性，她们基本都是浦头社原居民或配偶，反映了 2000 年浦头社女性经济地位的提升。同时，她们在浦头大庙日常管理与祭祀活动中占有不可忽视的作用，据"2012 年五月十三日（浦头大庙）关帝诞辰善男信女捐献寿款芳名单"可知，女性信众在此次浦头大庙五月十三诞辰捐款人数上占一半有奇，由此可见一斑。

2012 年五月十三关帝诞辰善男信女捐献寿款

郑丽华 800 元　颜志铭 500 元　每位 200 元　严振南　陈全治　黄阿宝　吴阿玉　陈丽卿　陆雪云　陈阿彩　吴志强　王阿琴　陈仔条　叶庆弟　林丽芬　施昭容　郑慧娇　陈林旭　林来福　洪仔忠　洪仔全　洪碧缎　郑阿勇　郑阿真　黄阿美　石瑞梅　兰莉苹　苏锦钟　赵阿惠　苏亚碌　谢小平　黄景升　陈红桃　董阿卿　方羡　张丽君　郑炳鑫　余琮　纪玉来　傅秀英　叶向阳　陆古松　陆亨通　陆宏俊　赵清伟　李茂华　杨文照　郭爱军　苏荣勇　吴宝秀　吴宝珍　吴振贤　吴少华　林维水　陈益藤　谢俊洮　林阿琴　郑瑞贞　林建国　林小凤　林宝熔　黄琳蔚 1/2（即 100 元，笔者注，下同）邹玲美 1/2　陈英爪　黄锦钟　纪阿海　张阿春　范阿惠　陈永源　叶丽彬　杨彩凤　叶永昌　陈丽贞　游美华　洪小玲　林玉羡　蔡明江　王扁红　吴阿福　陈少明　宋碧珠　郑珊　陈聪明　苏石头　苏毅　洪仔河　林翠娥　林美丽　游碧玉　林志民　林祥祥　蔡元根

（二）文英楼的抬升

文英楼的抬升，首要的原因就是因为城市建设，浦头港两岸堤岸道路的铺设，远远高过于文英楼的地基，文英楼一楼有一半都在路面以下，信众、社民进出不方便，风水也完全被遮挡，另外，地处低洼，文英楼同样面临着晴天灰尘飞扬，一下雨就浸水的困境。因为距离马路太近，文英楼的处境比浦头大庙更窘迫。此次抬升距前一次大修过去了十几年，文英楼信众同样在这十几年的经济发展中获益匪浅，因此也有经济实力与心理准备进行此次抬升工程。

文英楼抬升捐资芳名碑

漳州市浦头文英楼，又名周爷楼、定潮楼。属于市文物保护单位。近年来因城市建设等原因地势升高。文英楼变成了低洼，逢大雨就浸水。在本社的里人及热心信众提议将庙抬升。于 2009 年岁次己丑年，本社里人及当任理事与神明商议，问卦征得神明同意，泽良辰吉时动工抬升重建。得广大信众热心捐资，经过四个月到农历十月竣工。庙貌焕然一新。现将热心捐资的信士芳名勒碑相传永久。

三万元：漳州市霞东书院文昌宫

一千贰百元：浦头石桥头增福祠

壹十万元：陈瑞祥　陆锦东

贰万元：张少鸿　戚毅根

壹万捌百元：蔡光辉

壹万元：柯福能

九仟九百九十九元：蔡源根

陆仟元：洪仔忠

五仟元：陆亚山

肆仟元：郁伯虎　康锦坤

贰仟贰百元：

黄　松　黄和平　黄建荣　黄建顺

黄建华　黄秀芸　黄秀华　黄秀玉

吴建平　吴建伟

贰仟元：

朱永瑞　林伟雄　张艳华　郑炳泉

王伟鹏　蒋丽安　蒋思展　陆海洲

陆明义　蔡陆建文　郑炳裕　林振强

茵子川菜馆　苏龙庆　黄吴剑

庄鸿涛　王春安　黄碧松

壹仟贰百陆十捌元：港脚信士

壹仟贰百元：

陈锦池　陈小兵　方加河　陆溪港　吴雨霖

方志强　陈启能　苏祯凯　陆金中　曾思发

黄正川　蔡建文　陆顶金　陆清辉　林国正

陈益腾　陆建龙　林建国　张阿桐　陆建德
陆建国　张宽勇　黄水建　陆水生　李永顺
蔡跃明　林国辉　蔡苏伟

壹仟元：
洪树松　陆海能　陆加能　陆胜忠　魏慧杰
陆秋根　苏龙根　吴以兵　吴宝溪　黄国梁
蔡添福　钟海鹰　林志明　李水星　蔡阿木
黄永清　吴顺添　张迎春　张阿树　林国华
傅阿坤　陆胜利　林添池　陆加明　陆加木
陆增加　陆加标　陆阿明　陆溪河　苏锦松
林国平　黄秀清　欧阳福源　方碧玉　陆秋祥
陆秋月　林建荣　陆亚容　方张艺　苏木树

捌百元：
赖敏洪　苏丽英　陈有龙　梁国平　吴振辉
蔡文钦　陆文通　张瓜子　王　珂　严光跃
郑富强　林火明　韩江龙　郑友和　郑杭海
郑国辉　吴阿能　李文章　陆爱国　陆亚峰
陆志峰　柯　山

陆百捌十玖元：
符海章

陆百捌十元：
洪亚河　杨金海　陆国霖　林顺德　游志强　黄跃辉

陆百陆十捌元：
陆素华　郑明松　蒋少宏

陆百陆十陆元：
陈国滨　陈国华　郑宏谋　郑天宋

陆百壹十捌元：
苏阿根　郑炳松　朱智渊

陆百元：
蔡忠义　方毅勇　洪丽英　林启明　蔡宝珠　陆永平　陈志明
胡俊强　陆松溪　陆少君　周亚海　黄健龙　郑荣兴　孟解放　陆志伟　吴绍和　曾茶　蔡家珍　蔡佳荣　陈艺虹　苏永福　颜高能　颜

高值　杨树松　陆美英　郑文亮　李赞扬　郭树松　苏嘉滨　李海滨　郑国辉　陆水源

五百元：

柯建煌　王裕鹏　谢玉凤

肆百捌十元：

戴树城　苏龙昌　欧黄胜　郑贞　陈成勇

肆百陆十捌元：

陈俊松　苏水淼

肆百贰十捌元：

谢小平　肖亦城。

肆百零捌元：

陈琦　陈雅静

肆百元：

陆阿美　陆美玲　陆美霞　陈顺国　白永联　胡授寨　林川根　林有中　林曲　王则林　洪辉　李赞雄　陆阿华　许志鹏　黄木根　黄清辉　曾佳　吴四得　苏跃东　高红月　吴镇春　李秀来　吴文明　张秀华　张聪明　黄忠辉　林国辉　陈阿阔　阮锡川　林加添　林涵　沈福龙　黄文英　陈建宏　阮月粉　吴添福　林越飞　苏建峰　黄剑川　许教贤　胡跃南　赖庆生　俞金山　黄勇亮　陈跃格　欧路明　胡院中　林丽华　黄媛艺　王杰　欧圆圆　王渭北　陆永明　陆永清　吴陈泉　黄秋强　陆国平　陆明后　罗荣新　蔡绍全　陈福吉　陈聪明　蔡伟国　洪溪河　吴志明　颜丽萍　傅庆辉　傅献敏　甘联开　甘联众　卢顺利　付鹏　付红　刘雪琴　杨朝章　杨向颖　郑志宏　郑志强　蔡建新　施艺文　刘海城　黄木章　洪团水　黄金美　郑炳煌　黄丽俄　郑清池　吴阿加　纪亚玉　陈海云　陆启嵩　黄和绒　兰炳霜　林之楠　颜丽珠　颜镇洋　康全忠　陆志明　陆志兵　王西湖　林全成　卢楚珍　林育昌　林劲隆　林炫名　黄阿明　李岳英　陈水成　孙阿辉　黄木书　林金辉　何桂香　林君　陆胜勇　陆小玲　苏天勇　林昭君　蔡革新　林祥祥　郑炳英　黄魏　陆阿溪　陆清强　陆清标　洪炳福　林清光　吴佳林　谭贵文　杨陈为根　苏龙修　苏椒英　陈建阳　陈平　陆建明　林斌标　陈东光　林斌城　徐土水　徐海森　陈秋燕　卢福松　康国勇　黄阿鹏　王溪德　陈

智勇　陆福松　康国勇　黄阿鹏　王溪德　陈智勇　陆阿鹅　王编红　黄宗荣　黄长河　蔡水龙　李清波　林珏金　黄亚蕾　黄清谦　王永辉　游黎方　林婷婷　苏亚香　陆阿贞　陆阿亮　陆文通　洪文政　洪雯婷　陆阿大　吴顺发　黄阿州　黄亿军　黄艺娟　苏水英　吴月卿　蔡建新　陈少夫　陆金山　李志林　陈建渊　陈海河　詹玉丽　黄燕丽　庄东生　苏伟明　郭阿坤　陆水通　蔡瞬贤　郑新华　康汉才　黄吴　许巧菊　黄维　黄洪川　杨秋龙　黄锦文　黄来福　陆翠英　郭振木　黄江芳　梁长福　黄景升　陈顺水　陈顺成　陈溪山　陈国华　王建国　康建成　陆少波　朱蔗水　林阿忆　陈登峰　刘阿坤　刘德里　黄伟峰　吴顺意　张献　陈圆蓉　林海义　林德玉　谢志伟　游乌糖　林界明　阮招治　黄阿树　吴明珠　朱建荣　陆德河　黄绕　陈木森　吴智斌　方碧花　黄雪珍　王茂兴　吴辉耀　漳州骨伤科医院　付国富　许志扬　林福兴　肖如松　俞明福　安玉珠　林炳坤　杨子艺　杨荣坤　蔡俊清　邱满港　黄友和　陆智勇　陈晓晴　陈国全　欧李忠　许可佳　洪伟元　吴志伟　许志雄　陆永强　林来福　林旺松　黄福志　陆翠英　黄衍生　叶昌龄　蔡和顺　林委　林伟云

　　苏跃中　苏鹏飞　苏宏烨喜谢龙柱一对一万元

　　陆少北敬谢本庙全部水电工资及材料五仟元

　　林秀珠布施名树三楼、修护庙、施工工费陆千九百元

　　黄秀清喜谢一千贰百元添置香炉

　　林亚友敬谢福神一座

　　林振强　游志雄二人捐献老石板四十平米

　　林育昌　林炫名　林钰钧三人喜谢贰仟元添置香炉

　　陈义松喜谢水池栏杆石材

　　林启盛喜谢水池栏工资

　　文英楼理事会

　　公元二〇〇九己五年孟冬

　　相比较上一次的重修，其捐资人依然是此次文英楼抬升工程捐资人的主要组成部分，据我们初步统计，此次抬升工程捐资1000元以上的就有105人，其中30人也是文英楼上一次重修的捐款人，其占到此次抬升工

程千元以上捐款者总人数的28.5%左右，显示着文英楼的信众与社民在城市化进程中分散的范围并非很大。另据2013年文英楼庙管人员吴师傅介绍，这份捐款芳名碑中其实隐含着许多浦头保传统社区2000年以来陆续致富了的信众，以及上一次文英楼重修捐款者衍生出来的许多新家庭成员。另外，上述捐款芳名碑引人注意的是霞东书院与增福祠对文英楼的友情捐助，显示了浦头港民间宫庙之间密切的往来关系，从两者捐款悬殊的数额来看，也可以窥见霞东书院香火的兴旺。

文英楼也充分利用原庙侧边的空隙地，修建了新的侧室庙堂，以满足日常祭祀活动之需，我们根据文英楼一楼左侧碑刻"文英楼兴建庙室捐资芳名碑"，整理出了建造侧室的全体捐资人，发现这批人就是两年前文英楼抬升的捐款人的主力，此次兴建侧室庙堂，这批人又再次热心捐助，从而标圈出了文英楼核心信仰群的具体范围。

文英楼兴建庙室捐资芳名碑

浦头文英楼庙室于公元二〇一〇年八月兴建，二〇一一年春竣工，其建筑面积二百〇六多平方米，系群勇十二组大埕之地，经理事会研究决定付人民币壹十贰万元作为此地补偿费。

恳承社会各界信士敬献爱心喜乐捐资兴建而成。

附注：下面列社会信士捐资芳名录：

陆锦东二万元 陈瑞祥二万元 吴建平二万元

苏龙庆一万〇四百元 吴斌一万元

柯福能一万元 张少鸿一万元 蔡志辉一万元

苏跃坤八千元 苏跃忠八千元 陆建龙四千四百元

黄秀芸五千百八十元 黄建顺五千八百八十八元

陈永平五千六百元 蔡清辉五千元

陆信用四千元 陆少北肆仟元 蔡跃生四千元

王阿河四千元 张宽荣二千八百百元 郑建平五千元

陆建德四千元 陆建国四千元

以下二千元

郑炳泉 陆顶金 黄建荣 黄建华 徐郑炎发 蔡陆建文 陆亚鹅 欧阳森 陆爱国 陆金中 陆加木 陆信忠 陆加能 吴顺添 庄鸿涛 陆亚山 陆亚客

以下一午二百元

吴以兵 陆水生 陆清标 吴文明 吴清河 陈锦池 陆志强 张阿桐 陆阿明 吴友晓 徐亚明 王志鹏 王炳艺

以下一千元

黄海龙 陆永辉 陆永毅 陆吉生 陆溪忠 颜高植 王毅伟 洪团水 魏慧杰 赖敏洪 蔡土芳 林启威

以下八百元

颜高能 吴阿能 林海涛 杨淑卿

蒋少宏陆百陆十捌元

以下六百元

陆素英 陈金榕 刘德星 蔡志斌 潘剑兵

以下五百元

苏龙根 洪树松 陆建平 蔡陆建文 陆阿鹅 郑毅肆 百捌十元

以下四百元

陆美清 陆美娟 陆溪山 陆加标 陆水通 陆建国 陆建德 陆清强 蔡文钦 黄秋勇 林伟雄 原阿财 苏文松 许维加 张丽娟 蒋月林 苏毅 许 黄建阳 林志明 许顺玉 黄木章 李阿坤 曾漳汀 蔡陆仁杰 林明德 林晓欢 黄宝惠

陈作梗三百元 黄定云二百四十元

林加添二百四十元 杨荣深二百二十八元

王照辉二百一十八元

以下二百元

阮金芗 陈志强 陈志伟 林木典 陆同霖 郑剑堂 张艺聪 陈志明 许秀 黄阿鹏 温明杰 蔡雪华 郑俊志 吴李晓波 肖如松 黄阿清 苏丽英 黄献深 陆永青 陆永铭 陆青 蔡正楷 杨振辉 陈艺枫 林莉花 赖庆生 陆宝琴 陈家荣 李惠川 施志明 占美真 陆智勇 蔡国煌 柯陆秋根 蔡添福 陈汉麟 李水星 黄亚景 曾恩发 林春生 陈国和 康俊荣 康俊亮 吴家裕 吴伟伟 林启明 郑阿环 陈福熙 戴美英 胡援崇 陈美霞 黄松 黄秋勇 陈高中 黄毅慧 黄毅杰 陈梧桐 郑文亮 郑美卿 郑美丽 杨微娜 黄毅娜 黄毅荣 郑秋玉 胡援忠 苏鹏举 蔡建文 吴文洲 苏淑英 许乙凡 朱乔君 苏小英 林炳发 陆阿珠 苏凤明 王阿利 郑炳煌 郭树松 杨庆福 曾建栋 郑小龙 郑天赐 陈丽贞 孙亚辉 陆阿美 陆阔嘴 黄

仔洲　蔡草新　陈国容　陈武勇　陆玉燕　陆彩云　林志伟　陆文通　林阿明　方翔　蔡亚木　康国勇　张瑞东　方娜娜　黄立新　林亚明　黄国梁　王渭北　周秀宾　陈少斌　陈乌必　于海　黄景达　郑顺花　黄素玲　郑桂兰

(三) 增福祠的迁建

关于增福祠的迁建过程,《增福祠沿革》碑文记载：

> 石桥头土地神庙增福祠，地处漳郡东郊浦头喜心港增福桥北端，庙坐东朝西，始建于宋。
>
> 清道光四年重修因旧城改造，主庙向南移六米时，升地平〇点八米，扩建左右厢房及后面双层楼，增建庙前增福亭及南无阿弥陀佛南无观世音菩萨神牌两座，占地面积约五百平方米，主建筑面积一百三十多平方米。一九九八年评定为市级文物保护点。
>
> 增福祠主祠福德正神一公一婆，成双成对，白头偕老。手抱才子添丁进财，益寿延年。明清两朝浦头溪为漳州城南港口，石桥头米市仔港后，家家户户店铺经营五谷行、干果行、饮食店，应有尽有，人来人往，车水马龙，故增福祠香火旺盛，神尊灵感。民国时期，乡里福户轮流主持敬奉神明。改革开放，增福祠文物保护小组成员及有关人士积极参与保护古文化遗址，捐资重塑神祇，扩建庙宇，绿化环境。祠里供奉玄天上帝，为乡里兄弟会神尊，解放土改期间进入庙祠。另供奉神农谷王为闸仔头庙神尊，该庙在"文化大革命"期间被废。今增福祠庙前保留一棵一百多年古榕树，枝繁叶茂。
>
> 增福桥原名长福桥，建于宋朝为木桥，历代多次修造。清乾隆年间改建石桥。石碑立在桥南西侧，历史悠久。惜桥面石柱、石栏杆及石碑遗失，待日后修整补其完美，特立石碑以志。
>
> 漳州市增福桥及增福祠文物保护小组
公元二〇〇八岁次丁亥年腊月吉立

《增福祠沿革碑》对于增福祠此次迁建原因避而不谈，实际上也是因为城市建设的影响，增福祠成为低洼地，0.8米的抬升高度证明了这种必要性。至于向南迁建6米的举措，是为香格里拉楼盘腾地，否则，任何一座民间宫庙的重建都不可能轻易变动庙址的。另外牵涉到的还有原闸仔头桥北侧主祀神农氏即"五谷帝仙"的谷保王庙与闸仔头桥原乡里兄弟会信奉的主祀神"玄天上帝"。新中国成立后土改期间，闸仔头桥原乡里兄弟会宣告解散，其主祀神"玄天上帝"暂寄放在增福祠祭祀；而谷保王庙则在"文化大革命"期间被废，改革开放后也没有及时恢复与重建，神农氏也因地制宜地寄放在增福祠祭祀，但是谷保王庙的地皮依然存在，同样被包圈在香格里拉楼盘所需的地皮范围中。经过增福桥及增福祠文物保护小组、漳州市文管办等与悦华房地产集团的几方博弈，最后的结果就是建立以增福祠为核心的小型的联合宫庙，以地皮换地皮，并给予一定的现金赔偿，增福祠也相应移动位置，留出悦华集团所需的地皮。因此，2008年迁建的增福祠面积多达500平方米，并扩建了左右厢房与后二层楼，庙前还有相对宽阔的大埕。显然，增福祠的此次迁建，需要大笔的资金，仅仅依靠增福祠2008年树立的"功德碑"中的捐款总数额人民币：91299元（该功德碑记载捐款总人数为111位、外加一个单位即"香格里拉新物业服务中心"），远不足以支撑此次抬升、迁建与扩建所需的费用，毫无疑问，悦华房地产集团的地皮赔偿款是其主要经费来源。

正如前面所述，现今增福祠里供桌中间神位祭祀土地公、土地婆，左边祭祀玄天上帝，右边祭祀神农氏（图1-26）。此神灵排序显示了增福祠

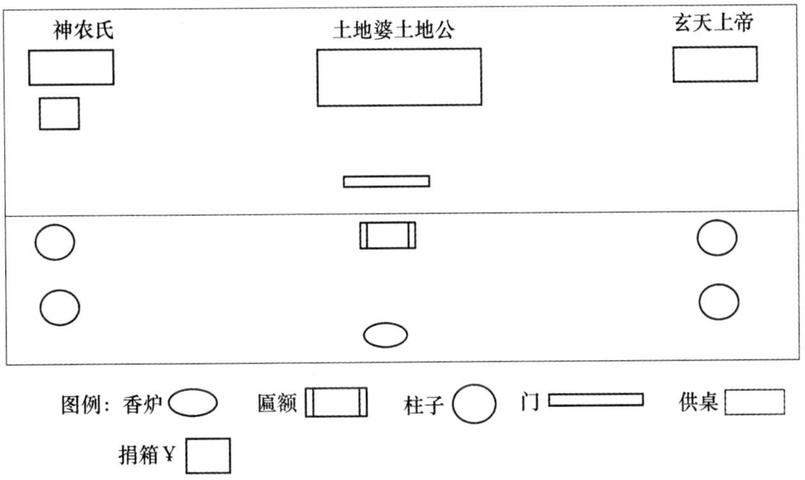

图1-26 浦头港增福祠土地公庙神灵位置示意图

原来的主神土地公、土地婆位置未变，新中国成立后陆续加入了闸仔头桥原乡里兄弟会信奉的主神"玄天上帝"，以及"文化大革命"期间被毁的闸仔头桥谷保王庙的主神"神农氏"，显示了此联合宫庙主要神祇在历史上已经按照"先来后到"的原则进行了主客排序，否则按照常理，在一般的土地公庙里怎么可能把闽南赫赫有名的中界神玄天上帝与神农氏作为下界神土地公、土地婆的陪祀对象？而在增福祠内部墙壁上挂着的"增福祠神明诞辰"牌，记载一年总共有五次较大节庆，分别是：上帝公三月初三日、神农谷王四月二十六日、土地公糕粿会八月十五日、上帝公九月初九日与土地公九月十六日。由此可见新迁建的增福祠所供奉的神明排位的意义与内涵所在。

（四）探花码土地公庙、蛏仔市祥慈宫妈祖庙、文浦亭有应公庙与管仔顶保生大帝庙的重建或迁建

新时期，探花码土地公庙、祥慈宫妈祖庙、文浦亭有应公庙与管仔顶保生大帝庙这四间浦头社角头小庙的重建，得益于浦头保热心公益事业的本地人蔡源根一家。我们有必要分别考察这四座小庙重建兴修的历史。

1. 探花码土地公庙

据现存浦头探花码土地公庙最久远的明代宣德六年（1431年）的《浦头探花码》石碑记述，浦头探花码土地公庙是龙溪人明代宣德二年（1427年）丁未科马愉榜进士一甲第三名即探花谢琏（1398—1453年）所建造，主要用于营造其祖坟的好风水，与其建的码头一起锁住喜心港道与浦头溪交界处的水口，塑造其祖坟藏风聚气、财不外流的风水效果。值得一提的是，这块落款为"宣德六年"的碑文属白话文，落款也过于简单，显然不是谢琏本人生前所书，也不是宣德六年所立，极可能是近现代重修浦头探花码土地公庙时乡贤重立的石碑。

浦头探花码

探花码土地公庙是明代探花谢琏建造，谢家祖墓在南坑雨亭边，前面有一条水流经洋筠社，流过喜心港，过教子桥、三涧桥，成河通浦头溪。后经地理师指点，在浦头溪口建码头，使水产生漩涡，使财水不外流，建土地公庙镇守并种下一棵榕树在江边。

宣德六年建

浦头社本地知识分子颜知森在1996年为探花码土地公庙撰写了相关的历史碑刻，内容以上述宣德六年《浦头探花码》碑文与漳州关于谢琏未中进士落魄时的民间故事为蓝本，并邀请厦大教授叶国庆鉴阅。该碑文在2004年蔡家主持重新迁建探花码土地公庙时，被制成碑刻附在庙外墙上。这块碑文最大的价值：一是告诉我们探花码的历史沿革与相关的历史信息；二是证实了探花码在2004年未迁建之前一直完整存在着，并未在历史长河的冲刷下倾废。

探花码

探花码，昔名米坞，系古芎江即九龙江运粮来漳东门出粜停泊处，其上有米市街，地处漳邑东门城郊浦头溪中段亦市内东北角各河港排水出口处，其处有一小庙，坐东向西，始建于明代宣德六年。其庙系由明代谢琏专资承建。内奉祀福德正神一对老夫妇为正尊。谢琏龙溪县人明代宣德二年进士第三名授翰林院编修进侍讲，尝上治安十五事，切于时政，迁南京户部右侍郎。回家祭祖扫墓时追思往事顿觉伤忆，其先祖系在路边经营小吃摊，有一日一位江湖地舆师途经其处歇脚，小点食后无钱付款，其先祖宏量不以计较，感动地舆师，在其临近选一灵地，言此葬后，将来后代能出状元。至其先父生谢琏，臭头流鼻，其父思将祖骸迁移，三年后地舆师适经此处，言确系灵地，若要迁移须备糯米粿候用，其父照办，挖无深突见墓内起烟，地舆师令将糯米糕全部速盖，并言"状元去探花来，你速回你儿子从高墙跌下"，回家果然其子跌昏头额流血经，急救苏醒。事后谢琏果然聪颖勤读，乡试中秀才，连科皆落第，家境困难，为生活在漳州杨老巷开办私塾，束修微薄，三餐只有稀粥糊口，连买菜亦难办，他为勤俭节约，免被人耻笑寒酸，用小木头削一只鸡腿蘸酱油配粥。刻苦勤读还被人嫌疑偷鸡，但对赌咒读书人绝不会做这种卑鄙事，大家还不信，故古云人若落魄被犬欺，经受此折磨其志更坚，刻苦攻读，终于联科皆中，因面额有疤迹列取探花。经反复思考，此地难能应预言，为何未出仕时家境如此寒酸，内中必有原故。决定请名师勘察，因其墓前有一灵泉，大旱亦不干，出水无流须挖沟入洋筠社港至喜心港过教子桥三涧桥成河，直至浦头溪，出口处有成一喇叭口，水源直冲入溪并无回旋，地舆师建议在左边建一码头，将其港水把转回流形成漩涡，使财水不尽直泻。经建后，其港水至此形成一大漩涡回头转。建设费用皆谢琏独资兴筑，故名探花码，在码头边建一小庙祀土地公、土地婆一对，意在祀神祀水尾，经数百岁月，其建筑物还稳固无损。

里人　颜知森　撰
顾问　厦大教授　叶国庆　鉴阅
一九九六年　桐月　吉旦

在 2004 年迁建探花码土地公庙时，时探花码理事会也树立了一块《善男信女功德碑》，以表彰捐助此次迁建的社民信众。该碑文显示，改革开放伊始，探花码就恢复了原有的民间信仰祭祀活动，并于 1981 年由探花码的本角落信众蔡源根、纪玉赐与谢柯荣等人主持修建。1998 年蔡源根一家再次纠众主持了探花码的兴修。上述探花码的两次兴修都符合改革开放以来，民间信仰的复兴与翻新的周期，这点与浦头其他民间宫庙的节奏是一致的。

2004 年，城市改造，尤其是香格里拉楼盘建设的全面摊开，探花码土地公庙一样被波及，实际上是被迫迁建，因此，蔡家新生代代表蔡林志伟牵头主持了此次探花码土地公庙的迁建，与之主要交涉对象依然是香格里拉楼盘的建设者悦华集团。探花码土地公庙迁建的代价就是让出原有的庙址，向南迁往更靠近浦头溪溪岸的地皮，作为补偿，其所置换的地皮更大，以及迁建工程中悦华集团进行了大力资助。2004 年重建的探花码土地公庙"坐西北向东南，总占地面积 266 平方米，其中主庙占用地 25.5 平方米，两边室占用地 53 平方

图 1-27　浦头港探花码土地公庙

米，活动室占用地 35 平方米，东边围城内占用地 116 平方米，西边围城内占用地 35.5 平方米。"（见后附《善男信女功德碑》）这远远超过了探花码土地公庙原有的规模，并且进行了相对应的扩建，现今探花码土地公庙甚至足以媲美漳州现今许多集祭祀、老人活动中心与房产祀业于一身的大型民间宫庙的规模（图 1-27）。当然，改革开放以来，探花码土地公庙的复兴与修建，乃至迁建，都与浦头社蔡源根一家密不可分，尤其是在 2004 年此次迁建工作中，蔡家蔡林志伟先生亲任理事长，多方奔波协调，功不可没。在我们的田野访谈中，蔡林志伟先生认为，社里责任、感恩夙愿与神恩功德，都是他们支持与保护探花码土地公庙等自己角落小庙的动因。

善男信女功德碑

  浦头探花码庙修建记载，第一次修筑由探花码弟子蔡源根、纪玉赐、谢柯荣于一九八一年捐资修建，第二次修建于一九九八年，由探花码蔡家弟子及众信士捐资。因旧城改造，为美化环境配套于二〇〇四年进行第三次修建，由探花码蔡家弟子与众信士捐资及悦华集团大力支持，再次进行全方面的装修。

  林建设 2800 方绍辉 1689 傅李才 1280 曾阿平 陈苏进发 康锦坤 1200 陈锦田 1000 刘亚丽 郑国漳 800 简芳蚩 600 苏剑峰 1389 郑根松 980 陈霜 889 蔡少雄 1998 蔡露章 968 林亚琴 680 黄建龙 陆亚根 纪玉赐 姚小香 吴玉琴 陈红专 400 林建国 480 蔡露章 王卫斌 林育忠真 510 蔡亚水 林江燕 600 蔡林志文 400 王添水 228 叶向阳 240 吴木根 300 肖松溪 350 陈港顺 240 柯建华 陈阿朝 张丽君 康永裕 黄宝凤 曾吉章 严炎新 张杰 张周明 王秀花 黄阿伟 许建武 曾庆辉 苏炎宏 林志峰 颜锡祐 陈国乾 严炳炎 戴志华 黄勤 朱之峨 方宗明 200

  游阿明捐水泥路 严永华捐献石砖

  探花码土地公庙座西北向东南，总占地面积 266 平方米，其中，主庙占用地 25.5 平方米，两边室占用地 53 平方米，活动室占用地 35 平方米，东边围城内占用地 116 平方米，西边围城内占用地 35.5 平方米。

探花码理事会
理事长 蔡林志伟
理事 傅李才 颜锡棠 蔡源根 苏木树 纪柯赐 谢柯荣

2. 浦头管顶仔保生大帝庙

1960年6月9日西溪发大水，漳州市区全城被淹，浦头港许多古旧残破的角头小庙也被殃及，受灾严重，有的小庙甚至从此一蹶不振，比如管仔顶保生大帝庙、蛏仔市祥慈宫妈祖庙。改革开放后，管仔顶保生大帝庙也一直没有得到修复，没有足够的信众与资金是主要的原因，但是该庙的庙址地皮倒是保存了下来。2008年悦华房地产集团在浦头建设的香格里拉楼盘，涉及该庙地皮的购买与置换，蔡源根一家再次出面主持了该庙的重建，由蔡林志伟牵头，组织、交涉、设计与主持了该庙的重建工程，这是一对一的重建，从无到有的恢复。新建的管仔顶保生大帝庙还是比原先大了许多（图1-28），新庙就在探花码土地公庙的右侧。我们在具体的田野调查中发现，如红纸布告所示，浦头管仔顶庙同样设立了理事会，但是日常管理实际上则由探花码管委会来统一进行，蔡家则是探花码管委会的主要负责人，由此可见新时期这间角头庙与蔡家的渊源关系。

图1-28　浦头港管仔顶保生大帝庙

庙记

原漳州浦头管仔顶保生大帝庙始建于宋代年间，清乾隆甲子年重修，公元一九六〇年六月九日被洪水冲毁，于公元二〇〇八年由本社蔡弟子及众善信捐资修建

漳州浦头管仔顶庙理事会
戊子年仲秋吉旦

漳州市浦头管仔顶保生大帝庙修建信众

捐资芳名功德榜单位（元）

蔡林志伟16889　洪俊杰12000　王志丹8000　何向荣5000　何志荣

5000 何少荣 5000 卢春黎 5000 王凯曲 4000 华大机械系漳州培训班同学会 3690 陈锦田 2800 方冬瓜 2800 方绍辉 陈霜 2580 谢志亮 2000 蔡少雄 2000 庄丽华 2000 林建设 2000 倪少伟 2000 许艺农 2000 严志义 2000 苏陈进发 1800 黄建龙 1688 傅李才 1660 康锦坤 1200 陈港顺 1200 蔡碧松 1200 六石太子宫 1200 蔡美莲 1068 林建国 1008 林阿琴 1008 蔡亚松 1000 佛弟子 1000 肖松溪 1000 林育忠 888 陈春秋 800 王添木 800 蔡林碧珍 800 颜锡祐 800 黄勤 800 王芋根 600 林来福 400 周来凤 400 吴莲花 400 黄阿伟 400 苏石头 400 林斌 800 林宏 800 苏宗标 400 陈宗德 400 陈跃辉 400 苏跃明 400 苏适 400 柯泽森 400 李唯毓 400 张舒能 400 张周明 400 孙白菜 400 严仁智 400 郑国璋 220 张杰 200 王阿珠 200 林素珠 200 林塘发 200 林塘明 200 林白菜 200 廖云萍 200 陈建生 200 华锦英 200 林进海 200 林建东 200 陈庆丰 200 蔡东宝 200 蔡东川 200 陈阿杏 200 林塘强 200 林武汉 200 黄海石 200 蔡森森 200 吴金全 200 陈小土 200 郭爱军 200 林漳池 200 苏惠森 200 蔡国璋 200 颜锡棠 200 方宗明 200 吴惠顺 200 陈建山 200 王龙庆 200 陈秋玲 200 陈兆秋 200 吴西坤 200 陈亚万 200 吴宏辉 200 陈勇棋 200 林川根 200 苏厚根 200 苏亚玉 200 黄跃辉 200 叶向阳 400 蔡林志文 400

戊子年仲秋吉立

信士喜谢保生大帝金炉亭捐资芳名（红纸布告）

洪树松 200　叶留下 100

蔡绍全 100　王天木 100

王扁红 100　林素珠 100

陈跃坤 100　谢素华 100

王莲籽 100　林全成 100

探花码土地公庙管委会
2011 年 1 月 16 日

3. 文浦亭有应公庙

2009 年，文浦亭有应公庙从浦头与官园石头路交汇处，迁建到现今浦头溪岸，管仔顶保生大帝庙的右侧，与探花码土地公庙同在喜心港出口处北端排成一列，慈祥宫妈祖庙则在喜心港南端，这都得益于浦头蔡家蔡林志伟的主持，交涉的对象依然是悦华新房产集团。据我们的访谈，蔡林志伟先生有意识地设计了这四座浦头角头庙的布局，使之与周边环境相和谐。

文浦亭功德碑庙记

　　文浦亭有应公庙原位于浦头与官园石路头交汇处，始建明宣德年间，经百年沧桑多次修缮，因旧城改造，由悦华新房产集团有限公司迁至浦头探花码土地公婆庙右侧，二〇〇九年陆月由本社蔡家弟子及众善男信女捐资修建勒刻为石。

　　己丑年季夏置

　　捐资修建芳名榜

　　蔡林志伟二万八千元 官园杨以能二万元 陈瑞祥一万三千元 郑亚溪一万元 华大机械系漳州同学会三千六百九十元 洪俊杰二千元 陈锦田二千元 严志义二千元 苏陈进发一千八百元 王添木一千两百八十元 王为斌一千元 陈港顺一千元 颜席棠八百元 黄勤八百元 陈春秋八百元 官园林丰收八百元 香格里拉物业中心六百元 蔡宝珍六百元 林雅琴六百元 李亚木陆海荣李加容洪树松阿勇叶明升黄建龙官园陈聪明陈红专蔡林碧珍蔡林志文四百元 王建勇三百元 洪仔河二百六十元 洪荣伟二百四十元 吴木根二百二十元 蔡惠成二百〇八元 二百元 李瑞根 纪福根 黄友强 曾彩霞 杨秀碗 林川银 郑伟东 陈仁衷 曾上海 蔡正楷 刘永华 刘锦辉 徐进财 吴建辉 高一峰 蔡亚勇 蔡亚生 王亚畲 游卫方 高艺红 吴昊 林志强 颜亚潘 吴清水 苏亚通 苏龙忠 苏龙金 韩龙源 郑庆斌 赵青伟 杨阿勇 朱儒 陈建生 陆秀琴 柯泽文 黄四娜 郑河根 郑和元 蔡少鹏 赵明北 高清山 吴树莲 郭亚坤 王扁红 朱生 陈庆丰 朱志谦 林亚莱 陈亚忠 林艺君 傅献敏 陈建生 林亚碑 陈亚阔 林其漳 张剑苹 陈天潭 林启盛 林建东 林进海 林砖 叶东东 许秀华 陈宗德 苏宗标 郭永祥 游育玲 黄同义 郑为民 张周民

4. 蛏仔市祥慈宫妈祖庙

从祥慈宫理事会于 2010 年新树立的《浦头蛏仔市祥慈宫妈祖庙》碑文来看，蛏仔市祥慈宫妈祖庙始建于明洪武九年（1376 年），原庙面积多达 280 平方米。这是祥慈宫理事会人员的回忆，意味着新中国成立前蛏仔市祥慈宫妈祖庙规模颇为庞大，只不过因为浦头港的衰败，再加上解放后各种历史因素的影响，该庙已经颓败，又遇见 1960 年 6 月 9 日的西溪特大洪水，导致该庙被冲毁无遗。改革开放后，亦是因为缺少坚实的信众基础与资金，没有得到及时的修复，一直到了 2010 年才由浦头本地信众陆少北、林寅鸣、颜锡棠、蔡林志伟等倡议与主持重建工作。此次兴建时间相对浦头港诸民间宫庙而言会稍晚点。不可否认的是，蛏仔市祥慈宫妈祖庙的重建（图 1 - 29），显然受到了 2000 年后浦头港掀起抬升或迁建民间宫庙的浪潮的影响，也可以说直接受到了旧城改造与房地产建设影响的辐射，更在于浦头社本地信众爱乡、积极保护自己社区传统文化资源的一种表现。

图 1 - 29　浦头港祥慈宫妈祖庙

浦头蛏仔市祥慈宫妈祖庙

位于漳州市浦头区港边，坐西北向东南，始建于明洪武九年，原庙地总面积二百八十平方米，内供天上圣母禅师公，顺风耳，千里眼，土地公等菩萨，明清年间，浦头港码头系漳州对外航运商贸交易繁华地域，妈祖保佑护航商家顺利平安，广大信众信仰供奉，解放后因久年失修，加上一九六〇年六月九日又遭遇罕见大水灾冲毁，于二〇一〇年由陆少北先生主持发起，颜锡棠先生设计施工，林寅鸣先生慷慨解囊及广大信众热心捐资，重新修建于二零一零年农历十月初八落成。

祥慈宫理事会

重建蛏仔市妈祖庙众信士捐资芳名

林寅鸣48000元 蔡林志伟2800元 林丽坤黄海防2400元 陆溪港2000元 陆娟1000元 康锦坤800元 曾庆强600元 林细春500元 蔡文钦陈辉陆永垚陆永强苏龙根蔡绍全陆江黄铭琼洪树松林阿琴傅阿坤曾志坚400元 洪仔河260元 聂卫西240元 陆溪山陆少君苏心怡郑庆生陆智勇黄智杰林建东陆松溪蔡跃明林川根 林秋宪蔡舜贤杨傅煌伟陆素华陆德河欧黄胜李志林陆秋红王扁红朱智渊庄小斌郑滨泉林文池洪良煌王雨问蔡雪莲蔡和成林炳坤戴培芳陆秀琴 苏阿根陈渭兵郑雪玉蔡建文吴金花黄跃辉赖庆生林莉花蔡正楷林启胜200元 黄浴滨160元 吴顺发李天文黄木树林炳发陆亨通陆古松120元

何志荣谢三尊金身及金库11800元

曾志坚陈炳棋谢石狮一对2400元

陆少北曾东燕谢妈祖金身3600元

严仁智谢福德正神金身一尊1380元

方河泉谢三十六关将彩画2600元

陈义松谢石板材2400元

郑彤张宇辉谢庙内彩画1280元

吴俊勇谢庙内彩画1280元

苏鸿艺谢庙内彩画1280元

李顺仁谢油漆800元

陈炳祥谢瓦片200元

陆少波黄富贵傅阿坤谢庙旗五支路灯1200元

设计施工工资颜锡棠4800元

陆少北30000元

二　浦头港东岗祖宫（关帝小庙）的现代变迁

改革开放以来，浦头港民间信仰得以复兴，浦头港宫庙群的兴修与重建显得繁复而从容，然而，随着2000年以来都市化进程的加剧，土地资源逐渐升值与紧张，促使了浦头港民间信仰再次发生了变迁，其变迁已经迥异于改革开放以来民间信仰原庙重建的复兴态势，而出现了形形色色的变迁形式。而浦头港东岗祖宫的迁建内容在某个程度上代表了都市化背景下浦头港民间信仰变迁的最新形式——"联合宫庙"的产生。

相对比新加坡，直至整个东南亚华人社区，乃至我国台湾宝岛而言，联合宫庙已经不是什么罕见的民间信仰宫庙新形式。尤其以新加坡为例，"（新加坡）所谓的联合庙是集合至少两间有善信基础，有经济条件与有整合意愿的庙宇，……一般的格局是建一间大庙容纳参与的庙宇，也有在共同购买的土地上各自建造两间或三间独立庙宇的"[1]。"其联合宫庙可谓数不胜数"[2]，"（新加坡）为了实行工业化计划及解决人民住屋问题的'居者有其屋'计划，建屋发展局和裕廊镇管理局征用市郊和乡村土地，分阶段发展工业区和组屋区。……许多乡区的庙宇由于所在土地被征用而被逼迁，面对搬迁问题以及动辄近百万到数百万的昂贵地价与新庙建筑费，在个别庙宇无法自行购地建庙的局限下，许多庙宇必须对被淘汰与进行整合做出抉择"[3]。

漳州浦头港民间宫庙群也正面临着都市化进程的猛烈冲击，并渐次出现了联合宫庙。根据一份芗城区民族与宗教事务局的工作报告总结，即《探索旧城改造宫庙拆迁安置工作的模式》显示："随着城市范围的不断扩大，许多郊区农村被城市包围，变为城中村，原先一村多庙的现象已经不适合城市建设的要求，部分宫庙的布局已与周围环境形成明显反差，影响城市的整体景观。在实际工作中，区民宗局在认真总结以往工作经验和

---

[1]　林纬毅：《华人社会与民间文化》，新加坡亚洲研究学会2006年版，第174页。
[2]　严春宝：《多神合一与宗教和谐——新加坡联合庙（宫）现象透视》，《中国宗教》2011年第8期，第57页。
[3]　林纬毅：《华人社会与民间文化》，新加坡亚洲研究学会2006年版，第174页。

教训的基础上，紧密结合实际，采取多种形式，妥善安置。"① 报告显示，"多庙合一""集中安置"与"建设宗教民俗文化村"即是其中三大模式。该报告还进一步认可"多庙合一""在实践中，我们认为这种方式是今后城市建设小庙迁建安置较为理想的模式之一"。② 综合该报告内容显示，芗城民间信仰宫庙在都市化过程中，"多庙合一"而成的"联合宫庙"，作为一种较为理想的迁建模式已经得到地方民间信仰监管部门、当地信众、开发商与规划部门等一定程度的认可。

漳州浦头港"联合宫庙"——"东岗祖宫"是浦头港宫庙群变迁的新模式，其既有新加坡创建联合宫庙一样的内外驱动力，又有迥异于新加坡，深具我国经济社会发展特点与民间信仰宫庙迁建的个性，这一研究对象在浦头港宫庙群中具备了相当独特的研究意趣，对于都市化背景下民间信仰的变迁新形式的调试同样具有很强的现实应用价值。

从前述内容可以看出，我们对浦头港宫庙群有着总体的调查，浦头崇福宫关帝庙、文英楼周仓爷庙，乃至更小的浦头港角落庙，如香火旺盛的霞东书院文昌宫、全新的探花码土地公庙、祥慈宫妈祖庙、管顶仔保生大帝庙、文浦亭有应公庙等，基本经历过重建或重修，乃至拆迁重建，但都是独立进行的，也就是原庙迁建，而唯独只有增福祠土地公庙与东岗祖宫是浦头港社区在都市化进程中迁建形成的两座"联合宫庙"。东岗祖宫更因为其信众涉及面大，整个重建过程更加透明，由此，引发我们对于东岗祖宫组成联合宫庙的进行全面调查与研究的意趣。

（一）东岗祖宫的历史沿革与联合宫庙的产生

东岗祖宫 2003 年重修落成时，在庙左侧树立了一块"东岗祖庙沿革碑"，其内容抄录如下：

> 漳州浦头关帝小庙，原名东岗祖庙，以田中央、上厝、粉街仔、水田陂、崎仔顶祖庙角，始建于南宋理宗淳祐十二年（1241 年）至 1942 年杨逢年率部开辟马路，拆除本庙后殿，前殿因 1968 年大水，

---

① 漳州市芗城区民族和宗教事务局：《探索旧城改造宫庙拆迁安置工作的模式》（工作报告，内部资料），2011 年 10 月 28 日。
② 同上。

致使全毁无存。龙舟位于崎仔顶祖庙角、东岗帝君庙位于粉街仔角，土地公与珈蓝公位于水田陴角，总称为东岗祖庙。农历乙亥年梅月重建（1999 年）至 2003 年悦华房产开发公司拆迁。经统战部，宗教局及道教协会批准迁建，于农历癸未年蒲月辛卯日（2003 年 5 月 18 日）正式开建落成。新建整套庙宇建筑面积 183m²（包括拜厅、主庙），龙舟寮 96m²，厨房、卫生间 30m²，石埕 42m²，水泥埕 290m²，总计 641m²。

漳州浦头东岗帝君庙管委会理事监建
二〇〇三年十月十八日

再结合具体的访谈与考察，我们从中获得了许多关于东岗祖宫历史沿革与兴建的相关信息。东岗祖宫的主体是为地名"浦头粉街仔角"的"东岗帝君庙"，又称关帝小庙，主要供奉关帝、左右分别配祀水仙尊王与伽蓝大王。其联合庙，其一为"浦头崎仔顶祖庙角"，俗称"柳（树）仔脚"的妈祖庙，主祀妈祖，左右分别配祀观音佛祖与大道公，浦头港端午节"扒龙舟"时，东岗祖宫的绿色龙舟就置放在这座庙里；其二为"水田陴土地公庙"，主祀土地公，配祀伽蓝大王。这三座庙在历史上属于浦头港的田中央、上厝、粉街仔、水田陴、崎仔顶祖庙角的村民所共有，属于浦头港"米坞码头"区的角落庙，关帝小庙显然是这个角落的主庙，信众比较多，建筑体与面积也大，虽然于 1942 年被军阀杨逢年拆除了前殿，但在历史发展过程中，其庙始终存在；崎仔顶祖庙角妈祖庙与水田陴土地公庙则在 1968 年的九龙江西溪泛滥的大水灾中被彻底摧毁，只剩庙址。关帝小庙在 1987 得到重修，庙址原在香格里拉小区的中心景区地带，2003 年随着香格里拉房地产小区的全面兴建，才被迫迁建到现在"东岗祖宫"的所在地；而妈祖庙与土地庙则空有原庙的地基，而建筑与神像全无，一直没有恢复原貌。究其缘由，主要在于信奉妈祖庙与土地庙的主要角落崎仔顶祖庙角、水田陴角的原有居民因为各种原因搬迁殆尽，正比如报道人所说的掺杂了闽南传统地理风水观念的"（宗族或人口）不兴"，因此得不到重修的动力、人力、物力与财力，而粉街仔角的关帝小庙作为这大角落的主庙，受到了人口最多的上厝村、田中央村以及粉街仔村民的重视与支持，得到了重修，香火一直延续下来。

现在的东岗祖宫是于 1999—2003 年，东岗祖宫所在的传统社区的居民们，联合芗城区统战部、民宗局、道教协会与悦华房地产集团相协商而重修起来的，如图1-30所示，就新建联合宫庙——东岗祖宫所供奉的神灵来看，原三庙联合其实成为了两庙的构架。正殿主祀神依然是关帝帝君，主要的配祀依然是左水仙尊王、右伽蓝大王，但是在与水仙尊王同一台神案上，还配祀了土地公，其陪祀地位是与水仙尊王相仿的，位于水仙尊王的正前方，也符合闽南民间信仰宫庙习惯性地在宫庙左侧配祀福德正神的习惯。因为土地庙原来的神像消失殆尽，因此，东岗祖宫管委会创造性的把原土地庙的土地神与伽蓝大王放置在了东岗祖宫的正殿，只不过，土地庙的伽蓝大王的神像没有再重刻，而实际上是把土地神与关帝小庙的伽蓝大王供奉在大殿的左右两侧，这是一种比较理性的供奉行为，毕竟原有的伽蓝大王像不见了，否则，可能会有另一种摆放方式，因而只摆放了前述的土地神像，熟知东岗祖宫历史的民众，一目了然地看到了他们曾经的土地神也在这里供奉，因此祭拜的时候，土地神前多一份贡品多一次祈祷是必然的行为。

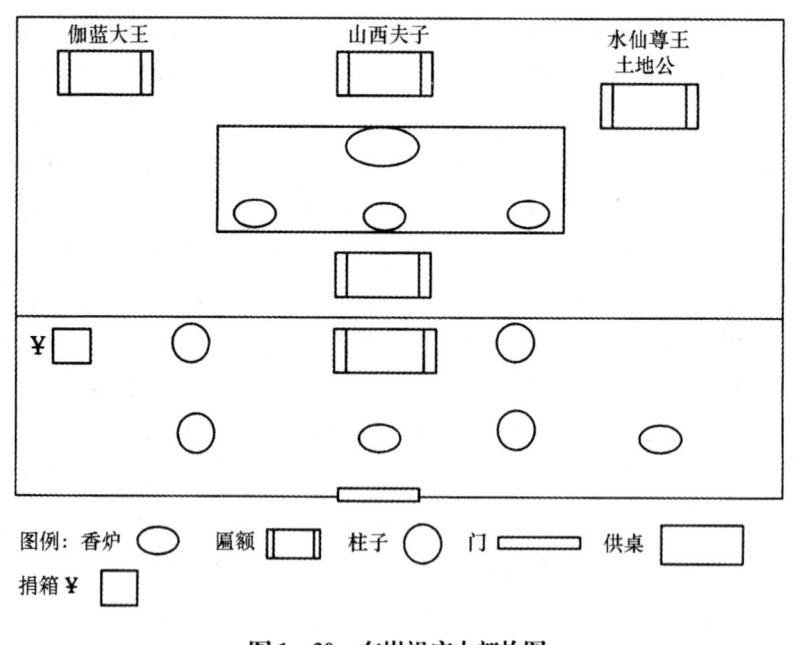

图1-30　东岗祖庙内部构图

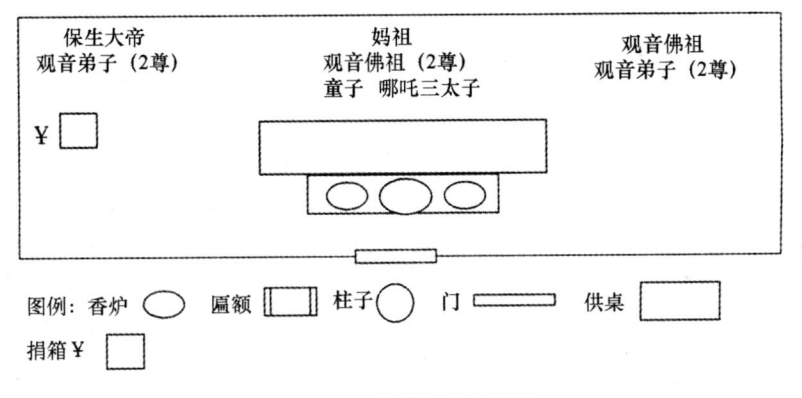

```
┌─────────────────────────────────────────────────────────────────┐
│   保生大帝              妈祖              观音佛祖              │
│  观音弟子 (2尊)      观音佛祖 (2尊)      观音弟子 (2尊)         │
│                    童子  哪吒三太子                             │
│   ￥ ☐          ┌──────────────────────┐                       │
│                 │                      │                       │
│                 │     ○  ○  ○          │                       │
│                 └──────────────────────┘                       │
│                          ▭                                     │
└─────────────────────────────────────────────────────────────────┘

图例：香炉 ○    匾额 ▭    柱子 ○    门 ▬    供桌 ▭
      捐箱 ￥ ☐
```

图 1-31　东岗祖庙侧殿图

东岗祖宫的侧殿（图 1-31），则是原浦头港崎仔顶祖庙角妈祖庙的翻版，分别供奉了妈祖、观音佛祖与保生大帝，虽然这三尊神像下面摆放了许多尊观音小神像，但是妈祖神像依然摆放在三尊大神像的中间，以显示其是侧殿的主祀神。根据东岗祖宫管委会相关人员描述，如此建设侧殿，主要还是土地资源问题，根据置换来的土地面积，东岗祖宫在宽度上既无法兴建通殿式的建筑，在纵长的维度上亦无法建筑贯通式的宫庙，因此只好建设偏殿，一侧满足神灵供奉，一侧满足宫庙管理空间问题。然而，在当地民众对于其社区所拥有的三座神庙的观念判断上以及宫庙重修与拆迁的实际操作上，恐怕并非报道人所言那么简单。当地民众对于神灵的供奉有着相当准确的主次判断，比如，同是供奉关帝的崇福宫与东岗祖宫，它们的主次地位一目了然，现今紧邻的这两座宫庙，简单地从香火旺盛程度来判断，也就知道崇福宫才是浦头港的主庙，而东岗祖宫是角落庙。同样的道理，东岗祖宫与崎仔顶祖庙角妈祖庙的地位对比一如崇福宫与东岗祖宫的地位悬殊一样，更何况，崎仔顶祖庙角的原居民搬迁殆尽，失去了最直接与强有力的信众基础。但是，崎仔顶祖庙角妈祖庙并非只是崎仔顶祖庙角的原居民在供奉，它依然是田中央、上厝、粉街仔、水田际、崎仔顶祖庙角所有原居民的角落庙，因此，在现在的东岗祖宫，信众前来祭拜，祭拜完正殿，直接前往侧殿祭拜，这一整圈祭拜下来，才是他们前来东岗祖宫祭祀自己角落庙的完美流程，并没有因为妈祖、观音佛祖、大道公位居偏殿而冷落了它们。倒是我们这些外来调查者，往往在第一次的考察中，从行动乃至心理上忽视或轻视了这间侧殿。

（二）东岗祖宫形成联合宫庙的原因分析

1. 都市化进程的影响

改革开放以来，中国经济得到了迅猛的发展，时至今日，中国经济已经完成了从初始经济发展模式，走向了城镇化。浦头港所在的漳州市区作为中国的三线城市区域，也很快地融入到都市化进程中来。"都市化是一个过程，包括两个方面的变化。其一是人口从乡村向城市运动，并在都市中从事非农业的工作。其二是乡村生活方式向都市生活方式的转变，这包括价值观、态度和行为等方面。第一方面是强调人口的密度与经济职能，第二方面强调社会、心理和行为因素。实质上这两方面是互动的。"[1] 浦头港原先作为漳州城郊结合带，在1998年前后完成了都市化转型，大部分地块被划入到漳州市所在的市中心区域——芗城区，小部分地方被划入到龙文区。浦头港居民由此引发的不但是"农转非"的效应，更重要的是，除了宅基地，土地全部被征用，从务农转化到了主要依靠房租等商业谋生方式，生活方式也因此不可避免地发生了重大的转变，然而，其社会心理、价值观以及社会行为却还是表现出了某种滞后性，具体表现在他们对于其传统生活内容的某种固守，其最典型的是社区信仰文化生活的保存与延续。这为浦头港宫庙群的形成提供了最基本的社会基础，也为东岗祖宫这类联合宫庙的兴修铺垫了某种契机。

如果以自古以来浦头港的核心港口区域而论，这里总共分布着大小民间信仰宫庙十多座，受到都市化影响的结果至少可以通过两方面展现：其一，1998年"农转非"以来，浦头港的土地主要被征用来做房地产以及相关的城市道路交通等基础建设，因此，原始的浦头港宫庙群那种讲究风水的位置散布，以及附随浦头港各个角落村社而设立的宫庙数目，都随着土地开发的需要而被尽可能压缩，地方政府、房地产开发商、当地居民与信众，以及宫庙的影响力，成为了决定浦头港宫庙群新变化的四股力量，这也就是潜藏在都市化进程中主要的社会经济力量；其二，浦头港宫庙群是都市化进程中出现的新称谓，这是因为拆迁集中安置的结果，其中涉及全新的宫庙拆迁重建的就有东岗祖宫、探花码土地公庙、祥慈宫妈祖庙、管顶仔保生大帝庙、文浦亭有应公庙5座，而其他的宫庙如浦头崇福宫关

---

[1] 周大鸣：《现代都市人类学》，中山大学出版社1997年版，第27—28页。

帝庙、定潮楼周仓爷庙、霞东书院文昌宫则分别在原址进行了地基增高与建筑物的重修。当然，这些得以增高地基与重修的宫庙更多来自于都市化进程带来的间接刺激，即信仰观念的更新与财富的增加。

2. 东岗祖宫——联合宫庙的出现

在浦头港宫庙群中，东岗祖宫作为不多见的联合宫庙，其出现并非偶然性。

闽南民间信仰在改革开放以来纷纷得以复兴，又在两岸民众交流中扮演着极其重要的角色，因此，在正常情况下，一般的民间信仰宫庙都得到了重建或重修。在最开始的民间信仰宫庙拆迁过程中，主要是涉及观念问题，"神比人大"的信仰观念，再加上原先的民间信仰宫庙一般都占据着最好的风水宝地，因此，拆迁问题重重，但是，在不可避免的拆迁过程中，最基本的原则都是坚持一庙拆迁重建一庙，并且在新修宫庙建筑体面积上有一定的溢出比例，即建造更华丽宏伟的宫庙。然而，为了追求经济利益的最大化，在早期的房地产开发过程中，房地产商思考的是尽力回避、淡化甚至拒绝其楼盘中所涉及的民间信仰宫庙拆迁的问题。再加上闽南民间信仰宫庙长时间产权与归属不明，在没有更多更明确的法律规定的情况下，显然是作为集体土地所有归制的一种形式，自然归属于当地居民与村社，这就造成了一大困境，即谁能真正负责与房地产商交涉相关宫庙拆迁重建等问题，尤其是那些倾颓的宫庙，特别是只剩下地基的宫庙，在拆迁中如何保存其生存权利？由此引发了诸多纠纷，至今悬而未决，从而引起了地方政府相关管理部门的重视，统战部、民宗局、道教协会等相关单位开始真正介入到相关的民间信仰管理以及相关的宫庙拆迁事宜。

东岗祖宫的拆迁与重建就有了上述几方面人员的参与。前面提到，东岗祖宫是三座宫庙的联合体，其中，主体关帝小庙一直承续了下来，而妈祖庙与土地庙则在1968年西溪大水灾中被完全冲毁，改革开放也没有重建，但是原来庙址地基一直存在。1999年悦华房地产集团在浦头港西侧开发香格里拉楼盘，浦头港核心区多达8座民间信仰宫庙需要拆迁重建，最后重建了6座，其中3座就联合建立了东岗祖宫。在这拆迁重建的过程中，几种力量产生了交锋，从而促使东岗祖宫建设成了联合宫庙。其一，东岗祖宫所在的五大村社或角落：田中央、上厝、粉街仔、水田墘、崎仔顶祖庙角，至今只有田中央、上厝是兴盛的村社，粉街仔只剩几十户，水田墘、崎仔顶祖庙角这两个角落的村民已经拆迁殆尽，因此，东岗祖宫的拆迁前期，其谈判权掌握在最靠近关帝小庙的上厝村大姓苏姓村民手里，于是，第一次与悦华房地产集团的谈判就是这些在上厝村有一定权威的村民，其代表是上厝村苏姓的四五个人，包括一名上厝村的村委会成员。根据知情的报道人所提供的信息，苏姓村民代表者拟以十几万元的价码谈妥这次拆迁，其中谈判的拆迁面积也自动忽视了其无建筑主体与神像的两座宫庙，单纯是关帝小庙的拆建，这遭到了人数最多、民间势力最大的村社"田中央"的村民集体否决。这位报道人一方面感叹悦华集团"人情"工作做得相当出色，这些第一波谈判中的村民代表太过于急功近利，另一方面，颇为赞赏田中央村民的"硬气"。于是，开始了第二波拆迁谈判。其二，东岗祖宫的第二波拆迁谈判显得公开化，田中央、上厝村与粉街仔推选出最具权威的村民组成了谈判联合队伍，并邀约了芗城区统战部、民宗局与道教协会的相关负责人与悦华房地产集团相关负责人进行了正式的谈判，经过四到五次的谈判与交涉，其最终的谈判结果显示，第二波谈判的人员为东岗祖宫的拆建，无论是拆建地点的安排，还是拆建面积，基本达到了利益最大化，上厝村、田中央与粉街仔村民大多表示满意，唯一不满意的是拆建资金赔偿，最后从最开始的三十几万元，也达到了五六十万元，统战部、民宗局与道教协会在其中真正起到了协调的作用，悦华房地产集团也积极配合谈判、拆迁与重建事宜。在东岗祖宫于 2003 年建成开光的庆典大会上，这些非浦头港原居民的谈判人员都应邀出席了庆典大会，而上厝村与田中央的谈判代表则顺势成了东岗祖宫的管委会人员。其三，在第二波谈判过程中，上厝村、田中央与粉街仔谈判代表熟知属于他们的拆迁土地上的任何民间信仰宫庙内容与庙址土地面积，因此，为建立东岗祖宫联合庙奠定了理性的谈判基础，很显然，一旦公开涉及水田陨土地庙、崎仔顶祖庙角妈祖庙遗留下来的地皮谈判，那么东岗祖宫建设就不仅仅是关帝小庙的迁建问题，而是要么重新拆建成三座庙，要么运用灵活的方式来拆建新宫庙以满足这三座宫庙的新建需求。土地庙与妈祖庙的建筑体与神像的缺失，直至改革开放，一直到 2000 年都没有得到重建，显示了土地庙与妈祖庙核心信众力量的缺失。这个案例的反证就在离袖们不远处，但同在浦头港西侧的探花码土地公庙、祥慈宫妈祖庙、管顶仔保生大帝庙、文浦亭有应公庙的拆建事宜，这四座庙除了探花码土地庙外，其他三座也都是只遗留下地皮，但是在这个村社角落蔡姓一家的奔波下，这四座庙都得到了重修，在访谈过程中，这位蔡姓村民以浓厚的社区归属感，自豪地告诉笔者，他有这种责任与功德来争取自他小时候就记忆其中的四座宫庙的迁建，而且是一对一得到了重建，他的家庭成员也就成为了这四座庙的管理人员，占据了浦头宫庙群四分之一的数量。很显然，东岗祖宫的拆建结果是修建联合庙还是一对一的宫庙重建，取决于谈判代表的努力与信仰概念。最后三庙迁建成了联合庙，也在某种程度上显示了土地庙与妈祖庙并没有受到足够的重视。上厝村有自己村社的"相厝伽蓝大王庙"，田中央有"凤田伽蓝大王宫"，关帝小庙本来就坐落在粉街仔上，虽然名义上土地庙与妈祖庙依然属于这五个村社社区共同拥有，但是水田隙土地庙、崎仔顶祖庙角村民的流散，使得谈判人员中无人能够坚持一对一建庙的计划；而从市场经济的做法来看，三庙建设的花费肯定远大于建设一座庙的开支，因此，谈判双方妥协的结果就是主要建设其中最重要的关帝小庙，其他两庙的地皮也纳入关帝小庙的重建计划中，但是要在重建新庙中预留给另两座小庙神像供奉的位置，以示对两小庙神祇的尊敬。于是，东岗祖宫的联合宫庙具体做法由此产生。其谈判的走向与信仰观念也就决定了现今东岗祖宫现在的神祇位置与祭祀格局。

（三）余论

东岗祖宫作为浦头港宫庙群中新建联合宫庙的代表，其创建代表了未来浦头港民间信仰变迁的一种必然趋势。都市化必然使得城镇土地资源紧张，传统社区居民又极力保存自身的日常信仰生活文化，相关政府部门也极力协调维稳，房地产部门在多元力量的影响下，也做了相应的退让，这使得联合宫庙成为了一种较为理想的迁建妥协方式出现。相对于新加坡而言，因为社会发展差异、土地所有制的差异、城市建设、房地产建设、民间信仰管理、当地信众社区生活等诸多差异，我国民间信仰宫庙迁建的情况显得更加复杂多元，可以推论，随着我国城镇化水平的提升，民间信仰宫庙必将迎来更多的迁建，如何因应这一被动行为，规范民间信仰宫庙产权等法律问题，如何保护传统的民间信仰内容，如何面对民间信仰宫庙迁建带来种种影响等，这一切都值得我们观察与研究。

第二篇
漳州内陆民间信仰

第一章

华安县仙都镇社区背景考察

第一节 边缘地理与社会环境

仙都，在现存民间文献中多见使用"渔樵""宜招"，无定式。康熙《龙溪县志》卷一《规制·墟市》载龙溪县二十五都有"山都墟"[1]，可见，此时的仙都镇已建立自己的社会经济圈。民国设县时，以"义昭"之名设乡，"其乡公所在仙都，统保十六，曰仙都、曰中圳、曰青石、曰龙峰、曰青阳、曰大苑、曰西卿、曰严石、曰上巷、曰市后、曰招山、曰霞林、曰新洋、曰圳上、曰岭埔、曰燕卿。统甲一百八十一"[2]。其后，仙都镇所辖区域多有变化，今辖有岭埔、云山、下林、招山、招坑、上苑、大地、市后、仙都、中圳、先锋、高村、送坑等自然村。

《安溪县志》记载："漳泉介潮赣汀延，林箐绵密。民生长不识吏，盗薮也。国家同仁子育驯复纵，乃者连寇漳泉。"[3] 可见，长期以来，漳泉两地常被认为是盗贼所处区域，尤以漳州"地险民悍，盗贼出没，难治……"[4] 历史上，漳平设县就与此有关，史载："漳平故漳州府所辖地，自唐宋皆龙岩县土，成化七年辛卯议以地广难治，民用梗化，始折县割居仁、和睦、聚贤、感化、永福五里隶焉。岁役三十三图，时分巡周知县陈粟实成其事六十五年来人聚市通，令行俗定，庶成县镇。嘉靖十四年尤溪

---

[1] 康熙《龙溪县志》卷一《规制·墟市》。
[2] 民国《华安县志》卷四《疆域》。
[3] 林俊：《平寇记》，嘉靖《安溪县志》卷之七《文章类》。
[4] 章潢：《图书编》卷四十《福建图叙》，影印文渊阁四库全书969，子部275类书类，台湾商务印书馆1986年版，第845页。

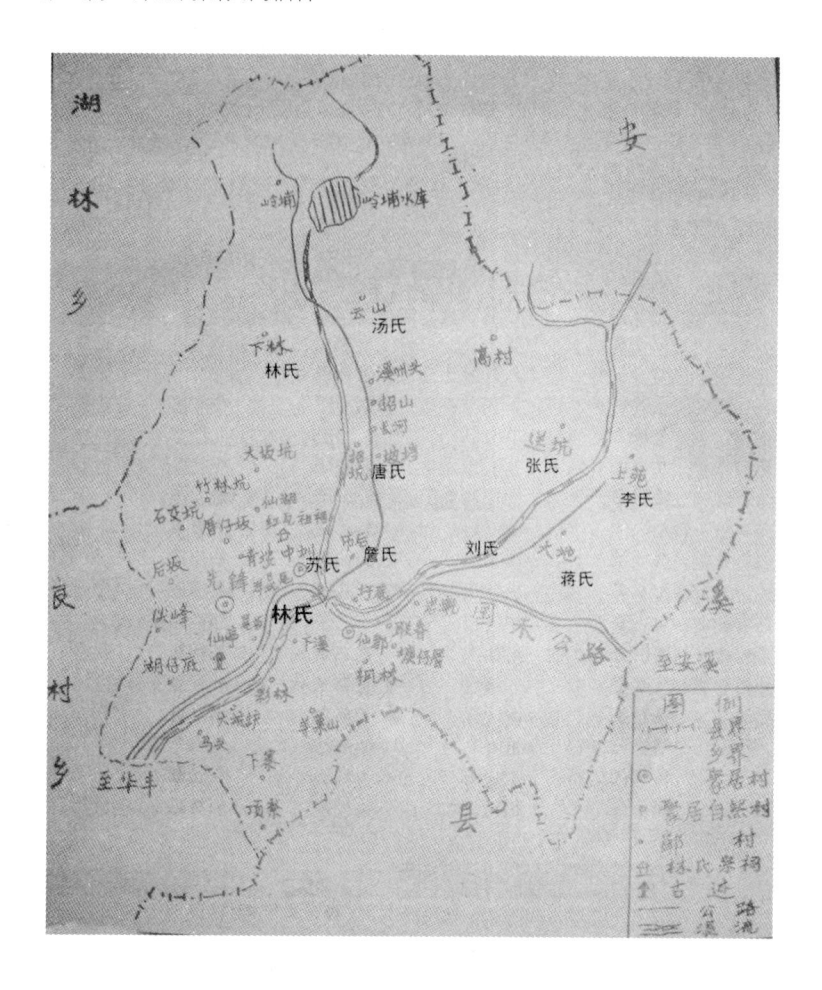

图 2-1 仙都镇地域示意图

县大田之境盗贼生发奏设县治。"①

　　仙都位于漳泉交界之地，于今华安县东北部（图2-1），东北与安溪县祥华乡的多卿、后田相连，东南隅安溪县龙涓乡的福昌、珠塔接壤，西南与本县良村乡交界，西北毗连华安湖林乡的吉土、石井，华安未设县之前，隶属龙溪县二十五都管辖，其四面环山，丘陵多，中为仙都谷盆地，境内有云水溪、大地溪流经，大地溪"发源于多坑，经领头社入境，折

---

① 嘉靖《漳平县志》，卷之一《沿革·开设》。

西至大地社，而与达摩山之水会，至仙都而与云山之水会"①于市上，沿仙都、良村会温水溪而抵九龙江。相传，南宋时北方游民南下到此，认为大地溪和云水溪溪里多鱼，周围崇山森林茂盛，是个适宜开垦、定居的好地方，故仙都有"渔樵"之称。

实际上，仙都地处内陆深山，一般社会动乱均易波及该地，社会环境极为恶劣。如《良村柯氏族谱》载："自大元十六年己卯灭南宋于时，天下纷纷兵戈不息，至于二十六年己丑大寇作乱，广东贼钟明亮寇梅州，其党寇漳州，福建、江西兵讨之，漳州贼陈机察寇龙岩县，福建兵破之，近闻台州各有反寇，时州府县多被陷，乡村相寇，强并弱，多压寡，里社各置寨以避，妻子殃无宁日。"②建立山寨自保遂成当地之风。相传仅大地溪一带，其时便分布着大地刘氏山寨（图2-2）、蒋氏灯火寨、送坑张氏奶头寨、上苑李氏田中寨四寨，如今仅刘氏山寨得以保留，居民数十户，有寨内、寨外之分，其余各寨大多湮没或仅存基址。刘氏山寨，又号为鲍仔寨，具体创于何时未知，但族谱载刘氏始祖妣蒋氏三小娘葬在本处寨角③，亦可知其大抵建于元末明初。该寨呈圆形，依岩丘山势而建，垒石其围，先前寨外围有河沟做护城之用，只留一口寨门，仿瓮城修双层门洞。寨中铺卵石街道，分列三横二纵，建筑井然有序，环寨墙一圈建二层高寨楼，足见刘氏山寨是兼具居住、防卫功能的聚落点。因此，山寨成为当时居民避乱防匪的重要屏障。

有明一代，大规模的区域性社会动乱的影响更是巨大。正统十四年（1449年）沙寇邓茂七倡乱，其党杨福率众数万攻陷漳浦、南靖、长泰、龙岩，又围漳州城，良村柯氏"家谱藏朽"④。弘治四年（1491年）漳平贼温文进反，大地蒋氏"始祖之谱俱载详明，因遭温文进来寇，吾乡焚为煨尽"⑤。明朝中后期，朝政腐败，匪盗四起，加之中国东南沿海海防武备松弛，倭乱盛行，百姓苦不堪言，尤以嘉靖倭乱最为厉害。仙都"林之谱燬于嘉靖季年倭寇中"⑥，"嘉靖甲辰（1544年）寇劫刘山，里中

---

① 民国《华安县志》卷五《山川》。
② 《良村柯氏族谱序》，《良村柯氏族谱》（撰于何时未知）。
③ 《大地村刘氏盛宗公派下族谱》，光绪三十四年修。
④ 《良村柯氏族谱序》，《良村柯氏族谱》（撰于何时未知）。
⑤ 万历四十八年《族谱序》，《开漳华安宜招大地渔山蒋氏族谱》，民国24年修。
⑥ 万历三十二年《渔樵山兜林氏重修族谱序》，《仙都林氏二房族谱》，民国27年修。

图 2-2 刘氏山寨

大姓多被害……"①

　　动荡的社会环境，明朝政府采取相应的防御措施，鼓励设乡兵，"嘉靖间给事中袁世荣奏令海滨郡县择佐贰巡捕官给剳团练，各乡以团长一人教习武艺，后民多私自训练以卫乡社……乡兵与土兵不同，土兵有将有营，乡兵保护村落自为战守而已。无事则一乡各自讥察，有警则众社相为联络"②。并在边境一带设有关隘，嘉靖二年（1523年），安溪知县龚颖在大地村与安溪龙涓交界建燕尾隘③，地名俗称"石牌岭"，"转水津，夸固于漳之龙溪"④。显然这些措施是被动的，于是各地纷纷组建武装力量，兴建土堡，寻求自保，如仙都林氏十世祖尊福公"因嘉靖四十年倭寇逸兴，与田中央子侄齐筑土楼，应分一分四间，并外围一完"⑤。史载"漳

---

① 《黄宗继传》，原题：（明）林居石，《义士金溪黄先生行实》，选自《良村黄氏族谱》，华安文史资料第八辑，1986年，第36—37页。
② 乾隆《龙溪县志》卷之八《兵制·乡兵》。
③ 嘉靖《安溪县志》卷之一《地舆类·隘埕》。
④ 康熙《安溪县志》卷之十二《疆圉险要》。
⑤ 《林氏补遗家传继世纪录》，《仙都林氏三房族谱》，光绪元年修。

州土堡，旧时尚少，惟巡检司及人烟辏集，设有土城。嘉靖四十年等年以来，各处盗贼生发，民间团筑土围、土楼日众，沿海地方尤多"①。且有宜招土楼②之记载。明末陈天定在《北溪纪盛》亦载："年来四郊多垒岭，以下诸村连山筑堡，鼓柝相闻，然或桓而未室，或室而未械，且有单寒湫隘，计丁壮不过三五十人，殆与潭外诸堡族巨力强独支一而者不同也。"③由此可见，由山寨向土堡形式的转变，是地方社会日益加强防御力量的反映，是地域社会维持自身利益的途径，同时也反映出明代中后期作为地域社会转型的重要时期，地方军事力量的兴起，地方自身的文化传统已慢慢构筑，此时之宗族已日益完善发展，掌握地方话语权，也就不难理解仙都常受盗寇之袭扰，却迟迟未有强有力的国家权力施予的政治举措。

总之，仙都各地寨堡的出现应与当地的社会环境密切相关，用以御敌保卫，与此同时，它又成为该区域百姓聚族而居的重要形式。清康熙年间以后，地方社会趋向稳定，土堡作为防寇御敌的功能逐渐减弱，于是，很多土堡成为家堡合一式的土堡，逐渐向民居化转变。如乾隆年间蒋氏族人建成二宜楼，分居六房居住，设厨房、餐室与客厅，一至三层为卧室、仓库，四层为自家祖堂，各有楼梯上下，结构之合理，不可不谓之"土楼之王""国之瑰宝"，其后繁衍兴盛，乃为当地望族。至民国时期，家堡合一亦是多见。民国五年（1916年），黄仲琴先生到过仙都一带，记录了仙都的蓄奴情况，其中提及"林、苏、刘、蒋四姓各居土堡，号四寨。蓄奴则于巨堡之外，另筑小堡"④。据传当地旧有二十四寨堡，当有可据。

第二节　姓氏繁衍与宗族

历史上，仙都姓氏众多，亦多有兴衰，据民国《华安县志》统计当时住在仙都镇的姓氏有：

---

① 万历《漳州府志》卷七《漳州府·兵防志·土堡》。
② 万历《漳州府志》卷十四《龙溪县·土堡》。
③ 陈天定：《北溪纪盛》，康熙《龙溪县志》卷九《艺文》。
④ 黄仲琴：《仙都之蓄奴》，《黄仲琴全集》（第二辑），2002年，第45页。

林，居仙都者，始祖林宗鲁。传二十七代，五千二百余人。由尤溪迁入。

周，居仙都者，周文江。传十一代，约十余人。

卢，居仙都者，卢竹光。传二代，十余人。

叶，居仙都者，叶文才。传二代，约十余人。

蒋，居大地者，始祖蒋景容。传二十五代，约一千三百余人。由龙溪县迁入。

刘，居大地者，传二十五代，约七百余人，由江西抚州迁入。

张，居宜招送坑者，传二十一代，约三百五十人。

李，居本邑上苑者，始祖李政二。传二十三代，一千二百余人。由宁洋瑞峰派迁入。

苏，居仙都上巷者，传二十五代，七百余人。由安溪衡洋迁入。

詹，居市上者，传二十六代，约四百八十余人。由安溪迁入。

唐，居招坑者，始祖唐尚德。传二十一代，四百五人。由安溪汤泉迁入。

汤，居云山者，始祖汤清隐。传二十六代，四千二百余人。

柯，居良村者，始祖柯三才。传二十二代，五十余人。由江西广信府贵溪县迁入。

黄，居良村者，始祖黄胜全。传二十二代，三千余人。由漳州迁入。

庄，居良村者，庄锡金。传二十七代，约二十余人。①

从世代的传递来看，大部分姓氏迁居仙都的时间基本相差不多。

如仙都林氏传二十七代：

"林之先乃闽大田县尤溪万积洋人。宋季十郎宗鲁公者，避乱下徙于漳龙溪之北渔樵山兜乡。传至三世派三房孙支分居桥头、大厝田中央、前厝等处。"② 分三房，今分布在仙都、先锋、中圳三个村落。

云山汤氏传二十六代：

"我汤分派自玉山，有由来也。始祖汤智公，河南光州固始县人，因

---

① 民国《华安县志》卷七《氏族》。良村，历史上归属多有变化，曾属仙都，今为良村乡。
② 《林氏家志凡例上卷》,《仙都林氏二房族谱》，民国27年修。

唐将军开漳，封竭忠辅国将军，驻扎柳营江东，择乌坑居之。生二子，长八评事，次九评事。因嫌其地未稳，为子孙绵远之计，于是择地分居，九评事迁于漳浦云霄岜屿，我祖八评事迁于玉山之峻而筑室焉。生二子，长九承事，次十承事，共住玉山。至宋神宗元丰十二年己未，十承事分派迁于龙溪北溪内居住，视为卓坑。卓坑者，旧龙溪北溪地也。数传而下，时方乱，我祖不干名利，因猎至云峰，……以是卜筑安居，是为云岭社。"①可知，云山汤氏与云霄汤氏乃为同宗，并尊云霄汤氏为大宗，今分居云山、岭埔两个自然村。

上巷苏氏传二十五代：

"泰定四年，东泉公妈移居棣园，大买旧宅修筑……后被匪诬，首安溪县仰典吏到棣园拏公，究问时，东泉公不从索骗，遂与典吏抗拒，愤气误打典吏，薨命。公率妻子逃走漳州宜招保大帽山后避居。至大明太祖洪武元年戊申二月十六日移住仙都上巷居住。"② 分二房，仍居仙都上巷。

良村柯氏传二十二代（图2-3）：

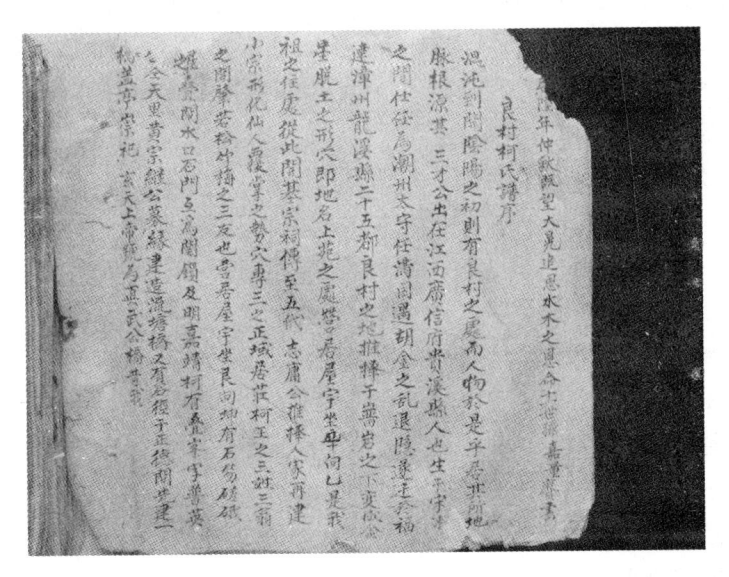

图2-3 良村柯氏谱序

---

① 《云岭都汤家族谱序》，《云山汤氏族谱》（手抄本），道光二十六年修。
② 《漳州仙都派序》，《武功苏氏族谱》（1985年手抄本），撰于何时未知。

"三才公，出在江西广信府贵溪县人也，生于宋末之间，仕任为潮州太守，任满因遇胡金之乱退隐，遂迁于福建漳州龙溪县二十五都良村之地，推择于□岩之下，变成金星脱土之形穴即地名上苑之处营居屋宇，坐辛向乙，是我祖之住处，从此开基宗祠。"① 稽考部分姓氏族谱可知，大部分姓氏为元末明初时期因避乱迁入。

从姓氏的迁入地看，苏、詹、唐自安溪县迁入；蒋、张、汤、黄，分别从漳州龙溪、长泰、云霄等各县迁入；刘、柯自江西府迁入；林、李分别自闽西（尤溪、宁洋今漳平）迁入。仙都镇所处边缘地理加之社会动荡不安，流民众多，故该地姓氏来源极具多元化。

在繁衍人数上，仙都林氏、大地蒋氏、上苑李氏、云山汤氏、良村黄氏为当时之大族。发展至今，这几个姓氏亦是当地大族。

然而笔者在田野调查后发现，还有若干姓氏没有记录，诸如高村陈氏、仙都廖氏、仙都丁氏、云山郑氏。上述姓氏随着社会急剧变迁，虽多能立足但人数稀少，而有些则消失。

以丁氏为例，据当地乡老介绍，丁氏在民国时期还有数家，但因无力立足，只能迁往他乡而不知去处。丁氏家族何时定居仙都未能知晓，但通过现存族谱资料与历史文物，还是给我们提供其在明清时期生活的蛛丝马迹。

在今仙都镇慧眼堂内存有一口明万历铜钟，上书：

劝首苏、林、黄、丁，僧如耸合乡各祈平安。万历十九年立。

慧眼堂又名仙都庵，显然在当时该庙是仙都一带苏、林、黄、丁四姓共同祭祀的庙宇，丁氏占有其中一份。然至清康熙年间，上巷苏氏成为慧眼堂檀越主（图2-4）。时苏氏分天地玄黄四房头，慧眼堂"每年正月初一请酒于四房头，共八人到慧眼堂饮酒，出厝之喜至于四月初一，四房头办斋，且慧眼堂和尚到龙元祖孝思堂诵经洗佛送礼一□。"② 成为唯独苏氏四时祭祀的庙宇。

---

① 《良村柯氏族谱序》，《良村柯氏族谱》（撰于何时未知）。
② 《武功苏氏族谱》（1985年重抄本），撰于何时未知。

图 2-4　万历慧眼堂钟铭文

接着，我们来看一份合同：

鼻祖祠与丁家换地合同①

　　立合同人丁仕望、林时盛、世绍、承宰

　　因丁林二家邻居祖屋地界有相交错，各未得方圆。凭乡亲杨圆衷为两家区处互换各得方圆。林家祖屋以后山脚左边凭祠墙横阁丈六尺五寸为界，以西为林家旷地，以东为丁家滴水左边前至巷，立石为界。林家祠前小店一间系丁翊甫私业，林家将所买得丁灼裹下桥祖厝左边正房一间并新厝埕菜园一场对换。将卖契缴照以后，两家起盖各相和合，无得相碍。屋后花台各比和，封土界址分明，毋混侵，永远万年吉昌。今欲有凭，立合同二纸，各执为照。

　　父亲杨国衷

　　顺治辛卯年正月　　日

　　立合同人丁仕望

　　林时盛　世绍　承宰　讷甫　梁甫　造真　照吾　肯堂　仰止　戒非　郁子

---

① 《仙都林氏二房族谱》，民国27年修。

晋廷　炕北

这份合同收录于《林氏族谱》中，所签内容为清初丁林两家祖屋因地界交错不便，为解决方案而两家换地。

从透露的信息看，此时丁氏家族已建有自己的宗祠，宗祠作为一个家族立足的重要标志，是族人祭祀、理事等重要场所。与此同时，合同作为双方自愿、共同协商的处理方式，丁氏为换地与林氏望族签订合同，说明丁氏在当地还是占有一席之地的。此外，在仙都各姓氏所保存的族谱中，也多有丁氏与他姓通婚的记载，如蒋氏第九世之子娶仙都丁氏、蒋氏十一世祖妣为慈勤丁氏[1]；林氏八世祖凯荣公娶丁大姐，35岁亡。丁大姐"矢志守寡，抚成遗孤，守先业而不替，且有建业，在前厝地基建屋一座，并环东西辅厝、仓库，均分三子掌住"[2]。

因此，我们在通过现存能够记忆丁氏家族的历史片段，窥见了社会变迁的巨大张力，可以说姓氏繁衍的过程伴随着宗族势力兴衰。目前宗族在仙都的社会生活中依旧扮演重要的角色，宗族之间的聚合离散，为我们呈现出丰富多彩的地方历史脉络。

第三节　社区的信仰空间

仙都镇姓氏、聚落众多，其社区的信仰空间多为普遍、繁杂，如表2-1所示：

表2-1

宫庙	祀奉神明	地点	祭祀时间（农历）	备注
龙山庙	城隍	中巷	正月十五日	已圮
文昌庙（又名"超英书院"）	文昌大帝	仙都	每年二月三日	已圮

---

[1] 《开漳华安宜招大地渔山蒋氏族谱》，民国24年修。
[2] 《仙都林氏族谱》，1997年修，第87页。

续表

宫庙	祀奉神明	地点	祭祀时间（农历）	备注
桃津宫	三显真仙	龙尾	七月十九日	林氏
七宝殿	神农古帝	龙尾	每年四月	
龙兴宫（今名龙圣殿）	至相尊王	仙湖隔	四月二十日	
大帝殿（今名妙应堂）	祀保生大帝 右祀城隍	市上	三月十五日	詹氏
上帝殿（又名玄天阁）	玄天上帝	大地	三月三日	蒋氏
嘉应庙	三公尊王、后妃夫人	大地	正月初九日	
朱西庵（今名慈西庵）	关帝	大地	正月十五日	刘氏
瑞应庙	三公	大地	正月初二日	
五雷宫	仙妈	上苑	秋前中日祭	李氏
白莲寺	神农、仙妈	左龙山		唐氏
龙显宫	仙妈	下林	四月十五日	林氏
龙兴宫	正一天君虎将	金山	正月初九日	汤氏
广济岩	伽蓝王	云山	七月十五日	
灵潭殿（又名宋卿庵）	法主公	送坑	七月二十三日	张氏（增补）
慧眼堂（又名仙都庵）	三代祖师	上巷	每年四月小满前	苏氏（增补）

资料来源：民国《华安县志》卷六《礼俗·祠祀》及笔者的田野调查增补。

在调查过程中，当笔者提及两座已圮的庙宇时，乡民已鲜少知晓，对其历史记忆仅能通过80多岁的乡老口述。

"有城即有城隍神"，城隍神自明清以来便遍布各地，明初构建的自京师城隍—都—府—县一体的城隍信仰体系不可谓不完备，后世城隍多沿用其爵位来称呼城隍，而仙都并非城市中心地，城隍却出现在乡村聚落中，成为一地信众共有信仰，故民国郑丰稔感叹"城隍而祀于乡，较诸华丰尤为淫滥"①。仙都城隍庙，又称"王公宫"，据说毁于"文化大革命"时期，为林、苏、刘、黄、詹等七姓（未能备详）共同祭祀，祀奉王公王妈（具体为何神明，已无法稽考），庙址原位于今林氏红瓦祖厝边，土地名"跷圻"。旧时，林氏正月十五日祭祖前要抬出城隍"走王"，从中巷到巷尾来回跑三圈。是为何故？林氏族老皆云，城隍庙风水地理乃为仙都镇正穴，林氏红瓦祖稍偏，"走王"就是请城隍出来，让林氏沾沾正穴风水之利。笔者就此问及其他姓氏时，均未有知晓其情况的。而今仙都祀奉城隍的仅有市上詹氏，其城隍庙内供奉亦是王公王妈，同为正月十五日举行"走王"活动，巡安詹氏角落，至夜幕降临才入殿。詹氏族人现今对王公王妈的认识仅剩"走王"，寄望城隍保境平安（图2-5）。

图2-5 城隍庙（詹氏）

---

① 民国《华安县志》卷六《礼俗·祠祀》。

关于文昌庙，据仙都林水秀、林开基二位老人追忆，文昌庙又称超英书院，于清光绪二十六年（1900年）由"二十四寨"乡绅所倡建。当时，正逢维新变法潮流高涨之际，办学之风甚盛。龙溪县二十五都宜招保一带的开明士绅，以林沸川为首力主开办书院，召集子弟读书会文，乃筹集巨资，择址于仙都乡岩塽村蝶形山兴建书院。书院系仿照祠堂格式而建筑，堂中供着一尊文昌帝君塑像，龛里排列着二十多座捐资助学的乡绅名牌。每年农历二月初三文昌帝君生日，书院例行隆重祀典。书生们为求文运亨通，仕途得意，都到此参拜。至1932年被毁的三十年间，"二十四寨"的一些书生每年在二月初三之前，要写出一篇相当于科举考试的策论文章，在祭文昌日评选，如民国《华安县志》所载文昌庙"有祀田，以祭肉奖励文人写作"。旧时文昌庙与书院合二为一是极为常见的，为文人士大夫读书与祭祀之所，如漳州市芗城区浦头霞东书院亦是如此，只是仙都的文昌之祀如此之晚，实为罕见。

从城隍庙、文昌庙的兴衰来看，作为多种姓氏共有的神明信仰在仙都并没有能够维持下来，即使是民间宗教文化复兴的今天也无法再重兴该信仰，乡民对两者的共同情感记忆已然消失。而在共有信仰的祭祀圈式微的同时，单姓的信仰神明在护佑各自姓氏的历史发展进程中薪火相传得以存留下来，我们看到在仙都几乎一姓一村均有自己的神圣场域——庙宇与祭祀时间。于是，在这种祭祀圈的背景下，老百姓每年都会热衷于节庆的狂欢，并借由游神酬神的形式来表达，以期达到对其自身、社区的认同感。

第 二 章

村落的信仰空间建构

大地村①位于华安县仙都镇东北部,四面环山,中部为丘陵平原,为典型的闽南山区聚落,由彭城刘氏与乐安蒋氏组成的复姓村落(图2-6)。"历史是一出戏,而且是一出即将演出的戏,一出由它自己的演员合作即席演出的戏。"② 那么,在同一个聚落舞台空间中,刘蒋两姓演员演绎怎样的故事,又是如何演绎的呢?

第一节 宗族的发展与互动

一 彭城刘氏发展脉络

彭城刘氏现有1200多人,按人口的繁衍分布在大地村大同、大溪、上厝、尾埔、寨内、寨外以及上苑村溪西。③

族谱载:"我江右隆汉公,号曰万四郎,原居住在金陵,至宋淳祐年间来尹龙岩,遂图南种德,从而居焉。即一支初分龙岩者也。更几世,万四郎之胤十三郎复卜居龙溪县二十五都宜招大地生三子,伯仲华,次仲达,季仲玉。华之子孙,诗词旧谱弗详,仲玉往南京世次莫考,惟仲达公生二子,长赐苟,次成苟,字永,遂仲达公延奉命解,遂游三山,创业传

---

① 2008年7月7日,福建土楼"申遗"成功,在华安最负盛名的当属大地土楼群:二宜楼、南阳楼、东阳楼。

② 转引自[英]约翰斯顿《哲学与人文地理学》,蔡运龙等译,商务印书馆2000年版,第83页。

③ 村民通常以"组"来称呼自己所居住的地区。

图 2-6　大地村落图

胤南台未回而逝，时成苟适□寇贼□起，故不获，往查胤嗣名字致失传。"①（图 2-7）记述了大地彭城刘氏来闽脉络，由万四郎公于宋淳祐间尹龙岩而居，后裔十三郎公再迁居大地。另根据漳平新桥流溪头刘氏族谱所载："平邑新桥之有刘氏家庙也，其始肇自炎宋……开支南闽，散居十府……洎至万历四十八年庚申各房嗣孙和同商议开派上中下户鸠集银项，重建祖屋，堂构新成，合立十五户之鼻祖，而实漳泉两州数邑之大宗焉。……分支大洋月德寨、宁坑洋华山、贵溪赤村、九鸣山坪等处，续后又分支大吴地、九鹏吴应山、龙岩白土、岩城坪寨及安溪坪莱、黄都、长塔、龙溪大寨、南靖涧溪等处。"② 由此可知漳平新桥刘氏乃大地彭城刘

---

① 《刘氏家谱序》，《大地村刘氏盛宗公派下族谱》，光绪三十四年修。
② 《流溪头刘氏家庙支派总图引》，《大地刘氏总谱》，撰于何时未知。

氏之大宗。

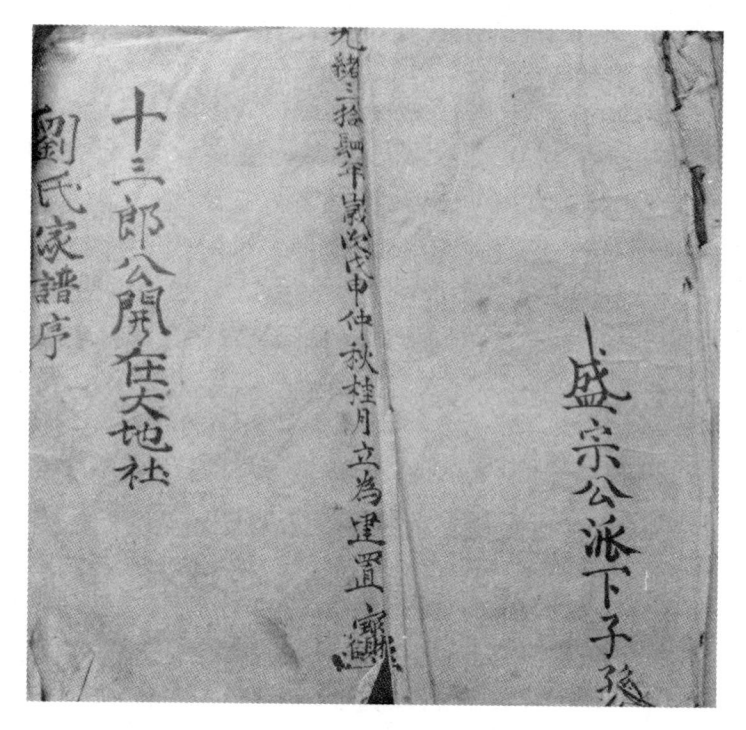

图 2-7 刘氏家谱

据《大地源流小引》①载,大地始祖、二世祖并没有太多信息,至三世祖成苟公,仅有其生卒年月,推知十三郎公乃于元末迁居大地无疑。至四世之后,刘氏在大地的势力开始迅速发展。四世祖丰烈公生于明永乐甲申年（1404年）竭力一生,坐拥"田业一百二十二石种",五世分支有四房、六世则达六房,迨至七世时刘氏已是当地之大家族。七世祖坦斋公生于成化甲辰年（1484年）娶三房妻室,"自曾祖丰烈公而下,独能中振,资财甚裕,置租三千余石,造屋五大所,创垂宏钜为一方领袖。外事胥所、就理家庭实赖维持。其理外事如为良村节孝妈致呈旌表之类。其维持者如尊矩公（六世祖慨轩公）老年营庶室詹氏之类。按詹氏实生三房

---

① 《大地源流小引》,《大地刘氏总谱》（撰于何时未知）。"成苟公生洪武戊午十一年（1378年）八月初四日,卒于宣德辛亥（1431）正月十七日吉时,享寿五十四岁。"

十二公章璞时,尊矩公年老子幼,虽亦厚有家资而觊觎者群欲置章璞公(七世祖恂轩公)于厄,以分之。全赖坦斋公守护保养,而章璞公亦崭然见头角焉"①。此外,在旧时"事鬼如事人"的文化理念下,其三房妻室逝后更筑石棺,"造作规模独冠乡邻",亦可见其财力之丰。

至嘉靖《龙溪县志》即载此时已设宜招刘山社②。以姓氏定山名、社名,足见刘氏在当地的影响力。现存于刘氏宗祠的崇祯十七年(1644年)义田碑记亦可证刘氏势力范围之广。

皇明刘味玄公义田记③

吾宗味玄公,盖所称为行君子也。公家居大地,与始祖守漳州刺史讳从愿公茔域距不下数武,缵祖之绪,克世其家,以孝友启伦,以诗书诒训,以淳厚退让,戒其浮薄。昆弟五六人埙篪响和,阶前玉立,子若孙济济,庠序举,策数马,髧髦万石。生平若夫尊神敬贤、下人乐施,素封而屋好礼之诚,简束而绝公廷之履,不校不报,其天性也。据公德业良可风矣?未也!居怕念宗人困于徭役,捐赀创义田,年科租五十石,克入祖祠。自甲戌季始付族长,厚者轮当丁役,仍累贮赢增置立祀。胤是上自朝廷,中及祖宗,下逮苗裔,咸嘉赖之。昔范文正公为执政焚黄姑苏,仅搜库绢以散亲戚、闾里知旧,小有俸余捐置义田南园数亩地,载在宋史。公起布衣能效执政,雅谊顾不玮欤?余谓公此举有三善焉。赋役令繁获免追呼之扰,仁也;积余扩税崇隆先人蒸尝,礼也;而又以董海来髦,骥子龙文当眉可竢,义也。公讳淡,字懋冲,号味玄,行一,配林氏,享寿九十有三,崇祯壬午冬阳月望次日谢世。阖族思所日报公者,请祀公于祖宫。征余一言勒诸贞珉,永镌垂远,俾后之子孙岁时伏腊入奏具庆,以无忘食德之。自云赐进士出身,中奉大夫,正治卿,陕西湖广承宣布政使司左右布政,广西等处提刑按察司按察使,整饬苍梧道整理事务分巡兵备右参政,整饬山防伸威兵备分守岭东道副使,前吏部文选清吏司员外郎,历文选、考功、验封、稽勋清吏司主事,原任广东廉州府合浦县

---

① 《大地刘氏总谱》(撰于何时未知)。
② 嘉靖《龙溪县志》卷之一地理。
③ 崇祯十七年《皇明刘味玄公义田记》(碑名为笔者加拟),现存刘氏宗祠前落左侧。

知县 愚侄 行义 顿首拜撰
　　一段坐在涵内塽带租二十石
　　一段坐在笔岭带租五石
　　一段坐在高村带租六石
　　一段坐在新村圹坑带租八石
　　一段坐在石牌兜带租十一石
　　　　时崇祯十七年岁次甲申春正月吉日阖族孙仝立

味玄公系刘氏八世祖，讳淡，字懋冲，寿九十三岁，历嘉靖至崇祯六朝，生于明嘉靖二十九年（1550年），卒于崇祯十五年（1642年），族谱未详其事迹。碑中提及味玄公一生尊神敬贤，乐善好施，不意功名，特别是仿宋人范仲淹捐资创立义田，用以减轻族人的徭役重负、确保祭祖仪式有序举行、培养教育族人子弟（图2-8）。故其创立义田之仁、礼、义三善，漳浦同宗侄孙刘行义①记录下来，刘氏族人勒石以称颂，并祀味玄公于宗祠内。味玄公创立义田共有五处，合计五十石，据刘氏族人介绍，其中高村为今蒋、陈两姓所在地，石牌兜即大地与安溪龙涓交界的燕尾隘一带，涵内塽、笔岭、新村则为刘氏所处区域，尤其是石牌兜在新中国成立前租给龙涓乡民耕作，新中国成立后"土改"分田，刘氏家族颇受影响，以致无法划定田产无力

图2-8 崇祯《皇明刘味玄公义田记》

---

① 刘行义，字达可，漳浦人，登万历庚戌（1610年）进士。生平见《刘行义传》，光绪《漳州府志》卷三十一《人物四》。

要回。

族田的设置与家族组织、家族经济的发展是紧密相连的。义田作为族田的一种形式，属于家族的共有财产，八世祖味玄公创立义田充入祖祠，说明刘氏的家族组织发展已逐渐趋于成熟，不仅建有宗祠，而且有专门祭祖之用的祀田。此外，刘氏至四世祖起发展至八世，经济实力发展是不可小觑的，有多余闲田才有可能创立义田。因此，明中后期当是刘氏家族由初兴到发展的重要时期。

二 乐安蒋氏发展脉络

乐安蒋氏现有 3300 多人，分布于仙都镇的大地村、岭头村、高村，三个村落人数有多有寡，统筹分为三个片区，即大光点（土楼、东阳、南阳、溪头、陈庄、际头）、大星点（大星、大增、东山、寨顶、宫坑）、卿锋点（忠进、加口、高村2组、岭头3组）。

族谱（图 2-9）记载乐安蒋氏的开基始祖为蒋景容、蒋景明，但却没有其家族开基准确时间的记载，据万历四十八年（1620年）蒋氏第九世天览公在重修蒋氏族谱序中载："始祖由宋来者，果可以稽，乡有本岩，曰达摩岩，乃三世祖兄弟三人（长曰良辅、次曰良奋、三曰泗昭）始开基。泗昭为地师，岩后壁刻石在焉，又左边石阶刻字有'元至正元年重修'，摩字为证，因是以知。又有朱西庵左边石柱，乃良辅公喜舍，有助捐名字刻焉，处处皆有功德于乡之远近，但所载益知由宋来也。不然初来时许多跋涉磨难安有余力余财暇及岩宇等处哉。"认为乐安蒋氏乃于宋时即开基大地。那么是否可信呢？

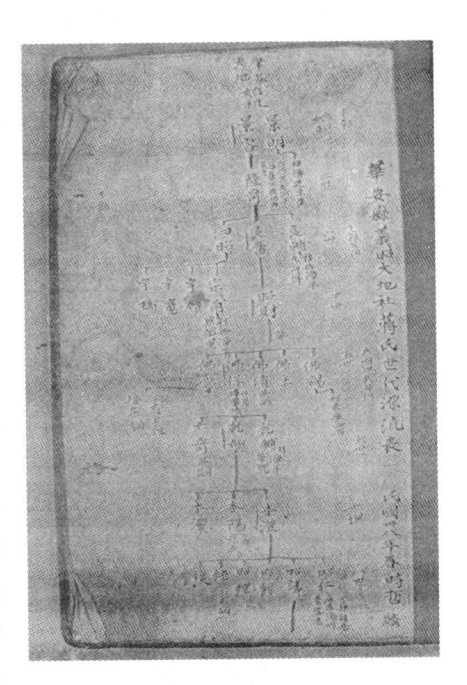

图 2-9 蒋氏族谱复印本

据光绪《漳州府志》载：达摩岩"在二十五都宜招保，元季蒋良奋建"①。民国《华安县志》亦载：达摩岩"在大地，祀释迦摩尼，及三世祖良奋神位，年久颓坏。清末宣统年间，乡人善士蒋嘉俞募资重修"②。于是笔者在大地村调查的过程中，摸寻达摩岩古迹，爬至狮子山坳，果然在其岩壁上寻得《达摩岩开岩碑》（图2-10）③，碑文如下：

开山地仙蒋泗昭
开山檀越蒋龙奋
开山劝缘蒋良辅
开山主缘法惠
开山比丘令来
时岁次丙戌年月日立

倘若如天览公所记达摩岩于元至正元年（1341年）重修，碑刻所指丙戌年即元世祖至元二十三年（1286年），便说明元初蒋氏三世祖兄弟三人合力建有达摩岩，按世代发展的普遍规律由此推算蒋氏始祖景容公、景明公开基大地时间为宋末。檀越公蒋龙奋逝后遗身像一身于达摩岩，故在族内被尊称"岩上公"④，后世方志所录即是依此。

图2-10 达摩岩开岩碑

与此同时，在今慈西庵正殿左侧亦寻得蒋良辅喜舍柱碑（图2-11），上刻"凡男蒋良辅为妣曾念四娘奉舍祈求超度者"。在蒋氏族谱中，并无记载蒋良辅的妻子为何人，仅载其弟蒋良奋娶妻曾念九娘，若按兄尊弟卑之序，此碑系蒋良辅为其亡妻曾念四娘祈求超度而喜舍。慈西庵正殿供奉

---

① 光绪《漳州府志》卷四十《古迹·岩洞》。
② 民国《华安县志》卷六《礼俗·祠祀》。
③ 碑名为笔者加拟。现存于达摩岩石壁上。
④ 《开漳华安宜招大地渔山蒋氏族谱》，民国24年修。

三宝佛、观音佛祖，故对已亡人祈求超度、平安的喜舍便不难理解，如正殿左前石柱亦有"良保凡男柯昭赐为妣吴五小娘祈求超度者"，即良村柯氏喜舍柱碑。结合达摩岩、慈西庵两碑可知蒋良辅是一个乐善好施、礼佛之人，而且所载内容与天览公所记相印证，当为不诬。

此外，大地乐安蒋氏虽繁衍至第五世才有明确的纪年，即五世祖佛保公生于明洪武二十五年（1392年），卒于成化十三年（1477年），但此时刘氏才发展至三世祖成苟公。再据一则族谱所记刘蒋姓通婚事件：蒋氏六世祖乾兴公"生于明永乐十九年（1421年），卒于弘治元年（1488年），与祖妣李氏八小娘生二女，长适大寨刘尊性"。刘氏六世祖顺庵公刘遵性"生于正统十四年（1449年），卒于弘治十一年（1498年），配上社梅园蒋乾兴公次女讳大娘"。① 虽同为六世祖，但蒋氏乾兴公早刘氏顺庵公近20年。次据仙都林氏族谱记载，林氏五世祖真养公，"生于元大德三年（1299年），娶李氏平娘，生一子二女。……次女益娘，配大寨蒋家"。七世祖均禄公，"生于元至正廿二年（1362年），娶妣朱氏，生四子二女。次女曰六娘，配大寨蒋家"②。

图 2-11 蒋良辅喜舍柱碑

综上考述，乐安蒋氏于宋末来大地开基，早于彭城刘氏。

宋元时期乐安蒋氏的发展我们只能找到只言片语，从早期发展来看，蒋氏直至五世开始振兴起来。

---

① 《大地刘氏总谱》（撰于何时未知）。
② 《林氏补遗家传继世纪录》，《仙都林氏三房族谱》，光绪元年修。

大地蒋氏一至五世世代图

始祖　　二世祖　　三世祖　　四世祖　　五世祖

景容公 —— 隆高公 —— 良辅公（移居漳平九畴洋）

景明公　　　　　—— 良奋公 —— 昭财公 —— 佛赐

　　　　　　　　　　　　 —— 昭福公　　佛玉

　　　　　　　　　　　　　　　　　　　佛清（自少为巫，弗嗣）

　　　　　　　　　　　　　　　　　　　佛保（开基梅园）

　　　　　　　　　　　　　　　　　　　佛应（开基梅庄）

　　　　　　—— 泗昭公（移居漳平九畴洋）①

资料来源：《开漳华安宜招大地渔山蒋氏族谱》，民国24年修。

　　一个宗族的发展离不开内部一个个单体家庭的出现，在众多单体家庭，一代接一代，繁衍分裂，逐渐扩展成家族。从世代图演进可见，至五世时即明初大地蒋氏除外迁外，在大地已发展出三个支派，尤以梅园、梅庄为主②，后世大地蒋氏繁衍便以此展开。就佛保公梅园派而言，在大地的繁衍是相当昌盛的。梅园派六世、七世均有三房分支，传至八世祖昭麟公开基玉井祠，其时昭麟公"延堪舆师，买庄家业址在大寨东山土名员山下长坛，田租十二石，后统器公（九世）再买一分右边周围等田共带租二十，并山乙片，并带杉松杂木四至界，于大明正德十四年已卯五月吉日建造员山祠堂，名玉井。"③

　　潘光旦先生认为，研究家族必须考察四个事实："一是氏族的由来，例如迁徙、改姓、两姓相合成复姓等。二是世代的蝉联，即祖孙父子的血

---

① 按《蒋氏族谱序》（万历四十八年）载：泗昭公长房宗甫公"以当里长逃银，逃隐泉州冯山岭后，官拘居漳之东门烈女庙边，后又逃之漳平九畴洋"。

② 今梅庄已圮，梅园于2014年翻建为蒋氏老年活动中心，在调查中寻得两通碑铭，分别为雍正四年《梅庄祀田记》、光绪六年《"蒋氏"重兴梅园祠宇记》，碑文详见附录。

③ 《开漳华安宜招大地渔山蒋氏族谱》，民国24年修。

缘关系……三是每个人物的简单事迹。四是族与族之间的婚姻关系。"①在前文，我们已梳理了刘蒋两姓发展脉络，因此，在同一个聚落里，刘蒋两姓通婚成为我们考察两姓关系的重要媒介。在婚姻关系的不同语境中，男尊女卑的观念下，长期以来对婚入与嫁出的理解是不同的。尤其是作为记载家族历史的族谱，更注重对婚入情况的详细记载诸如生卒年月、墓葬、子女，而嫁出仅载姓氏。因为婚入的这些女性身份已经发生变化，在其逝世后是列入婚入家族在祭祀先人庆典中的一员。通婚制度反映了家族间的某种合作关系，支持着一个跨家族的社会网络（表2-2）。

表2-2　　　　　　彭城刘氏始祖至九世祖婚姻情况表

世次	祖公	祖妣	备注	世次	祖公	祖妣	备注
一世祖	十三郎公	蒋氏三小娘		七世祖	直轩公	慈俭李氏	
二世伯祖	仲华公	失据		七世祖	恂轩公	肃慎林氏	
二世祖	仲达公	蒋氏三小娘		八世祖	味玄公	慈惠林氏	仙都
三世祖	廿三郎公	梁氏三小娘		八世祖	公素公	慈惠蒋氏	
四世祖	丰烈公	顺懿蒋氏		八世祖	沽淇公	慈慎詹氏	安溪多卿
四世祖	耀彬公	蒋氏二小娘		八世祖	恋斐公	失据	
五世祖	宽良公	端恪魏氏		八世祖	朝元公	慈惠陈氏	
五世祖	恪轩公	温惠蒋氏		九世祖	鸿盘公	懿德黄氏	良村
五世祖	朴轩公	懿德陈氏		九世祖	鸿鼎公	肃俭王氏	
五世祖	乾饶公	汤氏		九世祖	丹阳公	恭宜李氏	霞苑
六世祖	顺庵公	德馨蒋氏		九世祖	淳仁公	慈懿詹氏	
六世祖	处庵公	俭爱蒋氏		九世祖	台鼎公	勤懿詹氏	
六世祖	梅坡公	惠传詹氏		九世祖	膺录公	慈俭徐氏	漳州海道徐
六世祖	素庵公	懿节汤氏		九世祖	开迪公	失据	
六世祖	尊国公	汤氏		九世祖	鼎鼒公	勤德蒋氏	
六世祖	慨轩公	淑德李氏、淑顺詹氏		九世祖	纯陆公	敏悟魏氏	
七世祖	坦斋公	靖节黄氏、靖懿黄氏、慈懿陈氏		九世祖	膺春公	懿淑林氏、懿惠张氏	
七世祖	靖轩公	陈氏		九世祖	质庵公	贞淑蒋氏	

资料来源：《大地村刘氏盛宗公派下族谱》，光绪三十四年修。

---

① 潘光旦：《明清两代的嘉兴望族》，《民国丛书》（第3编13 社会科学总论类），上海书店1991年版，第4页。

表2-2记录了彭城刘氏始祖至九世的一个婚姻状况,时间止于明末。从与刘氏通婚的姓氏来看,主要散布在仙都镇一带,诸如上苑李氏、云岭汤氏,市上詹氏、仙都林氏,而其中最为紧密的即是蒋氏,几乎每一世代都有与蒋氏通婚。

那么同一时段,蒋氏家族的婚姻状况又是怎么样的呢?且看表2-3:

表2-3

世次	祖公	祖妣	备注
一世祖	景容公	刘大八娘	
二世祖	丕泽公	梁四小娘	
三世祖	良奋公	曾念九娘	
四世祖	昭财公	润德许二娘	
五世祖	佛保公	淑德周氏	
六世祖	乾兴公	李氏八小娘	安溪龙涓里大西坑
七世祖	本澄公	淑憨李氏、严顺林氏	上墘、仙都
八世祖	昭麟公	慈惠唐氏	招坑
八世祖	温厚公	端诚许氏	
八世祖	静厚公	贞慈陈氏	
八世祖	坦吾公	闺勤李氏、闺顺王氏	
九世祖	统器公	慈爱林氏	丁村
九世祖	醇夷公	勤伤李氏、端伤刘氏	
十世祖	怀耀公	慈亲杨氏	上洋
十世祖	勤叟公	慈德李氏	
十世祖	心印公	懿贞苏氏	
十世祖	思明公	宿恩陈氏	
十世祖	玉泉公	勤节李氏	
十一世祖	玉田公	静孝汤氏、妙德汤氏	云岭兜
十一世祖	恭裕公	庄宜刘氏	
十一世祖	和泽公	慎懿刘氏、婉容陈氏	
十一世祖	质直公	慈勤丁氏	
十一世祖	鸟梦公	勤惠魏氏	

资料来源:根据《开漳华安宜招大地渔山蒋氏族谱》(民国24年修)及《蒋氏宗谱》(2005年修)整理而成,截取时段与刘氏家族一致。

可见，此时蒋氏与区域内多姓通婚现象极为普遍，并无特别紧密关系姓氏。

旧时的婚姻地缘是由近及远的，刘姓的通婚地域形成与其宗族的发展是一致的，作为后来迁居大地的家族，与蒋氏的联合是必然的。而蒋氏通婚对象来源的不固定，是蒋氏家族人口扩散的表现，而且其通婚地域的广布，形成与区域内各姓氏群体互通有无的社会网络。

正如列维－斯特劳斯所认为："婚姻扮演着地方性群体避免其内部性自足的角色，因而婚姻也起着促进社会进行更广泛的社会联结的作用。"对称性交换是"原初型的社会黏合形式"，是社会群体之间交往和联结的一种机制特性①。

刘蒋之间的通婚，联结两姓之间的合作关系，在区域社会动乱时期，两姓更是结合紧密。明代王慎中《王遵岩文集》中收录的一则材料，如下：

肤功遗爱碑

蒋维业、刘伯需踵门见予，衣屡菲陋，貌俚而视野。予不知其何来。卒然言曰"将有请。"予怪问之。曰："吾漳州龙溪大地里人也，岩栖而陇耨，作息在溪壑之间，以其幽昧荒阻。居出西围常患盗焉，苦之而不能御。是岁八月，汀漳守俞公以督府之檄来徵盗，尽得之。吾等不忘其功，将勒之石。"予曰："守备逐盗而得盗，职也。若何石焉？"曰："吾等深有不可忘者，不独以得盗也。凡盗之攻夺，吾聚落避之犹有可免，哀之犹有可吁；而吏士之逐盗至者，进无可吁之门，退无可避之路，甚哉！其莫之哀而不得也。故未尝有得盗之功，而重以播民之处。今守备俞公之至吾地，禁戒肃而约束明，卒无敢喧于间，吾安吾土而治吾耨，作息循旦暮之候，而不知兵之在吾境。老稚嬉游，以阅俘馘以过，而无变容惊吒之虞。畜之之于坩者，可数而收；葵之在园者，茎叶无所损。老诏其少，尊语其卑，不图生身以来获蒙此幸。壶浆斗酒之馈，却而不尝；山织野菌之所治，又不敢以献。相与郁而不邑，谋所以报之，其术无繇。是以敢冒然而来请

---

① 转引王铭铭《人类学讲义稿》，世界图书出版公司2011年版，第43页。

也。"二人者，山野之人也。其言质而悫，予怪其知不忘俞君之德，而又知来请予之文。孰谓野人而不知礼哉，孰谓野人而不知好义哉？吾何说以辞之哉？遂次数语以畀之，因名其石曰"肤功遗爱"，使归镌之，以旌俞君之伐，以不孤二人之勤，而慰大地里人之意也。俞君名大猷，字志辅，以泉州卫百户，由武举历升为汀漳守备，署都指挥佥事。①

据陈自强先生考证，碑文所记徽盗之事为嘉靖二十六年（1547年）八月间，俞大猷平漳州海寇康老之后，迁任广东都司之前②。碑铭今虽已不见，但内容讲述大地蒋氏、刘氏族人前往拜会王慎中，请求其将汀漳守备俞大猷治军御敌的历史功绩，记录勒石以遗志大地后人的事情，弥足珍贵。

可以说，有明一代刘蒋两姓是相互依存、相互联合的。然而在这一联合态势之中，其实隐藏着两家势力的此消彼长。蒋氏家族从三世开始就有向外扩散倾向：一方面是家族膨胀扩展的表象；另一方面却削弱了其在地方上的势力，梅园、梅庄、玉井各自发展，没有一股强有力的整合力量。而刘氏家族在明中后期，不仅建立祠堂而且自身经济发展迅速，成为地方望族，并积极参与到地域社会的管理之中。

第二节　村落信仰空间的建构与布局

自清以来，刘蒋两姓势力之间的关系有了新的变化，同时两姓建构起大地村的村落信仰空间。

据说，仙都一带在清乾隆以后就广为流传一则故事，大概如下：

"蜈蚣吐珠"

蒋士熊娶了魏氏回乡，先选择自己的一块地，拟建一座方形土楼。

---

① 王慎中：《王遵岩文集》，《明经世文编》（第四册，卷二百六十四），中华书局1962年版，第2794—2795页。

② 陈自强：《泉漳集》，国际华文出版社2004年版，第242—249页。

后来以重金请来一位地理仙来勘察，地理仙说："此地穴宜做阴宅，不宜做阳宅。"因为阴气太盛，他替蒋士熊找到一处好地理，后有一座矮山冈，前有一片沙滩地。地理仙说。"这是'蜈蚣吐珠穴'，宜建一大圆土楼。"但是，这地是属别姓所有的。蒋士熊故意一个人操着根五六丈长的竹篙在沙滩上量来量去，划来划去，引起这姓家长的注意，来问他要干什么。蒋士熊坦率地告诉他要建圆形土楼。这位家长听了哈哈大笑，他以为这蒋士熊依然单操一个，无某无猴，要建大楼干什么，就存心跟他开玩笑说："这沙滩地是我家的，你要是真建大圆楼，我就白送给你，让你建。"蒋士熊认真地说："此话当真？"他们击掌说定了，第二天，蒋士熊就请工挖地基，真的建起大圆楼来。

这一下，那族里另几个房头吵闹起来了，硬说这家长私下受银，将沙滩地卖给蒋家。蒋士熊为人慷慨大方，不计较小利，就特制几只大红龟粿，分送给这姓几个房头，每家两只红龟粿，里面却包着两锭大银。这几位家长吃人的嘴软，也无话可说了。①

图 2-12　大地二宜楼

---

① 讲述人：蒋时德，男，时年70岁，蒋氏二房子孙，《中国民间故事集成·福建卷·华安分卷》，1993年，第114—115页。

很显然,这则故事是以蒋氏的视角来讲述蒋士熊建造二宜楼(图2-12)的来龙去脉,以彰显蒋士熊的韬略与为人。常闻蒋氏族人在向外人介绍二宜楼时,他们均会有意隐去该地原所有人的姓氏,而这姓氏明显所指即是刘氏。刘氏族人因而耿耿于怀,认为当年蒋士熊以欺骗的形式获取兴建二宜楼的风水。在同一地缘的聚落内,姓氏之间为了风水、土地等资源展开争夺是十分常见的,通过民间故事本身,引人思考其背后暗含着刘蒋两姓之间关于风水的一种较量,其实也是两姓势力开始相对独立的一种体现,尤其在庙宇、宗祠兴建、重修活动中最为突出,从而建构起村落的信仰空间。

一 家族庙宇的兴建与重修

据前引,民国时期,大地村的庙宇有刘氏家族的朱西庵、瑞应庙,蒋氏家族的玄天阁、嘉应庙、达摩岩,而今留存下来的有慈西庵、瑞应庙、玄天阁、达摩岩。

1. 慈西庵

图 2-13 慈西庵与瑞应庙

朱西庵,即今慈西庵(图 2-13),未知何时创建,位于大地村跳尾港旁，相传原为朱姓家庙，现为刘氏家族四时祭祀家庙，现存有一块小长形青石，铭"珠西庵为记"，便值得回味慈西庵的庙名演变。庙内中殿供奉观音、三宝佛、十八罗汉，右侧供关帝、周仓、关平等，左侧为注生娘娘、清水祖师、盘古等神明，是一间杂糅佛教、道教多种神明信仰的民间宫庙。在调查中，寻获多处珍贵金石资料。

慈西庵内正殿左侧现保留一口永乐九年（1411年）铜钟，铭文如下：

> 招城里东山保大夫坊奉佛合乡□诚心喜舍黄钟乙口入于关圣堂永□供养平安者。永乐九年正月劝首林二□、劝首许利真、劝首刘未瑞、劝首黄二奇，主缘僧仝立

据正德《大明漳州府志》卷六《户纪·厢里志》，明代设置的二十一、二十二、二十三、二十四、二十五都属宋游仙乡地，其中二十五都为宋时九龙里。宋代"游仙乡出北门至招城里界，统里五曰龙川里、瑞泉东西二里、九龙上下二里。新罗乡北过九龙里抵龙岩浩口村界，统里二曰招城里、丰乐里"。可以推断，大地村在宋元应隶属于招城里，虽明代推行里甲制度，但乡村建置并不完全统一，互相关系也十分复杂[1]，故明初当地居民沿用了宋元时称呼。嘉靖年间设置的"宜招东山社"[2] 应是招城里东山保的沿革。那么铭文提供的一个重要信息：明初，大地村慈西庵内供奉的关帝公由林、许、刘、黄四姓共同祭祀，彭城刘氏占其一。通过前文梳理彭城刘氏发展脉络，可知此时乃是彭城刘氏在大地的初兴时期。那么其在大地势力必弱于乐安蒋氏，与多姓氏杂处，刘氏族谱提及同时期四世祖丰烈公为何有"刘肥"外号时，便认为："此名必其时杂姓同居，因公不瘦，故有此称相延已久，难以言谕。"[3]

这也从一个侧面说明，慈西庵（图2-14）供奉神明多杂，由其他姓氏共同祭祀的局面应该是相当长一段时间的，且看在各神像座下石壁的几通碑铭：

---

[1] 详见毕茂荣《明初里甲制度探微》，硕士学位论文，贵州大学，2008年，第11页。
[2] 嘉靖《龙溪县志》卷之一《地理》。
[3] 《大地刘氏总谱》（撰于何时未知）。

图 2-14　慈西庵正殿

三宝佛、观音佛祖（中间神像）
长泰县新陂保黄潜夫为外祖章氏宗亲奉舍中间佛座祈延净界者。
劝首刘立发　许真辅　劝首章昭节　林三福　住山主缘僧　福全
时岁丙戌吉月旦立
关帝（右手边神像）
中元会首募众奉舍西间佛座供养祈求贾泰平安。
注生娘娘等（左手边神像）
高村坊信士陈沾进同室王念九娘奉舍东间佛座供养现世康安者。
劝首陈君仕

另外，柱碑亦有他姓及女信徒前来喜舍，如"信女王念五娘奉舍祈求平安""后溪坊信女王念二娘奉舍祈求平安""大溪保前坑坊张子明奉舍祈求平安"[①] 等。这些碑铭虽无任何确切纪年，但足见慈西庵香火的兴旺，信众在实用功利性的信仰心理驱使下，以致寻求更多的神明保佑，因此，姓

---

① 以上碑刻，为笔者收录，详见附录。

氏多元造就了信仰的杂而无序。这也说明，慈西庵最初作为一座共有信仰庙宇的一种态势。直至后来刘氏家族兴起，成功接收，转换成为家庙。

那么慈西庵何时成为刘氏家庙的呢？明中后期，彭城刘氏发展十分兴盛，于明崇祯十三年（1640年）发起重修慈西庵，慈西庵正大门门楣上方有"明崇祯十三年冬劝首刘元恺喜舍"，说明此时刘氏家族已贡献出力量。

另据庙内一通乾隆四十七年（1782年）的《珠西庵为记》①（图2-15）应可以说明问题，碑文如下：

图2-15 乾隆《珠西庵为记》

朱
本庵重兴，随缘重吉，上下石矿
十三郎公银二中
太学生刘锡良二中
树喃四中底天三中见龙三中吾受三中绢老三中树琴二中煜彪二中
天麟二中天擢二中蕊生二中泽妹一中蘋老一中树宙一中树填一中

---

① 笔者认为，"珠西庵为记"青石应是与此碑相关联，故以青石铭《珠西庵为记》为该碑铭名字。该碑现存慈西庵右侧走廊墙面。

树螺一中树梢一中树橙一中树搃一中煜□一中煜瓜一中煜明一中文铨一中培初一中培店一中荐仁一中树箭百六树整八中另钱百七
乾隆壬寅桂月住僧惠西募众

十三郎公为彭城刘氏开基大地始祖，将其列在碑铭前头，其作用显而易见，即是着重强调慈西庵与刘氏始祖有密切关系。太学生刘锡良作为地方士绅起到的作用是不言而喻的，笔者认为，此碑应是太学生刘锡良借始祖之名倡议族人重修慈西庵。

因此，可以确切地说，至迟乾隆四十七年（1782年），慈西庵作为刘氏家庙的局面已基本确立，至光绪二十二年（1896年）重修的石牌碑（图2-16）以及同时期的其他石柱碑刻中，已全然是刘氏族人第十七、十八、十九世①裔孙所捐资，更有刘氏溪西分支②捐资。此次族人捐资金额巨大，其碑文所记：

图2-16 光绪《石碑牌》

---

① 根据《刘氏族谱》以及在大明"旗杆厝"所获壁字，得知其姓氏字辈："锡泽树煜培，钦清枚炳圳，锦溪桂煌坤，□源杞焙□。"

② 溪西刘氏为大地刘氏的分支，于清中期迁出。

石碑牌

谨将捐银名次开列于左：

刘

巨扬八十二中清训一十八中钦旭七十二中枚箍一十八中清曾六十四中

枚箱一十八中清俨六十二中枚枂一十六中培意五十六中枚惠一十六中

钦建捐五十中枚□一十六中清芋捐五十中炳波一十六中枚镘四十八中

钦危一十四中钦素四十六中武庭一十四中清条四十六中枚全一十四中

培伴四十二中培炼一十二中清英三十八中钦丢一十二中清石三十二中

钦曲一十二中钦砺二十八中钦卑一十二中钦新二十六中清拱一十二中

钦广二十六中万福一十二中清先二十六中枚王一十二中进德二十四中

枚隔一十四中枚存二十四中炳□一十二中枚业捐二十中钦沾捐一十中

培樱一十八中钦齐捐一十中守契一十八中清慷捐一十中嘉租一十八中

炳锦捐一十中清民一十八中圳赌捐一十中枚□一十八中清啐一十四中

钦闪一十六中钦照捐一十中拱星一十六中钦□捐一十中干三一十六中

钦志捐一十中清斧一十六中钦达捐一十中清缫一十六中钦泉捐一十中

溪西钦进捐一十中清拱捐一十中

时在大清光绪丙申阳月谷旦立石①

---

① 该碑现存慈西庵前落左侧墙面。

2. 瑞应庙

瑞应庙，今坐落在慈西庵右，始建未知何时，亦是刘氏家庙，庙内祀奉"三公尊王"一尊。从庙内的石柱刻有族人捐献名字①，查之家族字辈，可知瑞应庙在民国时期重修过。最近一次重修为2003年11月。

3. 嘉应庙

原坐落于玄天阁西边，祀奉"三公尊王"（图2-17）、后妃夫人。"文化大革命"期间被毁，尚未复建。神像暂放于蒋氏"廷宗"右庑廊。民国《华安县志》载：嘉应庙于乾隆年间建，现存庙宇基座，"庙号嘉应近者悦远者来"（双溪信士蒋拔敬书）木匾楹联一面，"玉井信士庠生蒋登翰敬奉"石柱一根。

嘉应庙与瑞应庙虽同祭祀"三公尊王"，但是两座庙宇的祭祀时间不同，其中瑞应庙为正月初二日，嘉应庙则为正月初九日。那么瑞应庙与嘉应庙所祭祀的"三公尊王"是否为同一尊神明呢？

图2-17 蒋氏祀奉的"三公尊王"

---

① 详见附录。

在此前的调查中，问及刘蒋两姓族人均未能知晓"三公尊王"的来历，因此很多人将他们祀奉的"三公尊王"认为，是华安县华丰镇石门头村南宋一家以身殉国的三代忠良的魏了翁、魏国佐、魏天忠。华丰镇附近又称"九龙三公""三公爷"，民间感其忠勇，进行拜祭，庙号"嘉应"①。直至2014年9月，一通远在漳平西埔嘉应庙的碑记才使我们重新认识另一位刘蒋两姓祀奉的"三公尊王"。碑文如下：

重修漳平西埔嘉应庙碑②

谨序

　　西湖嘉应祖庙崇祀尊王由来久矣！我蒋氏承祖上历年正月跻堂迎香分祀矣。龙溪大寨嘉应堂其蒙尊王咸佑实深且远，嘉庆五年庚申冬卢府等重修西湖庙堂。越辛酉春金身亲到大寨灼缘，我蒋氏诸弟子莫不欢欣乐助祇祀，征资永获报。

　　神光于享，用勒片石聊以伸诚，意于千秋，并列姓名于此：

　　蒋光宗助银二十大元　　太学生蒋宗□助银三大元　邑庠生蒋登翰助银三大元

　　信士蒋登佳助银二大元　太学生蒋登懋助银二大元　郡庠生蒋登兰助银三大元

　　太学生蒋宗温助银一大元　信士蒋世茂助银一大元　　太学生蒋焕祖助银一大元

　　信士蒋宗斐助银三大元　　太学生蒋宗海助银三大元　太学生蒋宗德助银二大元

　　信士蒋宗鲁助银二大元　　信士蒋在赤助银一大元　　太学生蒋宗辉助银一大元

　　太学生蒋宗霓助银一大元　信士蒋旗北助银一大元　　信士蒋光限助银一大元

---

① 福建省漳州市委会，中国人民政治协商会议：《漳州民间信仰》，海风出版社2005年版，第130页。

② 碑名为笔者加拟。2014年9月，漳平西埔嘉应庙来漳寻迹，由卢姓族人提供给大地蒋氏，特此致谢。

信士蒋宗锡助银一大元　　信士蒋泰魁助银一大元　　信士蒋泰佐助银一大元

　　信士蒋天福助银一中元　　太学生蒋士鉴助银一中元　　信士蒋士亚助银一中元

　　信士蒋一扭助银一中元　　信士蒋士悦助银一中元　　信士蒋贵顺助银一中元

　　信士蒋旗巧助银一中元　　信士蒋天颜助银一中元　　信士蒋泰奇助银一中元

　　信士蒋宗税助银一中元

图 2-18　嘉庆《重修漳平西埔嘉应庙碑》

此碑无明确纪年，但可以肯定的是立碑当在嘉庆六年（1801年）左右。嘉庆五年（1800年）西埔卢氏重修西埔嘉应庙后（图2-18），第二年"三公尊王"金身便到大地巡香。从祖庙到分香地巡香，这是莫大之光荣，故蒋氏族人"莫不欢欣乐助祇祀，征资永获报"。大地嘉应庙在乾隆年间建立，是"三公尊王"香火的再传播，是蒋氏族人从西埔嘉应庙分香而来。因为要从大地到达西埔祖庙需费几多周折，何况蒋氏族人每年进香展开许愿答谢式的人神对话是烦琐的，于是在迎请香火时，便有在乡里倡议为神明香火立庙的意愿，将祖庙的分灵在当地落户，使其成为当地的守护神。

在今漳平西埔嘉应庙，祀奉有"三公尊王"，为三兄弟，列有三尊神像，且配祀三王妃，在九龙江上游一带，亦被尊为"九龙三公"。那么西埔嘉应庙供奉的"三公尊王"为何方神圣？

明嘉靖《漳平县志》最早记载三公的神迹："三翁，姓刘氏，和睦里人，兄弟三人俱得佛法，在西埔尸解，有真身、岩庙。"① 虽仅简短的一句记载，但可知三公乃居于漳平和睦里的刘氏三兄弟，有佛法，并在西埔尸解，留有真身，此时已有庙祀奉。

道教认为，道士得道后可遗弃肉体而仙去，或不留遗体，只假托一物（如衣、杖、剑）遗世而升天，谓之尸解。此外，佛教经典《大智度论》卷三十八载："法身菩萨断结使，得六神通，生身菩萨不断结使，或离欲，得五神通。"② 刘氏三公真身的存留，不论是道抑或是佛，对信仰的百姓们来说无疑有着一种神圣意义。因此，建庙祀奉即是对神明的最大敬意，"祠庙对于神祇的作用，就像房屋对于人类一样，因此人们认为居住条件的好坏不仅影响着神祇的福气，还影响着神祇的威灵"③。三翁庙宇即建在和睦里西埔社号称"一乡诸山之宗"的碧灵山下，刘氏三公"自昔多传仙迹"④。如在和睦里西埔之北有一咸水泉，"相传昔有三公之神在此震山引海"。可见，此时刘氏三公的神迹在西埔一带已多有传播。

随后，何乔远在《闽书》记载宋时漳州府仙道提及"三公，不知何许人，亦未详其姓。兄弟三人，得道引修炼之方，又善八门遁法。尝将乡人御贼，草木皆兵，贼遂败。后结茅节惠里山中，人觅之，辄黄雾四塞，

---

① 嘉靖《漳平县志》卷之十《外志·仙佛》。
② "法身菩萨"：丁福保，《佛学大辞典》，文物出版社1984年版，第696页。
③ [美]韩森：《变迁之神：南宋时期的民间信仰》，包伟民译，浙江人民出版社1999年版，第54页。
④ 嘉靖《漳平县志》卷之二《山川》。

不知其处。里人名其山曰将山"①。又在龙岩县提及"将山,两峰极秀,俗传仙人尸解处"②。可知,此三公在宋代虽无姓,但有方术能御敌,其尸解显迹在龙岩将山一带。这里要强调的是龙岩在宋代为漳州府管辖,故三公显圣还是在漳州府境内。

那么何乔远记述的"三公"与"刘氏三翁"是否有关,其实这并不重要,因为在神明信仰的传播过程中,老百姓关注的是神明的灵应神迹。在这种情况下,民间传说即是老百姓一种最好的记忆工具,作为一种超长时段的民间文本,特定的语境下,往往多有附会,以增加神明的神秘感。故万历癸丑《漳州府志》已把二者合二为一,"三公,不知何许人,亦未详其姓。兄弟三人,得道引修炼之方,又善八门遁法。尝有寇,将乡人御之,草木皆兵,贼遂败。后结茅节惠里山中,人觅之,辄黄雾四塞,不知其处。里人多祀之,名其山曰将山。又漳平志和睦里有三翁者亦兄弟三人,同得尸解去。而刘姓当互考"③。后世光绪《漳州府志》卷四十八《纪遗(上)》所载更是神乎其神:"三公庙在华丰市中,相传神姓刘氏,兄弟三人从唐将军开漳,旧时岩平宁水道舟楫不通,刘氏疏而达之。北溪以上信奉灵赫。康熙甲寅年间永福贼欲夜屠华丰,望见旌旗遍野,惧怯不前,盖神特显迹以护居民。今平邑溪南有三公墓,其子孙犹在云。按旧志载三公为岩人,兄弟三人得导引修炼之方,又善八门法,尝将乡人御贼,草木皆兵,后人名其山曰将山。老年结茅于节惠里。人觅之,辄黄雾四塞,其神赫奕如此。"④ 从该记载看,刘氏三翁与三公已混为一谈,而且有了具体身份,即随唐陈元光开漳的将士,功在疏通九龙江北溪通往龙岩、漳平水道。其后成神,有神迹,更于康熙甲寅年(1674年)显圣御敌。与此同时,提到在漳平一带有三公墓,其子孙祭祀常在。

既然刘氏三公有特殊神异,又与漳平开基和睦里的刘氏⑤同姓,同时庙宇所在地西埔亦是刘氏大宗所在地,故刘氏族人在修纂族谱时,刘氏三公

---

① 何乔远《闽书》卷一百三十八《方外志·仙道·漳州府》,福建人民出版社1995年版,第4116页。原文"相山"应为"将山"。
② 《闽书》卷二十八《方域志·龙岩县》,福建人民出版社1995年版,第689页。
③ 万历《漳州府志》卷之三十三《方外志·仙》。
④ 光绪《漳州府志》卷四十八《纪遗(上)》。
⑤ 《大地刘氏总谱》(撰于何时未知)。"始祖万千公并姚林氏一娘墓宋太祖十七年和葬在和睦里流溪头崙。"

被理所应当地位列其间，族谱记载："刘三翁，龙岩九龙乡和睦里人氏，兄弟三人俱得佛法，托身说法在西埔嘉庙。……凡岩、平、宁直溪、曲溪、南闽、海内一带居民祀之。"流溪头家庙（刘氏宗祠）"前有碧灵寨，寨下西埔有刘三翁，镇在嘉应庙，托身说法在西湖……"神明作为一种超自然力量的存在，在统合家族力量中具有核心作用，故一姓氏选择一尊或数尊与本族有渊源关系的神明作为崇拜，希望以此获得其对本族的倾向性保护。其实，此种现象在福建的诸多姓氏族谱中均有体现，正如陈支平先生所说："福建族谱的修纂固然是为了理清家族内部的渊源血缘，但是如何提高家族的血缘自豪感，从而使本家族在社会上更具有高尚的地位，确实直接关系到家族在现实生活中的兴衰荣辱。于是在这原则与现实的矛盾中，现实的需求往往突破原则的界限，从而使祖先的寻觅，蒙上了尊严与神秘的色彩。"[①]

那么可以说，大地彭城刘氏家族、乐安蒋氏家族信奉的"三公尊王"是同一尊，只是刘氏家族应是将其作为家族神明进行祭祀，但为何两个家族今仅祀奉一尊神像则尚待考证。

4. 玄天阁

图 2-19　玄天阁

[①] 陈支平：《福建族谱》，福建人民出版社 1996 年版，第 92 页。

玄天阁（图2-19），共分为两层：一楼为正文祠，供奉清水祖师①及土地公、土地婆；二楼为正殿，供奉玄天大帝、二帝及两部将，顶部旋式藻井，拱旋飞转，设计精美。

玄天阁山门嵌有一通碑（图2-20）铭：

玄天阁碑记

玄天上帝者，我三世祖崇奉宝像于达摩岩，自元迄清由来尚矣。雍正乙卯春上巳，圣帝诞晨恭迎庆祝。是夜，扶童②谕旨曰："天有日月风雨，人有君臣父子，水有溪河江海，神有宫殿庙宇，意盖帝阁与山岩有别，神道与佛教攸分，自择基址。"佥首事一，众心定于闰四月初八日巳时升梁鼎建，高卑广狭悉出帝裁，与当山旧制不烦绳尺而自合。越明年，筑楼以为僧住持，建亭以为人休息，计费金三百捌十有奇，其余什费功力不与斯金之内。大抵开创难于肇始。斯阁之建也，磬鼓弗胜，指顾功成，地不满数丈而廊庑、阶级、池沼、曲径回环转折，步步引人入胜，虽曰人力，神实相之。垂成之日，帝又挥洒圣字灵符，且标其阁曰："小当山。"□以建神灵之无往而不在者，精禋自无处而不存也，故族众之获符字者，或奉朱提，或充田租，俾住持有资，香灯长熔，自此而居尊位，阳圣德覃。敷伏魔降福，群黎共戴不与摩山之岩，锡祚垂庥并隆千古哉！其所以勒石登记者，非欲自显，遵帝旨意也。

  缘首蒋日珊奉马坂陇仔租五石　得男奉宋卿庵前租五石　士熊奉石碑牌租五石

  天盖奉马坂陇仔租五石　国侨奉楼垵租陆石　□得场附奉租一石　贡生登云奉上墘租五石

  信士世杰、世连等奉溪仔墘租二石

  霞月井、士造等各奉银四大员

  云路公、倍儒公、玉泉轩、碧山堂、酿得、酿奉、得抱、得夅、

---

① 清水祖师信仰发端于泉州市安溪县清水岩。何时为大地蒋氏族人信奉，问及此族内无人知晓，故无考。但华安、安溪两地地缘近，祀奉清水祖师亦不是偶然。

② 扶童即打童，童乩。

得讨、国佔、黄文华、士巍等各奉银三大员

日圹、日桔、世讲、张朝蔡、杨祐郎等各奉银二大员

日肯、士驹等各奉银三中员

玉楼轩太学生茂美、日□、得诣、得杰、国祜、国佲、文银、国伴、士当、贞突、陈楚仁、天颜、光彭等各奉银壹大员，置可塘租玖石。

乾隆二年岁次丁巳葭月穀旦立①

图 2-20 乾隆《玄天阁碑》

由此可知，蒋氏族人信奉的玄天上帝最早由蒋氏三世祖祀奉于达摩岩，后为了"神道与佛教攸分"才于清雍正十三年（1735 年）始建此阁，于第二年落成，玄天阁的祀田极为广布，有马坂陇、宋卿庵前、石碑牌、楼垵、上墘、溪仔墘等处，合计 43 石。玄天阁的建立与规制均以玄

---

① 碑名为笔者加拟，现存"玄天阁"山门右侧。

天上帝为旨意，凸出玄天上帝的灵应所在。因此，玄天上帝自达摩岩请出后，蒋氏族人有了自己独立敬祀玄天上帝的场所，其与蒋氏家族的关系也变得更为紧密。（下文详述）

5. 达摩岩

图 2-21　达摩岩遗迹

达摩岩（图 2-21）创建于元初，在狮子山上，历经风雨沧桑，今已在重修，尚未恢复。原庙坐南朝北，分为前后两殿，前殿祀奉三宝佛、观音菩萨、伽蓝爷，后殿祀奉玄天上帝、清水祖师、土地公。岩上除保留《达摩岩开岩碑》外，还有一通清嘉庆二十三年（1818 年）《重修达摩岩碑》（图 2-22），记载有清一代的重修情况。碑文如下：

重修达摩岩碑

粤

　　我三世祖龙奋公肇建此岩以为奉祀，神明之宇，其间结构、形势既开创于前矣。至康熙辛巳年重修，沿今久载，又宜鼎新邦等，爰鸠本族各房捐奉，再修葺之计。于丁丑岁仲秋兴工，越次年初冬告竣，资人力之工巧，发地脉之菁华，而上栋下宇，焕然一新。诚以崇神光者亦以承先志也。

谨将捐银名次开列于左：

信士梅园蒋隐耕派下孙子共捐银二百五十三大员半内（捐资名单略）

信士梅园蒋真叟派下孙子共捐银一百八十三大员内（捐资名单略）

信士梅庄蒋温让出银一十大员（捐资名单略）

神光普照吧中，共沐鸿恩捐银登记：

玄天上帝捐银四十大员

……（合计三百员，捐资名单略）

清嘉庆二十三年岁次戊寅阳月榖旦立①

图 2-22　嘉庆《重修达摩岩碑》

可知，康熙四十年（1701年）蒋氏族人曾重修过达摩岩，至嘉庆二

---

① 碑名为笔者加拟，现存达摩岩石壁上。

十二年（1817年）再次集资重修。此次重修距离玄天阁建立已有80年，达摩岩作为蒋氏族人最初祀奉玄天上帝的庙宇，其地位可见一斑，梅园、梅庄派下子孙都出现在捐资名单内，尤其是远渡吧城①的海外裔孙均回乡捐资，而且捐资金额远远超过原乡居民。另，按民国《华安县志》达摩岩还曾于清末宣统年间重修。但如今玄天阁已取代达摩岩，成为蒋氏族人四时祭祀家庙，达摩岩也逐渐退出蒋氏族人视野，且已很少有人登岩，甚至很多人对重修达摩岩抱着一种可有可无的态度，在不能得到族人信众普遍支持的情况下，以致该岩迟迟未能恢复。

从几个庙宇的创建与维护来看，与家族的发展是紧密联系的，其中刘蒋两姓成为大地村最主要势力，大概是在清乾隆以后。

二 祠堂的兴建与重修

1. 追远堂

追远堂（图2-23）为刘氏祖祠，兴建的具体时间未知，但自明代以来几经兴废，2014年重修完成，由于史料缺乏，无法对其进行详细考察，仅祭祖、关帝"游香"、平时家族议事才开放。

图2-23 刘氏宗祠——追远堂

---

① 吧城，即巴达维亚城，今印度尼西亚，自明中后期以来就有大批漳州人迁往。

2. 廷宗

"廷宗"为大地乐安蒋氏各房支①共有的祖祠,每年农历二月十五日都要举行大规模的祭祖活动。今"廷宗"内留有三通碑铭,分别为乾隆三年、嘉庆七年、光绪十六年,完整地记录了有清一代"廷宗"的兴建与重修。

乾隆三年(1739年)兴建碑(图2-24)记:

大地蒋氏廷宗祠堂记②

长房景明公一所屋宇,凤号前厝,会缺公务,输将厝地请为。我次房景容公营立始祖,祠中分合祀,两济其美,议于高曾之世,立有约字留存。事更不果者,想人地有碍故也,先志昭昭,谁克绍乎?延至乾隆戊午岁,蒙玄天圣帝显机趣举,人地归一,建立祠堂额曰"廷宗",微神力不及也。而景明公孙子一所厝地,全然归公,德亦厚矣!宜其一沛尊神,同我始祖列考春秋享祀,奕世绵绵也!原祠之四至,尚需零星片壤奏完,而一时献地之多,备资之厚,赞襄盛举,功亦綦重矣!爰是议依堂上尊神之序列,纪其事,盖以明祖德宗功之所存,而示肯堂肯构于来许,用镌石,以垂不朽云。

敬将列祖次开列:

长房始祖景明公出厝地一完　次房始祖景容公出瓦木一完　八世祖考纯斋公出银二十四两

八世祖考温厚公出银二十四两　八世祖考坦吾公出银二十四两　九世祖考醇夷公出银二十四两

十一世祖考恭裕公出大小地共十八处,宜配享春秋二祭

十一世祖考和泽公出落扉一间,出手三间,配享春秋二祭

八世祖考静厚公出银十二两　九世祖考温厚公出银十二两　十世祖考勤叟公出银十二两

十世祖考丕达公出银十二两　十世祖考心印公出银十二两　十世祖

---

① 蒋氏各房支派如"梅庄""梅园"、二宜楼、琼林堂、玉井祠等,今各神主均置于"廷宗"内。

② 《大地蒋氏廷宗祠堂记》,现存"廷宗"正殿左侧。

考思明公出银十二两
　　十一世祖玉泉公出银十二两　十一世祖玉田公出银十二两　十一世祖质直公出银十二两
　　十二世祖鸟梦公出银十二两
　　乾隆三年岁次戊午春榖旦立

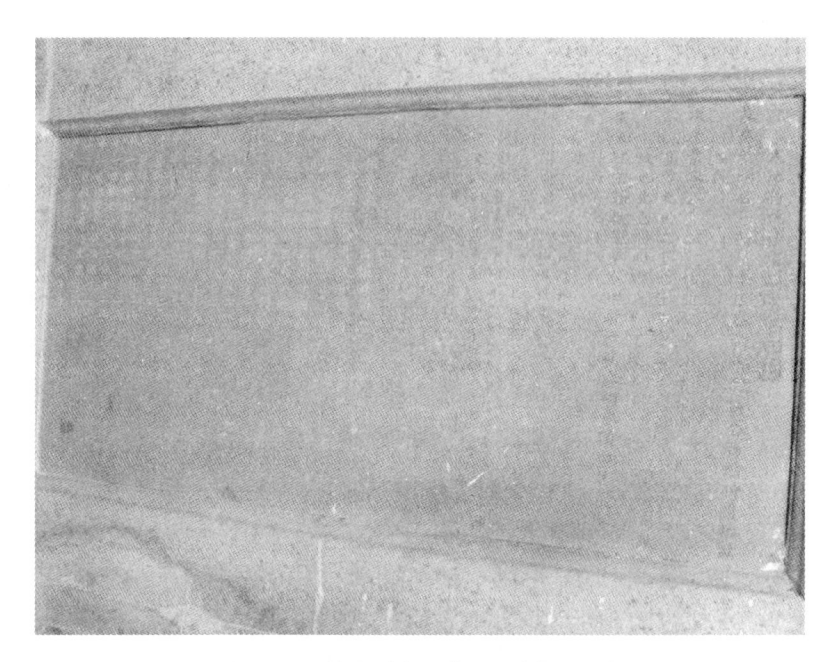

图 2-24　乾隆《大地蒋氏廷宗祠堂记》

碑中提到蒋氏宗祠,早在始祖蒋景明、蒋景容之时即有意创建,但"人地有碍"而未能如愿,直到乾隆戊午年(1738年),玄天上帝显灵促成"廷宗"的兴建,其基址与堂号均为玄天上帝所取,而且"廷宗"比玄天阁落成晚两年,可见,玄天上帝作为蒋氏家族神明凌驾于祖先之上。王铭铭先生认为,家族村落成长的两个前提是:(1)家族村落认同的获得;(2)家族内部分房之间合作制度的形成。① 至此,通过玄天阁建立确立家族神明,并由其显圣兴建"廷宗",蒋氏家族村落成长才最终完成,从而凝聚了整个蒋氏族人,在之后重修祖祠、庙宇(如嘉庆年间重修达

---

① 王铭铭:《溪村家族——社区史、仪式与地方政治》,贵州人民出版社 2004 年版,第 44 页。

摩岩）时体现最为明显。

嘉庆七年（1802年）重修碑记：

"大地蒋氏"重修廷宗祠堂记

始祖景容公吾家欲为建祠而未得其地。乾隆戊午年，蒙玄天圣帝显机指示倡募建立，规模基址悉从神定，轮奂济美，曰"廷宗"，而景容公祀焉。各房出地出银者，其祖亦以次祔入。但历年既久，瓦桷剥落，庚申春复承圣帝显机，催趣定议，各房神主照前出银，在旁龛者该十二两，在中龛者倍之，计费不敷。再就族中劝题公议，五员以上勒石，五员以下书扁。兹幸报竣，依议举行，盖以明神灵大有裨我，宗祖亦以勉孙子，各宜展厥孝思也，是为记。

谨将孙子名次开列：

十五世孙登丹出银十大员 世招出银五大员 在阔出银五大员 在赤出银六大员

十六世孙宗晏出银五大员 太学生宗鼎出银十一员 太学生宗海出银十四员

太学生宗岳出银二十员 郡庠生崧出银六大员 邑庠生岩出银二十员

岁进士宗拔出银十六员 宗杆出银十大员 宗鲁出银十大员

太学生宗辉出银十大员 太学生宗霓出银五大员 宗探出银六大员

太学生崑出银十六员 邑庠生经邦出银十六员 宗橱出银六大员

宗锄出银五大员 旗北出银五大员 太学生宗岘出银五大员

太学生宗标出银十六员 太学生宗杞出银五大员 太学生宗达出银十大员

十七世孙泰看出银五员 泰奇出银五员 泰晕出银五员

泰默出银五员 泰让出银五员 泰魁出银五员

泰让出银五员 泰砢出银五员 泰炟出银五员

邑庠生良筹出银五员 泰端出银五员 泰烁出银五员

华燎孙等出银五员

嘉庆七年岁次壬戌元正穀旦敬立

此次重修有了新的变化：

首先，在玄天上帝的指示下，制定了"各房神主照前出银，在旁龛者该十二两，在中龛者倍之"的规定，从而确立捐资重修成为家族内部各房需要承担的义务，故捐资名单中不再记录列祖名次。

其次，族人通过公议来讨论勒石书匾的事项，是家族内部协商体制的建立，其中地方士绅起了主导作用，此次捐资名单中以蒋氏第十五、十六、十七世裔孙为主，共计37人，其中有功名者有15人，而十六世竟达到14人之多，从另一个侧面也说明此时文教的兴盛。

最后，由大地迁居外地的族裔也回来捐资。华燎，即漳平华寮，按蒋氏族谱载，蒋氏第十一世积在公于明末移居漳平华寮，开基玉德堂①。虽然捐资不多，但无不反映着作为蒋氏后裔的华寮族人对蒋氏祖祠"廷宗"的一种最集中的身份与血缘认同。

光绪十六年（1890年）重修碑记：

蒋氏廷宗祠重修志

始祖景容公自宋肇基大地未有宗祠，至乾隆戊午蒙玄天圣帝显机趣立祠宇，规模悉由帝定，惟前落成，高□□□二寸。至嘉庆庚申瓦木剥坏，溢□□□□岳和乡重修，斯时前落未升，亦众□□□□，至光绪癸未花月复蒙玄天圣帝□□□溢父亲、邑庠生讳晋重修。□□□□□中门□□□□拱峙万壑朝宗来□□□□□必□□□□起，溢承父命□□□□□□□□□□□于梅月十九一日升□□□□□□□□圣助不及此也。从兹捐题重修鼎新上□□□祖□□以表孙心斯诚，展厥孝思而无忘追远。

谨将名次开列于后：

郡庠生□□□□□□□ 泰□□□□□□ 元出银五员 建经出银十四员 太学生□□出银五员

建□出银三十员 建□出银十二员 建昂出银六员

邑庠生璋出银五员 邑庠生晋出银三十员 邑庠生先出银五员

二宜楼清钏出银十员 清有出银五员 水源出银六员 玉微出银六员

玉井清送出银十二员 出银十一员

---

① 《蒋氏族谱》，2005年，第263页。

华燎孙等出银八员
梅春堂 吉庆堂出银八员 漳溢理出银二十员
光绪十六年庚寅阳月榖旦二十世孙漳溢立

此碑内容虽因多处字迹湮灭，但却不妨碍我们了解此次重修概况。从碑记中可知，光绪九年（1883年）在玄天上帝显灵下，蒋漳溢父亲邑庠生蒋晋倡议重修。后蒋漳溢承父命得"圣助"得以最终完成，并于光绪十六年（1890年）立碑。时间间隔之长，耗费的财力极多，得到了族裔后人如"二宜""玉井""梅春堂""吉庆堂"华燎等大力支持。

"廷宗"从兴建到重修，每次间隔均不到百年，奠定了如今"廷宗"的总体规制；每次均与家族神明——玄天上帝密切相关，是蒋氏族人对自身家族认同的一种建构，随后，玄天上帝还指引蒋氏族人寻找开基大地的始祖源流。民国重修蒋氏族谱时收录这样一则故事：

> 蒋氏先祖景容或谓海澄峨山圳尾或谓非也。世远年湮大地族人今无追本之念。至光绪二十年庚子三月，玄天上帝请香，乩童将乩，直指造海澄割香，乃到海澄肇基祖祠。适逢祖祠毁坏，族人相与参议重兴盖筑，至十一月初四日入主完竣。次房洪埭社族人云："我与宜招同祖，咱洪埭祖观福公亦有私祠焉。"大地族人往观寻认，果然与大地同祖，始知景容公是海澄来，断然不诬也。不然始祖祠有景容公神主，洪埭私祠亦有景容公神主？何也？①

光绪二十年（1894年），乃"廷宗"重修后的第四年，玄天上帝再次显灵指引族人前往海澄割香，并寻得了蒋氏肇基祖祠。此记虽无具体落款名字，但显然是强调蒋氏族人是自海澄峨山圳尾（今龙海市东园镇）迁来。大地蒋氏族谱中收录一篇嘉靖二十一年（1542年）《重修族谱序》载：

> 伏惟我族因火焚，莫知原系，惟先辈识记相传，祖兄弟三人，一在泉，一在漳，一在海边，仲氏讳祖远，季氏讳祖达，其伯氏即我祖

---

① 《开漳华安宜招大地渔山蒋氏族谱》，民国二十四年修。

讳进于元顺帝至正间择吾养山即峩山淳美即圳美住居，生有四子，长子观赐、次子观福、三子观才、四子观成，至本明乃当军民二役，越今九世清白相承，书士农业，户口报有千二，秋粮三十余石，祠堂二座。①

可知，蒋进于元顺帝至正年间迁居峩山圳尾，入明为军户。然按前文考证，大地乐安蒋氏是宋末元初即到大地开基，两者的时间节点是对不上的，故并不能说明两者有源流关系。族谱中还收录了几则谱序，如嘉靖三十五年谱序、康熙二十九年《蒋氏述族谱》、乾隆二年《圭海吾养山蒋氏谱纪略序》，明显也是抄自圳尾的蒋氏族谱。那么大地乐安蒋氏族谱为何收录来自圳尾的谱序呢？笔者认为，这是蒋氏宗族在自身认同上的又一次建构。在未知蒋氏开基大地源流下，玄天上帝起到了关键性作用，是神明指引才得以血脉源流归宗。因此，这些谱序是在民国重修族谱时才补录进去的。

经过刘蒋两姓长期以来的经营，在大地村逐渐构建了一个具有各自家族属性的信仰空间，其中刘氏家族以慈西庵、追远堂为主，蒋氏家族以玄天阁、廷宗为主。笔者认为，主要有以下几个因素促成这一村落信仰空间的形成：

第一，经济发展。

刘氏族人的经济发展是具有持续性的，自明中后期以来，他们能够在地域的社会管理中崭露头角，再到清乾隆时期成功接管慈西庵，必须有强大的经济基础为后盾。慈西庵两通碑铭所记录的捐资金额增长即是一个很好的证明。

关于蒋氏族人的发展，不得不提到蒋氏第十四世祖梅园派裔孙蒋士熊（图2-25）。族谱记载蒋士熊为"乡饮大宾"②，旧时乡饮，"乡里中年高有德者为宾"③，可以看出蒋士熊的地位。关于蒋士熊，流传着许多传说故事。对于其发家，一说，蒋士熊贩货于海，获利颇丰，在当时北溪、厦门、泉州一带盛传"蒋百万"的美名。另一说，与蒋士熊意外得财

---

① 嘉靖二十一年（1542年）《重修族谱序》，《开漳华安宜招大地渔山蒋氏族谱》，民国二十四年修。同时亦见《海澄福全蒋氏宗谱》，乾隆二年（1737年）修，续至民初修。
② 《开漳华安宜招大地渔山蒋氏族谱》，民国24年修。
③ 万历《漳州府志》卷六《漳州府·乡饮》。

有关，民国《华安县志》采录了一则俗语，至今仍被蒋氏族人津津乐道：

> 得乌蛇孵银
>
> 大寨蒋士熊，一家多人，坐食穷困。后娶一媳，有贤德，与家人约曰："我宰一猪与尔饱食，须听我言，即家运必兴。"众皆曰："诺。"媳曰："每人应做一职业，或商、或工、或农，妇孺佐治园林，每人出门，无事必取回石头一块。"不数年，积财数万，积石数堆，创造"二宜楼"。为本邑大建筑物。相传石堆中得乌蛇孵银，后人以为女子起家之称。①

图 2-25 二宜楼祖厅蒋士熊与魏氏画像

该说与前一说明显不同的是，蒋士熊起初是穷困的，娶妻之后，众人齐心，从事多种职业促成家道兴起，从而得以兴建二宜楼。二宜楼作为现存最大土楼，在当时的社会条件下建立起来，所耗费的人力、物力、财力

---

① 民国《华安县志》卷十七《杂录·俗语》。

甚至时日是可以想象的，正所谓"罗马不是一天建成的"，"乌蛇孵银"的故事其实反映了蒋氏族人在经济方面的兴起，是日积月累的结果。此外，蒋氏族人先后修建南阳楼、东阳楼，更是其强有力家族经济的一种体现。

第二，文教兴盛。

学校是旧时国家推行儒家教化的重要场所，同时也是培养地方士绅的载体，自上而下有一套体系，在郡县之下设立乡间社学，明初乡学"延师儒以教民间子弟，庶可导民善俗"①。方志中记载有明一代龙溪县社学普遍设置，正德《大明漳州府志》载龙溪县社学二百六十八所，坊建三十七所，都建二百三十一所②，嘉靖《龙溪县志》载县内乡都社学一百二十九处③，万历癸丑《漳州府志》载龙溪县二十五都社学八所④，社学在地域社会内推行儒家教化起着重要作用，如良村黄宗继"轻财重义"施建云水桥，辟华丰、漳平路，立义田⑤；有"节孝祠祀黄覃恩妻节孝陈氏"⑥；"大地刘氏七世祖为良村节孝妈陈氏致呈旌表"⑦；等等，对于大地蒋维业、刘伯需二人，王慎中认为："二人者，山野之人也。其言质而悫，予怪其知不忘俞君之德，而又知来请予之文。孰谓野人而不知礼哉，孰谓野人而不知好义哉？"⑧ 可见，仙都一带的民风朴实、知礼好义。清袭明制，康熙年间在二十五都即设华丰、宜招、升平、浦西、珍山五所社学⑨，成为定制。此后文风盛行，仙都一带各姓获得功名者层出不穷，在诸多姓氏的宗族祠堂外常常竖立有功名旗杆，且族谱中亦多记载，以彰显家族的荣耀。在调查中，以蒋氏（二宜楼派）第十五、十六世中最为明显，且看表2-4：

---

① 万历癸酉《漳州府志》卷六《漳州府·社学》。
② 正德《大明漳州府志》卷之十三《学校志·学校》。
③ 嘉靖《龙溪县志》卷六《学校·社学》。
④ 万历癸丑《漳州府志》卷五《规制下·社学》。
⑤ 乾隆《龙溪县志》卷八《人物·义行》。
⑥ 民国《华安县志》卷六《礼俗·祠祀》。
⑦ 《大地刘氏总谱》（撰于何时未知）。
⑧ （明）王慎中《王遵岩文集》，《明经世文编》（第四册，卷二百六十四），中华书局1962年版，第2794—2795页。
⑨ 康熙《龙溪县志》卷三《学校·社学》。

表 2-4　　　　　　　　蒋氏（二宜楼派）功名情况表

世代	功名	人数	备注
十五世	太学生	2	
	庠生	2	
十六世	太学生	10	
	庠生	3	郡庠生1/庠生2
	岁进士	1	

资料来源：《开漳华安宜招大地渔山蒋氏族谱》，民国24年修。

仅仅两个世代出现这么多功名，可谓文教成就之高，故今在蒋氏族人还流传着"三代登科、一家四举人"的美谈。

伴随着文教兴盛，地方士绅迅速兴起，他们积极投入到地方社会的管理之中，我们在清代诸多碑刻中即可寻找到他们的足迹。

第三，移民推动。

"地域是静止的，血缘关系是活动的，随着时间的推移和族众的繁殖，血缘关系日益扩大，地域的范围也就日益显得狭小，最后，族众的繁殖必定超出地域的固有容量。这样，家族的继续发展，就不能不另外寻求新的生存空间。"[①] 在大地村，刘蒋两姓发展同样如此，他们所需资源是极为有限的，在经过几个世代的发展，可以说已无法承载人口膨胀带来的压力。为了解决这一问题，刘蒋两姓必须有人向外移民，在两姓族谱中均可以找到移民情况。至清代，移民现象更为多见，并逐渐向我国台湾、南洋扩散。

刘氏族谱记载，自第十二世起，刘氏族人向外进行迁移扩散：

十二世刘以牧生康熙戊午年，卒康熙戊戌，卒于台湾后，伊三从侄醮为背归其骸。

十二世刘锡虎第三子刘程移家长泰自往台湾。

十三世刘彦生一子在台湾、刘泽凿往台湾、刘泽匹往台、刘泽适次子刘仰往吧、刘泽捋生一子往吧、刘泽两往吧、刘泽锦往吧、刘泽术往台、刘泽芮卒于台府。

十四世刘启文往吧卒。

[①] 陈支平：《近500年来福建的家族社会与文化》，生活·读书·新知三联书店1991年版，第159页。

十五世刘煜软往吧卒。

十六世刘叶往吧，生二子曰佛曰阁；十六世刘礶往吧，殁；十六世刘培埝往吧，早殁。

十七世刘武映往吧，生一子曰和记；十七世刘钦芳往吧①。

其中十二世、十三世多往台湾，与此时台湾得到开发、清王朝开放渡台的历史背景是分不开的；十四世至十七世则多往吧城。

蒋氏族人亦多往吧城，从嘉庆二十三年《重修达摩岩碑记》中刻有来自吧城的蒋氏族裔捐资情况便可窥探蒋氏族人在吧城繁衍兴盛。蒋氏族人迁往吧城的动向一直持续至清末：

第十六世蒋宗栈（蒋士熊孙子）后嗣往吧，又有清凉往吧。

十九世蒋清鑻立继子一人名蒋漳常往吧，自光绪丙子去。

十九世蒋清锝于同治四年乙丑往吧，至光绪十九年癸巳年二月回梓，计在吧廿九年，在吧之时，生一子名金茂。

二十世蒋漳抱于光绪丁丑年往吧，葬在吧中。

二十世蒋漳溢，生于同治十三年甲戌。自十九岁往爪哇万丹西垄经商，家财富有，在西垄开基建业，前亦曾寄资回家买业。……在吧娶妻生四子子，葬在吧中。②

图 2-26　二宜楼内西洋裸女图

今天我们在二宜楼看见的西洋裸女图（图 2-26）、时钟等壁画以及西洋报纸无不都反映了当年蒋氏子孙开拓海外的盛况。

移民的大量外迁，不仅缓解了人地矛盾，同时也给家族发展带来了可观的收入。近代以来大部分移居海外的华人华侨均通过侨汇形式对原乡进

---

① 《大地村刘氏盛宗公派下族谱》，光绪三十四年修。
② 《开漳华安宜招大地渔山蒋氏族谱》，民国 24 年修。

第三节　信仰空间中的节庆仪式

据民国《华安县志》载："此邦乡社神庙，每三年请火一次（亦有一年一次者，但在社内不出乡）先期由跳童者指定往某社请火，至期视其社之大小，或千余人或数百人擎旗、鸣铳抬偶像，前诣指定之社，将其神庙香火包回。其被请火之社须具千人或数百人之食以招待之。回社后建醮演剧，辄三五日不等。虽费数十万金不顾也。"[①] 可见，请火仪式在民国时期华安境内的普遍性，如今请火依然是每年民众最狂欢的时刻。除此之外，在村落的信仰空间中，还有其他节庆仪式构成。村落信仰空间是静态的，衍生出来的节庆仪式则以动态的形式来表达着居民最祈盼的信仰心理。这些节庆仪式的周期基本为一年，从而使祈盼心理能够年复一年的周转。通过大地村刘蒋两姓的节庆仪式，窥探村落信仰空间的动态观。

一　大地刘氏的节庆仪式

1. 仪式筹备

为使刘氏族内的各项活动有序进行，20世纪90年代初，成立了大地刘氏理事会，设会长1名、副会长1名、理事2名。理事会成员由族人推举产生，因变化大，族内很多活动少有详细记录。

节庆仪式中，大地刘氏共有大同、大溪、上厝、尾埔、寨内、寨外6组，香首头即从6组中各自产生1人。各组内每年轮流选出不掷杯，共6人。同时，6组内选取共42人香首，其中，大同10人、大溪8人，其他4个小组每组各选6人。各香首负责各自组内的活动筹备。

活动经费，按规定理事会向每组收取"丁口钱"[②]，一般在农历正月十五祭祖前一次性收取，每人收取30元，香首每人再另出50元。其他信士捐款同样作为活动的公共经费。

而在备办祭品上，刘氏并无特别讲究。

---

① 民国《华安县志》卷六《礼俗·风俗》。
② 按每户人丁收取。

2. 主要节庆仪式

大地刘氏每年的主要节庆仪式有：正月初二"三公尊王"生日、正月十五日关帝"巡香"（图 2 - 27）及祭祖、农历二月十九日观音生日、农历五月十三日关帝生日（2015 年起改至正月十三日）、年末谢冬清醮等。

图 2 - 27　关帝巡香出刘氏山寨

据刘氏族老介绍，大地刘氏最热闹当数闰五月十三日关帝生日、闰二月十九日观音生日拜请大火之时，只是碰到闰月概率极少，而且农历二月十九日观音生日、农历五月十三日关帝生日，仅做祝寿仪式、酬神演戏，供大地刘氏族人与外来香客来庙祭拜，并无其他仪式。"三公尊王"生日亦是如此。因此，每年举行的正月十五日关帝"巡香"成为刘氏族人狂欢的重要时刻。关帝"巡香"，原本定于每年正月十五日，与祭祖同日，2015 年刘氏族谱新修而成，刘氏理事会经众议协商改在正月十三日举行，成为笔者观察重点。

正月十五日中午，大地刘氏族人齐聚追远堂共祭祖先，由刘氏理事会负责主持。

谢冬清醮于立冬前举行，在慈西庵卜杯，延请道士在追远堂设醮立坛，为期1天。

笔者目睹的关帝"巡香"于2015年正月十三日举行。在"巡香"仪式前，"关帝"今年卜得到溪西刘氏山头"请火"。清晨六点，道士、香首头、香首、众信徒齐聚慈西庵内，做"起马敬"，恭请关帝大帝、二帝、关平、周仓、敕封牌（书"圣旨敕封三界伏魔天尊"）出殿。掷得允杯三次，烧云马至香篮，道士领香首叩拜完便请关帝大帝、二帝等落轿起驾。仪式中道士无疏文，仅口念，甚是简练。至溪西刘氏山头，做"拔火敬"即"过火"。仪式毕，锣鼓声起，即刻下山回程。出溪西界时，队伍停驻休息做"回马敬"，即向请火山头叩拜以表答谢。至十点半左右，队伍返回大地，诸神轿入庙歇息，道士领香首做"交炉敬"，意味着香火已入大地刘氏境内，"请火"仪式成。

至午，关帝"巡香"开始，一辆辆炮车开在前，随后各香阵紧随其后。"巡香"香阵组成如表2-5所示：

表2-5

序号	阵头	序号	阵头
1	前旗	18	周仓
2	枪令	19	八音队
3	礼炮车	20	狮阵
4	音乐彩车	21	大队旗
5	回避牌	22	关平
6	慈西庵旗	23	民族八音队
7	五凤旗	24	宫灯
8	清道旗	25	联彩
9	敕封牌	26	背剑印[①]
10	鸣锣	27	关帝大帝
11	鸣锣开道	28	日月扇
12	凉伞	29	香首随香
13	龙队	30	道士、唢呐
14	大鼓凉伞队	31	香炉旗
15	大溪旗	32	挑香篮
16	关帝二帝	33	分符、收米粿
17	大同旗		

① 由三个小孩分别背关帝的剑、印及签诗，挑选三个小孩无特殊条件。

巡香路线依古道而行，一路未有停歇。

路线如下：

慈西庵—大溪—大地与上苑交界—寨外—寨内—大地村道—开发区—大同—上厝—尾埔—刘氏宗祠"追远堂"

"巡香"中最为热闹的当数"走王"环节：6名小孩各执兵器分列两边，两个大汉持青龙大刀列在关帝大帝圣驾前，在刀柄上缠绕鞭炮。随着鞭炮声起，小孩、大汉跑在前，众人则抬关帝跑起。如此往复，一路鞭炮隆隆，烟气弥漫，甚是壮观。信众纷纷愿意前去抬轿跑上几次，满头大汗亦是喜笑颜开。

"巡香"最后来到刘氏宗祠"追远堂"（图2-28），各香阵齐聚宗祠大埕，关帝大帝圣驾来后，"走王"跑上九圈，将巡香活动推向高潮。随后将各神像搬至宗祠内，由信众祭拜。至此巡香活动结束。此后数天在宗祠外戏台酬神演戏，至正月十七日才将各神像请回慈西庵。

图2-28 追远堂前"走王"

二　大地蒋氏的节庆仪式

1. 仪式筹备

（1）"大地蒋氏（乐安）理事会"

民国前，大地蒋氏社事活动由族里的耆老负责。新中国成立后，由于政府的禁令，社事活动被迫终止，直至20世纪80年代改革开放，"大地蒋氏（乐安）理事会"成立，才得以再次开展。理事会是蒋氏宗族的常设机构，负责主持每年社事，确保活动顺利有序。现有成员共11人，理事会会员较为固定，根据民意推选族中富有威望的耆老担任。近些年，随着各项社事活动的支出越来越大，经济实力较强的村民越来越多地被推选成为理事会成员。理事会没有举行例会的惯例，一般理事会成员会在每年社事举行前在"廷宗"召开若干次筹备协调会，负责落实安排工作等事宜。此外，活动进行中，如遇情况，理事会成员亦是鞍前马后，辗转奔波。

（2）香首与董事

节庆仪式中，采用"组"的方式进行。乐安蒋氏分大地村13组、岭头村3组、高村2组，计18组。香首[①]又称"头家"，即从每组选1人出来，任职期限一年。香首于每年年末做"谢冬清醮"时在"廷宗"掷筊杯，由前一年香首卜出下一年香首。18个组，按组掷筊杯，组内符合条件的人都有机会被选为值年香首，但想获得值年香首需在玄天上帝、祖先面前卜得三次圣杯。18个香首选出后，在其中通过民主推选出3个香首头，分别代表三个片区，各领导片区内的5个香首。为了配合香首18人的工作，每个香首还配有2—3个董事，计31人。董事与香首同时产生，只是只需卜得一次圣杯即可。其中香首18人、董事31人各有分工。

（3）备办物品与经费

各仪式活动均需备办诸多物品。敬桌上，米糕、菜丸、敬粿、豆干、豆腐、水果素的六大敬品[②]，由各香首备办，而酒、冬瓜、茶叶、酒杯、香金烛炮等祭祀用料由社内备办。

活动经费：按规定，理事会向每组收取"丁口钱"，每人收取30元，

---

① 需年满18岁、身体健康的正常男性。
② 以素为主，是为祭祀玄天上帝之大礼。活动结束后方可开荤。

一般在农历二月十五祭祖前一次性收取。除了"丁口钱",其他信士捐款同样作为活动的公共经费,用于如购置金纸、烟花、延请法师、备办敬桌物品等。如果不够用,理事会还可提供社内的一些流动基金如二宜楼旅游分成①、往年结余资金等。使用上,在理事会监督下,3个香首头负责收支。待活动结束三天后,香首头向理事会汇报活动财务收支情况,并公示于"廷宗"厢房内,接受族人监督。

2. 主要节庆仪式

乐安蒋氏每年的主要节庆仪式有:正月初二日开山福、正月初九"三公尊王"生日、二月十五日祭祖、农历三月三日玄天上帝生日、农历立夏做夏福、农历十一月二日做冬福、年末谢冬清醮等。

正月初二日开山福、农历立夏做夏福、农历十一月二日做冬福为每年的三次祈福活动。18个值年香首参与敬拜。开山福在东山林福德正神(图2-29),由大星点香首头负责;夏福在媲美福德正神,由卿锋点香首头负责;冬福在中巷与刘氏宗祠——追远堂交界处福德正神,由大光点香首头负责。这三次祈福均敬献福猪一头。结束后,各香首带回应有福分到各家。

图 2-29 冬福福德正神

---

① 二宜楼旅游分成,在大地村仅有二宜楼的蒋氏后人及大地蒋氏(乐安)理事会获得。

嘉应庙未毁之前,"三公尊王"生日时均举行巡香活动,后因无庙而止。正月初九时,延请道士做敬,蒋氏理事会成员与值年香首参与。

二月十五日祭祖,大地村蒋氏族人每家每户均参与,其他宗亲代表亦参加其中。香首18人、董事31人、理事会成员参与协调事宜。

谢冬醮于立冬后冬至前择日举行,地点位于"廷宗"内设醮立坛,行发表、请神、竖灯挂榜、开忏、修醮、赏军(图2-30)、送神等,为期1天。

图2-30 赏军祭祀仪式

蒋氏族人最为隆重、热闹的节庆仪式当数农历三月三日玄天上帝生日。笔者参与观察的是2013年农历癸巳年玄天上帝"请火巡香"活动。该年正值大火①年份,故此次活动为期两天,即农历三月初二日至农历三月初三日(阳历2013年4月11—12日)。

(1)"请火"(农历三月初二日)

凌晨六点,道士于玄天阁二楼率众香首朝向殿外先做"发表"仪式,

---

① 蒋氏请大火的年份即逢寅、巳、申、亥四地支的年份。

主要目的是确定玄天上帝请火的目的地及抵达时间,以便通知要去请火的山头诸神明。在"发表"前,道士已允掷筊杯①,今年大火所卜山头为岭头村。因岭头村与大地村同宗,故本次"请火"活动甚是热闹。表文如下:

  涓取今月即日为会首:×××会首:××××率××社众信士建坛修醮,保苗求熟。
  ××村率社众等王驾,是日光降,添炉崇奉,为民祛灾保境、祈求平安。伏冀
  焚了表文,随即差人递送帖文至岭头村。
  谨涓本×月×日×时处诚凛遵玄天上帝抵到贵府×××庙宇(或某处山头)金香圣火进香拔火。
  全诸胜荣幸之至
  右启
  理事会
  大德望×府×××××诸位老先生大人阁下执事
  香首
  理事会
  大地蒋氏×××顿首拜
  香首

接着,锣鼓起,众人面向玄天上帝,道士引香分与众香首,口念玄天上帝咒,做"请神"仪式。后读疏文②:

  今据
  福建省华安仙都镇××村居住,奉道祈安,修供保安。
  信士:××××××
  信士:××××××诚心拜干。
  洪造所伸意者,伏念信士生居尘世,悉系人伦,荐天地而覆载

---

① 向四方山头(东西南北)掷筊杯,该年前后卜问五个地方:华安天安殿、市后妙应堂、仙都仙妈殿2次、岭头玄天上帝,最终卜得岭头玄天上帝。
② 据法师黄法晋(法名)介绍疏文内容大致一样,不同仪式只是稍做修改。

之恩。

　　蒙境主神明以扶持之德，但念信士××××思无可保，诚心敬享；清水祖师炉前许下清供一筵祈求×××合×平安。果蒙有感，默佑之功实赖好生之德，良恩未答寸心。悬念涓取今月×××即日□备华筵菲仪，伏士修供特伸答奉。

　　伏冀神府华筵，格兹微忱，乞祈金书注完、玉籍腾消，更祈家筵迪吉、男女老幼平安、财源日进、口舌冰消、文章锦秀、畜牧多生、茶果丰盈、凡事吉庆。下情无任之至，谨疏奉上。

　　清水祖师　　玄天上帝　　　　金香圣火　合炉圣众
　　伏惟
　　采纳文疏

　　　　　　　　　　　　　天运××年××月××日疏上

　　念毕，疏文与金纸置于香炉焚烧，道士随后动起法索，口中唱赞，分别转向北、东、南、西四面，意味可以请神入轿。从二楼将玄天大帝、二帝两尊分别由两名香首头抬奉上轿，另一名香首头则至一楼文正祠抬奉清水祖师上轿，出殿等候。

　　六点半，道士引众香首在玄天大帝、二帝、清水祖师轿前摆桌做"起马敬"。由一香首卜得起马允杯，道士率众香首三拜，待至七点左右，鸣锣敲鼓，鞭炮齐鸣，72辆礼炮车在前开道，各辇轿、香阵登车开拔。

　　车马一路颠簸，至岭头村已近九点。岭头村众信士鸣炮欢迎，并已备好请火所需的敬桌等物品。香首们将玄天大帝、二帝、清水祖师辇轿置于空地，休息片刻。九点仪式开始，鞭炮声起，锣鼓齐鸣，道士率众香首上拜，引香分与众香首，一人一支。拜完后又收集起来置于香炉，众人三拜。道士右手摇金铃，左手引香，口中念咒。此后，道士左手持圣水，用松枝沾水挥洒，如是三。接着左手持角号，每吹一次，指示香首祭拜。吹完三次角号时，左手换持一对提线羊角，右手持角号，羊角触地后再吹号，如是三。这一切繁复的动作都是为了请神。锣鼓止，差人拿金钱至香炉焚烧。香首跪于神像前，道士读"疏文"，读毕烧于庙外，香首起身。随即进行"过火"，需拨三次火，每次均需掷茭杯三次，由一助手手持玄天大帝宝剑将岭头村玄天上帝香灰拨于金纸、云马上，放入挑来的香篮里。获得允杯时，鸣炮一次。仪式毕，锣鼓声起，即刻下山回程，一同前往还有岭头玄天上帝、高村玄天上帝。

"请火"香阵组成如表 2-6 所示。

表 2-6

序号	阵头	序号	阵头
1	前旗	29	溪头旗
2	枪令	30	电音歌舞队
3	礼炮车	31	陈庄旗
4	音乐彩车	32	际头旗
5	火炮令	33	清水祖师
6	响枪	34	大鼓凉伞队
7	鸣锣	35	岭头旗
8	清道旗	36	岭头玄天上帝
9	鸣锣开道	37	八音队
10	进香旗	38	高村旗
11	进香灯	39	高村玄天上帝
12	五凤旗	40	玄天二帝
13	旗开得胜旗	41	宫灯
14	乐安大旗	42	联彩
15	香亭	43	背剑印
16	土楼旗	44	玄天上帝
17	忠进旗	45	日月扇
18	龙队	46	凉伞
19	加口旗	47	香首随香
20	大星旗	48	道士、唢呐
21	八音队	49	香炉旗
22	大增旗	50	挑香篮
23	东山旗	51	分符、收米粿
24	民族八音队	52	马到成功旗
25	寨顶旗	53	马队
26	宫坑旗	54	鼓亭
27	大鼓队	55	尾旗
28	东南阳旗		

队伍下至山腰,择址将各辇轿停下暂驻,面向岭头村请火山头方向,做"回头敬",意在答谢岭头村诸神明及众信众。随后队伍到岭头村内巡香,供该地信众祭拜。至午,队伍驻下歇息。当地信众已摆好午餐,供活动参加者、随香信众享用。

午后,队伍再次启程。由于此次请火地方较远,途中路过其他姓氏村落时,当地信众见玄天上帝前来,亦会在自家门口摆敬桌祭拜,有单家单户,也有多人一起,俗称"拦路敬"或"接待敬"。

直至傍晚行至上苑(蒋氏与李氏交界处),意味着请火队伍进入大地蒋氏境内,在理事会的安排下,众人将佛像、辇轿入驻一蒋氏族人家中,道士在此处做"安香敬"。见道士右手摇金铃,口中念咒,随即用青枝洒圣水,意在洒净,引三香首头祭拜,如是三。接着道士读"安香疏文",由一香首头允掷茭杯后,礼成。

至此,第一天的活动结束,众人各自回家休息,等待第二天在大地村内的巡香。是夜至凌晨,2名香首轮流看护,防止他人破坏佛像、辇轿,尤禁女性接近佛像。

(2)"巡香"(农历三月初三日)

凌晨六点多,"安香敬"地点已是人山人海,各香阵、信众整装待发。

七点,道士在神像面前举行"起马敬"。卜得起马允杯后,队伍便启程。相较于昨日的阵头,规模更大,大部分是由各组信众敬谢邀请,用以增添活动的热闹氛围。

巡香香阵组成如表2-7所示:

表2-7

序号	阵头	序号	阵头	序号	阵头
1	前旗	26	大鼓队	51	岭头旗
2	枪令	27	腰鼓队	52	岭头玄天上帝
3	礼炮车	28	大增旗	53	八音队
4	音乐彩车	29	大鼓凉伞队	54	高村旗
5	火炮令	30	东山旗	55	高村玄天上帝
6	响枪	31	艺龙歌舞队	56	双龙队
7	鸣锣	32	民族八音队	57	永春大鼓队

续表

序号	阵头	序号	阵头	序号	阵头
8	清道旗	33	寨顶旗	58	玄天二帝
9	鸣锣开道	34	状元夫人队	59	宫灯
10	进香旗	35	电声三太子	60	联彩
11	进香灯	36	宫坑旗	61	背剑印
12	五凤旗	37	歌舞队	62	玄天上帝
13	旗开得胜旗	38	花鼓队	63	日月扇
14	乐安大旗	39	东南阳旗	64	凉伞
15	香亭	40	歌舞队	65	香首随香
16	土楼旗	41	民族表演队	66	道士、唢呐
17	电声队	42	溪头旗	67	香炉旗
18	大鼓队	43	八音队	68	挑香炉
19	忠进旗	44	陈庄旗	69	分符、收米粿
20	龙队	45	军乐队	70	马到成功旗
21	大鼓队	46	际头旗	71	马队
22	加口旗	47	大鼓队	72	歌舞杂技队
23	双太子	48	八音队	73	鼓亭
24	大鼓队	49	清水祖师	74	尾旗
25	大星旗	50	大鼓凉伞队		

一路上，各种香阵竟"斗"了起来，你方唱罢我登场，似乎在比拼人气，引来阵阵喝彩。道士等人为沿途各处候敬的信众洒净祈福，信众满心欢喜地敬拜。抬轿的小伙子们更是激情饱满，时不时狂奔，时不时摇晃辇轿，期望玄天上帝也能感受到这浓烈的喜庆氛围，尤其是经过二宜楼（图2-31）时，玄天大帝在信众的簇拥下，转入楼内，在宽敞的中央广场上环绕三圈，吸引了众多来此旅游的外地游客驻足。队伍浩浩荡荡在村社道路里穿行，好不热闹，掀起玄天上帝巡香的一阵阵高潮。

图 2-31　二宜楼内巡香

巡香路线不能重复，路线如下：

上苑（"起马敬"）—大地村道（至信用社转小路）—大地二期开发—大地一期开发—旅游中心—大地村道—蒋寨（歇午即午敬）陈庄—南阳楼—东阳楼—X344省道—二宜楼—进殿（"交炉敬""祝寿敬"）

下午三点半左右，巡香活动进入尾声，众香阵回到始发地——玄天阁，神轿入庙，玄天大帝、二帝、清水祖师由三香首头安放原位，香篮挑至二楼阁内，岭头村香炉置于案桌上。接着，道士引三香首头做"交炉敬"。三点三十五分，道士引香分与三香首头，一人三支。行三拜三叩礼后，收香置于大帝像前香炉，道士作揖，随即右手摇金铃，左手执角号，口中念咒，行禹步，成跪礼时，香首掷筊杯，如获应允，则从香篮拨香灰入大帝香炉及岭头村香炉中，如是三。拨完，道士拍案尺，礼成。至此岭头村与大地村的香火顺利完成了交接，玄天上帝的灵力获得了延续。

晚上八点，玄天阁内，举行玄天上帝"祝寿敬"，除六大敬品外，多加十只芬片龟、三碗甜面线用以祝寿。道士引三香首上拜，随后戏班前来

"送太子①"（即戏神），扮"八仙"敬拜，礼成返回戏台，道士唱赞，将敬品若干置于安放"太子"盘中，差三香首由一人撑红伞，一人捧"太子"，一人跟随将"太子"送回。三香首至戏台下，作揖恭敬递上"太子"，戏子一人捧回"太子"。之后，戏班便演戏酬神。三香首回至阁内，道士"祝寿"，读"祝寿疏文"。读毕，行"辞神"礼，鞭炮隆隆，礼成。至此，为期两天的"请火巡香"结束。

3. 仪式的文化解读

首先，在刘蒋两姓每年的节庆仪式中，我们看到祭祖、谢冬清醮等节庆仪式带有极强的家族属性，似乎规定着家族内部成员的一种义务，选举出来的香首代表每一个族人祈福纳祥，体现着个人与家族的关系。

其次，香火被视为一种重要的东西，一种灵力的媒介，不仅仅是物质的，更是精神上的纽带，代表着一种共同信仰文化的认同。不论是关帝"巡香"抑或是玄天上帝"请火巡香"无不表现出宗族对各自家族神明的崇敬与认同，同时更深层地表现对其灵力延续的崇拜。在每年这一仪式活动跨出了地域限制，一方面借由神明出巡来划定各自的信仰领地，其实是对各自家族的自身领地的一次巡礼以保境安民；另一方面又以香火的传递来联络家族内部、联结地域社会，成为族人自身与社区认同的一种最好表现形式。

综上所述，闽南内陆社区因地理、社会环境而形态多样，社区内的人尤其是聚族而居的宗族成为了最主要的参与者。他们在不断繁衍、发展的历史进程中，利用多种手段，实现宗族与神明的结合，并逐渐掌握着地域社会的话语权，建构自己的信仰空间。我们从大地村刘蒋两姓对村落的信仰空间建构的这一个案考察中，不然看出宗族组织在强化自身在村落中的地位时，神明的作用是不可忽视的。在信仰空间中，宗族与神明的互动，即是以动态的形式——节庆仪式展现出来，这是人与神之间、神与社区之间的独特表征。

---

① "太子"孩童模样，据道士黄法晋（道名）介绍，"太子"唤作"丙辰"。

附　录

华安大地碑铭辑录

大地蒋氏廷宗祠堂记

长房景明公一所屋宇，夙号前厝，会缺公务，输将厝地请为我次房景容公营立。始祖祠中分合祀，两济其美，议于高曾之世，立有约字留存。事更不果者，想人地有碍故也。先志昭昭，谁克绍乎？延至乾隆戊午岁，蒙玄天圣帝显机，趣举人地归一，建立祠堂额曰"廷宗"，微神力不及此也。而景明公孙子一所厝地，全然归公，德亦厚矣！宜其一沛尊神，同我始祖烈考春秋享祀，奕世绵绵也！原祠之四至，尚需零星片壤奏完，而一时献地之多，备资之厚，赞襄盛举，功亦綦重矣！爰是详依堂上尊神之序列，纪其事，盖以明祖德宗功之所存，而示肯堂肯构于来许，用镌石以垂不朽云。

敬将烈祖次开列：

长房始祖景明公出厝地一完、次房始祖景容公出瓦木一完、八世祖考纯斋公出银二十四两、八世祖考温厚公出银二十四两、八世祖考坦吾公出银二十四两、九世祖考醇夷公出银二十四两、十一世祖考恭裕公出大小地共十八处，宜配享春秋二祭、十一世祖考和泽公出落扉一间，出手三间，配享春秋二祭、八世祖考静厚公出银十二两　九世祖考温厚公出银十二两、十世祖考勤叟公出银十二两、十世祖考丕达公出银十二两、十世祖考心印公出银十二两、十世祖考思明公出银十二两、十一世祖玉泉公出银十二两、十一世祖玉田公出银十二两、十一世祖质直公出银十二两、十二世祖乌梦公出银十二两

乾隆三年岁次戊午春穀旦立

"大地蒋氏"重修廷宗祠堂记

始祖景容公吾家欲为建祠而未得其地。乾隆戊午年，蒙玄天圣帝显机指示，倡募建立，规模基址悉从神定，轮奂济美，曰"廷宗"，而景容公祀焉。各房出地出银者，其祖亦以次祔入。但历年既久，瓦桷剥落，庚申春复承圣帝显机，催趣定议，各房神主照前出银，在旁龛者该十二两，在中龛者倍之，计费不敷。再就族中劝题公议，五员以上勒石，五员以下书扁。兹幸报竣，依议举行，盖以明神灵大有裨我宗祖，亦以勉孙子各宜展厥孝思也。是为记。

谨将孙子名次开列：

十五世孙登丹出银十大员、世招出银五大员、在阔出银五大员、在赤出银六大员

十六世孙宗晏出银五大员、太学生宗鼎出银十一员、太学生宗海出银十四员、太学生宗岳出银二十员、郡庠生崧出银六大员、邑庠生岩出银二十员、岁进士拔出银十六员、宗杆出银十大员、宗鲁出银八大员、太学生宗辉出银十大员、太学生宗霓出银五大员、宗探出银六大员、太学生昆出银十六员、邑庠生经邦出银十六员 宗櫍出银六大员、宗锄出银五大员、旗北出银五大员、太学生宗岏出银五大员、太学生宗标出银十六员、太学生宗杞出银五大员、太学生宗达出银十大员

十七世孙泰看出银五员、泰奇出银五员、泰翚出银五员、泰默出银五员、泰让出银五员、泰魁出银五员、泰譲出银五员、泰砢出银五员、泰炟出银五员、邑庠生良筹出银五员、泰煓出银五员、泰烁出银五员

华燎孙等出银五员

嘉庆七年岁次壬戌元正穀旦敬立"乐安""忠泽"

蒋氏廷宗祠重修志

始祖景容公自宋肇基大地未有宗祠，至乾隆戊午蒙玄天圣帝显机趣立祠宇，规模悉由帝定，惟前落成，高□□□二寸。至嘉庆庚申瓦木剥坏，溢□□□□岳和乡重修，斯时前落未升，亦众□□□□，至光绪癸未花月，复蒙玄天圣帝□□□溢父亲（邑庠生，讳晋）重修。□□□□中门□□□拱峙万壑朝宗来□□□□□必□□□□起，溢承父命□□□□□□□□□于梅月十九一日升□□□□□□圣助不及此

也。从兹捐题重修鼎新上□□□祖□□以表孙心斯诚，展厥孝思而无忘追远。

谨将名次开列于后：

郡庠生□□□□□□、泰□□□□□、元插出银五员、建经出银十四员、太学生□庸出银五员、□□出银三十员、建鎗出银十二员、建昂出银六员、邑庠生璋出银五员、邑庠生晋出银三十员、邑庠生拔先出银五员

二宜清钏出银十员、清有出银五员、水源出银六员、玉徽出银六员

玉井清送出银十二员、□□出银十一员、□□□孙出银八员

梅春堂

吉庆堂出银八员

漳溢理出银二十员

光绪十六年庚寅阳月穀旦二十世孙漳溢立

"蒋氏"重兴梅园祠宇记

五世祖四官公于明朝肇造"梅园祠"历今，虽修理不一，而建造既久，难免倾颓。至光绪丁丑六月间，栋折榱崩，墙壁瓦石颓坏，十九世孙邑庠生晋和叔兄弟侄妥议重兴，出银五员以上者勒石，五员以下者书版。从兹集腋成裘，可以鼎新。及戊寅正月起造，则先祖之神灵常赫濯，而歆孝享，而喜捐，后嗣益昌炽而庆显扬矣！

谨将名次开列于后：

五世祖四官公出银一百一十员、长房七世严毅公出银十员、次房七世隐耕公出银一百五十员、次房七世真叟公出银一百五十员

十五世廷我出银四十员、廷受出银一十八员、监生登岸出银六员

十七世泰熏出银十二员、泰喜出银二十六员、泰佐出银一十员、泰妍出银五员、彩还出银二十六员、泰缎出银五员、监生良平出银一十五员二、监生捷光出银五员、泰笋出银一十员　元远出银七员四

十八世建经出银二十员　建叶出银三十三员　建萃出银五员二、庠生捷出银五员、建全出银五员、监生世元出银六员、监生如陵出银六员二、永岭出银二十八员、庠生逢寅出银十二员、建舍出银五员、建耙出银六员、监生建带出银十六员、监生建传出银八员、建趁出银十员、建瑞出银十三员、建庵出银一百零一员、元仲出银五员、元插出银十员、监生炳年出银十八员四、建兜出银五员六、建鱼出银十员、建镶出银五员、建磅出银五

员、建芼出银五员、建畅出银五员、亦者出银六员

十九世清润出银五员、庠生晋出银一百十员、清浮出银六员、清辣出银七员、庠生拔先出银八员、清轩出银五员、清□出银六员、清蟳出银五员、监生有为出银五员、东挺清新出银五员、清钊出银六员、清笃出银五员、玉微出银十六员八

圳古清有出银十五员、清怀出银五员、清庵出银五员、清玩出银七员四、清送出银五员、水源出银廿四员、玉振出银十六员八

华寮出银五员、庠生植元出银六员

二十世漳葛出银五员

大清光绪六年庚辰葭月榖旦

梅庄祀田记

礼曰：物本乎天，人本乎祖。又曰：水有源而木有本，皆劝人不忘其所自也。

梅庄祠堂，我五世祖五官蒋公肇建，自明迄清，几更兴废，所遗祀田亦属他乎？康熙戊戌鸠众兴，堂之狭者经营以大之，业之废者粒积以赎之。田共五段，载租陆十石有奇，佥议以为春秋祀事之资，俾世传罔替，我后人当知物本乎天，人本乎祖，水源木本之怀，则于此祀田共相保守，永为祖业。祀事之资，庶无忝我祖，倘能再加扩充广置，以致累百盈千，更为增光祖德，于我后人有厚望焉。用是勒石。

壹叚筚头和尚坵载租七石、壹叚筚头岭仔边载租七石、壹叚溪阪垄仔载租二十石、壹叚新村产𡎑载租十六石、壹叚新村门口仔并观音墓前载租十五石

清雍正四年丙午仲冬榖旦立石

玄天阁碑记

玄天上帝者，我三世祖崇奉宝像于达摩岩，自元迄清由来尚矣。雍正乙卯春上巳，圣帝诞晨恭迎庆祝。是夜，捔童谕旨曰："天有日月风雨，人有君臣父子，水有溪河江海，神有宫殿庙宇，意！盖帝阁与山岩有别，神道与佛教攸分，自择基址。"佥首事一，众心定于闰四月初八日巳时升梁鼎建，高卑广狭悉出帝裁，与当山旧制不烦绳尺而自合。越明年，筑楼以为僧住持，建亭以为人休息，计费金三百八十有奇，其余什费功力不与

斯金之内。大抵开创难于肇始。斯阁之建也，磬鼓弗胜，指顾功成，地不满数丈，而廊庑、阶级、池沼、曲径回环转折，步步引人入胜，虽曰人力，神实相之。垂成之日，帝又挥洒圣字灵符，且标其阁曰："小当山"。□以建神灵之无往而不在者，精䄃自无处而不存也。故族众之获符字者，或奉朱提，或充田租，俾住持有资，香灯长熖，自此而居尊位，阳圣德覃，敷伏魔降福，群黎共戴，不与摩山之岩，锡祚垂庥，并隆千古哉！其所以勒石登记者，非欲自显，遵帝旨意也。

缘首蒋日珅奉马阪陇仔租五石、得男奉宋卿庵前租五石、士熊奉石碑牌租五石、天盖奉马阪陇仔租五石、国侨奉楼埯租陆石、□得场附奉租一石

贡生登云奉上塯租五石

信士世杰、世连等奉溪仔塯租二石、霞月井、士造等各奉银四大员、云路公、倍儒公、玉泉轩、碧山堂、酿得、酿奉、得抱、得夐、得讨、国占、黄文华、士巍等各奉银三大员、曰圹、曰桔、世讲、张朝蔡、杨佑郎等各奉银二大员、曰肯、士驹等各奉银三中员、玉楼轩太学生茂美、曰□、得诣、得杰、国祜、国佝、文银、国伴、士当、贞突、陈楚仁、天颜、光彭等各奉银一大员，置可塘租久石。

乾隆二年岁次丁巳葭月榖旦立

重修达摩岩碑记

粤

我三世祖龙奋公肇建此岩以为奉祀，神明之宇，其间结构、形势既开创于前矣。至康熙辛巳年重修，沿今久载，又宜鼎新邦等，爰鸠本族各房捐奉，再修葺之计。于丁丑仲秋兴工，越次年初冬告竣，资人力之工巧，发地脉之菁华，而上栋下宇，焕然一新。诚以崇神光者亦以承先志也。

谨将捐银名次开列于左：

信士梅园蒋隐耕派下孙子共捐银贰百五十三大员半

士龙出银四十大员、士熊出银一百零七员、贞恺出银二十四大员、登瀛出银二十大员、登丹出银一十大员、泰看出银一十大员

信士梅园蒋真叟派下孙子共捐银一百八十三大员

真叟出银肆十大员、卓峰出银三十大员、琅星出银一十大员、冲布出银二十一大员半、俊麟出银三十三大员、光倩出银一十三大员、光末出银

一十八大员

　　信士梅庄蒋温让出银一十大员、曰珅出银一十大员、文价出银一十大员、士郭出银一十大员

　　神光普照吧中，共沐鸿恩捐银登记

　　玄天上帝捐银四十大员

　　信士蒋桂友出银五十二大员、士昂出银五十大员、升簸出银四十大员、武眷出银一十大员、三红出银一十大员、升提出银一十大员

　　蒋光建、光滔、连苞、剑生、曲生、旗敛共出银三十大员

　　蒋元绢、吉□、元一共出银一十二大员

　　蒋扳生、士糙、光筐、吉沉、吉然、光浪、元两、元斧、建裕共出银二十七大员

　　蒋元服、皆生、光心、光达、士棉、建秋、泰箱、武田、元选、元得、元夜共出银二十二大员

　　蒋士谈、光入、元有、光旦、升窍、元训、武□、元酿、元、元然、士后、建叚、泰涉、元辉、元澂、吉千、武袄、天威、湿生、旗愀、士屛、光层、吉垄、建彦、元晓、元鳗、升示、武暘共出银廿捌大员

　　蒋建疎、士英、建韮、元墙、吉椿、升宗、光□、武带、泰燏、泰煤、元语、元镖、建凿、元本、建正、元汪、升咱、元办、元跃、话生、得所、建洒共出银一十一大员

　　清嘉庆二十三年岁次戊寅阳月穀旦立

达摩岩开岩碑记

　　开山地仙蒋泗昭

　　开山檀越蒋龙奋

　　开山劝缘蒋良辅

　　开山主缘法惠

　　开山比丘令来

　　旨岁次丙戌年月日立

嘉应庙

　　现存基座，"庙号嘉应近者悦远者来"（双溪信士蒋拔敬书）木匾楹联一面，"玉井信士庠生蒋登翰敬奉"石柱一根。

漳平西埔嘉应庙碑记

谨序

西湖嘉应祖庙崇祀尊王由来久矣！我蒋氏承祖上历年正月跻堂迎香分祀矣。龙溪大寨嘉应堂其蒙尊王咸佑实深且远，嘉庆五年庚申冬卢府等重修西湖庙堂。越辛酉春金身亲到大寨灼缘，我蒋氏诸弟子莫不欢欣乐助祇祀征资永获报。

神光于享，用勒片石聊以伸诚，意于千秋，并列姓名于此

蒋光宗助银二十大元、太学生蒋宗□助银三大元、邑庠生蒋登翰助银三大元、信士蒋登佳助银二大元、太学生蒋登懋助银二大元、郡庠生蒋登兰助银三大元、太学生蒋宗温助银一大元、信士蒋世茂助银一大元、太学生蒋焕祖助银一大元、信士蒋宗斐助银三大元、太学生蒋宗海助银三大元、太学生蒋宗德助银二大元、信士蒋宗鲁助银二大元、信士蒋在赤助银一大元、太学生蒋宗辉助银一大元、太学生蒋宗霓助银一大元、信士蒋旗北助银一大元、信士蒋光限助银一大元、信士蒋宗锡助银一大元、信士蒋泰魁助银一大元、信士蒋泰佐助银一大元、信士蒋天福助银一中元、太学生蒋士鉴助银一中元、信士蒋士亚助银一中元、信士蒋一扭助银一中元、信士蒋士悦助银一中元、信士蒋贵顺助银一中元、信士蒋旗巧助银一中元、信士蒋天颜助银一中元、信士蒋泰奇助银一中元、信士蒋宗税助银一中元

彭城刘氏碑铭辑录

珠西庵碑铭

黄钟铭文

招城里东山保大夫坊奉佛合乡□诚心喜舍黄钟乙口入于关圣堂永□供养平安者。

永乐九年正月

劝首林二□、劝首许利真、劝首刘未瑞、劝首黄二奇、主缘僧仝立

佛座碑文

三宝佛、观音佛祖（中间神像）

长泰县新陂保黄潜夫为外祖章氏宗亲奉舍中间佛座祈延净界者。

劝首刘立发、许真辅、劝首章昭节、林三福、住山主缘僧福全

时岁丙戌吉月旦立

关帝（正对面左手边神像）

中元会首募众奉舍西间佛座供养祈求贾泰平安。

注生娘娘等（正对面右手边神像）

高村坊信士陈沾进同室王念九娘奉舍东间佛座供养现世康安者。

劝首陈君仕

石柱

门楣：明崇祯十三年冬刘元恺喜舍

门左：信士刘树彼喜舍方柱乙对

　　　信士刘煜提喜舍

门右：信士刘树彼喜舍前衿乙座

　　　信士刘克飞喜舍

　刘克颜

前厅左柱：信士弟子刘树彼喜舍柱挂朱

前厅右柱：信士弟子刘树整喜舍柱挂朱

天井左内：信士刘锡五喜舍

天井左外：信士刘培昇喜舍

天井右内：信士刘光彩喜舍

天井右外：信士刘喜喃喜舍

大殿左外：信女王念五娘奉舍祈求平安

大殿右外：后溪坊信女王念二娘奉舍祈求平安

正殿左前：良保凡男柯昭赐为妣吴五小娘祈求超度者

正殿左后：凡男蒋良辅为妣曾念四娘奉舍祈求超度者

正殿右前：大溪保前坑坊张子明奉舍祈求平安

正殿右后：信士刘泰龙为男荣显、宗显奉舍祈求平安

珠西庵为记

朱

本庵重兴，随缘重吉，上下石砛：

十三郎公银二中、太学生刘锡良二中、

树喃四中、底天三中、见龙三中、吾受三中、绢老三中、树琴二中、煜彪二中、天麟二中、天擢二中、蕊生二中、泽妹一中、瓢老一中、树宙

一中、树填一中、树螺一中、树梢一中、树榷一中、树捴一中、煜□一中、煜瓜一中、煜明一中、文铨一中、培初一中、培店一中、荐仁一中、树箭百六、树墼八中另钱百七

乾隆壬寅桂月住僧惠西募众

（碑于大殿左侧边门旁）

石碑牌

谨将捐银名次开列于左：

刘

巨扬八十二中、清训一十八中、钦旭七十二中、枚箍一十八中、清曾六十四中

枚箱一十八中、清俨六十二中、枚枂一十六中、培意五十六中、枚惠一十六中

钦建捐五十中、枚□一十六中、清芋捐五十中、炳波一十六中、枚镘四十八中

钦危一十四中、钦素四十六中、武庭一十四中、清条四十六中、枚全一十四中

培伴四十二中、培炼一十二中、清英三十八中、钦丢一十二中、清石三十二中

钦曲一十二中、钦砺二十八中、钦阜一十二中、钦新二十六中、清拱一十二中

钦广二十六中、万福一十二中、清先二十六中、枚王一十二中、进德二十四中

枚隔一十四中、枚存二十四中、炳□一十二中、枚业捐二十中、钦沾捐一十中

培樱一十八中、钦齐捐一十中、守契一十八中、清慷捐一十中、嘉租一十八中

炳锦捐一十中、清民一十八中、圳赌捐一十中、枚□一十八中、清喻一十四中

钦闪一十六中、钦照捐一十中、拱星一十六中、钦□捐一十中、干三一十六中

钦志捐一十中、清斧一十六中、钦达捐一十中、清缫一十六中、钦泉

捐一十中

溪西钦进捐一十中、清拱捐一十中

时在大清光绪丙申阳月谷旦立石

（碑于前厅右侧）

瑞应庙石柱

左前：信士刘枚妲喜舍芳柱一枝

左后：信士刘枚豹喜舍芳柱一枝

右前：信士刘西凉喜舍芳柱一枝

右后：信士刘枚桐、枚立喜舍芳柱一枝

皇明刘味玄公义田记

吾宗味玄公，盖所称为行君子也。公家居大地，与始祖守漳州刺史讳从愿公茔域距不下数武。缵祖之绪，克世其家，以孝友启伦，以诗书诒训，以淳厚退让，戒其浮薄。昆弟五六人埙箎响和，阶前玉立，子若孙济济，庠序举，策数马，髣髴万石。生平若夫尊神敬贤、下人乐施，素封而屋好礼之诚，简束而绝公廷之履，不校不报，其天性也。据公德业良可风矣？未也！居怕念宗人困于徭役，捐赀刱义田，年科租五十石，克入祖祠。自甲戌季始付族长，厚者轮当丁役，仍累贮赢增置立祀。胤是上自朝廷，中及祖宗，下逮苗裔，咸嘉赖之。昔范文正公为执政焚黄姑苏，仅撩库绢以散亲戚、闾里知旧，小有俸余捐置义田南园数亩地，载在宋史。公起布衣能效执政，雅谊顾不玮与？余谓公此举有三善焉。赋役令繁获免追呼之扰，仁也；积余扩税崇隆先人蒸尝，礼也；而又以董诲来髦，骥子龙文当眉可竢，义也。公讳淡，字懋冲，号味玄、行一，配林氏，享寿九十有三，崇祯壬午冬阳月望次日谢世。阖族思所日报公者，请祀公于祖宫。征余一言勒诸贞珉，永镌垂远，俾后之子孙岁时伏腊入奏具庆，以无忘食德之。自云赐进士出身，中奉大夫，正治卿，陕西湖广承宣布政使司左右布政，广西等处提刑按察司按察使，整饬苍梧道整理事务分巡兵备右参政，整饬山防伸威兵备分守岭东道副使，前吏部文选清吏司员外郎，历文选、考功、验封、稽勋清吏司主事，原任广东廉州府合浦县知县愚侄行义顿首拜撰

一段坐在涵内墘带租二十石、一段坐在笔岭带租五石、一段坐在高村带租陆石、一段坐在新村圹坑带租八石、一段坐在石牌兜带租十一石

（篆刻章：行义）（篆刻章：鹤厅刀尺）

时崇祯十七年岁次甲申春正月吉日阖族孙子仝立

大明"旗杆厝"壁字

正厅右侧前面：

二月初一日

一甲清顺　二甲钦曲　三甲　四甲　五甲　六甲　七甲

八甲　九甲　十甲

二月初三日

一甲枚般　二甲清□　三甲清唐　四甲清顺　五甲枚净　六甲钦曲七甲清令

枚方

八甲清益　玖甲枚振　十甲清天帖谷钦曲□□□

二月初四日

一甲清兵　二甲清缳　三甲古柴　四甲枚振　伍甲清顺　六甲清唐七甲钦曲

八甲枚般　九甲五常　十甲清奋　十一甲钦听树□帖谷

二月初七日

一甲枚振　二甲五常　三甲清顺　四甲钦曲　伍甲清奋　六甲枚净七甲清唐

八甲清缳更换新甲连桂月十四日□□□

二月初十日

一甲钦曲　二甲枚净　三甲清令　四甲清顺　五甲五常　六甲枚振七甲清缳

八甲清令　九甲清益　十甲抄厦□□□□连桂月十日

桂月初三日

一甲钦曲　二甲清令　三甲清益　四甲清□　五甲清唐　六甲枚般七甲清顺

八甲枚净　九甲枚振　十甲清天

上所过丁巳

二月初十日

一甲清定　二甲清奋　三甲清缳　四甲清颉　五甲清守　六甲　七甲

大振

　　八甲清请连八月十五日

　　丁巳年定

　　辛未年起大祖二月初三日

　　一甲大振　二甲清缫　三甲清天　四甲清令　五甲清请　六甲清廉

七甲枚皆

　　连八月初三日公帖谷临召

　　大厅左侧"刘氏字辈"：

　　锡泽树煜培、钦清枚炳圳、锦溪桂煌坤、□源杞焙□

　　大厅左侧入门处：

　　上听轮流

　　一甲钦告　二甲钦忠　三甲清新　四甲万福　五甲清请　六甲水□

七甲钦曲

　　合共七人

　　崇报堂

　　二月初十连八月十五日□□

　　一甲万福　二甲钦夏　三甲宜吉　四甲新　五甲俨　六甲曲

第三篇
漳州海岛民间信仰

第一章

传统的延续与复兴：浯屿岛民间信仰

第一节 浯屿岛的地理位置与浯屿水寨的兴废

浯屿岛，位于北纬24.20度、东经118.08度，现隶属福建省漳州市龙海港尾镇。浯屿岛岛体呈蝴蝶形状，南北走向，长2250米，宽480米，面积仅有0.96平方公里（还有1.08平方公里和1.31平方公里之说）。浯屿岛北距厦门岛6海里，东北距金门岛8.5海里，西南距港尾镇岛美村2海里，东南是浩瀚的台湾海峡，周边有浯垵、青屿、大担、小担、三担等岛屿，由于它处于九龙江出海口和厦门通向外海的航道上，是漳州、厦门、同安的"海上门户"，故自古以来便是为兵防要地（图3-1）。万历《泉州府志》记载："旧浯屿，在同安极南，孤悬大海之中。左连金门，右临岐尾，水道四通，乃漳州、海澄、同安门户。"[1] 清代中叶周凯的《厦门志》综合前人诸说，对浯屿的重要地理位置和自然环境做如下的描述："浯屿，周围六里，左达金门，右临岐尾，极为要害。"[2] 又说："浯屿，在厦门南大海中，水道四通，乃海澄、同安二邑门户。屿对金门之前坑。……屿前有小屿，曰'浯寨屿'。屿后海石丛生，名'九节礁'。"[3]

---

[1] 万历《漳州府志》卷二十二《兵纪一》。
[2] 道光《厦门志》卷四《防海略》，鹭江出版社1996年版，第92页。
[3] 道光《厦门志》卷二《分域略》，鹭江出版社1996年版，第25页。

"浯屿澳,在浯屿西,前对岛美村。港湾平稳,可泊避风。"①

图 3-1 浯屿岛地理位置图

明代初年,明太祖虽然消灭了割据沿海的张士诚、方国珍等武装集团,但其余党逃亡海上,继续与明政府为敌。特别是以日本的武士、浪人、海贾等为骨干,勾结中国沿海地区的部分破产农民、渔民和亡命之徒,组成庞大的海盗集团,史称倭寇,经常骚扰沿海地区,史载:"倭数寇海上,北抵辽,南迄浙、闽,濒海郡邑多被害。"②又曰:"沿海之地,自广东乐会接安南界,五千里抵闽,又三千里抵浙,又两千里抵南直隶,又千八百里抵山东,又千二百里踰宝坻、卢龙抵辽东,又千三百里抵鸭绿江。岛寇倭夷,在在出没。"③对于刚刚取得政权的明朝政权,构成很

---

① 道光《厦门志》卷四《防海略》,鹭江出版社1996年版,第95页。杜臻:《粤闽巡视纪略》卷四:"澳内,可泊南北风船百余",以躲避风暴。又曰:"浯屿澳,内打水四、五托,沙泥地,南北风可泊船取汲。屿首、尾两门,船皆可行。惟尾门港道下有矶礁,船宜偏东而过,识者防之。"

② 《明史》卷一五五《刘荣传》。

③ 《明史》卷九十一《海防》。

大的威胁。面对倭寇等海上武装集团的骚扰和威胁，明政府采取海禁基本国策。一方面，不许渔民出海，所谓"片板不许入海"，切断沿海百姓与倭寇等海上武装集团的联系。另一方面，加强海防建设。明初将沿海地区由北向南划分为鸭绿江、辽东、山东、南直隶、浙江、福建、广东七个海防区，各设都指挥使一名。在东南沿海地区设立三道海防线：第一道防线设在海岛，由水寨和部分千户所构成。第二道防线设在沿岸，由卫所、巡检司组成。第三道防线设在内陆，由各府、县修建的城堡构成。福建沿海为倭寇猖獗之地，明朝特别重视福建海防。早在朱元璋平定陈友定后不久，就设置福州、兴化、泉州、漳州等卫，隶属前军都督府福建都指挥使司。尔后，不断加强福建海防，洪武二十年四月"命周德兴至福建，相度福州、兴化、漳州、泉州四郡形势，凡卫所不当要害者移置之，筑城十六，增巡检司四十五"①。翌年二月，"置福建沿海指挥使司五，曰福宁（今霞浦）、镇东（今福清）、平海（今莆田东南）、永宁（今石狮）、镇海（今龙海东南）。领千户所十二，曰大金、定海、梅花、万安、莆禧、崇武、福全、金门、高浦、六鳌、铜山、玄钟"，以防倭寇。②据统计，明初洪武一朝在福建：沿海设卫9个、千户所13个；沿海18州县设巡检司52个，其数量和密度为明代中国沿海各省之首。

　　水寨处于海防体系中的最外一环，可以说是抗击倭寇的前沿阵地，由寨城、兵船和兵士组成，基本任务"哨守于外"，与卫所"控御于内"③相为表里，相互呼应，共同御敌。福建沿海的水寨共五座，由北向南依序为福宁州的烽火门水寨、福州府的小埕水寨、兴化府的南日水寨、泉州府的浯屿水寨和漳州府的铜山水寨。各水寨划分明确的巡弋范围："烽火门寨南则哨至小西洋，北则哨至官澳。小埕寨南则哨至白大山，北则哨至西洋山。南日寨南则哨至沙澳，北则哨至苏澳。浯屿寨南则哨至旧浯屿，北则哨至大胙山。铜山寨南则哨至旧浯屿，北则哨至洪淡巡司，北则哨至东镇洋。"④浯屿水寨在福建海防中占据特别重要的地位，除了巡弋的海岸线最长外，《武备志》还写道："浯屿水寨，原设于海边旧浯屿山，外有

---

① 《明太祖实录》卷一八一，洪武二十年四月戊子条。
② 《明史》卷九十三《兵志》三；《明太祖实录》卷一八八，洪武二十一年二月己酉条。
③ 陈仁锡：《皇明世法录》卷七五《各省海防·闽海》。
④ 茅元仪：《武备志》卷二一四《海防六》。

以控大小担屿之险，内可以绝海门月港之奸，诚要区也。"①

　　浯屿水寨建于何时，历史上有6种不同说法：一是建于洪武初年，未提及创始者，见罗青霄《漳州府志》卷七和陈寿祺《福建通志》卷八十六；二是洪武初年由江夏侯周德兴创建，见沈定均《漳州府志》卷二十二；三是洪武二十年（1387年）由江夏侯周德兴创建，见杜臻《粤闽巡视纪略》卷四、怀阴布《泉州府志》卷二十五、周凯《厦门志》卷四；四是洪武二十一年（1388年）由江夏侯周德兴创建，见方鼎《晋江县志》卷七、怀阴布《泉州府志》卷二十四、周凯《厦门志》卷三；五是由江夏候周德兴创建，但未标明时间，见胡宗宪《筹海图编》卷四；六是创建于永乐年间（1403—1424年），见卜大同《备倭记》卷上。以上各说除永乐年间创建说最不靠谱外，其他五说有两个交集点，即洪武年间和周德兴创建。江夏侯周德兴是明代福建海防建设举足轻重的人物，他在洪武二十年奉命赴闽构建海防，前后三年多，大约在洪武二十四年离开福建，浯屿水寨最大可能性是建于洪武二十至二十一年，杜臻《粤闽巡视纪略》记载："洪武二十年命江夏侯周德兴经略海上，置沿海五卫十二所。曰福宁卫。领大金、定海二所；曰永宁卫，领崇武、福全、中左、高浦五所。曰镇海卫，领六鳌、铜山、悬钟三所。其隙地支地控驭所不及者，更置巡司以承其弥缝间。陆路之防既固，又作烽火、南日、浯屿三水寨，拥战舰，以备蹑寇之用。景泰间，尚书薛希琏奉命巡阅，复增小埕、铜山二寨，谓之五寨，互为首尾，迭相呼应，而苞桑之筹益密。"②

　　寨城是水寨的基本硬件，其规制如何？史书没有详细记载，有学者做如下的推测："作为海军基地水寨，它的寨城当系涵盖水岸、周围环边筑有城墙和防御工事的军事堡垒，甚至建构有轰击入犯敌人的炮台。而此一寨城的内部措施，除在岸边有专供战船停泊的码头外，在陆上可能亦有维修战船的船坞、军火仓库和其他维护的补给设施。此外，尚有水师官兵办公的衙署和提供食宿的营舍，以及官兵平时操练校阅的教练场，甚至官兵精神或信仰依托的祠庙如祀奉玄天上帝的玄武祠等，水寨它似乎亦是陆地的军事城堡和岸边的军用港口两者合一的混合体。"③浯屿水寨寨城的规

---

　　① 茅元仪：《武备志》卷二一四《海防六》。
　　② 杜臻：《粤闽巡视纪略》卷四。
　　③ 何孟兴：《浯屿水寨：一个明代闽海水师重镇的观察》，台兰出版社2006年版，第11—12页。

模如何？有怎样的设施？史书没有记载。不过，一般来说，水寨会因地制宜，根据当地的地形地貌和物产兴建，浯屿盛产花岗岩，其寨城乃石头建造的城堡是毫无疑问的，其石头城墙遗址尚存可资证明（图3-2）。

图3-2 浯屿寨城遗存

水寨兵员的来源主要由附近各卫所抽调而来，实行上、中、下三班轮值换防制。水寨的指挥官称"把总"，由支援水寨的各卫兵士中选拔"指挥才能出众者"担任，一任五年。浯屿水寨隶属永宁卫，漳州卫协助守卫，因此，其水寨的兵士从永宁卫和漳州卫中抽调，共2936名，其中：永宁卫兵士2242名，军官26名；漳州卫兵士656名，军官12名。[①] 尚有驾驶50只战船的兵士505名，实际兵士、军官总数达3441名。关于明代前期浯屿的守卫状况和在福建海防中的地位，嘉靖年间金门人洪受在《沧海纪遗》中写道："夫卫、所、司、寨之设，所以固边防而安心腹也。其势则相联络，其职则相统摄，其事机之重大，则有专责焉，故泉之沿边，既有永宁卫、金门诸所矣。又于浯屿之地，特设水寨，选指挥之勇略一员，以为把总，仍令各卫指挥一员，及千百户输领其军，往听节制。其在永宁并福泉（全）、金门等所，拨二千四百四十

---

① 黄仲昭：《八闽通志》卷四十一《公署》。

二名，和漳州卫之军，共二千八百九十八人，轮班接替。又战舰若干号，时常教演战法，南日以下，铜山以上，悉以委之。其大者为备倭，而寇贼奸宄莫不责以剿灭，其责任可谓专且重矣。以此重镇，必设于浯屿者，该其突起海中，为同安、漳州接壤要区，而隔峙于大小嶝、大小担、列屿之间，最为险要。贼之自外洋东南首来者，此可以扞其入，自海仓、月港而中起，此可以阻其出，稍有声息，指顾可知。江夏侯之相择于此者，盖有深意焉。"①

明代中期以后，随着国力衰退和海疆形势相对缓和，海防政策趋向松弛，海防线逐渐内缩，最重要的标志是原来设在海岛的水寨迁移到沿岸，如烽火门水寨于正统元年（1436年）迁往松山，南日岛水寨于成化年间（1465—1487年）迁到吉了。浯屿水寨也在弘治二年（1489年）之前迁到厦门，②又于万历三十年从厦门再次迁晋江石湖，仍然称浯屿水寨，原来的浯屿或称"旧浯屿"，以示区别。

明代中期浯屿水寨迁走后，再也没有恢复过，但由于其特殊的地理位置，决定了浯屿作为军事要地一直受到军事家的重视。明代隆庆元年（1567年）戚继光屯兵于此，大规模修葺城防。清代又进行大规模的整修。经过历代的修建，浯屿寨城成为坚固的城堡，城墙"周围长602米，南北长164米，东西长120米，基宽4米，墙高7米，窝埔11间，城堞413个，箭窗1032个，四面设城门，东西二门筑有月城，城墙上有烽火台、瞭望台风和安放镜炮，城墙有二至三层的跑马道，四城各有一潭、配备通向城外的涵沟，城内建有墩台、馆驿、军营、演武厅等"③。当地小学老教师、文史爱好者蔡福乐先生经过长期实地勘察，画出浯屿水寨建构图。

---

① 洪受：《沧海纪遗·建置之纪第二》。
② 关于浯屿水寨何时迁到厦门，历史上有四种不同说法，分别是正统年间（1436—1449年）、景泰年间（1450—1456年）、成化年间（1465—1487年）、嘉靖年间（1522—1566年）。何孟兴指出，编纂完成于弘治二年的《八闽通志》卷四十一中就有浯屿水寨迁到厦门的记载，因此他认为，浯屿水寨嘉靖年间迁移厦门说最不可信，其他三种均有可能。参见何孟兴《浯屿水寨：一个明代闽海水师重镇的观察》，台兰出版社2006年版，第158—161页。
③ 龙海市浯屿天妃宫管理委员会：《浯屿天妃宫历史沿革》（油印本），2002年。朱亚圣、许初鸣：《浯屿：水寨渔村"小香港"》写道"水寨以石块砌成。四面设城门，东西两门筑有月城，城墙上有烽火台、瞭望台，并安放铳炮。城墙还有二至三层的跑马道，城四隅各有一个水潭，有涵洞通向城外。后来水寨废弃，城墙石块经常被人拆去修建民房，现在只剩下几段残垣，总长不足百米，残高约6米、厚约4米"。

浯屿水寨在浯屿存在近百年，有效地抵御了明前期倭寇在泉漳沿海之间的骚扰，为保一方平安做出重大贡献。对于浯屿岛而言，水寨的设立，不仅加快了浯屿岛的开发，奠定了浯屿岛发展的基础，而且对清代乃至近现代浯屿岛的发展都产生深远的影响。

第二节　浯屿岛人口、家族与社会经济

浯屿岛何时有居民，《厦门志》引《真德秀奏议》："嘉定间，海寇犯围头，真德秀移宝林兵戍围头，照应浯屿、料罗等处。"[①] 真德秀为南宋福建浦城人，曾任泉州太守，他调动宝林水寨的兵士增援晋江围头港免遭海寇侵扰，这些增援部队还肩负着保护金门、浯屿安全的任务。显然，除了金门、浯屿岛的军事地位重要外，岛上还有居民需要保护。《浯屿宗祠碑记》中写道："浯屿开基祖蔡功保，行伍出身，授校尉，世代书香门第。其父蔡细观，庠生商贾。祖父蔡期远，武举南宋将领。叔祖父蔡期祥，秀才塾师。曾祖父蔡法，宋朝仕官。"从上述资料并结合福建岛屿开发史来看，至迟在宋代，浯屿就有居民聚居于此了。至于渔民临时在这里避风停靠、补给淡水，由于浯屿特殊的地理位置，恐怕还要早于宋代。

明初，设立浯屿水寨，常驻将士就多达3436名，还有一些家眷等，以及岛上的居民、商人、过往的渔民等，人数应该超过万人，这从杜臻《粤闽巡海纪略》中可以见得："旧浯屿，在担屿西南海中，北至中左、南至镇海各半，潮水周围五里，地属海澄县，居民二千余家。"显然，浯屿水寨的建立使得浯屿岛民免遭海盗的侵扰，不但大大增强了浯屿原有居民的安全感，而且吸引了大批外来移民定居，明初设立水寨的近百年间无疑是浯屿岛古代史上最繁荣的时期。

明代中期，浯屿水寨迁到厦门，守卫水寨的兵士及其家眷走了，浯屿岛顿时空虚下来，昔时的繁荣景象不见了。然而，浯屿岛为厦漳泉门户，外临大海，去苏、浙、粤的渔船、商船经常路过此岛，或在此避风，加上水寨的旧有城堡、屋舍、码头等设施一应俱全，浯屿成为海盗的"巢窟"或成为"番舶"南来的"巢穴"。胡宗宪《筹海图编》称："（水寨）迁

[①] 《厦门志》卷三《兵制考》。

于厦门，而故地遂为贼船巢窟。"① 又称："旧浯屿弃而不守，遂使番舶南来据为巢穴，是自失一险也。"② 关于明代的"海盗"问题，比较复杂，本书暂不讨论。③ 至于浯屿一度成为"番舶"南来的"巢穴"，则有必要稍加回顾。大约在正德十六年（1521年），葡萄牙（佛郎机）商人在广东被赶走后，迁移到福建，以浯屿为据点，与闽南人做生意。万历《漳州府志》卷三十记载："有佛郎机船载货泊于浯屿，月港恶少群往接济。"④ 葡萄牙商人得到闽南人的欢迎，生意红火，有时人数达五六百人之多。连官府也承认："势家护持之，漳、泉为多，或与通婚姻，假济渡为名，造双桅大船，运载违禁物。"⑤ 由于与外国通商严重违反明代法律，万历嘉靖二十七年（1548年），巡抚朱纨派兵围攻浯屿，翌年赶走葡萄牙商人，浯屿再次失去发展的良机。此后，明朝政府加强对浯屿的巡逻，防止外国商人再次登岛。嘉靖三十七年（1558年）"都御史王询请分福建水军为三路，各领以参将。泉漳一路驻诏安、南日、浯屿、铜山、悬钟等处，皆听节制。嘉靖四十一年（1562年）总兵俞大猷请备沿海墩台，以备瞭望。四十三年（1564年）巡抚谭纶请复五寨旧地"⑥。虽然恢复旧浯屿水寨的动议没有得到官方的同意，但浯屿岛基本上是处于官方的控制之下。清道光四年福建水师提督许松年《浯屿新筑营房墩台记》（图3-3）写道：

　　厦岛隔岸有山，大而高曰南大武，旁有小山在水中曰青屿。青屿之东有山岩，而长有五里许曰浯屿，浯屿之北有小担，又北有大担，并峙于港口海中，实为厦岛门户。大担山颇高，前后有墩台，置讯□其下，复有水汛。然山之四旁水不深，大舶不可行也。小担屿小，其上亦有汛。大小担之间门狭而水浅，惟浯屿与小担其间洋阔而水深，商舶出入恒必由之。浯屿南汊亦浅，可通小艇，其东有九折礁，舟人所畏也。然其西则有隈澳，可避风。山坡平衍，居民数百家，而大担小担皆无之，故海人舣舟必于浯屿。前明尝置守御所，有土城久废，

---

① 乾隆《海澄县志》卷七"兵防"。
② 胡宗宪：《筹海图编》卷四"福建事宜"。
③ 黄秀蓉：《近二十年明代海盗史研究综述》，《历史教学问题》2006年第1期。
④ 杜臻：《粤闽巡视纪略》卷四。
⑤ 《明史》列传九十三《朱纨列传》。
⑥ 周凯：《厦门志》卷四《历代建置》。

惟颓墙数堵而已。国朝初,置守备,后易为小汛,承平日久。汛房烽堠亦无存者,余惟备豫不虞戒枢之要也,谨守门户防海之经也。浯屿外临大海,左望金门,右望东椗,隐隐在云雾中,而江、浙、台粤之船,皆可绕屿而入厦港,其守其不重哉?前代设兵以千一百余人为所,今兹要津胡可不增?爰增营房九间,宿兵□千,重筑墩台于南之□,且以瞭望,凡费白镪九百,皆秩禄也。屿中少田园,屿民大率以渔为生。兵民相结以守以望,则门户可固。门户固而厦岛安,厦岛安则内地举安矣。余所以殷殷于斯役者,固有不容已也,目记之以念来者。

从上述资料可以看出,浯屿水寨虽然迁往厦门乃至石湖,但平民百姓

图3-3 许松年《浯屿新筑营房墩台记》碑刻

并没有随之全部迁走,部分岛民留守下来,成为浯屿永久的居民,清代道光初年仍有"居民数百家",以每家五口计算,至少也有一二千人。

近代特别是1949年以来,浯屿人口不断增加。1985年,全岛676户3200人。现有村民1030户4295人,外来工人5000多人。岛民为杂姓聚居,全岛有四十多个姓氏,其中蔡姓为浯屿最大姓,有近300户1000余人。岛上唯一的祠堂为蔡氏祠堂(图3-4),位于浯屿岛中心西侧,坐北朝南,面向茫茫大海。该祠堂建于洪武初年,后来数度兴废。新中国成立初,被浯屿边防派出所征用。1994年归还蔡氏家族。翌年正月,集资数十万于旧址重建,同年十月竣工,占地面积585平方米。据当地乡老说,蔡氏祠堂建于明初,其祖先在南宋末元初就定居在这里。祠内供奉着浯屿始祖及长房、次房和三房祖先的神位,每年冬至日,便在祠堂举行隆重的祭祖活动。

图 3-4　蔡氏祠堂

陈姓为浯屿第二大姓，有上百户人家，其祖上来自隔海相望的岛美村，至今仍与祖地保持密切关系，每年都要到岛美村陈氏宗庙参加祭祖活动，甚至与岛美村的族人一起到金门岛寻亲问祖。林姓为浯屿第三大姓，也有上百户人家，其祖上从何处迁来已经失传，近年其族人也到金门岛寻亲问祖。浯屿宗族之间关系融洽。

由于浯屿岛上可耕土地很少，淡水也有限，而浯屿岛周边海域的水产则非常丰富，原来盛产鱿鱼、黄花鱼、鲳鱼、马鲛鱼和白带鱼等，是一个远近闻名的渔场，因此，这里的岛民自古以来就是以海为田，"以渔为生"[①]。古代，捕鱼船只较小，经不起大风大浪，渔民只是在岛屿周边生产。据当地老渔民回忆，新中国成立之初，捕鱼多使用木帆船，船体十二三米，每艘船上只能容纳二十来个渔民作业，完全依靠季风行驶，不敢到太远的海域捕捞。到了1959年前后，改用机帆船，即装上机器的帆船，这样就可以不受季风的限制，可以到更远的海域作业了，但船体没有变化，仍然无法到远海捕捞。到了改革开放后的1982年、1983年，开始使用柴油机动力船，当时船体在28米左右，吨位在100吨左右，都比机帆

[①] 许松年：《浯屿新筑营房墩台记》。

船大了一倍。近年来，渔船的船体、吨位、功率都越来越大，截至2012年年底，全岛钢制渔船合计达450多艘（257千瓦以上）（图3-5），捕鱼范围已由原先的两岸几十海里逐步扩大到南海、台湾海峡、钓鱼岛海域等。还收购了渔船、快艇、运输货船、小型挂机船等近200艘。与之相关的产业还有9个渔船制造厂（图3-6）、5个水产制冰厂、8个机修厂、9个网板厂、8个渔网加工厂。另外，还有滩涂养殖和网箱养殖等。

图3-5　浯屿大型钢制渔船达450多艘

图3-6　浯屿有9家造船厂

在渔业及其相关产业的发展推动下，浯屿的商业也呈现繁荣景象。一个不到1平方公里、岛民和外来工人共1万多人的小岛，除了有一个农贸市场外，还有大大小小的杂货店、小超市、五金店、饭店、酒楼、宾馆、卡拉OK厅、KTV、网吧、美容美发店等数十家，形成一条百十米长"商业街"。

据笔者调查，2013年浯屿岛的经济产值达4.7亿元，号称龙海首富村，百姓生活富足。由于土地少匮乏，这里的比任何都市都拥挤不堪，用"鳞次栉比"来形容再恰当不过（图3-7）。

图3-7 浯屿码头和民房

第三节 浯屿岛的宫庙与神明

浯屿岛的生活环境恶劣，渔民的生存压力极大，因此只能经常求助于万能神明的保佑，与此相适应，各种宫庙被陆续建造起来。在弹丸之地的浯屿，现存大小宫庙有8座（处）：

1. 浯屿天妃宫

天妃宫原名和安宫，俗称妈祖庙，位于浯屿岛的中心地带，依山面海，坐北朝南，三进四殿，砖木结构，建筑面积376平方米，为龙海市文物保护单位。相传宋宣和四年（1122年）漳州南山寺僧觉因神人托梦命建此宫，遂与里人许世昌倡建。宋徽宗赐庙额"浯江"，俗称"浯江庙"。此传说恐怕没有事实依据，不可轻信。首先，浯屿岛在北宋时期可能有人居住，或者成为渔民避风港，但人口不会太多，没有雄厚的经济实力来建造这样的宫庙；其次，北宋时期妈祖信仰主要在莆田流传，南宋、元代才迅速对外传播，逐渐成为东南影响最大的海神。宣和四年（1122年）宋徽宗赐浯屿妈祖宫庙额"浯江"的传说，很可能取材于同一年宋徽宗赐莆田宁海圣墩庙庙额"顺济"的故事，反映了百姓的正统化取向。目前能找到的关于浯屿天妃宫的最早文献记载是明代黄仲昭的《八闽通志》："浯屿：林木苍翠，尚有天妃宫，官军备倭者，置水寨于此。"①《八闽通志》编纂于成化二十一年（1485年）至弘治二年（1489年），说明至迟在明代成化年间，浯屿天妃宫已经建成。笔者推测，浯屿天妃庙很可能与明初浯屿水寨同时建造，以满足驻岛水兵和渔民的祭拜需要。

明清时期，浯屿天妃宫多次修建，宫内保存四方碑刻，记载着该宫的兴衰的历史。

第一方碑刻为万历三十一年沈有容的《重建天妃宫记》（图3-8）。沈有容（1557—1627年），字士弘，号宁海，宣城（今属安徽）人。他一生戎旅，有数十年在福建沿海带兵打仗，曾率军三次渡海到台湾、澎湖列岛，歼灭倭寇，驱荷兰入侵者，为保卫台湾立下不朽的功勋。万历三十年（1602年），沈有容奉命剿灭在浙江、福建、广东沿海骚扰抢掠的倭寇。当年夏天，到浯屿岛天妃宫拜谒，祈求神灵保佑。不久，大军攻打彭山，大获全胜。沈有容归功于天妃庇佑，遂对天妃宫进行大规模修建，当年竣工。《重建天妃宫记》对此次修建原因、过程都做了详细记载：

3-8 沈有容《重建天妃宫记》

---

① 黄仲昭：《八闽通志》卷八《地理》。

万历辛丑夏，余时承乏浯铜，奉檄南征，谒神，睹楹宇湫□，实心徼厥灵，徂战捷乎，请更诸爽垲者。于是师抵南沃，攻征彭山，歼之。聿怀神惠，曰笃不忘。乃筑乃墼，乃石乃材。乃建前堂，前堂翼翼。乃开后寝，后寝肃肃。眂拓旧址，深广倍之。于是居民过旅，爰逮兵士商渔，罔不走集，敬共祝祷，灵益赫然矣。呜呼，神匪人弗依，人匪神弗佑。余兹量移石湖，弗获岁时敬祀，然出王游衍，神罔弗及，所以籍休奋武，曷其有既□肇。辛丑孟冬竣，壬寅仲春庸勒贞珉识其始末。

万历三十一年岁次癸卯秋九月朔日
钦依浯屿水寨把总以都指挥体统行事署指挥佥事直隶宣城沈有容撰

当地百姓代代相传，天启元年（1621年），"红夷入侵，宫遭毁坏"①。关于此次荷兰殖民者入侵浯屿岛的情况，文献很少记载，至于天妃宫被毁坏的情况，更是不明。不过，我们发现沈有容《重建天妃宫记》碑额的左右边分别镌刻的一行文字："天启元年茇吧夷，康熙丁丑复祖宫"②，"茇吧"为闽南方言，指荷兰殖民者，据此可以证实浯屿天妃宫在天启元年确实被荷兰殖民者所毁坏，到康熙三十六年（1697年）得以重修。通常的情况是，宫庙建造或修建完工，要树立碑文，明其建造或修建过程，而康熙三十六年的浯屿天妃宫的修建却未见相关碑文。而"天启元年茇吧夷，康熙丁丑复祖宫"的文字出现在刻于万历三十一年的沈有容《重建天妃宫记》上，令人费解。一种可能是，当时宫庙重修后，因故没有树立碑文，就请人在万历三十一年的碑文上添加这14个字（字号很小，字体也有别于碑文正文），权当修建的记录。当然，这只是一种合理的推测，尚需有关文献记载加以证明。

道光五年（1825年），浯屿天妃宫再次重修，这在道光五年六月撰写

---

① 《天妃宫重建碑记》，2012年。
② 通常的情况是，宫庙建造或修建完工，要竖立碑文，明其建造或修建过程，而康熙三十六年的浯屿天妃宫的修建却未见相关碑文。此两行文字出现在刻于万历三十一年的沈有容《重建天妃宫记》上，显然是康熙三十六年之后加上去的。

并保存在浯屿内的《重修浯屿宫碑记》得到证实（图3-9）。该碑记有些模糊，但多处尚可辨认，从道光五年的碑文可知，当时捐银修建浯屿天妃宫的主要是水师将士，其中有著名的时任金门总兵的民族英雄陈化成等，还有三家厦门的"渔行户"。当时重修的捐银总数不足二百两，说明重修的规模并不大。

因此，仅仅过了五年，浯屿天妃宫再次重修。浯屿天妃宫保留一方《重修浯屿宫碑记》碑文，记录道光十年（1631年）的重修历史。该碑文有些损坏，兹将可识别的文字转录如下：

重修浯屿宫碑记

浯屿自昔崇祀圣母，立庙三进，年久荒颓，乙酉年，水师提宪许□□倡首鼎新。前殿因缘资□□中□□□□□□赞，兹承诸绅士捐资乐助，重修中后两进，凡诸圣像并塑金身，□然香□□□□□□神灵报应，恩泽足以及人，而众志成城，功德尤难泯灭，爰勒诸石，以志不朽。

福建水师提督军门刘起龙捐银陆拾元，子爵军门王得禄捐银贰拾元，中军参府杨继勋捐银贰拾元，左营遊府曾传捐银十二元，右前后遊府□□□□□□捐银贰元，前营中军府陈景发捐银肆元，前营守府张然捐银陆元，世□□□□□□□□王昌各

图3-9 道光五年《重修浯屿宫碑记》

捐银贰元，驻防浯屿汛守府蔡润泽捐银拾贰元，浯屿□馆蔡文□□□□□□林合兴、傅茂安、连长盛共捐银叁拾元，乡耆蔡马壬捐银陆元，林开□□□□□□□捐银四元，陈延廷、钟阿圭各捐银贰元，网户郭江垒、林见文、方奋 林□水□□□□□蔡榜、陈禅□、郭乌添各捐银叁元，寮户林振发、金兴□、蔡合发、陈□顺、□□□□□湖里哨、蔡渊、林天略、林天堂、蔡化、林文必、蔡光华、蔡赓□、林□□□□□□□陈四万、林天仲、郭泗川、陈泰、杨富、郭乌添、方春、王小雨、蔡贞□□□□吴佛、汪邶甫、

林世、陈尾、郭佛生、王蒲、蔡长安、林子张、林□□□□□林光发、蔡敢、王秋水、林硕□、陈铁、郭大、林财宝、蔡芳、郭江□□□□□□，厦港傅朝宗捐银拾肆大元。

　　　　　　　　道光十年十月　　日董事蔡□卿立　　住持僧大稚

　　道光十年的《重修浯屿宫碑记》提供的历史信息如下：（1）浯屿天妃宫是一座三进的建筑物，因"年久荒颓，乙酉年，水师提宪许□□倡首鼎新"。（2）捐银修建的除了刘起龙、王得禄等水师将士外，还有乡绅、渔行、网户、寮户等数十人，无论是捐助阶层还是人数都大大超过道光五年。（3）此次重修比较全面，不但三进的建筑物焕然一新，宫内的神像也重新雕塑。

　　道光五年和道光十年连续两次重修浯屿天妃宫，与这个时期东南海盗猖獗，西方殖民者虎视眈眈，清政府为了加强海防，重新重视浯屿岛建设有着密切关系。此后，20世纪30年代、1943年、1981年、1985年、2008年、2011年先后进行修建，其中1981年和2008年的修建值得记述。

　　新中国成立以后，妈祖信仰被作为封建迷信加以制止，特别是"文化大革命"期间达到登峰造极的地步，浯屿天妃宫被挪为他用，百姓不能到宫内参拜。但岛内渔民离不开妈祖信仰，在家偷偷地祭拜，甚至在出海的渔船上也照常祭拜，祈求航海平安。改革开放以后，宗教信仰自由政策逐渐得到落实，浯屿岛百姓的宗教信仰热情被点燃起来，组建浯屿村古庙修建董事会，开始筹集资金修建破烂不堪的天妃宫。据《妈祖宫重修碑记》记载，修建工作从1981年8月开始，共集资24万多元，按照妈祖宫的原来结构样式进行修建，历时三年，至1985年10月落成，"修缮后的妈祖宫雕梁画栋，金碧辉煌"（图3-10）。

　　可能是缺乏经验，也可能是资金的不足，1985年修建的天妃宫经过二十余年的风风雨雨，"整座宫庙的基础出现沉降，墙壁裂缝，木质结构的建筑老化变质、腐朽等现象"，被龙海市建筑设计院定位D级危房。[①] 严重威胁信众的人身安全和文物保护。经过上级有关部门的批准，2008年"决定以原来的风貌格局，在原有的基础上重建"[②]。共集资4453200

———

[①] 龙海市港尾镇浯屿天妃宫管委会《倡议书》2008年11月。
[②] 同上。

图 3-10　1985 年修缮后的浯屿天妃宫

元，于 2008 年农历十二月十七动工兴建，历时三年，2011 年农历七月竣工。重建后的天妃宫三进四殿，进深 41.9 米，面宽 9.9 米，建筑总面积 414.8 平方米。重檐歇山顶，飞燕彩脊，五色剪粘。前殿为单层四端结构，置历代碑记；大殿为宫殿式结构，双面屋面，八卦藻井拱顶；三殿也是宫殿式结构，双层屋面；后殿底层为混凝土结构，二层为双层屋面宫殿式结构。此次大规模重建，使浯屿天妃宫焕然一新，蔚为壮观，成为浯屿

图 3-11　2011 年重建的浯屿天妃宫

岛最大的宫庙（图3-11）。①

从建筑平面图可以看出，前殿、大殿和妈祖殿为天妃宫的原来格局，供奉的神明虽然很多，但主神是妈祖。

大厅殿和三宝殿是后来增加上去的。大厅殿供奉大厅公和班头审官，大厅公的名称闻所未闻，来历不明，其职能类似于城隍、东岳，主管善恶审判，其大门楹联点明其职能：大行千里知善恶，厅凭司律鉴分明。虽然大厅殿面积较小，显得拥挤局促，但俗信大厅公灵验无比，有求必应，来烧香祭拜祈求的人不少（图3-12）。

图3-12 大厅殿香火相当旺盛

三宝殿（图3-13）为二层建筑，楼上供奉三宝、地藏和观音等，佛教色彩浓厚。一楼墙壁镶嵌一方题为《众社修理》碑文，据碑文可知，三宝殿原名佛祖殿，清宣统三年（1911年）重修，显然，佛祖殿建于宣统三年之前。该碑文有两个特色：一是记录的捐款人名字，大多数用闽南话命名的，且非常俗气，有不少是绰号。如报它、喜它、鎚它、计它、梭它、怨它、金钱它、漏毛、虎鱼、陈蛎蚶、番茄、石梨、贪酒、乞头、番狗、贡牛、生疥、奉成、陈臭头、方吊丁、莫番娘、蔡毛毛、蔡三目等。二是捐款的数目多数用流传于民间的花码数字表述，如0—10的写法为：〇、丨、丨丨、丨丨丨、乂、𠄌、亠、亠亠、亠亖、夂、十。

---

① 《天妃宫重建碑记》2012年。

2. 太师府

太师府主神为江太师,该神明的由来颇有传奇色彩,据《太师府重建碑记》记载:"公元一九二三年,浙江北中山'神木'漂泊至浯屿岛,显圣,善驱鬼邪,佑黎民,灵感四方。村民□□师雕像供奉,结社'太师盟',岁月沧桑,香火绵延不绝。"在中国民间,造神的模式五花八门,其中"神木"(或神像、浮石、浮尸等)从远处漂流到某村落、港口,徘徊不去,或显灵驱邪降妖,遂被当地百姓奉之为神明的故事相当常见,也是中国民间重要的造神模式之一。然而,碑文记载语焉不详,有不少疑问,诸如被雕刻成江太师的"神木"是怎么知道从"浙江北中山"漂流而来?"浙江北中山"在哪里?为何称"江太师"?当时信众结社"太师盟"是怎样的组织?这些问题有待进一步调查。

图 3-13　三宝殿内供奉的神明

1988 年 4 月,太师府重建,面积约 80 平方米,共花费 13 万元(图 3-14、图 3-15)。捐款者除了浯屿的村民、渔民、商人外,还有:台湾

图 3-14　江太府

图 3-15　江太府供奉神像

基隆的林佬狮、高雄的张文顺，广东南澳的五十三只渔船船主，[①] 说明太师府的信众并不局限于浯屿岛。

3. 邢府庙

邢府庙坐落于村落边缘，又称王爷庙，供奉邢王爷等五王爷（图3-16、图3-17）。福建地处亚热带，气候炎热潮湿，在古代福建，瘟疫经常流行。尽管古代中医相当发达，但对瘟疫这一急性传染病却束手无策，一旦染病，十有九死，百姓极端恐惧，故塑造大量瘟神，希冀借助超自然的力量来消弭瘟疫。在闽南广大地区，王爷信仰广为流传。闽南地区的瘟神俗称"王爷"，多冠以姓氏，常见的有赵、康、温、马、萧、朱、邢、李、池、吴、范、姚、金、吉、玉、岳、魏、雷、郭、伍、罗、白、纪、张、许、蔡、沈、余、潘、陈、包、薛、刘、黄、林、杨、徐、田、卢、谭、封、何、叶、方、高、郑、狄、章、耿、王、楚、鲁、齐、越、龙、殷、莫、姜、钟、韩、沐、虞、苏、宋、骆、韦、欧、沈、廉、侯、周、万、萍、琼等100余姓王爷。王爷庙遍布闽南各地，一座庙供奉三尊王爷

---

① 《"太师府"重建捐款碑记》。

塑像的称"三王府",供奉四尊王爷塑像的称"四王府",供奉五尊王爷塑像的称"五王府"。

图 3-16　邢王府

图 3-17　邢王府供奉的王爷神像

4. 土地公庙（3座）

　　浯屿岛有3座规模不大的土地庙（图3-18、图3-19、图3-20），供奉福德正神，建造时间均不详。

图3-18　浯屿岛土地庙1

图3-19　浯屿岛土地庙2

5. 私家庙宇

除了公共宫庙外，还有两处私家供奉的神明，对外开放，成为公共祭祀的对象。其中一处供奉主神为城隍，是从娘家镇海迎请来的，陪祀神有王母娘娘、观音、关帝、魁星、土地公等。原来住在别处，来拜拜的人很少。二十年前搬到现在住处，增加签占和解签，有些渔民造船时，来此求签占卜能否成功，特别灵验，结果一传十，十传百，香火逐渐旺盛起来。每天都有人来拜拜或求签，女主人整天守候在家，为人解签占卜。

另一处私家庙宇的女主人叫蒋碰治，70多岁，当地人，全家四男一女，均为渔民。其家中供奉主神为三宝，还有南海观音、准提佛祖（从五台山请来）、关

图3-20 浯屿岛土地庙3

帝、妈祖、土地公、哪吒等（图3-21）。据蒋碰治说，1969年前后，当地驻军奉命参加援越抗美，妈祖骑着白马两次曾托梦于她，要她给每位士兵赠送红枣和桂圆干，这样可保平安并打胜仗，她不顾当时巨大的政治压力，按照妈祖指示办，出征的官兵深受感动，结果两次都打了胜仗，官兵凯旋后，非常感谢她。蒋女士还有许多妈祖托梦显灵的故事，包括"文化大革命"期间如何保护妈祖塑像的故事。由于经常讲述这些非常生动的故事，当地百姓信以为真，对其家中供奉的妈祖特别崇奉，经常有人来拜拜。蒋碰治女士的生活阅历非常丰富，能说会道，足迹遍及祖国名山大川。

凡是来私家庙宇祭拜的人，会送若干香火钱，也会带来香烛供奉。

图 3-21 私家庙宇的布置

第四节 浯屿岛民众的日常宗教信仰与大型祭典和游神活动

一 家庭的日常宗教信仰活动

自古以来，浯屿岛是渔村，海洋渔业是其主要经济来源。当男人们成年累月出海捕鱼时，妇女们则在家翘首以待丈夫、儿子们满载而归。对于海岛的妇女来说，生活的压力非常大，天天过着提心吊胆的生活。一旦天气骤变，特别是遇到风暴，妇女们更是抓狂，只能求助于神明保佑了。因此在浯屿岛，家家户户的厅堂都布置神龛、神案，供奉着各种神明，摆列着各色祭品，绝无例外。

笔者采访了十多户渔家，对各家厅堂的神龛、神案和供品等做了详细的调查（图3-22），发现多数渔家的厅堂的布置大同小异，正面的墙壁上并排挂有装在玻璃框内的西方三圣（阿弥陀佛、观世音、大势至）的大幅神像，图片下方的长条神案上摆放神龛，神龛左右有花瓶或灯烛，神龛前还有一张方形神案，摆放着香炉和祭品等。方形神案前方都有一条红色的绣着"金玉满堂"字样的桌裙装饰，显得喜气红火。至于神龛中供奉的神明，则不拘一格，诸如妈祖、王爷、观音、关帝、土地公、哪吒等，有趣的是，神龛中最常见的不是妈祖，而是观音、关帝和土地公。

图 3-22 寻常百姓家的厅堂神龛、神案和祭品

据家庭主妇说，她们每天早晚烧香，每月初一、十五供奉新祭品。每逢神明诞辰等节庆要举行简单的祭祀仪式，供奉五斋六果（观音、妈祖诞辰），或三牲（关帝诞辰）。渔船出海时，要在家举行比较隆重的祭祀仪式，祈祷顺风顺水，满载而归。在她们看来，男人们能够航海平安、家庭能兴旺发达均依赖神明保佑，所以，非常虔诚，经常到各宫庙烧香礼拜，参加各宫庙的祭祀活动，最经常去的宫庙是妈祖庙。近年来，由于经济发展较快，家庭比较富裕了，不少妇女不止一次（俗信要连续三年）到浙江普陀山和莆田湄洲岛朝圣。

值得注意的是，在浯屿岛的家庭妇女中，许多中青年妇女也积极参与到宗教信仰活动中，其热情之高，一点都不亚于老年妇女，当笔者询问年轻妇女为什么要拜拜神明时，她们都说是老祖宗留下来的传统，不能丢，形成了较好的文化传承态势。

二 渔业活动中的宗教信仰活动

浯屿除了是军事要地外，自古以来，百姓的主要经济来源是渔业生产。渔民一方面文化程度低，新中国成立前多数渔民没有接受过学校教育，笔者采访十多名七八十岁的老渔民，基本上是文盲，初小文化的都很少。另一方面由于航海技术、造船技术等原因，出海捕鱼存在着比陆地农业生产更大的风险，无论是渔民还是他们的家属都经常生活在恐惧之中，随时有可能船毁人亡，因此，自古以来渔民对神明十分信仰。

在使用木制渔船时，渔民们把船当做自己的家，甚至把船看做是自己的生命，在制造渔船时，就自始至终有种种信俗和禁忌。如造船的选料十分讲究，要请师父作法；开工时，要选择吉祥日子，并举行开工造船仪式；造船过程中，有种种禁忌，每月初二、十六要祭祀土地爷或鲁班；船只造好后，要举行竣工仪式，祭拜一番；船只下海时，也要选择良辰吉日，并请师公来为船目开光，祈求顺风顺水。在每只渔船的驾驶舱内还设立小神龛，供奉各种神明，随时祭拜。每次出海捕鱼前，船老大必定要备上若干祭品到妈祖庙等宫庙烧香礼拜，祷告顺风顺水，满载而归。出海作业期间，早晚由船老大代表全体船员到船舱内的神龛祭拜，祈求平安，捕鱼丰收。若捕获到鱼群，船老大也要到神龛前烧香祭拜，感谢神明赐福。若遇到风暴等，就不分船老大还是船员，也纷纷求助于神明保佑。由于船上的物资匮乏，祭拜仪式简单，一般只是烧三根清香，三盏清茶而已，没有其他祭品。

1959年农历七月十九，浯屿发生历史上最大的海难，据说因台风转移岛民到大陆避难，在满载妇女小孩的十三只渔船中，有八只翻船，七十多人遇难（当时全岛只有二千余人口），损失惨重。[1] 此事不但给浯屿人民的心灵投下巨大的阴影，[2] 而且改变了他们的生产方式。在政府的大力帮助下，开始使用机帆船。机帆船的船体虽然没有增大，但用柴油机作为

---

[1] 关于此次海难的原因，另一说是电话传达有误，把"风台"（闽南话为"台风"）说成是"风炮"（闽南话为"金门打炮"，当时厦门和金门互相炮击），故转移岛民到大陆避难，不幸遇到台风，发生海难。此说似乎更加符合情理和可信，因为历史上从来没有发生过因台风转移人口到大陆避难的事情。

[2] 受访者就有亲人遇难，至今回忆此事仍悲伤不已。

航行动力,辅以风帆,使得捕鱼作业的范围大大扩大,航海安全性也大大增加了。但是,渔民的渔业活动中的所有的宗教信仰仍然保留下来,即使在集体化生产中也不例外,所不同的是船目不安在船头外部而安在船舱内,祭拜者由原来的船老大变成生产队长罢了。

1982—1983年,随着改革开放的深入发展,浯屿岛的生产方式再次发生巨大变化,原来的机帆船逐渐被淘汰,改为中、大型的远洋捕捞船,并安装雷达、卫生导航仪、对讲机等现代航海设备。但据渔民介绍,所有的动力捕捞渔船的驾驶舱内都设有神龛,供奉的观音、妈祖、关帝、王爷等神明,定时祭祀(图3-23)。笔者登上一艘动力渔船调查,证实了这种说法。神龛位于驾驶台的背后,面对正前方,高约1米,宽0.8米,神龛内供奉主神为关帝和妈祖,陪祀神有哪吒、关平、周仓等,神龛上方雕刻"佛光普照"字样,神龛前方摆有香炉和三杯清茶,神龛背后贴有"西方三圣"图画。船舱中神龛的基本设置与家中大厅的神龛大同小异(因船舱面积小所限制,多是压缩版)。在休渔或岛上生活期间,渔民积极参与岛内的各种宗教信仰活动,船老大更是大笔捐资修建宫庙、资助各种祭拜和游神活动。

图3-23 驾驶舱内的神龛与神像

令人困惑不解的是，在造船技术、航海技术和渔民的文化水平都有质的改变，出海捕鱼的安全系数应该说会有大幅度增加的背景下，浯屿岛渔民的宗教信仰活动不但没有削弱，反而得到加强，信仰神明的态度也更加虔诚了（图3-24）。老渔民蔡先生的一番话也许可以帮助我们找到答案，他说："虽然以前航海技术落后，船只较小，但是由于世代讨海打鱼，天赋秉性，航海捕捞技术父子相传，兄长手把手教，远远听到海浪声音就能判断海浪大小；观察天上云彩，也能对天气变化有所预测；碰到事故多发地段，都会心中有数，并且互相提个醒，也可避免许多事故的发生。现在有了大吨位船只，看上去安全系数增加了，但实际上未必，因为船上渔民大多雇佣外省的工人，这些新工人有的连海都没有见过，更不要说出海打鱼了，捕捞技术不熟练，海上航行经验缺少。而海上未知的变化太多，需要靠经验来应对，所以，从这个意义上说，现在的渔业作业风险不是减少，反而是加大了，危险系数反而大了。近年来，浯屿岛每年都会发生几起事故，当然不是因台风而发生的事故，而是拉网啊或船体不稳等原因雇佣的外省工人渔民掉到海里，或伤或

图3-24　渔民仍在大型渔船上祭祀神明

死。而发生一起意外死亡事故，除了精神上不痛快之外，五六十万元的财产损失是免不了的。即使已经有在保险公司参保，船主也要损失一二十万元，还要耗去大量的时间去打官司，处理后事等，严重影响正常的生产。另外，现在造一艘船，尤其是大吨位的船只，成本很高，多数船主要向国家贷款五六百万元，单利息和还贷就是一种无形的压力。这种巨大压力与以往的只求温饱的生存压力相比，有过之而无不及。所以，船老大和渔民们就越来越迷信了。"

三 大型祭典和游神活动

浯屿岛的多座神庙中供奉着诸多的神明，每逢这些神明的诞辰或成道日等，便举行规模不一的祭典或游神活动。浯屿岛最大的祭典和游神活动无疑是妈祖生日和王爷醮。

（一）天妃宫祭典

前面说过，妈祖信仰在浯屿岛具有悠久的历史，其信仰基础最为深厚，所有的浯屿百姓都宣称信仰妈祖。每逢农历三月廿三妈祖诞辰时，必举行隆重的祭典。近年来，随着浯屿经济的繁荣，妈祖诞辰祭典的规模越来越大，其热闹程度不亚于过大年。特别是2012年，浯屿天妃宫重建落成，天妃宫董事会举办了重建落成庆典和湄洲妈祖庙进香谒祖等规模空前的大型庆典活动，至今百姓仍津津乐道。

1. 浯屿天妃宫的重建落成庆典

浯屿天妃宫的重建，无疑是浯屿岛百姓的一件大事，几乎所有的岛民都参与重建活动，或捐钱，或捐物，或当义工。历时三年的重建，终于在2011年7月落成，天妃宫焕然一新，规模空前，岛民们自然要好好庆祝一番，祈求妈祖保佑浯屿岛的渔业一年比一年强，保佑全村平安发大财。经过数月的认真筹备，浯屿天妃宫重建落成的隆重庆典于农历二月初二如期举行。

重建的浯屿天妃宫张灯结彩，洋溢着节庆的气氛。只见天妃宫大门紧闭，大门外的水泥埕上摆放两张供桌，供桌上供奉着三牲之类的祭品。天妃宫前人山人海，全体岛民休渔休业，穿着盛装，扶老携幼参与庆典。傍晚,庆典正式开始,先是由本村妇女组成的身穿红色服装的女子腰鼓队和身穿戏服的女子凉伞队的精彩表演,进一步烘托喜庆的气氛。接着,老道士在宫门前诵念经文,画符念咒,并挥舞宝剑,以道教法术打开宫门后,在主祭和两名道士的带领下,二三十名福首(多为老汉,戴黑礼帽,穿蓝色长袍,佩带写有"浯屿天妃宫"字样的红色绶带)鱼贯进入天妃宫内(图3-25),来宾和善男信女也随后涌入,烧香祭拜一番。宫内摆放许多供桌和供品、鲜花,点燃着香烛,在辉煌灯火的映照下天妃宫显得更加富丽堂皇。尔后,道士和福首又回到宫外,继续举行漫长的祭祀仪式,直到天亮。其间,浯屿岛各宫庙还抬着神銮、挑着祭品陆陆续续前来进香祭拜。最后,伴随着轰鸣的鞭炮声和璀璨的烟火,以及腰鼓队、凉伞队的精彩表演(图3-26),庆典徐徐落下帷幕。据当地老人回忆,此次庆典是浯屿岛有史以来规模最大、最隆重的庆典。

图3-25 在道士的引导下,福首和信徒鱼贯进入重建的天妃宫

图 3-26 天妃宫重建落成庆典

2. 湄洲妈祖庙进香谒祖

为了配合浯屿天妃宫重建落成，2012年农历三月廿一日，在董事长蔡志明的率领下，数百名善男信女抬着妈祖神像，浩浩荡荡前往莆田湄洲岛妈祖祖庙进香谒祖。当天上午启程，启程前举行隆重的祭祀仪式，尔后进香队伍依照神旗、香担、凉伞队、腰鼓队、妈祖神銮、王爷神銮、抬着披红结彩的全猪、善男信女的顺序行进，一路上，边行进边轮流表演凉伞舞和腰鼓舞。到达湄洲妈祖庙后，举行隆重的进香谒祖仪式，请回湄洲祖庙香火。凉伞队和腰鼓队还在祖庙附近的广场上表演一番，既酬神也娱人。傍晚，进香谒祖队伍回到浯屿，众多百姓沿途跪迎妈祖回宫，并举行隆重的进香谒祖回銮仪式（图3-27）。此次进香谒祖的口号是"千里寻根妈祖缘湄洲是故乡""浯屿人民同谒妈祖共享平安""浯屿妈祖保佑全村平安""浯屿渔业一年比一年强"。

图3-27　前往湄洲妈祖庙进香谒祖

(二) 王醮庆典

所谓"王醮"即包含送王爷船在内的大型王爷祭典。古代福建各地祭祀瘟神的活动经常进行，祭典十分隆重，特别是瘟疫流行时，更是闹得沸沸扬扬，其中送王船（又称"出海"）最为热闹。民国时期，送王船仍时常进行，其信俗延续至今。闽南地区的瘟船多为木制，俗称"王爷船"或"彩船"，旧时泉州南门富美宫旁有专门制造王爷船的作坊，每造一条王爷船，都要举行各种祭祀仪式，诸如聘请师傅、选择材料、船体大小、开工时间、安放神位、下水时辰等，都必须在萧太傅神像前扶乩或卜筶来决定，谁也不敢任意变动。王爷船一般长二三丈，能载重二三百担，中部设神位，正中为主神，左右为配神，每条船上供三位或五位或七位王爷神。船的两旁插有大牌、凉伞、彩旗和刀、枪、剑、戟等兵器。神座前陈列案桌，供奉各种祭品和纸扎的人役、乐队等。后仓装有柴米油盐和药材、布料等日常生活用品。船上还放养一只白色公鸡和一至三头公羊。王爷船从富美渡头下水，先由佩带符箓的水手驾驶出海口，然后在海滩停泊，择定方向，水手将佩带的符箓焚化，并祷告，寓意将王爷船交与神明，然后张帆起锚，水手上岸，任凭王爷船随风逐浪而去。①

　　浯屿岛的王醮由来已久，新中国成立后一度中断。改革开放以后，随着浯屿经济的繁荣和宗教信仰热情的高涨，2000年开始恢复五年一度的王醮的信俗，至2012年已经举办四次，称"第四任王醮庆典"。对于王醮庆典，浯屿百姓倾注极大热情，组成36人的会首负责王醮庆典，其中旨醮首5人、王爷首5人、三关首3人、普渡首5人、采船首5人、头家首8人、坛主2人、总理3人，各负其责。王醮庆典是一件很神圣的事，醮首都是通过卜筊由王爷选定，为王爷服务，自始至终都是义务的，不能也不敢推辞。对于王船的制作，要严格遵循传统信俗，不敢有半点疏忽。年逾古稀的陈师傅原来是造船师傅，不但会造传统的木帆船，还参与现代动力船的制造工作。2000年以来，他先后四次都参与了王船的制作，第四次王船制作由他总负责，因此对于王船的制作过程，他十分熟悉。据他介绍，参与制作王船的师傅也是通过卜筊由王爷选定，完全是义务的。王船的制造日期也由神明选定后，就开始到石码购买材料，其中选购龙骨特别讲究，有诸多仪式。在龙骨从石码轮渡搬运到浯屿的途中，都不允许任何人的脚随意跨过。龙骨运到浯屿岛后，从船上卸下，必须由三十六个会首搬运到指定的王船制造厂。选定吉日开工，要举行隆重的开工仪式。王船总长7.6米，制作工艺、材料都与真船完全一样，绝对不能也不敢有半点马虎和偷工减料，剩下的材料包括木屑也不能拿回家，否则会受到严厉惩罚的。大家相信，冥冥之中王爷在监督他们。按照习俗，造王船时，除了会首外其余民众都不敢也不允许进入造王船的地方，要把工厂的门帘放下来，不让外人看到制造过程。每天开工前，船老大要带领造王船师傅到邢府庙领取令旗，傍晚收工时再由船老大带领造王船师傅送还令旗。在制造过程中，初二、十六日和树桅杆、安龙目等环节都要举行祭祀仪式。王船制作后，还要进行彩绘、装饰，精雕细琢，使之具有可观赏性，一只王船的制作需要用工120多天，仅材料费耗资3万多元（工时为义务）。陈师傅强调，浯屿岛的王船制作严格按照传统工艺和信俗，真材实料，如果愿意的话可以下海航行，自古以来在厦漳一带都非常有名。如今，懂得此制作工艺和信俗的师傅少之又少，其传承令人担忧。

---

　　① 陈晓亮、万淳慧：《寻根揽胜话泉州》，华艺出版社1991年版，第100—101页。

图 3-28 2012 年王醮庆典

2012 年农历十二月初四，浯屿第四任王醮庆典（图 3-28）正式开始。与往常不同的是，此次王醮庆典增加了王船巡街环节。上午，王船出发地浯屿村渔民活动中心人山人海，穿着节日盛装的善男信女早早就聚集在这里，除了腰鼓队、凉伞队的精彩表演外，还增加了小学生组成的小号队表演，特别引人注目。披上盛装的王船被安装在可移动的装置上，四位身披绶带的船老大和船工站立在王船海上，各司其职，整装待发。上午 8 时，道士主持的简单祭祀仪式后，王船在福首等善信簇拥下缓缓绕活动中心三圈后，开始巡街游行，善男信女拿着三炷清香尾随其后，形成一条数百米的长龙。沿街沿途百姓恭迎祭拜，鞭炮声不绝于耳。最后，王船被善信推到海边的沙滩上，绕沙滩三圈后，被安放在堆积如山的金银纸上，并在道士的主持下，伴随着轰鸣的鞭炮声和欢呼声以及冲天的烟花而焚化（图 3-29），称之"升天"。

图 3-29 正在焚化的王船

值得注意的是，随着医疗卫生事业的发展，瘟疫已经成为历史，王爷职能也从原来的瘟神变为海岛保护神，原来驱逐瘟疫的王醮庆典，变为祈求："风调雨顺、渔业丰收"；"财源富足，社会和谐"；"各行各业，兴旺发达，万事吉祥"；"上天赐福，保佑社稷更平安，渔家更富有，社会更和谐"。

综上所述，浯屿地理环境相对闭塞，自古以来一直以渔业为主，文化教育相对低下，岛民对神明的依赖性相对强烈，民间信仰兴盛且较好地得以延续。改革开放以来，浯屿的社会虽然发生巨大变化，特别是经济出现前所未有的大繁荣，但岛民的文化水平没有得到质的提升，积淀深厚的民间信仰习俗仍然具有强大的生命力和影响力。由于购买大型渔船的巨额借贷和日趋激烈的行业竞争等原因，当下浯屿岛民的生活压力不但没有减缓，反而加大了，在经济繁荣的背后充满危机感。在这样的背景下，岛民只能利用已有的条件来缓解精神压力，以他们最熟悉的传统方式即透过民间信仰来寻求精神慰藉，妈祖信仰的传承和弘扬，王醮庆典的恢复和变化，其他神明信仰的兴盛和发展，都从一个侧面反映了浯屿岛民亘古不变的"风调雨顺、渔业丰收"的基本诉求和美好愿望。古人云"礼失求诸野"，从浯屿岛的传统文化的延续与复兴可以找到很好的例证。[①]

[①] 我们在浯屿的田野调查中，始终得到退休小学教师蔡福乐先生的大力帮助，还提供不少资料，深表感谢！

第 二 章

传统的变迁与转型:东山岛民间信仰

第一节　东山岛的地理位置与铜山所的兴废

东山岛位于北纬 23°33′20″—23°47′14″、东经 117°18′10″—117°35′44″，地处福建南端，北通漳厦，南接潮汕，西和西北与诏安、云霄毗邻，东邻台湾海峡，为福建省第二大岛，是著名闽南渔场和粤东渔场交会处（图3－30）。

东山岛以山名为岛名，《读史方舆纪要》记载："漳之东有一岛，岛上有一青翠高耸之山，曰东山。"或说因其"屹立于五都之东，始曰东山"[1]。东山岛明初称铜山，"以其连铜坑、铜钵，故易其名"[2]。"一曰铜陵，又曰铜海。"[3] 又云明初周德兴建造所城，"公素谙地理，知铜浑噩，无愧于太古遗风，故取出铜之首山者以名焉，意谓铜山者，外卫所之山者乎"[4]。东山岛形似蝴蝶，故又称"蝶岛"。

明代之前，东山岛默默无闻，鲜为史家提及，直到明代，东山岛作为防倭重地才得到大规模开发，开始走上历史舞台。明初，朱元璋在中国东南沿海设立诸多的卫所等军事机构，以抵御倭寇侵扰，东山岛因"地居海中，为东南门户"[5] 的特殊地理位置，而成为水寨和千户所城的所在地。志称：东山"东控厦海，西翼潮阳，北犄三都，南临沙岛，尤足以

---

[1] 乾隆《铜山志·铜山所志旧序》。
[2] 乾隆《铜山志》卷一《方域志》。
[3] 民国《东山县志》卷一《地理志》。
[4] 乾隆《铜山志·铜山所志旧序》。
[5] 民国《东山县志》高登艇"序"。

图 3-30　东山县行政区划图

资国家金汤之寄"①。洪武二十年（1387年）建铜山水寨，寨址在井尾澳，景泰年间迁移铜山西澳。②洪武二十一年设铜山千户所，原初城址在龙潭山，因离海岸太远，不利于防御倭寇侵扰，洪武二十五年迁千户所城于铜山岛西北角，隶属于镇海卫。志称："铜山者，明防倭之水寨也。环海为区，屹立于五都之东，始曰东山，东坑乡牧野也。太祖洪武二十年命江夏侯周公德兴建外卫所，分成官军，以御倭乱。当其至铜也，初在龙潭山开筑城址，后以地势深入不能外阻，故进其城于东山。"③关于铜山所城的规模，《铜山志》有详尽的记载："铜之镇城，明洪武二十年江夏侯周德兴奉诏建设于兹，虽因天险之胜，而实埔实墼无可缺者。故砌石为城，临海为池，其万世不拔之利矣。城立四门，东曰晨曦，西曰思美，南曰答阳，北曰拱极。周围五百五十一丈，高二丈一尺，女墙八百六十四，窝铺十有六。西南各建楼，东北临海二门俱闭塞。"④按照当时的卫所规制，铜山所始建之初，有"军一千二百名，百户十员，千户四员，佥事

---

① 民国《东山县志》徐世英"序"。
② 乾隆《铜山志》卷三《武备志》。
③ 乾隆《铜山志·铜山所志旧序》。
④ 乾隆《铜山志》卷二《建置志》。

一员，皆聚处于城中"①。最初守卫铜山水寨和铜山所的兵士由镇海卫"调漳军戍之"，由于离家太近，常常回家居住，"多不在伍"，严重影响防倭功能，所以到了洪武二十六年，周德兴决定用兴化军取代漳军，所谓"二十六年，周公又至，去漳军而以兴化军易然，以是铜之祖皆以兴化府人也"②。

明中期，由于倭患炽烈，为加强防御倭寇的侵扰，一方面铜山所城多次修建或扩建，完善防御功能（图3-31）。志书记载："城环山而起，三面距海，惟西南隅平旷与五都接壤耳，其周围八百六十有四垛，其门有四，其窝铺十有六间，西门之外为教场，演武亭一座，练军伍也。西门之内，浚四官井，防火攻也。西南之外开四大池，危地势也。演武亭西另浚一井，资军用也。西出之水，流南沟而入池以归于海，制南方火山高耸也。"③ 城外有水寨署，"在九仙山阴之麓，离城里许，周围五十丈"。陆寨兵营"在古五里亭，万历五年筑营于官路，中有官舍，旁列兵营一百所"④。另一方面为了加强汛期的防御力量，铜山所的驻扎军队数量也大大增加。嘉靖三十八年（1559年），增设南路参将，管辖漳州、镇海二卫，并浯屿、铜山二寨，前部左营即铜山浙兵和前部右营即陆鳌土兵，每逢汛期常驻扎铜山。万历九年（1581年），设铜山浙兵营，"自铜山以至诏安、悬钟等沿海，由甘岭、凤山寺等孔道皆其哨守，有事铜专听调度征剿。原设营将名色各邑，把总一员，官兵四百五十员名，俱戚参将义乌兵所分戍，营因以名"⑤。

明末，随着国力衰退和政治腐败，沿海水寨从海岛迁到沿海，驻军数量剧减，海防体系形同虚设。万历末，铜山千户所的驻军数量也由明初的一千二百多名减少至三百六十七名，将士惮于出海打仗，倭寇、海盗又猖獗起来，经常骚扰东南沿海，百姓苦不堪言。自嘉靖二十八年至崇祯七年，倭寇、海盗侵扰铜山岛达十六次之多，百姓的生命和财产损失惨重。特别是明天启、崇祯年间，海寇多次登岸掠城，铜山衙署兵营被毁殆尽，

---

① 乾隆《铜山志·铜山所志旧序》。
② 同上。
③ 同上。
④ 乾隆《铜山志》卷二《建置志》。
⑤ 乾隆《铜山志》卷三《武备志》。

图 3-31　铜陵古城一角

百姓"焚杀甚惨"①。铜山所随着明代的卫所制度的崩溃而退出历史舞台。

然而,由于东山岛地理位置特殊,自古以来就是兵家争夺之地,因此,尽管明代的所和水寨的制度废除了,但清代、民国时期乃至当代都有驻扎军队,有时驻军规模还超过明代的鼎盛时期,如清代初年,"设总兵,铜兵官三千名,城守营兵一千名,共四千名。康熙二十四年奉裁城守名一千名。先是二十三年,改镇为协,裁中左二营,设官兵一千名、六百员名。三十一年,改协为营,独设游击一员,官兵驻铜者六百七十四名,分防悬钟等,汛者三百一十名,共九百八十四名。四十八年,添设守备,带来汀兵二百一十六名,补足一千二百名数"②。

第二节　东山岛的人口、家族与社会经济

据考古发掘资料,东山岛早在旧石器时代晚期就有人类生息繁衍。先秦时期为闽越族地,秦王嬴政三十三年(公元前 214 年)属南海郡东境,

---

① 民国《东山县志》卷二《大事记》。
② 乾隆《铜山志》卷三《武备志》。

秦末为南越王赵佗据地。汉高祖十二年（公元前195年）属"南海国"，汉元鼎六年（公元前111年）属南海郡揭阳县，东晋义熙九年（413年）隶于广州义安郡绥安县。隋开皇十二年（592年）绥安县并入泉州（治今福州）龙溪县，东山隶于龙溪县。唐垂拱二年（686年）陈元光开发闽南，奏请在泉、潮之间建漳州，立怀恩、漳浦二县，东山属漳州怀恩县。唐开元二十九年（741年）撤怀恩县，东山隶属漳浦县。一些渔民因避风浪等暂居于此，所谓"考上之世，吾铜乃海外岛屿，为渔人寄居，民未曾居焉"①。宋代，隶于福建路漳州漳浦县，政府在东山设驿铺，驻扎军队，百姓开始定居于此，兴农渔，制陶瓷，建寺庙。宋末，元兵追杀宋帝赵昺至东山，肆意烧杀，社会经济文化遭到严重破坏。元朝，隶于福建行中书省漳州路漳浦县，有金、丁、马、铁等姓氏渔民聚居于东北隅是。②

明代初年，东山岛设立千户所，岛上的居民主要是将士及其家眷，还有少数的民户。明代中后期，由于社会相对安定，人口繁衍，吸引不少外来移民来此定居，人口增加到4万多人。志称："调军以来（指洪武二十一年设立千户所），至崇祯甲申二百年余年，休养生息，户口繁庶民，无桑麻之乐，而有鱼盐之饶，士弦教民殷富，科甲联登，是亦海岛之胜区也。"③

明代末年，东山岛深受海盗的侵扰，百姓的生命和财产损失惨重。清初，郑成功屯兵岛上，建立反清复明的军事基地，东山岛成为战场，民不聊生。顺治十八年（1661年），郑成功的部将"郭义、蔡禄叛变，俘掠子女万数人入云霄降清"④。康熙三年（1664年），驻铜山的郑军部将黄廷、余宽又叛郑降清，驱逐百姓32400多人迁往内地。特别是康熙三年（1665年），清廷占领东山，下令迁界移民，强行迁徙百姓到内陆，房屋、船只悉数焚毁，不许寸板下水，以此来割断沿海百姓与郑成功军队的联系。清初的迁界对东山岛的打击几乎是毁灭性的（图3-32），明朝苦心经营二百六十余年的"花锦文献之地顿成丘墟，不能不令人涕泪交颐也"⑤。

---

① 东山关帝庙理事会编：《东山关帝庙志》，东山风动石管理处2007年版，第21页。
② 东山县地方志编纂委员会编：《东山县志·概述》，中华书局1994年版，第2页。
③ 乾隆《铜山志》卷一《方域志》。
④ 民国《东山县志》卷二《大事记》。
⑤ 乾隆《铜山志·铜山人物志序》。

图 3-32 "奉旨迁界"碑

康熙十九年（1680年），清廷在东山岛复界，修建城池，流落内陆的东山岛民陆续回归故里，重建家园，但"散而归者，十存二三"①。面对着一片废墟，总兵黄镐实行一系列有利于经济恢复和发展的政策，《大都督鼎翁黄公兴庙惠民功德碑记》："公见哀鸿甫集，嗷嗷待哺，内地犹遏籴也，则驰檄以疏转输之运；庐舍被占住也，则禁饬以还旧居之民。铜人之望海为田也，听民之小艇捕采以厚其生；知营建之劳费也，不役民而佣兵；知百姓之贫困也，每遇徭役，不索民间，而出私帑；知兵强而民弱也，则号令霜严，兵畏其威；受廛乐利，民怀其惠。且赋性恺悌，宅心慈祥，而礼士敬老；凡有利病，则进衿耆而询之。故利无不兴，弊无不革，其劳来善政，难以枚举。不数月间，不独铜之旗旄倪相率安集，远而闻风

---

① 民国《东山县志》卷二《大事记》。

者亦莫不襁负而踵至矣。"① 在勤劳的东山岛先民的共同努力下，社会经济文化逐渐得到恢复，"兹将届百年，圣化熏蒸，而四方辏辏，民居复渐渐稠密矣"②。

与此同时，东山岛新的社会秩序得以重构。一方面，在关帝信仰的共同旗帜下军户最终完成向民户的转变（下详）。另一方面，家族组织得到迅速重建。明代后期，东山岛已经形成一些有一定影响的家族。如南屿陈氏家族原为军户，祖籍莆田县东厢龙陂社，始祖陈苟住明初从莆田平海卫莆禧千户所调来铜山，退役之后归原籍。其子陈德光、陈德明留住铜山岛南屿。从事农业。至天启年间传至七世，丁口已有上百人。明末，陈氏家族开始建祠堂（图3-33），修族谱，拥有了一定数量的族产。③ 明天启年间，东山岛六支不同衍派的陈氏还进行联宗，"各房派共建家庙于城中顶街，崇祀元光祖偶像与开铜始祖神位，享祀春秋二祭"④。

图3-33 陈城乡陈氏宗祠

---

① 东山关帝庙理事会编：《东山关帝庙志》，东山风动石管理处2007年版，第22页。
② 乾隆《铜山志》卷一《方域志》。
③ 参见郑榕《铜山：一个军户社区的变迁，1368—1949》，硕士学位论文，厦门大学，2006年，第16—17页。
④ 《铜山陈氏澎湖衍派族谱》，转引郑榕《铜山：一个军户社区的变迁，1368—1949》，硕士学位论文，厦门大学，2006年，第17页。

除陈氏外，林、沈、何、孙、张、胡、黄、程、许、徐等也是当地有影响的家族。清初的迁界，导致东山岛刚形成不久的家族解体。复界后，为了更好地重建家园，争夺更大的生存和发展空间，人们聚族而居，家族组织得到迅速重建。《南屿陈氏族谱》载："国朝康熙三年甲辰，铜被迁移，西平藩统大兵至铜山勒迁，摧城焚屋，居民逃窜，惨甚不堪，祖祠焚毁，屋舍丘墟，而坟墓亦复凄然，族人分散各处不可胜纪。十九年乙卯，始复界，族人复鸠集铜山，止略过半。二十三年甲子，重建大宗祠，仍就旧址，筑板进一座三间。二十五年丙寅，安设口祖考妣神位复立春秋祭祀。"① 其他一些宗族组织，也陆续重建，成为"对政府薄弱的基层社会管理的补充"②。

清雍正十三年（1735年）至1915年，东山归诏安县辖。其间，东山的人口逐渐增多，到1916年东山正式建县，其人口约8万人。与中国其他内陆地区相比，"东山人口处于高出生率、高死亡率、低自然增长率、低素质的状况"③。民国时期，东山县战乱、瘟疫、自然灾害频繁发生，社会动荡不安，人口流动性大，至1941年，全县人口85427人。④ 而到1950年全县人口不增反降，只有84150人，与民国初年基本持平。1950年之后，东山县的人口剧增，1988年全县人口173647人，共有161个姓氏。⑤ 林、陈、朱、王、沈、何、许为大姓，其中林姓人口最多，近3万人，分布在28个自然村。2011年年末，东山县人口增至21.2万人。

东山岛地多沙土，干旱频仍，风沙灾害严重，水源缺乏，不利于农业发展，自古以来农业经济都不占主导地位，粮食不能自给，大约一半要从岛外输入。而东山岛海域辽阔，海产丰富，是著名的闽南渔场，以海洋捕捞为主的渔业是东山的支柱产业。同时东山也是著名的盐场，明清以来，盐业一直为东山的重要产业。另外，由于东山岛海上交通发达，"近通杜

---

① 参见郑榕《铜山：一个军户社区的变迁，1368—1949》，硕士学位论文，厦门大学，2006年，第16—17页。
② 同上书，第25页。
③ 东山县地方志编纂委员会编：《东山县志》卷三《人口》，中华书局1994年版，第88页。
④ 民国《东山县志》卷一《地理志》。
⑤ 东山县地方志编纂委员会编：《东山县志》卷三《人口》，中华书局1994年版，第87页。

浔、云霄、漳浦、诏安，远通日本、吕宋、暹罗、直沽诸番国，下达湖广，上达福温苏锦诸州，东望际天，渺不知其所极焉"①。因此，明清以来一直是闽南商品出口的重要口岸之一，"当海禁未开时，商人集巨资，驾帆船，北上而至宁波、上海、天津，东驶而至台湾、澎湖，运载货物，以销售于邻封者，为数至巨。他如西南沿海一带，素丰于盐，帆船广艇，采运南下，而至柘林、汕头、广东，以博厚利者，亦繁有徒"②。民国初年，东山已形成相当规模的商业社会，当时巡按使在建议增设东山县的文件中写道："全岛人口七八万之间，业工商于南洋者亦近万人以上。人习俭朴，虽无大富之家，亦无赤贫之户。出产以鱼、盐为大宗，云霄、漳浦、厦门、金门、石码、漳州、南澳、汕头、香港、广东、温州、宁波、乍浦等处，均有船舶往来，运载货物，商务尚称繁盛。"③ 民国三十年（1941年），东山岛各行各业从业人口统计数据如表3-1所示：

表3-1

行业	从业人口所占比例（%）	分布地区	备注
农业	44	全县各乡村	
渔业	20	城区、东南乡、古雷沿海	
盐业	14	沿海各村	约有14000人，半盐半农
工业	8	城区为主	造船、织网、码头、渡驳、竹木、泥水、竹木、理发等
商界	3	城区、东埔、西埔	柴炭、海产、屠宰、民船、国药、绸布、粮食、烟酒、杉木、食品等
学界	0.5	城区为主	学校教职工和政府机关社团职员

上表据民国《东山县志》卷三《民生志》制作。

---

① 乾隆《铜山志》卷一《方域志》。
② 民国《东山县志》卷一《地理志》。
③ 民国《东山县志》卷二《大事记》。

改革开放以来,东山县的工业、金融业、旅游业等得到长足的发展,其总产值已经大大超过传统的农业、渔业、盐业,经济结构发生根本的改变。据统计,2011年东山县生产总值101.50亿元,其中,第一产业增加值26.41亿元,第二产业增加值42.92亿元,第三产业增加值32.17亿元。经济结构的根本改变,不可避免地要对东山岛百姓的社会生活包括宗教生活产生深刻的影响(图3-34)。

图3-34 东山铜陵鸟瞰

第三节 东山岛的宫庙与神明

东山岛虽然风光旖旎,但在古代,就生存环境而言并不理想。东山岛地处东南一隅,远离福建省政治中心,离漳州府治也较远,且有海洋阻隔,因此明清时期倭寇、海盗经常出没,成为百姓财产和生命安全的最大威胁之一。除了人祸外,自然灾害是东山百姓面临的另一生存威胁。翻开乾隆《铜山志》、民国《东山县志》,以及新修的《东山县志》,旱灾、飓风、瘟疫等经常发生,"大饥、饿死无数""飓风大作,渔船沉溺死者甚多""瘟疫流行全岛,死者数百"的记载随处可见。在无力抵御天灾和人祸的巨大压力下，百姓自然把希望寄托在神明身上，建宫修庙，祈求神明的保佑。乾隆《铜山志》卷五《祠祀志》记载的大小宫庙就达七十多座，如表3-2所示：

表3-2

宫庙名称	建造时间	修建时间	主要神明	所在地	备注
城隍庙	洪武二十年	康熙二十年重建	城隍	所城东隅	
文昌宫			文昌帝君	风石下附近	已废
关帝庙	洪武二十年	正德四年扩建，多次修建	关帝	所城东隅	原称关王祠，又称武庙
天后宫	洪武二十四年	光绪二十五年重修	妈祖	打铁街滨海	原名龙吟宫，俗称大宫，康熙年间改称天后宫。东山岛有四座天后宫，"一附关帝庙右边，一在水寨前，一明德宫近鹅颈，一在东门外"
旗纛庙	明初建			城南	霜降日举行祭大旗仪式
乡贤祠	明末建	乾隆间	乡贤	城内西门大街	最初祭祀陈士奇、陈瑸，康熙三十七年崇祀乡贤，乾隆间建专祠
保安堂	明朝			所内	为"祀圣习仪之所，今废，基地无存"。
卢公祠	明中期	乾隆二十三年重建	卢镗	恩波寺右侧	迁界后毁，重建后"并作无祀坛于祠前"
张忠匡伯祠	清初		张忠匡	所城南	康熙五十八年改为义学、社仓
苏公祠	清初？		苏安世	所城南	康熙五十八年改为义学、社仓

续表

宫庙名称	建造时间	修建时间	主要神明	所在地	备注
江夏侯祠	明代		周德兴		今废
司马庙			司马懿	城内文公祠下	今废
宝智寺	明代	多次改建、修建	释迦牟尼	关帝庙左	
恩波寺	正德年间	康熙二年重建	观音、罗汉、三宝、三官、文昌、魁星等	水寨太山（观音山）	
古来院	成化三年	康熙四十年重建	准提佛母	东坑	原名苦菜寺
观音坛			观音	城内山腰近大肚湖	
泗州佛庙			泗州佛	西门外	
三清观			三清		焚毁，"基址莫稽"
玄天上帝庙	成化年间	康熙迁界后重建	真武	石鼓街	又称北庙，"另有一庙，规模较小，俗称私庙"
九仙宫			何氏九仙	水寨大山岭	
水仙宫			水仙	西门外磐石山	
王爷庙			三山国王、王爷、马舍爷、大使公、小使公	东坑，古来院附近	
吴真公庙	天顺二年		保生大帝	南浦沙湾	
建公坛				城内狮头石下	
张公坛				西门大街	
五恩主庙	康熙六十年		五恩主	城内守备卫东	
七妈庙			七娘妈	建公坛右	
大伯公庙			大伯公	东岭山麓	
伽蓝庙			伽蓝神	西门等地	共七座，分别在所城东西南北门和大井、东坑保东境、澳仔头等地
土地庙			福德正神		大小共三十七座

实际上，乾隆之前东山岛的宫庙不止表3－2所列举，如坐落于樟塘马鞍村的南正院，建于宋末，明代重建。樟塘村解山庙也建于明代；西浦西山岩山坪院（原名兴教寺）建于北宋，后被元兵焚毁，明崇祯年间重建。坐落于西浦庙山上的石庙和梧龙村的梧龙庙、康美铜钵村的净山院（又称铜钵庙）、东坑的东岭大庙（又称大使公庙），均建于明代。[①] 乾隆之后，随着东山岛社会的发展，宫庙和神明的数量也逐渐增加，但总体格局变化不大，主要由以下几部分组成：

（1）与所城有关的宫庙与神明，如城隍庙（图3－35）、关帝庙、旗纛庙、伽蓝庙等。

图3－35 铜陵城隍庙

（2）与渔业、海上交通有关的宫庙与神明，如天后宫（图3－36、图3－37、图3－38、图3－39）、玄天上帝庙、水仙宫等。

[①] 东山县地方志编纂委员会编：《东山县志》卷三十一《文物名胜》，中华书局1994年版，第659—662页。

图 3-36　铜陵天后宫（俗称大宫）

图 3-37　铜陵明德宫（俗称下宫，祀妈祖）

图 3-38　宫前天后宫

图 3-39　铜陵水仙宫内供奉的五位水仙

(3) 与农业有关的宫庙与神明，如土地庙等。
(4) 与移民有关的宫庙与神明，如九仙宫（图 3-40）、王爷庙、大伯公庙等。

图 3-40　九仙宫内供奉着随明代驻军从莆田传来的何氏九仙

（5）与医疗卫生和妇女儿童有关的宫庙与神明，如吴真公庙、七妈庙等。

（6）与儒家教化有关的宫庙与神明，如文昌宫、乡贤祠、张忠匡伯祠、卢公祠等。

（7）与佛教道教有关的寺庙与神明，如宝智寺、恩波寺（图3-41）、宝来院等。

图 3-41　修葺一新的恩波寺

(8) 与道教有关的宫庙与神明，如三清观等。

第四节　关帝信仰与东山传统社会

关帝是东山岛影响最大的神灵，其信仰的产生、发展和变化与东山岛社会历史发展息息相关，我们以东山岛关帝信仰的兴衰嬗变为切入点，来观察明清时期东山社会的变迁（图 3-42）。

前面提到，东山岛的地理位置特殊，志称："东山在环海中，为闽南屏藩。台湾、澎湖隔海东望，如在几席间；东洋日本，不难扼其吭，而掏其穴也。茫茫大海，无藩篱之限。守之有道，则万里之金汤；防之偶疏，亦众敌之门户。"① 因此，据说早在唐代垂拱二年（686 年）陈政、陈元光率将士开拓漳州时，就驻军东山岛。宋代就在东山设东坑铺、后林铺、漳塘铺和磁窑铺，每埔驻扎 74 名铺兵。② 明初，为了防止倭寇侵扰，政府在东山岛建立水寨和千户所所城，从此，确立了东山岛的军事要塞的历史地位，至今犹然。

图 3-42　修葺一新的铜陵古城成为旅游胜地

---

① 民国《东山县志》楼胜利"序"。
② 东山关帝庙理事会编：《东山关帝庙志》，东山风动石管理处 2007 年版，第 1 页。

既然东山岛的开发与军事活动紧密联系在一起，那么其文化包括宗教文化也不可避免要打上军事的烙印。据《东山关帝庙志》记载，在唐初陈政、陈元光派兵驻扎东山岛之后，"为安抚将士，从家乡引来关公香火，为开疆守土将士心灵所依"。宋代，"为护卫军民，各铺设立有关公神位奉祀。东坑铺关公神位祀于铺之东邻，曰'天尊堂'。元朝因袭之"①。唐初的东山岛是否驻扎陈政、陈元光的军队，《铜山志》《东山县志》都没有明确记载，《东山关帝庙志》不知何据？至于当时"为安抚将士，从家乡引来关公香火，为开疆守土将士心灵所依"的说法的真实性更让人质疑，因为唐初关公并没有演变为军队保护神，其影响很小，不可能成为"开疆守土将士"的"心灵所依"。宋代在东山岛驻扎铺兵，方志有明确记载，这是确定无疑的，但"为护卫军民，各铺设立有关公神位奉祀。东坑铺关公神位祀于铺之东邻，曰'天尊堂'。元朝因袭之"的说法在《铜山志》《东山县志》中也找不到根据，更多的恐怕是后世学者的推测。明朝建立后，关公信仰成为武神受到朝廷的重视，每年四季、岁末和五月十三日都要举行隆重祭典，其影响迅速扩大。在这样的背景下，明初东山建立水寨、千户所，关公便成为所城官兵的保护神。《鼎建铜城关王庙记》："城东天尊堂之右有祠一所，汉关羽云长之宫也。……国朝洪武二十年，城铜山，以防倭寇，刻像祀之，以护官兵，官兵赖之。"②

明代中期，倭寇经常袭扰沿海百姓，不少人逃到铜山所城避难，加上明初以来的人口自然增长，东山岛特别是铜山所城的人口大有增加。官兵和善男信女经常到关王庙烧香祭拜，占卜吉凶，而明初修建的关王庙规模偏小，连数十人都容纳不下，大家深感不便，希望扩建，但又缺乏财力，心有余而力不足。关于这一点，《鼎建铜城关王庙记》（图3-43）有明确的记述："后官使往来之络绎，与夫祈者、赛者、问吉凶者，须臾聚可数十人而不能以容，人咸病其隘。亦有喜施者欲辟之，又以工程浩大艰于济。"③ 到了正德三年（1508年），在云霄人吴瀚、东山人黄孙、方魁、游旭、黄文、方聪、方播、林旺、唐仁、武团等人的倡导下，"募众资财崇建之"。庙址选择在旧祠右侧空地上，当年五月初七动工，正德七年二

---

① 东山关帝庙理事会编：《东山关帝庙志》，东山风动石管理处2007年版，第1页。
② 同上书，第20页。
③ 同上。

图3-43 《鼎建铜城关王庙记》碑（关帝庙内）

月初二落成,"庙之地势,龙盘虎踞,水秀山明;庙之壮观,翚飞鸟革,矢棘跂翼;庙之定制,纵衮百二十尺,横广五十一尺;庙之规模,王宫巍巍;廊腰缦回,阶级竣绝,中肃闸门,外高华表,旁则僧舍翼然,非昔日之旧矣!是以祈者颂、赛者颂、游玩者乐、问吉凶者赞羡,官使停骖者便。于息!虽古滕王阁,莫是过也"①。值得注意的是,此次扩建关帝庙,主要是民间人士发起,说明关帝信仰群从明初的驻扎铜山所城的官兵扩大到一般的民众,当然我们也不能因此得出东山关帝庙的主要功能已经转化为庇护百姓为主,理由有二:一是此时东山岛主要还是军事重镇,官兵及其家属为岛上主要居民,关帝的信众自然还是以他们为主,这次大规模扩建关帝庙,从"募众资财崇建之"记载看,官兵及其家属捐资也应该包括在内,而且可能是主体。二是当时面临最大的问题是倭寇扰民,因此祈求关帝主要诉求是保佑官兵旗开得胜和击败倭寇,关帝的武神功能没有发生根本的改变,这一点从当时流传的民间传说故事也可以得到印证。嘉靖三十五年(1556年)十月,大批倭寇进犯铜山,势众兵悍,铜山卫所濒临失守,此时不少百姓前往关帝庙焚香祈佑。骤然之间,海上大雾驾浪而来,烟云四合,咫尺之内难辨西东。攻城倭寇顿时晕头转向,不知所措,但闻一声长啸,一面"关"字大旗从嶚高山(今骷髅山)破雾而出,掩天直出西门,守城将士随大旗冲出城门,刀光闪处,杀声动地。顿时倭寇乱作一团,如热锅蚂蚁纷纷掉入水中,四散逃命,数名被俘

---

① 东山关帝庙理事会编:《东山关帝庙志》,东山风动石管理处2007年版,第20页。

倭寇就擒时候魂不附体，口吐白沫，不停磕首求告"关老爷饶命……"。铜山军民知是关帝显灵助战使然，战后皆往铜陵关王庙晋祭，答谢神恩（图3-44）。①

图3-44 铜陵关帝庙香火鼎盛

明代后期，政治腐败，福建海防体系逐渐松弛，东山岛多次被倭寇、海盗掠夺，损失惨重。沿海百姓只好自发组织起来，建立堡寨，进行自卫。东山岛就有樟堂土堡、康美土堡、城垵土堡、川陵土堡、径口土堡、东沈土堡、后林土堡、前何土堡、探石土堡、梧龙土堡、陈城土堡等，②这些土堡主要是建立在宗族组织基础上，说明东山岛社会开始从单一的军户社区向多元的宗族社会过渡。这些自发的抗倭土堡，除了以共同的祖先为精神纽带外，其中不排除把关帝作为信仰偶像，用"忠义"凝聚族人，用关帝的神勇事迹和传说故事来激励族人。

明末清初，东山岛进入动荡不安又波澜壮阔的历史阶段：一度成为郑成功反清复明的军事基地，而后是长达十五年的迁界惨祸、接下来是复界

---

① 刘小龙编著：《海峡圣灵——东山（铜陵）关帝庙志览》第三章《威灵丕显》，海风出版社2007年版，第16—17页。

② 民国《诏安县志》卷八《武备志》。

和成为施琅征台统一中国的出师地,每个历史片段都或多或少打上关帝信仰烙印。

首先是郑成功在东山岛建立反清复明的军事基地(图3-45),关帝信仰自然是其首选,文献记载虽然很少,但民间传说却代代相传。如"赐郑藩百战不伤"传说:永历三年(顺治五年,1648年),郑成功率反清复明军队驻扎铜山,闻其麾下中书铜山人陈骏音等言铜山关帝圣灵显赫,便择日斋沐更服,谒庙进香并祈灵签,占卜复明大业前程。先卜当下时局,得第七十四首"崔武求官",签诗:"崔巍崔巍复崔巍,履险如夷去复来。身似菩提心似镜,长安一道放春回。"签意兆示当下时局艰难反复,但有神明保佑,能"履险如夷"。又卜复明前景,得第九十九首"百里奚投秦",签诗:"贵人遭遇水云乡,冷淡交情滋味长。黄阁开时延故客,骅骝应得聚康庄。"签意点明郑成功未来退离大陆,据守沿海诸岛"水云乡",最后如"鸿鹄乘风,众随水中",复台垦台,"得聚康庄"的结果。当时郑成功已明签意几分,故于1661年力排异议,决意率师征台,翌年收复台湾,但建立"东都明京"于"水云乡"才一年,即抱病而逝,此为后话。传说关帝鉴于郑成功的忠心义胆,精诚报国,曾于夜中托梦,赐金鳞龙甲予东海长鲸。世谓郑成功为"东海长鲸投胎转世",故其"戈

图3-45 郑成功操练水兵台

船十载,波涛一生,身经大小战事58役","几乎无月不攻,无日不战",历尽刀火却毫发无伤,直至驱走荷夷收复了台湾,"一代武功,千秋咸颂",名垂千古。① 实际上,郑成功反清复明的失败和为何收复台湾,有着非常复杂的政治、经济和军事上的原因,绝非传说那样早已为天定,但民间却经常把非常复杂的历史事件的发生归结于天意或宿命,进而编造各种富有神话色彩的故事,广为传播,反映关帝信仰在当地的巨大影响。

其次是迁界。清朝为了截断沿海人民与郑成功队伍的联系,防止他们在经济上资助反清复明力量,顺治十八年(1661年),清廷采纳黄梧的建议,在东南沿海实施大规模的"迁界"移民,强令沿海百姓迁离故土,以垣为界,龙溪九龙江以东至诏安四都,都成为"弃土"。由于东山岛牢牢掌握在郑氏军队手中,所以迁界在康熙三年郑经军队退守台湾后进行。迁界不但使民居成为灰烬,连关帝庙也未能逃脱这场浩劫,关帝庙被焚毁,关帝神像由住持僧背着逃到云霄,建山下港尾武庙供奉。《保安堂世系谱序》:"幸我十三世祖淑溪大陆和尚,承先人之奕叶,继保安之宗风,国朝康熙甲辰岁迁徙入内地,负圣像抵云溪籍萧斋权纳陛,铜之殿宇遂废。复有谋肇建之志,乃卜择于云霞港址,一年之间,殿宇告竣。圣驾驻跸云霄,旁则绀字号为铜云室,从铜入云之义根本。"②《东山关帝庙志》也记载:"(关帝庙住僧)十三世,名大陆,字淑溪,稚年大悟,颖迈绝尘,勤行八正之功,顿悟三空之理。清康旭三年甲辰(1664年)铜山'迁界',负关帝圣像入云霄,开山霞港尾武庙'铜云室'。"③

再次是复界。前面提到,东山岛"迁界"达十五六年之久,破坏极大,连关帝庙也被焚毁。到康熙十九年(1680年)才宣布"复界",流落于各地的东山居民开始回迁,虽然百废待兴,但有识之士充分认识到关帝信仰在东山社会重构中具有不可替代重要作用,积极筹划重建关帝庙。《大都督鼎翁黄公兴庙惠民功德碑记》:"铜之关圣帝君于甲辰春因迁驻跸云阳,殿宇遂废。越甲寅秋,住僧大陆构数椽于铜旧殿门庑间,以安圣像。公顶谒之下,见寝殿未建观瞻不肃,遂大发菩心,捐俸二百二十金,

---

① 刘小龙编著:《海峡圣灵——东山(铜陵)关帝庙志览》第三章《威灵丕显》,海风出版社2007年版,第18—19页。

② 转引郑榕《铜山:一个军户社区的变迁,1368—1949》,硕士学位论文,2006年,第22—23页。

③ 东山关帝庙理事会编:《东山关帝庙志》,东山风动石管理处2007年版,第63页。

同镇标功加署都督同知营中营游击事黄公讳瑞，镇标左营游府廖公讳春，镇标功加左都督加三等管右营游击事陈公讳墀，各捐俸三十金，功加署都督同知营中营中军府事林公讳成，捐俸二十金，功加左都督管右营中军守修事方公讳冰捐俸十金，暨铜内信官及铜善信各输金布地，仍故址而重兴之。僧大陆董其役鸠工于庚申年子月朔日，落成于辛酉年四月朔后八日，其栋宇翚革金碧荧煌，较之旧殿犹增赫奕。"[1] 复界回归东山岛的居民中，相当部分仍是"军户"，这些"军户"由于原有的卫所早在康熙六年已被政府裁汰，他们便成为了没有登记在户籍册上的"化外之民"，给他们日常的生活特别是土地登记、诉讼、参加科举考试、赋税缴纳等方面带来了极大的不便。有的军户既要缴纳民丁，又要缴纳屯丁，赋役负担较重。为了减轻赋税负担，一些军户只能是"傍入门户"，但寄人篱下，常常受人欺侮。实际上，这种情况并非东山岛独有，而是普遍存在于沿海的明代卫所中，严重影响国家税收和社会稳定。有鉴于此，康熙二十九年，福建总督实行"归宗合户"政策，允许民间可以依据各种不同的关系相对自由地重新组合赋税的征收单位，其中可以是同姓的宗族，也可以是几个不同姓氏的宗族进行整合，形成一个新的宗族集团，也是一个新的丁粮赋税征收单位，在此基础上根据重新结合的各个纳税单位进行"编审丁粮"，确立新的纳税数额[2]。当时诏安在处理相同的问题上，曾发生过"有军籍而无宗者，共遵关圣帝君为祖，请置名曰关世贤，纳粮输丁，大称其便"[3]的事件，受此启发，康熙五十年（1711年），东山岛二十余姓经过公议，决定模仿诏安做法，"亦表其户名关永茂，众咸谓可。遂向邑侯汪公呈请立户，蒙批准关永茂顶补十七都六图九甲，输纳丁粮。不但得划一之便，且幸无他户相杂，是散而复聚，无而又有，将来昌炽可甲于前"。但仅仅过了三年，就发现他户串通书吏，转嫁赋税负担，关永茂户内各姓认为："夫事方三载即如此互异，又安能保其后来不无桀黠辈从中滋弊，蚕我子孙乎。"于是户内各家齐聚关帝庙，通过协商，"当神拈阄，分为七房，小事则归房料，大事则会众均匀。叔伯甥舅，彼此手足，并无里甲之别，终绝大小之分，不得以贵欺贱，不得以强凌弱，苟有异视萌恶，许共鸣鼓

---

[1] 东山关帝庙理事会编：《东山关帝庙志》，东山风动石管理处2007年版，第22页。
[2] 详见郑振满《明清福建家族组织和社会变迁》，湖南教育出版社1992年版，第190页。
[3] 东山关帝庙理事会编：《东山关帝庙志》，东山风动石管理处2007年版，第21页。

而攻。此方为无偏无党,至公至慎"①。显然,东山军户向民户的转变过程中,关帝成为他们共同的"祖先",发挥着重要的精神纽带作用(图3-46)。"因此,从入籍之日起,铜山百姓家家户户于厅堂之上悬挂关帝神像,奉关帝为至尊至崇的'帝祖',世设家祭,每日晨昏焚香点烛礼拜崇祀,并于每年五月十三日(关帝圣诞)、六月廿四日晋庙谒祖朝圣,举行隆重祀典,同时搬演连棚大戏为关帝祝嘏"②。

最后是作为施琅统一台湾的出师地。复界后不久,即康熙二十二年(1683年),施琅率三百余艘战船、二万多水军驻扎铜山湾内,奉清廷之命伺机攻打台湾,完成统一台湾大业,关帝信仰成为施琅鼓舞士气的利器。民间传说,清康熙二十二年(1683年)年初,施琅奉旨征台,屯兵东山,准备择日乘西南风攻台。其麾下军士夜宿铜陵关帝庙,梦见关帝显灵,于空中疾呼"选大纛五十杆,助施将军破贼",军士将此梦境向施琅报告。施琅知道是关帝显灵,心中暗喜,即沐浴更服,亲自到铜陵关帝庙晋谒圣灵,并祈求灵签赐佑,得第一首:"巍巍独步向云间,玉殿千官第一

图3-46 现存东山关帝庙内的《公立关永茂碑记》

班。富贵荣华天付汝,福如东海寿如山。"施琅大喜。又卜问出师吉时。依据神灵兆示,择于六月十三日于铜山湾举行祭江仪式,十四日早上辰时起锚出发,乘强劲西南风直逼澎湖。两军交战正酣,突然,海空中出现数

---

① 东山关帝庙理事会编:《东山关帝庙志》,东山风动石管理处2007年版,第21页。
② 刘小龙编著:《海峡圣灵——东山(铜陵)关帝庙志览》第三章《威灵丕显》,中国文史出版社2007年版,第22页。关于东山岛军户向民户的转变历史,参见郑榕《铜山:一个军户社区的变迁,1368—1949》,硕士学位论文,厦门大学,2006年,第26—32页。

十面大旗飞扬呼啸似神兵天将直扑郑氏舰队,结果郑军惊慌失措,仓皇溃退,出师告捷,顺利攻克澎湖,使台湾归于统一。施琅统一台湾后,为感谢关帝显灵助战,在清军驻扎铜陵的营地龙潭山下五里亭建造关帝庙,又在台澎兴建多座关帝庙。① 施琅(图3-47)是否真的抽签占卜统一台湾的战事,不好断言。但在康熙二十二年之前,他先后两次出师东征,均因风向不利,无功而返,士气不免低落。在这种情况下,施琅再次借助在军队中影响较大的关帝信仰来鼓舞士气,是完全可能的,也不能不说是一个明智的选择,其效果恐怕要比任何精彩的誓师演说好百倍。

图3-47 施琅塑像

清代中后期,东山关帝庙继续保持与军事活动的密切联系。如乾隆五十一年(1786年),台湾天地会林爽文发动大规模起义,朝野震动。翌

---

① 参见刘小龙编著《海峡圣灵——东山(铜陵)关帝庙志览》第三章《威灵丕振》,中国文史出版社2007年版,第20—21页。

年，陕甘总督嘉勇侯福康安奉命率兵入台平定，大军屯驻东山。九月，出兵前，到铜陵关帝庙祈求签，因不够虔诚而求不到签，便按己意出兵，途中被狂风大浪所阻，无功而返。不日，福康安再次到关帝庙求签，抽得第六十二首，遂根据签诗所暗示的时间，十月举师东渡，果然顺风顺水，大获全胜。平台告捷班师回京时，福康安再到东山叩谢圣恩，并奉题了颂文匾，上题福康安撰写的《关圣帝君颂文》（图3-48），详细记载其抽签占卜的经过：

图3-48　福安康颂文匾

大清乾隆五十二年，余奉圣命提兵平台，屯师铜山。其时军威炽盛，兵骄将勇，自诩旗开之日，必荡寇平魔。尝闻铜山关圣帝君威灵丕振，上安社稷，下庇黎民，灵签神妙，有求必应，未深信也。余拟于九月发兵，叩关帝，求灵签，数卜不得杯。遂按己意出兵，果出师不利，风浪阻遏于中途，无功而返。始警而惕，关帝圣明，罔欺也。复诚敬再谒圣庙，得签六十二首："百人千面虎狼心，赖尔干戈用力深；得胜回时秋渐老，虎头城里喜相寻。"签语奥妙，中藏玄机，难明其意。依关帝示，十月再次举师，果顺水顺风。登鹿港，决敌斗六门，解诸罗之围。大里杙告捷，小半天歼敌。占凤山，驱琅峤，斩敌克地。胜虽胜矣，争战酷烈，始料之未及也。乾隆五十三年十月，余奉召回京，夜航迷雾弥空，船触虎头山，顿悟关帝签语，一丝不爽，即回舟铜山，趋圣庙，再叩再谢。关帝圣明，余深铭感。特颂文镌圕，志其事，传示后人。①

类似的例子还有不少，从一个侧面反映了东山关帝一直保留着"武神"的形象，成为将士们崇拜的偶像②。然而，随着清代中后期东山岛渔业、盐业、商业和海上交通、对外移民的发展，关帝的职能进一步扩展，集财神、海神、武神于一身，并最终以海神、财神的形象取代武神的形象。

关于关帝信仰与清代中后期东山社会的互动关系，从这个时期东山关帝庙的三次大规模修建的捐款人身份和职业可以反映出来。

第一次修建是在道光二年（1822年），道光四年竣工。《重修武庙记》："盖闻人心莫隆于忠义，天道莫惮于神明，是以咸秩无文，德必崇而功必报，鉴观不爽，赫厥声而濯厥灵。况帝君之完忠义以无加，显神明而尤烈者哉。……自前明正德己巳改建帝祠，迄乎嘉靖壬寅重修宝殿，缾罋共赖，彝训式瞻，铜之文物于以兴矣。……当康熙辛酉之岁，更此地轮兴之秋，沐其惠者二百年，荐其馨者万余户，升平累洽岂不休哉，祀事孔昭何其茂欤。然而风雨无不赖之屋，栋梁无不蚀之材。提督许公首输清俸，凡官、军、绅、士、商、旅，人民蒙景福而被宏庥，争酿金而乐之趋事，不比桐乡朱邑赛属私恩，讵但茅岭伏波祀由僻土，爰以道光壬午年八月廿九日鸠匠暨宝智寺、天后宫、匡伯祠一并重新，越甲申年十一月初八日竣工遂告成焉。"③ 此次修建武庙的捐款人还有金门镇总兵官郭继青、陈化成、提标中营、铜山营参将等，其余因字迹模糊不可卒辩，但从碑文中所说的"凡官、军、绅、士、商、旅，……争酿金而乐之趋事"来看，参与此次修建的涉及社会各阶层，不局限于官方和军方。这一点在道光十六年的碑文中得到印证，参与道光十六年武庙修建的除了时任钦命浙江全省提督二等子爵王得禄（台湾嘉义人）、广东碣石镇总兵林鸣岗、南澳左营游击林廷福、台湾安平协副将吴得勋等十多位武官外，还有数十名页

---

① 刘小龙编著：《海峡圣灵——东山（铜陵）关帝庙志览》，中国文史出版社2007年版，第85页。

② 同上书，第141—142页。

③ 东山关帝庙理事会编：《东山关帝庙志》，东山风动石管理处2007年版，第29页。按：就徐松年（1767—1827年）的生卒年而言，《东山关帝庙志》把此碑文时间定为光绪三十四年（1908年），显然是错误的。

生、生员、监生、船户参与捐资,有的来自云霄,有的来自福州,有的来自广东,不过多数为本地人。①

第二次修建是在同治九年(1870年),至光绪二年(1876年)竣工。据《重修武庙碑记》记载,参与此次修建的人更多,地域更广,身份更加复杂。其中有:南澳总兵官林本等将官42名;轮船候补守备陈有材等7名,练兵20名,水勇50名;台湾安平协副将周等将官生员30名;新加坡贡生吴一阳等4名和和泰号等商号16户;上海福泰行等商号17户;宁波恒丰酒行等商号15户;潮汕乾泰行等商号12户;香港天德行等商号19户;澎湖金顺利等商号9户;饶平、南澳成发行等商号20户;诏安善顺行等商号14户;云霄陈瑞成等商号24户;五都兴茂号等商号14户;东山本地官员、贡生、监生、生员、平民百姓、商号249名(户),共募款6336元。② 从捐款人的职业和身份来看,各地商号(多是海商)所占比例大幅度增加,反映了东山关帝信仰的武神色彩逐渐淡化,保护航海平安和生意兴旺发达的职能得到进一步强化。

第三次修建是在光绪三十四年(1908年),至民国10年(1920年)竣工。据《重修武庙碑记》(图3-49)记载,参与此次重修的有知事陈锦波、林中乔、林章文、陈宝鼎四人,有盐场老板刘乔年,有西门澳、南门澳、东门、厦门、浯屿等地的商船和渔船、渔民9处(户),有各地商号和善男信女49人(户),有暹罗帮(泰国)商户61户,有小吕宋(菲律宾)商户6户,有厦门港商户7户,有隆澳(南澳)商户48户,有潮汕商户23户,有紧渔户40户,有西埔商号和善男信女210户(人)。与前两次修建关帝庙的捐款人的职业和身份相比,此次修建的捐款人绝大多数是海商、渔民、商户和一般民众,只有极少数官员,且没有将士参与。另外,此次捐款总数为25132.58元、451瓯,其中海商和渔民捐款17811.51元,占总数的70.89%(图3-50),而官员一共只捐献微不足道的90元。③ 修建关帝庙的捐款人的职业、身份和捐款数额的比例的巨大落差,也从一个侧面说明东山岛社会

---

① 刘小龙编著:《海峡圣灵——东山(铜陵)关帝庙志览》第九章《历代碑刻》,中国文史出版社2007年版,第78—79页。
② 东山关帝庙理事会编:《东山关帝庙志》,东山风动石管理处2007年版,第23—29页。
③ 同上书,第30—35页。

已完成从军事重镇向海上贸易和商业社会转变,东山关帝职能也演化为以家族神、海神和财神为主了(图3-51)。

图3-49 光绪《重修武庙碑记》

图3-50 东山铜陵渔港一瞥

图 3-51　东山岛渔船的神龛多供奉关帝神像

值得一提的是，明清时期东山人大批移居台湾和移民东南亚，东山关帝信仰也随之传入，不但成为当地重要的宗教信仰，而且对祖庙东山关帝庙的发展也产生深远的影响。刘小龙在《海峡圣灵——东山（铜陵）关帝庙志览》第十六章《史事纪略》中逐条列举，摘录如下：

> 明景泰三年，相传其后出戍澎湖的水寨和陆寨营兵将关王祠香火和龙吟宫（今铜陵天后宫）香火带入澎湖立庙兴祀。
>
> 明嘉靖年间（1522—1566年），海商大盗林道乾屡入铜山，为避官兵缉捕，乞请铜陵关帝神灵庇护，分香火台湾，尔后又远涉重洋，于印尼泗水港立庙奉祀。
>
> 明万历年间（1573—1620年），泉州一陈姓海商船泊铜山，分请铜陵关帝香火入澎湖建庙奉祀，后其子孙又徙台湾凤山（今高雄），于赤山里鸠工兴庙，再经扩修，取名"文衡殿"。

顺治十八年（1661年），随郑成功入台垦耕的军民携铜山关帝庙的香火，于台南"香洋仔"建祀关帝庙山西宫。

康熙二年（1663年），南明宗室宁靖王朱由桂等随明延平郡嗣王郑经从厦门退驻铜山，而后渡海入台，特从铜山分请铜陵关帝庙神灵入祀台南，建台南大关帝庙，后称祀典武庙。

康熙三年（1664年）三月十六日，全岛"迁界"，岛上寺庙尽遭焚毁。铜陵关帝庙住僧大陆和尚负关帝圣像入云霄，开基下港尾武庙铜云室。随铜山岛民迁入内地，铜陵关帝庙香火遍播南各地。

康熙二十二年（1683）六月十三日，清水师提督、靖海侯施琅率水军攻入澎湖，入澎官兵奉铜陵关帝香火与澎湖妈官澳西面兴建关帝庙，即今红毛城关帝庙。

康熙二十三年（1684年），台湾副将张国奉命入台讨抚土番之前，驻兵铜山，晋铜陵关帝庙乞请关帝香火镇座以庇渡海，入台后于台中建锡寿堂（今台中圣寿宫）。

清廷从福建沿海调派营兵轮班戍守台澎。铜山营班兵入台后，于澎湖铜山伙馆建庙供奉从铜山分灵的关帝和妈祖神像。

康熙五十五年（1716年），出任台湾守备的铜山人游崇功从铜陵关帝庙分灵一尊神像，入诸罗修庙奉祀，即今嘉义关帝庙。

乾隆五十一年（1786年），云霄人陈登魁沐铜陵关帝圣恩，赴南洋谋生，事业大发，特返乡到铜陵关帝庙谢恩，捐香灯田七坵，受种子六斗二升，每年税粟供帝庙所用，立下《香灯田碑记》。

嘉庆九年（1804年），平和人林应狮、林古芮等人奉先人林枫从铜陵关帝庙分灵的神像到东山祖庙挂香过炉，徙居台湾，于噶玛兰五峰旗山下临海处建庙奉祀，同治七年（1868年）奏请敕建，取名协天庙，即今宜兰礁溪协天庙。

嘉庆二十一年（1816年），铜山营参将陈梦熊、郭继青调戍入台任澎湖副将，与澎湖厅同知彭谦、潘觐光会同诸营将官重修澎湖红毛城关帝庙。

道光元年至五年间（1821—1825年），铜山人左营游击黄步青劝捐重修澎湖关帝庙。

道光二十二年（1842年），闽南人陆才新涉洋远徙非洲，于毛里求斯路易港海边营建全非洲首座关帝庙，奉祀从铜山港分灵的关帝金身。此后，附近华埠承其香火，陆续建造了七座关帝庙，共奉路易港关帝庙为总庙。

咸丰九年（1859年），铜山营参将曾元福出任台湾副将，重修高雄关帝庙，分请铜陵关帝圣灵入祀。

光绪年间（1890年前后），东山旅居新加坡的侨胞奉请铜陵祖庙关帝、周仓、关平分灵神像，乘"永合华"大帆船入祀星洲，建新加坡"东山庙"。①

第五节 关帝信仰与东山现代社会

辛亥革命推翻了二千多年的封建统治，建立中华民国，三民主义取代君主专制主义。社会制度的巨变对文化的影响往往是滞后的，特别是对位于偏远地区的东山岛而言更是如此，民国初年的关帝信仰一如清末，没有发生太大的变化。1940年，抗日战争进入相持阶段，在新生活运动的推动下，县长楼胜利倡导破除迷信，废宫庙焚神像，募款购买飞机支援抗日活动。关于这次"破除迷信"活动前因后果，民国二十九年东山县县长楼胜利《东山县政府呈省政府第五区行政督察专员公署文》有比较完整的记载：

> 查本县孤悬海外，人民大半业渔，文化落后，迷信极盛。各处寺观，雕梁画栋，靡费甚巨。家家户户供养偶像，什百成群。全县人口不过九万，而综计所供偶像数几逾之。善男信女，自朝至暮，焚香礼拜，视为常典。一年之中耗费于迎神、赛会、建醮、祈福者为数不下数十万。养成诡异荒诞之恶习，阻遏发扬蹈厉之精神，其影响于民众心理者，殊非浅鲜。县长以际兹抗战期间，凡我民众，亟应淬砺奋发，坚定信念，屏除一切无益举动，并谋抗建大业。爰于六月六日召集各界组织"破除迷信、改造神庙实施委员会"，分头进行。全县各寺庙、泥菩萨概行摧毁，并将城区"武圣行宫"修改为"中山纪念

---

① 刘小龙编著：《海峡圣灵——东山（铜陵）关帝庙志览》第十六章《史事纪略》，中国文史出版社2007年版，第138—143页。

堂","恩波寺"修改为"县政府公署","九仙室"修改为"抗战纪念亭","真君宫"修改为"国民兵团部","古来寺"修改为"行政干部训练所","关帝庙"修改为"司法处","宝智寺"修改为"监狱署","天后宫"修改为"总工会"。两月以来，业经次第就绪。又将"城隍庙"修改为"忠烈祠"，崇祀全国抗战阵亡将士暨本县迭次抗战阵亡军民，并设汉关壮缪、唐陈元光、宋岳武穆、明戚继光、俞大猷、郑成功、黄道周、陈士奇、陈瑸、林日瑞及北伐为国牺牲暨有功于国家、地方各先烈之牌位。以本年七月七日为该祠落成之期。由县长率领各界恭送入祠，藉表崇敬。至其他各乡（镇）所有寺庙，亦经着令修改为中山纪念堂及保长办公处等公共会所。其不堪利用之小庙，则一律拆毁，务期化无用为有用。所有游僧，概令还俗。寺庙产业，尽予清理，改充优待出征军人家属基金等等正当用途。截至七月二十日止，计先后摧毁奇形怪状偶像约九万有余。论其价值无虑百万，掷金钱于虚牝，求庇佑于木偶，事之无谓，无逾于此。县长眷念民艰，忧心国难，目睹情状，恻然心伤，爰将所有木偶付之一炬。凡百迷信，概予严禁。并于八月一日举行"全县各小学生破除迷信国语演讲竞赛会"，空气为之一新，民气为之一振。①

据说这次破除迷信活动取得明显成果，"一年之中，节约颇巨，因势利导，事半功倍"。复本节约救国之主旨，作扩大之宣传，遂于三十年七月七日，召开"破除迷信节约献机"会议，议决：募款十五万元，献机一架，命名"东山号"，并组织"东山县破除迷信节约献机征募委员会"，主持其事。"赖全县民众踊跃输将，本会同仁一致努力，征募工作于焉告成。即将献机代金十五万元缴送福建省政府转送中央，颇得朝野人士一致赞扬。"② 至今，"东山抗战献机纪念碑"（图3-52）仍保留完好，该纪念碑位于风动石景区关帝庙右后侧，城隍公庙正前方，由花岗岩砌成，碑高7.7米，寓纪念"七七"卢沟桥事变之意。纪念碑上部四周镌刻时任福建省政府主席陈培锟的"献机先声"、抗日名将胡琏的"破除迷信，减少滥费，充实国防，打击日伪"、时任督察专员萨君豫的"充实国防"等

---

① 民国《东山县志》卷十二《附录》。
② 民国《东山县志》卷八《政治志》。

题词，底座勒有《碑记》和捐资 500 元以上者芳名。

图 3-52 东山抗战献机纪念碑

1949 年中华人民共和国成立后，关帝庙一度恢复本有的职能，1957 年归还僧侣管理，1964 年新加坡东山励志社和新加坡东山庙还捐资重建铜陵关帝庙端门太子亭。然而，在那种特定的政治环境下，关帝信仰也受到很大的冲击，1966 年铜陵关帝庙正殿被改为绣花厂，关帝神像也被移藏民间，其他神像、文物或被焚毁，或丢失。东山善男信女虽然对关帝一往情深，但也只能在家偷偷祭拜。

1978 年改革开放以后，关帝庙得以恢复和保护。翌年，成立风动石园林处，在着手修复被破坏的殿堂亭阁的同时，广泛征集散失文物。1984 年，铜陵关帝庙被列入第一批县级文物保护单位，1985 年被列入福建省第二批省级文物保护单位，1996年被国务院公布为第四批全国文物保护单位，标志着东山关帝庙的保护和发展进入新的阶段。随着改革开放的不断深入，海峡两岸政治对立关系逐渐缓和，东山关帝庙在联系台胞和侨胞的作用也逐渐显现出来。1988年，时任福建省省长的王兆国和全国人大副委员长彭冲先后视察东山，参观铜陵关帝庙，指示要利用东山丰富的历史文化资源，做好对台工作和发展旅游业。当地政府坚决贯彻上级的指示，开始强力介入，把铜陵关帝庙作为对台工作的重要基地，努力打造东山关帝文化的牌子，推动两岸关系和平发展，并带动当地旅游产业的升级。其中最重要的文化活动是从1991年开始举办的东山关帝文化节，从未间断，吸引大批台湾信众到东山关帝庙进香谒祖。

改革开放以来，特别是2000年以后，大陆各地的各种文化节众多，几乎到了泛滥成灾的地步，但又多是过路班车，你方唱罢我登台，热闹一阵就烟消云散，不见踪影，缺乏连续性。而东山关帝文化节却能一直举办至今，已经连续举办23届，其"连续性、长久性、影响性居全国同类节庆活动第一"[1]。东山关帝文化节在形式上也会根据客观需要有所变动，但经过二十多年的积累和沉淀，已经形成一定的模式，主要有以下特点：

（1）文化节开幕时间基本在关帝诞辰的农历五月十三日。在五月十三日前后都有各种庆赞活动，诸如演戏酬神、进香谒祖等，如第十三届关帝文化节，从农历五月初六起东山关帝庙庙戏起鼓开锣，由厦门、漳州、龙海、浯屿、东山等地渔船和商家及民间各界请捐的庙戏多达36场（不含放映电影），百姓们扶老携幼，聚观于庙前，汇成一片神人共喜的海洋。在海峡对岸同胞不断组团前来祭祖晋香的同时，"闽南各地，尤其漳州、龙海、漳浦、平和、长泰、云霄、诏安等地百姓亦纷纷组团结队前来东山关帝庙挂香鉴灵。铜陵古城的大街上，经常是许多辆大巴同时进出，一队队挂香的人群古服盛装，带着鼓乐班、彩旗队，敲锣打鼓，载歌载舞，一路鞭炮震天。他们抬着或捧着关帝神像，挑着丰盛供品，有的甚至三步一跪，虔诚地来到东山关帝祖庙……"（图3-53）。[2]

---

[1] 刘小龙：《海峡关帝传奇》，中国文史出版社2012年版，第229页。
[2] 刘小龙：《"统一之神"的圣诞庆典——记第十三届海峡两岸（福建东山）关帝文化旅游节》，《闽台文化交流》2004年第3期。

图 3-53　东山关帝文化节盛况

（2）主办单位的官方色彩逐渐浓厚。早期的文化节的主办单位为东山县旅游局、文化局主办，一些企事业和台湾宫庙参与。如第十三届关帝文化节"由东山县旅游局、文体局共同主办；厦门厦成房地产开发有限公司、漳州东久花园城、东山东森房地产开发公司、漳州双语实验学校联合协办；台湾宜兰礁溪协天庙、台南祀典武庙、台中清水帝君会、南投日月潭文武庙、嘉义郑成功庙、金门昭应庙、澎湖红毛城关帝庙、澎湖大义宫与泉州通淮关帝庙与东山县政协文史委、东山县博物馆、东山华福酒店给予友情支持"[①]。随着关帝文化节影响的逐渐扩大，参与主办的官方的色彩逐渐浓厚，级别也越来越高。如第十五届"关帝文化旅游节由福建省旅游局、漳州市人民政府主办；东山县人民政府、漳州市旅游局、漳州市台办、漳州市海洋与渔业局、漳州市台商协会、台湾中华国际观光协会

---

① 刘小龙：《"统一之神"的圣诞庆典——记第十三届海峡两岸（福建东山）关帝文化旅游节》，《闽台文化交流》2004年总第3期。

共同承办"①。第十六届文化节"由漳州市人民政府、福建省旅游局、福建省海洋与渔业局主办；东山县人民政府、漳州市旅游局、市海洋与渔业局、市台办、市台商协会、台湾旅行商业同业公会联合会承办"②。第二十届文化节"由漳州市人民政府、福建省旅游局、福建省海洋与渔业厅、福建省文化厅、共青团福建省委、福建省闽台交流协会共同主办；东山县人民政府、漳州市旅游局、漳州市海洋与渔业局、漳州市文化与出版局、漳州市台办、共青团漳州市委以及台湾的旅游、农业、宗教团体共同承办"③。

（3）文化节活动项目丰富多彩。文化节期间，必定要举行盛大的关帝祭典。东山关帝祭典始于明代，一直延续到民国时期，除了春秋二祭外，每逢农历五月十三关帝圣诞，官方往往要举行隆重祭典，祭仪为"三献礼"。1939年东山关帝庙被日军轰炸，祭典中断。④ 1995年。东山关帝祭典重新恢复，祭祀仪式根据本地长者口述整理而成，保留着传统祭典的基本要素，也注入一些时代色彩（图3-54）。祭祀仪式由官方组织，本地的行政首长为主祭官，其他参祭人员都是本地的绅士、长者。朝拜人员由主祭官1名、陪祭12名、司礼2名、唱礼1人、引赞1名组成，祭品主要有牲礼五味、果品、糕点、米果类、金纸等。祭祀仪程主要有：①参祭人就位；②鸣钟、擂鼓、鸣炮（司礼生点香）；③奏乐；④上香（司礼生分香与参祭人）；⑤全体肃立，敬向关帝圣君作三敬揖礼；⑥晋香（司礼生收香上炉）；⑦晋酒（司礼生斟第一巡酒）；⑧敬向关帝圣君首献礼行三跪九叩礼；⑨晋爵（司礼生端酒爵与主祭奠酒）；⑩奠酒（主祭人奠酒、司礼生添酒）；⑪晋饯盒、晋寿桃；⑫首献礼毕，兴；⑬亚献礼开始（司礼生点香准备）；⑭鸣钟九响，擂鼓三通；⑮上香（司礼生分香与参祭人）；⑯全体肃立，敬向关帝圣君作三敬揖礼；⑰晋香（司礼生

---

① 文时伟：《海峡两岸关帝文化盛节——记第十五届海峡两岸（福建东山）关帝文化旅游节》，《闽台文化交流》2006年第2期。

② 刘小龙：《缘系关帝 和谐两岸——记漳州首届旅游节、第十六届海峡两岸（福建东山）关帝文化旅游节暨闽台水产品博览会》，《闽台文化交流》2007年第3期。

③ 关促会：《第三届海峡论坛·第五届漳州旅游节·第二十届海峡两岸（福建东山）关帝文化旅游节纪实》，《东山岛文史》2012年总第25辑。

④ 刘小龙编著：《海峡圣灵——东山（铜陵）关帝庙志览》，中国文史出版社2007年版，第94—95页。

收香上炉）；⑱晋酒（司礼生斟第二巡酒）；⑲敬向关帝圣君行三跪九叩礼；⑳晋牲礼、晋糕点、晋青果；㉑主祭人读祝文；㉒亚献礼毕，兴；㉓向关圣帝君行三献礼开始；㉔鸣钟九响，擂鼓三通（司礼生点香）㉕上香（司礼生分第三巡香）；㉖全体肃立，敬向关帝圣君作三敬揖礼；㉗晋香（司礼生收香上炉）；㉘晋酒（司礼生斟第三巡酒）；㉙敬向关帝圣君行三跪九叩礼；㉚晋长钱、寿金，献金山、金盾、金塔；㉛兴，钟鼓齐鸣；㉜三献礼毕。①

图 3-54　东山关帝文化节祭典（东山关促会供稿，吴力民摄）

　　除了祭典外，文化节还与旅游、经贸、项目推介、学术研讨、文艺展演等结合起来。以第十九届关帝文化节为例，有 12 项重要活动，即海峡两岸青年狂欢——沙滩嘉年华、海峡两岸百家宫庙朝圣祭典、金銮湾"海峡情"焰火晚会、迎关帝出巡民俗文化踩街、项目开工奠基和项目推介签约仪式、东山—金门友好合作协议签订仪式、福建省艺术家东山创作基地启动仪式、闽台水产品博览会、海峡两岸关帝文化研讨会、东山岛文学采风笔会、第四届中国县域旅游经济论坛暨国际旅游海岛发展研讨会、全民过节"七天乐"活动。② 第二十届文化节活动项目有 14 项：台湾"第二、三代"寻根谒祖活动、两岸青年东山沙滩嘉年华、"第二、三代"

---

　　① 东山关帝庙理事会编：《东山关帝庙志》，东山风动石管理处 2007 年版，第 52—53 页。
　　② 刘小龙：《缘系关帝　和谐两岸（续）——记第四届漳州旅游节、第十九届海峡两岸（福建东山）关帝文化旅游节暨闽台水产品博览会》，《东山岛文史》2010 年总第 24 辑。

台胞省亲恳谈会、黄道周学术研究系列活动、首届福建书法兰亭奖作品展、《走进东山·旅游胜地　海岛明珠》首发式、《海峡情》焰火晚会、海峡两岸（福建东山）关帝文化旅游节开幕式、关帝祭祀庆典、关帝文化踩街活动、奠基剪彩献礼活动、投资推介会暨项目签约仪式、嘉宾参观游览活动、全县欢乐周活动。[①]

（4）文化节虽然力求凸显民间、对台、文化、旅游四大亮点，但核心是对台交流。如第十三届东山文化节"旨在弘扬关帝文化，增强台湾同胞对祖国传统文化的认同感和归属感，进一步促进两岸的民间交流，共同祝愿两岸平安吉祥"[②]。第十五届文化节的主题是"弘扬关帝文化，共谋发展愿景"，"以关帝文化为桥梁和纽带，增强两岸民众的亲和力和凝聚力，强化闽台文化旅游交流与合作，创建海峡旅游品牌，积极推进海峡两岸旅游区建设，使之成为弘扬关帝文化的盛典、联谊交流的盛会、经济合作的盛事、两岸交流的平台"[③]。第十六届文化节"旨在围绕建设海峡西岸经济区战略目标，突出'五缘'特色，拓展'六求'作为，以关帝文化为桥梁和纽带，增强两岸民众的亲和力和凝聚力，强化闽台旅游文化交流与合作，创建海峡旅游文化强势品牌，积极推进海西经济区建设，使之成为弘扬关帝文化的盛典、两岸联谊交流的盛会、合作共创和谐的平台"[④]。第十七届文化节"以'缘系关帝和谐两岸'为主题，突出三个鲜明特色：一是聚焦弘扬关帝文化、扩大两岸交流、提升旅游品牌等三个目标；二是突出东台旅游合作、成立两岸关帝文化交流协会、举办关帝文化学术研讨会三大亮点；三是展示闽台合作、'五缘'关系、人文浓郁等三大特点。通过关帝文化的桥梁和纽带作用，增强两岸民众的亲和力和凝聚

[①] 关促会：《第三届海峡论坛·第五届漳州旅游节·第二十届海峡两岸（福建东山）关帝文化旅游节纪实》，《东山岛文史》2012年总第25辑。

[②] 刘小龙：《"统一之神"的圣诞庆典——记第十三届海峡两岸（福建东山）关帝文化旅游节》，《闽台文化交流》2004年总第3期。

[③] 文时伟：《海峡两岸关帝文化盛节——记第十五届海峡两岸（福建东山）关帝文化旅游节》，《闽台文化交流》2006年第2期。

[④] 刘小龙：《缘系关帝　和谐两岸——记漳州首届旅游节、第十六届海峡两岸（福建东山）关帝文化旅游节暨闽台水产品博览会》，《闽台文化交流》2007年第3期。

力,弘扬关帝文化,促进两岸的文化交流"[1]。第十八届文化节"以关帝文化为桥梁和纽带,增强两岸民众的亲和力、凝聚力,强化闽台旅游交流与合作,积极推进海峡西岸旅游区和东山国际旅游海岛建设,努力把盛会办成弘扬关帝文化的盛典、联谊交流的盛会、经济合作的盛事、两岸交流的平台"[2]。第十九届文化节旨在"为推进海西经济区建设,充分发挥东山对台优势,大胆先行先试,推动两岸关系和平发展,加快东山国际旅游海岛建设和海洋经济强县、构建海峡文化名城建设"服务。[3] 第二十届文化节的宗旨"围绕建设海峡西岸经济区、海峡两岸人民交流合作先行区的战略目标,以关帝文化为桥梁和纽带,增强两岸民众的亲和力和凝聚力,努力将节庆办成弘扬关帝文化的盛典、联谊交流的盛会、经济合作的盛事、两岸交流的平台"。节庆活动以"缘系关帝、和谐两岸"为主题,举行一系列海峡两岸共同参与的文化、旅游、经贸活动[4]。

经过二十多年不懈的努力,东山关帝文化节形成海峡关帝文化的品牌,从而"撬动东山经济板块和城市品位的抬升,助推东山建设国际旅游海岛的发展崛起"[5]。并达成东山与台湾两地"共创关帝文化旅游品牌,共筑关帝文化旅游圈,共同推动两岸旅游业共同发展"的合作意愿[6]。更重要的是"节庆活动让两岸宾客广泛接触、交流、沟通、讨论,有效增进了两岸同胞情谊,增进了两岸文化认同,加强了两岸文化交流和经济合作"[7]。体现在关帝信仰方面,就是台湾信众到东山关帝庙进香谒祖的人数逐年增多(图3-55、图3-56)。

---

[1] 刘小龙:《缘系关帝 和谐两岸——记第二届漳州旅游节、第十七届海峡两岸(福建东山)关帝文化旅游节暨闽台水产品博览会》,《东山岛文史》2008年总23辑。

[2] 刘小龙:《缘系关帝 和谐两岸——记第三届漳州旅游节、第十八届海峡两岸(福建东山)关帝文化旅游节暨闽台水产品博览会》,《东山岛文史》2008年总23辑。《东山岛文史》2010年总第24辑。

[3] 关促会:《第三届海峡论坛·第五届漳州旅游节·第二十届海峡两岸(福建东山)关帝文化旅游节纪实》,《东山岛文史》2012年总第25辑。

[4] 同上。

[5] 刘小龙:《缘系关帝 和谐两岸(续)——记第四届漳州旅游节、第十九届海峡两岸(福建东山)关帝文化旅游节暨闽台水产品博览会》,《东山岛文史》2010年总第24辑。

[6] 同上。

[7] 同上。

图 3-55　台湾关帝庙信众络绎不绝到东山关帝庙进香谒祖
（东山关促会供稿，吴力民摄）

图 3-56　台湾关帝信徒赠送"追源谒祖"牌匾

1988年8月，台湾高雄市文衡殿陈兆坤率朝圣团经香港，来到梦牵魂绕的祖庙东山关帝庙进香谒祖，并赠送精心制作的"追源谒祖"匾额，以表达台湾关帝信众数十年来对祖庙关帝的眷恋之情。以此为开端，台湾同胞组团到东山关帝庙进香谒祖的逐年增多，至2012年，共有590团17784人先后到东山关帝庙进香谒祖。列如表3-3所示：

表3-3

时间	进香团数量（个）	人数（人）	时间	进香团数量（个）	人数（人）
1988年	1	28	2001年	9	827
1989年	缺	缺	2002年	8	237
1990年	21	370	2003年	10	229
1991年	11	933	2004年	15	479
1992年	5	87	2005年	25	1387
1993年	15	647	2006年	25	1110
1994年	6	258	2007年	22	1162
1995年	8	138	2008年	48	1373
1996年	10	230	2009年	73	1710
1997年	30	239	2010年	100	2060
1998年	6	149	2011年	69	2939
1999年	7	101	2012年	52	1429
2000年	24	517	合计	590	17784

当然，非组团来东山关帝庙进香谒祖的台湾同胞人数更多，由于没有登记所以未能统计在内。从组团来东山进香谒祖的台湾同胞的成分看，主要是关帝信众，还有其他神明信仰（如妈祖、保生大帝等）的信众，以及各行各业的游客，包含一些政治人物等，东山关帝文化成为联系海峡两岸同胞的精神纽带。

值得一提的是，东山关帝庙开创了祖庙金身巡游台湾的先河。1995年1月11日，为了满足台湾关帝信众瞻仰东山祖庙关帝金身的愿望，应台湾基隆市普化警善堂、基隆区渔会理事长、基隆区拖网渔业协会的邀请，东山铜陵武圣殿祖庙关圣帝君金身乘坐"源丰11号"渔船东渡台湾,主镇台湾四百年来首次"太上黄箓护国祈天七朝清醮"大典、玉敕文武庙兴建鉴醮活动暨巡游台湾全境(图3-57),陪同关帝巡游台湾的还有东山铜陵天后宫的"注生娘娘"和"延寿娘娘"。直至7月20日,东山铜陵关帝庙关帝金身才由台湾"议员"刘文雄等12人护送下,乘坐豪华游艇返回东山。关帝金身巡游台湾半年多,全岛轰动,岛内数十万各界信徒争相膜拜,台湾《中央日报》《中国时报》《自立早报》《大成报》《自由时报》《民众日报》《台湾新生报》《联合报》《青年报》等30多家报纸和"中视""华视"等电视台、电台,均在头版突出位置和黄金时段,连续报道东山关帝金身巡游台湾盛况。此次活动,台湾媒体认为,"这是海峡两岸交往的新突破、大跨越,是海峡两岸传统文化交流的一大盛事",被称为"海峡春回暖,破冰使者来"。大陆媒体也予以高度评价,认为此举"是促动两岸'三通'的成功尝试","有利于未来祖国和平统一大业的实现"。[①]

图3-57　1995年东山铜陵关帝金身巡游台湾(基隆东山同乡会供稿)

---

① 详见刘小龙编著《海峡圣灵——东山(铜陵)关帝庙志览》,中国文史出版社2007年版,第61—66页。

自1995年福建省东山县铜陵关帝庙的关帝金身首次赴台巡游之后，特别是1997年湄州妈祖金身巡游台湾引起极大反响之后，其他宫庙纷起效仿，据笔者的不完全统计，20世纪90年代以来，泉州法石真武庙、南靖县和溪慈济行宫、安溪县玉湖殿、泉州天后宫、云霄县威惠庙、漳州古武庙、漳州官园威惠庙、厦门青礁慈济宫、福州晋安区闽王纪念馆、南安市凤山寺、古田县临水宫、泉州通淮关岳庙、东山县铜陵镇北极殿、安溪县大坪集应庙、武平县均庆寺、平和县坂仔心田宫、漳浦县林太师庙、漳州下沙齐天宫、安溪县清水岩、龙海市白礁慈济宫等近30座福建宫庙，其奉祀的金身神像都曾先后出巡台湾本岛或澎湖、金门、马祖，至今方兴未艾，成为海峡两岸宗教文化交流的新形式[①]。

第六节 东山民间关帝祭祀仪式与信俗活动

前面提到，由于康熙五十二年东山军户以"关永茂"为总户主入籍，共尊关帝为祖，称为"帝祖"，家家户户均于家中大厅中堂悬挂关帝画像或安奉雕像，渔船、商家、店号亦然，形成了一系列与关帝有关的祭祀仪式和信俗。与官方的"相当考究、规范、严肃而又隆盛的祭典仪式"不同，民间则以"以各种独特的方式崇祀关帝，数百年来形成多姿多彩的民间祭祀风俗，具有鲜明的地方宗教文化特点。这些宗教文化习俗又随着东山关帝香火的延播而传入台澎，成为海峡两岸共同的关帝信仰文化现象"[②]。

一 祭祀常仪

斋沐洁服，心怀虔意，肃容晋庙，入端门（太子亭）后从仪门（边门）而趋前殿（龙庭），禁止自中门直入殿堂。先行请香十支，诣明堂中央天公炉位，上香三炷；继诣大殿檐下三界公炉位，上香三炷；按古礼再

[①] 详见林国平、范正义《福建祖庙金身巡游台湾的文化现象探析——以湄州妈祖金身巡游台湾、金门为例》，《东南学术》2013年第3期。2009年10月29日，应台湾高雄县东照山关帝庙的邀请，东山岛关帝神像再次赴台湾进行为期3个月"出巡"。

[②] 刘小龙编著：《海峡圣灵——东山（铜陵）关帝庙志览》，中国文史出版社2007年版，第95页。

趋丹阶龙陛之前（现今多于大殿内）行香参拜后，趋前殿（龙庭）上炉；并到前殿右仪门前侧门神炉位，上香一炷；归龙庭关帝炉前面向大殿祭祷圣灵，或卜杯抽签，或祈告许愿。

诣各炉位上香时亦可添奉明烛一对，随意致献供品，焚化"龙金""长钱"。

凡家有白事者禁忌入庙；有孕者避讳行祭。

若为许愿之人，大愿遂后，须择吉日谒庙还愿以答谢圣恩。善信所发之心，有自庙外三步一跪叩爬而进，于殿堂作"穿桌脚"；或于关帝圣诞日请戏祝嘏；或选吉时备办盛供拜谢天公等。

二 游春巡境

关帝游春巡境（图3-58、图3-59），是东山岛上最为盛大隆重的民俗文化活动。旧时关帝年年出游。盛世迎关帝游春，为报谢关帝恩庇风调雨顺，物阜年丰，国泰民安，请关帝出庙游赏境内太平胜景。灾年迎关帝出巡，以祈关帝威灵镇邪驱魔，消灾赐福，护境安民。游春巡境的基本程序：

图3-58 关帝游春巡境（1）

图 3-59　关帝游春巡境（2）

1）择日。传统为每年农历的正月或二月，由关帝庙理事会在民间推选一名有名望、夫妻子孙齐全的长者，穿长衫、马褂，戴碗帽，到关帝庙向关帝虔诚地掷筊杯问卜，定出迎神吉日。

（2）鸣锣报街。派一人在出游的前三天（或二天），沿迎神的街道，边鸣锣边通知各家各户要打扫卫生，清洁街道，以迎关帝，名为"报街"。

（3）出游。出游那天，由关帝信徒（全男性）组成一支浩浩荡荡的游神队伍，先由马头锣开道，随后依次为两队或多队"肃静""回避"牌，横彩"山西夫子"，锣鼓班，八宝武器队，龙旗队，龙旗队由周仓的黑色护驾龙旗走前，紧接着为黄、红龙旗，锣鼓班或艺棚、乐队，化妆的孩子手捧花、经（文）果（品）在木盘，长者穿长衫、马褂，戴碗帽，手捧铜炉，再接着就是坐在神轿的周仓，其后才是坐在神轿的关帝，队伍的最后是轿后鼓、兵器、彩旗队以及一大群手握炷香的信众。游神队伍所到之处，老百姓就摆香案跪拜迎接，焚香放炮。

传统的出游路线为从关帝庙出发，沿顶街、前街、打铁街、澳仔街、坎顶、牛车场、东坑路、石鼓街、城角路等主要街道。进入20世纪90年代，东山关帝庙关帝的出游一般定在农历的五月十三日，作为每年一届的海峡两岸关帝文化旅游节的民俗活动项目，台湾的关帝庙也常常抬着所奉祀的神明，一起出游。

三　庆寿献戏

关帝圣诞期间（农历五月十三至六月廿四日），东山百姓必于关帝庙前搭筑戏台搬演连棚大戏为关帝庆寿献礼。旧时献戏先由本城豪商富户或南门、西门、东门、北门四大澳头渔户捐缘，请泉州、漳州、潮州、汕头等地的南音、潮音、芗曲戏班进岛，五月十三日起鼓，开演之前献演头人及戏班老板先行晋庙致祭。初期只演关公戏，如《桃园结义》《三英战吕布》《五关斩将》《灞桥赐袍》等，至后来关公戏因礼成制而忌演，代之以各种古装剧目繁多似锦。现今仍由商渔户为主乐捐请戏，有时亦放映电影。庆寿演戏夜晚进行，有时两台戏同时献演，称"双棚斗"，通宵达旦，锣鼓不断；亦有加演日戏，跳"加冠""排仙"。盛世丰年的庆寿献戏长达两三个月连演不歇，故此间关帝庙前彩旗锦幕，灯火如昼，人山人海，如过盛节。

四　元宵乞愿

正月十五，东山百姓在家吃完元宵，便携老扶幼，或夫妻相携，到关帝庙"乞龟""乞桃""乞柑""乞灯""乞钱"，许愿还愿，乞福祈安。乞愿的龟有金龟、银龟；桃为面桃；柑为柑果；灯为小花灯；或直接用钱。从家中关帝神明前焚香祷告后，点插香火奉至关帝庙卜杯许愿或还愿。

去年已来许愿乞桃、乞龟等回家的，今年必来还愿，奉还龟或桃，小龟还大龟，或一桃还两桃、三桃……以示报谢一年来关帝祖爷的恩庇圣德。旧愿已了，再乞新愿，满街香火往来不息，捧龟捧桃捧柑捧灯结队成阵。

因此，元宵节夜的关帝庙彩灯辉煌，人流似潮，烟火弥天。人们乞愿过后，欢欢喜喜上街赏灯看戏，春兴愈浓。如今，到庙乞愿者太多，不仅晚上，连白天也络绎不绝。

五　年终酬神

每年年终岁尾，东山百姓有拜谢天公的礼俗。由于关帝是东山百姓共尊的"大老爷"（最高家长），亦是协天大帝，位至天尊，所以凡家有大喜或许过大愿的，拜谢天公的祭祀仪式必到关帝庙晋祭。其中渔船与商户最为虔诚，农历十二月廿四日众神上天述职之前，各渔船头家择日率全船伙计，各商号老板率全体员工，载全猪全羊等牲礼，抬鸡鸭鱼虾、糕米果酒饼和金屯金船等供品，络绎不绝到关帝庙进祭，高香大烛，供品如山，三跪九叩十二拜，甚至一百二十跪叩礼拜，祷声喃喃，颂语不断，酬谢天公赐福与关帝恩典。近年来，在东山经商办厂的台商也加入年终酬神的行列，使东山关帝庙的香火更加鼎盛，每天得安排好几场祭礼，常常从早到晚香火云蒸霞蔚，人众川流不息，其热闹隆盛场面令人叹为观止。

六　祭祖挂香

东山关帝庙为闽南、粤东及台澎地区众多关帝宫庙的香火祖庙，自古以来，这些分灵庙在关帝圣诞期间（农历五月十三至六月廿四日）常到东山祖庭祭祖挂香。参与祭祖挂香的信众十分虔诚，先要斋沐三天，然后成群结队前来东山祖庙。昔日进岛交通不便，多为走路或搭船，今改乘汽车；台澎远道多乘飞机转车抵临。挂香团队由宫庙主事或乩童引领，古饰盛装；有挑担来的，一头神像一头香火；亦有抬着神轿来的，香火队、锣鼓队、乐班、踩街舞队相随。古时挂香队伍多在澳雅头（太平澳）码头上水登岸，虔敬重礼的三步一跪，掌香叩拜直抵关帝庙前，敲锣打鼓、舞狮舞龙、奏乐鸣炮，然后晋庙谒祖，焚香膜拜，三牲五味盛供以祀；奉来的神像安放于祖庭祀案分香乞灵，回銮时绕圈过炉，包请祖庭炉丹香火带回。①

综上所述，东山关帝信仰是卫所制度的产物，其产生伊始就打上官方

---

① 以上参见：东山关帝庙理事会编《东山关帝庙志》，东山风动石管理处2007年版，第51—55页；刘小龙编著《海峡圣灵——东山（铜陵）关帝庙志览》，中国文史出版社2007年版，第95—101页。

和武神的烙印。无论是明代的所城将士，还是郑成功收复台湾的军队，抑或是统一台湾的施琅水军，都不约而同地把关帝奉为武神，以关帝的"忠义"精神来凝聚军心，鼓舞士气。随着明代中后期海防体系的松弛和卫所制度的崩溃，官方对关帝庙的控制也逐渐松动，不断增长的民间力量积极介入关帝庙的重建和管理，关帝的武神职能不可避免地逐渐淡化，而家族神、海神、财神的职能不断得到强化，至清代中后期最后完成了从武神到家族神、海神和财神的转化，其中财神的职能因超越职业和身份、阶级与民族、地域与国别而备受广大善男信女的崇奉。明清时期东山关帝职能的演变，既反映了东山岛社会经济文化发展的历史，也体现了东南沿海民众实用功利性的宗教信仰取向。

民国后期和"文化大革命"期间，官方又开始强力介入民间信仰，包括东山关帝信仰在内的民间信仰一度成为"封建迷信"受到沉重的打击，元气大伤。改革开放以来，由于宗教信仰自由政策的落实，加上对台、对侨工作以及招商引资等需要，在官方和民间力量的共同推动下，东山的民间信仰特别是关帝信仰得到恢复和发展。值得关注的是，官方和民间力量在共同推动民间信仰发展的目的上有所不同，官方主要出于政治的需要力图把东山关帝信仰打造成"中华民族的统一之神"，为早日实现祖国和平统一大业服务。[①] 而民间虽然也认同官方的基本做法，但基于民间信仰的实用功利性力图保持关帝信仰的本色，继续为百姓的祈福禳灾服务。宗教信仰带有神秘的色彩，但它绝对不是虚无缥缈的，而是客观世界曲折、虚幻的反映，东山关帝信仰的兴衰嬗变反映了官方和民间对民间信仰博弈历史，也从一个侧面反映了东山社会的变迁。[②]

[①] 刘小龙编著：《海峡圣灵——东山（铜陵）关帝庙志览》第三章《威灵丕振》，中国文史出版社2007年版，第69—72页。

[②] 我们在东山的田野调查中，始终得到县政协副主席刘小龙先生的大力帮助，还提供许多资料，深表感谢！

第 三 章

传统的断裂与重构:古雷半岛民间信仰

第一节 古雷半岛的自然环境与社会经济文化①

古雷半岛位于闽南区域漳浦县古雷镇辖区，整个半岛南北走向呈条带状向大海延伸，南北长 17.3 公里，东西宽近 4 公里（最窄处仅 300 米）。古雷半岛包括附近的海域及岛礁面积约 40 平方公里，半岛以沙洲、红屿、井安、巴流岛、菜屿、横屿等 23 座大小不一的岛屿自西往东组成，海天苍茫，岩崖嶙峋。古雷最高峰古雷山北峰（俗称岱子岭）海拔高 270 米，据漳浦县志记载，古雷山是古雷半岛得名的原因，古雷山原称鼓雷山，以"潮音时至，声如鼓雷"而得名。"一作古雷山，在县东南五十里九都境内，南行至海。山崖险绝，下瞰大江。潮音时至，声如雷鼓。山上有葛洪丹灶，下为帝昺井。"②坊间还有一种说法：古雷是因古雷山高耸海滨（尽管古雷山海拔不算太高，但相比较平坦的海滨沙滩而言亦是高山），形状如螺，古称高螺，雅称古雷。古雷在宋代时属漳浦县常乐乡绥康里，明清时代属九都。明代设甲里，古雷半岛编为东林、古雷、油澳 3 里（图 3-60）。

由于古雷半岛地处漳浦县东南沿海边陲，与东山岛隔海相望，最近处仅 23 公里。因此自有明已降古雷半岛的战略防卫位置就与东山（旧时称为铜山）紧密相依。《漳州府志》载："古雷司城，即铜山水师古雷汛，在九都，今废。"明万历二十五年，海贼无齿佬（贼首）进犯古雷，铜山

---

① 本章节的部分文史资料与内容参阅漳浦县政协编写的《漳浦村社要览》，2002 年 12 月版。
② 光绪《漳浦县志》卷一。

图 3-60　古雷半岛地理位置图

把总张万纪将其击败。明正统七年（1442年）起设古雷巡检司。《漳浦县志》记载："古雷巡检司与井尾、青山、后葛、盘陀并称为五司。""五司弓兵旧共设七百二十名，割置诏澄二县后尚存四百名，嘉靖三十七年革存弓兵一百有八名。"在漳浦五司中，由于古雷战略区位的重要性，朝廷兵力也部署较多。"盘陀、后葛、青山三司以内地各十六名，古雷、井尾二司以沿海各三十名。"[①] 清初顺治年间开始，裁撤巡检司，古雷巡检司于康熙三年裁掉。"国朝康熙三年裁青山、古雷二司。六年裁后葛、井尾二司。惟盘陀司尚存，今移住云霄，镇额设弓兵十六名。"[②] 明末清初，郑成功曾据古雷为抗清基地，与清军的对垒时进时退。清政府为切断郑氏部队在陆地上的补给，于顺治十八年下令迁界，把沿海划为"弃土"，翌年（康熙元年），古雷划属"界外"，村民内迁。康熙十八年"复界"后方陆续迁回。康熙三十九年重新编定保甲，古雷半岛编为港口、油澳、古雷3保。1916年，古雷从漳浦县划出合东山岛建县，属东山县第三区。新中成立后，再次划为东山县第四区。直至1955年古雷重新划归漳浦县，为古雷区，辖城下、岱仔、杏仔、龙口、油澳、下东、港口7个村28个自

---

① 光绪《漳浦县志》（清）陈汝咸原本，施锡卫再续纂修，卷十一。
② 光绪《光绪漳浦县志》（清）陈汝咸原本，施锡卫再续纂修，卷十一。

然村。1958年9月人民公社化，在原来各个农业合作社的基础上成立港口、下东、油澳、龙口、岱仔、城下、杏仔7个大队，属杜浔公社古雷管理区管辖。1961年5月撤销管理区，成立独立的古雷公社，下设13个大队。1984年公社改乡，13个大队改为13个行政村，1992年2月改为镇。古雷镇所辖的13个行政村为：古雷村、港口村、西林村、岱仔村、西寮村、下垵村、油澳村、杏仔村、下堀村、半湖村、龙口村、古城村、陂内村。

根据2010年第六次人口普查数据显示，古雷镇总人口为36264人，其中常住人口为36020人，说明古雷人民常住人口稳定，外出流动人口极少。13个行政村的人口分别为古雷村（3401人）、港口村（4904人）、西林村（3273人）、岱仔村（5569人）、西寮村（1229人）、下垵村（1700人）、油澳村（2037人）、杏仔村（2849人）、下堀村（2227人）、半湖村（1993人）、龙口村（1958人）、古城村（3371人）、陂内村（1753人）。

古雷半岛是一个移民社会，由于迁入人口来自四面八方，村落的族群结构也相对复杂，大部分村落的姓氏源流多样，如杏仔村的姓氏多达二十多个。一些村落在纷繁复杂的多元姓氏日常生活融合中，形成了以各自民间信仰为归依的家族团体。古雷村有林、吴、洪、涂、曾、黄等姓，林姓源自港口村，洪姓源自杜浔镇近城村。西林村主要以刘姓为主，源自杜浔镇北坂村。港口村以林姓为主，源自杜浔镇园头村，陈姓亦有近百户。下堀村以林姓为主，源自深土镇路下村，洪姓源自杜浔镇。油澳村以林姓为主，源自莆田市涵江区一带。陂内村姓氏包括陈姓、曾姓、林姓、姚姓、张姓和吴姓。杏仔村最为复杂，以洪姓为主包括陈、胡、林、张、黄、魏、曾、吴、杨、江、许、麦、王、戴、谢、郑、冯、钱、阮、邱、蔡等姓氏二十多个，源自杜浔镇、沙西镇、霞美镇、赤湖镇及东山县等地。半湖村有洪、张、姚、林四姓，主要源自杜浔镇及云霄县等地。龙口村以洪姓为主，源自杜浔镇近城村。西寮村以林、洪、陈姓为主，源自古雷本地城内、岱仔、龙口等地。岱仔村主要有黄、陈及林三姓，源自杜浔镇徐坎村及范阳村等地。古城村有林、许、麦、黄等姓，源自沙西镇沙岗村、绥安镇岭门、杜浔镇及东山县等地。下垵村以林姓为主，包括陈、蔡、邱、薛、杨、江等姓。

古雷半岛具有得天独厚的天然地理区位优势和资源优势，包括气候优势、海洋港口优势、农业优势、渔业生产优势、旅游优势等。古雷半岛属于亚热带海洋性气候，年平均气温21℃，终年无霜，夏季不暑，光照充足，年平均降雨量1524公顷。古雷半岛周围海域都是良好的天然渔场（图3-61），浅海滩涂近2万公顷，盛产鲍鱼、扇贝、海带、紫菜、对虾、牡蛎及各类网箱鱼类。古雷下垵港是天然避风深水良港，可以停靠万吨级的货轮。古雷半岛的中间地带有耕地1000多公顷，由于大都属于沙壤地，适宜种植番薯、花生、芦笋、萝卜、葱蒜等农作物，因此古雷亦被列为重点农业基地。古雷半岛东面菜屿列岛的沙滩与防护林构筑成一道亮丽的风景线，是旅游休闲的好去处，每到夏季游客纷沓而至，热闹非凡。可以说在石化产业开发区建设之前老百姓过着一种传统田园牧歌式的渔村生活。

图3-61　古雷半岛下垵港

　　进入21世纪之后，随着中央做出决定建设海峡西岸经济开发区战略部署，古雷借此东风进入全面建设与地区发展的新阶段。为贯彻落实福建省委省政府提出的"构建三条战略通道"、"以港兴省"和建设海峡西岸经济区的战略，漳州市委市政府立足"工业立市"的经济发展实际，于2003年7月批准成立漳州市古雷港口经济开发区，并授予市级行政管理权。2006年4月，福建省政府批准在整合漳州市古雷港口经济开发区和漳浦县绥安工业区的基础上设立福建古雷港经济开发区。同年9月，经国家发改委公告后确定为福建漳州古雷港经济开发区。2009年古雷定位为海西临港石化产业基地，规划石化园区面积28.4平方公里（图3-62）。围绕发展目标，古雷开发区按照产业园区化、炼化一体化、装置大型化、生产清洁化、产品高端化的思路，加快建设步伐。目前，该区共有工业项目23个，总投资4600多亿元，其中，即将投产项目4个，在建项目3个，2014年年底计划开工5个。为完成整体搬迁工作，稳定居民生活及开发区正常运行，截至2014年，古雷开发区现已投入110亿元建设公共配套设施。交通设施方面，腾龙路、海顺德路建成通车；南北向大动脉疏港公路总长23公里已建成18公里，东西向大动脉沿海大通道第9标段年底将建成通车等。港航设施方面，已建成30万吨级、10万吨级液体化工码头各1个，15万吨级散杂货码头1个、5000吨级重件码头2个以及库容120万立方米的液体化工罐区等港航设施。高起点规划、高标准建设古雷新港城，推动农村乡镇向现代化城区发展；开通新港城至渔区公交专线，建设迎宾路、裕民路、购物中心及渔民渔港工具房，为搬迁群众生产生活提供便利；开办漳州市实验小学古雷开发区分校，在建古雷海滨城小学和幼儿园，改善杜浔中学、杜浔卫生院等。自此，古雷半岛翻开历史上最为快速建设和发展的一页。

图3-62 石化基地建设的规划图

第二节　古雷半岛的宫庙、神明与祭祀仪式

古雷半岛的民间信仰与闽台地区民间信仰具有同质性，亦有异样性。就同质性来说，主要是古雷半岛根植于闽南文化的传统脉络中，其崇尚巫鬼的传统与中原传来的巫术相结合而成习。古雷半岛亦是一个与闽台社会一样的移民生成社会，中原移民不仅带来了北方先进的生产技术与生活方式，同时移植了北方的民间信仰。古雷半岛民间信仰的异样性主要表现为海岛的海洋性特点滋生的海神信仰，海岛多台风等自然灾害侵袭及自身抵御功能引入的求平安祈福神信仰。同时，古雷半岛的民间信仰起源多发生在明清时期，与闽南地区的其他寺庙相比较，古雷半岛的村落寺庙规模普遍比较小巧玲珑。

一　古雷半岛民间信仰的宫庙及崇奉的主要神明

（一）妈祖信仰与妈祖庙

由于地理位置三面环海，古雷半岛的渔民世代基本以海为生。"有海水的地方就有中国人，有中国人的地方就有妈祖庙"。被称为"海神"的妈祖庙在古雷半岛共有三座，分别是港口村妈祖庙、岱仔村妈祖庙与下垵村妈祖庙。《漳浦县志》记载："后本兴化人，明封天妃，国朝晋封天后，祠庙沿海皆有之。"[①] 妈祖庙香火之盛可以说冠于其他神明，每逢妈祖诞辰之日（农历三月二十三），古雷半岛信奉妈祖的各村社信众都会争相到妈祖庙去晋香朝拜。港口村、岱仔村和下垵村三社的村民要宰鸡宰鸭，以丰盛的祭品敬奉妈祖，并且通常要请社戏、巡香，一般连续两天或是三天宴请四方宾客。妈祖信仰成为古雷半岛老百姓感恩过去一年有好的收成及祈求新的一年能够平安进财的重要民俗活动，亦是丰富农村文化娱乐生活、传承妈祖信仰文化、联结社会关系、推动农村市场经济发展的重要平台。

关于妈祖信仰的缘起，自宋代至今一直存在两种说法。民间社会普遍

[①] 《光绪漳浦县志》（清）陈汝咸原本，施锡卫再续纂修，卷二。

流行的说法认为，妈祖是宋代福建莆田湄洲岛的一位林姓女孩，叫林默娘，死后因多次显灵尤其在海上救苦救难被后人崇拜而成为神。另一种说法主要存在于一些学者的研究争论之中，一些学者因不能从现有实物或文献中深究到妈祖的缘起，质疑妈祖未必真有其人，其被推崇为"天妃"的过程实是后人建构的封号而已。但不论如何，妈祖信仰的广泛性之大、影响力之深及历代帝王封号之高却是不容置疑的。梳理宋代福建莆田县人黄公度题顺济庙之诗，结合陈宓的"白湖顺济庙重建寝殿上梁文"，丁伯桂的"顺济圣妃庙记"，《宋会要辑稿·礼二十》等早期文献，我们可以大致明晰妈祖信仰形成的基本历史脉络：

妈祖为福建莆田湄洲岛林姓人氏，生于宋代初年（约960年），是一个小时候即能指出或预测他人灾祸并且懂得医药为人治病的异人。由于妈祖扎根社群，平时与民众联系密切，能够及时解决百姓的一些难题，又极具亲和力。所以在其去世（约987年）以后，妈祖信徒朱默兄弟极力宣扬妈祖的威灵，故在莆田一带广为流传。到了宋哲宗时期（约1086年），宁海百姓合力建庙，崇祭妈祖，使之超越莆田地区在更大的范围宣扬开来。加之妈祖能扶危济险，尤其能在海上平息风浪，救人于海上，因此成为我国东南沿海一带出海渔民及航海之人的保护神。

同时，由于妈祖的神灵护佑在民间被广为流传屡建奇功，加上莆田地方文人、士大夫的不断力争，中国古代尤其是明清以来历代政府在海上军事力量建设的追求及海洋意识的不断增强，所以，自宋代以来历代历朝都对妈祖不断加封。[1] 宋徽宗宣和四年，赐"顺济"匾额，这是朝廷首次对妈祖进行褒奖。高宗绍兴二十五年，封"崇福夫人"，这是妈祖首次得到的封号。光宗绍熙元年，封"灵惠妃"，这是称妃之始。元世祖至元十八年，封"护国明普天妃"，这是封天妃之始，也是首次将妈祖信仰崇拜从民间层次擢升到护佑国家的高度。明永乐七年，封为"护国庇民妙灵昭应弘仁普济天妃"。清康熙二十二年，特遣礼部致祭，并勒建神祠于地址，加封"天后"。据清康熙五十九年的《台湾县志》记载，雍正四年封为"天上圣母"，赐匾额"神昭海表"，十一年又赐"锡福安澜"，并下令沿海各地都建庙致祭。乾隆二年，加封"福佑群生"，乾隆二十二年再次加封"诚孚"，至此妈祖的全封号为"护国庇民妙灵昭应弘仁普济福佑

---

[1] 严安林、盛九元、胡云华：《台湾神灵》，九州出版社2007年版，第176页。

群生诚孚天后"[①]。在历代统治者对妈祖信仰的极力推崇下，妈祖信仰逐渐成为傲视群神占据主导地位的信仰系统。

1. 港口村天后宫

港口村妈祖庙位于古雷半岛中部古雷镇港口村，始建于明朝初年，相传由当时海上侠士朱喷出资兴建。港口村妈祖庙（图3-63）是九都最大的一座妈祖庙。经历明代、清代重修，至20世纪70年代和80年代又重修，2005年在原址上进行重建。庙坐北朝南，由三川殿、天井、庑廊、正殿、右厢房组成。其中：三川殿面阔三间，进深三柱，明间内凹作榻寿式大门，抬梁木结构，悬山顶；正殿面阔三间，进深四柱，抬梁木结构，悬山顶；右厢房宽五间。整座港口妈祖庙宽21.95米，深17.84米，占地面积1200平方米，建筑面积约390平方米。庙中主祭妈祖神像，供奉妈祖神像三尊，分别称为大妈祖、二妈祖、三妈祖，皆为粉面。左右还有开漳圣王、海龙王公、注生娘娘等。其中庙中多尊神像由闽南著名画家林少丹先生雕刻。庙中存有雕缠枝连续莲花半圆形石抱鼓一对，具有典型的元代风格。

图3-63 港口村天后宫

港口天后宫天上圣母庙立史碑记（图3-64）：

[①] 蒋维锬：《妈祖文献资料》，福建人民出版社1990年版，第119页。

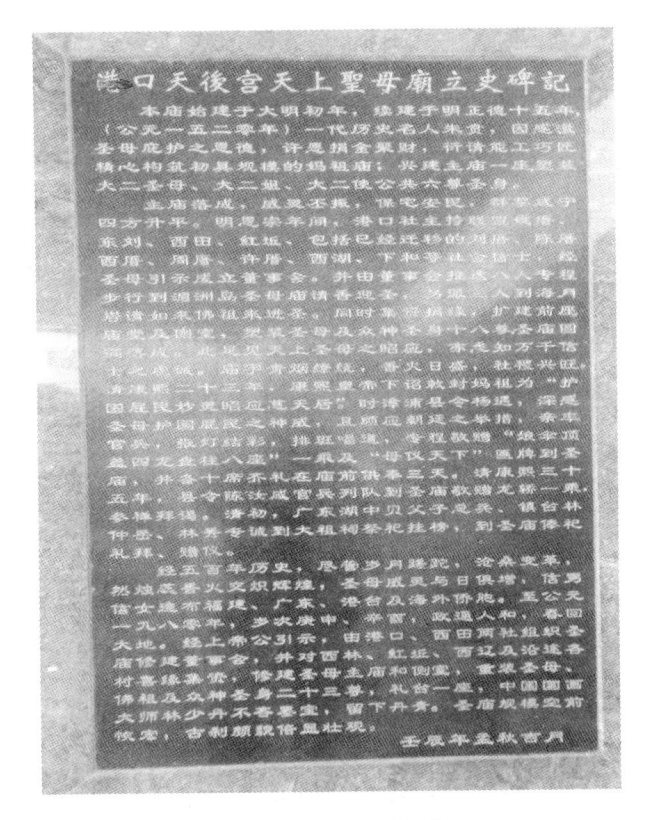

图 3-64　港口天后宫碑记

　　本庙始建于大明初年，续建于明正德十五年（公元一五二零年）一代历史名人朱喷，因感激圣母庇护之恩德，许愿捐金聚财，衍请能工巧匠精心构筑初具规模的妈祖庙，兴建主庙一座塑装大二圣母、大二姐、大二使公共六尊圣身。

　　主庙落成，威灵丕振，保宅安民，群黎咸宁，四方升平。明恩宗年间，港口社主持联盟姚厝、东刘、西田、红坵，包括已经迁移的刘厝、陈厝、西厝、周厝、许厝、西湖、下和等社会信士，经圣母引示成立董事会。并由董事会推选八人专程步行至湄洲岛圣母庙请香迎圣，另派三人到海月岩请如来佛祖来进圣。同时聚资捐缘，扩建前座庙堂及侧室，塑装圣母及众神圣身十八尊，圣庙圆满落成。此足见天上圣母之昭应，亦悉知万千信士之虔诚。庙宇青烟缭绕，香火日盛，社稷兴旺。清康熙二十三年，康熙皇帝下诏敕封妈祖为"护国庇民妙灵昭应慈天后"。时漳浦县令杨遇，深感圣母护国庇民之神威，且顺应朝廷之举措，亲率官兵，张灯结彩，排班唱道，专程敬赠"娘伞顶盖四龙盘柱八座"一乘及"母仪天下"匾牌到圣庙，并备十席齐礼在庙前供奉三天。清康熙三十五年，县令陈汝咸官兵列队到圣庙敬赠龙轿一乘，参禅拜谒。清初，广东湖中贝父子总兵、镇台林仲岳、林秀专诚到大祖祠祭祀挂榜，到圣庙俸祀礼拜、赠仪。

经五百年历史，尽管岁月蹉跎，沧桑变革，然烛蕊香火交织辉煌，圣母威灵与日俱增，信男信女遍布福建、广东、港台及海外侨胞。至公元一九八零年，岁次庚申、辛酉，政通人和，春回大地。经上帝公引示，由港口、西田两社组织圣庙修建董事会，并对西林、红坵、西辽及沿途各村喜缘集资，修建圣母主庙和侧室，重装圣母、佛祖及众神圣身二十三尊，礼台一座，中国国画大师林少丹不吝墨宝，留下丹青。圣庙规模空前恢弘，古刹颜貌倍显壮观。

壬辰年孟秋吉月

2. 岱仔村妈祖庙

岱仔村妈祖庙位于古雷镇岱仔村汕尾自然村，坐向西南，始建于清嘉庆十年，1952年重修。建筑面积46平方米。硬山顶，燕尾脊，红砖板瓦覆盖琉璃筒瓦，屋脊肚上嵌有骑马明八仙、葫芦等剪瓷雕。由拜亭及正殿组成，正殿长8米，宽4米，单进单开间，九檩前后双步廊式。青石方形门墩，木格窗。拜亭为四檩卷棚式，方形石柱承重，通上左右各一对卧狮，卧狮不承受重量，只作装饰用。殿内主祭妈祖，悬挂有"水德配天"匾额。

3. 下垵妈祖庙

下垵妈祖庙位于古雷镇下垵村中，清初在原址上主庙侧室重修，2002年再度重修。面向东山岛，坐向西偏南。下垵妈祖庙建筑面积70平方米，宽7.5米，深9.3米。硬山顶，屋脊上剪瓷雕饰"双龙戏珠"。妈祖庙为三开间，进深二间加前廊，抬梁减中柱，以狮形驼墩、瓜柱承托，透雕通随、束随，木结构上彩绘精美图案，庙前檐下挂有清道光乙丑年重修时遗下的"海不扬波"匾额（图3-65）。庙内主祭妈祖。庙前有一个大青石香炉，青石盘龙柱支撑于走廊左右两侧。

图3-65 道光"海不扬波"匾额

（二）关帝信仰与关帝君庙

古雷半岛的关帝信仰与明初闽南地区东南沿海的卫所建置有密切关系。明代时期由于倭寇及海盗集团长期骚扰我国东南沿海地区，明政府决定通过在东南沿海设置卫所建置来加强海防。明制沿海一府设卫，一县设所。漳州府为镇海卫（洪武二十二年建成，位于今龙海市港尾镇），所的建置设有漳浦县六鳌所城、东山县铜山所城及诏安县悬钟所城，各个所城均建有武庙供奉关帝。之所以选择关帝作为东南沿海各个镇海所城的守护神，至少有三个原因：一是借助关羽的"战神勇猛"作用以提高军队战斗力。关羽在《三国演义》的文学、小说、戏剧等各个作品表现中一直是勇猛战神之士的象征，如关羽的"过五关斩六将""温酒斩华雄""华佗刮骨疗伤"等故事在民间具有影响力。推崇关帝信仰对于提升所卫军队的战斗力和凝聚力极有益处。二是汲取关羽的忠义精神加强军队战士的思想工作。关羽一直是"忠义"之士的化身，在《三国演义》中，关羽与刘备、张飞"桃园三结义"的忠义情谊感天动地，其对曹操各方诱惑的拒绝更加烘托出对汉室的赤胆忠诚。同时，"忠义"精神这一点也是历代朝廷所希望自己军队战士所应具备的。三是推广关羽以武兼儒的武圣人形象引领社会进而教化社会。中国古代最普遍的人才培养就是非文即武，或是非武即文。不是张飞一样的猛夫就是诸葛亮一样的文人谋士，而关羽则不同，其不仅武艺高强而且熟读《春秋》，是文武兼修的化身，是当时那个时代的追求与典范。

可以说，关帝信仰崇拜是中国传统文化中一种极为独特的文化现象。作为一个历史人物，关羽在正史《三国志》中得到作者陈寿的评价仅仅是："刚而自矜"，"以短取败，理数之常也"。但关羽自己一定不会想到，千载之后的他居然超越曹操、刘备、诸葛亮、孙权等三国时代风云人物成为整个中华民族可以"佑国佑民"的神祇。从明清两代关羽已然成为国家神统摄三教并覆盖全国的实际情形看，关帝信仰其实就是中国传统社会"国家政权建设"和"权力文化网络"的交叉点。清代大史家赵翼高度评价关羽由人至神的神化过程：

> 神之享血食，其盛衰久暂亦皆有运数，而不可意料者。凡人之殁而为神，大概初殁之数百年则灵著显赫，久则渐替。独关壮缪在三国、六朝、唐、宋皆未有禋祀，考之史志，宋徽宗始封为忠惠公，大观二年加封武安王，高宗建炎三年加壮缪武安王，孝宗淳熙十四年加英济王，祭于当阳之庙。元文宗天历元年加封显灵威勇武安英济王。明洪武中夏侯原封。万历二十二年因道士张通元之请，进爵为帝，庙曰"英烈"，四十二年又敕封"三界伏魔大帝神威远镇天尊关圣帝君"，又封夫人为"九灵懿德武肃英皇后"，子平为"竭忠王"，子兴为"忠显王"，周仓为"威灵惠勇公"，赐以左丞相一员为宋陆秀夫，右丞相一员为张世杰。其道坛之"三界馘魔元帅"则以宋岳飞代，其佛寺伽蓝则以唐尉迟恭代。刘若愚《芜史》云："太监林朝所请也。"继又崇为武庙，与孔庙并祀。本朝顺治九年，加封"忠义神武关圣帝君大帝"。今且南极岭表，北极塞垣，凡妇女儿童，无有不震其威灵者，香火之盛，将与天地同不朽。何其寂寥于前，而显烁于后，岂鬼神之衰旺亦有数耶？[1]

可以看出，关羽几乎被官方及民间普亦为"儒雅"、"英灵"、"神威"、"忠义"集为一体的化身，也就是"作事如青天白日，待人如霁月光风"的古往今来名将第一奇人。

---

[1] 赵翼：《陔余丛考》，河北人民出版社1990年版，第622—623页。

陂内村武圣庙

陂内武圣庙（图3-66）位于古雷镇陂内村内，始建于清代早期，现代于原址重建。占地面积为135平方米，建筑面积为80平方米，宽8.37米，深9.42米，庙坐东北朝西南，花岗岩条石砌墙，悬山顶，筒瓦屋面，屋脊舒展，并贴有龙凤剪瓷雕。大门前轩深一柱，六檩，条石通。正殿深三间，面阔三间，前轩与正殿之间不设天井，正殿石仿木梁架，明间正中悬挂民间时期匾"浩气常昭"，青柱上刻有对联"志在春秋功在汉，心同日月义同天。"前轩抬梁结构，石仿木梁架，五架梁。白柱上挂黄道周联"志存一统佐熙明降魔伏虏威灵正振只定当日精忠，数定三分扶炎汉平吴削魏辛苦倍常未了一生事业"。庙正面门联"德配文宣垂万古，功高武穆冠千秋"。庙里及前廊墙壁画主要为《三国演义》故事情节彩图。庙前为深6.7米的庙埕。庙中主祀关帝，另配祀太师祖（右）、福德正神（左）等。两边壁画祀圣王、王妈、泗洲文佛、注生娘娘、夫人妈、龙王公、阎罗王。

图3-66 陂内村武圣庙

（三）开漳圣王信仰与开漳圣王庙

开漳圣王，是闽台地区著名的开基神灵，俗称陈圣王、陈将军、王公、圣王公。开漳圣王本名陈元光，出生于唐显庆二年（657年），字廷炬，号龙湖，唐代河南光州固始人。① 陈元光自幼聪颖好学，文韬武略俱佳。唐总章二年（669年）其父归德将军陈政率中原子弟兵入闽平乱。唐仪凤二年（677年），陈政去世，21岁的陈元光继承父亲职务，率部继续平乱。唐垂拱二年（686年）朝廷准陈元光将军之奏批复建置漳州，陈元光为首任漳州刺史。陈元光在漳州励精图治，为漳州乃至于闽南的开发与发展建立了不朽功勋。郑镛认为，陈元光在开发建设闽南的贡献主要表现为：一是寓兵于农，发展农业生产；二是轻徭薄赋，惠工通商；三是建立台所，加强军备；四是安抚蛮獠，和集百越；五是兴学重教，传播文化。② 正是因为陈元光的卓著贡献，711年其在与蓝奉高交战死后，朝廷昭赠右豹韬卫大将军，立庙漳浦县。

陈元光由人而神的经历既有官府历朝表彰其治漳所作出的不朽贡献，亦有闽南民间社会感念其开疆拓土的功绩，更有其后祠乃至部属后代延续宗祠的宗族记忆。据郑镛研究，历代帝王对陈元光先后有21次的敕封。唐开元四年（716年）漳州州治迁至李澳川（今漳浦县城），朝廷追封陈元光为"颖川侯"，赐建"盛德世祀"坊。唐贞元二年（786年）由于漳州州治再北迁龙溪（今漳州市区），于是奉敕改葬漳州北松洲堡。并于南宋建炎四年（1130年）建漳州北门外威惠庙。明太祖洪武二年封昭烈候神宗，明万历七年（1579年）封为"威惠开漳圣王"，清乾隆四年（1739年）封为唐高宗祀典开漳圣王。到了宋代以后，陈元光逐渐被神化。至南宋淳熙年间，漳州地方官府基本定例在威惠庙举行大型的春秋二祀。至此，漳州各地百姓为感念陈元光的功绩，各村社纷纷将陈元光视为守护神。供奉陈元光及其家眷、部属的庙宇越建越多，到了明清时期几乎遍地开花。

1. 西林村王公庙

西林村王公庙位于古雷镇西林村汕尾自然村西南侧的海边，始建于清乾隆年间，现于原址上复建。王公庙坐东南朝西北，建筑面积约180平方米，由正殿和左厢房组成，抬梁木结构，悬山顶，筒瓦屋面，屋脊贴有龙凤剪瓷，正殿面阔三间，进深四柱带前廊，前廊圆石柱，悬吊莲，裙堵刻

---

① 或认为陈元光为广东揭阳人，详见谢重光《〈龙湖集〉真伪与陈元光的家世和生平》，《福建论坛》1989年第5期。

② 郑镛：《闽南民间诸神探寻》，河南人民出版社2009年版，第227—233页。

画麒麟和松鹤图，腰堵为如意纹木镂窗和木棂窗。正殿九檩五架梁，三叠斗，瓜形座斗，青柱上挂有清嘉庆年间对联"梁岳护灵神将军大臣齐拱立，涵流钟王气玉女仙人并朝宗"。正殿正面开大门，门上挂乾隆十三年匾额"江南重镇"，大门两边对联"闽七邑元勋千秋至圣，漳五岳永载万古朝王"。庙前为石板铺地的庙埕，后进做木隔屏。主祀开漳圣王，配祀夫人妈、广平王、辅胜将军（李伯瑶）、辅顺将军（马仁）等。厢房配祀佛教三星。

2. 古雷村河边开漳圣王庙

古雷村河边开漳圣王庙位于古雷镇古雷村河边自然村，始建于清代早期，近现代重建。圣王庙宽 10.35 米，深 9.75 米，占地面积约 171 平方米，建筑面积约 101 平方米。庙坐东南朝西北，仅正殿一座，面阔三间，进深三间加一字前廊，石仿木梁架，花岗岩条石砌墙，石仿砖铺地，悬山顶，筒瓦屋面，屋脊舒展，作燕尾脊，并贴有人物剪瓷雕。庙中斗拱完备，采用二重叠斗，前廊出挑为卧狮座斗。正面开大门，方形门枕石，大门两侧各开一个小门。庙前为宽 10.35 米，深 6.8 米的庙埕。庙中主祀开漳圣王，配祀国枝夫人、王子爷公、马王公、辅胜将军等。明间正中悬"开漳圣王"匾额，青柱上刻"万众呼名千古在，享立世代传四方"联。

3. 陂内寮仔威惠庙

陂内寮仔威惠庙（图 3-67）位于古雷镇陂内村寮仔自然村，始建于清道光年间，2000 年于原址上重建，庙坐东南朝西北，为单进单开间，水泥仿木结构，悬山顶，筒瓦屋面，屋脊贴有龙凤剪瓷，正殿面阔 5.3 米，深 7.06 米，庙中内墙壁上绘有以《西游记》故事情节为题材的彩图。庙正面开大门，大门两边有道光年间的门枕石，雕刻较好的柜台角及裙堵，上方则改用木作雕饰。门联"开七邑元勋至圣，漳五岳万古尊王"。外墙联"圣王登基迎千祥，开漳入庙纳百福"。庙里悬有匾额"开漳圣王"，庙前悬挂匾额"威惠庙"，庙中主祀开漳圣王，配祀夫人妈和王子爷，外祀观音菩萨和福德正神等 8 尊神明。

图 3-67　陂内寮仔威惠庙

4. 杏仔村王公庙

图 3-68　清康熙官方示禁碑

杏仔村王公庙位于古雷镇杏仔村，始建于明代后期，清康熙、光绪年间重修，1998年再次重修。王公庙坐北朝南，占地面积约200平方米。悬山顶，屋脊上剪瓷雕双龙戏珠及戏剧人物。以正殿、拜亭、围墙组成。正殿为石结构，宽11米，深8.5米，三进三开间，明间整面墙开大门，不设门扇，原方形青石门鼓置于门边。次间开木格窗，两根青石蟠龙柱立于正殿中，六檩抬梁式木结构，卧狮、力士驼墩，石柱承重。拜亭为四檩卷鹏式，圆形瓜柱，雕花束随。庙主祀开漳圣王，辅祀妈祖、王爷、夫人妈、公主妈、五显大帝等。值得一提的是，庙里保存有清康熙年间官府禁止豪强霸占海滩的告示碑（图3-68）一通。

5. 岱仔村庙前王公庙

岱仔村庙前王公庙位于古雷镇岱仔村庙前自然村的北山腰上，俗称古雷庙。始建于明嘉靖二十三年（1544年），1940年庙里的建筑被改用为中心小学，直至1966年学校迁出，1986年重修。庙前王公庙坐北朝南，占地面积近600平方米，由门厅、天井芜廊、正殿及一列乎厝组成，前置

图3-69　大明古雷海沪碑　　　**图3-70　"藩惠示禁"碑**

半圆形围墙。正殿阔三间，深三间，门厅深二间。庙的梁架结构是二通四檩五架梁，二通之间有瓜桶坐卧其间，梁架之间无过多装饰，简洁大方。庙内以石柱承其重，有的石柱刻有红字对联，有的则是雕有盘龙。门厅正上方高挂"古雷庙"匾额，正殿悬挂着"开漳圣王"匾额，匾下供奉着开漳圣王等神像。庙内立有"大明古雷海沪碑"（图3-69），正文部分已被凿平，新刻庙史碑文，并于墙中嵌有清康熙五十年（1711年）的"藩惠示禁"碑（图3-70），记载当时知县汪绅文禁止增垦盐埕等内容，保存较好。

（四）玄天上帝信仰与玄天上帝庙

玄天上帝信仰在闽南地区非常普遍，漳州地区供奉玄天上帝的庙宇约212间，沿海地区五县有172间，占81%。其中已知年代134间，建于明清时期的达113间。[①] 玄天上帝信仰在闽台区域一般被认为是航海保护神和降妖镇邪的水神崇拜，其全称为"佑圣真武玄天上帝终劫济苦天尊"，俗称玄武帝、玄天上帝、真武大将军、元天上帝、真武帝、开天真帝、上帝公、帝爷公、北极大帝、水长上帝、真如大帝、元武神、北极圣神君等。据郑镛及段凌平等人的研究，[②] 玄天上帝信仰源于对星辰的崇拜。《明史》有载，北极佑圣真君者，乃元武七宿，后人以为真君，作龟蛇于其下。宋真宗避讳，改为真武。靖康初，加号佑圣助顺灵应真君。闽台一带的玄天上帝基本上都是面部黑色，威风八面，身披黑衣，手持宝剑，足踏龟蛇，两边是水火二将，金童玉女。关于玄天上帝的传说，史书有一些零星记载，民间亦有不少的传说。

在上古时代，由于人们认知和探究自然与社会的局限性一般认为星象的运行与社会变迁及人类的命运密切相关。在诸多星宿中，唯有北极星恒久不动，是人类识别和研究天文星宿的重要坐标。借于此，人们开始将北极星进行神格化，赋予正义、光明、持久且生生不息的象征，是所有星宿神明中最尊贵的崇拜。一般认为，天上玄武的主要形象为龟蛇的合体。李

[①] 段凌平、张晓松：《漳州地区道教宫观的调查与分析》，《漳州师范学院学报》2004年第4期，第75页。

[②] 郑镛：《闽南民间诸神探寻》，河南人民出版社2009年版，第227—233页。段凌平：《闽南与台湾民间神明庙宇源流》，九州出版社2012年版。

贤注："玄武，北方之神，龟蛇合体。"① 据"四象"的动物神意象，东方苍龙，西方白虎，南方朱雀，北方玄武。传说远古时期龟妖和蛇怪常在水上作乱，玄天上帝将龟蛇制服并且收为部将。对于龟蛇合体的意象，应该包含有男女合体生殖崇拜的成分，也就是表示人们对于自然和谐与生殖旺盛的不懈追求。

唐代以后，历代帝王曾多次对玄天上帝进行敕封，主要称号有佑圣玄武灵应真君、仁威玄天上帝、北极镇天真武玄天上帝等。宋代时期，玄天上帝基本完成了人格化崇拜的过程。宋徽宗就曾画出玄天上帝的形象在民间广为传播。明清时期玄天上帝信仰几乎达到滥觞程度。朱元璋的第四子燕王朱棣以"清君侧"为名发动"靖难之役"夺取帝位，他在造反誓师时恰遇漫天乌云翻滚，便附会是玄天上帝显灵相助，自己则披发仗剑装扮是玄天上帝下凡。朱棣即位永乐皇帝后，即加封玄天上帝为"北极镇天真武玄天上帝"，并极力推崇玄天上帝信仰，在武当山大兴土木，建造规模宏大的庙宇供奉玄天上帝。在玄天上帝的神格被推高之后，民间社会也逐渐用画像及神像的形式将玄天上帝供奉起来，并将其视为航海或水上生产作业的守护神。古雷半岛位处东南沿海，老百姓的生产及生活都与海密切相关。供奉玄天上帝成为古雷半岛各个村社的主要选择，玄天上帝从明清时期开始即成为古雷半岛普遍信仰的神明。

1. 龙口村青云庙

龙口村青云庙（图3-71）位于古雷镇龙口村中，始建于清代道光壬辰年（1832年），2000年11月于原址上重建，是古雷半岛罕见的较大规模的庙宇之一。青云庙宽6.4米、深13.22米，占地面积约160平方米，建筑面积约85平方米。庙坐东北朝西南，悬山顶，以前殿，天井庑廊，正殿组成，水泥仿木结构坡顶，筒瓦屋面，屋脊舒展，作燕尾脊，并贴有龙凤及人物瓷雕。庙正殿以木栅门隔断，内作神龛，置神台，有签诗，主祀玄天上帝二尊，一新一旧，上悬"武当英灵"匾额，两边对联为"东阳普庇千年祀典在三春，北阙归真百炼金丹成九日"。"在地即华岳千秋共祝如南，于天为星辰四海咸知拱北"。前殿大门悬"青云庙"匾额，裙堵雕有麒麟，门前设二级台阶，殿大门前置一对石狮子。

---

① 《后汉书》，上海古籍出版社1985年版，第875页。

图 3-71　龙口村青云庙

　　龙口青云庙玄天上帝信仰是漳浦县杜浔镇正阳宫的分灵,以前每逢一年的农历三月初三玄天上帝诞辰日,龙口村人都要到正阳宫去抬玄天上帝金身来本村供人们朝拜,而正阳村人也是同时要朝拜玄天上帝金身,两村同宗族人因此发生矛盾。为缓解争夺玄天上帝金身的纠纷,双方决定由龙口村再塑一尊玄天上帝金身供龙口村人朝拜。青云庙里的青石碑庙志有载:

　　龙口青云庙,坐落于龙口社南隅。庙宇呈二进结构,恢弘别致,主庙正堂奉祀"玄天上帝"金尊,威武肃穆。传:玄武本是屠夫,悔恨杀生过多而隐居山林,有日为一妇人救娩有功(此妇人为观音化身显灵)而受观音菩萨召见,并接受感召,自剖开肚皮,取出脏腑,洗罪而死。终于感动上天,将其胃化作龟,肠化作蛇,载其升天,封为"玄天上帝"。从此,帝爷披发仗剑,足镇龟蛇,文武左右,佑泽四方。青云庙始建于清道光壬辰年(1832年),据族史传载：道光初年，为纪念帝爷三月初三诞辰，龙口社普天同庆，社里首事带队，鼓乐管弦相随，专程到正阳宫迎接帝爷圣驾。其时，正阳宫诸社洪氏宗亲同样筹备三月初三庆典。届时。龙口社以二宗长房为由，帝爷金尊应为龙口，正阳诸社则以守祖为理，帝爷金尊应镇主堂，双方据理力争，相持不下，一场因帝爷金尊的奉祀而引起的内部纠纷一触即发。为维护洪氏宗族和亲声誉，珍惜兄弟情谊，下东社洪陈芳（二十八世）及子培逢（人称洪第十）主动出面调和，经双方磋商决定：正阳宫帝爷金尊留守正阳宫，与正阳诸社同庆生日，龙口社由正阳宫分香，重塑金尊供正阳社众奉祀。自正阳宫玄天上帝分香龙口至今已170年之沧桑岁月，帝爷精奕神威，庇佑龙口子民，龙口举社子孙，尊"玄天上帝"为保护神，虔诚之心无可复加，敬仰之情难以言表，为祈求合社平安，合家顺景，香客不分姓氏，信士不辞远行进庙面谒，顶礼膜拜，庙宇香火兴旺，瑞气萦绕，祥云中天，庙门长盛不衰，名扬内外，誉满四方。青云庙时逢盛世及因年代久远而于庚辰年农历2000年十一月二十七日奠基重建，于农历2001年八月二十日竣工落成，于农历2001年九月八日恭请帝爷入殿。

农历2001年8月24日立

2. 西寮村真武庙

西寮村真武庙位于古雷镇西寮村。1964年古城村二殿公（神号）真身移居本社供奉，1982年新建庙宇，2007年重修，号称真武庙。真武庙规模较小，建筑面积为50平方米。庙的梁架结构是二通三檩五架梁，通与通之间雕刻瓜筒，另有睡狮点缀其中，且梁架涂红漆。庙阔三间，深三间，悬山顶。庙屋脊处堆贴剪瓷雕，内有双龙戏珠及众多人物图案。主殿奉祀玄天上帝，主殿前带一拜亭。

3. 古城村玄天上帝庙

古城村玄天上帝庙（图3-72）位于古雷镇古城村中。亦称古雷城，始建于明正德十年（1515年），设巡检司。《漳浦县志》载古雷土城。清康熙元年"迁界"时作不彻底的拆毁，"复界"后为村民所居，称城内社。玄天上帝庙位于城内正北面，为二进三开间，硬山顶，占地面积约70平方米，庙正殿奉祀玄天上帝，庙前筑三组台阶，庙前与城门之间为宽12米的广场，广场两侧整齐地建满民居，其中有祠堂三座，分别为修德堂、春德堂和新德堂，多已坍塌。广场的左侧为明清时期的染坊，存砖砌染缸四座，城门内立有二座石碑，分别为明万历八年的"古雷社永记公业碑"，万历二十五年的"府县严禁示碑"。

图3-72 古城村玄武庙

（五）林太师信仰与林太师坛

林太师信仰始发于漳州市云霄县。林太师公，讳偕春，字孚元，号警庸，晚号云山居士，卒后朝廷追赠亚中大夫，御赐谥号文贞；生于明嘉靖十六年（1537年）四月初四；嘉靖四十四年（1565年）赐进士，遴选翰林苑；隆庆二年（1568年）"分校礼闱"获"五经魁"，独得翰林学士，其间授史职编修，以侍读学士为太子太傅；万历元年（1573年）拜太师，赐"魁星"；卒于万历三十二年（1604年）九月二十六，御赐葬于云霄七星山。林太师公为官刚正不阿、清廉自守，历翰林院编修、两浙学政、南赣兵备、湖广参政等职，曾因获罪于奸相张居正和拒绝敲诈勒索，而屡遭报复，曾两度弃官归里。林太师公在家乡时，也是扶持正义、福泽桑梓。林太师公毕生奉公克己，每履一事，必以国为重、以民为本，诚为经邦济世之伟才。林太师公除参与校勘《永乐大典》外，著有《武宗世宗实录》《承天大志》《漳浦县志》《三国志摘》《晋书北史钞略》《云山居士集》（载入《明史·艺文志》）等。林太师公的文章气节名震朝野，堪称"一代文宗"；后人亦仰之如"北斗"。因太师公生前以翰林官入内阁为大学士，而其文章雄气、刚直、精辟、犀利，被喻为"代天立言"，比为"天之景星"，受圣上赏赐"魁星"（像），以示为尊师，誉其为主宰文章兴衰辅臣文官。"魁星"缘由北斗七星中一至四星，一说第一星天枢，旧指文运之神。魁星之"斗"柄上有六星，总称文昌星（亦称文曲星，文星），其中三曰贵相，理文绪，六曰司禄，赏功进士。而"魁"字的"斗"恰似手执笔点定中式姓名，合偕春司职"分校礼闱"时为"海内名士多入彀"点定中式进士。故台湾仿漳属祖地于太师公庙共祀"魁星公"神像，特别引人前往膜拜。

　　云霄的南山寺右侧，是林太师公的父亲和他读书的地方，清朝时建为"南屏书院"。云霄的漳江岸边，也于清朝建有"云山书院"——林太师公的主庙。以上三处圣地，历代香火鼎盛，现已都是省级文物保护单位。林太师公垂范千古，名满海内外。每年农历四月初四，是林偕春诞辰纪念日，两岸各地信众举行隆重的祭祀活动，共同纪念这位杰出的明代先贤。林偕春生前深受海内外民众敬仰，死后被奉若神明，尊称为"太师公"或"太史公"，并纷纷为其建庙塑像，举国瞻仰。清末时任云霄同知的秋嘉禾（秋瑾祖父）为其撰联"早有直声留胜国，今其余事活群生"，至今保留在太师公祖庙云霄"云山书院"（图3-73）。漳属各县和台湾省以及东南亚国家，都为其立庙馨香，世代相传。

图3-73 太史公林偕春与云山书院

红坵村林太师坛

红坵村林太师坛（图3-74）位于古雷半岛红坵村内，林太师原祀于漳浦县乡贤祠，红坵村老先辈因奉敬林太师，故塑造金身，安居本社民之厅堂奉敬。2006年春，林太师坛重修，占地面积240平方米，为二进式混凝土结构。村民集资20多万元，更换新的楹联、屏门、匾额及石雕等。正堂高悬"林太师祖"匾额，边墙有林太师简介及林太师祖坛修复记石碑。大堂外有"云山居士"匾额，外门挂"林太师坛"匾额，配联"云山起在昔贤思，漳水流多明世惠"。

图3-74 红坵村林太师坛

（六）圣王崇拜与圣王庙

福建圣王庙主要奉祀齐天大圣孙悟空，还有的供奉陈元光。

福建是我国东南丘陵地区，八山一水一分田，古代福建许多地方都建有祭祀猴神丹霞大圣的庙宇，据《闽都别记》，这神猴被尊称为"丹霞大圣"，原是一个为非作歹的红毛猴精，后被女道士陈靖姑收服，安置在乌石山的豹头山宿猿洞,成为人们的保护神。吴承恩的《西游记》问世后,人们往往把丹霞大圣和齐天大圣混为一谈,甚至取而代之。在唐宋时期,泉州流传着猴行者的传说,有人认为,这些传说和唐三藏西天取经的故事相结合,塑造出了《西游记》故事的雏形。所以,福建具有深厚的猴神信仰的土壤,齐天大圣信仰遍布八闽大地。

油澳村桔林圣王庙

油澳村桔林圣王庙(图3-75)位于古雷镇油澳村东北侧,始建于明代,1980年和2009年(乙丑年仲冬)两次重建。圣王庙坐北朝南,悬山顶,建筑面积约100平方米,占地面积约300平方米。庙面阔三间,进深四柱带一字前廊,抬梁木结构,花岗岩条石砌墙,石板刻花身堵,大门两侧开木棂窗。筒瓦屋面,琉璃瓦滴水,屋脊舒展,并贴有龙凤及人物瓷雕。正殿抬梁木结构,为五架梁,斗拱完备,前轩卧狮座斗加二级叠斗,透雕束随、通随。正殿左右两边立"千里眼"和"顺风耳"二神像。明间挂"桔林圣王"匾额,青柱上挂有对联"四民享粒食神乎大帝,七邑仰英名伟矣将军"。庙中主祀桔林圣王,配祀泗洲佛祖、龙王公、王妈、夫人妈等神像,壁画供奉阎罗王、伽蓝爷、注生娘娘等。

图3-75 油澳村桔林圣王庙

(七)福德正神崇拜与福德正神庙

福德正神崇拜是一种较为普遍的自然神明崇拜,是由于早期人们在拓荒时期对自然界认识的知识水平较低，在极其艰苦的情况下自然产生的一种对超自然力量的祈望。福德正神俗称"土地神""土地""土地爷""土神""土地公""后土"等。一般的福德正神庙大都规模较小，庙中除了奉祀福德正神之外，还会供奉其配偶"土地婆"或称"土地嬷"，有的庙中还画有文武判官分列左右的壁画。据说土地能保佑一方平安，且可以佑助添丁进财。因此，大到一个国家，小到一个荒郊野岭或墓地都会奉祀福德正神，一般郊野或是墓地称为"后土"。

中国古代就有祭祀福德正神的崇拜及仪式。《禅林象器笺》载："土地神，守护地方之神。"《礼记》亦载："天子社稷皆大牢，诸侯社稷皆小牢。"社为土神，稷为谷神，天地祭地神，以牛猪羊三牲为大牢，而诸侯祭地神，则以猪羊二牲为小牢。《左传》注："五正，五官之长"，又注"土正曰后"，后土既为土官之名，也是土神之名。福德正神的来历应该是综合了古代帝王君主的各种祭祀，对于天地之神民间是不得随意祭祀的。至于民间何时开始兴起供奉福德正神，至今尚未有一个较具说服力的史料可以证之。

关于福德正神的传说，可以说是众说纷纭。这里分列两说：一传说土地公为周朝官吏，名叫张福德，为人正直，尤其体恤百姓的生活困苦，张福德帮老百姓做了很多的事情。但其死后，接任其官位的官吏对百姓横征暴敛，民众苦不堪言。这时大家纷纷感念张福德的好处，为感念这位为老百姓谋幸福的官吏，人们开始建庙祭祀，并取名"福德正神"。另一说张福德是周朝一官吏的家仆，因陪主人的幼女上京寻父，途中遭遇雪灾，为保护主人之女自己受冻而死，临终时空中显出"南天门大仙福德正神"字样。为感念张福德的忠诚及为他人献身的精神，周武王赠号"后土"，人们称之为"土地公"。像这样的传说还有很多，但基本上反映出福德正神具有心地善良，温厚可亲，乐于助人的老翁形象（图3－76）。

古雷半岛的福德正神庙每个村都有，最多的村落有福德正神庙四间至五间，基本上庙宇的规模都很小，大多数是砖瓦房单间建筑或石头墙体覆盖石板材单间建筑。庙中一般没有供奉神像，神像保存在由每年驳杯遴选出来的头家家里保护并供奉。庙里主要是墙壁画，形象是一位笑容可掬，白发，头戴钱帽，古代地方员外打扮的老者，老者慈祥仁厚地安坐在太师椅上，左手执如意，右手拿金元宝。

图 3-76 福德正神塑像

(八) 辅胜公崇拜与辅胜公庙

李伯瑶（612—672 年），又名李伯苗，字昆宗，京兆三原人（今陕西三原），为唐朝开国名将卫国公李靖之孙。与辅义将军倪圣分、辅显将军沈毅及辅顺将军马仁并列为"开漳圣王"陈元光旗下的四大将军。

据《福建通志唐宦绩篇》记载：李伯瑶（征闽中郎将），尝任开漳圣王陈元光之参军，因其佐政有功，赐号"辅信"。后来，李伯瑶随开漳圣王征讨南蛮诸寨时，以骄兵之计，智擒贼酋，平三十六寨，遂奏封"司马"。又尝凿断鹅头山，平娘子峒诸寨，战功彪炳，卒谥"定远将军"，宋绍兴年间，追封"殿前检点"及"威武辅胜上将军"，明洪武帝勒封"辅信王公"，漳州人专门建庙祀之，虔敬非常。民间百姓崇其英勇，奉祀为神明，多与辅顺将军马仁配祀于开漳圣王庙中，但也有以他为主祀的庙宇，并定农历三月八为其神诞日。云霄火田村李氏家庙有联曰："辅国屯军曾此地，承家衍派永朝宗。"云霄县成惠庙李伯瑶殿联云："竖柳为营操胜券，断鹅平洞扫妖氛。"古楼庙李伯瑶殿联曰："辅佐玉铃军，一家父子资襄赞，顺搜金浦志，半壁山河赖转圆。"李伯瑶的后裔遍布漳台各地。其香火传入台湾，除李氏视为家族保护神外，多配祀于开漳圣王庙。

1. 半湖村辅胜公庙

半湖村辅胜公庙位于古雷镇半湖村，始建于清代早期，1924 年重修，

1996年于原址上扩建，保存了部分旧庙原构件。辅胜公庙宽5.6米、深7.57米，占地面积约65平方米，建筑面积约42平方米。庙坐东朝西，面阔一间，进深一间加前廊，花岗岩条石砌墙，裙堵雕刻麒麟，顶堵雕刻凤凰，庙门两侧方形门枕石，门联刻"辅胜忠军名扬四海，胜闽保境泽庇漳江。"悬山顶，筒瓦屋面，屋脊舒展，并贴有龙凤剪瓷雕。正殿后侧用木栅栏隔断，作神龛，内置神台，庙正中悬挂"辅胜圣侯"匾额，柱联"助漳佑民万古留念，弃须辅国千载相传。"庙中主祀辅胜圣王，另配祀多尊神像，有太师公、王爷、帝爷公、文武状元等（图3-77）。

图3-77 辅胜圣王及其配祀神塑像

2. 赤山脚村辅胜公庙

赤山脚村辅胜公庙（图3-78）位于古雷镇半湖村赤山脚自然村，是半湖村辅胜公庙的分香。始建于2000年元月，2010年（庚寅年仲秋）重新装修。庙坐东朝西，面阔一间，占地面积约20平方米，建筑面积约8平方米。悬山顶，面门两侧方形枕石铺设，门联刻"鞠躬普籍威震闽方，割发断鹅忠心为国。"庙内悬挂"辅胜圣侯"匾额，外悬挂"中侯庙"。庙内主祀辅胜公，配祀开漳圣王、包拯、观音菩萨等神像。每年农历三月初六赤山脚自然村信众都要举行奉祀辅胜公民俗仪式。

图 3-78　赤山脚村辅胜公庙

（九）泗洲文佛崇拜与泗洲文佛庙

泗洲文佛又称泗洲佛、泗洲古佛、泗洲大圣等。闽南一带主祀供奉泗洲文佛的寺庙并不多，比较著名有龙海埔尾高美亭寺、漳浦长桥友爱泗洲佛院、诏安斗山文佛寺，大多数的泗洲文佛崇拜被视为寺庙的配祀神明。郑镛等人的研究表明，[①] 泗洲文佛相传本为西域僧人，法号：僧伽（628—710 年），西域碎叶城人（碎叶城：今吉尔吉斯斯坦，楚河州托克马克市，离我国新疆边境约 400 公里）。唐高宗显庆四年（659 年）进入大唐凉州传授佛法（凉州今甘肃省酒泉市）。唐高宗龙朔元年（661 年）僧伽大师到泗洲城[②]传授佛法。一天，僧伽大师留宿在一大户人家，第二天早上僧伽大师要离开时对主人说："贵府本是一座寺庙。"主人闻听格外惊奇，赶紧叫多人在院内掘地，果然发现了一块石碑，碑上题名"香积寺"，又刨出一个金像，像衣上刻"普照王佛"字。此事很快传遍泗洲城，后来那大户人家遂捐出其府第，建普照王寺，僧伽大师也遂在泗洲城传经弘法，为民治病、祈雨治水、点化痴男怨女，景龙二年（708 年），唐中宗迎请僧伽大师到京城长安荐福寺当主持（长安荐福寺即今西安市小雁塔），并封僧伽大师为国师。唐朝大诗人李白的父亲李客是西域碎叶

[①]　郑镛：《闽南民间诸神探寻》，河南人民出版社 2009 年版，第 92—93 页。
[②]　泗洲城今江苏省盱眙县境内，清康熙十九年（1680 年）因淮河洪水沉入洪泽湖。

城商人，来长安经商，后以国（李）为姓，以客为名。听说长安荐福寺主持僧伽大师也是西域碎叶城人，李客便经常带八岁的李白拜访僧伽大师，僧伽大师成了李白的启蒙老师，深受影响，后来李白成为唐朝大诗人。三月三，僧伽大师圆寂，乾符年间，谥为泗圣大师。此后被百姓奉为神灵，成为佛教俗神。

古城村泗洲文佛庙

古雷半岛主祀泗洲文佛的庙宇仅有古城村一座。唐五代之后福建就有专门供奉泗洲文佛的泗洲院，宋代开始进一步发展，明清时期达到鼎盛。仅《八闽通志》记载的泗洲院、泗洲堂或泗洲庵等就有 23 座。民间信仰深藏着深厚澎湃的力量，其因时代而转换，因地域而异形。闽南地区关于泗洲文佛的传说也是自己独特的诠释，有人认为，泗洲文佛就是闽南斗山的高僧。如《诏安县志》有载："斗门圣僧，古佚其名。相传其湛精道术，善谈玄妙，知阴阳变化，能显神通。圆寂后尸解。有人遇之泗洲，故称其为泗洲文佛。"

（十）王爷崇拜与王爷公庙

闽南地区有句俗语："大仙的王爷公，小仙的王爷子。"可见王爷崇拜是闽南乃至台湾地区最普通和最普及的神明信仰。王爷崇拜的称呼非常庞杂，最为普通的就是"王爷"、"王公"和"王爷公"。也有称为"千岁"、"千岁爷"、"大人"、"老爷"、"温王"等，基本上是一种人鬼崇拜，是一般神祇的统称。据严安林等人的研究，[①] 王爷崇拜主要有五个主要系统：一是瘟王系统。闽南地区开发较晚，气候炎热潮湿，瘴气极重，瘟疫经常发生。《漳州府志》《泉州府志》及闽南各县的县志均记载着有关瘟疫流行的具体情况，漳州在古代更是素有"瘴疠之地"之称。由于百姓对瘟疫怀有极大的恐惧，人们经常要举行"傩"仪式来进行驱鬼辟邪，还要作王醮、送王船，祈求王爷能押送瘟鬼远离家园。在神格与人格的交融中，王爷被赋予了治病、消灾和保护海上安全的功能。二是英灵系统。人们为了祭典对本地区或是在历史上做出重大贡献的名人，或是为了祭祀传说故事里的英灵，就立庙塑神进行供奉。如清王爷（明初救驾的李文魁）、萧王爷（汉初名相萧何）、姚王爷（唐代名相姚崇）、徐王爷

[①] 严安林、盛九元、胡云华：《台湾神灵》，九州出版社 2007 年版，第 200 页。

（唐代李世民军师徐茂公）、伍王爷（唐代南阳侯伍云召）等。三是陈元光、郑成功系统。闽南地区奉祀陈元光及其家属或部将的王爷庙极为普遍，在闽南地区被冠于王爷的姓氏有100多姓。四是家神系统。这类王爷主要是对本家族或家乡做出贡献的先哲死后因众议或托梦而被雕成神明进行祭祀，他们一般被称为乡土王爷，按姓氏被尊为"黄府千岁"、"何府千岁"等，也有一些被称为圣王或尊王，如广惠圣王谢东山、广泽尊王郭忠福等。五是戏神系统。也就是戏班子弟所祭祀的西秦王爷，梨园祖师西秦王爷唐明皇李隆基。

闽南地区关于王爷崇拜的来历说法很多。有学者认为，是西周忠义之士英灵的化身；还有学者认为，来自陈元光家族及其部属的崇拜；有的觉得王爷崇拜与唐玄宗时期为试张天师法力冤死的360名进士有关，或明末不满清统治而自尽的360名进士有关，或与秦始皇焚书坑儒活埋的360名儒生有关，或与明初东南沿海进京参加考试遭遇海难的360名进士有关。凡此等等，实是众说纷纭。古雷半岛的王爷崇拜主要是作为陪祭神明被供奉于各个神庙。

（十一）观音菩萨崇拜与观音菩萨庙

观音菩萨也称"观音佛祖"、"观世音菩萨"等。与妈祖文化崇拜被赋予的诸多光环不同，观音菩萨几乎是所有中国人最为熟悉和普通的一个佛教女神信仰，这不仅是因为观世音有一个极其慈祥可亲的女性形象，更重要的是观音菩萨有很多可以满足人们多样性祈求的化身，如送子观音、千手千眼观音、鱼篮观音、滴水观音等。其实，在印度的佛教神祇体系中，观音菩萨可是实实在在的男儿身，如《华严经》就载："勇猛丈夫观自在，为度众生住此山"，其与文殊菩萨、普贤菩萨和地藏菩萨一样，都是长有胡子的男儿身。究竟来到中国是如何变成女儿身的，学界有很多推测，据说法国学者石泰安就对此有专门的研究，其甚至还引用了弗洛伊德的精神分析理论，但显然也不能完全说明问题。倒是像印顺法师说的，观音菩萨的由男变女，主要是因为女性具有天然的同情、温柔、善良、母性等特性，尤其是女性所历经的苦难自古以来就比男性多，表现在日常生活中就是慈爱与柔忍的想象。

在闽南地区，观音菩萨是经常可以与妈祖相互借予指向信仰的。比如闽南的民间社会就有"观音妈祖"的叫法，道教主管生育功能的"送子娘娘"也经常会被画成观音的模样，也就是"送子观音"。这充分说明了中国的民间信仰具有天然的实用性，并不具备正规宗教那样超越世俗的独立立场。宋元以来，观音菩萨崇拜在闽南地区就非常普遍，闽南地区几乎大部分的寺庙、阁、堂、庵都会供奉观音菩萨，甚至寻常百姓家里厅堂的神龛上也都会敬奉观音菩萨。

古雷半岛的观音菩萨寺庙主要有古雷村（边灵寺）、半湖村（观音庙）、龙口村（紫竹林寺）、岱仔村（观音庙）、古城村（八大寺）、岱仔村（龙华寺）。

半湖村观音庙

半湖村观音庙（图3-79）始建于20世纪90年代，为一进式的混凝土结构建筑。大堂外悬"观音庙"匾额，因庙宇较小，在室外延伸了钢管结构的凉棚。大堂内主祭观世音菩萨，并摆放有多尊神像，两边是造型各异的十八罗汉塑像。半湖村观音庙虽历史不长，庙宇不大，但民众聚集频繁，庙中时常举办各类祈福消灾法事吸引民众参与。

图3-79 半湖村观音庙内神像

（十二）广济祖师崇拜与广济祖师庙

广济祖师亦称"三平祖师"或"三平祖师公"。广济祖师原名杨义中，唐朝僧人，祖籍陕西高陵，出生在福建福清，出生时有满屋白光瑞相，从小不食荤腥。幼年出家，27岁受具足戒，深得佛法要谛。唐武宗废佛教时，祖师公率僧尼入平和三平以避祸传佛法，三平祖师公看到当地山民还过着刀耕火种的原始生活，生产力十分低下，便传授农耕知识和技术，召集民众开垦荒地，兴修水利发展生产，使山民安居乐业。三平祖师公还以其精湛高超的医术为当地百姓治病，还预测天气，指导农业生产，促进当地经济发展和社会安定，深受百姓爱戴。唐宣宗复兴佛教时，敕封为"广济祖师"，俗称三平祖师公。据历史记载，826年，逾80高龄的三平祖师公又修建三平寺。咸通十三年（872年）广济祖师圆寂后，人们虔诚地在寺后修建祖殿，塑像供奉。

闽南地区百姓历来信奉广济祖师，一些信众会在每年农历的正月初六、六月初六及十一月初六到平和县的三平寺进行朝拜，还有一些信众因担心路途遥远无法经常性的朝拜广济祖师，于是从三平寺分香恭请广济祖师神像在本地建庙供奉朝拜。古雷半岛的广济祖师崇拜就是从三平寺分香建庙祭祀而来的。

古雷半岛的广济祖师寺庙主要有西林村广济祖师庙和港口村的广济祖师庙，庙的规模都较小。

同时，古雷半岛民间信仰还有公子妈崇拜和先姑妈崇拜，分别是古城村的公子妈庙和龙口村的先姑妈庙，不过寺庙规模都较小。

二 古雷半岛民间信仰的主要民俗祭祀仪式

民俗祭祀仪式是构成古雷半岛民间信仰体系的重要组成部分，也是沟通半岛社群民众与神灵精神关系的主要桥梁，更是联结本村本族社群关系和显示个人社会威望及地位的重要平台。李亦园曾指出："人类的宗教领域中，经常包括两个重要的范畴，一方面是对超自然存在以至于宇宙存在的信念假设部分，那就是信仰；另一方面则是表达甚而实践这些信念的行动，那就是仪式。仪式是用以表达、实践，以至于肯定信仰的行动，但是信仰又反过来加强仪式，使行动更富意义，所以信仰与仪式是宗教的一事两面表现。"[①] 其进而指出，人类行为基本上大致可以分为三大类：其一是实用行为，其二是沟通行为，其三是宗教巫术行为。前两类行为属于世俗仪式的范畴，而宗教巫术行为则属于神圣仪式。古雷半岛民间信仰的主

---

① 李亦园：《宗教与神话》，广西师范大学出版社2004年版，第36页。

要民俗祭祀仪式包括在寺庙中祭仪与庙会、神灵巡境等。这些仪式沟通着古雷人民的天人关系，导引着人们的生产与生活，慰藉着社群的危机感及精神寄望。更进一步说，这些民俗祭祀仪式蕴含着功利主义的现实意义，虔诚的人们在内心深处企图以祭祀仪式祈求物质生活与精神世界的进一步满足；另外则是在世俗压力个人社群地位危机感的驱使中促成人们对自身人生意义与终极关怀为追寻目标。张晓松认为，仪式作为漳州民间信仰的一个重要组成部分，可以说是漳州民间信仰生存发展的一种重要手段以及凝聚人心、号召民众、宣传树立神威、渲染气氛的一个重要平台。漳州民间信仰仪式具有两个主要的特征：一是由于它由宫庙组织、通过掷筊获得神的许可而进行，所以具有一定的神秘和神圣性，是宫庙维护权威和扩大影响的一种重要手段。二是由于民间信仰本身的草根性、民众性，所以漳州民间信仰的仪式又具有民俗活动的特征，在虔诚的神圣中融合了许多喜庆、诙谐的元素，有很强的娱乐性。[①] 同样地，古雷民间信仰的民俗祭祀仪式已经深深地渗透到人们的日常生活与精神世界，甚至是村社的社会整合、社会团结及个人价值塑造之中。

（一）新年伊始村社集体祈福问神仪式——"下春祈"

"下春祈"是古雷半岛各村村庙春节期间必须举行的祈福祭祀仪式，一般被安排在每年的新春从正月初一至正月初五之间，具体时间的安排各村都不同，主要依据村落习惯及神明的传统而定。"下春祈"意思是村社集体向神明咨询及预测本村一年的平安运图、生产投资等运气情况。一般来说，古雷各村每年的新春伊始都要在自村庙宇举行集体祈福问神仪式。"下春祈"仪式一般由各村庙选举的理事会会长或称正理事（俗称大头家）或管理庙宇的庙祝主持，理事会成员（俗称头家）集体参加，在摆上供品祭拜之后，由主持人分别就本村今年的平安、各行各业生产及生活进行掷筊，然后将掷筊抽中的签交由庙祝进行分析本年的平安及财利，最后在庙前进行公示。每到村社集体祈福问神仪式进行的这一天，各个村庙往往热闹非凡。一方面是大家非常关注神灵指引的生产生活方向究竟如何，这关系到各位村民新的一年生产经营投资的方向与金额。另一方面各

---

① 张晓松：《试论民间信仰仪式的作用与影响》，《漳州师范学院学报》2012年第1期，第124页。

家各户也要在新年伊始与神明有一个深度的沟通，咨询自家在新的一年里命运如何？生意如何？财利如何？需要预防和注意的事项？还有就是需要向哪些神明提前承诺年末的答谢和感恩。①

如陂内村"关帝庙"癸巳年（2013年）"帝祖""下春祈"灵签（图3-80）一览表显示：

图3-80 陂内村"下春祈"灵签

合社平安：第八十七首——武侯与于敬同舟，壬庚，下下。
鲍鱼：第四十三首——玄德公黄鹤楼赴宴，戊丙，中吉。
葱仔：第二十首——严子陵登钓台，癸巳，下下。
地瓜：第四十七首——楚汉争锋，戊庚，下下。

---

① 下春祈又称"年签""四季签""公签"等，在闽南和台湾及东南亚流传，详见林国平《签占与中国社会文化》，人民出版社2014年版。

花生：第五十三首——刘先主入赘孙权妹，己丙，下下。

海带：第七十八首——袁安守困，辛辛，下下。

又如港口村"妈祖庙"2014年（甲午年）农历正月初一"天上圣母""下春祈"灵签一览表显示：

合社平安：第四十三首——平安（下天公、妈祖、福德正神），财利：有利。

六畜：第二十五首——平安，有利。

对虾养殖：第四十七首——平安（下妈祖、福德正神），财利：六七月小心，有利。

台湾菜养殖：第八十二首——平安（下福德正神），财利：有利。

高密池对虾养殖：第三十七首——平安（求妈祖），财利：有利。

鲍鱼场：第三十七首——平安（下妈祖、天公），财利：下妈祖、天公，中利。海带养殖：第九十六首——平安（下福德正神），财利：下妈祖，有利。

紫菜养殖：第九十一首——平安，财利：有利。

再如半湖村"辅胜公庙"癸巳年（2013年）"下春祈"社民平安灵签（图3-81）显示：

海带财利中平；

海蛎今年有财利（七月初五到二十小心；四月初十到二十五小心）；

鲍鱼财利无；

白萝卜、红萝卜财利比去年少；

花生有劫；

地瓜好；

六月初十到二十四西南小心；

四月初五到二十外东北小心；

下天公。

图 3-81 半湖村"下春祈"灵签

龙口村"玄天上帝"庙癸巳年（2013年）"下春祈"社民平安灵签（图3-82）显示：

社众平安：第二十一首——合众老少康安。
农业：第七首——早季有劫，晚季顺。
海业：第七首——春交夏防灾劫。

（二）"神明生日"村社重大节庆祭祀仪式——"神明日"

闽南地区无论是信奉释、道还是民俗神，各地均有相应的祭祀节日，俗称"翁公日"或"王公日"、"妈祖日"等，祭祀形式繁简有别，于庙前烧香献奉祭祀，宴请临近的亲朋好友，并多有邀请戏班唱戏酬神。在古雷，由于各类民间信仰的神明生日各不相同，各村祭祀神灵的日子也差落

图 3-82　龙口村"下春祈"灵签

有致。如"妈祖日"为港口村每年的农历三月二十三,此为妈祖的诞辰日;"帝君日"为陂内村每年的农历五月十三,此为关帝的诞辰日;"帝爷日"为龙口村每年的农历三月初三,此为玄天上帝的诞辰日;"王爷日"或"王公日"或"圣王日"为半湖村每年的农历二月十五,此为开漳圣王诞生日;"辅胜公日"为寮仔村每年的农历正月十一,此为辅胜将军李伯瑶诞辰日。

每逢各村的"神明生日",古雷各村村民都会将其视为是一年之中最重要的村落节庆日。由于时代的变迁和社会转型,古雷各村的"神灵生日"祭祀仪式不仅是一种对神灵膜拜的简单祭祀仪式,或者说是一种村落的集体文化记忆,而更是被赋予了诸多现实性的内涵。调查中,我们发现伴随着古雷各村"神灵生日"祭祀仪式进行的,是一个村落村民在本村体现自身价值的重要机会与平台,亦是村民联络社群关系的重要纽带,更是引领和拉动社区消费和提供社区文化活动的主要载体。

就祭祀仪式来说,敬神的祭品除了村落集体供上的全猪、全羊、水果等五牲祭品外,家家户户还要供上猪肉、水果、"红龟粿"(印有龟纹的糯米甜果)及鸡鸭、鱼、面条等,同时要点烛、上香、燃放烟花爆竹、烧银纸。尤其是被选为理事会成员的家庭(俗称"翁头家")尤为隆重,大都会花更多的钱备齐极为丰盛的供品进行祭祀,一些理事会成员透过隆重的神灵节庆祭祀仪式完成自己在本村的地位提升及身份建构。往往在这样的节庆日子里,理事会通常会邀请法师到现场做阳醮,阳醮主要是通过法师的吹、打、唱、念、做、作、写等环节完成"念家口"(将全村人口按家庭顺序悉数念出),目的是为全村生人消灾祈福。阳醮的基本形式与林振源在《福建诏安的香花僧》所描绘的主要仪式类似。同时,村里还会进行抬神巡境活动,村庙里的所有神灵神像无论是否"今天是你的生日"都要悉数被抬出进行出巡。村落神灵游行队伍包括神像、彩旗、匾额、舞龙舞狮、腰鼓大鼓凉伞、八音、西洋乐队等,所到之处家家户户要在自家门口摆上祭祀供品,燃放烟花爆竹,三拜九叩,祈福禳灾。

如陂内村"王爷日"农历二月二十迎神人员名单公示显示:

王公(12人)具体名单如下:××等。

王妈(12人)具体名单如下:××等。

夫人妈(12人)具体名单如下:××等。

大王爷(8人)具体名单如下:××等。二王爷(8人)具体名单如下:××等。三王爷(8人)具体名单如下:××等。四王爷(8人)具体名单如下:××等。

大帝君(8人)具体名单如下:××等。二帝君(8人)具体名单如下:××等。玄天上帝(8人)具体名单如下:××等。

凉伞(3人)具体名单如下:××等。

八音锣鼓队负责人(2人)具体名单如下:××等。

再如半湖村辅胜公庙癸巳年(2013年)农历三月初八至三月十三"帝爷日"抬神活动安排公示显示:

抬玄天上帝(12人):具体名单如下:××等。

抬仙姑妈(9人):具体名单如下:××等。

抬元帅公(8人):具体名单如下:××等。

抬戏笼(8人):具体名单如下:××等。

初八杀猪（8人）：具体名单如下：××等。
初十杀猪（8人）：具体名单如下：××等。
十二杀猪（4人）：具体名单如下：××等。
放炮（1人）：具体名单如下：××。
推斗车（2人）：具体名单如下：××等。

可以看出，"神灵生日"节庆仪式已在村落社群的文化记忆与传承中被逐渐的模式化、标准化和固定化。在这样的仪式载体中，平时散落在自家空间领域的社群个体不知不觉地被神灵庆生节庆仪式联结成一个互动互构的公共空间。同时，从节庆劳动力分工的安排可以看出，社群个体自觉地根据自己在本村落的社会地位被定位为分层清晰的生态图景。正如华琛所言，仪式习惯标准化构成一种"文化黏合剂"，把庞大、复杂和多元的社会维系起来，对创造一个一统的文化体系有着深远的影响。① 几乎每逢"神灵生日"节庆到来，每家每户都要放下生产劳作，完全投身村落节庆。人们纷纷从四面八方集聚回来，邀亲请友，大摆宴席，觥筹交错，尽享美食，倾其所有，借此显示自己的人气热情，在联络社群情感的同时凸显和提升自己在村落的价值感及社会地位。同时，伴随着引领节庆消费过程的，是本村落难得的村落文化空间拓展。一般来说，古雷各个村落的"神灵生日"节庆仪式都会前后持续二至三天，连接这几天节庆的主要是连续唱上几天的社戏。在现代传媒电视网络尚未出现的年代，看社戏几乎是古雷民众一年中最为奢望的民间文化活动，人们完全就是为了庆祝神灵节庆而请戏，为了自身看戏而唱戏。而在网络传媒迅猛发展的今天，唱社戏已然成了一种模式化的文化工具，人们就是为了庆祝神灵节庆而请戏，除了一些年事较高的老年人还在看戏之外，几乎所有的年轻人都不会到戏台前去看戏。

如半湖村辅胜公庙癸巳年（2013年）农历三月初八至三月十三"帝爷生"抬神活动花费公示显示：

总收入（戏金）64263元，其中人口金48220元、喜缘（群众捐

---

① 华琛：《中国丧葬仪式的结构：基本形态、仪式次序、动作的首要性》，湛蔚晞译，廖迪生校，《历史人类学刊》2003年10月第一卷第二期，第103页。

款）16043 元。

总开支：45949 元。具体如下：

戏金，16888 元；车费（补戏班）2000 元。

恭迎玄天上帝（补戏班）1980 元。

二次庆寿，1036 元；十仙庆寿，320 元。初九送戏金礼物：160 元。

法师（二次）礼：760 元。

治安，840 元；六辆小车装饰，900 元；车费，1200 元；项目纸布，1300 元；旗、花、结彩花供 1480 元；抬神灵，3350 元；十二节日，1080 元；拱门十彩球，2800 元；摄影加制片，2600 元；烟花、爆竹、银纸、烛、水果、果料等，6285 元；供电，1090 元。

（三）农历初一及十五固定模式化的祭祀仪式

陈支平指出："闽南社会是以聚族而居的形式构建基层组织的。家族、宗族、乡族的统合力量是维系内部团结稳定的最重要因素，也是族人谋求发展的有力保障。统合力量的核心之一即为神祇的崇拜。一姓之氏族选择一尊或数尊与本族多少有着渊源关系的神灵作为崇拜偶像，举一族之力建庙供奉，希望供奉之神灵能对本族提供倾向性的保佑。"[①] 沟通本族社群与神灵关系的就是祭祀仪式，连接本族群关系的重要纽带亦是对本村落神灵的祭祀仪式。除了前面所谈到的一年一次的本村"神灵生日"隆重节庆祭祀仪式外，人们还将每个月日常的农历初一及十五到本村庙宇进行祭祀的仪式固定模式化。这种祭祀仪式在古雷半岛有两个特点：一是农历初一及十五的祭祀仪式不像"神灵生日"节庆祭祀仪式那么隆重，而是简单的备上茶水、水果及干果甜品到庙里（图 3-83），点上三炷香，烧少许的银纸即可。二是农历初一及十五的固定模式化祭祀仪式并不局限在本村神庙里进行，村民们可以将祭祀范围拓展到其他村落的庙宇进行祭祀，祭祀仪式基本上与本村的仪式大同小异。

---

① 陈支平：《近 500 年来福建的家族社会与文化》，三联书店 1991 年版，第 186—202 页。

图 3-83 前往宫庙祭拜的村民

这种民间信仰祭祀仪式超越本村宗族神庙祭祀崇拜圈范围的特点是饶有意思的。在传统的古雷地区，由于自然地理环境的恶劣影响，人们生活得异常艰辛。古雷还有一个俗称为"沙仔"就含有贫穷的贬义。争夺以水资源为核心的自然资源成为各个村落赖以生存的重要问题。加之古雷是一个移民地区，不同的移民群体为了显示自身村落社群的旺盛在同外村争夺生存资源的同时往往交织着本村庙宇神灵的显赫。家族矛盾与宗族械斗自明清以来一直是古雷半岛的一种非常重要的社会问题。讲究家族实力、强欺弱、众暴寡的古雷家族社会与夸张炫耀的庙宇神灵民间信仰文化相互结合，对古雷半岛的家族心理、村落归属和人文性格产生一定的影响。而农历初一及十五祭祀仪式则超越本村宗族神庙祭祀崇拜圈相互渗透，不仅在一定程度上消弭了不同村落不同家族的隔阂，而且增进了古雷半岛整体的社会联系与社会团结。

（四）临时有事"抱佛脚"的日常祭祀仪式

古雷半岛的民间信仰临时祭祀仪式主要以家户型为单位，他们不是任何大型宗教机构的成员，通常他们自己就是祭祀仪式的单独主体。这种家户型的信仰单位具有严密的结构性优势，在内部管理及代际传承等方面更加灵活，人们利用自己对草根乡土的熟悉与眷恋，不断延续着民间信仰在基层社会强盛的生命力。

在古雷半岛，人们在日常生活中一旦碰上难事、喜事、盛事等都会以家户为单位到本村或邻村庙宇进行烧香、抽签、询问及感恩答谢等，俗称临时有事"抱佛脚"或者无事不登三宝殿。这种仪式或简或繁，没有固定的祭祀仪式。碰上难事的话，通常的祭祀仪式就是摆上少许的供品，烧香抽签由掷筊确定，然后让庙祝解释签意，庙祝会根据签意给信众一些指示，一般的指示都是"可以"或"不可以"，应该许愿年末答谢哪些神灵，答谢多少的供品或数量不等的纸银及火烛等。祭祀仪式通常由家庭中的女性长辈来完成，如若家庭中没有女性长辈就由男性长辈进行承继。

> 我们家都是奶奶去庙里烧香拜拜，一般是家里碰见疑难的事情才会去。各种事情都有，大家都相信帝爷公英灵会给我们正确的指引。平时拜拜许诺的事情都是年底完成还愿。（20140513，Z1 古雷）①
>
> 到庙里去烧香拜拜主要是一种心理安慰，大家也明白。像去年我父亲生病，我们一方面到妈祖那里去拜拜，找找是否触犯何方神灵？同时也要将父亲送到县城医院进行检查治疗，就是人神共治。我父亲痊愈以后，去年年底也要到妈祖庙去答谢。（20140515，L1 古雷）

第三节　古雷半岛民间信仰的主要特点

古雷半岛的民间信仰诸神全部是外来神，这与半岛居民以外来移民为主有重要关系。同时，古雷半岛的庙宇规模较小，全岛没有见到一座规模宏大的庙宇。庙宇中供奉的神明塑像也是小巧玲珑，大多一个人就可以捧

---

① 下文所引述的均为2013—2014年研究者实地调查的访谈资料。

或抱。林国平认为，闽台民间信仰由于受到特殊的地理、人文历史和文化传统的影响，既具有中国民间信仰的一般特征，又具有十分鲜明的地区特色。归结起来，闽台民间信仰具有功能性与实用功利性特征、放任性与融合性特征、区域性与辐射性特征、宗族性与群体性特征、本土性与正统性特征等。[①] 考察古雷半岛的民间信仰的主要特色，几乎都离不开林国平先生的学术归纳。古雷半岛的民间信仰在深深地烙上上述诸多特征的同时，在半岛人民长期以来与自然抗争，整合社群力量，传承宗族文化等多方面的生活生产磨砺中不断形成自己独具风格的海岛型信仰特色。这些信仰生成及发展的历史几乎与古雷半岛开发的先民历史同样绵长，其根植于古雷半岛所有村社族群家庭的社会生活与社会联结之中，因而具有极其顽强的生命力。

图3-84 渔船上的简易神龛

一 鲜明的海岛区位特色

极具海岛性的海神信仰在古雷半岛是特色非常明显的一种信仰体系。在古雷半岛的陆地村落里，象征海神信仰的妈祖崇拜、玄天上帝崇拜、王爷崇拜、关帝信仰、海龙王崇拜等应有尽有。其中，信奉妈祖的庙宇有3座，信奉玄天上帝的庙宇有7座，信奉王爷的庙宇有6座，信奉关帝的庙宇有2座，信奉海龙王的庙宇有4座。在古雷半岛的鲍鱼养殖场、鱼排养殖场、盐场等与海洋有关的生产作业场所，所有的场所均供奉有与海神及财神相关的神明。在古雷半岛的所有中型以上生产作业渔船或渔排上，所有

[①] 林国平：《闽台民间信仰源流》，人民出版社2013年版，第319页。

的渔船同样均供奉有与海神及财神相关的神明（图3-84）。

古雷半岛三面环海，特殊的地理环境决定了渔民在生活生产中必须更多地与海洋发生联系，与海抗争并在海上生产生活成为古雷先民绕不开的一道重要课题。"濒海之民多以鱼盐为业，而射蠃牟息，转贸四方，罟师估人，高帆健舻，疾榜击汰，出没于雾涛风浪中，习而安之，不惧也。"[①]尽管从事海业可以收获较丰，但海上的风险之叵测绝非陆地生产可比，渔民每天都会遭受巨大的安全压力。所以为了祈求海上的安全作业及生产获利丰厚，古雷半岛的渔民们往往要"家家赛神，钟鼓响答"[②]。必须指出的是，作为海神信仰的这些神明，在古雷半岛民众的长期日常生产与生活中，已然超越海神庇佑的范畴被进一步拓展为可以趋利避害、逢凶化吉、保佑平安、添丁添寿、子女升学、婚姻家庭和谐及财源广进等多元性功能。

二 浓郁的闽南文化特色

闽南文化是中华文化体系中一个极具特色的区域性文化。闽南文化的形成基本上就是中华文化几千年绵绵不绝和不断变迁的缩影，其根源于中原古河洛文化又历经漫长的历史嬗变从而形成具有浓郁地方特色的区域文化。根据林枫、范正义的研究，闽南文化具有六个方面的文化特色，如核心与边陲的文化变异，多源复合的人文性格，冒险打拼的进取精神，异军突起的文化学术，历久不息的乡族观念及杂乱无序的民间信仰[③]。也就是说，闽南文化是一种中华核心文化与闽南边陲文化交融变异的产物，这种逐渐融合变迁的文化过程充分凸显了闽南人独特的人文性格及冒险进取精神，同时潜移默化地生成了与众不同而浓郁的乡族观念及民间信仰。古雷半岛的民间信仰不仅有全国性的神灵，亦包含着众多土生土长的地方性神灵。全国性神灵包括关帝信仰、观音菩萨信仰、玄天上帝信仰等，而地方性信仰包括开漳圣王信仰、妈祖信仰、王爷信仰、林太师信仰及辅胜公信仰等。这些地方性信仰极具闽南区域文化特色，古雷半岛的地方性信仰是

[①] 乾隆《泉州府志》卷二十，《风俗》，清乾隆二十八年刊本，第13、14页。
[②] 乾隆《海澄县志》卷十五《风土》，成文出版社1968年版，第171页。
[③] 林枫、范正义：《闽南文化述论》，中国社会科学出版社2008年版，第1—16页。

闽南区域开发与建设漫长艰辛过程的历史记忆，人们透过对开漳圣王及辅胜公信仰的崇拜，可以每每感念这些先人们开发闽南与建设闽南的筚路蓝缕。

三 明显的村落宗族标签特色

在闽南的漳州市，东山岛的关帝信仰崇拜是全岛民众的集体信仰，龙海浯屿岛的妈祖信仰同样也是全岛民众的集体信仰，而古雷半岛却与东山岛及浯屿岛等其他海岛信仰不同，古雷半岛的民间信仰没有一种神明力量可以一统整个海岛。无论是全国性神灵还是地方性神灵，古雷半岛没有让全岛所有百姓信奉的普适性神灵。在古雷半岛，神灵的生态定位是以村落和宗族为标签进行严格划分的。也就是说，古雷半岛的民间信仰生态系统平衡并非是按神灵的强弱和地位进行维持，而是各种神灵之间独立共存，不分伯仲互惠合作。正如俞黎媛对闽台地区神灵崇拜的生态学分析中指出，中国人在"和为贵"的思想指导下，张圣君借袍不还，玄天上帝爽约借剑不还，并没有引起神灵之间的决裂，而是以轻松玩笑、揶揄的心态处理神祇之间的竞争，通过交流置换对方的信仰因素，避免剑拔弩张的紧张对峙，进而达到和平共处。[①]

在古雷半岛的诸多庙宇里，多神共处是常有的事，地位高的神祇在一些庙宇甘愿作一些地位低神祇的陪祭神灵也是常有的事，甚至有很多神像连庙祝或村中的长者都说不出名字或来源也经常遇见。在西林村、古雷村和杏仔村的开漳圣王庙中，主祭神是开漳圣王陈元光，而陪祭神是辅胜公李伯瑶、辅顺将军马仁等，这与诸位神灵生前的官衔位阶及死后的帝皇赐封颇为匹配。而在半湖村的辅胜公庙中，主祭神变成辅胜公李伯瑶，原本是其主官的开漳圣王变成放在庙中角落的陪祭神。在龙口村，整个村的百姓都主信奉玄天上帝，其缘由就是洪姓宗族从杜浔镇正阳村洪姓移民。在古雷半岛民众的信仰世界里，神无贵贱之分，无法力大小之别，他们只信奉祖先留下的历史及文化包括宗族记忆。信奉什么神祇在古雷几乎成为他们区分村落与宗族的主要标记，在什么时候举行民俗祭祀活动也成为古雷

[①] 俞黎媛：《闽台地区神灵崇拜的生态学分析》，载林国平、王志宇主编《闽台神灵与社会》，厦门大学出版社2010年版，第364页。

半岛社群之间相互联结与区分的重要平台。可以这样说，不同的神灵崇拜是古雷各个村社承继祖先历史记忆的活化石，也是他们心中永远不灭的指明灯。正是这五彩斑斓的信仰个体差异提供了不同村社民众精神层面的不同诉求，从而构建了古雷半岛民众社会生活长久不息的一个稳定和谐的人文秩序。

四 突出的杂乱放任特色

闽南地区民间信仰的杂乱无序特征已被很多学者的研究所提出和证实。林国平认为，这是闽南民间信仰独特的放任性，其慨叹："闽南民间信仰究竟有多少神灵，至今还没有一个准确的统计数字，实际上也不可能准确地加以统计，因为闽南民间所奉祀的神灵毕竟太繁杂了，既有闽越族和其他土著民族残存下来的鬼神崇拜，又有从中原传入的汉民族所奉祀的各种神灵，还有从印度、中东、欧洲、日本等地传入的神灵崇拜，同时闽南土生土长的神灵数量也十分惊人。总之，闽南境内的神鬼几乎无处不有，充斥着天上、人间、地府，构成了十分庞杂的神鬼体系。"[①] 闽南地区民间信仰的杂乱无序性是中国其他地区所不可比拟的，亦可以说滥觞程度几乎无以复加。"在这个神鬼体系中，除了一些正统的有据可查的神祇崇拜之外，神话小说中的人物（如盘古、女娲、西王母、彭祖等）、古典小说中的角色（如齐天大圣、猪八戒、通天教主、姜子牙、八仙、四海龙王、阎王爷等）被奉为神灵，而且岩石、老树、花草、枯骨、家禽家畜、泥土、家具等也会成为崇拜的对象。甚至有同性恋之神，有帮助勾引女人之神，能害人生病甚至害人致死之神，有赌博之神，破坏他人家庭和睦之神等。"[②] 民间信仰被塑造的功利性在闽南地区可见一斑。

古雷半岛民间信仰的杂乱放任特色主要表现在几个方面：第一，古雷半岛民间信仰的杂乱放任特色体现为神明崇拜的多样性。在古雷半岛，所有各个村社庙宇加之居民住宅供奉的各类神明多达二十种，基本上每一个村社都会有大大小小的庙宇3座以上。有些神明的来龙去脉老百姓能够说出个所以然，而有些神明连庙祝都不知道它们的名字，更没办法考证为什

[①] 林国平：《闽台民间信仰源流》，人民出版社2013年版，第325页。
[②] 同上。

么会供奉本尊神明及关于这些不知名字神明的来历。第二，古雷半岛民间信仰的杂乱放任特色体现为寺庙神明崇拜供奉与摆放的杂乱无序。在古雷，多数庙宇的神明摆放是随意且杂乱的。有些神明在这个村里的庙宇是主神，而在另一个村落的庙宇则是配祀神。并且多数的庙宇神明是道教、佛教及其他神灵崇拜你中有我，我中有你，彼此交融并建构了一个利益均沾的民间信仰生态崇拜。第三，古雷半岛民间信仰的杂乱放任特色体现为诸神平等。不像其他的海岛民间信仰崇拜，东山岛主神为关帝，吴屿岛主神为妈祖，而古雷半岛没有一尊统领全局的主神。古雷半岛的主神以村落及姓氏为主，没有全半岛区域的观念。各个村落主神为我独尊，各个姓氏只朝拜自己本宗族的民间神灵。

第四节　古雷半岛民间信仰的断裂与重构

一　古雷半岛民间信仰的断裂

近年来，伴随着以石化基地为核心的诸多项目落户古雷地区，石化基地周边整体村落迁移并将村民集中居住已成为一个不可逆抗的趋势。从社会变迁的视角看，这种社会变动方式主要是由外力推动的一场社会变迁，是一种地区发展思维下的强制性制度变迁，其社会影响是深刻的、全方位的。古雷开发所带来的乡村社会结构重组、农业渔民生计和身份转变、农民渔民生活方式与思维方式的变革，对古雷乡村社会、民众生计都必将产生不可估量的影响。从目前被卷入整体村落搬迁的七个村庄来看，民众的生活已经因为村落搬迁和集中居住而发生巨大改变，同时也因集中居住而获得新的发展机遇。这种发展机遇就是以居住方式的现代化带动民众言行举止、行为习惯和思想观念的城镇化，同时亦使根植于每个村落祖辈长期守望和最赖以寄望的共同民间信仰出现一种前所未有的断裂。古雷半岛是否在这场变革中实现华丽转身，还是松散没落沉沦，如何帮助民众实现生计转型和生活转轨，民间信仰与民俗文化承继，社会整合与融入，甚至于人的城镇化是政府及民间社会必须考虑的重要课题。

学者张祝平认为，新中国成立以来民间信仰的历史变迁经历过艰难延续、全面断裂、恢复重建和调整创新的从断裂到弥合的不同阶段。① 但这个历程的断裂是由政府意识形态极"左"的路线与认识主导的：从1949年至1966年是民间信仰的艰难延续期，尽管国家在法理层面上一直倡导宗教信仰自由并保护宗教的合法存在。但具体政策却巨大地冲击了民间信仰的物质层面，如1950年的土地改革法就规定强制征收祠堂、庙宇、寺院等在农村的土地及其他公地。1957年开始的反右斗争正式使民间信仰出现断裂，与此同时的移风易俗运动也一样深刻地影响着民间信仰的公共生活，但一些信徒仍然偷偷摸摸地用各种简易的方式求神拜佛，延续着高压政策下的民间信仰简易仪式。从1966年至1979年是民间信仰的全面断裂期，国家在"以阶级斗争为纲"错误路线的疯狂导引下全面冲击和摧毁民间信仰的各个层面。"从这个时期开始，所有明的、暗的活动全都结束了，村庙里的香火算是真正断了，连最虔诚的信徒也不敢趁着夜里重建神龛上香了，也不敢在家设菩萨牌位了。"②"寺庙被封，神像被毁，连屋基也被挖出来了，砖啊、石头啊什么的，大部分都运走了。"③ 也就是说，延续了数千年的民间信仰在强大的国家力量干预下出现了全面的断裂。一些神庙、神像及神灵祭祀仪式只能留在民众内心深处的记忆里。从1979年至1991年是民间信仰的恢复重建期，宗教信仰自由的政策重新得到落实，民间信仰在人们纠结观望的心态中得以慢慢恢复和重建。可以说，尽管1979年国家宗教政策已开始恢复，但大多数的农村庙宇是在1983年以后才开始实施重建的。从1991年至今是民间信仰的全面复兴期，在国家明确了对宗教信仰积极引导与社会主义相适应的政策态度后，民间信仰呈现出百花齐放的全面复兴状态，各地纷纷出现了政府与民间社会合作举办国家在场并强势介入以民间信仰祭祀仪式为平台的民俗经贸活动。至此，民间信仰进入一个神庙重建、神像重塑、神灵祭祀仪式重构并有国家介入和在场的全面复兴时期。

与这样的历史变迁不同，古雷半岛由征地拆迁产生村落整体迁移而出现的民间信仰断裂，是一种村落与家族的整体搬迁及新居住区重整导致的

---

① 张祝平：《民间信仰60年嬗变：从断裂到弥合》，《福建论坛》2009年第11期，第161—166页。

② 同上。

③ 同上。

集体原祭祀民间信仰仪式的断裂。具体在个人及家庭层面，民间信仰的断裂则以另外一种多元杂乱且随意的方式出现。这种断裂呈现出几个非常显著的特征：

一是传统组织断裂：原本以村落家族宗族为基本单位的民间信仰组织及结构被彻底摧毁。众所周知，民间信仰中的诸多神祇及寺庙，往往掌握着与百姓生活息息相关的福、禄、寿等世俗之事，人们敬天、地和冥界信仰的超自然权威组织机构效仿了中国传统的世俗政府体系，它可以通过对人们今生和来世的赏善罚恶，以与世俗权力大致相同的方式对社会生活产生重要影响。[①] 在传统的古雷半岛村落中，村民们依靠家乡观念、宗族观念与民间信仰维系着彼此村落与家族共同感的独特记忆。而由村落宗族及民间信仰长期建构的组织一直主导着村民委员会之外的世俗生活，人们习惯于在家族组织中认识家族成员在应对社会风险中的作用，更认同信奉同一民间信仰及寺庙的亲密关系。但随着诸多村落不同家族与不同民间信仰居民的集中共同居住，人们原本以村落家族宗族为基本单位的民间信仰组织就自然出现断裂，并逐渐地被新建小区的社区自组织所替代。

二是传统空间断裂：民间信仰整合村落社会共识的功能被极大削弱。作为一种文化的象征，民间信仰给不同村落的村民以共同的信仰体系。民间信仰的社会黏合剂作用在传统民间社会中发挥了重要的整合功能。这种社会共识通过村落集体的祭祀仪式得以承继，根植于村民心中，形成村落认同的重要一环。同时，"独特的民间信仰习俗文化也将本村与其他区域区分开来，促成了根文化的形成，这在外出读书打工做生意的人群上体现得尤为明显"[②]。可以说，民间信仰所内含的道德伦理价值以及约定俗成的仪式在家庭、宗族及社会组织的整合，以及社会制度与舆论的规范方面均具有不可忽视的重要意义。但古雷的新港城农民集中居住区并未能按居民的原本居住村落进行安置，而是根据现代社区的行事理路打乱了原本的村落布置，他们的生活空间布置与长期以来维系的宫庙神灵已产生不可调和的空间断裂。而作为民间信仰整合村落社会共识的功能自然就逐步削弱，并被现代性的社区组织和物业管理机构所取代。

三是传统仪式断裂：传统的民间信仰集体祭祀仪式出现重大断裂。前

---

① 张振国：《民间信仰与社会整合》，《求索》2010 年第 11 期，第 117—118 页。
② 杨帆等：《论民间信仰的连续性与变迁》，《青年研究》2013 年第 5 期，第 82—93 页。

文已经谈到,古雷半岛的"神明生日"等大型节日祭祀神灵的隆重程度几乎超越了春节等传统民俗节日。以各宫庙不同神明祭祀为基本单位的村落家族宗教在村民整体迁移之后出现了碎片化,而他们对民间信仰的集体祭祀仪式自然也出现重大断裂。如第一期整体搬迁的五个自然村,2014年的神明生日祭祀仪式明显比搬迁之前简单,一些仪式被简化甚至省略。祭祀的供品只有猪肉及果品,没有了往常热闹非凡的抬神巡境活动,往常热闹非凡的三天唱戏也省略了。这些仪式的变动由于省去很多花销从短期内看似乎是一种现代性的移风易俗趋向,但那些依靠村落家族宗族共同集体记忆的祭祀仪式会在实践中被逐渐弱化,最终造成村民集体记忆纽带的碎片化与断裂。

二 村庙搬迁:多元力量利益格局对话与信仰重构的博弈

在庙宇搬迁的过程中,伴随的是政府与民间社会各个村落就如何搬迁、赔偿、复原及整合重构方式的抗衡关系。在各个村落自家房产、人口、渔产、土地等赔偿对话妥协过程中,村落的人们并非是相互配合的,有时还出现相互举报、相互攀比等情况。但面对村庙、宗祠等公共财产和公共物品赔偿争议的时候,村民们都表现出少见的精诚协作与合理分工现象。这种在村庙搬迁过程中呈现出来的村落家族宗族集体精神成为了他们与政府不断博弈各类赔偿金额数量高低和搬迁进度的重要工具。从整个第一期五个行政村搬迁村庙工作的进展就可以窥见其中的各方力量博弈之激烈。

2012年10月13日,古雷港区民俗文化组组织古雷港区宫庙联谊会在港区指挥部召开"古雷港区民俗文化园第一期建设规划会"。参加会议对象为:宫庙联谊会副秘书长以上领导;五个行政村(龙口、杏仔、半湖、陂内、油澳)联谊会理事;五个行政村所属五个自然村(半湖、赤山脚、陂内、辽仔、下辽)各宫庙首事共20多人。会议讨论议题主要包括:(1)土地征用意见;(2)宫庙资金预概算;(3)补偿办法建议;(4)宫庙设计建议;(5)承建单位;(6)宫庙管理意见。经过与会人员充分热烈讨论,形成第一次会议综合意见:一是在居民集中居住地新港城周边临海征用80亩土地作为古雷港区民俗文化园建设项目用地。将纳入搬迁范围的各村宫庙分类集中安置,成为一处雄伟壮观的民俗文化园。所属五个自然村的宫庙占地面积以上级有关部门单位实地丈量为依据，建议以土地兑换为宜。二是主神问题。考虑到整合宫庙或联合宫庙摆放神明难于确定，可由漳浦县道教协会古雷港区宫庙联谊会装一巨尊神明（玉皇上帝），其他神明摆放两边，避免争议。三是所属五个自然村的宫庙、类别、座数、附属设施（厢房、戏台、广场、福德正神）资金概预算，经综合统计资金投入约 1225 万元（半湖村 425 万元包括玄天上帝庙、观音佛祖庙和辅胜将军庙，赤山脚村辅胜将军庙 220 万元，陂内村关帝君庙 265 万元，辽仔村开漳圣王庙 290 万元，下辽村福德正神庙 25 万元）。四是补偿办法建议为尊重当地的民俗民意，所赔偿资金专用于民俗文化园宫庙及设施配套建设之用。比原来的宫庙建设更加壮观，可以丰富人民文化精神需求。五是宫庙设计的基本思路是首批投入资金 2000 万元，其中庙宇及设施配套资金约 1225 万元。围墙及平整土地约 800 万元，特别围墙方面，建议所属范围内必须围墙，挡土墙地面起约 80 厘米，上面用防护栏设置，增强文化园的观赏性。各座主庙旁须建设福德正神庙。六是承建办法为采用招投标方式，特选用关于宫庙建设经验丰富，有实践操作本领的各地名匠，工艺师实施，有关部门实行监督为宜。七是民俗文化园的管理，建成后由漳浦县道教协会古雷港区宫庙联谊会管理，目标是建成一个可观的民俗文化旅游景点。

　　这个会议基本确定了第一批搬迁村落庙宇赔偿与重建重构的实施方案，但在方案公布村民知晓的二个月后，所涉及的五个村落民众大多数反对将本村庙宇及神明整合到其他村落中去。于是，2013 年 6 月 15 日，古雷港区民俗文化组又组织第二次的联谊会磋商会议，会议参加对象比第一次更加广泛，包括各村村长书记都列席会议，会议将第一次的决议进行的原则上的更改。把原先确定的整合同一类神灵为统一大宫庙的方案调整为各村依据自己的庙宇依据原样规划重建，建设的地址不变。为了将宫庙搬迁方案做得更加细致和完善，古雷港区民俗文化组专门组织各村理事会成员到厦门、泉州和漳州比较有名规模较大的同类神灵宫庙进行实地的参观考察。经过考察，各村形成一个初步的搬迁方案，由民俗文化组进行汇总，完成具体的整体搬迁方案。但至今为止，由于各村尚有个别村民未与拆迁办达成搬迁协议，一些村民也存在赔偿问题争议导致村庙的搬迁进程再次搁置。目前，五个第一期搬迁的自然村整体出现个别农户与拆迁办的赔偿谈判将宫庙赔偿问题列为博弈条件的有趣现象，他们声称要与村庙神明共进退。尽管如此，2013年5月1日，涉及五个第一期整体搬迁自然村的大多数村民还是完成了集中入住古雷新港城（图3-85）。下面是当日漳州市新闻网和漳浦县广电新闻对此的报道（记者 曾雅碧）：

图3-85　古雷新港区居民居中入住

　　今天的新港城可以说是彩旗飘扬，鼓乐齐鸣用来欢迎它的第一批新主人，这里正在举行一个简约而又隆重的庆典仪式，现场大概是有五百个人欢聚在一起，稍后首批入住新港城的居民将正式搬入新居，踏上新港城的幸福之路。

　　市县领导共同为新港城落成暨首批群众集体乔迁剪彩。市委书记在仪式上发表热情洋溢的讲话。他用本地方言向乔迁新居的乡亲致以美好祝愿。市委书记：搬新厝，代代富，祝大家大吉大利，合家幸福，感谢大家。县委书记主持仪式并代表县四套班子领导对乔迁乡亲表示热烈祝贺。县委书记：祝你们"吉日良辰过新厝，安居乐业代代富"。书记表示，有广大干部群众的共同努力，古雷新港城将逐步建成一个美丽的家园、舒适的家园、幸福的家园。古雷群众的生活一定会更加美满幸福。

　　古雷新港城龙港社区是古雷石化启动区的重要配套工程，由漳州福晟钱隆房地产开发有限公司承建。项目占地409亩，建筑面积57.3

万平方米。于 2011 年 9 月开工，历经 20 个月的建设，目前累计完成投资 15 亿元，建成一期 42 幢共 1990 套安置房，并全部完成内部精装修。漳州实验小学古雷开发区分校、幼儿园、社区活动中心、警务室等配套项目也同步形成，形成了一个环境优美、设施完善、生活便利、保障一体的现代化城市新区，可满足石化启动区首批 1000 多户搬迁群众的生活需要。仪式后，市县领导还参观了新港城的医疗室、超市、警务室等基础配套设施并入户慰问乔迁新居的群众。

连日来，新港城一期现场热闹非常，首批 475 户安置群众陆续入住新居。日前，漳浦县古雷镇半湖村洪××领到古雷新港城的"乔迁入住礼包"，喜不自禁地来到装修一新的新居布置，准备入住。和洪××一样，新港城二期安置户林××期盼着尽快入住新居，他高兴地告诉笔者：原来的房子都属于危房，还都没有合法的产权证明，现在的新港城产权手续齐全，周边配套设施完善，孩子也能在漳州实验小学古雷分校就读接受优质教育。

从上文的阐述中，可以明晰目前古雷半岛由于开发发展推动的整体村落农民集中居住出现了这样的特殊情形。即农民已逐步集中搬进代表城镇化的集中居住区，但他们祖祖辈辈长期守望和赖以慰藉心灵的宫庙神灵却还在原住村庄。出现这样的断裂极大地影响农民的新城镇社会融入和社会整合，如何在集中居住地完成民间信仰的整体延续和文化传承显然是一个非常重要的问题。

三　新港城的文化适应与社会融入：民间信仰体系的重构

可以说，基于外力现代化城镇化变迁作用下的村落整体迁移已是必然趋势，如何在社会变迁过程中延续民间信仰的集体祭祀仪式，充分发挥民间信仰在社会整合、社会团结与精神慰藉等方面功能是一个传统与现代必须不断进行对话的问题。为真实呈现古雷半岛民间信仰断裂与重构的具体过程，我们在发出 200 份问卷调查做定量研究的同时选择了 20 位的访谈对象，挑选了五个第一期整体村落搬迁自然村的庙祝、理事会成员及普通村民进行深度访谈。真实聆听他们在生活环境发生巨大变迁过程中自己对民间信仰的看法与体会，感受他们在新的农民集中居住生存环境中如何重构民间信仰体系，维系现代化发展趋势下村落已散与社区重整进程中民间信仰的文化记忆。

> 我们村大部分家庭搬走了，只剩下6户人家。平常大都有回来拜拜，家里有汽车的回来次数比较多，老人家出门交通不方便，农历初一、十五最热闹。碰到家里有啥事也都会回来拜拜。走的时候有很多家庭请了神像来庙里开光割香，有些村民还试图将庙里的神像偷请到自己家里去，为了不让神像被抱走，我们专门多安装了一道铁门，安排专人值班。（20140314，M1古雷庙祝）

> 我们都反对拆庙，历史已经证明，凡是拆庙的都不会有好结果。我们全村的老人家都反对，谁要是敢拆庙，我们就跟他拼了。神明护佑我们村繁荣昌盛，我们要与庙宇同在。（20140404，L2古雷老人）

> 搬到这里居住太不方便了，最麻烦的就是拜拜。以前我每个月至少到庙里拜拜6次以上，自己随便走一下就到了。现在一个月才2次，就初一、十五，每次都要叫孩子腾出时间专门用车载我回去。我不知道哭了多少次，心理憋得难受，就想跟帝爷公说说话。（20140715，H2古雷老人）

在调查中发现，新港城老年人与年轻人对宫庙及神明信仰的观念有比较大的差距，老年人已经将自己村落的神明信仰内化进了自己的日常生活，而年轻人却觉得这是老人家的事，自己日常生活最大的任务就是创业、工作挣钱。一些老人家觉得，生活环境的变迁与空间环境的变化一时确实难于适应，但时间一长也会慢慢变好。但祖祖辈辈同村的人不见了，尤其是无法割舍的拜拜没有了那是无法忍受的，特别是拜拜活动的减少会无形中消解了老年人在家里和社群的社会地位及角色。因此，他们在这种社会变迁过程中选择了多元化随意式的祭祀仪式来满足日常生活的信仰文化与精神需求。

一是以在家设置神龛祭祀为主（图3-86）。在200份问卷调查数据中发现，新搬进新港城的500多户居民100%家里都设置了神龛，且86%的居民家里神龛供奉的神灵都比之前增加，93%的居民家里神龛供奉有本村的神灵神像。居民家中的老年人几乎每天都会进行烧香拜拜，每到农历初一、十五举行较大型的拜拜活动，碰上"神明生"拜拜活动更大，除了要到原住村落进行祭祀仪式外，还要在自己家里进行祭祀，然后就在家里或酒店宴请四方宾客。但与搬迁之前比较，祭祀仪式及继而庆祝仪式都要显得更为简单和省钱。

> 现在简单多了，原来神明生至少要唱2—3天的戏，非常热闹，花销都要几千上万元，有时一个晚上要请十几桌客人。现在不用了，一切都简单，就一桌。（20140404，Z2古雷村民）

> 因为要搬到这里来，我特地叫儿子去买了开漳圣王的金身，专门到我们村庙里去开光。还从庙里包了香火，今后主要在家里进行祭拜，因为确实不方便。以后如果新的庙宇盖起来再说，不过，那么多的庙宇搞在一起，大家可能都不知道怎么拜拜了。（20140415，H4古雷老人）

图3-86 新港城居民神龛

二是定时或临时到原住村落庙宇去进行祭祀仪式。尽管举家已经搬进远离原住村落20公里的新港城，但原住村落的宫庙与神明依然是村民无法割舍的情结及最深层的记忆。问卷调查显示：87.8%的家庭都会在每月的初一和十五专程回原住村落进行祭祀仪式，96.4%的家庭碰上家里有重大的婚庆喜事或难事会专程到原住村落宫庙进行祭祀感恩或咨询。在这过程中，老年人群体是最重要的助推者，这不仅是因为拜拜活动可以提升并强化他们在家庭中的地位与角色，更重要的是历经一系列社会变革，这些老年人对安稳生活和平安家园的渴求远远超越年轻人。因此，对于原住村落宫庙神明的笃信与虔诚已深深地根植到他们的日常生活及行为模式之中。

每逢家里有大的事情，如相亲、结婚、生子、升学、投资、生病等，都应该咨询公祖（神明的统称），若公祖同意便可安心去做，不然公祖也会提醒应该注意什么？我们一直都这样，从祖宗传下来的。（20140708，L4 古雷老人）

信公祖是长久的事情，不知何时会将新的庙宇建好，我们这些老人家就不用跑这么远的路回去拜拜啦！我们家是初一、十五固定回去拜拜的，其他的时间不确定，有事才登三宝殿。（20140708，Z4 古雷老人）

我们年轻人比较少主动去拜拜，以前在老村庄也是。现在主要是载老人家回去拜拜，不然他们不方便。但有时也挺麻烦的，要专程回去，经常要去掉一个半天。（20140708，L15 古雷年轻人）

三是到新港城居住地周围的庙宇进行祭祀仪式。古雷半岛开发区农民集中居住地新港城位于漳浦县杜浔镇的高山寺脚下，背部临海，周边有一些比较有名的庙宇，如正阳宫玄天上帝庙为古雷龙口村玄天上帝庙的祖庙，还有杜浔镇文卿村关帝庙，佛教高山寺佛祖、道教龙狮岩师祖庙等都香火旺盛。很多居民认为，既然来到新的地方，就要拜谒在地神明，祈求在地神灵能保佑他们平安吉祥。问卷调查显示：98%的家庭到过周边1个庙宇进行祭祀仪式，86.7%的家庭到过周边2个庙宇进行祭祀仪式，76.3%的家庭到过周边3个及以上的庙宇进行祭祀仪式。到在地周边庙宇进行祭祀仪式，目前已成为新港城居民的一种新时尚，有些家庭甚至跟周围村庄一起过"神明生"节庆活动。这或许对于他们尽早融入新的社区生活会有帮助。同时，调查中发现了一种新的拜拜现象，有些老人家会定时聚到高山寺的庙里念佛，这是以前在古雷原住村落所不曾出现的。

俗话说，在家靠父母，出外靠朋友。来到这里，我们当然要尊重这里的风俗，包括拜拜。反正都是神明，各佑一方。我们经常结伴去拜拜，一般去正阳宫，比较近，庙也大。（20140708，L7 古雷老人）

我现在一个星期跟他们到高山寺里念佛一次，每次2个小时。人很多，有师父主持，感觉挺好。（20140709，L9 古雷老人）

新港城集中居住区多元化随意性的民间信仰方式充分展示，古雷半岛移民的民间信仰正处于断裂与重构过程中。尽管民间信仰不会因为农民居住地的变迁而衰落，但传统的集体祭祀仪式逐渐在碎片化和粉末化。这种断裂趋向将随着时间的推移使原住村落居民出现爱尔维尤所说的集体"记忆危机"，根据阿博瓦克的集体记忆理论，记忆是集体分享和社会建构的结果，所以宗教传统的维系和创新，实际上就是记忆的建构、传承和重组问题。[①] 也就是说，古雷半岛集中居住区的民间信仰将在社会变迁的激荡中由传统的集体祭祀记忆弱化甚至断裂，逐步转化为以家庭为基本组织单位多元碎片化的民间信仰体系重构。

众所周知，古雷新港城的农民集中居住涉及农民举家的整体搬迁和空间位移。从文化人类学的视角看，新港城农民集中居住的过程实质上就是农民作为移民对新环境的适应过程。学者叶继红认为，文化作为一个整体包括技术系统、制度系统以及观念系统，因此集中居住区移民的文化适应相应地就形成了技术层面适应、制度层面适应以及观念层面的适应[②]。而一般来说，技术层面适应主要是指农民从原居住村落从事农耕渔业牧业等生产转型为从事工商业服务业等技能，制度层面适应主要是指农民从原居住村落松散型宗族约束型的社会关系转型为城市科层组织和各种社会组织的规制，观念层面适应是指农村移民在思维方式、生活方式、价值观念、心理结构和信仰文化方面发生的转向。

就古雷新港城来说，伴随着整岛近5万多户农民搬迁进入崭新的高层建筑商品房，新移民固有的传统价值观并没有随环境变化而改变。从实地调查的情况看，尽管新港城管理机关已配套了完全现代性的教育、医疗、公共服务等设施，同时设置了社区服务中心、物业管理机构等社区组织服务和规制居民的生活及行为，但小区中一些与现代社区环境不相适应的现象依然存在，俨然是都市里的村庄。如：有些居民随意在小区的树上及窗户之间晾衣服；有些居民在楼梯口生炉子烧水；有些居民在自家楼下的草地上操办丧事，吹拉弹唱无所忌惮；有些居民随意从高空往下扔垃圾；有些居民在家随意圈养家禽，在楼下的绿地里种植蔬

---

① 汲喆：《迈向一种关于现代性的宗教社会学——爱尔维尤雷杰宗教存于记忆评述》，《社会学研究》2005年第1期，第235页。
② 叶继红：《农民集中居住与移民文化适应》，社会科学文献出版社2013年版，第308页。

菜；等等。这些文化不适应的背后存在着巨大的惯性力量，从某种意义上说反映出他们根深蒂固的农民思维模式。正如李友梅所言："地方性知识是农民接受新的知识和观念的基础，也是农民对新的环境做出反应的基础。"① 新港区的居民虽然搬迁获得形式上的城镇化居民身份，但是在思维意识层面尤其是文化认同层面还难以接受这些改变。当这些祖祖辈辈农民身份的新居民置身变迁中陌生的社会文化环境时，他们对新环境的文化适应就表现为一种非常明显的路径依赖，这样的依赖在民间信仰体系的重构中表现得尤为明显。

2014年7月农历初一，古雷某村搬迁到新港城居住的老年人照例齐聚到原住村落庙宇进行祭祀仪式。与之前不同的是，老人们在庙宇祭祀好神明后，又做出了一件令人始料不及的举动，即老人们集体将拆迁办包围起来，并且封堵了古雷半岛的唯一通道。老人们的基本诉求：之一是他们先搬走但赔偿少，要求政府追加赔偿；之二是村庙搬迁赔偿过少，应在土地和重建金额上追加赔偿。这种以村庙及祠堂搬迁赔偿为文化适应路径依赖的例子在古雷还有很多。古雷新港城移民在文化适应和社会融入过程中所遭遇的文化冲突迫切需要他们解构乡土文化，重构现代城市文化。正如美国沃尔夫所言："无论社会还是文化都不应被视为给定的，……相反，文化物件以及文化物件的组合是始终处于建构、解构和重构之中的，并始终处于广阔的社会和文化关系的场域中展开的多重过程影响之下。"② 因此，古雷新港区移民的文化适应实质，就是不断解构传统原住村落乡村文化，并建构新的城市文化框架内民间信仰体系的过程。

从古雷调查的现有特定时期看，由于新的宫庙尚未搬迁完成，古雷新港城移民的民间信仰正处于解构与建构之中，这种解构的主要表现是原住村落集体信仰仪式的不断削弱与淡化，农村长期以来固有的村落家族社会关系、社会结构及行为模式受到巨大冲击。而建构的表现则是新港城移民的家庭民间信仰呈现出多元化碎片化的趋势，以家庭为基础的祭祀单位逐

---

① 李友梅等：《快速城市化过程中的乡土文化转型》，上海人民出版社2007年版，第198页。

② Eric R. Wolf, "Culture: Panacea of Problem?" American Antiquity 49 (2) (1984): 393–400.

渐替代了传统村落家族集团的祭祀单位。同时伴随的是新移民在突破传统思维方式和日常生活行为模式的过程中，必须学习城市所特有的社区公共精神和新市民价值观。他们的很多习惯随着时间的流逝而渐变，很多现代性的城市印记被部分新移民内化，最终成为城镇化浪潮中的个体。还有一些人会将新港城在地的民间信仰纳入到新移民的民间信仰体系重构之中，甚至会有一些人的传统原住村落宫庙神明信仰被新在地民间信仰所替代。古雷新港城移民的民间信仰体系重构就是处于这种社会变迁的激荡过程中，由于利益多方的博弈及新移民文化适应社会融入的多元因素影响而充满不确定性。我们将持续关注和研究古雷新港城移民民间信仰体系的重构与走向，因为其蕴涵的传统习惯与现代性的对话正是我们理解当下社会结构和社会转型的重要工具。

综上所述，古雷半岛民间信仰的断裂与重构，是新时期在地区经济发展的主流话语下中国农村社会变迁与转型的一个典型缩影。在这过程中，相伴随的是作为闽南民间社会长期以来赖以支撑的、超自然力量及社会整合功能的民间信仰不可避免地出现重大变迁。这种变迁是由外在强加的制度性力量造成的，亦是传统社会实现现代社会转型的主要路径。诚然，我们要准确把握古雷民间信仰的真实图景是困难的。但是我们依然坚信，任何现代社会都离不开传统的延续，正如任何有价值的传统都必须融入现代社会一样。在古雷随处可见，高楼林立的居民居住区几乎每家每户都设有神龛祭祀村落神明，而各村宫庙将如何搬迁、建设与安置尚在争议之中，那些原先被遗弃在各个村落的荒芜的古宗祠、古牌坊、古院落都一下子成为团结居民的重要纽带，亦成为各个村落与政府争论搬迁费用赔偿的重要王牌。因为，古雷民间信仰的断裂与重构过程具有多方利益博弈的色彩，同时夹杂着民间社会诉求表达与政府干预的多元声音。

毋庸讳言，在闽南民间社会，作为"弥散性宗教"的民间信仰无处不在并反映了人们关于社会构成及社会关系的基本观念。在古雷半岛的现代化建设及社会变迁过程中，民间信仰的研究可以从新移民居住区的社会生活秩序建构去把握民间信仰断裂与重构的存在形态，并借此来理解人们如何看待人与人、人与自然和人与社会的关系。但是，由于古雷半岛尚处于整体建设与搬迁之中，旧的民间信仰与社会秩序已经推倒，而新的民间信仰与社会秩序并未完全形成。因此研究者尚不能完全准确把握民间信仰出现断裂与重构的学术关系，亦无法预见民间信仰断裂与重构现象的出现对古雷半岛居民日常生活会产生多大的影响。这种学术迷茫与当下古雷半岛新港城居民对生活前景充满无尽的担忧是一样的。因此，我们有必要将此项调查作为一个长期的田野研究，必须在一个更长的时间脉络中观察古雷民间信仰断裂与重构的真实图景。可以假设，研究古雷半岛民间信仰的变迁：在理论层次上，可以透过民间信仰观察中国现代社会转型出现的思想、社会、政治及文化嬗变；在经验层次上，可以调查、描述及理解场域民众在日常生活中祭祀仪式活动及相关社区关系的组织和观念；而在实践层次上，则是可以厘清民间信仰与社区文化认同及社会治理之间的重要关联。

福建省社会科学研究基地闽南师范大学闽南文化研究中心研究成果

闽南师范大学闽南文化研究院重大项目：闽南民间信仰与漳州社会变迁（项目编号：SS1225）

闽南文化研究院学术文库

漳州民间信仰与闽南社会（下）

林国平 钟建华 ◎ 主编

ZHANGZHOUMINJIANXINYANG
YUMINNANSHEHUI

作者：林国平 钟建华 黄耀明
罗臻辉 张晓松 段凌平
张宏明 马海燕 范正义
郑镛 陈静

中国社会科学出版社

目　录

（下　册）

第四篇　漳州福佬、客家民间信仰

第一章　福佬、客家源流及其在漳州的地理分布 (369)
第一节　福佬、客家源流 (369)
第二节　漳州福佬、客家混居地的地理分布 (372)

第二章　平和县九峰镇民间信仰调查 (383)
第一节　九峰镇历史文化沿革 (383)
第二节　九峰镇民间宫庙与信仰活动 (389)

第三章　漳州福佬、客家谢安信仰 (413)
第一节　漳州谢安信仰源流与分布 (413)
第二节　漳州谢安庙与谢安信仰调查 (426)
第三节　漳州福佬、客家谢安信仰比较 (444)

第五篇　漳州畲族民间信仰

第一章　漳州畲族的分布与漳浦畲族乡 (455)
第一节　漳州畲族的分布 (455)
第二节　漳浦赤岭与湖西畲族乡概况 (463)

第二章　漳浦畲族民间庙神 ………………………………… (481)
第一节　赤岭与湖西民间神明庙宇 ………………………… (481)
第二节　漳浦畲族的民间信仰的特点与性质 ……………… (499)

第三章　漳浦赤岭雨霁顶三界公庙的个案研究 ……………… (505)
第一节　雨霁顶三界公庙 …………………………………… (505)
第二节　雨霁顶三界公庙主要祭典 ………………………… (507)
第三节　祭典组织的基本规则 ……………………………… (515)
第四节　家族竞争与历史记忆 ……………………………… (519)

第六篇　漳州民间信仰的海外联系

第一章　保生大帝信仰的海外联系 …………………………… (531)
第一节　白礁村的海外联系 ………………………………… (531)
第二节　南靖县麟埜社的海外联系 ………………………… (555)
第三节　平和心田的海外联系与地方社会变迁 …………… (582)

第二章　妈祖信仰的海外联系 ………………………………… (606)
第一节　角美镇锦宅五恩宫的海外联系 …………………… (606)
第二节　乌石天后宫的海外联系与地方社会变迁 ………… (623)

第三章　开漳圣王信仰的海外联系 …………………………… (649)
第一节　白水石龙宫的海外联系 …………………………… (649)
第二节　官园威惠庙的海外联系 …………………………… (667)

第七篇　漳州民间信仰宫庙管理

第一章　中国古代的政教关系及其对民间信仰的管理 ……… (685)
第一节　中国古代的政教关系 ……………………………… (685)
第二节　历代政府对民间信仰的基本对策 ………………… (687)

第二章　福建省政府的民间信仰庙宇管理 ……………………（694）
第一节　福建省政府关于民间信仰管理的探索 ……………（694）
第二节　福建省的民间信仰管理模式 ………………………（697）

第三章　漳州民间信仰宫庙管理 ……………………………（699）
第一节　漳州民间信仰宫庙管理概况 ………………………（699）
第二节　平和县三平寺管理沿革 ……………………………（701）
第三节　平和县山格慈惠宫管理沿革 ………………………（712）
第四节　龙海市凤山岳庙和山后红滚庙管理概况 …………（720）

附录 ………………………………………………………………（728）

后记 ………………………………………………………………（737）

第四篇
漳州福佬、客家民间信仰

第一章

福佬、客家源流及其在漳州的地理分布

第一节 福佬、客家源流

一 "福佬"名称的由来与民系的形成

福佬、客家是汉族的两个族群或民系，主要分布在福建、广东、江西和台湾省及东南亚一些国家。

关于"福佬"名称的由来，有许多不同说法。一种说法认为"福佬"是"福建佬"的简称，是客家人对闽南人的蔑称，久而久之，闽南人不知"福佬"之贬义，自称"福佬人"；另一种说法认为"福佬"是"学佬"演变而来的，"学佬"的客家话意思是教书"先生"，客家人比较穷，多数没有文化，聘请闽南人（或潮汕人）当老师，称之"学佬"，久而久之，便将所有的闽南人、潮汕人称之"学佬"；还有一种说法是福佬先民为了纪念先民从中原河洛迁徙而来，自称"河洛人"，由于闽南话中的"福佬"和"河洛"发音相近，久而久之，讹称为"福佬"。

上述几种说法虽然言之凿凿，且流传甚广，但都有明显的不能自圆其说之处。谢重光教授曾一一予以分析，并认为"福佬"一词毋庸置疑是"被骂出来的"，"是贬义，是他称"。他认为，畲族史诗《高皇歌》所称的"阜老"，最初所指的就是闽南人和潮汕人。至于"福佬"一词的真正由来，则是客家人"在与闽南人、潮汕人矛盾冲突中，抓住闽南人、潮汕人是南人，有很大比例'獠'的成分，秉承北人轻贱南人之习，骂对方为'貊子'，为'獠'，进而把'貊子'和'獠'的骂名叠加在一起，骂为'貊獠'，贬义更强烈，蔑视的程度更深"。"总之，'福佬'一词的本字是'貉獠',最初是客家人、畲民对于潮汕人和闽南人带有贬义的称呼,用久了,本义逐渐为人淡忘,闽南人和潮汕人也接受了这一称呼,不过排斥了'貉'、'獠'这种不雅的字义,代之以'福'、'河'、'佬'、'洛'等文雅之字,而生出种种新解。"①

福佬民系的形成过程经历了一个十分漫长的历史过程。首先,汉魏六朝北方汉族大批迁徙入闽,拉开了福佬民系形成的序幕。六朝至隋唐大批汉人移居晋江流域,隋唐五代又有大批汉人移居九龙江流域,他们与越族、蛮人等土著融合,形成独具特色的方言和民俗。五代时期,留从郊、陈洪进相继主政泉漳,泉州和漳州的政治、经济、文化的交流大大加强,逐渐形成以闽南方言为载体,以闽越文化为底蕴,以中原文化为核心,以海洋文化为基本特征的福佬民系。宋代之后,福佬民系继续向广东的潮汕地区拓展,明清时期向台湾省、海南岛以及东南亚发展,成为拥有上亿人口的有较大影响的民系。②

二 "客家"名称的由来与民系的形成

关于"客家"名称的由来,也有许多不同说法。罗香林认为"客家"名称起源于五代宋初,是中原汉族的一支,古司州、豫州流人（山西、河南）南迁者,是先前南迁的汉人对后来南迁汉人的称呼。③ 另一种说法认为,"客家"名称源于客家方言。刘镇发认为:"'客家,是明末清初客家方言群大迁徙的产物,先是迁居异地的客家方言群被当地土著称为'客',久而连不曾迁移的'原乡'居民,也因为族群的文化认同,而全部被称为'客家人'。"④ 刘丽川认为:"'客家'称谓出现的原因,即是因清初'迁海复界'而引发的垦民潮;最先出现的地域是广州府、肇庆府、惠州府的沿海地区,而且主要是广、肇二府;是当地操粤语的原住民对来自赣、闽、潮、嘉、惠等地客属移民的总体称呼。因此,'客家'称谓是出现在客民第四次大迁徙时期,出现的最早时间当为颁布'复界令'

---

① 谢重光:《客家、福佬源流与族群关系》,人民出版社2013年版,第189—194页。
② 关于福佬民系的形成,参见谢重光《客家、福佬源流与族群关系》,人民出版社2013年版。
③ 罗香林:《客家研究导论》,上海文艺出版社1992年版。
④ 刘镇发:《"客家":从他称到自称》,广东经济出版社1998年版,第77—79页。

的康熙二十三年之后。"① 最近，谢重光对"客家"名称由来提出新的说法，认为："客家族群移民到粤中、粤西，被广府人称为'客家'，移民到闽南、潮汕平原及台湾，被福佬人称为'客'、'客子'、'客仔'、'客民'，都是族群间互相隔膜和互相歧视的产物，两者之间谁先谁后，虽无文字记载可资确证，从族群接触先后的历史事实推测，应是福佬人先有此称，广府人继有此称。可以肯定的是，两者不存在互相影响的问题，但都有一个共同的前提，那就是客家与畲族都居住在赣闽粤边的山区，以其居处之邻接和生产、生活习惯之相似，而被福佬人和广府人误认为同一族群，由畲族的'畲客'、'山客'之称而将客家族群称为'客仔'、'客民'、'客家'。至于'客家'或'客民'、'客仔'称谓最早出现的时间，因为文献记载的缺略，已难于确断，但从《香山县志》的记载可知，不会晚于明中叶嘉靖年间。谓其乃清初迁海复界之后始起之说，是难以成立的。"②

关于客家民系形成于何时？学术界有多种说法，比较有代表性的有：罗香林的五代至宋初说，他在《客家源流考》一书中明确指出："客家这系统的形成，大体已晚在五代至宋初。"③ 邓迅之在《客家源流研究》一书中，赞同了这一观点；④ 陈运栋的宋末说，他在《客家人》一书中提出："客家民系于宋末成为一种新兴的民系；"⑤ 吴福文的唐末至北宋说，他在《唐末至北宋的客家迁徙》一文中提出："客家民系形成于唐末至北宋这一历史时期。"⑥ 谢重光的南宋末年说，他在《客家、福佬源流与族群关系》提出："在南宋中后期的汀州，另有一个新的族群也正在孕育中。"⑦ 刘佐泉是清代说，他在《客家历史与传统文化》一书认为，客家民系是否形成，取决于其集团的自觉性意识是否形成，客家民系最后形成的标志是清嘉庆戊辰十三年（1808年）客家学者徐旭曾先生所作的《丰

---

① 刘丽川：《深圳客家研究》，南方出版社2002年版，第15—16页。
② 谢重光：《客家、福佬源流与族群关系》，人民出版社2013年版，第189页。
③ 罗香林：《客家源流考》，上海人民出版社1992年版。
④ 邓迅之：《客家源流研究》，天明出版社1982年版。
⑤ 陈运栋：《客家人》，联亚出版社1981年版。
⑥ 吴福文：《唐末至北宋的客家迁徙》，《东南学术》2000年第4期。
⑦ 谢重光：《客家、福佬源流与族群关系》，人民出版社2013年版，第111页。

湖杂记》，它可以说是一篇"客家人宣言"。① 笔者比较认同谢重光的客家民系孕育于南宋中后期的观点，我们认为，判断民系是否形成，最重要标志是形成独特的方言和民俗。客家人迟于福佬人迁入福建，主要聚居在闽、粤、赣山区，他们与南方畲侗族等少数民族融合，大约南宋时，就形成"风声气习颇类中州"，② 而语言和风俗都不同于福佬人，独具特色。元明清时期，客家人逐渐形成汀州、梅州、惠州、赣州四大中心，并大量外迁到华南各省乃至世界各地，至今在海内外拥有6000万客家子民。

第二节　漳州福佬、客家混居地的地理分布

　　福佬与客家是两个文化特征鲜明的民系，福佬民系形成于晋江流域和九龙江流域，客家民系孕育于汀江流域和闽粤赣交界区域，由于地理上的阻隔，福佬、客家民系形成早期，两者很少发生交集。宋代以后，特别是明清时期，随着人口的膨胀，福佬人和客家人开始大规模向漳、汀、潮州交界的山区进军，两个民系形成交集，甚至相互渗透，即在福佬人聚居地中有客家人，在客家人聚居地中也有福佬人。

　　客家人和福佬人均分布在福建的南部。客家人分布于汀州的西南端，福佬人在泉州和漳州的东南部。明中叶以前，客家人与福佬人的界限是南北走向的博平岭，客家人在西，福佬人在东。随着开发程度的加深，客家人和福佬人的核心聚居区都出现了人口大量增长、人地矛盾加剧的现象。于是，客家人和福佬人两个民系先后向博平岭东西两麓开发。

　　客家人东进，福佬人西进，两个民系因而有了紧密的接触，其互相邻接的界面就是博平岭。从当前行政区划来看：博平岭以西基本上是龙岩市的辖区，主要居民虽也是客家人，但龙岩市辖属的新罗区和漳平市，却属闽南方言区，大部分居民属福佬人；博平岭以东则主要是漳州市辖区，大部分居民虽也是福佬人，但其中南靖县、平和县、云霄县、诏安县的西部乡镇，如南靖县的梅林、书洋，平和县的长乐、九峰、崎岭乡、大溪和国强乡，云霄县的马铺、和平乡，常山华侨农场和下河，诏安县的太平、官

---

① 刘佐泉：《客家历史与传统文化》，河南出版社2003年版。
② 《临汀志》"教授题名"，福建人民出版社1990年版，第123页。

陂、霞葛、秀篆等乡镇，居民却以客家人为主或有相当比例的客家人，在文化上与其西邻的客家县份属于同一地理单元。① 两个民系的接触必然会带来相互之间文化上的互相采借、涵化和融合，但民系间也会因为物质和文化资源的争夺而发生众多矛盾和争斗。最终，弱势的客家人在很大程度地受到福佬人的影响，乃至产生一种特殊的群体——"福佬客"。②

一 南靖县福佬、客家混居的地理分布

为了加强控制，元代设立了南靖县，其县"本龙溪、漳浦、龙岩三县地，元至治中，以其地险远，难以控驭，遂析置南胜县，在九围矾山之东。至元三年（1337年），畲寇李胜等作乱……遂徙治小溪琯山之阳。至正十六年（1356年），县尹韩景晦以地僻多瘴，又徙于双溪之北，改为南靖县"。③ 因地处福建南陲，且屡寇不靖，故把南胜县改名为南靖县，意为"南方之静"，以兆佳祥。为了加强对"流寇"地区的控制，明朝廷于成化初从龙岩县析置漳平县，正德中又设南靖，这也是福佬人向博平岭东麓进军的反映。

后来，客家人也对博平岭山区开发，成化十四年在博平岭西麓南端设立永定县。④ 这样，客家人在福建的开发进程已越过玳瑁山挺进到博平岭，尤其是上杭、永定等县客家人推进至漳州府属的南靖、平和、云霄、诏安等县的西鄙、北鄙开基立业，使这些县份的西部、西北部山区成为客家人聚居区。⑤

如今南靖县的客家人聚居区，主要集中在西部山区的梅林和书洋两个乡镇。据南靖县客联会张会长说，南靖客家人除了书洋、梅林两乡镇的土著客家人外，还有自四面八方迁入的客家人，其中来自永定的最多。现住

---

① 谢重光：《客家文化述论》，中国社会科学出版社2008年版，第194页。
② 顾名思义，"福佬客"是指被福佬人同化的客家人换言之，"福佬客"本属客家人，但在日常生活方式上几乎完全摒弃了客家生活习惯，向福佬族群看齐，其最典型的标志是客家话流失，改操闽南话作为特殊群体的福佬客身份尴尬。
③ 乾隆《南靖县志》卷一"建置"，南靖县地方志编纂委员会整理本1992年。转引自谢重光《客家文化述论》，中国社会科学出版社2008年版，第189页。
④ 永定县建县情况，见何乔远《闽书》卷二十二《方域志》"汀州府·永定县"条，第538页。
⑤ 谢重光：《客家文化述论》，中国社会科学出版社2008年版，第190页。

县城的就有1000多户。他估计南靖客家人总数有10万人。① 这两个乡镇的辖境，在民国年间分属于梅江乡和书教乡。据民国《南靖县志》，"梅江、书教一隅近邻永定，其语纯操客话，则其风俗至少有一部分与闽西同化"，② 可见当时梅江、书教两乡应是纯操客话的纯客乡镇。

南靖县书教、梅江两乡的客家人，大多数来自临近的永定县，少数来自其他客家县份如宁化县、上杭县、广东大埔县等，还有就是已经入居这两乡的客家人在本区范围内的再迁移。客家人迁入南靖县开始于宋末，元末也有少数的客家人迁入，但是比例不高，大部分是在明代，尤其是明中叶。虽然有些姓氏迁自何时不明，但注明入居已二十几代或十八九代，由此推知迁入时间在明中后期。清代迁入的也有一定比例。由于上杭、宁化、大埔等县都是客家基本住区的纯客家县份，故此类移民可以看作客家基本住区的客家人向闽南福佬人住区的拓展和渗透，其时间始于宋末，至明中叶达到高潮，移民过程则持续到清代。③

在客家人迁入南靖县西部山区的同时，大量的福佬人也迁入了南靖县其他地区。在《南靖县志·氏族志》中，这样的例证很多，如靖城镇珩坑社王氏，明初由漳州珩坑迁入，程塔乡冬楼、陈婆楼王氏，明永乐三年（1405年）由漳浦县横口迁入，金山乡荆溪、金塘保吴氏，明初由龙溪下陂社迁入，金山乡碧溪吴氏，元末由漳浦、南胜、圆岭三地迁而至碧溪，金山乡荆美保山尾社李氏，明初由龙溪西渡头迁入，武山乡黄田保东洋余氏，清代由龙溪县天宝山兜社迁入，金山乡荆美保山尾社何氏，明初由漳州黄山脚迁入，④ 不一而足。漳州、龙溪、漳浦等地福佬人的大批迁居南靖县，反映了福佬人向西拓展的态势。

南靖福佬人与客家人这两个民系迁徙是由于经济和社会进步、人口膨胀，耕地不足，只得向外寻找发展，于是产生了大量新移民。这些移民在荒无人居而适宜垦殖的地方，筚路蓝缕，建立新的家园，这样建立的新家

---

① 谢重光：《走出隐形的阴影：漳州客家人生存状况调查》，《嘉应学院学报（哲学社会科学）》2010年第3期，第5页。

② 郑丰稔总编纂：《南靖县志》（民国三十七年稿本）卷四《地理下》"风土·风俗"，南靖县地方志编纂委员会整理本1994年版，第109页。

③ 谢重光：《客家文化述论》，中国社会科学出版社2008年版，第193页。

④ 《南靖县志》（民国三十七年稿本）卷六，《氏族志》，第142—150页。转引自谢重光《客家文化述论》，中国社会科学出版社2008年版，第194页。

园往往就是插入福佬人占统治地位县份中的客家新居民点。

然而，福佬人、客家人两个民系的过渡带得到开发的另一途径便是官府讨平"寇盗"并择址设县。这两个民系生存的地方多半是"土瘠民劳"、①崇山峻岭、地势险要的地区，成为15世纪末至16世纪初"贼寇"的巢穴，动乱的中心。为了平息盗贼，在动乱地带设立县治，通过里甲户籍、科举制度和礼仪系统等，确促使两大民系逐渐进入到王朝体系之中，从而达到长治久安。如平和县、诏安县的两大民系便是在政府设立县治中逐渐融合。

二 平和县福佬、客家混居的地理分布

平和县处于闽粤交界处的闽西南山区，原来是土著族群聚居之地，"蛮獠难化""寇盗滋多"，经常发生社会动乱。康熙《平和县志》宣称："邑居边徼，寇盗滋多。地连瓯粤，蛮獠难化。况崇岩巨浸，林木啸聚。山隅海曲，伏莽多虞乎。至于乘时借势，妄指义旗，又有倚衣冠为盗薮，以荼毒乡里者，无怪乎叛乱相寻，不一而足也"。②

正德年间平定朱秉瑛之乱的军事行动，主要是在九峰一带展开的。早在正德元年（1506年），漳浦就受广东饶平朱秉瑛、黄白眉等"流贼"的骚扰，③"始至不满九十人"。④ 到正德二年（1507年），处于闽粤交界的"流寇"更是流窜于南靖、云霄、泉州等地，"贼首朱秉瑛等，带领徒党在象湖山创营，劫杀人财，掳去粮户曾钦玺等男女未放"。⑤ 象湖山，位于漳州、汀州、潮州三府交界之处，为南靖县最为边远之地。朱秉瑛在现在的平和九峰一带流窜，严重扰乱了当地的社会秩序。

正德二年（1507年），为了加强对于这个地区的控制与联系，官府在南靖县西路设立九个铺，但效果并不明显。正德六年（1511年），饶平

---

① 万历《漳州府志》卷二十九《诏安县·舆地志》，第602页。
② 康熙《平和县志》卷十二《杂览志》，第268页。
③ 正德《漳州府志》卷之二十八《兵纪·兵政志》，五a。
④ 同治《南靖县志》不分卷《灾祥》，载方宝川、陈旭东主编《福建师范大学图书馆藏稀见方志丛刊》，第34册，北京图书馆出版社2008年版，第572页。
⑤ 正德《漳州府志》卷之十八《礼纪艺文志》。

"清远盗黄白眉等作乱",① 到了正德八年（1513 年）,"芦溪、箭管贼反",② 到正德十一年（1516 年）,"漳州地方,今年二、三月以来,卢溪等处流贼詹师富等,聚众数千,抢掠人财"。福建监察御史胡文静等奏称:"各贼巢穴,根连二省,众已几万,若非调兵扑灭,恐其为患转大,又恐广东官兵不相策应。"③ 于是,南赣巡抚王阳明调动福建、广东两省军队,派遣福建按察司佥使胡琏等,统领军兵五千余人进至长富村等处平息动乱。

正德十二年（1517 年）,在动乱平定之后,南靖县生员张浩然等人请求在动乱地带设立县治,有利于教化,以期长治久安。正德十二年（1517 年）十二月初九,胡琏、施祥及徐凤岐亲到河头,告祀社土,伐木兴工。到第二年五月,外筑城垛俱已完备,惟表城因风雨阻滞,要到九月方能完工。④ 这样,平和县治建于九峰,平和的民众被编入里甲赋役系统,至此官府开始对平和一带实行了有效的统治。

平和原为南靖县的清宁里和新安里,平和的一些民众在明前期已经进入了南靖的里甲户籍系统。如平和九峰的朱氏在宣德七年（1432 年）取得户籍、曾姓也应该在建县之前就有了户籍。正德年间的动乱,则同当地一些脱离里甲户籍系统的"流民"密切相关,他们对地方社会构成威胁。那些有户籍的家族也无力控制这一地区,地方出现里甲系统混乱的局面。在平息动乱、设立新县之后,大量"新民"重新纳入里甲户籍系统。⑤

平和建县过程中,地方豪强积极配合。建县后,地方豪强为培养士绅阶层,平和地区的应试人数大幅度增加。直到万历年间,平和开始有了自己的举人。于是,这些地方豪强逐渐演变为科举世家。到了清代,平和县不仅培养了大量举人,而且还出现了高层士绅,如进士等。

儒家礼仪也随着科举事业的发展而逐渐渗透到平和地区社会。宗族开始成为平和县福佬、客家两大民系的主要社会组织。各大族、地方豪强纷

---

① 嘉靖《大埔县志》卷九《杂志寇贼》。
② 康熙《平和县志》卷之十二《杂览》。
③ 王琼:《晋溪本兵敷奏》卷十《为急报贼情事》,据北京图书馆藏明嘉靖二十三年（1544 年）廖希颜刻本影印,续修四库全书史部 476,上海古籍出版社 2002 年版,第 58 页。
④ 王阳明:《再议平和县治疏》,《王阳明全集》卷九《别录三·奏疏三》,第 381 页。
⑤ 朱忠飞:《明清时期闽西的"福佬客":平和九峰与诏安二都比较研究》,博士学位论文,厦门大学,2012 年。

纷开始致力于宗族建设，如平和九峰的曾氏，在建县不久就开始修谱、建祠堂以及寻找祖坟。后来，这些世家大族在继续追求科举功名的同时，还积极参与商业活动，在经商致富之后致力于地方公共事务，在城乡各地建立了各种不同形式的意识联盟，争夺地方社会的主导权。①

如今，平和县的长乐乡，九峰镇，崎岭乡，国强乡和大溪镇是客家人主要分布区（图4-1）。平和地带的福佬人、客家人这两大民系最重要的生存策略，就是利用国家权力和市场体系，建立对地方社会的控制权，这就使地方社会的发展具有明显的士绅化和商业化的特征。

图4-1 平和县客家分布图②

三　诏安县福佬、客家混居的地理分布

诏安原为百越之地，置县之前地称南诏，相传"唐时有南诏人过此，

---

① 朱忠飞：《明清时期闽西的"福佬客"：平和九峰与诏安二都比较研究》，博士学位论文，厦门大学，2012年。
② http://www.hxkjw.com/read.php?tid=287，2015-03-06。

言此风景好,似南诏,改以南诏为名"。① 唐垂拱二年(686年)属漳州怀恩县,开元二十九年(742年)并入漳浦。明弘治间,"广寇为患",调漳州卫后所官军置南诏守御千户所。正德十四年(1519年),"添设捕盗通判,兼平和、饶平提督之",不久便废。② 嘉靖八年(1529年),乡民许仲远等请求设县,当时正在京城任官的南诏人叶宣上《奏设县治疏》,其理由有三:其一,南诏处于闽广交界之处,远离漳浦县治,山林险恶、道路崎岖,百姓服徭役困难,所费巨大,造成百姓贫困。加之民风顽梗,使得"租粮逋负",抗官之事时常发现,从而造成盗贼滋生;其二,弘治、正德年间设置的南诏千户所和捕盗通判,都不能解决地方问题,不能使地方长治久安;其三,南诏县的情况,无法上达朝廷。③ 因此,叶宣请求朝廷仿效大埔、平和、峡水、三山、惠来等县的情况设县。

弘治十七年(1504年)、正德十四年(1519年)、嘉靖初,南诏地方人士多次申请设县,其背后显然有许仲远、叶宣等南诏的世家大族极力推动。从朝廷来说是为了加强控驭,从百姓的角度来说,则是为了拓殖开发。嘉靖九年(1530年),割漳浦二、三、四、五都,设立诏安县。清雍正十二年(1734年),以漳浦六都之铜山,并入诏安。嘉庆三年(1798年),割四都余甘岭以东26个村归云霄厅。民国五年(1916年),铜山和五都从诏安析出,置东山县。④ 因此,现在的诏安县就只包括二、三、四三个都。新县设立后,加速了县境内的户口繁衍、土地垦辟。

万历《漳州府志》称诏安"土瘠民劳"。⑤ 设立新县之初,诏安两大民系的当务之急,就是设法进入里甲户籍系统。当地广泛存在的复姓宗族,集中反映了闽西南福佬人、客家人进入里甲系统的复杂过程和灵活多元策略。诏安居民长期拥有乡族武装,也可以说是当地两大民系的重要生存策略。明末清初,诏安的各大家族拥兵自重,与不同的政治势力结盟,追求政治利益的最大化。由于远离官府,文教不兴,诏安县的各主要家族

---

① 秦炯纂修:《诏安县志》卷三《方舆志》,康熙年间修,清同治十三年(1874年)刻本。
② 万历《漳州府志》卷二十九《诏安县舆地志》。
③ 朱忠飞:《明清时期闽西的"福佬客":平和九峰与诏安二都比较研究》,博士学位论文,厦门大学,2012年。
④ 陈荫祖修、吴名世纂:《诏安县志》卷二《地理志》,民国三十一年(1942年)诏安青年印务公司铅印本。诏安县地方志编纂委员会编《诏安县志》,方志出版社1999年版,第59页。
⑤ 万历《漳州府志》卷二十九《诏安县·舆地志》。

都有不少生员,他们逐渐成为地方社会事务的领导群体。进入清代,诏安人借助于尚武传统,获得了大量武科功名,形成了一批武举世家。①

与此同时,诏安居民大规模移民台湾或远渡南洋,不断拓展生存空间。与平和相比,平和人的生存策略较为多元,既努力进入王朝体制之内,又试图"逃离"国家的控制,具有明显的边缘性特征。

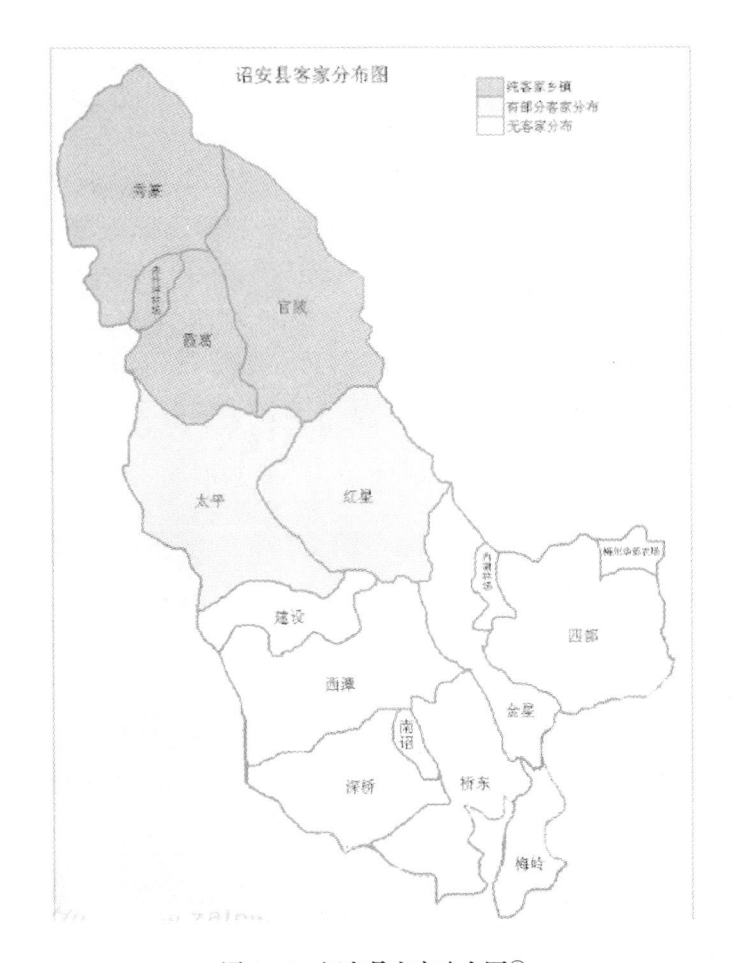

图 4-2　诏安县客家分布图②

---

① 朱忠飞:《明清时期闽西的"福佬客":平和九峰与诏安二都比较研究》,博士学位论文,厦门大学,2012 年。

② http://www.hxkjw.com/read.php? tid = 287, 2015 - 3 - 6.

如今，诏安县（图4-2）讲客家话的共有58个行政村，650个自然村，人口158000多人，总面积410平方公里，占诏安全县人口58万人的四分之一，占全县土地面积1247平方公里的1/3。其中：秀篆镇17个行政村，156个自然村，4.2万人；官陂镇17个行政村，250个自然村，5.2万人；霞葛镇10个行政村，96个自然村，3.4万人；太平镇10个行政村，88个自然村，2.2万人；红星乡4个行政村，25个自然村，4000多人。① 诏安地区客家居住地，东与云霄县和平、下河乡接壤，北与平和县九峰、大溪镇相连，西与广东饶平县茂芝、饶洋、建饶、东山等乡镇毗邻。

四　云霄县福佬、客家混居的地理分布

唐初，云霄县西北地区山高林密，成为福佬民系与客家民系之间的一道缓冲地带。这些地区历来是山奸海盗聚啸之所。从历史上看，这一地区自唐宋以来乃至明清，都居住着被汉人称为畲、蛮、獠、瑶族等少数民族。唐初少数民族"啸乱"、元代"陈吊眼起义""陈世民起事"等重大的少数民族反抗朝廷的历史事件都发生于此。他们聚众与官府对抗，人数、规模、影响较大，引发了唐高宗下诏派遣陈政、陈元光父子平定"蛮獠啸乱"，以及宋末元初的陈吊眼聚众2万多人与张世杰围困泉州的历史事件。

那么，这些少数民族是闽越族、畲族抑或是客家人？史家历来看法不一。从现有的云霄客属族谱资料看，客家人最早也是元末明初甚至在清代中期才迁入这个地区。因此要从事件发生的不同历史时期来进行分析判断，有人提出，闽西南地区存在着畲客同源的历史现象。其实这不能一概而论。云霄县西北地区山高林密，地旷人稀，十分荒凉，成为客家人迁徙定居这个地方的主要理由。随着社会经济的互动，畲客之间与福佬人之间不断交融合流，有的逐渐客家化，有的逐渐福佬化，直到最后完全福佬化，如：马铺上洋完全的"客家福佬化"，和平水晶坪逐渐的"客家福佬化"。

如今，云霄客家民系大部分分布于和平乡、下河乡、马铺乡及常山华

---

① 李应梭：《诏安客家源流暨改革开放新形势下的大迁徙》，http：//www.fjzhaoan.cn/zazx/ShowArticle.asp？ArticleID=10591，2015-03-10。

侨经济开发区（历史上属云霄管辖）等 4 个乡（场），涉及 8 个行政村、30 个自然村（图 4-3）。地理位置上位于云霄的西北部山区与丘陵过渡地带，且与诏安、平和山区毗邻，居住区面积占全县总面积 4%—5%，人口呈村落聚居状态，户籍人口数 5278 人，占全县人口 1.2% 左右。此外，居住于云霄城关地区部分者，来源较为复杂、多源。大略有清、民国以来，自漳浦迁入之刘姓，自大埔永定迁入之张姓、黄姓、丁姓、褚姓等，以及新中国成立后或工作调动，或婚配，或务工而迁入，人数约近千人（不完全统计）。居住于常山华侨经济开发区者，一部分是清乾隆前后自诏安官陂迁入，另一部分是 20 世纪 50 年代初、70 年代末，因印度尼西亚、菲律宾、越南排华而由国家安置迁入居住。据了解，大部分为梅

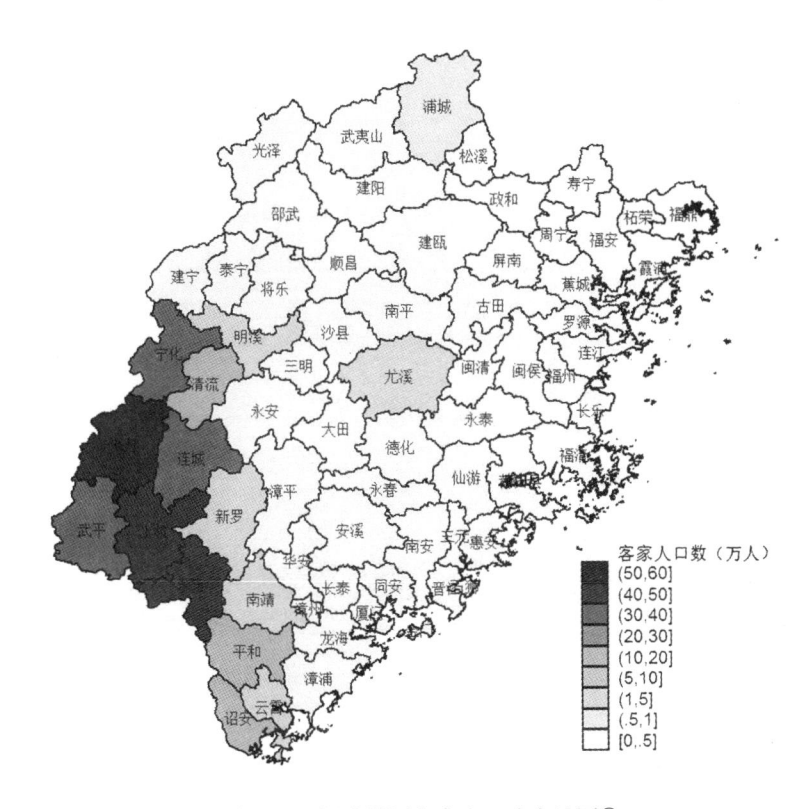

图 4-3 福建县际客家人口分布地图①

———

① http://zh.wikipedia.org/wiki/客家地区，2015 年 3 月 8 日。

县、永定或广西客属人,人数1000多人。① 云霄客家民系较之诏安、平和,聚居分布区域较小,人口总量亦少,大部分系明清两代自诏安、平和迁入。闽西客家民系特色不鲜明,信仰认同、宗教行为、风俗习惯、衣食住行等方面,与旁近民系——福佬人并无多大不同。但从其客家民系认同、语言习惯及某些生活习俗上,虽已逐步福佬化,却还保留着客家人的烙印。

---

① 张煌辉:《对云霄客家民系的初步调查——漳州客家人福佬话的一个例证》,《福建史志》2012年第2期,第25页。

第二章

平和县九峰镇民间信仰调查

如前所述，在漳州，福佬与客家混居的地域很大，我们不能全面展开调研，兹以平和县九峰镇的民间信仰为个案，窥视福佬、客家民间信仰的一般状况。

第一节 九峰镇历史文化沿革

九峰镇位于平和县西南部，九峰又名九和，俗称鲤城。境内群山环抱，群峰耸立，丘陵起伏，河谷、山坑坐落其间，玳琼（大芹）山雄峙东南，海拔1544米，为闽南第一高峰。城东九和山，"山上九峰错出"，九峰镇之名由此得来。城西卓凤山，状如飞凤，连绵蜿蜒。城南塔山，又名笔山，山上耸立双塔，充满文化气息。城北大峰山，高峻挺拔，有十七个山峰，为"宇内胜景"。发源于平和县双尖山的九峰溪自镇东北绕镇而过，与卢溪汇合流入韩江干流。这里气候暖热湿润，雨水丰沛，植被茂密，适宜人类生存。已挖掘的下坪龙山古遗址证明，在距今4000多年的新石器时代，就有先民在九峰境内繁衍生息。

九峰镇是明清至民国时期平和县治所在地，与广东饶平、大埔两县相邻，自古以来就是闽粤的边贸重镇和物质集散中心。在历史上，九峰镇曾经是平和县的政治、经济、文化中心，至今保留大量历史文物。经济繁荣，文化发达，现有县级以上文物保护单位21处，其中文庙大成殿、城隍庙于2000年升格为省级文保单位。九峰镇分布大小各类土楼45座，另有明代城墙遗迹、县衙遗址、塔址、古窑址、古井、摩崖石刻，还有威惠庙、百岁坊、双塔、文昌宫、古城墙、东山寺等数十处古迹，以及具有闽南典型特征的近代商业街区。此外，九峰镇还有久负盛名的"八景"，即"双髻升曦，九峰返照，东郊春雨，西岭暮霞，天马晴烟，石潭秋月，笔山侵汉，碧水澄波"。其中，尤以"笔山侵汉"即九峰双塔为九峰古城象征、地标，也是立县标志。

全镇面积211平方公里，人口4.6万余人，其中95%为客家人。由于历史上外来人口不断移入九峰，使得九峰镇的宗族众多，号称72姓，其中曾、朱、杨姓人口最多。

曾氏是九峰镇最大的宗族，据族谱记载：其先祖在唐昭宗时因授官任职自江西迁居福建宁化石壁村，元代迁到漳州南靖县清宁里苏洋，尔后家族繁衍，分房各地，聚居于九峰、长乐、崎岭等乡镇。当今九峰镇的曾氏家族分布村落主要有九峰、黄田、福田、眉山、下北、下西、积垒、福山、西街、上仓、东富、澄溪、联峰、福坑、新山、振阳等。九峰曾氏家庙（图4-4），堂号"雍睦堂"（图4-5），位于西大街平和二中大门右侧，背靠文庙左侧，面向大尖山。明万历元年（1573年）始建，历代重修。1993年，由平和曾氏渊源研究会以及旅居香港，台湾的宗亲再次筹资重修，占地面积380平方米，建筑总面积300平方米。石砖木结构。由前门、拱形走廊、正堂组成。家庙硬山顶、燕尾脊，脊顶、脊堵，规带饰双龙，戏文剪瓷雕。外墙素面石墙裙。腰堵以上青砖精砌，正面明间内收，作凹窝式，两旁各有一侧门，大门两边青石抱鼓石，石枋木头斗挑檐，前檐悬木透雕倒吊莲花柱。前中门悬山顶。大门两侧窗棂以"卍"字镂空青石雕图饰。门前一组青石瑞兽抱鼓。门厅深一柱，三架梁。庑廊宽二柱，两侧挂石刻修建祖庙捐资芳名榜和历代宗贤名人画像。正堂面阔三间，进深三间，深四柱，石柱承重，五架梁，抬梁式木构架，歇山顶。梁架间施斗拱。木构架和斗拱雕有150多组雕刻。正堂两根石柱刻联"沂水千年远贯通道经宗风依然可接；金钗一脉真分支衍派和气自此生光"。正中设祖公龛。龛顶悬挂还有：平和置县治第一位举人曾万选公的"邑捷开先"匾，民国时期的曾力民中将、曾祥庭少将、曾国光少将、曾梦华少将的"将军匾"，以及"文武世家"三进士金匾，"五代同堂""文魁""武魁""亚魁"等十多方牌匾。

图 4-4　曾氏家庙

图 4-5　雍睦堂牌匾

朱氏是九峰镇第二大宗族，据《紫阳朱氏九和谱》记载，该宗族也起源于宁化石壁，朱三十三郎朱谊于宋末元初为避战乱，迁徙到平和县九峰田心乌石定居，开基立业，繁衍生息。其下有三子，长子四十郎朱开第，为大房南街之祖；次子仲五十三郎朱大伟，乃次房上坪之祖；三子季五十五郎，乃三房龙田之祖。而九峰镇上的朱氏又分为三支，分别为大房逸叟公、二房文一公、三房永钦公。朱姓在当今九峰镇主要分布村落有复兴、三坑、城中、苏洋、平等、军溪、城东、东街等。其祠堂朱氏大宗（平和紫阳大宗）位于县后龙山上，坐北朝南，俯视旧县城，九峰八景（双髻升曦、九峰返照、东郊春雨、西岭暮霞、天马青烟、石潭秋月、笔山侵汉、碧水澄波）尽收眼帘，因有"昇禋冠邑"之誉。朱氏大宗（图4-6、图4-7）始建于明朝正德年间，明朝崇祯九年（1636年）扩建，清朝乾隆十六年（1751年）修缮，清朝嘉庆二十四年（1819年）再修，公元1995年重修，占地面积6400平方米，主体建筑面积554平方米，2000年列入平和县文物保护单位。

图4-6　朱氏大宗祠堂

图4-7　朱氏大宗内部

杨氏亦是九峰的一个大姓。据杨氏族谱记载：始祖原籍宁化县石壁村杨家坊，明洪武年间，杨世熙迁徙南靖县河头坪（今属平和九峰），后其子孙繁衍于九峰、长乐、崎岭等地。当今杨姓主要分布于九峰镇的下坪、联峰、城西（杨厝坪）等地，分两大宗：一支是集中在杨厝坪的以杨世熙为祖的杨氏；另一支是集中在下坪的以杨世熙侄子简毅公为祖的杨氏。杨姓的宗族力量虽没有曾、朱氏的强大，但在九峰社会历史中扮演着缓冲宗族矛盾的角色，其作用却是不容忽视的。杨氏宗祠——追来堂（图4-8），坐落于平和县九峰镇杨厝坪，始建于明嘉靖年间，扩建于清雍正戊申年（1728年），乾隆壬戌年（1742年）、光绪年间（约1880年）、1985年和2000年维修，现存建筑法式保持清代风格，占地面积约计1876平方米，建筑面积458平方米。前为半圆形水池和宽阔的庭埕，埕以鹅卵石铺地。山墙砖砌，墙裙制安素面条石，下置卷草纹硅脚石。明间为双开板门，大门两侧青砖砌墙，成网格图纹，上制安透雕石窗花和石栅栏窗。门前有人物、动物、花草浮雕集一身的抱鼓石一对。门楣上方书写"杨氏宗祠"，两侧各镶嵌乾隆年间的"龙凤呈祥"景德镇彩瓷一幅。内墙面抹灰。

图4-8 杨氏宗祠——追来堂

主体建筑面阔三间，大门外观如六柱三楼式牌坊，次间、稍间均以青砖精砌几何连续图案，青石雌虎窗，青石高浮雕旋纹门鼓，内侧为三开间门厅，进深一间；六方形石廊柱，四架檩，卷棚顶，天井墁花岗岩石板。前厅进深二间；主堂进深三间。前厅九檩三架梁，主堂架十五檩，进深第二间三架梁；过水廊道五架檩；梁架间制安透雕或剔雕的花草纹、香草龙纹花板，保留梁架彩画，色彩鲜艳，装饰较为繁缛。主堂金柱均为花岗岩石柱墩接木柱，下置石柱础；柱础雕工精细，有剔雕花鸟纹束腰方形柱础、浮雕杂宝走兽纹束腰八角形柱础和素面瓜楞形束腰圆柱础等形制。梁架为穿斗抬梁混合式，梁为月梁，拱为肥束拱，坐斗有花篮斗、瓜斗上为莲花方形雕花斗等形制，方斗开海棠线，是为梅花斗；前厅和主堂的内外檐装修均在檩间制安斗拱。宗祠屋面覆板瓦，檐口高且出挑较深，举折曲线柔和；正脊为燕尾脊，正脊脊堵内剪粘花草脊饰，工艺也较为细腻。天井均以花岗岩条石铺墁，室内铺墁八角菱形红砖及方形红砖。主堂天井两侧设过水廊坊相连。宗祠前厅、主堂铺以方形红砖。祠中还保存有清乾隆年间重修碑记（图4-9）等。

图4-9　乾隆四十七年碑文

　　以上三大姓均为客家。由于历史的原因，九峰镇福佬人和客家人的聚居地有一条看不见的分界线，大致说来，镇西南、西北为客家人聚居地，镇东北、东南为福佬人聚居地。虽然福佬人占少数，但相对而言，闽南文化更强势，客家人在村里讲客家话，到镇上讲闽南话。我们到客家村落黄田村都城隍殿采访，采访对象亦是客家人，但采访时他们都讲闽南话。

第二节　九峰镇民间宫庙与信仰活动

一　九峰镇民间宫庙与神明

九峰镇是以客家人为主的福佬人和客家人杂居的地方，在民间信仰上既有汉族共同的神明崇拜，如城隍、关帝、观音、玄天上帝信仰等，也有各自民系的神明崇拜，如福佬人崇拜开漳圣王陈元光，客家人崇拜大伯公等，兹将主要宫庙和主神列表如表4-1所示：

表4-1

宫庙名	主神	建立时间	重修时间	地点	备注
威惠庙	开漳圣王	宋建炎四年（1130年）	正德十三年（1518年），清道光十二年（1832年）、光绪二年（1876年）、2000年	镇东郊	
永隆庙	谢安夫妇和谢玄	元朝至元六年（1340年）	明洪武二十一年（1388年）、清道光十三年（1833年）、民国十六年（1927年）重修、2009年	苏洋村	
城隍庙	城隍、东岳大帝	明正德十三年（1518年）	康熙三十六年（1697年）、嘉庆五年（1800年）、道光七年（1827年）、咸丰十年（1860年）	九峰镇东门头	
隆福祠	伯公	明朝		黄田村	
兴福祠	伯公	明朝		黄田村	
永福宫	观音	明朝		橙溪村	
碧石庙	观音	明朝		军溪村	
高南庙	观音	清雍正二年（1724年）		振阳村	
大顺府	观音	清嘉庆五年（1800年）		下北村	
兴隆祠	伯公	清朝		城西村	
兴教祠	伯公	清朝		城西新城	
碧思宫	观音	清朝		福田村	
古积堂	观音	清朝		橙溪村	

续表

宫庙名	主神	建立时间	重修时间	地点	备注
清水庵	王公王妈	清朝		积垒村	
伯公庙	伯公	民国		眉山村	
祖师公庙	祖师公	民国		眉山村	
王公庙	王公	不详		三坑村	
大帝庵	大帝爷	不详		三坑村	
都城隍殿	城隍	1991年		黄田村	

注：上表据漳州市民宗局统计及笔者调查增补而成。

当然，文献记载的九峰镇的宫庙难免会有遗漏，特别是一些乡村的小庙，文献往往不予记载，即使如此，我们也大致看出九峰镇民间信仰的盛行。在九峰镇诸多宫庙和神明信仰中，影响最大的是城隍、开漳圣王和王公（谢安）信仰。

二 城隍庙与城隍信仰

城隍，百姓又称城隍爷，它是从上古蜡祭八神之一的水庸演化而来的，最初只是对城池本身进行崇拜，从宗教学的角度说，属于自然崇拜的范畴。汉代，城隍信仰逐渐人格化，传说楚汉战争时，刘邦的御史大夫周苛坚守城池，决不投降项羽，城池被攻破后，项羽将他处以残酷的烹刑。刘邦建立汉朝后，为悼念周苛的忠烈，封他为城隍。有文献记载的最早的城隍庙建造于三国时期的东吴赤乌二年，即公元239年，距今近1800年。

汉代至唐五代，城隍的职能主要是保护城池。宋代之后，城隍的职能扩大为主管本城的降雨抗旱、放晴防涝、五谷丰收、生儿育女、发财致福、消灾弭祸、生死寿夭等阳间之事，甚至职掌阴司，勾管一城亡魂。明代，开国皇帝朱元璋特别重视城隍的作用，把城隍祭典列入国家祀典，并以城隍所辖的城池大小为之封爵进位，京都、开封等地的城隍封为"王"，正一品；各府城隍封为"公"，正二品；各州城隍封为"侯"，为三品；各县城隍封为"伯"，四品。

明代城隍的监察职能大大强化，城隍作为冥冥之中的神灵，掌握着监察地方官吏和百姓命运的大权。地方官上任时，必须亲自到城隍庙进香，表明自己清正廉洁的心迹,接受城隍的监督①。

九峰原是平和县城所在地,与明代正德十三年平和设县相适应,平和城隍庙也被同时建造,王阳明在正德十三年(1518年)十月十五日所上的《再议平和县治疏》中言:"于正德十二年十二月初九日,本职皆同各官亲到河头,告祀社土,伐木兴工;至次年五月内,……县堂、衙宇、幕厅、仪门、六房,及明伦堂俱各竖完;惟殿庑、分司、府馆、仓库、城隍、社稷,易因风雨阴滞,次第修举,其在仲冬工完。"② 由此可知,平和城隍庙约在正德十三年年底、十四年年初建成。此后,城隍庙多次重修,第一次重修是在嘉靖八年(1529年)"知县王禄修社稷坛,城隍庙。知县王禄建风云雷雨山川坛,在东郭西边,祀风云雷雨及境内山川与县城隍之神。"③清代康熙、乾隆、嘉庆、咸丰、道光年间先后重修(图4-10、图4-11、图4-12)。据载,城隍庙为府级建制,为闽南各县城隍庙之冠。

图4-10 嘉庆年间重修城隍庙碑记　　图4-11 咸丰十年重修城隍庙碑记

---

① 参见范正义、林国平《神圣的纽带:分灵—进香—巡游》,九州出版社2003年版,第44—45页。
② 康熙《平和县志》卷四《祀典志·坛祀》。
③ 康熙《平和县志》卷四《祀典志·坛祀》。

图4-12 道光七年重修城隍庙碑记之一

现存城隍庙（图4-13）为国家级文物保护单位，占地1500多平方米，坐北朝南，前是街道、牌坊，后是县后龙（山），左右是商店。城隍庙为五进式建筑，中轴线上大门、仪门（后接通道式戏台）、凉亭、大殿、后殿依次排列，层门洞开，总长73.02米。两侧为回廊。前厅9檩卷棚式，中堂11檩，后殿7檩，面阔均为3间，抬梁式，整体建筑宏伟壮丽。其中仪门、凉亭、大殿均保存完好，是不可多得的纵列式乡土建筑组群。

城隍庙的大门口，左右供奉马将军；门后两边，左为大哥爷，右为二哥爷（貌似"黑白无常"）。

图4-13 九峰城隍庙

城隍庙仪门（图4-14），俗称第二殿，有三个门，一个中门，两边设有边门，门墙镶有修庙石刻碑记。仪门前降四级石阶，正中一甬道直通大门，甬道两边各一天井，甬道和天井全部铺上石板。仪门后连一凉亭。两边天井各接一列三间厢房，左边厢房第一间祀邹公、朱公、王公、张公坐像，第二间祀三界爷，第三间祀五谷主；右边厢房第一间祀福德正神，第二间南海观音注生娘娘，第三间府爷——胡公。这些都是对九峰社会历史做过贡献的神明。

第三殿为十二房科殿，卷棚歇山顶，立于两旁，左右各五，高如常人。房科后壁，分别画上九峰镇的八景图。

第四殿为大殿，重檐歇山顶，面阔五间，进深三间，祀东大帝，正中泥塑一特大东大帝坐像，立姿3米有余，坐像前树立交簿官立像四尊，左右各二，高2米有余。大殿左右置一铜钟一皮鼓。

第五殿是城隍庙的主殿，供奉城隍爷和城隍妈。木雕城隍尊神，神采奕奕，高如常人。左右各一室，精美且神秘。从床铺到桌椅，甚至洗脸架和毛巾都摆放的整整齐齐，这是城隍爷和城隍妈的寝室。每天早上，都要给城隍爷、城隍妈叠被子、吊蚊帐，端洗脸水、刷牙水；晚上，要端洗脸水、要把被子铺开，把蚊帐放下来。

图 4-14　城隍庙仪门

这种做法，每一天都要坚持，至今已有几百年的历史了。右边是城隍爷的银库，银库前面供奉的是财神，负责城隍爷的出入账户。最有历史和文物价值的是殿前左右中横廊，廊壁挂着《二十四孝图》《十八地狱图》《福禄寿图》，场面恢宏、人物众多、造型生动（图 4-15）。

图 4-15　城隍庙壁画

城隍庙主祀的主神被称为"城隍都尊神",是唐代著名诗人王维。关于王维成为平和的城隍神,九峰流传着这样的传说:

传说王维任右相时与皇帝言谈,谈及死后做什么,王维回答:"死后做一个城隍神就好了。"于是皇帝便立即答复他:"我现在就封你死后做城隍神。"现在所奉祀的城隍神就是唐右相王维死后去充任的(图4-16)。

图 4-16　王维被奉为城隍爷

有意思的是，平和城隍庙不但有城隍爷，还有城隍妈。关于城隍妈的来历。当地流传着这样的传说：

　　王维精通医学，早年他在隐居苦读时，偶得一病，自开药方买药。一进药店，见柜台站着一位美丽的少女，便向前问道："吾欲买药，忘带药方，凭记忆买几样可否？"
　　女子温和地答道："先生欲买何药？"
　　"吾欲买宴罢酒酣客。"
　　女子不假思索微微笑道："宴罢酒酣客，当归，先生要几钱？"
　　王维听罢，暗暗称奇，便接连说下去：
　　"二买黑夜不迷途。"
　　"熟地则不怕黑夜，本店熟地有的是。"
　　"三买艳阳牡丹妹。"
　　"牡丹妹即芍药红。"
　　"四买出征在万里。"
　　"万里戍边疆是远志。"
　　"五买百年美貂皮。"
　　"百年貂皮是陈皮。"
　　"六买八月花叶蕊。"
　　"秋花朵朵是桂枝。"
　　"七买蝴蝶穿花飞。"
　　"蝴蝶恋花是香花。"

　　女子才思敏捷，对答如流，博得王维的喝彩，敬慕不已，暗下决心要娶该女子为妻。功成名就后，果然喜得良缘。王维成为城隍爷后，其聪明伶俐又美丽的妻子也被封为城隍妈。

　　在古代，城隍信仰被列入官方祀典，定期举行祭祀仪式。据县志记载："在东郊溪边，知县祀风云雷雨及境内山川以及县城隍庙之神，每岁仲春秋以祭社稷之明日行礼，其位以风云雷雨居中，山川居左，城隍居右。"民国时期，县官祭祀城隍俗例已废除，但每年农历的正月十五城隍爷出巡时，知县、绅士和民众代表身穿马褂，手捧长香，顶礼朝拜，列队游行，恭迎城隍爷出巡，沿途设路祭。一路上以燃鸣传统的铜铳，使其发出震耳的爆声，街道两旁家家户户燃放鞭炮，敲锣打鼓，热闹非凡。

城隍爷也是福佬人和客家人共同的信仰，每逢五月二十五是城隍爷寿辰（当时以建城动工时间当作城隍爷生日），农历十一月初七是城隍妈寿辰（当时以建城完工时间当作城隍妈生日），是日，在庙内隆重举行三堂祭。城隍爷祭典与其他地方相同，而城隍妈的祭典最具地方特色（图4-17），仪式如下：

图4-17 城隍爷、城隍妈塑像

1. 配备乐组：八音一组，备有横笛两支、有弦、扬琴、六角清、小鼓、小钹等。

2. 执事：大通（应选声音洪亮者）一人、引赞一人、亚赞一人、祝事礼生六人，合计十人（执事者务身着长衫礼帽）。

3. 庙堂排设：第一堂案桌位于神前，案桌排上茶三杯、酒五杯、左有茶壶、右有酒壶、牲礼、五果等。第二堂案桌位于中殿，桌上排上生肉一块、酒一杯（各用红桶托盘）、祭文一章用红托盘、鲜花二束。三堂案桌设于中殿下进厅、桌上三杯茶、供品等。中殿设有盥洗所，置有两盆，盆中不放水，只放条毛巾。右廊设有毛血所，置一碗，碗中放有少许血和毛（两所各有专人伺候）。

（一切就绪，主祭、配祭以及执事者，身着礼服，戴礼帽，分列于三堂两侧）

大通唱：进行祭礼（首先向场众拱手，示意肃静，并问候在三堂两侧的参与者，以示开始）。

大通接唱：执事者，各司其事（这时八音组开始奏乐，中速优美而有节奏）。（伴音乐节奏，配于各堂礼生，有次序地相继揖礼，步至各堂两侧侍立）各自就位后。

大通再唱：主祭生就位（主祭生向众拱手就位）。行上香礼。引赞唱：（原位不动）香案前，执事者，燃清香。诣盥洗所（向拜祭者鞠躬）后，右转圈席位一周，引至左廊盥洗所，（伺候者捧盆迎候），盥洗（这时主祭生以手势伴装洗脸、洗手），盥洗毕引赞接唱：

值此内官太夫人，庆寿大喜之日，九和城隍庙主祭生、配祭生、率同众信士，虔诚参拜于敕封显佑伯，九和都城隍尊神，内官太夫人东狱官狱爷、十二房科先生公、高大爷、王二爷、城隍众神祇之神前跪（届时位于二堂礼生、相互作揖，步至一堂，伴跪于一堂香案前），上香（一堂左礼香递给伴跪左礼生，由伴跪礼生传给递给主祭，主祭拱香拜揖后，递送给右礼生，右礼生递送给案前右礼生插炉），引赞接唱：降神（各礼生按前科递送酒），引赞接唱：叩首、叩首、三叩首、兴、复位（引拜祭者回三堂）。

大通唱：瘗毛血（右廊毛血所执事者，立将碗中毛血倒尽于庙外）。大通接唱；迎神跪、叩首、叩首、三叩首、兴、跪、叩首、再叩首、六叩首、兴、奉馔。

行初献礼。引赞唱：（原位不动）酒樽所，司壶者、捧壶斟酒，诣（按前科引行）。值此内官夫人，庆寿大喜之际，九和城隍庙主祭生、配祭生、率同众信士，虔诚参拜于敕封显佑伯，九和九和都城隍尊神，内官太夫人，东狱官狱爷、十二房科先生公、高大爷、王二爷、城隍众神祇之神前跪，初进酒（二堂礼在按前科，步至一堂递送酒），进酒后，引赞接唱：叩首、叩首、三叩首、兴、诣，读祝位（引至二堂）跪，读祝贺跪（届时侍于二堂右侧的读祝者，前跪于席位），（这时一堂两礼互揖后，步至二堂前跪）（二堂的两礼生按前科递送祝），读祝（读祝毕，读祝将祝文礼生传，放于桌）叩首、叩首、三叩首、兴、诣、复位（引回三堂）。

通唱：奉馔，行亚献礼。

引赞唱：（按前科与唱词）亚进酒。

大通唱：进馔，行三献礼。

引赞唱：（按前科与唱词）三进酒。（奉敬酒毕、叩首、叩首、三叩首、兴、复位），引回三堂。

大通唱：献茶（一堂礼生添茶），斟酒（一堂右礼生再斟酒），进牲礼（一堂两礼生作敬奉手势），进米粿（做敬奉手势），进柔毛（没有羊免念），进刚鬣（没有猪免念），跪、叩首、叩首、三叩首，兴，饮福受胙位。

大通唱：嘏辞，跪（引赞跪）。

引赞唱：尊神威灵显赫，威震灵佑九和。

祈来国泰民安，求得风调雨顺。

保我合境康乐，佑我百业俱兴。

惠我士民无疆，神灵感应万年。

大通唱；告礼成。

引赞唱：礼成。

大通唱；叩首、叩首、三叩首、兴，读祝捧祭文（读祝者手捧祭章），奉帛献金帛（礼生手捧寿金），各望燎所（望燎所设于二进天井右边）。

引赞唱：望燎所（作请手势、引立、配祭捧祝，献金者至望燎所）。引赞接唱；祭一端，金满堂，祭全金，化财宝（焚毕），诣，复位（引回三堂，二堂礼生及读祝者回二堂）。

大通唱：献茶（一堂礼生再添茶），撤馔，送神跪、叩首、叩首、三叩首、兴、跪，叩首、叩首、六叩首、兴。礼毕（在场执事者和参拜者相互拱手鞠躬）。

鸣炮！[①]

九峰城隍信仰活动中，最热闹的莫过于正月十五的城隍出巡踩街。

城隍出巡踩街的具体时间在正月十四晚选定吉时，为城隍和夫人金身沐浴更衣后，将其安置于殿的正厅。翌日清晨六点多举行升堂仪式，旁列长寿队，应届理事，司仪等。一阵敲锣打鼓后，台上声音洪亮者喊升堂口号，台下十二房科（分别由人戴面具扮演）持水火棍同时敲打，应和台

[①] 参见厦门大学历史系2004级《福建平和县九峰镇历史调查报告》（未刊稿），2007年11月，第46—47页。

上口号以助声威。退堂后在庙门口贴上檄告，警告一切孤魂野鬼回避。出庙时鸣钟鼓，应届理事身着礼服，分列护卫在各神像二边，手掌握着轿杆，神采奕奕，行三进三退礼后，急速出庙。当庙内钟鼓敲响时，庙外铳炮齐鸣，锣鼓喧天之后便是正式的出巡踩街活动了。

参与城隍出巡踩街成千上万，游行队伍井然有序（图4-18），其排列顺序有严格规定，顺序如下：报子（敲锣的）—铳队—彩旗队（男女老幼均可参加）—正副（理事长抱大印，副理事长抱剑，副理事长抱令旗，三个理事长的小孩乘轿拿庙旗）—锣鼓队、彩车（本地为主）—马夫—宫灯—花果—大灯笼—大高爷—斩首官—伏地虎—肃静回避牌—排箫—太子（哪吒，由杨姓抬轿）—城隍（王维，由朱姓抬轿）—凉伞—城隍妈（由曾姓抬轿）—凉伞—长寿队（身穿长袍的老人）—锣鼓队—龙队。

踩街队伍浩浩荡荡，沿街居民商户鸣放长串鞭炮，备设牲礼、果品，迎驾致祭，好不热闹。城隍出巡路线也是历史形成的，上午出巡路线：城隍庙—县后街（和山第一伯公）—塘仔尾（拱极祠）—西街游（长美祠）—杨厝坪（福坪福兴宫）—新大街—唐兴祠—新城（兴教祠）—桥头尾（镇兴祠）—过新大街—西门溪畔（兴隆祠）下街仔（武当宫）—新奥门（兴隆祠）—关帝庙—西门旧桥—下湖（旧有土地公祠）—永龙庙—顶街（恩置宫）—中午沿老街回庙休息。

下午出巡路线：城隍庙—老街（永福祠）—南街—马路（振兴祠）东街南街巷—西街大洋陂（灵通祠）—下湖（长佑宫）—松树头（隆兴祠）—景云楼（永福祠）—高车头（永兴祠）—水过后（灵协祠）—白楼仔（兴隆宫）—十二桥头（福兴祠）—下田（曾氏家庙）—黄土塘—中山路下（隆福祠）—城中村，门巷（萃文祠）—崎街仔（新兴祠）—主侧大厝内（金窑祠）—三岔路口，东门头（朝阳祠）—后壁仔（护壁祠）—东门下街（福兴祠）—大安（威惠庙）—古大埕（东阳祠）—东门顶街（长宁祠）—新建街（保厘祠）—和（何）地方（福惠祠）—水车何—复兴旧址—水何下林铺（霞林祠）—仁美楼—（福井庵）—回庙。

城隍巡游踩街活动从早上卯时一直坚持到下午六时结束。[①]

[①] 参见厦门大学历史系2004级《福建平和县九峰镇历史调查报告》（未刊稿），2007年11月，第118—119页。

图 4-18　正月十五城隍出巡

三　威惠庙与开漳圣王信仰

九峰威惠王庙建于宋建炎四年（1130年），坐落于平和县九峰境内东郊，康熙《平和县志》记载：

> 威惠王庙在东门外，以祀唐侯陈元光也。光开漳辟土，血食于漳，俎豆百世，拟社稷焉。在府城者有司岁致祭。与社稷山川同日，仪礼亦同，祭用羊一，豕一，笾四，豆四，簠簋各一，爵三，铏一，帛一。祝文云：某年月日某官敢昭告于昭烈侯唐将军陈公，惟公开漳邦，功载有唐，州民允赖，庙食无疆。惟兹仲春秋，谨以牲礼庶品，用伸常祭，尚飨。初，漳郡未有建庙，嗣圣间，庙在云霄，贞元二年迁州治，宋建炎四年，郡始立庙，而各县乡村皆设庙矣。自五代暨宋，累封灵著顺应昭烈广济王。淳祐间，令春秋致祭，至明正祀典，改封为昭烈侯，漳人称州主王。今龙溪、漳浦岁春秋仲月，有司尚有致祭。惟和邑独否，民间奉祀而已。庙前后二进，并祀夫人种氏及柔懿夫人与二将军（马，李）焉。或曰柔懿夫人元光女也，从元光征

蛮有功，故亦祀之。①

现存的九峰威惠庙（图4-18）占地面积474平方米，两进一天井，殿内置有石龙柱两对，石凤柱两对，石圆柱两对，石方柱一对，庙门石狮一对（均清道光壬辰年蒲月重修），殿堂两侧排列銮驾十八般兵器三十六支，分别为：龙头棒、月斧、金刚刀、三股叉、锯镋、方天戟、单戟、凿手棒、双钩枪、单钩枪、叉枪、双叉、矛枪、蛇矛、月铲、瓜锤、镋盘、钯头。还有龙钟凤骨，宝剑铁球，签诗五十六首，殿前楠木案桌二只，石雕双龙玉帝炉，铜铸寿金炉，光绪丙子年石香炉，庙崇双龙戏珠、花草鸟兽，原为宋代古建筑风格，系平和县城四大古庙之一（威惠庙、城隍庙、文庙、武庙）。

殿堂正中为"灵著顺应昭烈侯广济州主圣王"总称开漳圣王陈元光、"内宫夫人"种沉神位，两边右旁为圣王之子陈珦神位，左旁为圣王女婿"钤辖司崇仪使郡马副元帅兼竭忠辅国大将军"戴君胄及季女"柔徽克济益恭弼德夫人"陈怀金神位，殿堂相向右侧为三界爷及元帅李伯瑶神位，左侧为太子爷及元帅马仁神位，配诸将既系陈圣王亲属，亦皆为追随陈圣王屡立战功的名将，道士房为五显帝尊神。

图4-19 九峰威惠庙

---

① 康熙《平和县志》卷四《祀典志·庙祀》。

威惠庙也称州王庙，历史上曾多次重修，修庙碑记仅存三块。其中有清道光乙未年大规模重修，福州探花何冠英亲自监建和亲笔书一大匾"威镇闽南"四大字（1835年），黑底沉字鎏金（图4-20），为不可多得的历史文物，同时亲笔书三对石柱联（可惜原物无存）。

图4-20 九峰威惠庙开漳圣王夫妇塑像和"威镇南闽"匾

开漳圣王为漳州福佬人共同的信仰，影响最大，客家人也参与相关的宗教活动。九峰开漳圣王信仰的主要活动有：

（1）民间乡俗定例每年农历七月中旬请道士做平安醮，二乩过火坑，十八晚上普度（请阴客），赈济一切无主孤魂，使阴神远离天涯。

（2）遇到年景不顺时，圣王降乩指示庙首宜备建醮，消灾解厄。

（3）圣王二月十六诞辰、圣王夫人十月十诞辰，演戏祝寿，隆重拜祭，纪念尊神的丰功伟绩。

（4）每年正月十三（近年来改为正月初六）迎圣王及夫人出庙巡视（图4-21），庇佑辖境平安，举行声势浩大的队伍环游镇内街道，四面八方群众云集九峰城，旗鼓铳、彩车队、舞龙、舞狮、龙艺、民间歌舞等精彩文娱活动，人群夹道，热闹非凡。

近年来，一改往年正月十三出巡的日程，在每年正月初六开始外出"巡安"活动。当天上午7时左右，"巡安"活动正式开始，出巡队伍以威惠庙为起点，巡游全镇。出巡队伍由开漳圣王牌匾（写有"威震闽南"

四字)、神像(神像共三尊,分别是圣王神像、圣夫人神像和王子神像)、兵士队、龙队、秧歌队、大鼓凉伞队、彩旗队、彩车队等组成。九峰镇区古有"九街十八巷",街头巷尾都有土地庙,镇内大大小小共计四十多个。"巡安"活动中凡所到之处有土地庙,开漳圣王神像便停歇,供附近民众燃香朝拜,所到之处,鞭炮齐鸣,锣鼓喧天。"巡安"活动沿着镇区的街道巡游,每到一个土地庙便落轿停留一会,傍晚在镇区内的下湖社区停留。今年(2015年)的"巡安"在此社区一共停留三天两夜,供全镇信士朝拜。正月初八从下湖社区离开,前往镇区旁边的南门洋"巡安",并在此停留两天一夜,供附近信士朝拜。

图 4-21 开漳圣王出巡

四 崇福堂与谢王公信仰

崇福堂,又称罗寨庵,从堂中匾额及现存文字记载(碑记)可稽,崇福堂元末始建。当时乡民于现在崇福堂的对面,隔溪河畔的公路上,暂建一小座庙堂,取名崇福庵,雕塑王公(谢安)金身,虔诚祭之。乡民求医问卜、祈寿纳福、辟邪消灾、择日等都很灵验,社里安宁,百事平安，人们安居乐业。民众为了答谢神恩，于明初议建新庙。士绅乡贤及乡民认真筹划，踊跃捐钱、献物、献地。原在现崇福堂及其附近居住的罗姓村民，乐愿移居献寨，让出"雄牛卧地"吉穴给王公做庙址。故庙宇建成后，因以罗氏故宅作为建庙之地而又名罗寨庵。明洪武四年（1371年）扩建、清康熙四十年（1701年）重修。庙宇坐东偏南朝西北、砖木结构、屋顶为单檐歇山式，铺阴阳合瓦。主体平面由下厅、天井、上厅组成，左右有附屋，面积1350多平方米，总面积2230平方米（图4-22）。

图 4-22 崇福堂

大门属门厅式建筑。大门内退做"凹寿"式，门前有一对青石抱鼓、两侧凸出部分视为对称房屋，但内却是敞开式小厅与门内厅平。门厅接内天井，门厅与两侧敞开式的回廊相连，上一台阶通往殿堂。门外两则砖墙，庙内下厅两边山墙，镶近代重修庙宇、铺灌道路和建桥、建戏台等捐资芳名录全幅。

天井全部由石板铺就，中有一大通道，升三级石阶上大殿。在三级石阶两边，分别镶嵌二条斜石，刻着洪武四年蔡二、三娘，张德妹等所捐献的镌有年号记载字样。

殿堂，为重檐歇山顶，是崇福堂的主体建筑。面阔五间，进深三间，木构架为抬梁与穿斗式混合结构。举目向左、右环视，有木瓜斗耳，重叠成为五山筑式，使中部显得高大宽敞。殿中抬梁，斗拱及穿插枋多作浮雕和透雕装饰，题材有彩楣塑像、花草木石、鸟兽等，其中瓜形大门描金彩绘，纹饰繁密。在抬梁和横槛分别悬挂着"神灵显应""霖雨苍生""惠我无疆""意树实花""宝筏飞南"五通金字木匾。

庙内神位陈列井然有序。殿堂正中供立王公、内宫第一夫人、第二夫人和王尊等木雕坐像（图4-23）。坐像前向，左右各泥塑卫将一，高如常人，神勇威武，挺立两旁，并各围木栏杆。再前祀观音。坐像后侧泥塑有立姿高160多厘米的释迦牟尼等七尊佛祖神像，和一尊笑眯眯的弥勒佛像，左水晋佛，右桥政佛。

图4-23 崇福堂主要神明

殿内对称石柱挂有木刻楹联一对，上联："公志在东山，我亦志在东山，怅望千秋尚友弥激素抱"；下联："君患遭强虏，今复遭强虏，强瞻八极问谁克绍前勋"，文涵丰富，书写雄健有力、落落大方，传为黄道周所题。

殿堂由内到外，左侧依次陈列有哪吒、吴真人、十八罗汉、五显帝、保人大夫、地头爷、天上李老君；右侧为间君天子、阎罗王、十八罗汉、关大帝、蛇王神仙、五谷主，对面向内有三界爷等泥塑神像。左右两壁分别画上十八地狱和二十四孝图。此外还保存着清代石香炉三个。

庙宇经历漫长岁月，除维修屋面外，殿中抬梁、木构架、斗拱穿枋、瓜形木门至今无发现蛀朽，保持着明代建筑风格，是闽南地区保存最完整的县级文物保护单位（图4-24）。

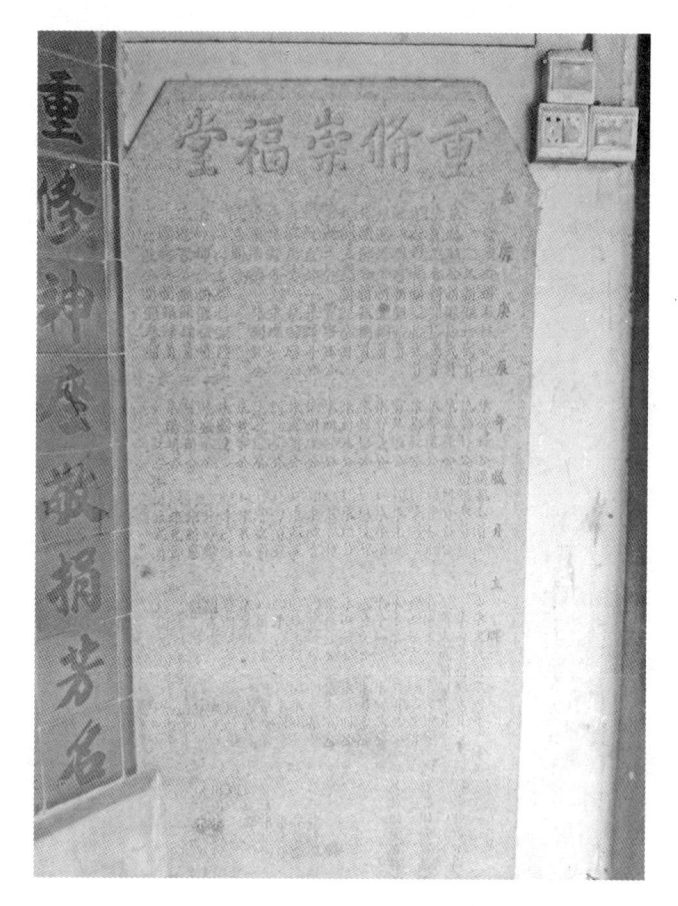

图4-24 嘉庆重修崇福堂碑文

20世纪90年代以来，闽粤两省邻县的民众，海外侨胞和港、澳、台同胞人来人往祭祀王公。据庙宇理事会近几年来统计，每年来殿前朝拜的香客平均达一万五千多人次。他们还捐赠款项，出资添置庙里设施。如今，不但庙宇修葺一新，而且建戏台，扩建从庵前起至省道相接连的一条宽敞水泥道路；新建一座长20多米、宽5米、高10米多的钢筋水泥混构大桥（崇福堂大桥），各种车辆可以直达庵前。

谢王公受到当地百姓的崇信，民间流传各种传说故事，百姓最津津乐道的是谢王公不吃鸡的由来。据说，淝水之战前，作战双方议定天亮以后在淝水北岸交锋。前秦部队后撤，让出阵地，东晋兵马渡江交战。前秦苻坚原先计划等晋兵渡到江中时一举歼灭。开战前一夜，双方剑拔弩张。当时还没有计时钟表，夜晚行动，时间以鸡鸣为准。东晋方定于三更鸡啼时起床，作战前准备；四更出发。巧的是：二更时分，雄鸡一声清脆响亮的提交划破寂静的夜空，全部兵马提前一个时辰出发。"兵贵神速"，两军对垒，晋方首先赢得了时间，赢得了主动。淝水一战，东晋大胜，为了感谢鸡的功德，从此，谢安就不再吃鸡了，所以，后世祭祀谢王公的祭品中也绝对不用鸡肉。

谢王公的祭典丰富多彩且隆重，最具特色的是庙会寿庆和王公出巡。

庙会寿庆：

农历三月二十八，是王公谢安的寿辰，年年必庆，由庙理事会和各分会主事共同主办，邀请道士做醮三日，请剧团演戏三台，寿礼在大殿举行单堂祭，醮堂设在庵大门前的广场，演戏于庵右侧的戏台（图4-25）。

仪式分为发表（迎神）、祭祀和送神三个程序。每一个程序的举行，由十个以上的道士和十八个理事会、分会主事（下称执事者）主持。执事者人人身着长衫礼服，头戴礼帽，站立在道士后面，分两排横队，严肃而恭敬地进行三跪九叩首。发表和祭祀在年农历二十六就开始了。

（1）发表。年农历二十六晚，在殿堂二进厅，王公、王妈、王尊等神像前，陈设神案，案上摆放茶杯三个，酒杯五个，茶壶、酒瓶各一，猪一，羊一，大米龟一，寿桃许多。两侧各置三张桌子，桌上摆放丰富果品。

一切安妥，开始请神。执事者先上燃香，次在王公殿前跪，然后由大通、引赞、哑赞敬奉美酒，初进酒，亚进酒，三进酒。拜，执事者三跪九叩，兴。道士开始请神，祭文曰："是年三月二十八，平和县九峰东厢外罗寨庵王公庆寿，恭请天开黄道天尊，飞六棒奏天尊，三界齐临天尊，接唱经文：苍苍九州地，巍巍众庙坛，鹤袍来羽客，凫鸟下仙归，琅函启大丹，至诚何以祝，四海永澄澜，恭请齐临。在天宫离天宫，在庙者离庙，在天腾云挂雾，在地跨马挂鞭，在山开刀辟路，在水摇船挂桨，宫宫须到，殿殿知闻，离宫出殿，恭迎驾临，一请当二，二主当三，三请三迎，到此宝座，领受茶酒，饯盒花果；鸿猪露酒，伏望神恩，保佑黎民，所求吉利，万事如意。"祭文、经文唱必，理事、分会主事再三跪，九叩首。兴。

（2）祭祀。随之开始祭祀，举行正式祭典。执事者朝拜，行三进酒。颂唱寿文："值此王公寿庆大喜之际，崇福堂本届主事、理事和各分会主事，率同众信士，虔诚参拜王公、王妈等尊神。伏望王公、众位列神，尊祈保佑合境人等，家门吉庆，男女安乐，老者添寿，幼者健康，壮者有为，读书者科甲联芳，禄位高升；求才者，一路求财百路通；经商者一本万利，外出做工赚钱入库，满载而归；在家者平安获福，敬老爱幼，和气吉祥；耕作者，一籽落地，万倍收成；各行各业，万事如意，拜"（执事三跪九叩首）。主殿朝拜后，即向堂内诸神一一朝拜，叩拜。

图 4-25 庙会寿庆

二十七，道士一班人，每人各执一件乐器在堂前广场表演"西公穿拱"舞蹈。他们伴音乐节奏，有次序地穿梭，相继剪礼，博得场众连声喝彩。醮坛用绸缎、彩绢彩扎、纸扎等装饰成一个没有木头的临时宫室，绚丽多彩。

（3）谢神。参拜者和道士先行上香，送神跪，叩首，叩首，三叩首。道士致谢神经文："奉送天神转天宫，地神归水府，城隍归神庙，祖师娘娘归法坛，众位尊神各归宝殿，来者留恩，转者降福，万事如意"。完毕，道士、参拜者相互鞠躬，并向场众拱手。礼毕后，道士一人即取雄鸡一、鸭一，取其血来敕符。[①]

王公出巡：

王公出巡（图4-26）的历史可以追溯到明正德十三年，明廷平定赣、闽、粤边境寇乱后，采纳王阳明的建议增设平和县，县治在九峰，九峰百姓欢欣鼓舞，举行各种庆祝活动，其中抬着崇福堂王公出巡是其中重要的活动，后来相沿成俗，一直保留至今。

（1）每逢古历正月初四，选定吉时，王公、王尊等金身下殿。殿中置面盆，盆中放着一条新毛巾和清净的泉水，一尊一套进行沐浴。浴后，更换新龙袍、新帽、新腰巾。此时关上堂门，严防近期参加过白事、入过月内间（坐月子）和刚吃过狗、牛肉等人进庙。

图4-26 王公出巡

（2）出庙时鸣钟鼓，应届庙宇理事、各分会主事，身着礼服，分别

---

① 平和县九峰崇福堂编：《平和县崇福堂庙史》，第9页。

护卫在神像两边，手掌握着轿杆，神采奕奕，行三进三退，急速出庙。庙外迎接的信士，均是年轻力壮的男子汉，即刻迎上扛轿，振臂擎举，高迎金身出巡。当庙内钟鼓敲响时，庙外铳炮齐鸣，锣鼓喧天。

（3）分会会坛，相传于清嘉庆以前，在庙宇理事会统一组织下，分别在九峰、上大峰、苏洋、长乐等乡里，设了12个分会，范围很广。随着社会进展，人际关系的变化，尤其是为了便利乡民的祭祀，属外地乡里的六个分会，有的建置庙宇，雕刻王公金身，永远奉祀；有的组织乡人代表，直往崇福堂庵挂香，返回当地后即让乡民隆重祭拜，演戏。这样，到了清嘉庆八年（1843年），王公重润金身后，长期保留在九峰区域内的六个分会如下：

初五会，古历正月初五的东头、庵下、楼坑、庵坑仔等地点，会坛由四个据点按顺时针轮流设立。

初六会，古历正月初六日，在础溪楼、上厝、秀山、下厝、暹背五个点轮设会坛。

初七会，古历正月初七日，在茶洋、溪背墩，会坛由这两个点轮转。

初八会，古历正月初八日，在九峰城，会坛设在瓦片埕（图4-27）。

图4-27 初八会

初九会，古历正月初九日，在崎南、内外洪坑，会坛轮流设立。

初十会，古历正月初十日，在田心、下洋坎、角山，会坛轮流设立。

王公到各会村庄巡视一日，是日道士、戏班随同。分会理事、民众中的信男代表，人人身穿长衫马褂，手捧长香，顶礼膜拜，并组彩旗队、锣鼓队、舞龙队、八音阵、铳队等，轰轰烈烈地护驾迎驾王公。在各村庄伯公前，摆上神桌，乡民备办水果、红粿、糕饼、糖果等供品，鸣放鞭炮，接迎王公等尊神驾到，以求村里平安。

（4）过会仪式，即由上下两个分会（1—2、2—3、3—4、4—5、5—6、6—7、7—8），按顺时针连锁交接。

（5）古历正月十一，庙宇理事会、各分会主事，组织旗、鼓、铳队于础溪，迎接王公尊神到各会村庄巡视圆满回归。当日还在庵对面，隔碧溪的河畔上

九和亭两侧举办"到坪"（现称物资交流大会）。

更令人兴高采烈、流连忘返的活动是"王公走轿"。当彩旗招展，锣鼓喧天，高抬王公等神像回庵，侍立在庵前一群群朝气蓬勃的青年小伙子，个个身强力壮，腰系红布巾，按顺序分成组次，待王公等神像一到广场，一哄而上，紧接轿杆，双臂擎起，绕圈相向竞跑。周边助威的观众，高声喝彩，赛铳队更是忙得不停。小伙子们短时间内互为交换，高抬神像越跑越快，穿梭如箭，神像犹如骑上骏马，在疆场奔腾。"王公走轿"，活动达两个多小时之久。完毕，庙宇首事、理事会成员与出庙礼节相同，手握轿杆，在广场上三进三退，急速入庙。[①]

值得一提的是，崇福堂内还有若干名乩童（图4-28），他们为百姓求医看病、求学业、行车安全、嫁娶、求子、求财（生意）、换"卷"（16岁以下儿童给谢王公做义子的一种仪式）等，在崇福堂中扮演重要角色。

[①] 平和县九峰崇福堂编：《平和县崇福堂庙史》，2010年，第9页。

图4-28 神灵附体乩童（戴眼镜老者为解说人）

第三章

漳州福佬、客家谢安信仰

第一节 漳州谢安信仰源流与分布

谢安信仰是漳州影响较大的民间神明，漳州谢安信仰由北方传入，《漳浦县志》记载："谢东山庙，浦乡在处皆有之，相传陈将军自光州携香火来浦，五十八姓同崇奉焉。"据此，后世人多认同谢安香火是由陈元光从北方传入的。《漳州府志》更加明确指出："谢广惠王即晋谢安石也，陈将军元光奉其香火入闽启漳，漳人因而祀之。"《平和县志》亦有类似说法："邑人多祀广惠谢王，其源起于陈将军。"我们知道，陈政、陈元光率兵入漳平定叛乱，并定居下来，对漳州地区的大规模开发做出重大贡献，陈元光还被奉为"开漳圣王"，成为漳州百姓信仰的最大神明。在文化传承上，往往有一种附会名人以取得社会认同的现象，漳州人也经常把一些来历不明的历史文化归结于开漳圣王陈元光的贡献。有关方志说谢安信仰是陈元光从光州奉其香火而来的，也是基于此文化心理的，但历史事实并非如此，陈元光出生于唐显庆二年（657年），随父入闽时才12岁，所以《漳州府志》说是"陈将军元光奉其香火入闽启漳"显然难以令人信服的，今人认为谢安香火是由陈元光传入亦是以讹传讹了。

然而，谢安信仰随陈政军队传入漳州却有很大可能性。首先，陈政和谢安（图4-29）都是河南人，谢安在淝水之战中建立的历史功勋对于陈政来说应该是耳熟能详，甚至是其崇拜的偶像；其次，陈政和谢安的经历有些相似，都是率兵南下建功立业，携带谢安的香火，祈求谢安保佑南征顺利成功，应该也在情理之中；再次，陈政、陈元光的军队定居漳州后，自然而然会把家乡带来的神明作为保护神供奉，故《漳浦县志》才有

"浦乡在处皆有之……五十八姓同崇奉焉"之说。

图 4-29 谢安塑像

以上推论也有历史遗迹为证。漳州目前所知供奉谢安宫庙年代最早的有两座：南靖船场新溪尾寺和龙海颜厝的古县大庙。

南靖船场的新溪尾寺（图 4-30、图 4-31），据称是唐上元二年（675年）陈元光的部属将谢安的香火带到那里的，此时距陈政 669 年入闽才短短的 6 年，可能性不大，只能存疑。该庙称原址在庵坑山麓，建于唐天册万岁元年（695 年），后因山洪暴发，庙宇被冲塌，迁至新溪尾石洞内，后至明天启二年（1622 年）在洞外建庙至今。现庙内存有铜香炉一只，香炉底铸"大唐真定年制"字样。查唐并无"真定"年号，历史上亦无哪个朝代用"真定"作年号，所以该香炉并不能作为该寺是建于唐代的凭证。

图 4-30　南靖船场的新溪尾寺

图 4-31　南靖船场的新溪尾寺大殿

如果说南靖船场新溪尾寺建造于唐代还有可疑之处的话，那么龙海颜厝的古县大庙（又称谢太傅庙、广应圣王庙、积苍庙）应是目前所知比较可靠的、漳州最早供奉谢安的庙宇，迄今已有1218年历史了。该庙最早为南朝梁时设龙溪县的县衙所在，康熙《龙溪县志》载："梁为南安郡地。大同六年（540年），九龙戏于江，乃建龙溪为属邑。"唐垂拱二年（686年）漳州设置后，仍为龙溪县衙。唐贞元二年（786年），漳州州治从漳浦迁龙溪，县随州移，龙溪县衙也随之迁走，空出的县衙被当地人改作了供奉谢安的庙宇。故该庙迄今仍保留有七级台阶，且庙门也保留了"凹"字形的衙门形式。

据漳州市相关部门统计，目前漳州地区奉祀"王公""元帅""广惠圣王"等的宫庙计154座，其中，芗城区12座，龙文区2座，龙海市27座，漳浦县61座，南靖县12座，云霄县4座，诏安县8座，平和县20座，长泰县8座。[①] 而比较确切奉祀"元帅""谢府元帅""广惠圣王"的庙有61座（占40%），见表4-2。

表4-2　漳州地区奉祀"王公"（包括谢安、谢玄等）宫庙统计

序号	场所名称	供奉主神	始建时间	建筑面积（平方米）	管理组织名称	国（境）外联系（有无）	详细地址
芗城区（12座）							
1	弥勒坑正顺庙	广惠圣王	明朝	80	庵庙管理		金湖村弥勒坑
2	顶田下正顺庙	王公	清朝	320	管委会	有	青年亭1号
3	王爷庙	王公	元朝	125	宫庙管委会		古塘村
4	丰乐庙	王公	解放前	50	老人协会		丰乐村
5	埔仔下庙	王公	解放前	50	老人协会		丰乐村
6	紫云庵	王公	解放前	46	老人协会		岱山村下岱山
7	济林庵	王公	解放前	42	老人协会		岱山村竹林社
8	护国庙	王公等	清朝	190	老人协会		福林村边
9	永和宫	王公二王	明朝	660	老人协会		蔡前村

---

① 漳州市民宗局统计资料。

续表

序号	场所名称	供奉主神	始建时间	建筑面积（平方米）	管理组织名称	国（境）外联系（有无）	详细地址
10	通元庙	谢安、谢府元帅	明朝	300	通元庙理事会	有	芗城龙眼营14号
11	诗浦正顺庙	谢府王爷	后晋	358	管委会		诗浦社区
12	岳口德进庙	谢府元帅	宋朝	340	管委会		丹霞星城B区1幢前
龙文区（2座）							
1	坑尾广惠圣王庙	广惠圣王	解放前	140	老人会		龙文区蓝田镇梧桥村坑尾社
2	嘉应庙	谢府元帅	清朝	220	老人协会		龙文区朝阳镇登科村内林街
龙海市（27座）							
1	名地庵	王公	1923年	400	理事会		九湖镇庵兜村
2	王公庙	王公	明代	200	理事会		程溪镇塔潭村顶楼
3	王公庵	王公	明朝	200	理事会		程溪镇塔潭村下楼
4	正顺庙	王公	解放前	200	老协		田边村南山
5	广应庙	王公	明朝	150	理事会		上洋村
6	田中祖庙	王公	1949年	100	理事会		长边村
7	沐恩庵	王公	解放前	100	老协		文苑村洪厝
8	恒山庵	王公妈、元帅爷	明朝	400	理事会		九湖镇恒春村
9	上坪庵	王公爷	清朝	200	理事会		程溪镇上坪村
10	王公庙	王公元帅	解放前	150	老协		北溪头村陈店
11	正顺庙	王妈	解放前	120	老协		田边村塘内
12	元帅庙	王孙元帅	民国前	120	老协		霞兴村下州社

续表

序号	场所名称	供奉主神	始建时间	建筑面积（平方米）	管理组织名称	国（境）外联系（有无）	详细地址
13	南波宫	谢府元帅	解放前	400	老协		榜山镇许厝村
14	元帅庙	谢府元帅	明朝中期	180	理事会		登地村
15	正顺祠	谢府元帅	解放前	140	轮流		芦洲村云梯社
16	元帅庙	谢府元帅	解放前	120	轮流		平宁村严溪村
17	景阳宫	谢府元帅	古庙	100	老协		海平村
18	积苍庙	谢圣王	公元563年	350	理事会		古县
19	翼晋宫	谢元帅	明朝	120	轮流		榜山镇平宁村
20	莲堂庙	广惠圣王	1665年	800	理事会		南边村
21	碧霞宫	广惠圣王	乾隆	520	理事会		楼埭村树兜社
22	天惠宫	广惠圣王	明朝	400	理事会		河福村
23	昭庆宫	广惠圣王、蔡妈	解放前	240	轮流		园仔头社福浒
24	元帅爷公	元师公	1925年修	133	理事会		紫泥镇巽玉村
25	科山家庙	元帅爷	解放前	400	老协		榜山镇柯坑村
26	崇德宫	元帅爷	明朝	250	轮流		港尾镇省山村
27	溪尾庵	元帅爷	解放前	100	理事会		上洋村

漳浦县（61座）

序号	场所名称	供奉主神	始建时间	建筑面积	管理组织	国（境）外联系	详细地址
1	王公庙	王公	解放前	11	理事会		绥安镇中心旧市场
2	庵前王公庙	王公	1983年	13	理事会		盘陀镇割埔村庵前自然村

续表

序号	场所名称	供奉主神	始建时间	建筑面积（平方米）	管理组织名称	国（境）外联系（有无）	详细地址
3	王公庙	王公	1986年3月	15	理事会		湖西乡后溪村
4	王公庙	王公	解放前	15	理事会		绥安镇南门王顶
5	西庙	王公	解放前	15	理事会		南浦乡大坪村
6	王公庙	王公	解放前	15	理事会		大南坂下楼队部
7	王公庙	王公	解放前	15	理事会		大南坂下楼楼内
8	海口王公庙	王公	清朝	16	理事会		前亭镇江口村
9	王公庙	王公	1994年前	20	理事会		霞美镇溪仔寨内自然村
10	岑后王公庙	王公	1994年前	20	理事会		霞美镇山岭岑后自然村
11	田墘王公庙	王公	1994年前	20	理事会		霞美镇溪仔前山社内
12	王公庙	王公	1994年前	20	理事会		霞美镇五社西崎头
13	王公庙	王公	1994年前	20	理事会		霞美镇五社香山
14	王公庙	王公	解放前	20	理事会		绥安镇半径社
15	王公庙	王公	解放前	20	理事会		赤湖镇山油村岩兜社
16	王公庙	王公	清朝	20	理事会		深土镇埭头寸

续表

序号	场所名称	供奉主神	始建时间	建筑面积（平方米）	管理组织名称	国（境）外联系（有无）	详细地址
17	西井王公庙	王公	距今100多年前	26	理事会		前亭镇江口西井
18	王公庙	王公	解放前	26	理事会		绥安镇千秋楼北
19	社庙	王公	1992年	28	理事会		前亭镇桥仔头村后亭
20	王公庙	王公	1985年11月	30	理事会		湖西乡城内村
21	王公庙	王公	1983年	30	理事会		杜浔镇徐坎村雉川社
22	下厝庙	王公	1984年修建	30	理事会		杜浔镇过洋村下厝自然村
23	梁山王公庙	王公	解放前	30	理事会		绥安镇圣仔头社
24	王公庙	王公	清朝	30	理事会		深土镇锦江村
25	割后村陈井王公庙	王公	清朝末	30	理事会		长桥镇割后村陈井自然村
26	王公庙	王公	1994年前	35	理事会		霞美镇五社下周
27	王公庙	王公	解放前	35	理事会		绥安镇飞星社
28	王公庙	王公	解放前	35	理事会		旧镇镇后垅石牛尾
29	王公庙	王公	1980年	50	理事会		旧镇镇梅宅公路边

续表

序号	场所名称	供奉主神	始建时间	建筑面积（平方米）	管理组织名称	国（境）外联系（有无）	详细地址
30	王公庙	王公	历史悠久	60	理事会		杜浔镇徐坎村负佳川自然村
31	王公庙	王公	历史悠久	60	理事会		杜浔镇徐坎村雉川自然村
32	广惠尊王庙	王公	2000年维修	70	理事会		六鳌镇新厝村顶社
33	吉林圣王庙	王公	1994年前	100	理事会		古雷镇油沃村师堂顶
34	王公庙	王公	解放前	120	理事会		旧镇镇上蔡下蔡村
35	王公庙	王公	解放前	130	理事会		旧镇镇苑上下示路边
36	圣堂宫（庙）	王公	解放前	150	理事会		绥安镇绥东溪仔林
37	王公庙	王公	明朝	150	理事会		旧镇镇秦溪村社内
38	黄仓庙	王公	清朝、1998年维修	150	理事会		绥安镇黄仓村
39	古田王公庙	王公	1997年修建	160	理事会		旧镇镇山仔村
40	割后村割后尾寺堂	王公	清朝	180	理事会		长桥镇割后村割后尾
41	王公庙	王公	解放前	220	理事会		杜浔镇林苍大松脚
42	王公庙	王公	历史遗留	250	理事会		绥安镇鹿溪村上角

续表

序号	场所名称	供奉主神	始建时间	建筑面积（平方米）	管理组织名称	国（境）外联系（有无）	详细地址
43	王公庙、元帅庙	王公、元帅	1944年	25	理事会		杜浔镇林前村林口社
44	圣王庙	广惠尊王	解放前	15	理事会		赤土乡西林乾祖厝边
45	圣王庙	广惠尊王	解放前	40	理事会		赤土乡城埔
46	圣王庙	广惠尊王	解放前	40	理事会		赤土乡水磨寨仔社内
47	圣王庙	广惠尊王	解放前	100	理事会		赤土乡社里祖厝附近
48	慈云宫	广平尊王	历史悠久	20	理事会		杜浔镇过洋村
49	元帅爷庙	元帅爷	解放前	18	理事会		赤土乡古陂作业区部边
50	白灰元帅爷坛	元帅王公	1978年	30	理事会		杜浔镇近城白灰自然村
51	铁府元帅	元帅公	1994年前	24	理事会		古雷社西林村崎厝社
52	元帅爷公庙	元帅公	1994年前	20	理事会		霞美镇溪仔前山社内
53	元帅庙	元帅公	1990年	30	理事会		杜浔镇院边村下黄社
54	元帅庙	元帅公	1993年	30	理事会		杜浔镇院边村过田社
55	元帅爷公庙	元帅公	1994年前	20	理事会		霞美镇溪仔前山社内
56	元帅庙	元帅公	1990年	30	理事会		杜浔镇院边村下黄社

续表

序号	场所名称	供奉主神	始建时间	建筑面积（平方米）	管理组织名称	国（境）外联系（有无）	详细地址
57	元帅庙	元帅公	1993 年	30	理事会		杜浔镇院边村过田社
58	元帅公庙	元帅	1994 年前	180	理事会		古雷镇岱仔自然村中
59	元帅爷庙	谢府元帅	1982 年	12	理事会		佛昙镇花林
60	元帅爷庙	谢府元帅	1992 年	14	理事会		佛昙镇下坑村
61	后雄王公庙	谢惠王（谢安）	解放前	50	理事会		赤湖镇南蜂村后雄社
云霄县（4座）							
1	元帅爷庙	元帅爷	解放前	150			东厦镇浯田村
2	元帅爷庙	元帅爷	清朝	80	管委会		下河乡世坂村
3	元帅爷庙	元帅爷	清朝	40			莆美镇前涂村
4	元帅爷庙	元帅爷	解放前	30			下河乡孙坑村
诏安县（8座）							
1	灵慧大庙	王公	约距今400年前	480	老人会		深桥镇仕江村
2	三王公庙	王公	明代	50	老人会		深桥镇深桥村埔仔前
3	大庙	王公	1973 年	40	老人会		桥东镇林中村
4	王公庙	王公、王妈	1403 年	150	老人会		白洋乡上蕴村
5	凤寨庙	王公妈	1987 年 9 月建	150	老人会		深桥镇凤寨村
6	大庙	大使公	清朝	320	老人会		山东德州林头村
7	大庙	大使公	明朝	300	老人会		四都镇西桥村
8	黄厝地头庙	大使公	宋末	60	老人会		梅州梅山村黄厝

续表

序号	场所名称	供奉主神	始建时间	建筑面积（平方米）	管理组织名称	国（境）外联系（有无）	详细地址
南靖县（12座）							
1	山城下潘庵	王公					山城镇下潘村下潘社
2	靖城园中央庵	王公					靖城镇下割村
3	靖城廊前庵	王公					靖城镇廊前村
4	龙山平安堂	王公					龙山镇竹溪村
5	龙山南冲庙	王公					龙山镇双明村
6	书洋华愕宫	王公					书洋镇奎坑村
7	梅林王公庙	王公					梅林镇璞山村
8	靖城石壁庙	王公王妈					靖城镇珩坑村
9	靖城观音山庙	王公王妈					靖城镇阡桥村
10	靖城古湖庵	元师爷					靖城镇古湖村
11	靖城寨内庵	元师爷					靖城镇大房村
12	靖城东洋庵	元师爷					靖城镇大房村
平和县（20座）							
1	崇福堂	王公	1789年	2500			平和县九峰镇复兴村
2	王公庙	王公	原始	128	管委会	有	小溪坑里村
3	朱安宫	王公	1938年	82	管委会		小溪高南村
4	下庵庙	王公	清朝	60			芦溪镇漳汀坎脚
5	王公庙	王公	1990年	46	管委会		文美村下学
6	王公庙	王公	原始	23			三坑村
7	广积庙	王公	1918年	20			际头林
8	王公庵	王公	1942年	15	管委会		黄井村上蜂
9	三五公庙	王公	1865年	15			前岭北坑
10	长利庙	王公	原始	15			金兴村长利组

续表

序号	场所名称	供奉主神	始建时间	建筑面积（平方米）	管理组织名称	国（境）外联系（有无）	详细地址
11	清水庵	王公王妈	清朝	62			积垒村
12	郭坑庵	王公王妈	1982年	60			三五村
13	镇南宫	王公爷	1876年	46			高南村
14	王供庵	王爷宫	1992年	26			大溪宇盆村
15	少庆堂	王爷元帅	1992年	100			隆庆村村边
16	元帅庙	元帅	原始	70			五寨新塘
17	元帅庙	元帅	1982年	39			芦溪镇东槐松仔
18	元帅庙	元帅	1876年	20			前岭村岭头
19	元帅庙	元帅	1826年	15			前岭山兜
20	佛祖庙	元帅观音	1673年	236	管委会	有	五寨优美村

长泰县（8座）

序号	场所名称	供奉主神	始建时间	建筑面积（平方米）	管理组织名称	国（境）外联系（有无）	详细地址
1	兴隆宫	王公	清朝	100	老协会		古农农场共同作区兴加山
2	东鸣宫（人行庵）	王公	明朝	40	群众轮流		岩溪镇顶山村
3	永安宫	王公	清朝	18	管理小组、7人		岩溪镇圭后村高美
4	双凤宫	王公		16	群众轮流		枋洋镇石横村后料
5	清帝庵（水兴宫）	王公、王妈	清朝	242	群众轮流		岩溪镇石铭村白庄
6	镇山宫	王公、王婆	清朝	80	群众轮流		兴泰工业区十里村3组
7	龙日宫	王公、王婆	1876年	12	村民组、3人		枋洋镇江都村龙林
8	西口宫	元帅公	明朝	80	管理小组		武安镇城关村

实际上，上述统计数字并不准确，一方面笔者所知的一些奉祀谢安的宫庙未被统计进去，另一方面一部分供奉谢玄、谢石的庙宇又被统计在内。我们认为，漳州地区属"谢安信仰"的宫庙至少在100座左右。

由上述统计可以看出：

第一，其分布范围集中在漳州的中部地区，即漳浦、龙海、芗城、平和及南靖等地方，这些地方的宫庙达132座，占全部宫庙的86%。第二，从始建年代看，明代以前仅4座，解放后26座，绝大部分是明、清及民国时所建，其中明确为明清的47座，注明解放前或不详的57座，这部分应多为明清所建。再结合其集中分布的地区，漳浦、芗城先后为府治所在，龙海（海澄）、南靖、平和均为明代所设，亦可为佐证之一。再参照明清时期的社会状况和漳州其他神灵信仰的宫庙的始建年代亦大都在明清时代，亦可验证应以明清所建宫庙为多。第三，从中亦可看出其传播轨迹，应是从漳浦、芗城等福佬地区逐渐向南靖、平和等客家地区传播的。

第二节　漳州谢安庙与谢安信仰调查

笔者走访了一些谢安庙，初步调查了相关信仰，获取一些资料，兹选择一些重要的谢安庙，简介如下：

一　漳州芗城区、龙文区谢安庙

1. 翰林嘉应庙

翰林嘉应庙位于漳州市龙文区朝阳镇登科村内林街，清康熙年间（约1700年）始建，"文化大革命"后重修，主祀广惠圣王谢安，配祀有大妈、二妈、谢玄，另有土地公、伽蓝王。

庙由前殿、天井、两廊和正殿组成，现存建筑为清代风格，二进悬山顶燕尾脊建筑。前殿明间内凹，开三门，门前置花岗岩门墩。正殿面阔三间，进深三间，抬梁式木架构。庙中除主殿前侧两支浮雕蟠龙纹石柱外，其他均为重修后素面石柱，上有镌刻楹联多对。笔者在嘉应庙附近新修的道路的路沿上，发现有几根石柱，据管委会确认，这些石柱是嘉应庙的，庙重修后便把原先的石柱拿来铺路，这些石柱上镌刻的楹联不少还清晰可见。

据管委会介绍，以前登科村（原来称埔头）、内田头、下尾都是属于翰林堡，翰林堡内有一个藏头宫，主祀保生大帝。后来三个村庄分界后，便把藏头宫中的众神像分到各个村，各自立庙奉祀，内田头分到主神保生大帝，登科村分到广惠圣王谢安，下尾分到伽蓝爷。现在三个村庄的庙宇之间没有往来，只有附近村民有些会到各个庙宇祭拜。在笔者的采访中发觉，在嘉应庙管委会人员描述三个村庄庙宇的关系时，似乎有种相互竞争的感觉。三个村庄的关系在庙中所存的一块"翰林堡"石碑中也能体现：

仝立石碑，社卖尽字人西北关院院长吴象、曹贡等有承先人众，龙溪县主思给埔头地界，今因乏银使用，仝情愿将翰林堡埔头地界三面言议，着下时价佛面陆十二大员、库平三十七两二钱。立牌之日银即仝中交讫，其埔头地界随付与买主掌管。凡有嫁娶及舅爷口头顶客口任从散口使用，不敢阻当、异言生端，一卖终休，日后象、贡子孙不敢言洗找赎。又明议翰林堡埔头地界不干黄鹿之事，此系二比甘愿，各无反悔，恐无凭，今欲有凭立石牌为记，即日实收过石牌记佛面陆十二大员、库平重三十七两二钱。足批明再炤

知见银人吴门许氏
日仝立石碑社卖尽字人吴象曹贡
为中人冯海木代书人陈元春

翰林嘉应庙主要信仰活动有农历十二月十二的演戏酬神，一般演戏10天左右，戏资由信众捐献，不足部分由宫庙管委会用香火钱补齐。春节期间，抬出神像巡境，范围从本村到水坝。巡境并非每年举行，有时两年一次、有时三年一次。

2. 顶田霞正顺祖庙

该宫庙（图4-32、图4-33）坐落于芗城区顶田霞社区内，坐西朝东，庙门外东南角有大榕树一棵，正北方是顶田霞居民楼，对面是巷口街道老年协会办事处。相传建于南宋末年，原称"威灵庙"（威灵庙匾额尚存），明代加以改建，更名"正顺祖庙"。庙为砖木结构，悬山顶二进式，即前殿、天井、大殿三部分组成。正顺庙虽经历代重修，今仍保存仿明代

图4-32　顶田霞正顺祖庙

图4-33　顶田霞正顺祖庙谢安神像

建筑款式，如后殿前梁雕有"罗汉扛梁"的斗拱形式，这种形式在漳州只有文庙和正顺庙才能见到。正顺庙尚存重修碑记四方：清道光十五年（1835年）葭月刻碑两方（图4-34），清光绪八年（1882年）菊月重修碑记，民国三年（1914年）阳月重修碑记，这些石碑被镶嵌在前殿左右两侧墙上。同时庙内还保存有"广惠圣王"出巡的神牌、大灯、神鎚（瓜状）、凉伞、坛鼓等神具。后殿悬挂"谢家宝树"木匾。

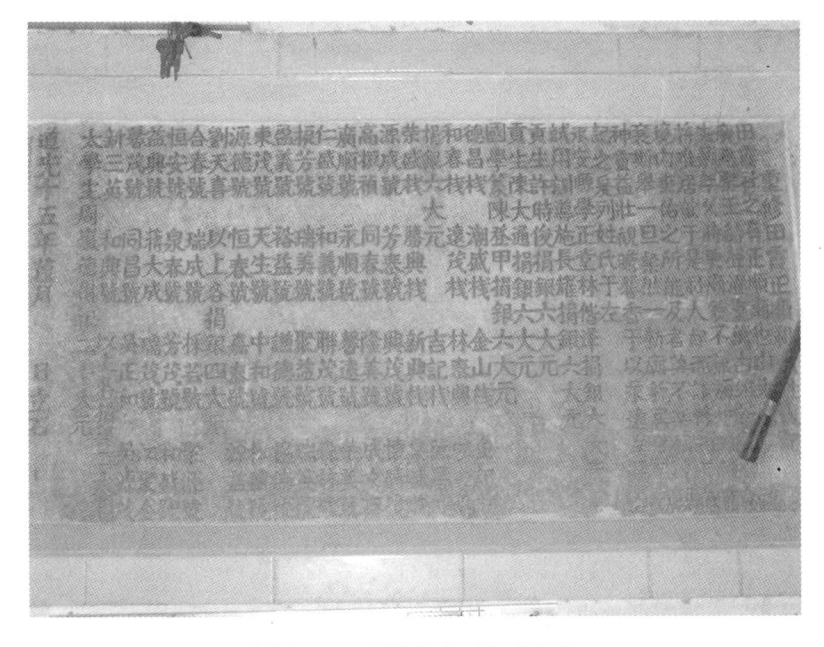

图4-34 清道光十五年重修碑

正顺庙祀广惠圣王神像，左右配祀大妈、二妈神像，前面配祀谢府元帅谢玄（谢安的侄子）、谢石（谢安之弟）；又附祀关圣帝君、平安君赵子龙、元天上帝、虎将爷、哪吒、法主公，也祀玉皇大帝、天、地、水三界公诸神；殿左侧祀兄弟尚书（俗称大使公、二使公），右侧祀应雪夫人（传说她是谢安的红颜知己）。两廊左右祀伽蓝大王、开山太保、土地神等。

正顺庙是顶田霞社的社庙，香火颇盛，每逢农历十一月廿七、三月初八、十月初十（社庆）都要举行盛大祭典。

十月初十社庆是顶田霞社最热闹的节庆之一，全村人聚集在正顺庙前的空地上举行踏火仪式。踏火仪式由法师主持,先由几名身体健壮的年轻男村民抬神像,赤脚踏过炭火,接下来便是男性村民踏过炭火,有许多小孩也被家长抱着过炭火。俗信从炭火上踏过,会去邪气,保平安。

每年农历十二月廿七谢安生辰祭典要延续4—5天,一般由村民捐资演戏酬神。在十二月廿七当天,村民会抬着谢安、谢玄软身神像到顶田霞村社中出巡。

顶田霞正顺庙还有一种称为哪吒鼓古老吟唱表演,由敲打、吟唱、曲调相结合,主要用于庙会法事。表演时,两队各有一人手拿头旗左右翻动,一人擎香炉紧随其后,接着是14名男子手持贴有灵符的长柄手鼓,最后则是天尺、马锣。在头旗的引领下,两队随鼓声的节奏时而合起,时而分开,侧身屈膝行禹步阵式,口念咒语,规模壮观,气氛粗犷热烈。

哪吒鼓乐来源大都是古代民间歌曲,除保存了一些已濒临失传的乐曲,更有民间歌舞曲中极少见的三拍子乐曲。队员们一边敲击长柄手鼓,一边在马锣、天尺等乐器伴奏声中吟唱漳州腔哪吒鼓乐,节奏时紧时慢。在曲调上,每个地方甚至每个庙的吟唱曲调都不一样,都有其特点、特色,如漳州芗城区的特色二拍子调,龙海港尾的四拍子调,龙海角美以三拍子为主调,龙海紫泥的三拍子调比较快,龙海山后的三拍子调比较慢……

正顺庙的哪吒鼓队始于1986年,是漳州较早的哪吒鼓队,鼓队成员最多时达48人(不包括锣鼓、执旗的人),现在大约20人。

3. 古县谢太傅庙(又称积苍庙)

古县谢太傅庙(图4-35)又称积苍庙、古县大庙,位于漳州南郊4公里处的古县社,今龙海市颜厝镇镇政府所在地。庙坐西朝东,由前殿、天井、大殿组成,占地面积1051平方米,建筑面积510.5平方米,唐贞元二年(786年)建立。大殿面阔三间,进深三间,歇山顶,抬梁式木架构,砖木结构。据庙碑记载,谢太傅庙在南宋末元初、清雍正、嘉庆、道光、咸丰、宣统和民国时期均有修葺。现存部分明清时期石龙柱、石柱础和碑刻5通。

图 4-35　古县谢太傅庙

　　谢太傅庙大殿主祀广应圣王谢安，配祀二王谢石、元帅爷谢玄、妈仔谢道韫（谢安侄女）、大妈二妈。大殿中央还摆放着半副銮驾，这在一般庙堂上几乎没有，据当地老人介绍，大学士蔡新受康熙帝重用，赐予他半副銮驾，蔡新不敢收下，到古县亲家中做客时，进入谢太傅庙祭拜，便把銮驾转赠到庙中。

　　古县谢太傅庙主要活动有：农历正月初四至初七，抬出大庙里的诸神巡游古县村（南北3公里、东西2公里），十分热闹。农历十二月廿七谢安生日，旧时要大摆筵席两天，许多信众捐资演戏酬神，演戏时间从四五天到十来天不等。在谢安生日祭品中，除了不能拜祭鸡肉及鸡蛋外，必备一碗小虾米炒蒜叶。传说古县原来有个人很穷，每年王公生日时，家家户户都用三牲五礼来祭拜，他没钱买肉，于是就在河里抓了一碗小虾米，捡了别人不要的蒜叶，炒了一碗来祭拜。当时执事的长老很势利，看不起他，就把这碗虾米放在旁边。王公祭拜仪式结束后，执事掷筊问王公是否满意，一直是阴杯，大家就纳闷是否有什么还没吃，后来执事想到还有一碗虾米，于是赶忙端上，过一会再掷筊就得到了圣杯。从此以后，古县大庙在祭祀王公时就会供上一碗小虾米炒蒜叶，成为传统延续至今。

4. 诗浦正顺庙

诗浦正顺庙（图4-36）位于芗城区新桥街道办事处诗浦村，坐西北向东南，后晋始建。《诗浦路正顺庙碑记》（图4-37、图4-38）记载其历史变迁：

图4-36 诗浦正顺庙

  正顺庙，因奉征谢府王爷，俗称王公庙，庙始建后晋，庙前有大港通浦头溪，宋末及明万历清嘉庆咸丰年间数度重修，明末清初清郑交战，里人陈魁奇投军郑国姓，引郑军渡南门溪入诗浦劫火药库。顺治十年葵巳十一月郑军攻入漳州城，初六日国姓至诗浦正顺庙拜谒谢王爷。康熙三十二年清军门提督蓝理大将军征台前至庙祈祷，果然凯旋，即命人在诗浦购置田产、租粟用于每年香火，吏部张大老爷示感念谢王爷灵圣，喜舍田园作香火礼金，庙邻原有永安宫一座，供奉妈祖，后圮于水患，妈祖金身移祀正顺庙。自明末至清，历年有台湾天檀护安宫等宫庙言士至庙提取香火回台。

图 4-37　蓝理舍田园奉祀正顺庙碑

图 4-38　吏部张大老爷喜舍田园奉祀正顺庙碑

宫庙占地 358 平方米，由前殿、天井、两廊和正殿组成。现存建筑为清代风格，二进悬山顶燕尾脊建筑。前殿明间内凹，开三门，门前置花岗岩门墩。正殿面阔三间，进深三间，抬梁式木构架。明间檐柱浮雕蟠龙纹，其余均为素面石柱，上有镌刻楹联多对，有嘉庆二十四年（1819 年）、咸丰七年（1857 年）纪年款。梁架为穿斗抬梁混合式，梁架间装饰透雕花板，前殿前廊设垂莲斗拱，梁架举折较高，屋面覆筒板瓦，龙纹剪瓷脊饰。庙中尚有明万历三十四年（1606 年）大型石香炉 1 个；清嘉庆己卯石刻楹联 2 对，咸丰七年石刻楹联 1 对，康熙四年（1665 年）石碑 3 通。其中以庙门两侧镶入墙体的两方石碑，镌刻着清初台湾军门提督蓝理大将军和吏部张大老爷喜舍田园奉祀正顺庙的碑文。

正顺庙与台湾联系密切，1992 年、1993 年，台湾台南县新化镇天坛护安宫两次前来寻根谒祖。2005 年年底，台湾高雄县梁林园乡中门村李蛮、李俊兴多次来正顺庙朝拜谢安王公祖。2012 年 6 月 18 日，台湾六县市乡亲回诗浦村谒祖访亲。2013 年八月初三，台湾永康广护宫的谢府王爷前来进香。在正顺庙中高挂着台南新化镇天坛护安宫赠送的"敬天祀主""行善济世"锦旗，成为台湾同胞与大陆密切联系的重要见证。

正殿正中主祀谢安，配祀谢府王爷谢安两个夫人，侄子谢玄，右侧祀天上圣母（由永安宫请入），右侧祀玄天上帝（由未安宫请入），永安宫和未安宫现已不存在，正顺庙门口山墙两侧还保留有康熙年间的永安宫和未安宫的石碑2通。两廊上分别供奉太保公和福德正神，据管委会介绍，太保公是专门治疗耳疾的神灵，十分灵感。门口上方供奉三界公。

诗浦正顺庙的信仰活动活跃，主要有：

正月初四：接诸神下地，保境安民。正顺庙管委会会派出代表为社里求当年的平安签，社里的平安签求好后，村民便会纷纷求签问当年运势。社里的平安签会一整年都张贴在正殿主神旁边。

正月初九：玉皇大帝万寿，王公出巡日。王公出巡日当天，村中男青年会把庙中诸神都请出去巡安，巡安范围到大市场、商业城一带。巡安队伍中也会邀请本地的腰鼓队来表演。

正月十四：玄天上帝出巡日。

正月十五：三官大帝圣诞日。

三月初三：玄天上帝万寿日。

三月廿三：天上圣母圣诞日。

五月初五：谢府元帅爷寿诞日。

八月十三：王公庙角小年冥庆典日。

八月十五：福德正神圣诞，中秋日。

九月初九：玄天上帝万寿，哪吒太子圣诞日。

十月十五：三官大帝圣诞日。

十一月廿七：谢府王爷圣诞千秋日。管委会请歌仔戏或芗剧团在戏台演戏庆祝，一般延续四天。

十二月廿三：恭送诸神上天朝。

5. 龙眼营通元庙

通元庙（图4-39、图4-40）位于漳州芗城区龙眼营南段，坐东向西，始建于明代。该庙有三进殿，砖木结构，硬山顶，附剪瓷雕。一进为前殿：祀"三界公"；二进为正殿，正殿面阔三间，进深三间，天井带两廊，石柱斑驳，为"文化大革命"期间所损。二进殿正梁悬挂一匾，书"威震南漳"，供桌之上供奉的正中是谢府二元帅，即谢安的六弟谢石，据说此神像历史久远，一信众把他转移到农村，时隔三十年

图4-39 通元庙

图4-40 通元庙神像

才得返通元。三元帅即其侄谢玄，右边是谢府四元帅，即其次子谢琰。后边供奉的是两尊大的神像，从右到左为广惠圣王谢安，开漳圣王陈元光，配祀左侧为"关帝圣王"，右侧为"福德正神"，室内左右置有舞龙，为活动所用，且有一石香炉，正面凿刻麒麟；三进为后殿，二楼一厅带耳房，殿左右两室，中祀"观世音菩萨"，配祀护法"韦陀""伽蓝""三宝佛"，两边石柱镌对联曰"德泽攸垂咸传固始，显灵如在永庇通元"。此二层楼房系清咸丰四年（1854年）住持僧慧照所建，太平天国部队入漳州时，侍王李世贤曾于此议事。庙后门的对联"不必深山，亦可修身"，通元庙整体上给人一种庄严又典雅的古韵之感。

通元庙香火旺盛，一年中每月都有信仰活动：

正月	初一	弥勒菩萨圣诞。
	初四	迎神。
	初八晚	拜天公。
	初九	天公圣诞。
	十三	伽蓝菩萨圣诞、帝君圣诞。
	十五	三界公圣诞（尧天官赐福）。
	十八	消灾日。
二月	初八	释迦牟尼佛出家。
	十五	释迦牟尼佛涅槃。
	十六	陈圣王圣诞。
	十八	消灾日（观世音菩萨十九圣诞转劫日）。
三月	十八	消灾日。
四月	初八	释迦牟尼圣诞（浴佛）。
	十八	消灾日。
五月	初五	三元帅圣诞。
	初八	二元帅圣诞（庙会）。
	十三	伽蓝菩萨圣诞、帝君圣诞。
	十八	消灾日。
六月	初三	韦陀菩萨圣诞。
	十八	观世音菩萨圣诞（观世音菩萨十九圣诞得道日）。
七月	十五	中原普度、三界公圣诞（舜地官赦罪）。
	十八	消灾日。

八月	十五	土地公圣诞。
	十八	消灾日。
九月	十八	消灾日（观世音菩萨十八圣诞升天日）。
	三十	药师佛圣诞。
十月	十五	三界公圣诞（禹水官解厄）。
	十八	消灾日。
十一月	十七	阿弥陀佛圣诞。
	十八	消灾日。
	廿六	谢王公圣诞（庙会）。
十二月	初八	释迦牟尼佛成道。
	十八	消灾日。
	廿四	送神。

二　南靖、平和县谢安庙

1. 新溪尾寺（安善堂）

新溪尾寺（图4-41）位于距南靖县城20公里处的船场镇世禄村。据称是唐上元二年（675年），陈元光的部属将谢安的香火带到那里的。

图4-41　新溪尾寺

该庙称原址在庵坑山麓，建于唐天册万岁元年（695年），后因山洪暴发，庙宇被冲塌，迁至新溪尾石洞内，后至明天启二年（1622年）在洞外建庙至今。现庙内存有铜香炉一只，香炉底铸"大唐真定年制"字样。查唐并无"真定"年号，历史上亦无哪个朝代用"真定"作年号，所以该香炉并不能作为该寺是建于唐代的凭证。

现庙门外有明、清时期的石碑文三面，宽1米。现有建筑是1991年重修兼蓄历代精华，造型宏伟壮观。1993年新溪尾寺被列为县级文物保护单位，1997年被县政府批准为佛教活动场所。

主殿前方有一个1.5万平方米的花圃，在花圃的中央竖立着一尊连底座高12.49米的花岗岩谢安雕像，花圃与主殿之间隔着一个6080平方米的放生池，放生池左右两侧各有一座石桥通向主殿前方广场。

寺院主体由主殿、侧楼、石雕山门等建筑组成。主殿是重檐歇山顶的两层建筑。顶脊上装饰有闽南特色的剪瓷双龙戏珠饰物。主殿一层正门前竖立四支镂空雕刻龙柱，正门为雕花的红色木门，正门上方镶嵌着一副石牌匾，上书："恩泽万民"，石牌匾下方雕刻门联："广景绘山川世代感应""圣贤开宇宙万物尊王"，横批为"威灵显赫"。进入主殿后正前方的抬梁和墙面上分别悬挂着"有求必应"（上）和"广应圣王"（下）两块牌匾。主殿内部前后各有一对红色石柱，上刻有两对楹联，靠外侧的楹联："香客到此处应带几分虔诚""信士坐定后宜生一点祥心"，靠内侧的楹联："安香飘渺对玉容整肃永获盈丰""善殿巍峨睹金像庄严普沾吉庆"。

主殿正中供立谢安金身、谢安（黑面木像）、内宫第一夫人、第二夫人和谢玄木雕座像，以及清乾隆朝廷敕封广应圣王及二夫人的圣旨牌位。神像正前方的供桌上摆放着一个铜质香炉，香炉正面刻着"广应圣王"，底部刻有"大唐真定年制"的字样。在香炉两侧，供桌上还摆放着药签、平安签供信士问事求签。主殿左侧从左至右供奉着观音（旁立善财童子）、释迦三宝佛（三座），主殿右侧从左至右供奉着开漳圣王、五显帝（旁立千里眼、顺风耳），主殿左前方供奉土地公（旁立尚书、掌印）。

新溪尾寺的香火世代鼎盛不衰。特别是近几年来，漳州、厦门、泉州、广东、香港、新加坡等地海内外乡亲络绎不绝地前来观光朝圣。1997年11月，台湾省台北县的乡亲前来新溪尾寻根，还雕塑一尊"广应圣王"神像带回台湾供奉。尤其是每逢农历十一月廿六"广应圣王"的生日，当地从农历十一月廿五起连续三天举行丰富多彩的民俗活动，前来朝拜的香客和旅游观光的游客就达数万人。而船场镇政府已借此机会连续举办了数届旅游文化节。

新溪尾寺主要信仰活动有：

正月十三，王公出巡日，举行迎神跑马赛会。

正月初九，玉皇大帝（天公）生日。

二月初六，开漳圣王生日。

四月初八，佛祖生日。

五月初四，谢府元帅（王孙）生日。

六月十八，观世音生日。

七月廿一，大众爷生日。

八月十五，伽蓝爷（土地公）生日。

九月廿八，五显帝生日。

十一月廿六"广应圣王"的生日（13年举行一次，演戏3—5台，有上刀梯等杂技表演活动）。

2. 苏洋永隆庙

永隆庙（图4-42）坐落于平和县九峰苏洋村五凤山麓，群山环抱，风景绮丽。据2011年立的永隆庙庙志石碑记载：元顺帝时，和邑先贤素庵公，避乱携带王公香火，择居苏洋，建庙奉祀。素庵公原是永定人，庙建于龙年，故后人就称之为永隆庙。永隆庙元至元六年（1340年）初建，明洪武二十一年（1388年）扩建。明景泰四年（1453年），迁建现址，历时七载，至明天顺四年（1460年），建成二进殿堂，面积达125平方米。清同治三年（1864年），庙宇烧损，翌年重修。"文化大革命"期间，庙观毁损，神像荡然。改革开放以来多次重修扩建，现存庙宇是2007年落成的，殿宇堂皇，建筑面积扩大到560平方米。2009年又新建一条240平方米长廊。现布局为一进门厅，两侧哼哈二将，门厅后一天井，后为大殿。大殿正中供奉谢安夫妇和谢玄（图4-43）。后方供奉弥勒佛、阿兰、迦叶等几尊佛像。大殿左侧配祀城隍牌位及神像、金吒、保生大帝、木吒、哪吒、阎君，右侧配祀三平祖师、张天师、五谷神，大殿两侧有十八罗汉像。侧壁上有二十四孝图和十八层地狱彩绘。

图4-42　永隆庙

图4-43　永隆庙主殿

永隆庙主要信仰活动有：

正月初五至十二王公出巡。出巡路线包括本村、黄田村、福田村、新山村。

二月廿八王公生日。

七月十二普度仪式。

3. 福庆堂

福庆堂（图4-44）位于平和长乐乡，相传元末战乱，杨祝智举家逃难，携谢王公香火到长富村佳蕉尾安家供奉。由于王公十分显应，来烧香祭拜者日盛，祭祀场所日显局促。明洪武十八年（1385年），迁建新庙址于长山脚下，名"福庆堂"。

图4-44　福庆堂主神塑像

福庆堂建成后，庙宇几经沧桑，屡次修葺，特别是清朝咸丰十一年（1861年）和民国三十一至三十三年间（1942—1944年）的两次大修缮，庙堂焕然一新，气势轩昂。"文化大革命"开始后的1967年，福庆堂被全部拆解，除尊王和元帅金身被木棉寨的信士冒险抢救藏隐外，庙内其余众神金身、古字画及牌匾全部焚毁，石碑石牌被拆挪为建材。1988年开始筹备福庆堂重建，1998年动工重建，1999年11月主殿竣工，2011年，庭院大戏台和庙宇大门等附属设施整体完工。重建后的福庆堂规模大大超前，占地面积3000多平方米，建筑面积2200多平方米，从外到内由牌楼式大门、综合大戏台、三层次渐升式平台、"两进三间"宫廷式主殿及与主殿两边相连的横屋组成。

主殿为"两进三间"组合式大殿，前殿低正殿高，两殿之间设天井，左右两边是开放式厢房。全殿石级砖墙白壁，正殿的两根石雕大龙柱领殿内的其他大圆石柱；红砖铺设的地板，金黄的琉璃瓦歇山式屋顶，古朴大方又不失庄重。屋脊用闽南独特的剪粘工艺，将碎瓷片等拼塑成色泽亮丽的龙凤、人物等艳丽的彩瓷。釉面透亮、立体形象、栩栩如生，让殿顶瑰丽堂皇。脊两端近燕尾处，饰有龙饰，如双龙戏珠、吐珠、护塔等。脊壁脊旁饰有祈福教化、趋利避害等题材的人物故事和寓意花鸟。前殿川门设有石鼓，门面琢磨精雕、彩绘玲珑；两扇大门绘有彪悍守神，大门楹联字："福山龙气峥嵘威风镇四海；清水宽流浩荡恩泽滋八方。"大门左右山墙设有镂空花窗，式样古典。

福庆堂的香火旺盛，日常生活中的嫁娶、生子、求学、升迁、建房造灶、乔迁、问疾、寻人乃至家事琐细，信士多至庙中祭拜择吉（图4-45）。每月的初一、十五附近信众都到庙里上香进茶。每逢三月廿八尊王诞辰节日，纪念活动更是隆重。每三年一次的正月初三到十三的王公出巡绕境，更是热闹非凡。出巡仪式具体如下：

图4-45 道士在福庆堂主殿做中元普度仪式

正月初三，选定吉时，恭请王公、王孙下殿，将金身抬起放到神轿里。

出庙时鸣钟鼓，放铳，应届庙宇理事、各分会主事身着礼服，分列护卫在各神像两边，手掌握着轿杆，神采奕奕，行三进三退，急速出庙。庙外迎接的八个青壮年，即刻迎上扛轿，振臂擎举，高迎金身出巡。此时，铳炮齐鸣、锣鼓喧天、彩旗飘飘，再现了王公当年叱咤疆场，抚境安民的恢宏景象。

王公出巡到下辖村庄，善男信女们除了虔诚朝拜，同时还组织彩旗队、锣鼓队、铳队等，以隆重的礼仪护驾迎驾王公。

正月十三王公回殿，这天刚好是长乐的十三坪，也是长乐一年一度的传统大圩日。回殿之前，王公、王孙要巡视集市、学校、公园等地，神灵出巡的浩大仪仗，使圩日更加红火喜庆。

出巡时间及路线具体安排：

初三早晨卯时鸣礼炮三响。尊王、元帅出庵——途经浮水桥—下坪境主清水庙—榕树大将军—沿乡下坪每户信众，首事负责出巡人员（午餐）——下午下角坝益兴庙—沿乡西坑角—井下坑—塘科—后埔（晚餐住宿高名家）。

初三后埔早餐后起巡——沿乡彼头角（午餐）—下午往下村（上林、下林）（晚餐住宿高名家）。

初四下村早餐起巡——沿乡下洋子（午餐）—江巷—山顶坪—寨子（晚餐住宿高名家）。

初五由山顶坪早餐起巡——沿乡半岭—上队—湖洋（午餐）—上洋（晚餐住宿高名家）。

初六上洋早餐起巡——沿乡坪北龙1—龙2—东科（午餐）—结科楼—秀丘（晚餐住宿高名家）。

初七秀丘早餐起巡——张坑—永上—永1—永2—河贡头—良坝（晚餐住宿高名家）。

初八良坝早餐起巡——沿乡佳蕉尾—联佳—联上（午餐）—联朴—联天（晚餐住宿高名家）。

初九联天早餐起巡——沿乡长乐学校—圩场—上庵边（午餐）—木棉窠（晚餐住宿高名家）。

初十木棉窠早餐起巡——沿乡湖洋北—福前（午餐）—南塘（组2组3）—南案—南圩（晚餐住宿高名家）。

十一南圩早餐起巡——沿乡南河—南春—南星—南长（午餐）—卢坑—下汗（晚餐住宿高名家）。

十二下汗早餐起巡——沿乡者古坪—坪顶额（午餐）—背头田（晚餐住宿高名家）。

十三背头田早餐起巡——赴坪踩街—中午回殿。

出巡人员分工：迎尊王（抬尊王神像轿）4名，迎元帅（抬元帅神像轿）4名，负责沿途出巡拨路1名，专门放铳1名，举彩旗1名，敲马锣1名，擎龙旗2名，鼓班5名，迎尊王香炉1名，迎元帅香炉1名，夯尊王龙伞1名，夯元帅龙伞1名，搬运出巡随行棉被2名，负责出巡后勤5名。

祭拜都不能用鸡。

第三节　漳州福佬、客家谢安信仰比较

在漳州等地，百姓奉谢安为神明，称之为"王公"，然而，"王公"并非谢安的专称，一些历史上的忠义贤孝人物神化者，如开漳圣王陈元光、广泽尊王郭忠福等被称为"王公"，一个村庄或一个地区的保护神也往往称为"王公"，还有一些道教的神灵被奉为"王公"，如广平尊王、玉圣尊王、罗林尊王、梁山王、三山国王等。一般来说，百姓对"王公"的定义有二：一是正神崇拜，是历史上对社会有贡献的忠义贤孝人物的神化者；二是曾经都被封为"王"者，有"王"的称号者。

至于"王公"与"王爷"信仰关系，闽台学界看法不同。大陆学者基本把"谢安信仰"与"王爷信仰"区分开，认为"王爷信仰"基本是"瘟神信仰"。林国平《闽台民间信仰源流》称："闽南地区的瘟神称之为'王爷'，人数远不止5位，多达360位。"这其中并不包括"谢安信仰"。"[1] 郑镛在《闽南民间诸神探寻》中更明确说："闽南民间崇拜的神祇中数量最多、最为普通的是'王公'与'王爷'。王公大凡是指历史上的忠义贤孝人物神化者，如开漳圣王陈元光、广惠圣王谢东山、广泽尊王郭忠福等，而王爷则指瘟神。……'公'与'爷'一字之差，却神属不一，来

---

[1] 林国平：《闽台民间信仰源流》，人民出版社2013年版，第93页。

历各异，不可不明辨之。"① 段凌平：《漳台民间信仰》亦称"'王爷'本来认为是瘟神，是漳台最流行的民间信仰之一。"② 但在台湾，谢安却被列为王爷之一，较早提出这一观点的是台湾学者刘枝万，他在1983年发表的《台湾之瘟神信仰》一文中提出了瘟神信仰有六个阶段的演变，先是死于瘟疫之厉鬼，再成取缔疫鬼、除暴安良之瘟神，再演变为海神，再为医神，再演变为保境安民之神，最后成为万能之神。他认为，谢安和三山国王、大德星君、中坛元帅、广泽尊王、有应公等等皆可归入王爷之列。③ 另一台湾学者林美容亦同意刘枝万的观点，她在《高雄县王爷庙分析》一文中，将台湾的王爷信仰，概述为以下诸说：（1）瘟神说；（2）厉鬼说；（3）功列英灵说；（4）郑国姓说；（5）演变说；（6）角头说；（7）庄头说；（8）区域说。如林园乡王公广应庙主祀谢府王公，即晋朝谢安，其生日居民称王爷公生日。而且这也不是高雄县的孤例，台南地方也有称谢安为王爷的情形发生④。康无惟在《屏东县东港镇的迎王祭典——台湾瘟神与王爷信仰之分析》中也作如是说："王爷不是单一的神明，还包括不同性质的神明。一般认为，成为'王爷'的神明都是瘟神；其实，还要包括自然神明、地方守护神、不详身世的厉鬼或疫鬼，以及一些历史人物等。"⑤ 显然，"谢安信仰"之所以在台湾会被纳入"王爷信仰"之中，是因为"王爷信仰"传入台湾后发生了演变，其范围扩大了许多，如刘枝万最后把它扩大到万能之神，林美容亦扩大到功烈英灵等。

还值得注意的是，在漳州民间，称"元帅"庙的不一定供奉的就是谢安，甚至称"谢元帅"庙的亦是奉祀谢玄的。

前面论及，谢安信仰是唐初陈政、陈元光军队带到漳州的，是福佬人的民间信仰。但随着福佬人与客家人的混居，谢安信仰也被一些客家人所接受，并发生一些变化，我们分别选取福佬地区与客家地区奉祀谢安的四座宫庙为代表，将其始建年代、沿革、配祀神灵、建筑、仪式及活动（包括乩童情况）、故事传说等各项内容如表4-3所示：

---

① 郑镛：《闽南民间诸神探寻》，河南人民出版社2009年版，第266页。
② 段凌平：《漳台民间信仰》，厦门大学出版社2011年版，第307页。
③ 刘枝万：《台湾之瘟神信仰》，载《台湾民间信仰论集》，联经出版社1983年版。
④ 林美容：《高雄县王爷庙分析》，台湾《中研院民族学研究所集刊》1999年第88期，第109—111、115页。
⑤ 郑志明编：《宗教与文化》，台湾学生书局1990年版，第279页。

表 4－3　　　　福佬与客家地区谢安宫庙状况比较一览

宫庙名称	福佬人聚居地					客家人聚居地			
	翰林嘉应庙	顶田霞正顺庙	古县大庙	诗浦正顺庙	崇福堂	福庆堂	普济堂	永隆庙
庙址	龙文区朝阳登科	芗城区巷口	龙海市场颜厝	芗城区新桥诗浦村	平和县九峰	平和县长乐联胜	平和县九峰太极、	平和县九峰苏洋
始建年代及沿革	康熙年间	始建于南宋末年	始于唐贞元年间	始建后晋	始建于元末	始建于明洪武十八年	始建于明初洪武年间	始建于元元顺帝至元六年
沿革	"文化大革命"后重修	道光十五年、光绪八年、民国三年重修	雍正、嘉庆、道光、咸丰、宣统、民国时期重修	宋末及明万历清嘉庆咸丰年间数度重修	洪武四年扩建、康熙四十年重修	咸丰十一年和民国三十一至三十三年间重修，"文化大革命"后拆除，1998年重建	道光十三年、民国十六年、2009重修	洪武二十一年扩建。景泰四年迁建现址。同治三年庙宇烧损，同治五年、1983年后多次修缮和扩建
配祀神灵	大妈、二妈、谢玄、土地公、伽蓝王	大妈、二妈、谢玄、谢石、应雪夫人、关圣君、平安君赵子龙、元天上帝、虎将爷、哪吒、法主公、玉皇大帝、三界公、兄弟尚书（俗称大使公、二使公）、伽蓝大王、开山太保、土地神	谢石、谢玄、谢道韫、大妈、二妈	两个夫人、谢玄、天上圣母、玄天上帝、太保公、福德正神、三界公	内宫二夫人、释迦牟尼、大弥勒佛、观音及文武侍者、阎罗王、唐三藏、地藏王、太上老君仙、千里眼、顺风耳、五谷帝、关帝爷、十八罗汉、婆姐神、伯公伯婆	第一夫人、第二夫人、哪吒、吴真人、十八罗汉、关帝、蛇王主、三界爷、弥勒佛、释迦牟尼、观音、水晋佛、桥政佛、卫将等	王姆、王孙、三佛祖、弥勒佛、文殊童子、金元宝童子、观音大娘、二娘、三娘、唐三藏、五显帝、张世杰、文天祥、三太子、神农、土地公、注生娘娘、注死娘娘、周仓、关公、关平、张飞、四月八爷	大妈、谢玄、弥勒佛、阿难、迦叶、城隍、金吒、木吒、哪吒、保生大帝、阎君、三平祖师、张天师、五谷神、十八罗汉

续表

宫庙名称	福佬人聚居地				客家人聚居地			
	翰林嘉应庙	顶田霞正顺庙	古县大庙	诗浦正顺庙	崇福堂	福庆堂	普济堂	永隆庙
仪式及活动	1. 庙庆：十二月十二 2. 神明出巡：春节期间，有时两年一次，有时三年一次	1. 社庆：每年十月初十，有时会有踩炭火仪式 2. 谢安诞辰：每年十二月廿七 3. 哪吒鼓	谢安诞辰：每年十二月廿七 2. 诸神出巡：正月初四至初七	1. 正月初九拜天公，诸神出巡 2. 五月初五，谢玄寿辰 3. 十一月廿七谢安寿辰 4. 玄天上帝、妈祖、土地公等寿辰	1. 王公诞辰：三月廿日 2. 王公出巡：正月初四	王公诞辰：三月廿八 2. 普度：七月十六至廿 3. 王公出巡：正月初三至正月十三，每三年出巡一次	王公出巡：正月廿	1. 王公诞辰：三月廿八 2. 王公出巡：正月初五至初十二 3. 普度：七月十二
乩童情况	原有乩童解放后失传了				乩童一名，九峰福田村人，常驻庙里	乩童两名，本地人，需致电才来	乩童一名，本地人，需致电才来	乩童一名，本地人，需致电才来
传说故事（详见附录）		谢玄玩泥巴	小虾米炒蒜叶		1. 化木建庵 2. 不吃鸡的由来	1. 治病救人，献木建庵 2. 雷劈柳树精 3. 陈氏为何称尊王为"姑丈公" 4. 鸡不作为王公之牲礼之第二种说法		

由表4–3可知：

第一，从始建年代看。福佬的四座宫庙分别为唐、南宋末、明及清初，而客家的则相对较集中，均建于元末或明初，这是所在的历史决定的。福佬地区是闽南谢安信仰的发源地，信仰基础较好，福佬人移民的足迹到哪里，谢安信仰也随之传播到哪里，因此宫庙在不同朝代都有建造。而平和县原属南靖县，南靖于元后期英宗至治二年（1322年）置县，置县后人口聚集，交流扩大，福佬的民间信仰也随之传入，随着福佬和客家的混居，文化交流频繁，客家人也开始信仰谢安，所以宫庙始建的时间相对集中。

第二，从配祀的神灵看。民间信仰的宫庙一般供奉的神灵都比较繁杂。但作为闽南谢安信仰的发源地，福佬地区的谢安宫庙配祀的神灵相对要少些，像翰林嘉应庙及古县大庙还是很纯的，翰林嘉应庙仅配祀谢安夫人大妈、二妈、谢玄及土地公、伽蓝，而土地公、伽蓝在闽南民间信仰宫庙几乎都有配祀。古县大庙也仅配祀谢石（谢安弟）、谢玄（谢安侄）、谢道韫（谢安侄女）及大妈、二妈，均为谢安一家人。诗浦正顺庙也仅配祀两个夫人、谢玄、天上圣母、玄天上帝、太保公和福德正神，其中天上圣母、玄天上帝是寄放于此的。顶田霞正顺庙最杂，配祀神达23个，但谢安一家子及土地、伽蓝占了7个，而禹王、妈祖及八王爷则属寄放（原庙已毁）。相比之下，客家地区的谢安宫庙配祀的神灵则繁杂得多，少的有32尊，多的达45尊，且客家的宫庙基本都有供如来、观音、弥勒佛、阎罗君及十八罗汉等佛寺诸神，这说明客家地区的谢安信仰宫庙的职能更广泛，功能更多。

第三，从仪式活动看。福佬地区的谢安宫庙仪式相对简单些，主要就是做戏和出巡，有的庙还是两年或三年出巡一次。顶田霞正顺庙因为祀神较杂，所以仪式相对多些，有踏火仪式、哪吒鼓表演等。而客家地区的谢安宫庙仪式则要复杂、隆重得多，一般都有请道士作法事，出巡的规模也更大、更隆重，还有"王公走轿"等各式各样丰富多彩的活动。

无论福佬或客家地区，凡谢安诞辰日都要举行盛大的庆祝活动。有意思的是，在我们的调查中，发现各地宫庙关于谢安诞辰的日期说法不一，据目前的资料统计，关于谢安的诞辰日至少有五种说法，如表4–4所示：

表 4-4

宫庙	谢安诞辰日
南靖船场新溪尾寺	十一月廿六
芗城龙眼营通元庙	
漳浦乌石谢东山庙	
龙海东园南边村蓬堂庙	
芗城巷口顶田霞正顺庙	十二月廿七
龙海颜厝古县大庙	
平和九峰崇福堂	三月廿八
平和长乐联胜村福庆堂	
龙文蓝田梧桥坑尾广惠圣王庙	十一月廿七
芗城区新桥诗浦村正顺庙	
平和九峰苏洋永隆庙	二月廿八

有意思的是，在福佬地区的谢安宫庙，谢安的诞辰都在年底，而客家地区的则都在年初。从传播的情况看，应以福佬地区的时间较为可靠。

更引人注目的是，在福佬地区的谢安宫庙，我们没有发现有乩童的身影，仅龙文朝阳嘉应庙称解放前有乩童，解放后失传了。而客家的四座谢安宫庙，每一座都有自己的专职乩童。而乩童作为谢王公在现实世界中的化身，其神通广大，几乎无所不能，既使宫庙的香火兴旺，又使其信仰影响日隆，远近闻名。

作为客家地区谢安信仰的一个重要特色，乩童现象十分引人注目。其实在我们的田野调查中了解到的，漳州原来不少宫庙是有乩童的，但基本都在解放后失传了。平和县九峰、长乐地区的乩童现象应该是同其地处偏僻山区有关，所以这一历来被视为"封建迷信"的现象才得以保存下来。

第四，从故事传说看，福佬地区谢安宫庙的故事传说较少，且都是比较"正面"的：顶田霞正顺庙的谢玄会跑出来和附近的小孩一起玩泥巴，这和南靖山城武庙传说周仓会跑出来与小孩一起玩耍的故事一样，增加了神灵的可爱与亲和力；古县大庙的谢安则视众生平等，不嫌弃穷人的一碗小虾米炒蒜叶，这个传说也提高了神灵的可信度和威信。而客家地区谢安宫庙的传说不仅多、内容丰富多彩，而且"正面""负面"都有，"负面"的还不少。"正面"的有宣扬其神通广大、治病救人、为民除害、涨水运木等。"负面"的则有：好色，帮人找回了一只牛，居然要人家的一个大闺女做夫人；强取，竟然运用法力强行向商人化缘木材；法力有限，堂堂王公居然打不过一个白蛇精。当然，这些传说故事虽然听起来似乎是"负面"的，但细细一琢磨，它使得神灵更世俗化、更人性化，反而更贴近百姓，更可亲可爱。从上述故事传说中的"蛇精""树精""化木建庵"等元素，也可反映出客家地区（山区）的特色。因客家人生存的环境，衍化出这些传说，既是他们对神灵职能的扩展，也反映出他们内心的祈盼。

总的来看，因为我们选取的客家地区都是福佬与客家交界的地方，相对封闭落后一些。所以从谢安信仰来看，虽然庙里供奉的神灵貌似繁杂些，其实从根本上反显得"纯"些、"诚"些；而福佬地区作为谢安信仰的最早的传入地和闽南地区的起源地，由于地处沿海地区，商品经济发达，社会发展进程更快，其信仰反显"淡"些、"简"些。这可以从以下几个方面表现出来。

（1）仪式传统。王公寿诞的庆典和王公出巡是客家、福佬地区都要进行的仪式，但比较而言，客家地区的仪式要隆重得多，如九峰崇福堂的王公寿诞的庆典，年年必庆，由庙理事会和各分会主事共同主办，邀请道士做醮三日，请剧团演戏三台，寿礼在大殿举行单堂祭，醮堂设在庵大门前的广场，演戏于庵右侧的戏台。仪式分为发表（迎神）、祭祀和送神三个程序。每一个程序的举行，由十个以上的道士和十八个理事会、分会主事（下称执事者）主持。执事者人人身着长衫礼服，头戴礼帽，站立在道士后面，分两排横队，严肃而恭敬地进行三跪九叩首。

（2）乩童现象。乩童是王公在现实世界的具体体现，是王公在人间的化身和代言人。乩童现象的存在与消失，与地理环境、社会变迁及信众的信仰需求等一系列的因素有关。而在我们的调查中，福佬地区供奉谢安的宫庙已不存在乩童现象（当然供奉其他神灵的宫庙亦无乩童），而客家地区的谢安宫庙都有乩童，有点宫庙甚至不止一个。这都说明两个地区在地理环境、社会变迁及信众的信仰需求等方面都存在明显的差异。

（3）寄神现象。所谓"寄神"，即是别处庙里的神灵因庙宇拆迁或被毁坏，神像无处安置，暂时或长期地寄放于此。这种现象在福佬地区比较常见，但在客家地区则鲜见。如顶田霞正顺庙的妈祖和大禹，妈祖原在下田霞妈祖庙、大禹在禹王庙，因妈祖庙和禹王庙拆迁已经不在了，所以都被寄到正顺庙供奉；另外正顺庙内供奉的八王爷，也是原庙不在了，被寄于此的。诗浦正顺庙的妈祖和玄天上帝，原在永安宫和未安宫，因永安宫和未安宫现已不存在了，所以也被寄到诗浦正顺庙供奉。说起来妈祖和玄天上帝还都是比较大的神灵，但因各种原因，人们已无意再为之重建宫庙，这在一定程度上说明了福佬地区信仰上的"淡"与"简"。

第五篇
漳州畲族民间信仰

第一章

漳州畲族的分布与漳浦畲族乡[*]

漳州市是少数民族散杂居地区，全市有48个少数民族成分，分布在11个县（市、区），有3个民族乡（龙海隆教畲族乡、漳浦湖西畲族乡和赤岭畲族乡）和35个民族村。据2010年统计，三个民族乡总人口67323人，其中少数民族30598人，占45.4%。漳州少数民族人口7.57万多人，占全市总人口的1.58%，其中：畲族人口6万多人，占少数民族总数的96%，居全省第二位；除畲族、高山族以常住人口为主外，其他壮、土家、回、苗、满、侗、瑶、蒙古、布依、彝、朝鲜、黎、京、仡佬、白、傣、藏、傈僳、哈尼、土、水、锡伯、毛南、仫佬、达斡尔、基诺、羌、景颇、鄂伦春、纳西、佤、阿昌、哈萨克、塔吉克、普米、怒、鄂温克、东乡、柯尔克孜等族39个民族主要是外来务工、经商和求学人员。[①]

第一节 漳州畲族的分布

一 漳州畲族概况

漳州畲族主要集中在漳浦，漳州畲族蓝氏集中在龙海隆教和漳浦赤岭、湖西。其中漳浦23312人、华安335人，多数是赤岭乡赤岭村"种玉

---

[*] 本课题得到漳浦县民族宗教事务局与赤岭、湖西党政，特别是统战、宗教事务方面相关负责人，在材料与人力等方面的大力支持，特此表示感谢！

[①] 资料来自漳州市民族与宗教事务局民族科。

堂"的后代。据蓝氏族谱，漳浦蓝氏是蓝廷瑞入福建漳州府开基，"种玉堂"为福建漳浦蓝氏祖祠，处赤岭乡石椅村。"种玉堂"的后代分布于赤岭乡的赤岭村、石椅村、杨美村、油坑村、前园村、山坪村、土塔村、石坑村、大堎村，湖西乡的丰卿村、顶坛村以及圳新村，考仔岭、小屿、石码、田仔村；佛潭镇的京野村、白竹湖华侨农场的和坑作业区和石步溪村，万安农场的三队、六队。

除漳浦赤岭、湖西畲族乡外，漳浦还有万安农场，漳州也还有些畲族聚居的村镇，如芗城、龙海、华安和诏安等地。

二　漳州畲族村镇简介

（一）华安县的畲族村落

1. 华安县高安镇坪水村

坪水村位于九龙江北溪的西部、高安镇的西南部，地处丘陵山区，西与南靖县金山镇毗邻，面积7.06平方公里，耕地面积393亩，山地面积1万多亩。有3个村民小组，113户672人。自从建县以来，坪水村一直是民族村，始终保留行政村建制，历史上从未有与汉族合并行政村，是国家级优秀歌唱家钟振发的故乡。语言为客家畲族语，通行闽南方言，并保留本民族语言。该村至今保留着比较突出的民族风情，善于对唱山歌；有源流歌、族规歌、耕种歌和娱乐歌等。在坪水村有座高显庙，每年的正月十六日各家各户都要准备供品祭拜，以示纪念。

2. 华安县新圩镇官畲村

官畲村位于华安县新圩镇北部，地处九龙江北溪中游东畔的华山北麓，与安溪县龙涓乡毗邻，距新圩镇区14公里，面积4.6平方公里，耕地面积364亩，山地面积4680亩，其中林地面积1000亩。四个村民小组，现有蓝、雷、钟三个姓氏72户412人。始终保留行政村建制，通行闽南方言，并保留本民族语言。在官畲村有碧山宫，每年正月十一日各家各户都要准备供品祭拜，以示一年开春之时万物种子落地敬请神明保佑年冬大丰收（图5-1）。官畲村保留祖祠一座碧玉堂，安放着历代祖先的排位，每年正月初一、十五及祭祖之日都要挂上先祖的图腾，让村民们观看，每逢对歌时也都在祠堂里举行。官畲村是华安县一个美丽的民族村，气候温暖，年平均温度为21℃左右，雨量充沛，本村北部为天然森林覆盖，风景秀丽，是避暑休闲胜地，村中有一棵古桂花树，每当花开时节，阵阵清香溢满全村。

图 5-1　官畲村民族风情表演

（二）诏安县畲族村落

1. 深桥镇港头村

深桥镇港头村位于诏安县城南诏镇西侧，北靠国道 324 线，全村 16 个村民小组，560 户 2350 人，其中畲族人口 1860 人。通行闽南话。港头村自乾隆十六年（1751 年）置村，解放后隶属深桥公社、深桥乡、深桥镇。有祖庙一座，称"港西钟灵"或称"伏魔公府"，供奉钟馗。港头村与台湾省彰化县溪州乡水尾村钟氏属宗亲关系，1993 年水尾村钟氏宗亲组团前来祭祖，捐资人民币 20 万元重修庙宇，并在庙前池塘新建水上凉亭两座供人休闲纳凉，也点缀规模不大的庙宇。

2. 诏安县白洋乡汀洋村

诏安县白洋乡汀洋村位于闽粤交界，八仙山麓，距县城 16 公里，由 2 个自然村组成，630 户 2420 人，全部为畲族，通行闽南话。清康熙年间，由本县太平镇坑头村迁来定居，解放后隶属西潭乡、白洋乡。全村面积3.8平方公里,其中耕地面积1700亩、山地面积2500亩,宗祠"恩远堂"建于公元1820年间,1940年重修,现为老人活动中心。

3. 诏安县白洋乡深湖村

诏安县白洋乡深湖村地处闽粤交界,东与白石村相连,西与广东饶平县群力村接壤,北靠"八仙山"旧宙村,南与上蕴村毗邻。辖4个村民小组,人口850人,通行闽南话,全村耕地面积765亩,其中水田377亩、旱地388亩。清康熙三十二年置村,解放后隶属西潭公社,1990年后归白洋乡管辖。钟氏宗祠一座。

4. 诏安县西潭乡美营村

诏安县西潭乡美营村(图5-2)位于诏安县乌山脚下,西潭乡东部,东溪上游西岸,西靠龙坑村,北邻沈寨村,南与军寮村接壤。美营村置于元朝,至今已有600多年。全村22个村民小组,1587户5926人,其中畲族5737人。宗祠"追远堂"一座,设立畲族古籍陈列室。文物有明朝的石马、石狮、石虎等。庵庙三座,供奉佛祖、观音、罗汉、西岳王公等众神龛。

图5-2 美营村游神活动

（三）漳浦县部分畲族村落[①]

1. 马坪镇京野村

京野村是马坪镇唯一的少数民族村，位于马坪镇西北部，东接林埭村，西与赤岭畲族乡杨美村，南与白竹农场和坑作业区，北与龙海市白水镇为界，辖西坡、上坡、红岭、巷内、埔仔、白坡6个自然村，人口303户1182人，少数民族1000人。京野村原名红岭，清代属和坑保，1958年后成立京野大队，后改京野村。耕地面积1260亩，山地面积4700亩，是个以农业为主的少数民族村。本村在埔仔自然村有一座俗称"京野庙王公"，1966年破四旧的时候被毁。

2. 漳浦县万安农场下埔畲族村

万安农场下埔畲族村是1972年，由于漳浦县县政府兴建赤岭杨美水库，杨美村库区蓝氏移民迁入的，全部移民分两处安置居住，在农场西南部第六作业区辖区内居住的称向东自然村，在农场东北部下埔辖区内居住的称朝阳自然村，畲族村部就设在朝阳自然村，属万安农场代管村，全村122户525人，向东自然村50户210人，朝阳自然村72户315人，耕地面积339亩。通行闽南话。

下埔畲族村移民迁入时向东28户120人，朝阳45户231人。1972年，根据漳浦县委文件精神成立万安农场下埔畲族村，选举产生畲族村党支部、村委会。

（四）芗城区的畲族村落

1. 天宝镇茶铺村

茶铺村位于福建省漳州市区西部9公里九龙江西溪北岸上。面积1.5平方公里，辖1个自然村，244户1007人，其中畲族987人。这里地处交通要道，钟氏先民在此设茶馆铺子而得名。

茶铺村呈平原分布，村舍成畚箕状建筑。耕地面积252亩，山地面积160亩，有效灌溉面积126亩，农作物总播种面积252亩，主产水稻、香蕉、甘蔗。传统手工艺品为竹笠、竹器，产品畅销漳州各地。

---

① 赤岭与湖西畲族乡在下一节介绍。

2. 浦南镇松州村

松州村位于福建省漳州市区东北郊 16 公里九龙江北溪北岸，面积 1.6 平方公里，辖 3 个自然村，人口 1875 人，其中畲族 1213 人。通行闽南方言。

1949 年前属龙溪县浦南乡，1987 年元月，松州、州尾、新州尾 3 个自然村从诗朋村委会划出，成立松州村委会。

全村耕地面积 1200 亩，山地 800 亩，有效灌溉面积 100 亩，农作物总播种面积 1150 亩，其中粮食播种面积 182 亩。主产水稻、甘蔗、龙眼、香蕉。现有完全小学一所，占地面积 1866.7 平方米，建筑面积 700 平方米，在校学生总数 117 人，均为畲族。

（五）龙海市畲族村镇

1. 龙海市隆教畲族乡

龙海市隆教畲族乡系 1988 年 5 月 4 日由龙海市港尾乡析地而置，是龙海市唯一的少数民族乡（图 5-3）。该乡地处闽东南沿海突出部，东与厦门特区隔海相望，南临台湾海峡，北连招商局中银开发区，西衔漳浦县。现辖有 10 个行政村和 2 个农场，全境 75.56 平方公里，山地 5.2 万亩，耕地面积 1.4866 万亩，截至 2006 年年底，总人口 24457 人，其中畲族人口 7635 人。隆教畲族乡的蓝氏富有文化底蕴的畲族民俗民情，在婚嫁、祭祠方面还保留有一些独特的习俗。

隆教乡位于东经 118°、北纬 24°13′，属亚热带海洋性气候，冬暖夏凉，四季宜人，光热资源丰富，年平均气温 20.6℃，全年无霜期，年降雨量 1050—1300 毫米，享有东方"夏威夷"之誉，是龙海市主要水稻经济作物区。主要作物有稻谷、花生、大豆、甘薯、旱麻子、红玫瑰，水果有桃李、杨梅、香蕉，尤以龙眼为珍品。境内水域辽阔，渔业资源丰富，滩涂近海是各类鱼、虾的天然养殖场。矿产资源以花岗岩、高岭土、石英砂储量为最多，是发展建材、建筑行业的理想之地。全乡著名特产甘薯、花生、红茶、香菇、龙虾、石斑鱼、鲍鱼一向遐迩闻名，为海外华人所钟爱，是深加工和出口创汇的重要产品。

图 5-3　隆教畲族乡白塘村古民居

这里青山碧海，山清水秀，名胜众多，气候宜人，交通方便，通信发达，物产丰富，地理优越。奇特的景观异彩纷呈，宛如绚丽的画卷，海岸线 25 公里，蜿蜒曲折，形成许多美丽的岛屿和优良的海滨浴场，是闽南金三角具有得天独厚的旅游观光、休闲、度假、避暑胜地。北部的南太武山，巍峨壮丽，"仙人迹""浴仙盆""万丈丹梯"等二十四景美不胜收。南部的三个月牙形海湾总长约 12.5 公里，沙质洁白晶莹，沙滩宽阔平缓；12 条共 69 公里长的防风林带，纵横交错，四季常青，素有"绿色长城"之称，环绕其间，使沙滩增添不少秀色，海面上海水清澈碧蓝，一望无垠，是一片可多层次、多功能开发的大型天然海滨浴场。区内古代兵戎故垒镇海卫古城雄风犹存、人文荟萃。奇特的地球物理景观——牛头山海底古火山口，潮退即现潮涨则隐，是一座天然的地质博物馆，周边的火山地质地貌群于 2000 年 10 月被评为首批国家地质公园。

2. 海澄镇屿上畲族村

屿上村是龙海市海澄镇唯一的少数民族村，北临龙海市区石码镇，东与海澄镇区相连，水运至厦门仅 15 海里，省道漳云线穿境而过，水陆交通十分方便。

屿上村总面积 11.5 平方公里，耕地面积 1300 亩，山地 300 亩。该村有 6 个自然村，12 个村民小组，1186 户，总人口 4068 人，其中钟氏畲族人口占总人口 25%。

1949 年前屿上村属海澄县下九都黄田保，解放后废除保甲制度，龙溪县与海澄县合并为龙海县，屿上、黎明、溪北合并为黎明村，1958 年人民公社时期独立为屿上大队。1988 年落实民族政策，钟氏恢复了少数民族身份，屿上村被确定为少数民族村（图 5-4）。

图 5-4　镇海卫古城

屿上村钟氏少数民族由河南开封钟招的第五世孙钟道器开往屿上定居，郡望冠山。钟道器在宋孝宗隆兴元年（1163 年）乡试任漳州教授，现存有闽南开基祖钟道器公祠堂及六子化成公祠堂。闽南钟氏始祖祠堂坐落于屿上自然村，始建于康熙甲子年（1684 年），1958 年公社化被毁，1990 年重修，建筑面积 500 平方米，堂号为"燕翼堂"，横匾为闽南"钟氏宗祠"，宗祠内供奉考钟道器公及妣林氏和长房仙秀，次房仁峰，三房燕贻，四房福寿，五房隐逸，六房化成等考妣神位，每年元宵、冬至举行祭祖，五一举行扫墓祭拜。六房化成公祠堂坐落于本村月边自然村，堂号"世德堂"，供奉钟公化成神位。1990 年重修，建筑面积 600 平方米，闽南开基始祖钟道器祖墓坐落于屿上自然村西九尾洋，雍正甲寅年（1734

年）重修，现保存完整。

第二节　漳浦赤岭与湖西畲族乡概况

由于漳浦畲族实行同姓不婚，与周边汉族村落长期通婚，导致汉化程度深。赤岭和湖西是漳州和漳浦畲族的集中地，其文化具有代表性，笔者以赤岭和湖西畲族乡为研究重点，以期窥视漳州畲族民间信仰的概貌。

一　漳浦畲族源流与种玉堂

（一）畲族族源的探讨

畲族是个具有悠久历史和灿烂文化的杂散居民族。畲族人以自己的辛勤劳动同汉族人民一起共同开发华东、华南地区。中国的史书上，记述了各个时代分布在各个地区的有关畲族的名称、族源、迁徙、经济生产、文化生活、风俗习惯和宗教信仰等情况。

关于畲族族源问题的争论，由来已久，主要有土著说和外来说两种：前者包括古越人的后裔、"南蛮"的一支，为广东的土著居民、福建土著"闽"族的后裔等。后者有畲、瑶源于汉晋时代的"武陵蛮"，畲族与"东夷"靠西南的一支，"徐夷"有密切渊源关系，河南"夷"或源自河南，其祖是"龙麒"等。①

近年来，"蛮人（武陵蛮）的后裔说"，与"越人后裔说"，有了纵深和横向的发展，利用各学科的知识和资料进行综合比较研究，尤其是民族文化的比较分析与研究。潘光旦认为，畲族源于"武陵蛮"，与东夷靠西南的"徐夷"有密切的渊源关系。② 蒋炳钊在《畲族族源初探》中把"畲族源于古百越说"，更具体地推论与闽、粤、赣三省交界地区汉代南武侯织这一支越人的关系最为密切。③ 施联朱的《关于畲族来源与迁徙》

---

① 施联朱：《面向21世纪畲族历史文化研究的几个问题》，《畲族文化研究论丛》，中央民族大学出版社2007年版，第5页。

② 蒋炳钊：《畲族史稿》，厦门大学出版社1988年版，第3页。

③ 施联朱：《面向21世纪畲族历史文化研究的几个问题》，《畲族文化研究论丛》，中央民族大学出版社2007年版，第5页。

从实地调查中所得到的有关畲族文化特征与"蛮"、瑶族作比较分析，为畲/瑶同源于汉晋时代的"武陵蛮"说提供一些论据。张崇根于《畲族族源新证——畲族与东夷关系初探》一文中，把畲族源于"武陵蛮"的看法，向前推到与江淮和黄河之间的"东夷"中"徐夷"有亲缘关系。[①]

（二）唐宋以来的漳浦畲族

畲族的先民比汉族更早居住在漳浦地区。历史上漳浦是畲族聚居的地区。据汉文史书记载，至迟在公元7世纪初。畲族就已经居住在今闽粤、赣三省交界地区，唐代畲族被称为"蛮僚"，之后才出现"畲民"名称。

唐总章二年（669年），高宗派陈政"靖边方"，带领大批唐军"前往七闽百粤交界的绥安县"，"出镇绥安"，绥安即早期漳浦的名称。唐军进入时，遭到当地少数民族的反抗。"泉潮间蛮僚啸乱"。后来唐王朝增派五十八姓来援，并派陈政母亲魏氏"领其众入闽，兵屯梁山之云霄镇"[②]。

唐王朝是采用军事镇压的手段取得对漳浦地区的统治的。仪凤二年（677年），陈政死，子陈元光"袭父职，代领其众"，镇压了苗自成、雷万兴为首的畲民起义。垂拱二年（686年）陈元光上疏朝廷在闽增建一州于"泉潮间，以控岭南"[③]。设置漳州郡目的就是要统治这地区的少数民族，郡治最早设在漳浦。景龙二年（708年）又爆发雷万兴、苗自成的儿子和蓝奉高为首的畲族起事，陈元光被蓝奉高刃伤而卒，蓝奉高后来又被陈元光的儿子陈珦所杀。开元二十一年（733年），唐王朝又从各地迁汉人入闽，并在汀州设郡。

漳浦大量汉人是从唐初迁入的。据嘉庆《云霄厅志》记载：该地最古老的宫庙——五通庙和古塔，"西林塔都是在未开郡之先，蛮人所建"[④]。五通庙"石柱镌有盘、蓝、雷氏字样，盘、蓝、雷氏系陈玉钤（陈元光）所征蛮僚"[⑤]。《临汀汇考》亦载"唐时初置汀州，徙内地居民

---

① 施联朱：《面向21世纪畲族历史文化研究的几个问题》，《畲族文化研究论丛》，中央民族大学出版社2007年版，第5页。
② 乾隆《漳浦县志》。
③ 嘉庆《云霄厅志·庙宇》。
④ 同上。
⑤ 同上。

之，而本土之苗乃杂处其间，今汀人呼曰畲客"①。到了宋代，刘克庄《后村先生大全集·漳州谕畲》一文云，在南蛮之中有许多民族，其中"在漳曰畲"②。在漳州地区称为"畲民"，还包括了"西畲隶龙溪，犹是龙溪人也。南畲隶漳浦——西通潮、梅，北通汀赣"③。唐代的"蛮僚"即宋代的畲民，它分布在今龙溪、龙岩地区和粤东、赣南等地。他们的服饰与闽的汉人不同，生产技术落后，取名"畲民"，即由于当时畲民使用刀耕火种，是以这一民族经济生活的特点而被命名的。

南宋末年，史书上开始出现了畲族的古称"畲民"和"輋民"。刘克庄在《漳州谕畲》一文中曰："凡溪峒种类不一：曰蛮、曰猺、曰黎、曰蜑……在漳州曰畲……畲民不悦（役），畲田不税，其来久矣。"④ 明、清两代的方志，同样记录了有关畲民的历史和文化等情况，这些史料，为我们开展漳州畲族研究提供了宝贵的资料。

由此可见，漳浦历史上是畲族聚居区，后来由于汉人迁入逐渐产生了同化，这是由于历史上种种原因所造成的。畲族主要姓氏见于史书有盘、蓝、雷、钟四个姓，保存在畲族族谱及祖图歌谣中也相同，蓝姓是畲族中的一个主要姓氏。漳浦畲族蓝氏在很长的年代里，不崇拜"圣王公"（开漳圣王陈元光），也是因陈元光曾与他们的祖先作战而形成的。

（三）漳浦"种玉堂"

"种玉堂"为福建漳浦赤岭蓝氏祖祠名。其后裔在随清军东征台湾，在开发台湾、经营东南沿海过程中做出了贡献。

1. 蓝氏宗族渊源

据蓝氏族谱及历史资料，其族源有三种说法。

其一，炎帝说。据蓝氏族谱载，蓝氏属炎帝世系。炎帝都于陈，迁曲阜，属东夷族。"炎帝因天时，相地宜，斫木为耜，始教民艺五谷，而农事兴焉。故号为神农氏。"⑤ 以炎帝为祖，表明蓝氏远祖是以农为主的部族，符合"善田为畲"的说法。传至十世榆罔，有熊国君贡绣蓝一株，

---

① 杨澜：《临汀汇考》卷三《风俗考·畲民附》，光绪四年刊本。
② 刘克庄：《漳州谕畲》，《后村先生大全集》卷九十三，四部丛刊本。
③ 同上。
④ 同上。
⑤ 《漳浦种玉堂蓝氏族谱》，1991年，第97页。

值帝后宫降生一子；赐以"蓝"为姓，名曰昌奇，蓝昌奇被封于汝南郡①。古自有"因生以踢姓"，此为蓝姓族源一说。

其二，秦献公之后。据《竹书纪年》："梁惠王三年，秦子向命为蓝君，即蓝田，子孙以地为氏。望出中山、东莞、汝南。"这是周显王元年（前368年），秦献公封其子向为蓝田君。古代以"胙之土而命之氏"②其子孙曰以此为姓氏。

图 5-5 盘瓠传说图

其三，帝喾高辛之后，即有关神犬盘瓠的传说。据《蓝氏宗谱·蓝氏源流序》记载："帝喾高辛即位之年元年甲辰四十有一载五月初五日，高辛正宫皇后刘君秀夜梦有娄宿降凡除妖，娘娘惊醒，忽然耳痛。当令大诏召医调治，耳中取出一物，其形如蚕，美秀非常，金盘贮之，养之数日变为成形，毫光显电，金鳞珠点，遍身锦绣。时即能言。献上高辛，帝见之大喜，取名龙期，号为盘瓠。"③之后西番吴将军来侵，高辛征战不克，遂募天下能者，许以重赏，将三公主配为妻。神犬盘瓠（图5-5）揭榜

---

① 《汝南蓝氏族谱·蓝志》，第1页。
② 《黄侃手批白文十三经·左传·隐八》，上海古籍出版社1983年版，第10页。
③ 《蓝氏宗谱·蓝氏源流序》，民国三十一年版。

破敌，被封为"忠勇王"，妻以三公主。"生长子，请帝赐姓，帝曰以盘为姓，名自能，次子以篮盛之，至金殿请帝赐姓，帝曰以蓝为姓，名光辉，三子抱至金銮殿上请帝赐姓，帝曰将启齿如惊雷鸣，即赐以雷为姓，名巨祐。"

此说神话色彩较浓，但《后汉书·南蛮传》、晋干宝的《搜神记》也有类似的记载，可见还有一定影响，表明蓝姓为高辛帝支系。

笔者认为。一个民族形成过程，必有其他支系来源，融合而成。蓝姓及畲族的记载有几个来源，也是可以理解的。相传帝喾生于穷桑（西海之滨），他的元妃姜原生了弃（后稷）。弃是周的始祖。以此认为，帝喾出自西部；秦也为西方的戎狄。当然，炎帝为东夷族，但漳浦蓝氏自认"蓝田"，是否也为西方部落？这些问题需要深入研究，形成共识。

2. 赤岭蓝氏的迁徙与发展

据蓝氏族谱，始祖蓝昌奇封于汝南郡，之后较确切的记载是唐天授年间。蓝昌奇之一〇八世后裔蓝明德，被任为扬州节度使于建康，尊为一世祖。此后至八世值唐末战乱，公元898年迁至濠州定运县（今安徽）。十四世逢北宋末年，举家迁建康（1117年）；1225年金兵南侵，蓝氏徙闽于福清；廿一、廿二世在江西任官，廿三世蓝元晦于明朝初年迁至闽南（龙海县），其长子蓝庆福属漳浦赤岭，为"种玉堂"始祖。

3. "种玉堂"的寓意

《汉书·地理志》曰："蓝田山出美玉"。蓝田的美玉出产在蓝田山。此山在蓝田县东南三十里，陕西临潼的骊山，为蓝田山的北郭。玉自古为君子士大夫所推崇。蓝田出美玉，久负盛名。所以，名门出贤弟子，称"蓝田生玉"《三国志·诸葛恪传》曰："恪少有才名，孙权谓其父瑾曰：'蓝田生玉，真不虚也！'"[①]《南史·谢庄传》："庄七岁能属文，及长韶令美容仪。宋文帝见而异之，谓尚书仆射殷景仁、领军将军刘湛曰：'蓝田生玉，岂虚也哉！'"[②]

由于秦献公子向纳受封蓝田，为蓝姓之一族源，蓝氏对玉与蓝田，有与生皆来的感情。因此，明初辗转至漳浦定居的蓝氏廿四世蓝庆福，以

---

① 《二十五史·三国志·诸葛恪传》，上海古籍出版社、上海书店，出版时间不详，第1239页。

② 《二十五史·南史·谢庄传》，上海古籍出版社、上海书店，出版时间不详，第2731页。

"种玉堂"为祠堂名（图5-6）。其义取自"蓝田种玉"。以缅怀祖宗才德，寓蓝氏世代钟毓英才之义。

从"种玉堂"的命名，看出蓝氏祖辈的一番寄托，"种玉堂"后裔本着这精神，繁衍至今，已达十几万之众，为我国东南沿海及台湾望族之一。

图5-6 漳浦种玉堂

"种玉堂"的大发展与清廷经营台湾有很大关系。其十二世祖蓝理为清靖海将军施琅麾下先锋。在统一台湾过程中拖肠血战，后进行论功，康熙帝认为，血战破敌，功在首先。康熙末年，十五祖蓝廷珍入台协助平定朱一贵起义；十七世祖蓝元枚，参与平定台湾林爽文起义。

蓝理（图5-7）官至福建提督，蓝廷珍为闽台水师提督，蓝元枚任江南提督等。他们平台过程中，种玉堂子弟随往征战，之后许多人落户于台湾。

蓝廷珍之军师蓝鼎元（图5-8）因其治台良策，被认为是"筹台之宗匠"，对台湾繁荣做出重大贡献。由于蓝鼎元之成名，在台蓝氏虽来自几个家族系统，竟皆列为鼎元之后裔。

图 5-7　蓝理画像　　　　图 5-8　蓝鼎元画像

据《台湾姓氏研究·蓝氏姓考》说："清代蓝氏族人，渡海来台者以福建漳浦为最众。""康熙末，蓝鼎元之后裔定居于在今之屏东里港，后裔繁盛，为当地望族。"台湾文献会调查，蓝姓亦为台之大姓。因此，漳浦"种玉堂"蓝氏家族为畲族的支裔，其蕃延与发展主要在闽台东南沿海一带。这与清廷的经营东南开发台湾具有很大的关系。

二　赤岭畲族乡基本概况

（一）**基本情况**

赤岭畲族乡位于漳浦县东北部，总面积 101 平方公里，耕地 1.2 万亩，山地面积 10.8 万亩，辖 9 个行政村和 6 个农场。总人口 1.35 万人，其中畲族人口 1.24 万人，占 92%，是全国畲族人口最聚居的山区少数民族乡。

赤岭畲族乡属亚热带海洋性气候，气候温暖湿润，物产丰饶，区位优势明显。赤岭地处漳州东南部，东连厦门特区、南太武开发区，西接东南花都、台湾农民创业园，交通便捷，县道四通八达，沈海高速穿境而过。

近年来，赤岭畲族乡围绕"发展特色品牌农业，打造生态文化名乡"，围绕打造"一村一品"，发展大行畲乡蜜柚，山平晚熟荔枝，石坑淡水养殖，土塔绿竹笋，前园绿色蔬菜，杨美黑山羊等有机食品生产基地。2013年全乡社会总产值实现20350万元，农民人均纯收入8061元。

（二）历史沿革

1. 历史由来

赤岭畲族乡，古称苌豀，俗称张坑、长卿，是闽台蓝姓畲族的重要发祥地。据族谱记载漳浦蓝姓畲民属炎帝世系，祖籍河南省光州府固始县，至130世孙蓝邦献（讳琛），元朝末期任江西抚州临川县令，生三子：长房元晦，讳兆，号廷瑞，从江西迁居到漳浦县镇海卫霞美乡（今前亭镇庄厝村），后又迁居龙海市隆教乡。廷瑞公生三子：长房蓝庆福分居苌豀（即今赤岭畲族乡），为漳浦蓝姓始祖，次子蓝庆禄居龙海市隆教乡，三子蓝庆寿从前亭霞美迁居广东省大埔县湖寮镇。

2. 行政沿革

赤岭于宋时属嘉宾乡钦贤里，明为属于二十八都的长卿里，清为属于二十八都的张坑保。民国时期曾设立赤岭乡，后并入湖西乡。1949年新中国成立后，赤岭属第六区，区公所在赤湖。1952年，划归第十区，区公所在湖西。1956年，划归官浔区，区公所在官浔。1958年3月，全县合并为53个乡镇，设赤岭乡。1958年9月，成立赤岭人民公社。1984年7月26日，经福建省政府批准成立赤岭畲族乡，1984年9月14日召开成立大会。乡政府设在赤岭村境。赤岭畲族乡现辖赤岭、石椅、山平、石坑、大行、土塔、前园、油坑、杨美9个行政村和6个农场，总人口1.35万人，其中蓝姓的畲族人口占总人口的92%。其余尚有倪、王、杨、陈、林等10多个姓，约占总人口的8%。

（三）历史文化

1. 历史文物众多

从元代末年开始，漳浦蓝姓畲族就在赤岭（原称张坑）一带定居，后裔迁播至浙江、江苏、江西、广西、广东、台湾及东南亚等地，赤岭是漳浦蓝姓畲族的祖居地。清代以来，人文鼎盛，英才辈出，先后出现了蓝理、蓝廷珍、蓝鼎元、蓝元枚、蓝瑶、蓝瑗、蓝珠等，在清初收复台湾、平定台湾、治理台湾做出重大贡献的人物，也出现了蓝应元等一代名宦。全乡现有石椅蓝氏宗祠"种玉堂"、蓝理府第、西来庵、顶西蓝氏家宅和雨霁顶三官大帝庙等不可移动文物 18 处，其中"种玉堂"（重要涉台）和顶西蓝氏家宅为省级文物保护单位。

2. 文化独具特色

漳浦蓝姓畲族具有显著的民族特色和民俗民风。每逢山平村雨霁顶"四年一度"的畲族传统文化节到来，都要举行独具民族风情特色的高跷、辇艺表演。畲民们扛着五颜六色的辇车和身着盛装的艺童，还有身着民族服饰的舞龙、舞狮队，载歌载舞，以特有的方式庆祝丰收的喜悦并祈求来年的风调雨顺，吸引了来自全市各地及海内外的游客达数万之众；民族中学至今依然保留蹴球和陀螺等民族体育项目，历年来在省少数民族运动会上都取得了可喜的成绩。

（四）经济社会发展情况

近年来，赤岭畲族乡党政与民族乡干部群众的共同努力，使该乡经济社会呈现健康、快速、可持续发展态势。

1. 基础设施建设日趋完善

截至目前，赤岭畲族乡共投入 5000 多万元，完成农村等级水泥路建设 100 公里以上，实现了村村通水泥路，圆了畲乡群众的千年梦想；教育基础设施建设明显改善，撤并小学 7 所，实施寄宿制宿舍楼建设，投入 500 万元建设中心幼儿园；在全县率先实现自然村"村村通"光缆有线电视；移动通信网络覆盖全乡；全部完成电网改造，实现少数民族地区与发达城镇同网同价。乡敬老院、中心校寄宿楼、卫生院住院楼、门诊楼、广电楼已竣工投入使用。幸福工程建设完成 105 套，总建筑面积 15750 平方米，解决了 100 多户群众的住房困难问题。

2. 农业产业结构趋于合理

赤岭乡坚持走现代农业富民道路。积极发挥毗邻东南花都和台湾农民创业园优势，对接台湾农民创业园，引导农民发展花卉、油茶、台湾高优农业，逐步走品牌农业之路，打造海西现代对台农业合作基地。引进趴趴跑、玉凯龙等农业发展有限公司，注册了"趴趴跑""畲乡土鸡""畲寨黑山羊""畲乡杨梅""畲村蜜柚"等农业商标，为畲乡现代农业发展奠定了坚实的基础。一村一品特色农业产业格局已初步形成，全乡呈现出一派百业俱兴、争先竞优的良好发展态势。

3. 工业经济稳步发展

近年来，赤岭乡不断加大招商引资力度，坚定不移地实施兴工富民战略，把外资和民营工业作为壮大畲乡经济实力和提升竞争力的重要抓手，着力提高工业发展的质量和效益，努力实现工业发展新突破。几年来，共引进飞地工业5家，投资8500万元，引进外资企业4家，投资450万美元，创办民营企业8家，投资2200万元，工业经济稳步发展。

4. 社会事业和谐发展

赤岭乡连续两届被评为市级"文明乡镇"。民族中学考上一中比率位居全县前列，连续4年被漳州市教育局授予"教育教学质量先进学校"称号。新型农村合作医疗工作群众参合率达到100%，新农村建设稳步推进，人口与计划生育工作保持"一类"先进乡镇，平安创建和依法治乡工作成效突出，在全市试点组建"和谐乡村促进会"。

（五）民族宗教事务

赤岭畲族乡畲族历史文化底蕴深厚，是典型的老少边区民族乡镇，亦是闽台畲族重要祖居地。赤岭畲族乡积极落实少数民族乡镇相关政策，少数民族政治平等权利得到切实保障，政府组成人员、各级代表和村两委成员都按规定配备了少数民族成员，少数民族干部和专业技术人员得到重视和培养。乡三套班子11位成员中有4位是少数民族。少数民族干部12人，占干部比例28.6%；大专以上24人。

近年来，赤岭畲族乡闽台畲族、宗教、文化交流日益频繁。通过对接交流，有效地促进和推动海峡两岸少数民族共同发展。

主要活动有：

2009年12月8日海峡两岸（福建·漳州）少数民族族谱对接恳亲会在漳州举办。来自台湾、香港、福建各地，以及浙江、广东、上海、广西、辽宁等地的畲族同胞，和在闽的台湾少数民族（高山族）代表，和少数民族专家、学者，有关部门领导200多人参加了族谱对接恳亲会活动。

2010年6月5日，北京台资企业协会荣誉理事长、北京海外联谊会副会长谢坤宗，在县台商联谊会会长陈隆峰等相关人员陪同下，到赤岭畲族乡雨霁顶"三官大帝"庙朝拜。

2010年7月9日台湾"三官大帝庙"寻根谒祖团90余人,到漳浦赤岭畲族乡祭祖挂香,进行相关民间民俗文化交流活动(图5-9)。

2011年6月29日,台湾新北市金山圣德宫暨各宫庙的善男信女等170多人到赤岭乡三界公庙参拜挂香。台湾省云林县,嘉义县青溪协会分别赠予漳浦县政府,漳浦县台办"云天厚谊""友谊永固"等牌匾。

图5-9 畲族歌舞表演

2011年12月,在漳州召开漳州蓝姓与台湾关系研讨会。

2012年3月,由赤岭畲族乡党委书记吕坤新带队,组团到台湾开展蓝氏宗亲和友谊乡镇对接。

2012年4月,新北市金山圣德宫又组团到赤岭三官大帝庙挂香交流。

2012年6月,在漳州召开海峡两岸民族乡镇发展交流会,赤岭畲族乡代表大陆与台湾签订两岸合作交流框架协议。

2013年8月3日,漳州市民宗局组团到台湾进行少数民族文化交流,赤岭畲族乡与屏东县雾台乡签订了共同繁荣发展的结对协议。

2014年4月23日,蓝氏宗祠种玉堂落成庆典,台湾宗亲组团回乡拜祖。

另外，每年有 10 批次以上的台湾蓝氏宗亲回乡认祖。

通过开展民族宗教文化交流，有效的促进两岸少数民族的联系和交往，增进了各民族交流合作，加快民族地区经济发展。

三 湖西畲族乡概况

湖西畲族乡地处海峡西岸的闽南金三角，位于漳浦县中东部，1984年7月26日经福建省政府批准为湖西畲族乡。湖西畲族乡位于县境中部偏东，东临佛昙镇，西接赤土乡，西北靠长桥镇，南、东南与深土镇、赤湖镇接壤，北与赤岭畲族乡；南山华侨茶果场毗邻，总面积80.8平方公里，辖城内、顶坛、丰卿、山后、苏溪、后溪、枋林、赵家城、岭脚、后洞等10个行政村，78个自然村，7017户，每户2.6人，其中少数民族村5个，畲族人口0.9万人。

2012年全乡：地区生产总值5.74亿元，其中工业产值2.81亿元、农业产值2.63亿元；财政收入1346万元；农民人均纯收入8664元。一、二、三产业比重为44∶37∶19，畲乡经济社会持续稳定发展。

湖西从前未有"湖西"地名，因盆地中有一口大池塘，称官塘，在清初以前，"官塘"成为湖西盆地各村落的总地名，清后期"湖西"才成为总地名。又因那口大池塘映现丹山（灶山）山影，又名丹湖，故"丹湖"为湖西的别称。

湖西交通四通八达，北距漳州港仅20公里，南距古雷港40公里，距漳州、厦门均只有40公里，处在厦门港南岸、漳州港口腹地工业集中区和南太武滨海新区规划区内，区位优势突出。沈海高速公路在乡内设有"赵家堡"互通口，这是漳浦县东北部城镇发展区唯一的一个互通口。互通口对外连接线东通佛昙，东南通赤湖，分别与省道漳东线相衔接；南与过境的县道佛绥线、白赤线相沟通，县道白赤线（X519线）、佛绥线（X524线），乡道赤城线（Y212线）、京苏线（Y210线）、城岭线（Y263）纵横乡境，沟通各村社。村级道路混凝土路面工程于2004年动工建设，至2011年年底共建成36条里程58.6公里，总投资2450万元，实现水泥路村村通（自然村达95%）。国道、县道、乡道和村道构成四通八达的交通网络。捆绑路东通赤湖、佛昙两镇与省道漳东线相接；西连赤土、万安到漳浦县城，与国道324线相接，北通519县道通往赤岭畲族乡、漳州、龙海，涵盖周边10个乡镇场、2个工业集中区，人口30多万人，特别随着2013年厦漳跨海大桥和厦深高铁的开通，湖西将进入厦门半小时经济圈，距深圳也只2小时的路程，湖西成为集商贸、物流、旅游为一体的特殊区域，具备发展商贸、物流业的诸多有利要素。

（一）工业现状

赵家堡高速互通口开通后，湖西畲族乡在高速出口两侧规划"双溪"工业园和金鲤工业园，工业园面积3000多亩，已集聚注册资金50万元以上的工业企业30多家，总投资近5亿元，其中投资上千万美元的企业2家，已投产16家，2012年有年产值2000万元以上规模企业3家（车城汽配、海瑞生科、鲁东食品），实现规模产值2.41亿元，其中：海瑞生科完成1.3亿元，成为湖西乡首家年产值超亿元的企业；车城汽配完成0.87亿元，现在又在洽谈增资事宜，是一家很有潜力的企业；鲁东食品完成0.24亿元，这也是湖西畲族乡首家蔬菜加工的规模企业。同时，实现出口创汇1767万美元，完成县政府下达任务数600万美元的294.5%。湖西畲族乡的规模企业产值和出口创汇增速位居全县首位。产业有生物化工、食品、石制品加工、农副产品加工、艺术品加工等。

（二）农业产业

湖西属平原地带，生态保持良好。农业结构调整适应市场经济的发展，2011年播种：水稻2030公顷，年产12244吨；蔬菜270公顷，年产5475吨。水果种植1415公顷，年产16280吨，其中有：龙眼435公顷，年产3100吨；香蕉300公顷，年产9150吨；荔枝520公顷，年产2400吨；杨梅15公顷，年产30吨；番石榴20公顷，年产50吨；桃李梅等其他杂果125公顷，年产1550吨；淡水养殖100公顷，年产1452吨。湖西乡大力发展现代农业，逐渐把以香蕉、荔枝（龙眼）为主的种植结构引导调整到绿化苗木、无公害蔬菜等为主的现代农业上来。目前，全乡已发展花卉苗木近4000亩，蔬菜种植面积约8000亩，油茶1000多亩，形成"一村一品""多村一品"产业雏形。引进鲁东食品、同正食品、佳山食品等一批农副产品加工企业，以及朝天马峰农业休闲观光项目，带动农业发展。

（三）旅游产业

湖西畲族乡历史悠久，文物古迹较多、旅游资源丰富，是重点文物之乡，据统计全乡有古文物点59处，其中，国家级保护文物2处，涉台文物9处，2011年被评选为九个首批省级特色景观旅游名镇之一。以"赵家堡""诒安堡""蓝廷珍府第"构成的"五里三城，人文景观（因三座城堡同处在一条五华里的中轴线上，素称'五里三城'）"，有罕见的"禹碑""魁星石刻"等丰富的碑文石刻，及蓝鼎元墓、蓝理墓等文物古迹遐迩闻名。其中："赵家堡""诒安堡"于2001年被评为国家级重点文物保护单位；"新城"（蓝廷珍府第）于2001年被评为第5批省级文物保护单位，正在申报国家级"文保"；蓝鼎元墓于2005年被评为第6批省级文物保护单位；蓝理墓于2009年被评为第7批省级文物保护单位；同时，这五个文物保护单位又是同属福建省重点涉台文物（全县11处）；此外，还有后溪村的兴孝桥（南宋）、魁星石刻（明）、赵若和墓（元）、顶坛村楼下社的永安楼（清初）、岭脚村石梁桥（北宋）、丰卿村三王公庙等县级文物保护单位及枋林村九都桥石刻（宋）、明代名臣何楷《敕命碑》和"石湖精舍"遗址、苏溪村东林社广平尊主庙（祀东汉广平侯吴汉，始建于明代、清雍正年间重修）、后溪陈氏祖祠（始建于明代，历代重修）；后溪村城内社"人和城"（建于明嘉靖三十九年，是漳浦县一座较早的有纪年的古城堡）、山后吴氏大祖祠、后洞村关帝庙、朝天马山明代古寨堡和鉴湖陈姓始祖玛珑墓，以及陈立夫题字"自立自强"石刻、赵范墓道碑（明）、黄尚宽墓（清）等古迹。

湖西自然生态保持良好，境内有古榕树12株，树龄100—200年的4株，200—350年的8株。有"丹灶晴云"等湖西八景，与厚重的人文色彩交相辉映，形成具有人文与生态的特色品位，是不可多得的旅游胜地。

至2011年，镇区苏溪、城内、枫林3个村纳入镇区完成乡总体规划编制，其他7个村都完成中心村规划编制。湖西乡镇区从十年前的不足0.2平方公里发展到现在0.8平方公里，人口近6000人，集镇的扩大还带来了农村集市贸易市场的繁荣。全乡10个行政村全部开展了家园清洁，并都通过验收，各村主干道实现绿化、美化、亮化，乡村面貌明显改观，村民居住质量、居住环境明显改善，对外形象进一步提升。

近年来，湖西乡通过举办纪念黄性震诞辰370周年暨"国保"诒安堡建堡320周年庆典，以及赵家堡新春庙会等活动，利用"9·8"旅游博览会等途径，全方位地对"五里三城"进行宣传、推介。赵家堡相继入选漳州"十大名片"和"福建最美乡村"，并"走进"中央电视台《走遍中国》和《探索·发现》栏目；湖西乡还作为全省两个乡镇之一参加第四届海峡旅游博览会，大大提高了"五里三城"的知名度。在2008年编制完成赵家堡景区（五里三城）发展概念规划后，湖西乡更加注重旅游资源保护整合与开发利用，大力实施"五里三城"旅游基础设施建设项目，特别是自2011年以来，相继完成丹鼎路、丹湖大道二条主干道和赵家堡北路、提督路两条景观道，以及游步街、公厕等旅游基础配套设施建设，进一步提升旅游发展层次。2011年12月，湖西乡被省旅游局、省住房和城乡建设厅评选为全省9个"第一批福建省特色景观旅游名镇"之一。2012年引进了总投资3500万元的赵家堡国通物流综合服务楼和赵家堡互通口客运中转综合服务项目，项目现已开工建设，将建成集酒店、餐饮、住宿、会议等为一体的综合性服务大楼，将大大提高湖西接待游客的档次和水平。2013年又引进了总投资4800万元的漳浦朝天马峰生态旅游休闲观光项目，落户后洞革命老区；并将建设农业休闲基地、接待中心、游泳池、生态观光果园、景观夜景等工程，已完成注册，该项目将打造融趣味性、娱乐性于一体的生态观光休闲体验区，形成与"五里三城"文化旅游遥相呼应，融合民族特色的精品旅游路线，拓展旅游产业亮点。

（四）社会事业

湖西有：卫生院1所；民族华侨中学1所、在校生750人，小学6所、在校学生1750人，2010年以来相继投入了1000多万元实施了中心幼儿园综合楼、中心校教学综合楼、民族华侨中学教学楼、苏溪小学教学楼4个校安工程，办学条件得到进一步改善，办学质量进一步提升。邮政、电信、网络便捷通畅。

自清代以来，村民合力建设多座陂堰，引水灌田，后大都年久失修。新中国成立以来，特别是在20世纪六七十年代，大兴水利建设，先后建成：小（一）型水库2座：台山水库（在苏溪村，1960年6月竣工，总库容246万立方米）；小径水库（在顶坛村，1969年12月竣工，总库容

310万立方米）。小（二）型水库4座：岭顶水库（在岭脚村，1967年10月竣工，总库容14万立方米）；姑嫂洞水库（在城内村，1965年2月竣工，总库容31万立方米）；辽丝坑水库（在丰卿村，1957年2月竣工，总库容24万立方米）；下苏水库（在苏溪村，1956年4月竣工，总库容16万立方米）。还有山后石陂、罗汉石陂、尾山石陂引水工程多处，农田水利条件较好，旱涝保收。

境内有3.5万伏变电站1座，有小型水电站2座，满足当前工农业生产和人民生活用电需求；有日产3000立方米的自来水厂1座，全乡10个行政村全部通自来水，居民饮水以自来水为主井水为辅，卫生安全。至2011年，全乡拥有程控电话5400部，无线移动电话（手机）13500部，闭路电视入户6300户。摩托车基本普及，私家小车（轿车）400辆。

（五）民族文化

1. 传统节日

除去春节、元宵、清明、端午、中元、中秋、重阳等畲汉族共同点节日外，湖西畲民还有特殊的节日"三月三"，它是谷米的生日，在这天，畲族家家户户都吃传统的乌米饭，村前村后都飘荡着清香。畲民在九月九日重阳节还会做糯米团（又名糯米糍），以糯米粉、白糖等为原料做成圆团，并用手在上面按一手痕，代表狗抓迹，以纪念畲族的祖先盘瓠。

2. 畲族服饰

斑斓绚丽，丰富多彩，崇尚青蓝色，衣领、袖口和右襟多镶花边，有穿短裤裹绑腿的习惯（图5-10、图5-11）。妇女的发式与汉族不同。少女喜用红色绒线与头发缠在一起，编成一条长辫子，盘在头上。已婚妇女一般都头戴凤冠，即用一根细小精制的竹管，外包红布帕，下悬一条一尺长、一寸宽的红绫。老、中、青不同年龄的妇女，发间还分别环束黑色、蓝色或红色绒线。冠上饰有一块圆银牌，牌上悬着三块小银牌；垂在额前，畲族称它为龙髻，表示是"三公主"戴的凤冠（传说中，高辛帝把自己的三公主许配给斩犬戎番王头有功的盘瓠）。冠上还插一根银簪，再佩戴上银项圈、银链、银手镯和耳环，显得格外艳丽夺目。现在由于与汉族杂居，服饰多为汉化。

图 5 – 10　闽南畲族服饰

图 5 – 11　闽南畲族节庆服饰

3. 民族艺术

畲族的编织工艺最受赞誉的是彩带和竹编。舞蹈和体育竞技以反映祭祀、婚丧礼、生产劳动等为内容，主要有《日月舞》《迎祖舞》《竹竿舞》《猎步舞》等（图5-12），以蹴球、毽球、陀螺等为竞技活动。

图5-12 独具特色的畲族舞蹈

第二章

漳浦畲族民间庙神

2012年以来，我们对漳浦畲族的民间信仰进行较大规模的调查与研究，取得了一定的成果。[①]

赤岭与湖西两个畲族乡属畲族供奉的10平方米以上庙宇共计32间、其中赤岭25间，湖西7间，神灵共15种，其中赤岭12种、湖西3种。数量和种类的差异是因为两个乡畲族人口的多寡导致。

具体的分布为：三界公6座，土地爷5座，王爷公3座，观音3座，酆都大帝2座，广惠尊王2座，三王公2座，人客公2座，三宝佛2座，陈圣王2座，老爷公1座，辅顺将军1座，弥勒佛1座。

就数量说，三界公最多，其次土地爷。其实，如果包括10平方米以下的庙宇，则是土地爷最多，人客公次之。原因是：土地公的庙宇几乎每个村子都有几座；而人客公在野地里也时有发现，只是规模较小，大约在2—3平方米（近年来的建设，使部分人客公的小庙被毁坏、湮没了）。福建省庙宇调查都在10平方米以上，所以，不少人客公没有列入。

第一节 赤岭与湖西民间神明庙宇

一 自然神崇拜

漳州各地汉族的自然崇拜，以天、地、云、雷、水（雨）、山，还有树、龙、虎、蛇等。然而，漳浦畲族的自然崇拜，以祭天、地、水的三官

[①] 赤岭、湖西相关方面在材料与人力等方面予大力支持，特此表示感谢！

和土地爷最为突出,由于漳浦畲族为纯粹的农业耕作的民族,所谓"善田为畲",所以,其自然崇拜天、地、水三界的最高管理者,以及区域的保护神土地爷为对象,即对天象、地况、水文的祭拜,这都是农业民族最基础的条件,因此,此类神明受推崇,也是理所应当的(图5-13)。

图5-13 畲族的游神活动

(一)三官大帝庙

我国上古就有祭天、祭地和祭水的礼仪。《仪礼·觐礼》说:"祭天燔柴,祭山丘陵升,祭川沉,祭地瘗。"[1] 三官大帝指天官、地官和水官,原型是自然崇拜,祭拜天、地、水。道教介入后,演变为人格化的三官信仰。到宋朝时,皇帝和士大夫都祭三官。[2] 明崇祯时封之为"三官大帝"。三官各司其职,天官紫微大帝赐福,地官清虚大帝赦罪,水官洞阴大帝解厄,其中天官被百姓视为"福神",最受人们欢迎。在民间,三官大帝神

---

[1] 《十三经注疏·仪礼注疏》,中华书局1979年版,第1094页。

[2] 《二十五史·宋史》一三〇卷,上海古籍出版社,上海书店,。

格仅次于玉皇大帝，备受尊崇。正月十五、七月十五和十月十五分别为三官的神诞日，信徒都进庙烧香奉祀，祈福消灾。

漳浦畲族的三官信仰并没有走道教的路子，而是继承原始的郊祭、没有神像的传统，把三官大帝从人格化神祇还原为对天、地、水的自然崇拜，几乎每个寺庙都在前门之上设三官大帝的牌位，有的在露天祭祀，一般既有庙祀也有家拜，不供奉神像。

1. 赤岭畲族乡山平村雨霁顶三官大帝庙

传说于大明宣德年间（1426—1435年）的某天，有七宝铜铸的圆口大香炉降落在雨霁顶的一株松柏树顶上，后来，王姓的长辈一位虔诚的老妇跪下祷告，希望让王蓝两姓子孙世世代代像亲兄弟那样奉待"三官大帝"，于是，七宝香炉居然飘落下地。为了纪念"三官大帝"飞临雨霁顶，蓝王两姓每三年（寅、己、辛、亥的正月廿七—廿八）举行庙会庆典，延续至今，并发展为"畲汉民族文化节"，前来参加的有海外侨胞、台胞，以及闽南各地信众5万余人。

雨霁顶山占地60亩，建有"三官大帝"拜亭一处，庙一处（图5-14），还有戏台、山门、票房管理处及管委会办公活动场所、公厕等，其

图5-14 雨霁顶三官大帝庙

整个停车场全部水泥硬化,还有老人活动场所一处,及农民公园一处,2008年5月纳入县级文物保护单位。山平村雨霁顶,还备有20公顷规划用地以备开发作为停车场及发展空间。

2. 小雨霁三界公庙

位于赤岭畲族乡油坑村大宅社的三界公岭。传说明末时,当地百姓在扑灭山火后,发现有个铜香炉,经筊杯才知道是三界公神降临。三界公本欲选庙址在三界公岭上,观察片刻,觉得三界公岭太小,所以才飞往雨霁顶。从此大宅社百姓就把这座山叫作三界公岭。由于铜香炉仍保存在大宅社,百姓仿照雨霁顶三界公庙的规制,在本村建立了一模一样的小雨霁(图5-15)。

图5-15 小雨霁三界公庙

这里三年举行一次庙会并祭祖。每年正月十五,新婚和得子人家要扛甘蔗过桥,摘取青枝插头上,拜三界公,回家拜灶君,以祈人吉祥和养成大猪。每年元宵节举行"考龟"活动,即用火药铳射瓦靶,得奖者领取龟形的糕品,现改为打炮城。龙海的白水、浮宫、东园、港尾等地的香客去雨霁顶,必定先在大宅小雨霁三界公庙拈香朝拜,然后才前往雨霁顶祭拜。

小雨霁顶露天祭台里有一个非常特别的八棱形石柱(图5-16)引人

关注。它的每一面都有一尊佛,形态各异,似是传说中的八面佛。据管理人员介绍,这块石佛是南宋时期的雕塑,迄今有 700 多年历史。

图 5-16　小雨霁顶露天祭台八棱形石柱

八面佛是中国传统的佛教文化形象。它由一群面朝八方的佛像组成,为佛祖释迦牟尼八大弟子阿那律、富楼那、迦旃延、优婆离、罗睺罗、舍利弗、目建连、须菩提。"八"谐音"发","佛"谐音"福"。八面佛历来被作为吉祥、平安、财富和幸福的象征。在我国安徽芜湖、浙江杭州、甘肃天水等地都有众多八面佛,但闽南地区罕见八面佛。

3. 赤岭园尾山三界公庙

赤岭园尾山三界公庙建于园尾山顶,相传康熙年间,畲族大将蓝理为感激三界公在其收复台湾期间显灵救了他一命,到雨霁顶三界公那儿抽签,卜得重装两尊三界公金身。由于传说中三界公的香炉曾飞至园尾山顶,因此蓝理便于园尾山顶建赤岭三界公庙。该庙在民国初期毁于大火,20 世纪 80 年代初重建,2013 年恢复明清古庙的原貌,建筑面积 150 平方米。

4. 湖西乡丰卿村下坑三界公庙

下坑三界公庙位于湖西乡丰卿村下坑社,30 平方米,占地 300 平方米,明末建。

5. 湖西乡顶坛村白林社三官大帝庙

三官大帝庙位于湖西乡顶坛村白林社，建于康熙年间，面积30平方米，占地1.2亩。

6. 湖西乡顶坛村新城社三界公庙

湖西乡顶坛村新城社三界公庙面积23平方米，占地333.3平方米。初建年代不详，2007年修建，祭祀无定日。

（二）土地爷庙

土地爷又称"福德正神"，古称"社神"，俗称"土地""土神""土地神""土地公""土地爷""土财神""福德爷"等，其配偶则称为"土地婆""土地嬷"。因土地爷能保一方平安，使五谷丰登，闽南百姓也把土地爷看做财神，称"福德正神"。

随着统治秩序的建立，土地神也有级别，帝王祭祀的社稷神级别最高，既为全国的土地神，也是全国最大的土地神。《礼记·祭法》载："王为群姓立社曰大社，王自为立社曰王社，诸侯为百姓立社曰国社，诸侯自为立社曰侯社，大夫以下成群立社曰置社。"① 在村社小区边的土地庙比较简陋，甚至随便几个石头便成祭坛，因此，在民间土地庙随处可见，故俗话说"田头田尾土地公"。土地神的主要功能是保护本区生灵的安全和财产，保护辖区百姓丰衣足食、全境平安，畲族素称"善田"，所以对土地爷非常信仰。

1. 顶坛村顶圩社土地庙

顶坛村顶圩社土地庙位于湖西顶坛村顶圩社，始建时代不明，重修于2011年。面积30平方米，占地866.7平方米。祭祀日为正月初九，附祀三界公、上帝君。

2. 顶坛村顶圩社土地庙

顶坛村顶圩社土地庙位于湖西顶坛村顶圩社，始建不明。面积31平方米，占地333.3平方米。祭祀正月十六，附祀三届公、上帝君。

3. 顶坛村新村社土地庙

顶坛村新村社土地庙位于湖西顶坛村新村社。建于康熙年间，面积15平方米，占地333.3平方米。祭祀每年正月初十（附祀三界公）。

---

① 《十三经注疏·礼记正义》，中华书局1979年版，第1589页。

4. 丰卿村下坑社土地公庙

丰卿村下坑社土地公庙（图5-17）位于湖西丰卿村下坑社。始建于明末，面积6平方米，周围200平方米。

5. 朝天马（峰）寨土地公庙

朝天马（峰）寨土地公庙位于湖西乡后洞村旁的朝天马山。始建年代不详，建筑面积5平方米，占地150平方米。朝天马峰古城寨的土地公庙以有求必应而闻名，香火较旺，常有信众步行至山顶，在土地公面前烧香求佑。

图5-17 后洞村朝天马峰土地公庙

二 祖宗、先贤神崇拜

我国历来有崇敬祖先和先贤的传统。《尚书·盘庚》记载了商代商王的语录："肆上帝将复我高祖之德"，"兹予大享先王，尔祖从与享之"[①]。在盘庚看来，高祖（祖宗）崇拜与天帝崇拜是相通的。盘庚祭祀自己的

[①] 《黄侃手批白文十三经·尚书·盘庚》，上海古籍出版社1983年版，第22、24页。

先祖，族人的列祖也"从与享之"，有浓厚的崇祖倾向。自古以来，中国有着较浓厚的血缘关系，畲族一直是聚族而居的，在这种状况下，祖先的经验是可循的，祖先受到崇拜是必然的。①

郑镛、涂志伟认为，漳州祖先崇拜可分为四个阶段：一为漫长的氏族始祖神崇拜；二是闽越先王崇拜；三是汉族移民的祖先崇拜；四是无后代的先人包括未成年的夭逝者崇拜。②构成漳浦畲族的祖宗崇拜主要是第一或第四种。盘瓠是畲族最重要的祖宗崇拜。

（一）祖宗崇拜

1. 盘瓠崇拜

畲族民间家喻户晓地流传着盘瓠传说："上古时代，高辛帝后耳痛三年，从耳中取出一虫，育于盘中，忽而变成一只金龙，毫光显现，遍体斑纹。高辛帝见之大喜，赐名龙麒（期），号称盘瓠。其时犬戎入寇，国家危难，高辛帝下诏招贤，告示天下，能斩番王头者，妻以三公主。盘瓠揭下榜文，前往敌国，斩番王头。以平番有功，与三公主结婚。婚后，生下三男一女。长子姓盘，名叫自能；次子姓蓝，名叫光辉；三子姓雷，名叫巨佑；女嫁钟智深为妻。以后，盘瓠不愿为官，挈领妻儿，定居广东潮州府凤凰山，开荒种田，繁衍子孙，逐渐发展形成为今天的畲族。"③

盘瓠，或作盘护、盘匏，讳称"龙麒"。将盘瓠传说记之于史书的，较早见于东汉应劭的《风俗通义》，其他则散见于《山海经》《搜神记》《晋记》《玄中记》《后汉书·南蛮列传》等，其中以《后汉书·南蛮列传》所载最详。其内容与畲族流传的"盘瓠传说"大同小异。

盘瓠传说（图5-18）作为神话传说，反映一个民族的原始图腾崇拜，符合人类社会历史发展规律的。在国内信奉盘瓠传说的有瑶族及部分苗族、壮族、傣族、黎族、高山族泰雅人等；在世界各民族中，以盘瓠为图腾崇拜的有十几个民族之多。④

---

① 段凌平、柯兆利：《试论殷商德观念》，《厦门大学学报》1988年第4期，第94—96页。
② 郑镛、涂志伟：《漳州民间信仰》，海风出版社2005年版，第105—106页。
③ 《漳浦种玉堂蓝氏族谱》，1991年，第97页。
④ 朱洪、姜永兴：《广东畲族研究》，广东人民出版社1991年版，第12页。

图 5-18 盘瓠传说图

畲族的盘瓠传说以拟人化的手法，把盘瓠描绘成为神奇、机智、勇敢、英勇杀敌的民族英雄，号称为"忠勇王"，推崇为畲族始祖。这个神话传说，不是普通的寓言、神话和故事，而是具有神圣意义的民族起源的信仰，不但家喻户晓，口口相传，而且把这个信仰贯穿到他们的头饰、服装、舞蹈以及宗教仪式中，并载于族谱，还通过绘制连环画卷的"祖图"、编唱长篇叙事诗歌的"高皇歌"，或用汉文书写的《开山公据》（似瑶族的《过山榜》）等，来叙述盘瓠王的出生、成长、生活和不平凡的经历，歌颂盘瓠王英勇杀敌和繁衍子孙的丰功伟绩，

图 5-19 畲族的神圣物"龙杖"

每年还要隆重举行祭祀活动，悬挂祖图，摆出祖杖（图 5-19），虔诚瞻仰和拜祭，这是早期畲族原始社会中常见的图腾信仰的遗留。蓝炯熹指出："盘瓠传说与畲族民族的发展史有着千丝万缕的联系，家族的镇族之宝——畲族祖图、祖杖和史诗《高皇歌》都与盘瓠传说息息相关，几乎畲族重要的家族行动多有盘瓠信仰的痕迹。在畲族传统文化中，盘瓠传说是抹杀不了的。""盘瓠传说虽然带有比较浓厚的神话色彩，但在畲族人民广泛流传，有深刻的影响，作为反映民族心理的象征，是识别畲族成分的依据之一，不管是否公开承认，其影响却是客观存在的。"[①]

2. 祖祠"种玉堂"

"种玉堂"（图 5 - 20）位于漳浦县赤岭畲族乡石椅村西部，是漳浦蓝姓畲族的祖祠，也是蓝姓畲族的重要发源地。"种玉堂"初建于明嘉靖二年（1523 年），总面积 540 平方米，为两进三开间结构，堂号取自"蓝田种玉"典故，语意双关，即蓝氏祖宗积德，钟毓英才。

图 5 - 20　漳浦蓝姓畲族祖祠种玉堂

祖厝原为前后二进，清康熙年间，蓝理出资，扩建两廊，现墙壁左侧嵌着当年竣工的石碑。1936 年、1982 年进行重修，特别是 2014 年进行了

[①] 蓝炯熹：《畲族家族文化》，福建人民出版社 2002 年版，第 20—31 页。

大修。按照修旧如旧的原则进行修缮，由门厅、正堂、两边厢房组成。面阔五间，进深三间。同时恢复和配套建设"日月潭"、七星池、祖图石刻区等景点设施，结合闽台畲族博物馆、民族特色村寨等组合成闽台畲族文化产业园核心区，为省级涉台文物保护单位，正堂一草书"福"，传为康熙御书，上悬挂清朝康熙皇帝御赐"勇壮简易"和"所向无前"等匾额。清代蓝理、蓝廷珍、蓝鼎元被后人称为"蓝氏三杰"。在他们的影响下，许多蓝氏后裔在清朝时期迁徙到台湾，垦田拓荒，建设台湾。现居住在台湾的赤岭蓝氏后裔心系故土，不忘先祖，每年都纷纷组团回到"种玉堂"寻根谒祖。多年来，"种玉堂"祖祠一直是大陆蓝氏祭祖的福地，也是台胞寻根谒祖的重要据点。[1]

(二) 先贤崇拜

《礼记·祭法》："法施于民则祀之，以死勤事则祀之，以劳定国则祀之，御灾捍患则祀之。"[2] 表明先祖和贤人因"有德"而被崇拜。乡贤崇拜是漳州民间信仰的重要组成部分，主要是对社会有杰出贡献，或品行卓越者，去世之后被供奉为神。闽南的贤人崇拜神明的种类很多，既有从中原传过来的，也有周边地区的和本地的；既有官宦人士，也有普通百姓，诸如谢安、岳飞、朱熹、黄道周、三王公等，奉祀忠孝节义的圣贤及品德高尚先祖的宫庙随处可见。受汉族文化的影响，漳浦畲族也具有尊贤祀祖的习俗，其中影响最大的是广惠尊王和开漳圣王等崇拜。

1. 广惠尊王庙

广惠圣王，又称广惠尊王、广应圣王、护国尊王、显济圣王、谢王公、王公等。为东晋宰相谢安，字安石，号东山，东郡阳夏（今河南太康）人。东晋孝武帝时，前秦苻坚带百万雄兵南侵，谢安临危受命，于太元八年（383年），令侄儿谢玄挂帅，与其弟谢石带兵八万，在淝水一战，巧用疑兵之计，以少胜多，打败前秦百万兵。谢安因这场以少胜多的淝水之战而闻名于世，病逝后，被百姓奉为神明，立庙供奉。

唐朝初年开漳圣王陈元光率领大军来到闽南平定"蛮獠之乱"，之后，

---

[1] 蓝荣钦、蓝文化：《图说漳台蓝氏畲族宗教文化》，黄河水利出版社2014年版，第80—83页。

[2] 《十三经注疏·礼记正义》，中华书局1979年版，第1590页。

入闽军队和眷属在闽南落籍定居，随军队从中原请来的"谢府王公"香火也在闽南各地扎下根来。《漳州府志》记载："谢广惠王即晋谢安石也，陈将军元光奉其香火入闽漳，漳人因而祀之。"① 在闽南，广惠尊王信仰广为流传，仅漳州就有数十座供奉谢安的广惠尊王庙，也称广应圣王庙或元帅庙。而漳浦畲族由于与汉族长期杂居，也接受了对广惠尊王的崇拜。

在漳浦畲族聚居地，影响较大的广惠尊王庙有两座：

一座位于赤岭乡土塔村，主祀谢王公、王妈，配祀神左边是二王、五谷王，右边是注生娘娘。建筑面积110平方米。每年正月十五举行祭典，颇为热闹。据村里86岁的蓝究忠老人说，小时候听老人讲广惠尊王庙早已存在，但不知建于何年。

另一座供奉广惠尊王庙的庙宇名广惠宫，位于赤岭乡前园村蔡坑社，建筑面积22平方米。主祀广惠尊王，但并无神像，神龛前供一香炉。因历史久远，其他资料不详。

2. 开漳圣王庙

至迟在公元7世纪初。畲族就已经居住在今闽、粤、赣三省交界地区，唐代畲族被称为"蛮僚"，之后才出现"畲民"名称。唐初，畲民起义，陈政、陈元光率大军入漳镇压，起义最终被镇压了，但陈元光也被起义军头目之一的蓝奉高刃伤而卒，蓝奉高后来又被陈元光的儿子陈珦所杀。在历史上，漳浦一带的畲民认为与陈元光有世仇，并不认同陈元光开发漳州的贡献。但经过长期的畲汉之间的社会经济文化交流，甚至畲汉通婚，漳浦畲族也逐渐接受了陈元光信仰，我们在畲族聚居地也发现若干座开漳圣王庙。

赤岭石椅村陈圣王庙，建筑面积110平方米，只有画像，没有雕像。左侧为魏太妈（陈元光祖母），右侧奉柔懿夫人（陈元光女）。左右墙壁配祀马仁和李伯瑶，另有土地与雷神。当地人说，如果为陈元光的塑像，就会被虫蛀坏了，只能代以图像。

杨美开漳圣王陈元光庙，坐落于赤岭畲族乡杨美村古美山自然村，大约建于明朝年间，据称最早为倪姓汉人的庙宇，于1982年重建，占地面积1333.2平方米，坐东向西，为瓦房石墙，硬山两面坡建筑。庙宇有联曰：大德曰生生生不已，王公伊濯濯濯□灵；感应五湖为社稷，威灵四海祐黎

---

① 光绪《漳州府志·庙宇》。

民。虽然杨美村多蓝姓畲族，其辖下的古美山小村却大部分是汉族的倪姓。传说开漳圣王十分灵验，可保佑群众平安、风调雨顺，每逢农历二月十四是开漳圣王生日，每家每户都要到寺庙朝拜、演戏纪念、祭祀活动等。

3. 三王公庙

传说三王是结拜兄弟，在南宋末随宋少帝队伍而来。大王柳信是皇帝的相师，精通医术，常为乡民治病；二王叶诚是皇帝著名的地理师，通晓地理，常为乡民寻泉打井，分金点穴；三王英勇，是著名的道士，武艺超群，能挽强弓，有百步穿杨的本领。元军南下，三王扯起抗元旗帜，兵败牺牲后受百姓祭祀。由于三王公能保土安民，香火旺盛。后来，随着畲乡民众的迁徙，三王公香火传播海外。

古公三王祖庙（图5-21）位于湖西乡丰卿村坑仔尾社，始建于宋末元初，明天启、清乾隆间均有重修。庙原为二间，均单进单开间。1992年重建成单进三开间，水泥仿木结构，建筑面积200多平方米，占地面积1000多平方米。庙前有大埕、古榕、巨石，庙后为三王公墓，亦经重修。庙内存有明天启纪年石香炉，以及清乾隆三十九年的木匾等，历史悠久，海内外闻名。

图5-21 正在修建中的古公三王祖庙

南坑三王公庙位于赤岭畲族乡。传说当年三王路过此地,本想在这里隐居,后来又觉得在地方太小,才选择湖西乡丰卿村的山上隐居。为了纪念三王路过,村民就地建起庙宇祭拜。1966年"文化大革命"时,金身被烧后倒伏,80年代由南坑3个自然村村民筹资重建。90年代又被台风刮倒,村民再次筹资重建。2012年又捐资修建戏台,2013年春筹资翻盖屋顶。庙宇建筑面积20平方米,总占地面积1333.2平方米。

三 世俗化的佛道神明与鬼魂崇拜

漳浦畲族和汉族同样也信奉佛教神明。但是,与闽南民间一样,完全按照民间信仰世俗功利的一套行事,杀鸡宰鸭,烧金许愿,全无佛教的观念。所以佛教的菩萨,在闽南畲族地区完全成为民间崇拜的神明了。

(一)漳浦畲族世俗化的佛道庙宇

1. 土塔"印石岩"佛祖庙

赤岭乡土塔村"印石岩"佛祖庙(图5-22),坐落在石船陂河畔,溪水

图5-22 土塔"印石岩"佛祖庙

潺潺从庙前流过，庙的后面是碧绿青翠的长竹，旁边长着一株高大的榕树，环境甚是优美。佛祖庙的始建时间已无从准确考证，据本村村民传说，佛祖庙存在的年头应该和那株榕树是同一年代，至少有500年以上的历史。最近的一次翻建是2000年，投入的资金近20万元，全部是各地信徒捐献的。

土塔"印石岩"佛祖庙为单间双层叠式结构，飞檐流角，梁檩焕彩。佛祖庙总占地面积4666.2平方米，主体建筑面积108平方米，长10.1米，宽10.7米，坐东朝西。

"印石岩"佛祖庙供奉的主佛是南海观世音菩萨，两边是善财、莲女，同时后殿还供奉着三宝佛、祖师公、关帝。据说观世音菩萨佛法无边，有求必应，能保佑世人平安。因此善男信女很多，分布在周边广阔地区，每逢农历九月十九日观世音菩萨生日，不管路途多远，各地信众也纷纷赶来佛祖庙进香，祈求观世音菩萨保佑合家平安、添丁进财。据统计，每年到"印石岩"佛祖庙进香的人数超过5万人。赤岭、湖西、佛潭各村有节庆活动，都会前来请观世音菩萨，并随意"插炉"添油香。随着乡村交通的通畅，观世音菩萨的信徒逐年增加，"印石岩"佛祖庙成为畲乡的一个朝圣旅游景点。

"印石岩"佛祖庙大门刻有一副对联：塗颂观音佛祖香烟万里，塔名有求必应神圣四方。"印石岩"佛祖庙前面还有一个天公亭，旁边有一棵大榕树，榕树一侧还有古庙一座，供奉广惠尊王谢安。

2. 石椅西来庵（图5-23）

位于赤岭畲族乡石椅村大石下社，始建于明代中期，清康熙间，蓝瑷重修。西来庵主奉天竺佛（三宝佛）。

庵堂于1982年重修，当时以红瓦为主，2002年重新大修，为木结构，仿皇宫建筑，整个厝顶重新雕龙剪粘，全部换琉璃瓦，2010年11月重建两边护厝，包括上下阁计14间，为两进三开间结构。有对联为："金身现相，佛从西来耳；如在其上，放眼宇宙兮"。寺庙主殿宽5.4米、深14.87米。厢房（护厝）长12米、宽7.6米，主殿及厢房总平方为413平方米（主殿229平方米，厢房184平方米）。农历四月初八日释迦牟尼佛圣诞，演大戏；四月初七、初八日祭拜，信众近万人，非常热闹。

496 第五篇 漳州畲族民间信仰

图 5-23 石椅西来庵

西来庵左侧有一方乾隆四十三年立的石碑,记载蓝瑷捐田养庙之事。立碑人是蓝瑷第六子蓝国麟和第八子蓝国辉。碑文名"缘田铭碑"(图5-24),全文如下:

图 5-24 缘田铭碑

西来庵者,祀天竺佛也。我始祖开居苌溪用于安神灵焉。去祠堂半里许,旧置有旁舍数椽,僧人居之时,先君遽侯公总戎金门,事事成先人志,宦游家居,偶至斯庵询之,僧人虑香火无资,久恐湮没,出宦囊,置田六斗,种在本庵前以供。嗣后族兄党生仰慕其德,亦舍田一斗种。延僧法提以为持住,比其徒焰,千奉佛为谨。香烟不断,迄今游斯庵者,莫不曰总戎遽侯公之力也。惜当时未有纪石之也,国麟国辉乃为,特勒贞眠,可无年久变异之虑。而遽侯公聿追先志,好善乐施,亦可以永垂不朽焉。所置田处，开载于左。

自庵前潭下，大小七丘，受种六斗，带私潭灌溉，至路为界。又坐址西埔山仔，旧厝前洋中一丘，受种一斗。

乾隆四十三年岁次戊戌仲冬吉旦。
男国麟、国辉谨志

3. 弥勒石佛祖庙

位于赤岭畲族乡杨美村旁的杨美水库边，大约建于元朝年间，于2012年重建修缮，建筑面积宽约7米，深度约6米，石佛祖像坐立于石洞中间，坐南向北。洞外有小广场，占地大约2667平方米。

主祀石弥勒，据称原为元代雕像，像高约1.1米、宽1.9米，作坐状，袒胸露腹，一手扶膝，笑口大开，脚边有4个官员模样的小人物，均头戴璞头，手奉朝板，造型极为生动。传说育龄妇女如不怀孕，到石佛祖朝拜，佛上身右边袒露，说女子吮吸其右乳，可以怀孕生子（图5-25）。

图5-25　弥勒石佛像

石棚右侧，存在着大量的石构件，据调查：佛庙占地1200平方米，以前殿、正殿和右厢房组成，其中正殿面宽三间，进深三间，根据遗址上保存的仰复盆式石柱，直径 60 厘米，当时的建筑规格甚高。佛庙于民国时期因水土流失倒塌，而保存在石棚中的石佛一直受到方圆 20 里群众的崇拜，香火不断。

4. 湖西顶坛玄天上帝庙

顶坛村玄天上帝庙主祀玄天上帝，配祀三坪祖师公。在新城村的林太史庙倒塌之后，不少人到上帝庙中供奉，且两村本为同族，地缘和亲缘兼而有之。近年来，新城村在举行三界公巡村祀安活动的同时，也迎来顶坛的玄天上帝，同时巡村祈安。为此，这一活动的规格为该村全年最大的一次酬神活动。该庙今废待修。

（二）畲族鬼魂崇拜

畲族传说有五通鬼、天吊鬼、伤亡鬼等，相传五通鬼原是天上神仙，为五个兄弟。后来因犯了天条，下凡人间为鬼。畲族人认为，五通鬼最凶，因此许多畲村都有五通庙。据《云霄县志》（民国版）记载：相传该地有个最古的庙——五通庙和古塔"西林塔都是在未开郡之先，蛮人所建"。五通庙"石柱携有盘、蓝、雷氏字样，盘、蓝、雷氏系陈玉钤（陈元光）所征蛮僚"[①]。漳浦畲族的鬼魂崇拜既有酆都大帝，也有一般的孤魂野鬼，名目繁多，如老爷公，人客公，等等。这些多是客死他乡的外地人，有些身份者是老爷，一般的就是客人（闽南话称"人客"）。

1. 石坑酆都大帝庙

石坑属于石坑行政村聚居地，位于漳浦县赤岭畲族乡西北部，是赤岭畲族乡管辖的一个行政村。石坑村供奉皇都大帝神明，属于本社神明。历代都有重修，但始建年代不明，现保存完好，内供奉着三界公和酆都大帝。传说酆都大帝爷是在很久以前由石坑自然村的水源地王来山山中漂流下来供奉至今，村民十到酆都大帝爷那天正好是农历七月廿六，便商定那天为酆都大帝爷的生日，举行祭典。俗信酆都大帝爷与三界公神明一样灵圣，故村民家家户户人人信仰，香火兴旺。

2. 赤岭老爷公庙

始建于清朝年间，主祀老爷公，没有神像。20 世纪 50 年代由赤岭供销社修理作为食杂店，80 年代归还庙宇，90 年代由赤岭、路下、马厝、

---

① 《云霄县志·礼制》民国三十六年版。

许人、东边、舍尾等 56 个自然村村民筹资重建，庙宇建筑面积 24 平方米，2007 年由赤岭乡石料厂贤士捐资建了一个凉亭。庙宇总占地面积 100 平方米。现由自然村及周边新居处村民于每年七月十八供拜。

3. 赤岭油坑王爷公庙

又称竹壳庙。油坑王爷公庙原位于现杨美水库底，2000 年 3 月因建杨美水库，村民们每户捐资 100 元，将竹壳庙搬至现址。主祀王爷，左为辅顺将军，右为赵子龙。六月初八为王爷生辰。主殿建筑面积 36 平方米，前接拜亭 24 平方米，水泥埕 1158 平方米。门前石柱对联：油然见山福地呈祥，坑水长泽人寿年丰。

4. 埔人客公庙

清朝年间蓝理回乡建府堂时迁了不少的坟墓，蓝理叫家人建了一个客公庙祭拜。20 世纪 70 年代因赤岭公社建戏院需要，迁到乡政府路边重建，建筑面积 20 平方米，90 年代增建戏台，总占地面积 80 平方米。传说客公庙对于家禽家畜有特别保佑功能，农户有猪不进食，前去祭拜，便平安无事。

第二节　漳浦畲族的民间信仰的特点与性质

一　漳浦畲族的民间信仰的特点

（一）宫庙少

除了宗族的祠堂外，漳浦畲族的民间庙宇不多。据有关资料，漳浦有 19 个乡镇，共有 720 座民间信仰庙宇，[①] 每个乡镇平均有 38 座以上庙宇。而赤岭畲族乡属畲族建立的庙宇只有 20 多座，湖西畲族乡属畲族建立的庙宇仅 7 座，与其他汉族乡镇的宫庙数量差距甚大。

（二）神明种类少

漳浦畲族不但庙宇少，而且自己创造的神明也不多。除了祖宗神如盘瓠以外，漳浦畲族的神明几乎都是从汉族神明"借用"过来的，如观音、

---

① 漳浦县宗教局提供相应数据及笔者的调查。

释迦牟尼、三官大帝、土地爷等备受欢迎，影响较大。赤岭和湖西两个畲族乡的神灵共 15 种，其中赤岭 12 种、湖西 3 种。甚至连供奉神明的庙宇，也多是从汉族承接过来的。

(三) 鬼魂

崇拜众漳浦畲族的鬼魂崇拜的名目繁多，既有作为酆都大帝，也有一般的孤魂野鬼，如老爷公，人客公等，其中人客公的庙宇数量较多。

(四) 重视祖宗崇拜

从某种意义上说，所有的宗教信仰都多少带有原始宗教的印迹，而漳浦畲族在这方面有更多的遗留。前面已提及，畲族以类似图腾崇拜的"神犬盘瓠"为祖宗，其信仰的主体带有浓厚的原始宗教倾向。

漳浦畲族的祖宗崇拜大致有以下做法：

（1）祭祖时要挂祖图，即神犬祖宗图，要进行拜祖图等仪式。图中的盘瓠犬首人身在轿子上。又有蓝、雷，盘三姓的人像，最下面为盘氏，摇着小船外出。据漳浦顶坛村蓝万成说："过去新城的祖宗坐像，右手持'龙头杖'，今畲族称为'祖杖'。"

（2）墓祭日不是清明日而是做三月三。在三月三和九月重阳祭祖宗做白粿，要用手指在粿上压一印以示"犬脚迹"。

（3）祭祖时不烧纸钱。据说是怕烧掉祖宗身上的毛。所以周边汉人说，蓝氏"你公作忌没点火"，明显区别于汉族祭祖的烧纸钱（近些年，畲族汉化加速，有的人也开始烧纸了）。

（4）结婚时除了和汉族一样拜天地，还要到祠堂拜祖宗，才算完成结婚仪式。如果没有拜祖就不算成人（还是小孩），年纪再大也不能为子女完婚和主持父母的葬仪。过去有人因经济困难，没拜祖宗、请客，到年老了还要补拜，称为做"老新娘"。

（5）漳浦赤岭蓝氏还有更特别的习俗，结婚时新郎、新娘要穿贴身白衣裤。传说是陈元光当年杀了很多畲族部下，还把畲族妇女讨为妻子，约定同意她们内穿孝衣"戴孝成亲"，以纪念死去的父兄，这套成婚时穿的白衣裤要留到死亡时再穿上才埋葬。

（五）凸显自然神崇拜

闽南的自然崇拜以天、地、云、雷、水（雨）、山，还有树、龙、虎、蛇等。然而，漳浦畲族的自然崇拜，以祭天、地、水的三官和土地爷最为突出，由于漳浦畲族为纯粹的农业耕作的民族，所谓"善田为畲"，所以，其自然崇拜天、地、水三界的最高管理者，以及区域的保护神土地爷为对象。在总数 28 座庙宇、15 种神明中，祭祀三界公的就有 6 座，土地爷的 5 座，占庙宇总数的 39.2%。值得注意的是，漳浦畲族经常把人格化神祇还原成没有神像的自然崇拜，如三官大帝、王爷、人客公都没有神像，几乎每个寺庙都在前门之上设三官大帝的牌位，多在露天祭祀，保留比较浓厚的原始郊祭的传统。

总之，漳浦畲族虽然汉化程度较深，但是，其民间信仰仍以祖宗崇拜盘瓠为中心，以亡魂厉鬼为主的鬼魂崇拜为主，特别推崇以师公做法为主的巫术活动，不喜欢雕塑神像，保留较为浓厚的原始宗教色彩。

二　漳浦畲族的民间信仰的性质

宗教以及宗教问题尽管复杂，但成熟的宗教通常有宗教意识、宗教组织、宗教礼仪和宗教器物四个构成要素。民间信仰不像正规宗教信仰有明确的传人、严格的教义、严密的组织等，也不像正规宗教更多地强调自我修行。但是，民间信仰还是表现了一定的宗教意识、组织、礼仪和器物等构成要素，所以学者们一般以"普化宗教"（diffused religion）、[1] 或者"准宗教"等说法来界定民间信仰。[2] 这些定义实际上都说明了相当部分学者都将民间信仰纳入广义宗教的范围。

我们拟从宗教意识、宗教礼仪、宗教组织和宗教器物四个构成要素，分析漳浦畲族的民间信仰的性质。[3]

（一）漳浦畲族民间信仰的意识

宗教意识、观念形态有感性和理性两个层面。一般来说，发展程度较

---

[1] 李亦园：《文化的图像》下卷，台北允晨文化实业股份有限公司 1992 年版，第 180 页。
[2] 林国平：《关于中国民间信仰几个问题的思考》，《民俗研究》2007 年第 1 期。
[3] 王晓朝、李磊：《宗教学导论》，首都经济贸易大学出版社 2006 年版，第 11—26 页。

高的宗教，其理性因素便较高；发展程度较低的宗教，其感性因素较多，理性因素较低。宗教信仰的轨迹，一般都从泛灵、多神，向以某一中心神明的信仰体系发展。如基督教的耶稣、佛教的释迦牟尼。漳浦畲族民间信仰的思想基础主要是万物有灵论，故信奉的对象较为庞杂：比如谷神、谷仙；还有自然界的"异象"，也作为神明供奉，如树神、石头神等。由此可以知道，漳浦畲族信仰的发展阶段相对较低，其以盘瓠为中心的信仰体系，虽然带有图腾崇拜的遗留，但表现为高于原始宗教的泛灵倾向。

（二）漳浦畲族民间信仰的礼仪

在原始宗教阶段，人们还不具有高度的抽象思维能力，所以宗教礼仪完全依靠直观感受来确定。这就使得原始宗教的礼仪常常带有不文明的野蛮的人祭和血祭。漳浦畲族的民间信仰往往是以实物祭拜，其形式高于原始宗教野蛮的人祭和血祭，但又带有血祭的痕迹，如杀鸡宰鸭烹羊等，或供米糕、米粿、菜丸、红粿。

宗教感情在宗教意识形态中具有十分重要的地位，其对于维护宗教信仰的凝聚力具有不可缺少的引力作用。民间信仰的感情，总是与特有的民族文化、民族习俗、民族生活、民族感情结合在一起，具有极大的稳定性。漳浦畲族的盘瓠崇拜，在其居住环境和特定群体感染力的推动下，产生一种特有而稳定的民族与宗教感情。因此，漳浦畲族尽管汉化程度较高，由于这种感情的存在，维系与巩固了其民族向心力。

（三）漳浦畲族民间信仰的组织

宗教组织是构成宗教的基本要素，对宗教组织的界定要区别于其他社会组织。它是一种与统一的宗教信仰目标与行为体系相联系的、共同遵照一定制度规范的宗教信奉者所结成的社会群体。

漳浦畲族的民间信仰管理，通常由本族一些德高望重的老人或一些见过世面的中年人组成，容易被认为宗教性不足。但是，宗教群体都具有宗教性与社会性两重性。任何宗教都有某种组织形式，只有通过宗教组织才能形成一个宗教的社会实体，宗教组织作为一种客观存在的社会实体又是社会组织系统中的一个支系统。宗教信徒不是游离于社会实际生活之外抽象的人，也不可能不食人间烟火，而是活动于社会之中。这点上，民间信仰多数以村落和社区组成的管理机构是可以理解的。

一般来说，宗教的组织结构与机制往往与社会的组织或者说宗族的职能交叉，甚至重合，在特定的历史条件下，宗教同宗族社会组织融为一体，或全部或部分重合的情况也是常见的。漳浦畲族的民间信仰，显示了特定的区域性，带有浓厚的宗族色彩。如漳浦蓝氏种玉堂素有极强的向心力，以家庙为中心，联络宗族的亲情。1982年成立了种玉堂"家庙理事会"，为漳州最早的家庙、宗亲管理机构之一。2007年，更是由赤岭乡人大现任副主任，出任家庙理事会主任。新一届的理事会每年都举办祭祖活动，让漳浦本地，及其海内外宗亲前来祭祀（图5-26）；还主持了祖坟的维修、建立畲族文化展览馆，与海外宗亲族谱对接；并于2011—2014年筹资数百万元，维修和扩建了种玉堂宗祠。使宗祠、祖墓和畲族文化展览馆，成为维系海内外宗亲与祖地密切联谊的纽带。

图5-26　赤岭畲族乡与台湾圣德宫等八个宫庙开展对接活动

（四）漳浦畲族民间信仰的器物

宗教器物是宗教实体的物化标记，是基本的宗教要素之一。宗教器物广义上包括宗教场所（庙宇、寺院）在内，狭义上仅指神像、圣物、法器等宗教特有的器物。宗教团体需要有一个举行宗教活动的空间场所。庙宇、圣地这些宗教器物的最大特点就是为宗教团体提供一个宗教活动的空间,在一个特定的充满宗教气氛的空间中举行各种礼仪活动。

通常,宗教建筑比较宏伟和精巧,而漳浦畲族的民间信仰活动空间多数较为简陋。前文已述,漳浦共有720多座民间信仰庙宇①,每个乡镇平均有38座以上庙宇,漳浦畲族庙宇较少,这既与其原始宗教色彩浓厚有关,也与畲族的经济相对落后有关。

---

① 漳浦县宗教局提供相应数据及笔者的调查。

第三章

漳浦赤岭雨霁顶三界公庙的个案研究[*]

本章考察的范围，以山平村为主，涉及现在的赤岭乡、湖西乡、官浔镇等地。山平村位于赤岭乡西北部，北距官浔15公里，西距石坑村5公里，东距石椅2公里，南距赤岭村5公里。东邻石椅村，西邻石坑村，南邻东坑果林林场、大行村，北隔九岭山，与官浔镇交界。辖山平、大路边、内洪、山尾顶、大丘尾、雨霁、西埔圩、镇潭、新建村9个自然村、14个村民小组，现全村452户1890人，其中除9户50人姓王，以及单户的游姓、杨姓等外，其余皆蓝姓。王姓的人口主要集中在官浔镇的横口、春建、省炉等村，7000多人，距山平20公里。蓝姓主要居住在赤岭和湖西两乡。

第一节 雨霁顶三界公庙

在赤岭山平雨查自然村，有一坡地名称雨霁顶，三界公庙即建于此。传说雨霁顶是处覆鼎金穴，不能构筑土木庙宇，一建起就会遭回禄之灾。因而只能砖砌一露天神坛，而在其下方建庙。如今，也只是在神坛上建一座三元亭为其遮风蔽雨。神坛甚小，仅容一古旧的圆形小石香炉，刻"雨需（霁）顶"三字。坛前为一长方形石案，上置签筒、油灯和两副交杯。石案前有一方形石供桌，刻有"乾隆十七年祈求甘雨谢"。离三元亭不远的三界公庙，为一座三间单进的庙宇。中间的是正厅，两侧为厢房。

---

[*] 此部分以张宏明：《村庙祭典与家族竞争》（载郑振满、陈春声主编《民间信仰与社会空间》，福建人民出版社2003年版）的资料为蓝本，按2013年雨霁顶三官大帝的庆典资料做部分修改。

正厅上奉祀着三尊神像，即三界公，皆红面长须，内穿红袍，外罩黄袍。辅顺将军则陪祀于左前方，红面怒目，五绺长须，坐于辇内，真人大小。

三界公是当地的俗称，即道教的三官大帝，指天官、地官和水官。关于三界公的来源，村民们有两种说法：一是三界公即古代的三皇，天皇氏、地皇氏和人皇氏，是世界上最早的神，也是人间最伟大的神。二是三界公乃尧、舜、禹三代帝王，由道教最高神元始天尊口中吐出的三元真气化成，秉承金、土、木三气，到人间传达天尊的旨意，掌管人间祸福以及鬼神升转之事。因而，在村民心目中，三界公是诸神中最灵验的，管三界及主录人间善恶，可赐福、赦罪、解厄，法力无边，于明朝宣德年间飞驻雨霁顶。而辅顺将军，当地俗称马王爷，其来源说法不一。但多认为，马王爷即陈元光的部将马仁，以作战勇猛闻名，后战死沙场。南宋时获"辅顺将军"的封号。据传，三界公庙内的马王爷原奉祀在漳浦县潘庵的一座马王爷庙内，后因年久失修，庙宇坍塌，山平村民因三界公座前缺少武将，将其抬至雨霁顶，卜杯请示，征得三界公同意，马王爷才留在三界公庙里。马王爷以刚强威猛，惩恶扬善著名，同样极为灵验。

三界公庙现由三个组织分管，各司其职。一为头家组织，包括王、蓝两姓，主要负责三界公庙的祭典。王姓头家每年农历二月初二换班，以卜杯的方式进行，头家候选人限于山平村、石椅村的吴山基点和石坑村的平林自然村。每户王姓出一人参与卜杯，卜得三圣者一名即为大头家，也即春祈醮时的会首，卜得二圣者两名为二头家，即春祈醮时的会副，卜得一圣者12名为头家。头家一共15名。蓝姓头家则是每年农历十月十五换班，也以卜杯方式进行。其头家候选人以四个基点为限，含山平村的三个基点和石椅村的一个基点。具体是山平、雨查、大丘尾、西埔圩、旧厝王等自然村组成山平基点，大路边和连堂组成大路边基点，内洪即为内洪基点，吴山、后营、红瓦前组成石椅村的吴山基点。吴山基点共分3个生产小组，于是，四个基点共15个村民小组。每个村民小组内以户为单位轮流卜杯，选出1人，即组成15人的蓝姓头家组织，代表山平、内洪、大路边和吴山四个基点。此外，在这30名王、蓝两姓头家中，选出1名王姓、2名蓝姓任雨霁顶三界公庙总头家，负责协调各项工作。二为基建委员会，成员共5人，由蓝姓头家中选出担任，内含会计和出纳各1名。主要对雨霁顶上的建设和规划负责，掌管庙里的所有收入。这些收入包含专项捐款、解签诗费、添油钱、摊费、巡香插炉钱，以及卖小旗、香火等收入，除专项捐款外，其余皆称香火收入。每年正月初都将香火收入一分为二，平分给王、蓝两姓头家，用于做醮和演戏。三为庙公，共两名，王、蓝各1名，分住在三界公庙的左、右厢房中，负责三界公庙的日常事务、打扫卫生、解签诗，以及卖小旗、香火等，为常年专职者。

1994年12月，山平村委会为防止村民侵占雨霁顶的场地，在县、乡上级的同意下，出资建起一环雨霁顶的围墙，留有东、南、西三门，并在南门处建一售票处，于1995年2月1日（正月初二）开始售票，但做醮及演戏期间免费入内。门票收入归村部，以备日后建设雨霁顶设施之用。

第二节 雨霁顶三界公庙主要祭典

雨霁顶三界公庙祭典众多，举行的时间、周期、组织者以及参与者各不相同。有三年举行一次的"大闹热"活动和"做神妆"，有每年都举行的"春祈醮""巡村"四个"神诞祭典"，以及随附大祭典而举行的小祭典。各种祭典有单一家族组织的，也有两个家族共同组织的。这些都透露出民间信仰传承、演变的乡土规则。

一 2013年（癸巳年）正月的祭典

2013年（癸巳年）适逢"大闹热"举行的年份，笔者调查了正月廿八的"大闹热"，是指拥有辇艺的村庄，于一个总头家卜定的日子，抬辇艺齐聚雨霁顶举行的祭典。逢农历寅、巳、申、亥年举行，日期大致固定在正月二十四至正月二十八之间，确切日期则由总头家于正月十五日在三界公座前卜杯决定。拥有辇艺的村庄并非现在规定的，乃是历史上传承下来的。村民们口耳相承的一个说法是：一百丁以上的村庄才可以出辇和艺。此说始于何时，已无人能说清。但拥有辇艺的村庄却是清楚的，即赤岭乡的大路边、山平、大行、吴山、油坑、石椅、学平、牛埕尾、赤岭、前园（皆蓝姓）；官浔镇的横口、径内（春建，皆王姓）。

2013年的"大闹热"举行的时间定在正月二十八。正月初一，三界公庙内的三界公神像被请出，供于三元亭内的神案上。马王爷也请出，陪祀于神案的左前方。随后，一系列祭典就围绕着三元亭依次展开了。

（一）割香

此活动原仅限于拥有辇艺的蓝姓村庄。这些村庄必须在"大闹热"之前抬辇艺到雨霁顶割香。时间历来固定在正月初九到正月十五，各村割香的顺序也不变。现在没有此限制，2013年辇艺的割香顺序如下：正月初九，前园；正月十，吴山、学平；正月十二，赤岭、古罗、石椅；正月十五，大路边、山平；正月十六，考池、牛埕尾（此全蓝姓）。王姓去泗洲岩请上帝爷来看热闹，所以，不用前来割香。民间认为三界公财力足，香火旺，上帝爷要前来借钱。

据总头家介绍，油坑已经三班九年没来参加了。前来割香的村庄，在活动上有所不同。前园、赤岭和学平3个村，直接到雨霁顶三元亭割香、祭拜，完毕后直返本村。而吴山、大路边、山平和石椅，除到雨霁顶外，还需到山平、大路边、吴山各村的祖厝，以及石椅的种玉堂和西来庵去献香、祭拜。各村头家率乐队和辇艺，到各村祖厝门口，搞神案，让头家、艺童和抬辇艺者，均需入门进香、祭拜，然后则抬着辇艺在祖厝门口来回过三次，抬辇者还需迅速奔跑。此为"头辇"（第一次）的仪式做法。

（二）天官神诞祭典

天官又称上元一品天官赐福紫微帝君。正月十五日为上元节，也是天官诞辰之日，三界公庙必举行祭典。祭典原由15个蓝姓头家和3个家住山平的王姓头家共同负责。现在有蓝氏27人（每小组1人，加上6位管委会，另一位总头家管开支），王氏22人（3会首，6位管委会，其他按筊杯）。没有做醮，只由头家们置办牲礼一份，含猪头、猪肝、猪肺、发粿、鱿鱼、肉、鸡、鱼等，原猪头由王姓出，现已由香火钱出。

在三界公座前代表村民们进行公祭，村民们的私祭随后。演戏遵历年规矩，推迟至春祈醮尾。祭典所需费用分钱和米，均由四个基点的所有村民共同承担。现由于香火收入甚丰及经济状况良好，头家们已不需逐户收取丁口钱或户口钱，而采用随意题缘的方式。但四个基点内的村民出米则是必需的，现多由四个基点轮流，一年一个基点。

（三）春祈醮

春祈醮在山平每年正月都要举行，内容含有做醮（正月廿四中午开始，至正月廿七，三天半），由龙海白水滋美村的道士、抢孤（正月廿六晚，由道士做三炷香后，才抢孤）及送王船（正月廿七），旨在为山平祈求全境平安及消灾。春祈醮推后至正月二十四开始。整个春祈醮的组织和费用原由王姓承担，但现在都由管委会出。做醮的道士也由王姓头家延请，当地俗称法师。

虽然春祈醮定于正月二十四下午开始，但醮场早在正月二十四上午建好（时间由筊杯决定）。醮场建于三元亭内，四周用帆布围起成四方形，神坛正对一面以作出口，方向朝西南。醮场内设施布置介绍如下：正前方神龛前的神案上供祀着天官、地官、水官神像。天官居中，地官居左，水官居右。其后壁上挂有五幅神像，由左向右依次为紫微大帝、洞玄教主、元始天尊、太上老君和勾陈天皇上帝。中间元始天尊的神像位置稍高于其余四幅。左、右壁分挂六幅群神图，一壁三幅。由供于左、右两壁前写有"灵宝大法司封"字样的符纸上所书的神名来看，左边的群神分别是"十分诸佛菩萨、九天诸司真君、三元三官大帝、五方四圣真君；灵宝元师真君、九天九霄上帝、玉皇灵宝天尊、五方五老天尊；地府元乡大帝、至圣文宣先师、三省四相真君、值日列位真帝"。右边的群神分别为"家本香火神民、当州祀典正神、太岁六甲官君；诸派古今宗师、土府真皇大帝、五岳五天圣帝；十官佐理真君、名山洞府神仙、水府扶桑大帝、诸司官将吏兵"。三界公神像前的供桌中央也列有九张印有"灵宝大法司封"字样的符纸，从左到右分别为："玉宸灵宝天尊、九天保生大帝、北极紫微大帝、玉霄道德天尊、大罗元始天尊、昊天玉皇上帝、承天土皇地祇、勾陈天皇上帝、神霄九宸上帝"。共七府六十四县之神明。

符纸前摆3个碗（插着香）3杯茶以及一个装米的斗，上插一宝剑。符纸后则摆着4个斗灯，中间两个略大，皆圆形，约15厘米高，斗的口径略小于底径，略弧腹，器宽大于高，显得略扁。斗内所装东西完全一致：稻谷满近斗口；一浅碟油灯；一把黑色剪刀；一个竹尺，放在总斗内；另三个斗，红纸写会首和两个会副，贴在笏上，插在谷中。一纸制的小红伞盖；一块小圆镜，拖鞋，竹尺放于油灯边。4个斗灯的腹部均贴有不同的斗签，中间两个左边的写着"玉京主照□修醮两天伍偕合境人等平安□元辰星灯"，右边则写着"玉京主照□会首王××合家平安□元辰星灯"。左、右两端的斗签上分别是两位会副的合家平安词。（三个斗和油灯由会首、会副各自带回家）

供桌前面为科仪桌，上置道士的法铃、木鱼、雷符、法印等器物。在左边的群神图下还陪祀着马王爷的神像，其前的小供桌上也摆有一香碗和四杯茶。近门口的左侧亦有一小供桌，上供一纸制的小型王爷和兵将的神像。

正月二十四四时许（申时），法师及其助手7人进入醮场，会首、会副等3人随同，先进香、叩拜。由法师引三界公旁油灯之火，递与会首、会首先后点燃斗灯中间的左右两盏，其余两盏则由会副亲手点燃。此时，4名吹鼓手一齐奏乐，法师与会首，会副们再上香，叩拜，祭典仪式由此拉开序幕。随后进行"发表"仪式，由法师向所有神明祷告，宣读表章，察明建醮主旨，恳求诸神降临，6位助手在旁以法铃，双音和着音乐伴奏。此后到早上，法师及其助手依次念三官经、北斗经、星辰忏、上元忏、中元忏、下元忏等经，逢午餐、晚餐还需进行"献供"仪式。其间，王姓头家不时跟随叩拜。直至正月二十六晚上，才迎来一重要仪式抢孤。晚上九时，法师将醮场内的科仪桌搬出，置于醮场门口右下方。法师头戴五福冠，坐东面西，6名助手两旁坐下，一名会副坐于法师右旁。一块雷牌置于科仪桌上，一碗香、三杯茶在旁。此外还有一大盘盛满芦柑、苹果、鸭梨、冬瓜、冰糖、饼干、花生、发粿、糖等东西。

法师与一名助手开始念经，其余6位助手则分别敲木鱼、双音和摇法铃伴奏。念经过程中，法师不时抛撒盘中的糖果与硬币，引得围观的小孩阵阵哄抢。正对科仪桌近20米远处已搭起一座孤棚。孤棚以4根5米左右高的粗木杆为支柱，距地3.5米处系紧两根横木，分别连接两根支柱，一块木板搭在横木间，紧紧拴在一起。孤棚上已放置了十二盘孤饭和十二盘糖饼，一包红包、四条烟、24斤猪蹄肉。此刻尚未到抢孤时，靠在孤棚上的竹梯被撤走。

八时，法师敲击雷牌一下。旁边有一纸神像，三炷香过，鞭炮响，众人迅速爬上孤棚，人声霍然高涨，人头攒动，小青年们争先恐后，五六人先后登上孤棚，拿口袋，略有争抢，大多数人只有下面观望。各人拿到东西，迅即下孤棚，消失在人群和黑夜里。抢孤者据说有本村人，也有外村人，但王姓未有去抢孤者，因此为王氏操办。

约晚九时，法师开始"谢坛"。法师及6位助手一同入醮场，4名吹鼓手也就位，会首与一名会副跟随。不少村民也挤入醮场，簇在门口观看。法师向吹鼓手一点头，锣、鼓先起，钹与笛子随即奏响。会首和会副在法师的带领下，上香，并向三界公和醮场外连续四次叩拜。随后，法师一手执法铃，一手拿经书，一边摇铃一边念经，助手在一旁和唱，其间4次斟酒敬神。接着，法师与会首、会副皆跪向西。法师居中念榜，即表明修醮缘由及会首、会副及众头家等的诚心祈福。念榜毕，会首、会副退到一旁。法师恭然肃立，取一笏在手，口中念念有词，朝内外各三拜，连续走三趟禹步后，取法印在手，再走三趟禹步，用法印在大叠的符纸上猛盖，嘭嘭作响。又持剑在手，走三趟禹步，以剑柄哈嘭嘭击桌。随即左手摇法铃，右手执牛角，口中念词，间或吹牛角，发出"呜"的声音，还把水倒入牛角中，洒在醮场右侧地上。连续六次完毕后，会首、会副等人抬上大盘的猪肉，皆半生不熟的，献于供桌上，再次三叩头。然后王姓头家们把盖了印的符纸和一个白虎爷拿出醮场烧掉。整个谢坛仪式就此结束，时间已是正月二十六零时二十分。醮场随即被拆，仅留三界公和马王爷的神像未动。

正月二十七午九时十分，法师开始主持送王船仪式。仪式地点在三元亭右前方，王船置于科仪桌上，一张供桌摆在其西面，法师面东背西做仪式。王船以纸糊裱而成，长3米余，高2米左右，船头船尾高高翘起。船中央为一船楼。船头红纸黑字，贴"代天巡狩"一横幅，船两侧插满纸制彩旗，分别写"代天巡狩、青龙、白虎、朱雀、玄武"等字。法师先远离王船，朝向西北方，燃三炷香插于地上，揖拜三次，开始摇法铃、吹牛角，如是三番，点燃符纸，回到供桌旁。法师开始进行洁净仪式。先唱经、上香，后用净水洁净王船，绕一圈后，法师拿起供桌上的筊杯来卜杯。此时，马王爷已被抬至王船左侧压阵，两根圆木横穿在马王爷神辇的环上，担在4个蓝氏族人的肩上，旁边还有1人敲着平缓的锣声。法师又再次唱经、上香，绕王船做洁净仪式。在旁的王姓头家立刻将纸王爷及其兵马放到船上。法师再次上香后，伸手抓起供桌上的法铃，口中大喝一声，同时猛一甩铃，王船旁的4个年轻人抓住船头船尾，撒腿就跑。与此同时，锣声大震且急促，扛马王爷压阵的4个人也撒开腿，跟着王船紧紧追去。王船冲出南门而去，马王爷则只到南门口即返回。据言，王船将被抬到一澳边，溪中有一块大石头，略凹，可将王船置于其上，任水流走。送王船仪式就此结束，时间为九时三十五分。这也标志着王姓负责的春祈醮已告结束。

（四）"大闹热"

春祈醮结束后，雨霁顶上原先的卖香火的摊位逐渐被拆除，以空出地方作正月二十七辇艺走境的活动场地。

辇，顾名思义，为一种交通工具，而艺则为艺阁之简称。参加"大闹热"的辇艺在具体形制上多种多样。但大体而言，辇多为正方柱体，长宽皆1米，高3米左右，以纸裱糊竹片而成。辇的表面从上到下分3—5层不等，遍饰纸花、小纸人和旗，最高一层尚有狮子或麒麟等饰物。艺则多为长方柱体，长2米，为斗形，底宽和高皆1米，也为纸糊裱竹片而成，遍饰纸花、纸人和各种吉祥图案。最重要的是一对艺童坐在艺上。艺童是由15岁以下的孩子中选出一男一女充任，扮古装的状元和夫人，浓妆重彩，且艺上均插一棵小树或花树。当问及村民们辇艺的意义时，娱神、热闹和祈福是最多的回答。鉴于艺上必有艺童和树，以及出辇艺的条件，艺中蕴含村民们祈求人丁兴旺的盛望，是一种相袭已久的重要诉求。

2013年（癸巳年）正月二十七的辇艺走境中，各村辇艺的排队顺序是由3名总头家中的王姓总头家安排的。虽名曰安排，实际上各村排队的顺序是由来已久，固定不变的。具体的排队顺序为：横口、春建、大路边、山平、大行、官浔、前园、昊山、石椅、学平和赤岭。油坑没有参加。而牛埕尾则与大行合为一个，合称牛埕尾盟。

正月二十七上午九时四十五分，一阵嘹亮的高音喇叭声自东门传来，锣、鼓、唢呐及铜管乐由远及近，充满整个雨霁顶。一行长队由东门鱼贯而入。当先为4人抬的一块横匾，上书"衡山横口"。随后为横口的铜管乐队，一顶半旧的红伞盖，一个小神架抬有天官，一群小孩打着三角形的蓝色和红色小旗，旗共14面，分别写有辅顺将军、三官大帝、玄天上帝和开漳圣王，其中一面旗上还写有"衡山社二房角"。跟后的是一个4人抬的艺；再一顶写着"三官大帝"的旧红伞盖和一个8人抬的辇。辇的顶部为4个翘向外的半圆形花环，前后花环中间书"横口"，两旁的花环中间书"衡山"。跟在最后的是锣、鼓、唢呐等吹打乐队。一行长队吹吹打打中，绕三元亭一周。这时，陪祀于三界公旁的马王爷神驾起身，扛到横口的队列前面，引导横口村的队列出东门，在东门外的大路上排队，等候其他村庄的辇艺队伍。

十时到十时半之间，雨霁顶上的东、南、西三门，各村的辇艺队伍陆续来到。一些无艺的村庄也组织队伍，抬神来参加，排队就只能排在后面。但来自官浔的何姓龙队，排位较靠前，据说是因为官浔参加"大闹热"的历史甚长，且连续不中断，是以排在前面，有敬客之意。

2013年正月廿八上午九点三十分列队，十点开始巡安，前后三遍。

（1）王公开路；（2）雨霁顶三官大帝匾；（3）台北金山圣德宫三官大帝；（4）台北金山圣德宫三太子；（5）横口衡山艺；（6）腰鼓队；（7）春建径内艺；（8）官浔村三老祖；（9）凉伞队；（10）大路边艺；（11）内洪大鼓吹队；（12）西乐队；（13）吴山艺；（14）石椅艺；（15）古罗艺；（16）花园艺；（17）赤岭艺；（18）牛埕尾艺；（19）电子琴乐队；（20）石坑锣鼓；（21）惠安凉伞队；（22）山坪艺；（23）泉州、南靖山城三官大帝庙、角美等四支舞龙队。

各村队伍进入时，要在三元亭周绕三圈，然后列队，由横杠轿有马王爷神像开路下，按顺序依次跟进，由东门出雨霁顶，过南门而不入，由北门入雨霁顶，以此完成一圈。各村队伍在经过三界公庙前较开阔的地方时，必欲表演一番。抬艺的年轻人先停下来，待前面队伍隔开10多米距离，周围观众聚拢过来，抬艺人数则增加至8人，向后猛奔，又再转身飞跑向前方止。此间，锣、鼓、锵声越发震天，唢呐声尤其嘹亮，围观的群众也笑声不绝，整个场面极为热烈。到十一时多，各村队伍已如是绕了三圈，艺走境即告结束，马王爷归到三界公座前。各村队伍高奏音乐，放着鞭炮，各自返村。这一个多小时的时间里，阳光直照在雨霁顶上，人们欢欢喜喜地陆续散开了。

（五）演戏酬神

正五月二十七下午，戏班已到达山平村。下午五时，戏班就开始在戏台上布置场景，主要是灯光的安置和幕布的安排。六时三十分即告完成。因演戏由蓝姓负责，戏班也由他们延请。这项所请的戏班为漳州芳苑芗剧团，剧团共20多人。晚上八时整，因天气好，观众多。演戏剧目皆由头家们决定，除《山伯英台》一戏不可演外，其余剧目均无禁忌。此一禁忌与马王爷有关。传说，以前某次演戏酬神，头家点了《山伯英台》，结果当晚风雨交加，戏台吹散、演员病倒，无法演出。因《山伯英台》中欲强娶祝英台的马俊是受谴责的角色，他与马王爷同姓马，村民们就将两者联系起来，认为马王爷就是马俊，不满《山伯英台》中被丑化、批评，而显威使戏不能演。从此，《山伯英台》的戏在山平消失了。到了正月二十九后，演戏结束，正月的"大闹热"也就正式结束了。

二 巡村

每年，三界公中的天官和马王爷都要离开山平到外村出巡。一般而言，每年正月、七月以及三界公和马王爷的神诞，天官和马王爷必须回到雨霁顶外，其他时间多在外出巡。天官和马王爷一年的巡村可分上、下半年。上半年为农历二月到六月，称巡香；下半年八月至十二月，称谢居安。因而，有的村庄一年就要请天官和马王爷出巡两次，这由卜杯决定。恭请天官和马王爷出巡的方式大致如下：首先，各村的头家在自己的村庙里卜杯，请示当年是否请三界公和马王爷来巡村，巡几次。若得圣杯，即可到雨霁顶三界公庙与庙公商量具体事宜，含缘钱和日期。交给三界公座的缘钱须在三界公庙前卜杯决定。缘钱的起价由庙公规定，卜杯时：若两个杯皆阴，称"笑"，表示三界公嫌缘钱高了，就下降；若两个杯皆阳，表示三界公嫌缘钱少了，又增。如此反复，依双杯的阴阳而增减，直到双杯一阴一阳方算圣杯，表示三界公同意此刻缘钱的数量了。头家即按此数向全村人口收取，汇总后作为三界公庙的缘钱送到雨霁顶。具体出巡日期由庙公安排，但也并非完全随意，有一些大致的惯例需遵循。最先出巡的地点在山平地区的四个基点。其次，到官浔镇的王姓村庄，然后按内蓝（赤岭乡）、外蓝（湖西乡）以及其他杂姓村的顺序出巡。

2013年正月二十七送王船以后，探井，贴符。向井水中散盐米，去邪，整一天，有十二个自然村。

2013年全年天官和马王爷出巡的村庄有一百多个，以赤岭乡和湖西的蓝姓村庄占绝大部分，佛昙、马坪、前亭、官浔、赤土、旧镇、城关、霞美等的村庄，时间一般两天。顺序，前5位为：正月二十八，大路边（含内洪）；正月二十九，山平；二月初一，吴山；二月初二，春建；二月初三，横口。据说这5个村庄出巡的时间恒定不变，其他村则由庙公按内蓝、外蓝及杂姓的顺序安排。天官和马王爷出巡的村庄，每天的费用给200元。

三　做神妆

做神妆意即给三界公和马王爷神像重新包装，使之焕然一新的祭典。做神妆的时间亦三年一次，恰在每班"大闹热"之前一年，即农历丑、辰、未、戌年的十二月举行。整个活动全由管委会负责。

四　神诞祭典

地官亦称中元二品地官赦罪青灵帝君，七月十五为其神诞；水官亦称下元三品水官解厄阳谷帝君，十月十五为其神诞；马王爷的神诞在九月十二。三界公中的三官虽各有生日，但祭祀并无分别，连同马王爷神诞一共四次，雨霁顶三界公庙均须举行祭典。由蓝姓头家与当年居山平等四个基点内的王姓头家共同组织，祭典含备一份牲礼公祭和演戏，由蓝姓承担酬神。其他费用由管委会承担。

管委会由村党支委与村委会推荐热心、有能力者，蓝姓6人（山平村），王姓6人（春建、横口各3人），每届五年。实际除年老，都没换。2003年后，党员不能参与。

第三节　祭典组织的基本规则

正主任为蓝氏，是属地管理。蓝一副，王二副，加上经手人，共七人签字。主任批500元以下，500—1000元四位领导定，1000元以上，全体管委会（每人每年补2000元，每月一管庙者1200元）通过。

一　以出米为标志的组织规则

出米是雨霁顶三界公庙的春祈醮、做神妆和四次神诞祭典中都必需的，主要用于祭典中做醮的法师们、戏班成员的饭食以及仪式所需，如孤棚上的孤饭和米等。出米是村民们除钱以外必须承担的责任之一。以下试看各祭典中头家和出米的范围。

春祈醮由王姓头家负责，与蓝姓全无关系。王姓头家的选举范围只限于四个基点的王姓和石坑村平林的王姓，官浔镇的王姓并未参与。出米的范围也以四个基点和石坑村平林的王姓为限。做醮的费用以正月分得的香火收入为主，由15个王姓头家掌管。若香火收入不够的话，方可向官浔镇横口、春建等处的王姓题缘以补足所需费用。

做神妆祭典由蓝姓头家负责，与王姓全无关系。蓝姓头家的选举范围限于四个基点的蓝姓，其他赤岭乡、湖西乡的蓝姓村庄并不参与。出米范围也以四个基点的蓝姓为限。祭典费用以蓝姓正月分得的香火收入为主，由四个基点的15个头家掌管，若不够，可向赤岭、湖西的蓝姓村庄题缘，由各村头家来筹集。

四次神诞祭典均由居四个基点范围内的王姓和蓝姓头家负责。头家的选举范围完全限于四个基点，其出米范围也在四个基点内，不论姓氏，各个基点轮流承担。四次演戏的费用由蓝姓分得的香火收入支付，若费用不够，则由头家们在四个基点内题缘，不分姓氏，绝不关四个基点以外的事。

这些含出米的祭典中，出米的范围虽然略有差异，但四个基点仍是交叉的、核心的范围。除春祈醮中王姓头家及出米范围超出四个基点以外，其余祭典的头家和出米范围都在四个基点内。并且，石坑村平林的王姓加入春祈醮组织活动不过是近十多年的事，其原因是四个基点内王姓人数过少。再加上四次神诞祭典——神庙最基本的祭典，排除了石坑村平林王姓的参与。因此，我们可以认定四个基点正是雨霁顶三界公庙的祭祀圈。四个基点内的村民与雨霁顶三界公庙之间达成了一种权利与义务紧密相连的关系。四个基点不仅享有雨霁顶三界公庙全年的香火收入，还承担着用这些香火收入举行三界公庙基本祭典的义务，祭典种类也只限于神诞祭典、春析醮和做神妆。虽然收取祭典费用的方式有所改变，但出米的范围仍清楚地表明四个基点的核心地位。

具体而言，祭祀圈内各项祭典在共同的祭祀义务中，也反映出各自的特色。神诞祭典中强调四个基点作为一个整体，是以地缘性为特征。虽然蓝姓人口的绝对优势已使"蓝姓演戏"成为一句口头禅，但在出米及补足所缺费用中，四个基点内的王姓亦有出米、出钱，并有王姓头家参与，绝非蓝姓独自组织。春祈醮和做神妆所强调的则是家族的特色，但仍以四个基点为核心。因此，雨霁顶三界公庙的祭祀圈具有地缘性及家族性的特征，王氏家族、蓝氏家族之间的微妙关系都在祭典中得到展演。

二　以出辇艺为标志的组织规则

拥有辇艺的村庄只有 11 个（牛埕尾与大行合而为一），它们唯一共同参与的祭典即三年一次雨霁顶上的"大闹热"。11 个村中，除 2 个为王姓村庄外，其余 9 个皆蓝姓村庄。其中仅大路边、吴山和山平与雨霁顶三界公庙有密切的权利义务关系，其余只具有自愿性的关系。因此，我们可以说，这 11 个村庄构成了三界公庙的一个信仰圈。自愿性与家族性是这个信仰圈的特征，具体表现如下。

首先，参加辇艺走境的村庄皆为一独立的单位。各村自选头家，自筹资金，自作辇艺，挑选艺童等，都与雨霁顶三界公庙毫无关系。即使大路边、山平和吴山等村的辇艺也不能用三界公庙的香火收入，须自己村内题缘。且各村的头家有权改变辇艺的形制。1995 年的"大闹热"中，山平村就将原先的辇艺改为一条龙，完全改变了辇艺原有的含义，向纯娱乐、搞热闹转化了。山平村改换龙的直接原因是节约费用。因辇艺均为纸制，需 1000 多元。下次"大闹热"又必须重新糊过。而龙则可多届使用，保存时间长，相应地节约不少费用。

其次，出辇艺条件中所含的自愿性及家族性。一百丁才出辇艺的说法是历史上即规定下的，已有几百年历史。鉴于男女比例基本一致的原则，男丁多即表示村庄人数多。对于一副相同造价的辇艺，人越多的村庄，个人需交的丁口钱数量越少。个人负担越轻，越具参与祭典的热情和能力。人越少的村庄，个人负担就重，会倾向于花费少的方式。因此，经济上就首先要求各村量力而行，进行自愿选择。且人丁兴旺在乡村既是一种荣耀，也是一种力量的体现。

此外，信仰上的自愿性。土塔（属赤岭乡）与湖西各村的蓝姓均开基较早（均三世即开基），若山平各村（八世开基）已有百丁，前者尚不足百丁之数，实难令人相信。一个可信的解释就是，土塔印石岩南海观音及湖西古公三王庙的存在，对三界公信仰有阻力。在信仰阻力的背后，可能存有不同地点的差别，这只能到历史上去探寻。

所以，各村是以自身的经济、信仰等具体情况，而自愿参与辇艺走境活动的。今天所见到的王、蓝两姓的辇艺数量，应是当时自愿选择参与的结果。

最后，輋艺活动的开展，几百年来相习成俗，各村輋艺的排队顺序已固定，在村民脑海中已带有了某些义务性的因子。但实际上，輋艺走境的参加与否，决定权仍是各村自己，而非雨霁顶的总头家们。1995 年的輋艺走境，油坑村就没有来，且已经连续三班九年没有参加了。相反，官浔、石坑却有村庄以龙队和抬神的形式参加。实际上，只要愿意，任何村庄都可以参加"大闹热"，但只能以輋艺以外的方式参加。鉴于山平已改輋艺为龙，而下届吴山也欲把輋艺改为双狮，可以预见的是，輋艺走境的本质将面临一场新的转变。但輋艺的排除顺序中，王姓虽少，却排在蓝姓前面，这与现实形成强烈反差。具体原因只能到历史中去追寻。

三 以巡村为标志的组织规则

现今三界公和马王爷出巡的范围，以赤岭乡、湖西乡的蓝姓村庄和官浔的王姓村庄为主，兼及官浔、龙海、佛昙、赤湖等杂姓村庄。这些村庄就构成了雨霁顶三界公庙又一个更大的信仰圈。整个巡村顺序的安排在每年正月和二月里完成。

除四个基点外，各村与雨霁顶三界公庙的关系皆为自愿性。这在其决定是否请三界公及马王爷巡村的过程中表现得最为明显。各村的头家必须先问村庙里的神，是否迎请三界公及马王爷来巡村，卜得圣杯方表示神首肯。此后，除需与雨霁顶的庙公定日期及缘钱外，其余具体活动皆由各村头家自由掌握，与雨霁顶三界公庙毫无关系。各村皆是完全独立的单位。至于巡村的顺序，大路边、山平、吴山、横口和春建等五个蓝、王两姓的村子须排在前列，顺序固定不变。这里所显示的巡村顺序，蓝姓所居的村庄已赫然地排在王姓村庄的前面，透露出与輋艺排队顺序相反的一种信息。这种反差共时地呈现在我们面前，昭示我们去体察不同历史阶段的演变。

由上可知，整个雨霁顶三界公庙的祭祀结构可分为三层：核心的是大路边、山平、内洪、吴山四个基点构成的祭祀圈，负责四次神诞祭典、春祈酿和做神妆；中层的是横口、春建、大路边、山平、吴山、油坑、石椅、学平、大行（牛埕尾）、赤岭和前园 11 个村构成的信仰圈，负责三年一度的輋艺走境；最外层则是赤岭乡、湖西乡、官浔镇的蓝姓、王姓村庄为主体，少数龙海、佛昙、赤湖等地杂姓村所构成的信仰圈，负责三界公和马王爷的年度巡村。三个层次由内到外，范围逐渐扩大，使雨霁顶三界公庙的影响由山平行政村为主的12个自然村扩展到两个县市5个乡镇的范围。这样就以雨霁顶三界公庙为中心，祭祀圈和两层信仰圈为枝叶，形成一个宗教信仰网络，其成员以赤岭乡、湖西乡及官浔镇近2万人的蓝氏家族和近7000人的王氏家族为主体，有较强的家族性。

但实际上，我们无法期望仅在当今的社会环境中，就能完全把握三界公庙宗教信仰网络的本质。祭典出现的早晚以及各祭典所透露的矛盾的信息，都不是能用现状解释的。今天所看到的只是历史的一个断面，而历史与现实的东西总是交融在一起。我们只有在历史的过程中去探寻它的原生形态、次生形态及其演变过程，才能全面地理解其今天的内涵。

第四节　家族竞争与历史记忆

一　蓝氏迁入赤岭

据族谱记载，一名叫蓝庆福的男子在元末明初来到今赤岭乡石椅村，安居繁衍，至今已逾六百年。其间历史的风风雨雨及世事变幻，在赤岭地区留下的一个深刻印记，就是蓝庆福的子孙已遍布赤岭乡全部及湖西乡北部。姓氏族群的变迁导致了赤岭地区地方文化的演变和重新诠释，这一切都浸润在赤岭这六百年的历史中，我们不可不察。

据山平的村民们所言，蓝姓到达山平之前，山平村已有其他姓氏的人居住。现居四个基点的王姓即其中之一。据《漳浦衡山王氏族谱》记载，漳浦王姓皆闽王王审知的后裔，为闽国最后一个皇帝王延政第四子继昌派下。继昌第十二世孙元吉为开基漳浦的一世祖，开基地在漳浦赤湖前王村，雅称前衡。其孙三世祖德麟与横口沈氏通婚，生三子：惠应、惠添、惠和。三子"实有才智过人，独能由漳浦赤湖前衡村迁居横山横口开基创业"，因而被尊为衡山始祖。三子皆各立一房，长子惠应称谟房，次子惠添称良房，三子惠和称肃房。三房在横口城内皆各有祖祠，王姓子孙由此繁衍开来。今山平村、石坑村的王姓即属谟房。据族谱，王姓世代皆为军户。惠应祖生有六子，除浚海、浚明外，"其余当军或出家无传"。浚海生男五，长为从云，生于明洪武元年（1368年）。从云生两子，长为志玄，生于明洪武二十一年（1388年）。志玄生男三，次子本成，生于永乐十五年（1417年），卒于成化二年（1466年），本成公即为山平大路边开基之祖。因此，可确定王姓到达山平村的确切时间大致在明初一百年间，即15世纪上半段。

而蓝姓则是在元末从江西迁入漳浦的，其开漳始祖为蓝廷瑞，讳兆，字元晦，先居于前亭岭，即高砂下尾社，后移居今龙海市隆教乡。廷瑞公生三子：长庆福，次庆禄，三庆寿。长子庆福随后迁到张坑石椅社开基，被尊为长卿一世祖。据族谱载，庆福公生于元至正十五年（1355年），卒于明永乐二年（1404年），时间在元明之际。庆福公生三子：长蔓公、次渐公、三蕃公。第三世时，因二房渐公得子晚，三房蕃公将其第三子蓝五才过继给渐公，后渐公自己得子，遂对五才养育不够。五才只好外出谋生，长成后回来，却发现二房渐公和三房蕃公的家产皆已分完，并无五才的一份。于是五才自立一房，称四房。种玉堂的四大房由此形成，开始了繁衍发展。

种玉堂大一房蔓公有三子（三世）。子分衍于今湖西乡的石步溪社；次子分衍暗厝社；三子分衍竹仔林社。

大二房渐公生二子。长子敬宗分衍溪乾社；次子若宗分衍今赤岭村的南坑社。若宗次子有六子，长子分居田厝，次子分迁花园，五子分徙岭头，六子从军守皇陵外出。

大三房蕃公生三子。长子大才分迁赤岭乡的土塔村，生有三子，长迁南山社，次居湖西乡的新城社，三子则居土塔。次子三才公迁桥内，他生有三子，长子元通和次子元盛留居，三子元兴迁后山尾社。元通有两子，长崇泽迁于平和县庵后湖，次崇漳有六子，分迁土塔庵头社、东边社及南靖县埔尾社。

大四房五才公（三世）迁居仓顶厝社。生有三子。长子元嘉迁下月屿，次子元认迁下林下厝，三子元礼迁前厝。

据蓝姓所称，蓝姓开基石椅的庆福公是以养鸭为生，并且死后葬于今前亭大社山仔尾海边。我们可由此推断，庆福公在石椅并没有土地，同时也就不可能拥有石椅的户籍。因此，到石椅谋生的蓝姓面临如何在当地附籍的问题。上面蓝姓前三世子孙不聚居石椅，反而星散各地的情形，恰好说明当时的蓝姓并没有因户口而共同承担国家税役，只是四出打工谋生。

而王姓在当时为世袭的军户，明代军户可免两丁税役。在两个家族先来后到的事实背后，应该包含着地位高低的问题。以目前的资料，蓝姓如何附籍已很难明了，但他们要在各村庄扎根却需要一段时间。

明代推行里社制度，以一百一十户为一里，每一里设一社坛和一厉坛，专门祭祀五土五谷之神和无祀之鬼神。依此制度的规定，里甲组织成为一个整合严密的单位。赋税、摇役的负担，是官方对里甲的最基本要求，里甲编户除完成各自的粮税外，还必须通过轮值的方式共同承担摇役。同时，里内各户以轮流主持的方式举行全里的"祭里社礼"和"祭乡厉礼"，参加者限于同里各户。即使如此，里内的各个村落仍以不同于甲或户的形态保持相对的独立。现在的山平、石椅两个行政村在明清皆属二十八都的张坑保。二十八都在明代统领七图（里），清代沿袭不变。清代二十八都内统保二十一，大致一图统三保。今整个赤岭乡只为一保，山平、石椅属同一保，也就可能是属同一图。

二 赤岭蓝氏之前的异姓居民

关于蓝庆福最早到石椅开基时的宗教信仰活动，现存西来庵的一块蓝氏乾隆年间立的"缘田石碑"可给我们一些启示。碑文开篇即曰："西来庵者，祀天竺佛也。我祖开基苌溪，用以妥神灵焉。"目前赤岭地区西来庵佛祖的祭祀极为普遍，石椅三年一次的普度甚为隆重，参加者绝大多数为蓝姓。这表明，蓝姓主持或参与西来庵祭典由来已久。但民国年间，蓝姓重修西来庵时，发现梁上"缘板"所列的数百人中几乎全为张姓，没有蓝姓，而石椅村现在已无张姓。可见，蓝姓并非如石碑所讲，是西来庵的创建者，只不过是承袭者罢了。石碑明确昭示，蓝姓至迟在清初已经掌管了西来庵，但他们在石椅村立足可以上溯到明中期。清康熙三十四年（1695年）的石椅《重修祖庙碑记》记载："始祖庆福公由霞美利迁于兹，初而披荆抽棘，胥原筑室，迨后本支蕃衍，至嘉靖末年，始考卜龟正，建奉先之祠。"可见建祠应是16世纪后半叶的事情。明中期以前西来庵的宗教信仰活动并无直接记载，参加整个里社的祭祀或许是石椅村民的重要宗教信仰活动。

最早迁到山平村的蓝姓是四房的道一（七世），生于明弘治七年（1494年），卒于嘉靖四十三年（1564年）。但其所居的东山后还只是山平村和石椅的边缘。其后八世英雁开基大路边赤难溪，以及十一世的晋昶（1633—1718年）开基大路边，才真正进入山平村的中心地带。晋昶公九子百孙，子嗣众多，其派下在山平村范围内迅速扩展，十二世的大玉迁居山平大丘尾，大瑚迁山平西埔圩，十五世光监迁山平内洪社。这才在山平深深扎下根来。以八世英雁、十一世晋昶开基大路边为蓝姓进入现山平村中心地区的时间，大致在17世纪，已是明后期，这与王姓迁入大路边的时间相比，晚了150年。

三 宗族兴衰在祭典中的反映

与此相应，关于雨霁顶三界公庙来源的传说也有相同的反映。传说宣德年间，从今深土乡的一座三官大帝庙中飞来一尊七宝香炉，落在雨霁顶一株独臂撑天的松柏树顶上。附近村庄的王、蓝两姓围树而拜，请求神灵驻留雨霁顶，但蓝姓卜杯始终不得圣杯，而一王姓老妇卜得圣杯，七宝香炉飘然而下，大树也无风而倒。于是，王、蓝两姓齐心合力共同祭祀三界公。此传说极为神奇，实难相信。但它所透露的信息昭示我们，王姓在三界公祭典中有比蓝姓更大的优先权。这是王、蓝两姓都确认不疑的。但其原因，绝非传说中的那件事，而是王姓比蓝姓更早到达山平、更早祭祀三界公这一事实。

此一事实在"抢孤"仪式中亦有反映。王姓负责搭孤棚，放置孤饭及白米等，抢孤者都是蓝姓，王姓绝无参与。这一参与和不参与就形成了主人与外人的反差。因为孤饭的目的本是施舍外来的孤魂野鬼，现实中多是施舍给外来的流浪汉和乞丐，置备孤饭的本村人皆是施主，两者间泾渭分明。因此，抢孤仪式中保留下来"蓝姓抢孤"的规定，实是现今山平村王、蓝两姓最初关系的一种体现。可以说，蓝姓进入山平村之前，王姓参与或负责雨界顶三界公庙的全部祭典，至少包括神诞祭典、做神妆、春祈醮等基本的祭典。因为王姓是山平村人，蓝姓是石椅村人，他们在当时的里内仍属不同的村落。

尽管里社制度在实际生活中并未绝对地执行，并在明中叶趋向解体，但这种国家制度却作为一种"传统"，以"村庙"的形式普遍存在于乡村社会之中。据文献记载，漳浦县在明代应已完成这一转换过程。康熙《漳浦县志》叙及"社坛""厉坛"时说："近世里社之制已废。浦邑城乡遍立土地祠，春时民间祭祀饮酒，即其遗也。但社主用石，而今塑像，则非古矣。秋时农家于田畔致祭，亦得古祀先蔷遗意。"又云："近时有邑厉无乡厉。……自此已不行，而无依之厉或出于依附淫祠，好为民作祸，而民间之祠亦遂多淫谀，非礼之正矣。故乡厉之祀宜与邑厉并举云。"由此可见，土地祠已取代了社坛，而厉坛则并入"淫祠"。

三界公虽有神异的传说，但三界公神坛是山平村的社坛却有明显的证据。关于这个神坛，有这样的说法：雨霁顶上是处覆鼎金穴，不能构筑土木庙宇，一建起就会遭火灾。村民称这样的事已有多起。并且海外华侨回乡祭拜，想集资建庙，在三界公面前卜杯皆不获同意。因此，目前祭祀三界公的所在仍是简陋的石制神坛，后来建起的三界公庙只能建在它下方。撇开这些神异的说法，三界公祭祀的本原其实是与石制神坛，即社坛，紧紧联系在一起的。因为在雨霁顶上，神坛旁边还建有一个小土地庙。明代里社制度中"坛而不屋"的礼制依旧隐隐地流传下来。据郑振满教授对莆田江口平原的研究，作为一里的社坛演变为祖社和祖庙，同里内其他村落则由祖社分香，另立自己的社庙时。三界公庙实际取代了社坛成为山平村的村庙，同时保持其祖社的身份。同图（里）内的其他村落则分香建立自己的村庙，这些新的村庙就因与原先里社的关系而具有某种依附的性质。

当蓝姓于明晚期迁入山平村后，也会力求参与作为村落象征的三界公庙祭典，在祭典仪式上确立其村民的资格。这一具体的参与过程现在已难以清晰地呈现出来，但蓝姓人口的迅速繁衍可视为一个重要线索。开基山平大路边的十一世祖晋昶公生有九个儿子，上百个儿孙，且四世同堂，他的祖厅称"卜翰堂"，也称"三公堂"，意即一代祖公，两代爷爷，寓人丁兴旺。同时，"三公堂"也是现在山平村蓝姓最早的祖厅。对于蓝姓人口的兴旺，蓝姓有一个"风水"的解释：建于石椅村的祖祠"种玉堂"的风水，占得"金瓜"穴地理，顺着瓜藤的蔓延，周匝纵横三十华里，蓝姓子孙繁衍茂盛。相形之下，周围其他姓氏则大为逊色。这种风水的观念与蓝姓人丁兴旺的现实融合在一处，成为其他姓村民心中挥不去的梦魇。

面对蓝姓人口不断增长所形成的压力，王姓（也应包含其他现已"消失"了的姓氏）则强调其优先权，以此观念上的力量和祖地宗族的力量来抗衡。雨霁顶三界公庙的各项祭典，就在两个家族的竞争中重组与创新。辇艺走境中蓝姓出辇艺的村落仅限于今赤岭乡，而湖西乡的蓝姓没有参与的事实，表明赤岭为二十八都与湖西为十七都的差别，实际就是不同图（里）的原因。横口两个村落出辇艺则可能是家族的原因，也可能是同里的原因。因为横口也属二十八都，自属横口保，与赤岭所属的张坑保是否同属一图，尚待考证。

终明一代，横口地区的王姓发展极为兴盛。惠添祖派下的王会、王志逵、王志远、王志道皆为高官，时称"祖孙四科甲"和兄弟"三凤齐鸣"。王氏家族声威大震，成为明晚期漳浦的望族。山平王姓以横口祖地为后盾，自也沾光。但到了明末清初，战乱频仍，尤其是顺治八年（1651年），郑成功队占领渐山、官浔、溪野等地，大本营驻横口，横口遂沦为战场。王姓族谱记述"郑国姓困漳州时，其步（部）属陈福扰乱，南溪神碑、祖庙被陈福烧毁"。横口遭受重大损失，王姓由此一蹶不振。进入清代，官宦更为沉寂。清末时横口、山平地区的王姓有5000余人，而山平村仅仅100人左右（调查所得）。

蓝姓在明代除蓝紫陶外，几无显赫的官宦。但进入清代，尤其清初，在人口与官宦方面发展迅速。这首先得力于赤岭地处偏僻山区，也非交通要道，避免了兵祸，得以生息发展。清政府为对付据守台湾的郑军，于顺治十八年（1661年）宣布迁界令；使漳浦梁山以南、旧镇以东俱为弃地，张坑成为边界，侥幸未受战乱、迁离之苦。蓝鼎元在记述其祖逸叟公行状时写道："家居官塘乡湖墘里（今湖西乡），（逸叟公）与先王母陈孺人谋曰：'天下将乱，此处非避兵之所，苌溪山母（尾）顶，先世故居，左右数十里，皆吾宗族，且深遂在万山中，无他患，当徙宅焉'……时（1674年）台湾郑氏闻耿盗兵，亦大举入寇，攻扰漳泉。伪署吴球为漳浦县令，驻扎苌溪，沿乡征粮。"可见，直到1674年，即复界令宣布前四年，赤岭地区皆平静安宁，为避兵之处、征粮之所。反而是蓝姓男儿踊跃步入行伍，于沙场上拼搏功勋。如蓝理、蓝廷珍、蓝瑗、蓝元枚等人皆官至提督、总兵等，被誉为"筹台宗匠"的蓝鼎元也官至广州知府。这些人都极大地张扬了蓝氏家族的声望，跻身于漳浦大姓望族之列。而山平蓝姓人口在清末时达2000人左右（调查所得），远远超过山平村的王姓。

现存明清时期有关雨霁顶三界公庙祭典的资料极少，无法全面考察。尽管传说三界公祭祀早至明嘉靖年间，但现存雨霁顶有纪年的资料，最早也只是清乾隆十七年的一张石桌。明代三界公庙的影响有多大，是值得仔细评估的。蓝姓与三界公庙之间最有名的传说是蓝理的故事。蓝理是石椅"种玉堂"派下大三房第十二世孙，清顺治、康熙年间人，官至定海总兵。他在收复台湾的战役中，腹部中弹，肠子流出。但他掏出三界公庙里求得的马王爷香灰，止血包扎，努力再战，竟大获全胜，从此威名远扬，被康熙帝誉为"破肚总兵"。蓝理发达后，捐资重修了"种玉堂"、为西来庵置办缘田以供香火，但却没有为雨霁顶三界公庙做事的记载或传闻。这对于在战斗中保佑他的神明，实在有悖情理。一个可行的解释，或许是三界公庙在清初基本已限于山平村的村庙，只是基于是明代里社的合法身份及威望，才吸引原为同图，现为外村的人来祭祀。于是，蓝理关注的仍只是石椅村的村庙和祖祠，三界公庙不过是外村的村庙罢了，就像现在"抢孤"仪式中村内/村外的划分。而且明代中后期王姓官宦辈出，也对蓝姓造成压力。蓝姓在清初靠战功求得功名，且人口因避过战乱而发展迅速，三界公庙祭典应在清代才成为两姓争夺的焦点。

　　雨霁顶上现存的碑刻，可使我们对晚清的祭典活动探知一二。一块清道光九年（1829年）的石碑，题为"修补龙身募众捐缘"，可知是为做神妆而筹钱。碑文较长，起首刻"三官大帝自捐银肆十大元，辅顺将军自捐银十元……"略作一统计，捐缘者中人名186个，社名12个，商号11个。人名共有24姓，其中蓝姓占绝大多数，达到120人，王姓其次，有21人。悬殊的人数对比已寓示着所承担经费的巨大差距。但在董事成员中，蓝姓5人，王姓6人，韦姓1人，共12人，王、蓝两姓人数仍基本平衡。这表明了清道光时，王、蓝两姓共同组织做神妆祭典，两姓在祭典仪式上的地位较平等。但现实中人数的不平衡已悬殊地显露出来，即将打破两姓间平等的地位。现在的做神妆祭典完全由蓝姓负责就表示平等合作关系的中止，是王、蓝两个家族竞争中的妥协。这应是发生在民国之前的事，因为现在山平村民们都说故老相传已是如此。而辇艺走境的出现，则应发生在道光以前，因为这需要有一段蓝姓人口在山平各村发展到百丁数量的时间，且辇艺走境的排队序列中，王姓的优先权仍明白无误地保存着。在不同时期形成的祭典中，显然都反映了蓝姓力量的增长和王姓力量的消退。

　　民国时，蓝姓人口在山平仍占绝对优势，但经历战乱、疾病以及土匪骚扰等灾祸，山平村人口不增反降。解放初，蓝姓仅1300人，王姓仅30余人，横口王姓则有3000余人（调查所得）。当时，雨霁顶三界公庙在山平村及吴山基点共有50多亩神明田。这些神明田的租金与三界公庙的香火收入，悉归大路边的蓝翰墨管理，由他统一结算后，正月分给王、蓝两姓作祭典费用。蓝翰墨之所以能管理神明田，源于他办事公正，王、蓝两姓都信任他。每逢祭典，蓝翰墨事先将果、饼等物分给山平村与吴山基点的七八个突出的信神者，组成董事会，由他们向各村村民筹集米和不足资金，举行祭典。除巡村在当时未有统一安排顺序，石坑村尚未加入春祈醮外，其余皆与现在相同了。当时的巡村是某村自认为村庄不宁时，才会到雨霁顶请三界公和马王爷出巡，并不预定，完全随意。

1949年以后，由于禁止迷信活动，三界公庙的祭典皆停止下来，只有私人暗地里继续祭拜。直到1980年，山平村一位素有威望的村干部倡议重修三界公庙，再塑神像，恢复了往常的祭典。此时，巡村才开始安排年度巡村表，并使四个基点排在头三天（内洪并入大路边），其后才是春建和横口。在此蓝姓借地缘性压倒了王姓的优先权，完全攫取了祭典安排的主动权。三界公庙的管理机构不仅增加了庙公和基建委员会，更重要的是头家制度的建立。1989年始用卜杯的方式选举头家，一年一换。而此前则是由有威望的村干部指定人选，随祭典而组织起来，然后旧任推荐新任。至此，以雨霁顶三界公庙为核心的宗教信仰网络在各方面才完善起来。

在社区历史的长卷中，我们看到了王、蓝两个家族人口的此消彼长，反映在神庙祭典上，就是对祭典组织权的争夺和新祭典的不断创造。换句话说，从这些神庙祭典中，我们解读了村民的历史记忆。

综上所述，山平村雨霁顶三界公庙祭典的安排，透露出两个家族对地方历史的不同诠释，反映了两个层次的社会关系。第一层是王姓、蓝姓两个家族历史上在人口、政治、经济、文化以及地位、声望等方面的差异直接造成的，这是地方性层次上的社会关系。第二层则更进一步，是国家或者官方与社会或民间的关系，即里社制度对民间宗教信仰活动强有力的制约与影响。两个层次并未表现出二元分类模式那样"形异实同"的同构面目，两个层次有各自的基本规则。官方的里社强调同一里内的平等与合作，而民间规则却是实力的显现和各种"资本"的争夺。官方的规则成为制约和影响民间社会的重要因素，但民间社会仍以主体姿态出现，消解或加强官方的影响力。两个层次都交融在600年来三界公庙祭典的活动中。

在明代，里社制度作为国家基层行政体制推行全国，随后虽然解体了，但在广大乡村却已形成一个理念：同里的人拜同一个社神。里社成为一个政治、经济、宗教都整合在一起的系统。这时的里社可以称为一个祭祀圈，因为里甲户与里社之间是义务性的关系。随着里社的解体，里社成为所在村落的村庙，同里其他各村则以分香等形式自立村庙，里社的理念转移到村庙上，形成各自的祭祀圈。但原里社转变的村庙因其为国家推崇且年久灵验等原因，成为新立村庙的祖庙，各个村庙基于原先里社祭祀的"惯习"而参与祖庙的活动。由于里甲的解体已成为事实，赋役的基本单位实际上由里降为里甲户或家族，内、外村的区分得到强调，各村庙对别村祖庙活动的参与只能以自愿性的方式表现，信仰圈由此出现。这只是里社向祭祀圈、信仰圈转换的一般过程的描述，现实中受地缘、家族及其他事件等具体因素的影响，叠加进新的规则，所以两者之间并不完全对应。

本节中王、蓝两个家族就是具体的文化载体，他们在明清里社制度的确立与解体的过程中，依据相互关系的变动，维持或创造出三界公庙的一系列祭典活动。元末明初，王姓以军户开基横口，蓝姓则流动至张坑（今赤岭乡）的石椅村。明清两代，张坑和横口是否同里尚待考证。但赤岭乡内各村同属一里和湖西乡另属一里是可以肯定的。于是，王姓在明初一百年间迁入今赤岭山平村，两姓即因同一里的关系共同参加里社祭祀。里社坛就建在山平村的雨霁顶。明中叶里甲解体，三界公庙取代了里社坛，转变为山平村的村庙，同时也是其他村庙分香出去的祖庙。同一里的其他村落与它的关系变为内外关系。蓝姓所居的石椅村也不例外。"抢孤"仪式中的主人与外人，以及传说中"王姓先拜三界公"的说法都是这层关系的反映。现居于山平等四个基点内的各姓村民，正是因此组成了三界公庙的祭祀圈。在内的一方面，王姓最早应该主持或参与全部的祭典，明晚期蓝姓迁入山平，在村落的层面上与王姓成为同村人，参与三界公祭典也就名正言顺。于是，王、蓝两姓共同主持祭典，这至迟反映在道光时期"补神妆"祭典的合作上，其后至今则形成了各自主持祭典的局面，这是两姓人口消长的直接后果。在外的一方面，首先是11个村落组成的輋艺信仰圈，其中9个蓝姓村落都位于赤岭乡，清时同属一里，湖西乡虽蓝姓众多，但其明清时属十七都，与赤岭分属不同的里，并无輋艺。这说明，蓝姓輋艺信仰圈的形成是基于同一里的缘故。"内蓝"和"外蓝"的区分就是一个明显的表现。而王姓由于里属不明，可能是同一里，也可能是缘于家族关系而打破里的限制而参与进来。攀艺排队中，王姓虽少却排在蓝姓前面，表明王姓在此时仍处于优势。其次是巡村信仰圈，这是20世纪80年代才确立的，范围远超过历史上里的限制，涉及两个都（现在的两乡一镇）。巡村顺序上，山平村排在首位，表明蓝姓获取了主动权，超过了王姓。整个祭典透露出的多种声音，是历史上两姓族群消长及互动的结果，只能在历史过程中才能完全理解。

以上由一个社区而进行的研究，既可以看到社区内具体的人群关系，也可以从中探讨超出具体社区之外反映国家与社会的关系。这表明社区研究完全可以超越社区的特殊性去揭示更广泛的普遍性。之所以如此，因为社区研究的主体基本上是具体的、可检验的、可以避免随意的抽象化。同时，社区研究并不存在是否有典型性或代表性的问题。就像皮埃尔·布迪厄（Pierre Bourdieu）对西方知识分子个体神圣观念的反思，他指出："反思性揭示了社会处于个人的核心，人际关系隐藏在亲昵行为之下，普遍性深埋在最特殊的现象之中，从而使我们能够摆脱这种带有欺骗性的错觉。"布迪厄指出的是，没有纯粹的个人，社会深隐其中。本书想指出的是，没有纯粹的社区，国家深隐其中。一句话，国家与社会是一体的。任何一个社区都是国家、社会、历史、文化等相互关系的一个具体表现，各个社区之间只是表现方式、角度、程度之间的差异。因此，对研究者而言，重要的是从社区的具体事项中去把握国家、社会与个人的相互关系，感悟特定社会空间内人的生存状态。总之，社区研究是充满活力的。

第六篇
漳州民间信仰的海外联系

第 一 章

保生大帝信仰的海外联系[*]

保生大帝，姓吴名夲，今漳州台商投资区角美镇白礁村人。吴夲原来是一名民间医生，其精湛的医术、高尚的医德，赢得闽南民众的信服，逝后即被奉祀为神。自宋迄明，吴夲获得了历代王朝的多次敕封，封号从侯、真人、真君直至保生大帝。随着神格的提升，保生大帝信仰也从其出生地白礁，传播到整个闽南地区。元明以后，随着闽南民众东渡海峡开发台湾，南下南洋开发东南亚，保生大帝信仰又进一步传播到台湾、东南亚等海外地区[①]。今天，保生大帝信仰构建起来的神缘，以及家族姓氏构建起来的血缘，两条纽带相互交织，成为紧密联系海外台胞、侨胞的重要桥梁。

第一节 白礁村的海外联系

一 白礁村

白礁，位于漳州市东部与厦门交界处，西距漳州市区20公里，东距厦门市区10公里，西邻角美镇金山村和鸿渐村的崎巷社，南临九龙江入海口。白礁历史上长期隶属泉州府同安县管辖。宋时同安县设三乡（永丰、明盛、绥德）33里，后并为27里，再缩为11里。白礁属明盛乡积善里。元时，白礁隶属泉州路，明清时期仍隶属泉州府。清康熙间分同安

---

[*] "海外"指中国大陆以外的地区，包括港澳台及中国领土之外的世界。

[①] 参见范正义《保生大帝信仰与闽台社会》，福建人民出版社2006年版。

县为三乡 11 里 37 都，明盛乡积善里共 4 都 5 图，白礁属 20 都。民国年间，白礁仍属明盛乡积善里 20 都。中华人民共和国成立后，1957 年 3 月，将同安灌口区的锦宅、金山（含白礁、潘厝）、东孚、鼎美 4 个乡划给龙溪县（4 月 18 日将未移交给龙溪县的东孚、鼎美 2 乡划给厦门市郊区）。1960 年龙溪与海澄两县合并为龙海县，1993 年撤县建市为龙海市。白礁属龙海市角美镇白礁行政村。2012 年国务院批准在角美镇设立国家级漳州台商投资区，白礁属漳州台商投资区角美镇。

白礁是一个历史文化古村落。白礁传说很早以前是由海上的礁石浮出而成，而所有礁石又都是白色的花岗。古时代白礁又称礁城，是先民们为防海匪与外盗，特在村落四周修筑城墙，并设东西南北四城门。白礁至今还保留四城门名称及遗址和部分城墙。

坐落于白礁村的白礁慈济宫，始建于南宋绍兴年间，现仍保存三进皇宫式殿宇，为全国重点文物保护单位。白礁慈济宫是保生大帝信仰的发源地，每年接待赴此谒祖进香的各地香客和游客 30 万人以上。

文圃山是白礁的另一处著名人文景观。文圃山位于白礁北面，四望圆秀，旧时被称为十八面山。唐朝末年，著名文人谢翛、谢修兄弟曾读书于此。谢翛为唐文德元年（888 年）进士，辞藻华丽，极有文采。更为人称道的是他的气节。唐末黄巢起义，攻入长安，唐僖宗西幸入蜀。谢翛高风亮节，隐居不仕，直到僖宗于光启年间回銮长安后，才出来参加科举考试，为朝廷效力。此后，五代南唐时，主簿洪文用与其族人洪泽亦隐居于此。与先辈谢翛相似，洪文用也讲求气节，在五代分裂乱离之际，没有趋炎附势，而是自甘淡泊，隐居于山中，纵情于山水之间。宋崇宁中，处士石贲因上书直言得罪权贵，也回到文圃山隐居。宋绍兴间，同安主簿朱熹来游时，以此山文士辈出，遂将十八面山改称为文圃山。到了宋嘉定间，进士、广州别驾杨志以谢翛、洪文用、石贲三人"隐居山下，里庐相望，辞藻并推，清节玄风，后先扇映"，于山中龙池岩创三贤祠来纪念他们。

除了文人学士先后在此隐居读书外，文圃山秀丽的风景也吸引了不少僧人到此开山建寺，传播梵音。文圃山上最早创建的寺庙，应该是南朝宋武帝永初年间（420—422 年）兴建的观音寺。观音寺前有玲珑精巧的拱桥——"跃龙桥"，其得名据说与唐太子李忱有关。相传在唐会昌四年（844 年），太子李忱随高僧断济禅师云游至此，喜此间山幽林密、石棱泉冽，解衣到桥下沐浴。因此，这座桥后来便被称为"跃龙桥"。到明代时，文圃山中的寺院越建越多，形成了"佛祠相望"的局面，如以"云"字命名的寺院，就有"云岳""云峰""云泉""云峤"四座之多。

白礁村南是九龙江。九龙江发源于大田县与龙岩市，为福建南部最大的河系。浩荡的九龙江水穿过一望无垠的漳州平原，最后于白礁村南面奔流入海。

倚山面海的地理形势，赋予白礁一种钟灵毓秀的灵气，清道光间厦门人林廷瓒在《保生大帝实录》这样描写："盖山川秀丽，五行相生。正南顿起高山，芦花结为白礁。大江水融注，前朝七星石护卫，左右龟蛇镇塞水口，钟灵毓秀。"① 可见林廷瓒对白礁的地理情况是极为赞赏的。

改革开放后，白礁村利用邻近经济特区厦门的地利之便，搞体制改革和农村城市化，村容村貌有了很大的变化。白礁村民自营企业有龙海市上全工艺品有限公司二间，工人500多人；石材加工厂3家，石材加工工人18人；运输车辆大、小60多架；铝合金铁件加工3家；木制品加工4家；水电商店5家；建筑材料销售3家。在工业化的同时，白礁村也进行现代农业建设，养虾、蟳和鱼。目前淡水1000多亩，海水养殖3000多亩。剩余劳力基本上到当地工厂、企业打工。全村每年社会总产值保持在39627万元，人均7.6万元。

2002年，白礁被划入漳州龙池开发区，白礁村角嵩公路（319国道）以北的土地160公顷亩全部被开发区征用。白礁成为经济开发的热土。著名企业建发集团在这边投资最大的房地产项目圣地亚哥、半山墅。漳州人在这里投资标志性建筑宝升国际、鸿源尚品、龙欣杰座等房产。台湾的灿坤公司、长春化工，王永庆投资的福欣钢铁厂，金龙客车、金旅客车、申龙客车，香港的喜盈门家具等大企业，均汇聚于此。

二　白礁慈济宫

白礁村里有一座白礁慈济宫，是奉祀闽台医神保生大帝的祖宫。自南宋绍兴二十年（1150年）肇建以来，白礁慈济宫便以其宏敞巍峨的皇宫式建筑规模、古色古香的艺术格调，以及常年旺盛的香火供奉，被誉称为闽南"故宫"。

---

① 林廷瓒：《保生大帝实录》，宏大善书局1933年石印本，第6页。

白礁慈济宫（图6-1）为一座五门三进皇宫式建筑。殿宇分前、中、后三殿，前殿两边为文武朝房，共开五门。正中大门上边，高悬"慈济祖宫"横匾，笔势雄浑有力，为我国著名书法家启功先生的神韵之作。大门前边两侧，各立着一尊紫色石狮，雕凿细腻，形态栩栩逼真。殿前走廊立有数根方形石柱，石柱上镌刻两幅亦文亦画的竹叶联，立意新颖且惟妙惟肖，其联曰："慈心施妙法，济众益良方；保我德无量，生民泽利长"。前殿二楼，中间辟为会议室，两边各悬挂有巨钟及巨鼓，钟鼓形制古朴，叩之锵然有声。

图6-1　雄伟壮观的白礁慈济宫

中殿与前殿之间有天井隔开，天井中有一眼水井，这是宋代慈济宫扩建时，保生大帝涌泉以饮病者的遗迹。天井正中还立着一只手握印签、颇显匠心的石狮，称为"国母狮"。据说当年保生大帝化做道士，入宫医愈文皇后的乳疾后，文皇后感念神恩，特命京城中的能工巧匠，雕塑一只握有保生大帝印签的石狮，派人由北京专程送至白礁慈济宫。在石狮与正殿之间，是一块四方形的献台，台檐四周镂有生动活泼的"飞天仙女""狮子戏球"浮雕。献台是各地保生大帝同祀宫庙到祖宫进香时，奉献各种祭品的场所。民间传说，由于各地同祀宫庙在保生大帝诞辰时纷纷返回祖宫进香，常常一天之中有数十团的香客先后赶来，经常发生争抢献台的纠纷（图6-2）。后来保生大帝乩示，今后泉州府五县的进香团继续到白礁慈济宫进香，漳州府七县的进香团则改往漳州府海澄县的青礁慈济东宫进香，这样才避免了因香客拥挤而酿成的不必要的麻烦。

图6-2 保生大帝塑像被请出宫祭拜

步入中殿，两边丹墀俱用光石铺成，既端庄大方，又显得明亮可鉴。中殿顶盖为蜘蛛结网式的木拱结构，不仅美观精致，而且有着独到的防震功能。在明正统十年（1445年）漳州六级地震、万历三十二年（1604年）泉州湾外海八级地震，以及1918年东山岛的七级地震中，慈济宫的正殿均因殿顶的蜘蛛藻井结构而安然无恙，这不能不说是建筑史上的一个奇迹。正殿保生大帝神像前祭桌的正中摆放着一个铜质香炉，据说这是保生大帝生前采药炼丹用过的香炉，距今已有千年之久。香炉的两侧，各摆有一只白花瓷瓶，约60厘米高，为光绪十二年（1886年）台湾信徒欧阳运祥在参加台南学甲慈济宫的"上白礁"谒祖祭典时，亲自携来敬谢保生大帝的纪念品。此外，中殿还有十根雕凿精美的蟠龙石柱，则是台南县学甲镇乡亲在嘉庆二十一年（1816年）白礁慈济宫重修时，专程派人跨海运来的。

白礁慈济宫正殿中主祀保生大帝。保生大帝神像光彩奕奕，头戴金冠，身披龙袍，脚蹬龙履，蓄有短须，两眼炯炯有神地直视前方。保生大帝两边陪祀东、西圣侯。东、西圣侯即宋高宗在绍兴二十年（1150年）敕庙白礁时，奉命入闽监督施工的官员。两神像身着官袍，神色恭谨地站在保生大帝的身旁，一起接受信徒的香火供奉。正殿两侧则配祀邓天君、连圣者、刘海王、孔舍人等三十六神将。这些神像姿态各异，有的手执铁斧，有的龇牙咧嘴，有的道貌岸然，皆为雕刻者匠心独运的作品。

慈济宫后殿奉祀圣父吴通协成元君与圣母黄氏玉华大仙，圣父母像前的一尊神像，据民间信徒认为，是保生大帝的弟弟吴根。圣父母龛前的供桌上，从左到右排列着八尊小神像，依次为《封神榜》故事中的雷震子、托塔李天王、哪吒等。圣父母神龛左边，祀有千手观音、善才、龙女与韦陀等神像。再靠左些的神龛，合祀有王公、大妈婆与大赛哥。圣父母的右边，奉祀专管小孩的注生娘娘。再右边是与山体连接的"寿"字大石。此外，后殿左壁下还祀有白礁王姓的祖神开闽王王审知，右壁下陪祀护国公。据说护国公专管牲畜，欲求六畜兴旺的信徒往往到此神前祭拜。

三　白礁慈济宫的海外联系

（一）对侨联系

保生大帝是闽南民众普遍奉祀的一尊神祇，宋明以后，随着闽南民众下南洋谋生，保生大帝信仰随民众的步伐来到了东南亚。我们目前尚未从历史文献中，找到东南亚华侨华人从白礁慈济宫分灵神像到侨居地奉祀的直接记录。但是，白礁慈济宫作为各地保生大帝信仰的祖宫，它一直都是东南亚华侨华人心目中的宗教圣地，是华侨华人与祖籍地保持紧密联系的一条重要纽带。这一点，可以从慈济宫目前仍保存完好的数块清代重修碑记中得到验证。

光绪四年（1878年）《重修慈济祖宫碑记》（图6-3）中，指出白礁慈济宫是保生大帝的祖宫，保生大帝灵敷天下，"华夏、蛮貊，罔不率被"，所以此次重修募款主要面向海外，"向海外各处漳、泉人等诸善信者鸠金重构"①。根据碑记记载，参与捐资的海外华侨华人有：川垄大妈腰陈捐银肆百元、川垄大妈腰马捐银肆百元、川浪甲必丹董捐银肆百元、甲必丹陈口捐银一十元……玛腰（Majoor）为荷印殖民政府赐予印尼华人领袖的一种头衔，甲必丹是葡萄牙、荷兰等殖民政府授予马来西亚（包括新加坡）华人领袖的一种称号。这次重修中，有两名大妈腰和两名甲必丹共四名侨领捐献，足见东南亚华侨华人对白礁慈济宫的信仰与支持。依据碑记，此次重修中捐款数额最大者为许泗漳（捐银六百元），第二为泉州花桥慈济宫（捐银五百元），而四个侨领中的三个都各捐银肆百元，排名第三，华侨华人捐献的总额则居此次捐款名单的第一，是白礁慈济宫此次重修的最大功臣。

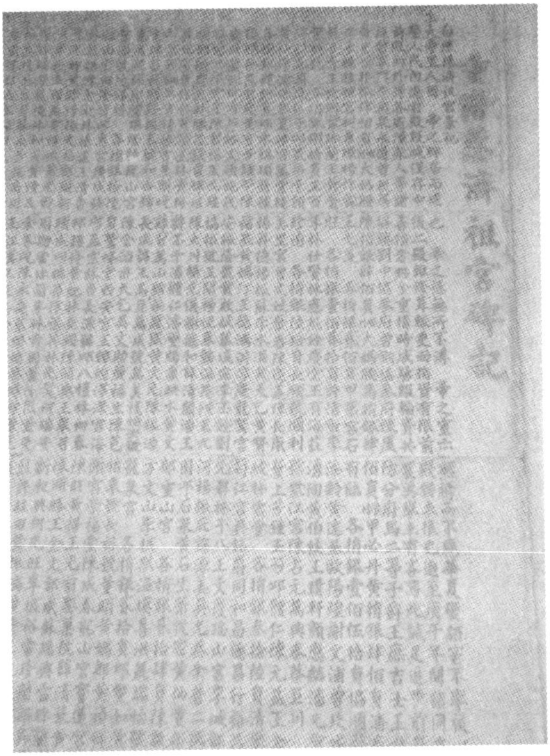

图 6-3　光绪四年《重修慈济祖宫碑记》碑刻

---

① 郑振满、丁荷生：《福建宗教碑铭汇编·泉州府分册》，福建人民出版社 2003 年版，第 1144 页。

此外，民国十二年（1923 年）《重修慈济祖宫捐缘姓氏碑志》中，也有"仰光爪哇岛曾广庇捐银一千盾""吕宋埠计捐银二百三十八元七角""吕宋埠周水添银二百员"等记录①，说明东南亚华侨华人始终是白礁慈济宫历次重修重建工程的重要支持者。

20 世纪 80 年代后，中国大陆实行改革开放，东南亚华侨华人信徒也开始加强了白礁慈济宫的联系。据白礁慈济宫管理委员会总干事王亚生介绍，近年来，印尼、马来西亚、新加坡、菲律宾等地都有保生大帝宫庙到白礁祖庙进香。其中，联系最紧密的是新加坡真人宫。1912 年，惠安县西福村民在下南洋时，求得当地保生大帝（又称竹西公）神袍一件，一路漂洋过海来到新加坡。此后，几经迁徙，原先的亚答屋被改建为真人宫，供奉保生大帝。从 2001 年开始，新加坡真人宫就积极组织海外进香团，赴海外进香联谊。这些年来，以海外进香形式参访过的宫庙"计有漳州白礁慈济祖宫、惠安岩山寺、泉州富美宫、惠安青山宫、青礁慈济宫、泉州花桥慈济宫、泉州青龙慈济宫、泉州真武庙、安溪东岳寺/城隍庙、南安橫林庙、南安凤山寺、湄洲妈祖庙、安溪清水岩等庙宇"②。其中，白礁慈济宫是对外联谊的主要目的地，几乎每次到中国大陆，都要到白礁参拜。

此外，菲律宾马尼拉宝泉庵，1948 年建庙，香港宝泉庵正炉，创建于 1990 年，两宫香火均来自晋江深沪沪江宝泉庵。沪江宝泉庵为清嘉庆十年（1805 年）分灵自台南学甲慈济宫，学甲慈济宫又是明永历十五年（1617 年）从白礁分灵香火建庙的。菲律宾马尼拉宝泉庵和香港宝泉庵，在香火来源上都可以最终追溯到白礁，可以说是白礁慈济宫的第四代分灵庙。每当马尼拉宝泉庵和香港宝泉庵赴晋江深沪沪江宝泉庵进香时，都会顺便到白礁慈济宫进香。

（二）对台联系

见诸文献记载的台湾最早建立的保生大帝祠祀，据台湾学者卢嘉兴的考证，应是肇建于荷兰据台时期的台南县广储东里的大道公庙。据王必昌

---

① 郑振满、丁荷生：《福建宗教碑铭汇编·泉州府分册》，福建人民出版社 2003 年版，第 1342、1348、1349 页。

② 《新加坡真人宫》，新加坡真人宫 2007 年印行，第 65、71 页。

《重修台湾县志》载："荷兰据台，与漳泉人贸易时，已建庙广储东里矣！"该庙现位于台南县新化镇丰荣里洋子五六号，俗称"开台大道公"[①]。郑成功复台后，保生大帝信仰在台湾有较大的发展，王必昌提到："嗣是郑氏及诸将士皆漳泉人，故庙祀真人甚盛。"[②] 王必昌认为，郑成功军队将士多为漳泉人，他们在家乡即已崇祀保生大帝，入台后必然延续家乡风俗，继续奉祀保生大帝。入清以后，随着几次闽人移台高潮的到来，台湾各地普遍兴建起保生大帝宫庙。今天，保生大帝已成为台湾的强势民间信仰，截至2001年参加台湾"全国"保生大帝庙宇联谊会的宫庙就有264宫。这264座宫庙分布于花莲、宜兰、台北、桃园等17个县市，其中，以台南最多，共有89座，高雄、嘉义等地次之。

白礁慈济宫是保生大帝信仰的起源地，台湾的很多保生大帝宫庙，其香火都可以溯源到白礁慈济宫。下面以1987年出版的"全国佛刹道观总览"《保生大帝专辑》记录的宫庙香火来源作一分析（表6-1）：

表6-1　　　　　台湾保生大帝宫庙香火来源统计表　　　　　单位：座

香火来源	宫庙数量
白礁慈济宫	22
福建及其他省份	49
台南学甲慈济宫	10
台北保安宫	3
台湾本岛其他地方	16
不明香火来源	18

资料来源："全国"佛刹道观总览《保生大帝专辑》，台北，桦林出版社1987年6月版。

由表6-1可见，在"全国佛刹道观总览"《保生大帝专辑》收录的118座保生大帝宫庙中，香火直接来自白礁慈济宫的就有22座。考虑到学甲慈济宫和台北保安宫的香火也来自白礁，因此，学甲慈济宫和台北保

[①] 卢嘉兴：《有关台湾最早兴建的庙宇》，载台湾全国保生大帝庙宇联谊会编《真人》第8期，33页。

[②] 王必昌：《重修台湾县志》卷6《祠宇志》。《台湾文献史料丛刊》第2辑，大通书局1984年版，第179页。

安宫的分灵宫的香火也可以间接追溯到白礁。这么一来，台湾保生大帝宫庙中与白礁有香火关系的就增加到35座。

台南学甲慈济宫（图6-4）是白礁在台湾的分灵庙中，影响最大的一座。据传，明永历十五年（1661年），白礁乡忠贞军跟随郑成功入台时，鉴于旅途风波险恶，由李姓信徒迎请白礁保生大帝一尊，随船护航。忠贞军于台南头前寮将军溪畔登陆，并在打败荷军之后，于头前寮东面四公里的学甲解甲耕垦，建设家园。解甲后的忠贞军民，在学甲草茸小屋奉祀从白礁迎请来的保生大帝，学甲慈济宫于焉创建。由于学甲慈济宫分灵自福建白礁祖庙，辖境居民祖先均来自大陆，为表达饮水思源的故土之情，信徒自发形成了一年一度的奉保生大帝神像"上白礁"的谒祖活动（图6-5）。据传，最初的"上白礁"谒祖祭典定于每年农历三月十一日，学甲附近的信徒将保生大帝神像迎至将军溪畔，然后乘船回福建白礁进香谒祖，如白礁慈济宫神案上的两个白瓷花瓶，就是学甲信徒欧阳运祥在光绪十二年（1886年）参加"上白礁"谒祖祭典时亲自携来敬谢保生大帝的纪念品。直到1920年最后一次返乡后，"上白礁"活动才在各方面因素的阻挠下，采取今天众所皆知的遥拜仪式。

图6-4　台南学甲慈济宫

图 6-5　台南学甲慈济宫上白礁寻根谒祖祭典

由于白礁慈济宫在台湾的广泛影响，20世纪80年代末期两岸关系解冻后，该宫的重修工程很快在台湾信徒的主动介入下得以提上日程并顺利完工。经历"文化大革命"风雨后，白礁慈济宫呈现出残破景象。1984年，福建省文物局、漳州台联会以及晋江一带信徒筹资，白礁后殿得到重修，但全面大修则等到台湾信徒重新与白礁取得联系之后。1987年，台南学甲慈济宫董事长周大围因神像分身不敷使用，乃返回大陆寻访祖宫。周氏几经周折终于来到白礁慈济宫时，却发现祖庙残破不堪，亟须整修。返台后，周氏发动全台保生大帝同祀宫庙，成立台湾"全国"保生大帝庙宇联谊会，进一步成立白礁慈济宫修建促进委员会，直接负责白礁慈济祖宫重修的筹款事宜。在白礁慈济宫修建促进委员会的积极活动下，联谊会在台共募得人民币一百二十多万元、金箔三十五万张，用于祖宫重修。白礁慈济宫经过这次大修，"扶倾补缺，撤腐易新，雕龙画栋，漆刷一新，更是金碧辉煌，宏伟壮观"①。1990年，台湾新竹市镇安宫陈坤火等，在台募得人民币十二万元，于角嵩公路边、距白礁慈济宫1公里左右的入口处，创建白礁慈济祖宫牌楼。经过三次的重修，今日的白礁慈济宫，巍峨壮观地耸立在九龙江畔，可谓美轮美奂（图6-6）。

图6-6 台湾信众踊跃参加白礁保生大帝祭典

自白礁慈济宫重获壮观后，台湾各地保生大帝信徒纷至沓来，每年都有数十个进香团赶到白礁慈济宫谒祖朝圣。此外，台湾保生大帝庙宇联谊会自顺利重修祖庙后，继续扮演台湾保生大帝宫庙与祖宫之间联系的组织者的角色。例如，自1990—1992年，周大围以联谊会的名义，连续三年组织台湾各地保生大帝信徒到白礁慈济宫谒祖进香。2000年5月，白礁慈济宫举办五朝清醮，联谊会会长周尚贤率领佳冬万寿宫、高雄鼓山亭、高雄广济宫、台中元保宫、草湖玉尊宫、后劲圣云宫、台北芦洲保和宫、彰化大城咸安宫、台南学甲白礁宫、学甲慈济宫等多人参与科仪，并提供

---

① 黄有兴：《学甲慈济宫与壬申年祭典纪要——兼记前董事长周大围》，《台湾文献》1995年第46卷第4期，120页。

醮典大量祭品，包括普度供品六百桌、金银纸箔新台币一十三万元。此外，台南学甲慈济宫提供供品六百桌，大米二万斤，干果二百箱，米粉二千二百斤，饮料四十二箱，粽子一万四千粒，水果四十二箱，生油六十斤，糖一百二十斤，盐六十斤①。

四 白礁王氏家族及其海外联系

白礁原居吴姓，据传风水被夺而外迁。相传白礁吴氏传到第十五世吴学德时，村中一株被视为风水树的百年老榕日见倾斜枯萎，保生大帝托梦学德，指示以红丝线托住榕树，方能保吴氏兴旺。学德命其子处理此事，其子拒不相信。而女婿王某却听从岳母之言，用丝线及灯芯把榕树托住。村里的风水从此为王氏所得，王氏愈加兴旺，吴氏却日益凋零。保生大帝又托梦学德，要他带领吴氏族人向东迁徙，直至牛骑人的地方才可定居。于是学德率领吴氏族人一路向东，时逢下雨，学德发现一牧童躲在牛腹下避雨，领悟到这就是保生大帝梦中所指的牛骑人的地方，便决定在此定居，这里就是厦门的石兜村②。

白礁王姓始祖际隆公系开闽王审知第十四世孙，其族出自光州固始，于唐末定居福州南台。际隆公生四子，长右泰公、次右丰公、三右丞公、四右辅公。右泰公于元末官至兵部郎，直节情操，著声朝野，值元明鼎革而殉国难。为避战乱，右丰公带上右泰公的三个幼子正本、正始、正禽，迁居晋江乌乳巷尾厝仓头。后嫌仓头地鄙，再徙同安积善里二十都白礁。右丞公卜居同安县马銮，右辅公卜居漳浦县官浔横口。此后，右丞公、右辅公的后裔又分支到龙海深沃、南安水头以及广东等地③。

右丰公和右泰公三子迁居白礁。右丰公生有三子，正智公后裔迁居同安马巷和翔安美山；正安公第十七世后裔迁居龙海溪墘；正敏公开基白礁上巷角，至第十世王文医随郑成功军队入台。王文医入台后，定居于高雄县路竹乡一甲楝榔林，在此开荒拓垦，繁衍生息。王文医第十世裔孙王科

---

① 刘玉堂：《大道公传与全国保生大帝庙宇联谊会大事记》，台北：台湾"全国"保生大帝庙宇联谊会，2002年，第115页。

② 参见陈清平《石兜吴氏与"真德殿"》，载厦门市海沧青礁慈济东宫董事会、管委会编《圣山春秋》，海峡文艺出版社1998年版，第184—185页。

③ 参考《王礁王氏世系图》（以木匾的形式悬挂于白礁王氏宗祠）。

生六子：珠庆、顺天、金平、正雄、胜源和胜舟。王金平即为今台湾"立法院"院长。据《高雄县路竹乡一甲白礁王氏族谱》记载，王文医随郑成功克复台湾前夕，特意到浙江普陀山，乞求观音菩萨香火随船护航。康熙二十二年（1683年）清廷收复台湾，王文医等将士忠贞不事二主，分居于榔槺林、新园、陷后、窑仔甲、山崙仔、獭爪、营前、营后、旧廊、石仔濑、前窝、大应公、三甲等十三个庄头。十三庄民众感念观音菩萨显灵佑助十三庄人丁兴旺、平安顺利，决议于榔槺林建庙，奉祀王文医从浙江普陀山奉请来台的观音香火。庄民以每年农历二月十九日观音诞日为十三庄信众共聚共庆的活动日，以每年农历七月十一为中元节普度施舍的日子。民国8年（1919年），由于地理变迁，十三庄头中的一些村庄败落，庄民迁居外乡。有鉴于此，营前、营后、榔槺林庄民发起重修观音亭，以砖石建造正殿两边护室，先贤林起再捐建拜亭。民国9年（1920年）日殖民政府施行破坏神像、庙宇政策，庄民将观音菩萨神像移至先贤王闹廷宅中藏匿，至台湾光复即迎回观音亭安座。民国35年（1946年），由于营后、前窝、三甲等村庄陆续败落，信众提议将旧大庙拆迁，王金平兄长王珠庆购地捐献给族众，从而解决了建庙的地基问题。民国61年（1972年）观音亭前殿竣工，信众于该年正月十九日迎神安座。接下来续建大雄宝殿和两边两层楼的香客室、筵席场。历十年光景，观音亭终于建成[①]。此外，明末白礁乡忠贞军跟随郑成功入台时，将白礁慈济宫保生大帝神像迎请到台湾，创建台南学甲慈济宫。王文医为白礁人，也跟随郑成功入台，因此其家族也是学甲慈济宫的信徒。每年学甲慈济宫举办"上白礁"谒祖祭典时，王文医后裔都要去随香祭拜。

右泰公的后裔主要在白礁繁衍，今天的白礁王姓，多为右泰公后裔。但右泰公的后裔也有一些外迁，如第九世继富、继高居台湾，第十四世事敬迁居台南，第十五世坤殿、十七世宗周、求和、十九世仁育均迁居新加坡，第十六世国清迁居马来西亚槟城，等等[②]。

历史上白礁王氏迁徙台湾、新加坡与马来西亚一带，形成了一个人口播迁网络，只要有合适的时机，血缘这根强有力的纽带就会将白礁、台湾

---

① 参考《台湾省高雄县路竹乡一甲白礁王氏族谱（摘略）》（以木匾的形式悬挂于白礁王氏宗祠）。

② 参考《王礁王氏世系图》（以木匾的形式悬挂于白礁王氏宗祠）。

以及东南亚的王氏族人重新联系到一起。

白礁王氏族谱在"文化大革命"中被烧毁,王氏祠堂也遭到破坏。"文化大革命"结束后,白礁村民王永欧热心宗教、宗祠等传统文化事业,1990年召集村民重修关帝庙,2002年担任漳州王延政研究会副会长,并出资8000元编写《开闽王氏渊源谱》。2003年6月,王永欧出资3万元,召集村民修复已倒塌27年之久的白礁王氏大房宗祠(图6-7)。2004年元月,王永欧主持修建王氏祖坟,并捐献石狮4只、金童玉女2座、石雕土地公1尊、石香炉9个,计人民币2万元。

王永欧的上述这些工作,为各地宗亲返乡联谊提供了基础条件。而各地宗亲之所以能够在"文化大革命"后与白礁王氏取得联系,更为重要的是白礁慈济宫的信仰活动的推动。也就是说,信仰纽带与血缘纽带是彼此交织、相互促进的。

图6-7 白礁王氏家庙

2014年7月12日王永欧在接受笔者采访时说:"从漳州、泉州、同安这几个大地方来看,基本都有来白礁联系啦,因为白礁有慈济宫。他们来进香时,听说我们姓王,就来跟我们联系。"从王永欧的这番话中,可以清楚地看出保生大帝信仰在"文化大革命"后白礁王氏与其他地方王氏的联谊中所扮演的纽带角色。漳州、泉州、同安等地王氏在保生大帝信仰的推动下到白礁进香，而通过白礁进香，了解到白礁村民都姓王，宗亲之间的联系才因此而接上。

明末清初由王文医迁徙入台繁衍下的这一支王氏宗亲，也是通过保生大帝这一条信仰纽带才得以对接上的。前面提到，王文医第十世裔孙王科生有六子，即珠庆、顺天、金平、正雄、胜源和胜舟。众所周知，王金平是台湾"立法院"院长，其长兄王珠庆在山西投资，开设昱庆宝业股份有限公司。王氏兄弟对祖籍根源非常重视，王珠庆借在大陆做生意之机，经常到福建闽南地区寻根访祖。1988年，王金平的兄长王珠庆委派长子王峻邦凭着王氏族谱记载的祖籍地址为"福建省泉州府同安县积善里白昆阳堡白礁乡上巷"中的"同安""白礁"字眼，到同安县的西北面寻找"白礁"。然而天公弄人，白礁村已于1957年福建行政区划改革时划归现在的龙海市角美镇管辖，致使王峻邦没能找到王氏家族的祖籍地。之后年过花甲的王珠庆又多次到祖国大陆寻找祖籍，到过漳州石亭、龙海白水、厦门同安等，都无功而返。在单纯依靠血缘纽带无法成功之际，保生大帝这一条信仰纽带开始介入，并发挥重要作用。2004年，王珠庆的胞妹王梅到龙海角美灿坤企业参观时，途经白礁慈济祖宫进香。王梅当时并没有立即找到白礁王氏宗亲，而是把族谱先寄放在白礁慈济祖宫，希望白礁王氏能看到并对上族谱。

时任白礁王氏宗祠文物管理委员会主任的王永欧，无意中听本村村民王礼贤说王荣辉家有一本台湾王金平、王珠庆家族族谱的复印件，是为了来白礁认亲而留下的。王永欧心想：王金平是台湾"立法院"院长，如能把此事办成，引其回乡认祖归宗，对促进两岸和平统一将起到重要作用。于是，他托人到王荣辉家借阅族谱，但几次都没有借到。后来，他又听说族谱是台胞到白礁慈济宫进香时带来的，于是就请白礁慈济宫管委会总干事王亚生帮忙。王亚生知有此事，但台湾王氏族谱上写的祖籍地地址为"福建省泉州府同安县积善里白崑阳堡白礁乡上巷祠堂边人民二十都"，他们没有考证，也不敢确定。王亚生遂将族谱复印一份给王永欧，王永欧经查对查实后，会同王厚文、王礼贤等人写信寄给台湾王金平。

2005年9月8日，一封热情洋溢的认亲书从白礁村飞到了海峡对岸的王金平家中："我们查证了您的家谱，台湾王氏开基祖王文医应是白礁王氏第十三世传人，辈分应当是'学'字辈，而您即是白礁王氏第22世传人，辈分应是'义'字辈，白礁王氏家族热情期待您回祖籍参观访问！"时隔不久，王家寄信回复，两岸王氏终于相认，这才证实了白礁村为台湾王氏的祖籍地。台湾王氏宗亲寻根谒祖几十年，如今终于梦圆①。

2005年11月28日，王珠庆带着儿子王峻邦、王峻良一行四人来到阔别多年的祖籍地白礁村寻根谒祖。王永欧组织白礁王氏老长辈，身穿蓝长袍，头戴黑礼帽，肩扛红旗，敲锣打鼓，用闽南民间最高礼仪到村口迎接王珠庆一行回白礁谒亲祭祖。王珠庆将王氏祖族谱赠送给白礁王氏宗祠，王氏宗祠则回赠给王珠庆一面"百年情缘，血脉相连"牌匾作为纪念。接着，王珠庆父子到白礁慈济宫祭拜保生大帝，然后来到同安北辰山供奉"开闽王"王审知的广利庙，据说当年王潮、王审邦、王审知"三王"入闽，这里是必经之地。

自2005年认祖后，台湾王氏家族与白礁的联系极为紧密，王珠庆曾先后十次返回白礁参加各种宗亲活动。王金平因环境所限，不能返乡祭祖，但他也同样心系祖地，例如，2008年4月19日，他委托胞兄王珠庆带领高雄县路竹乡甲南村34名王氏宗亲回祖籍地龙海白礁村参加"纪念两岸王审知开闽文化节暨三王入闽"1122周年庆典活动。王金平还手书"光前裕后"题词，委托王珠庆转赠白礁王氏宗亲。

白礁王氏也经常到台湾回访。2008年9月，白礁王氏家庙理事会组织28名王氏宗亲，在王永欧的带领下赴金门交流。王金平与王珠庆等人从台湾乘飞机抵达金门。于是，白礁与台湾两地的王氏宗亲，在金门得以见面。会见时，王永欧代表白礁王氏宗亲向王金平赠送"宗情永恒"，向金门县王氏宗亲赠送"祖德留芳"，向金门县县长李柱峰赠送"血浓于水"等三面锦旗。②规模最大的一次是2010年3月，应王金平和其胞兄王珠庆宗长的邀请，白礁王氏宗亲和龙海电视台随团记者共240人赴台访亲。访亲团在高雄路竹一甲观音亭受到王珠庆宗长和当地宗亲的热烈欢迎和盛情款待。台湾"立法院"院长王金平在"立法院"贵宾厅亲切接见访亲团，王永欧代表白礁宗亲赠送王金平胞弟王胜源《白礁港》油画，

---

① 台湾王金平家族和白礁王氏对接的过程，参见：王永欧《积极促成台湾宗亲王珠庆回乡谒祖过程综述》2007年1月18日，王永欧提供；李文艺《王金平祖籍考证》，2011年10月23日，http://www.zhongguotongcuhui.org.cn/tylt/2011ndwq/201210/t20121018_3196939.html。

② 林奶红：《福建龙海涉台文物研究》，硕士学位论文，福建师范大学，2011年，第37页。

并向王金平递交请柬，邀请他回乡谒祖。王金平则回赠《风和日暖早梅开》油画。此行中，访亲团还得到台塑集团原董事长王永庆夫人李宝珠女士、女儿王瑞华以及王永庆妹妹等人的会见与宴请。

五　白礁村的海外联系与当地社会变迁

白礁慈济宫和白礁王氏以血缘和神缘两条纽带构建起来的海外联系，推动了白礁当地的社会变迁。

（一）保存当地民俗传统，丰富民众文化生活

当前，随着改革开放步伐的快速推进，漳州沿海地区农村城市化的速度大大加快。在这场农村城市化的浪潮中，许多寺庙、宗祠等传统民俗文化场所为高楼大厦等现代建筑取代。一个农村城市化了，原来的民俗传统也基本上被消灭殆尽。传统民俗文化承载着当地民众千百年来的生活方式和精神形态，城市化过程中民俗文化的消亡，也标示着传统物质、精神文明的消亡。这在党和政府提出弘扬传统文化、提升中华文化软实力的今天来说，无疑是一笔重大的损失。因此，如何在城市化进程中保护民俗传统，成为各地政府和民众之间利益博弈的一个难题。而在白礁，信仰纽带和血缘纽带构建起来的海外联系，以一种外来力量的形式，促使当地政府和民众统一意识，主动对民俗传统加以保护。

"文化大革命"结束后，白礁慈济宫虽然在 1984 年略有修葺，但主体建筑仍亟待修复。1987 年后，台南学甲慈济宫董事长周大围号召全台保生大帝宫庙共襄盛举，捐资人民币一百二十多万元、金箔三十五万张，将白礁慈济宫修葺一新，重现美轮美奂之宫貌。1990 年台湾新竹市镇安宫陈坤火等又募款在距白礁慈济宫 1 公里左右的入口处，创建白礁慈济祖宫牌楼，使白礁慈济宫更加巍峨壮观。台湾同祀宫庙的行为，使当地政府和民众看到了保生大帝信仰在促进两岸民众往来方面的重要作用，他们也开始自觉行动起来，加强白礁慈济宫的管理和维护。1991 年将白礁慈济宫申请为国家级重点文物保护单位，2008 年又将"保生大帝信俗"申请为国家级非物质文化遗产。这样一来，不仅白礁慈济宫的建筑得到保护，白礁慈济宫里举行的传统民俗活动也得到了保护。

白礁毗邻经济特区厦门，接厦门产业转移之东风，城市化进程如火如

茶地进行。前面提到，2002年白礁被划入漳州龙池开发区，白礁村角嵩公路（319国道）以北的土地160公顷全部被开发区征用。在这个城市化进程中，白礁的一些传统民俗文化场所遭到了破坏。白礁土地公庙，始建于唐开元二十一年（733年）。土地公庙原位于文圃山牛屎巷顶，红炉山西北角，距离龙池岩寺仅200米。2007年，土地公庙所在地被龙池开发区开发征用，有一千多年历史的土地公庙危在旦夕。在白礁村民自发起来，试图保护历史遗迹时，发生了一件事，加速了土地公庙易地重建的过程。据王永欧介绍，王珠庆梦见白礁土地公给他传话，叫他返乡迁建土地公庙，土地公还告诉他说自己被提升为王，是土地公王。王珠庆本来就是一个常年吃素的虔诚的佛教徒，做了这个梦后，当即返乡查看情况。经过查勘，王珠庆及白礁村民决定将土地公庙迁建到红炉山东南角白礁王氏祖陵园内。2009年农历三月十五日，漳州市道教协会副会长亲临白礁为重建土地公庙选址。同年农历八月十八日，王珠庆率团回白礁参加纪念白礁王氏先祖王审知、王右泰、王右丰金身开光一周年庆典时，带来了王金平题"闽南二王福德庙"牌匾，并主持了福德庙奠基仪式。迁建后的土地公庙，不仅奉祀土地公（福德正神），同时也奉祀开闽王王审知和开漳王王延政，所以被命名为闽南二王福德庙。据庙中石刻，此次迁建共花费120万元，台湾方面"由台湾立法院王金平胞兄王珠庆集资"，白礁方面"由白礁王氏家庙理事会会长王永欧集资"。2010年农历八月初八，白礁举行闽台福德文化节暨闽南福德庙落成大典，王珠庆组织台湾王氏宗亲回来参加庙宇落成剪彩仪式，并带来王金平"福德佑民"的贺词。厦门、漳州、泉州部分王氏宗亲也参加了这次大典。2011年9月12日，白礁举行第二届闽台福德文化节暨福德庙落成一周年庆典，台南学甲慈济宫董事长周尚德率团参加，并赠送"祖德福周"牌匾。

在土地公庙迁建过程中，由于台湾王金平家族的积极参与，当地政府部门对此也极为重视。2009年福德庙奠基时，龙海市副市长吴芳华、文体局局长苏志良、文管会主任叶井毕等政府领导参加了仪式。2010年福德庙落成时，角美工业综合开发区管委会副主任陈杰、龙海市文体局局长苏志良、副局长江智猛、龙海市台办副主任张文波等政府领导出席了剪彩仪式。2010年3月21日，在龙海市政府办周主任的陪同下，福建省原副省长王一士专程从福州赶到白礁王氏家庙、闽南二王福德庙（图6-8）考察，并对白礁王氏宗亲赴台访亲交流活动作了重要讲话。2010年5月，龙海市文管会将闽南二王福德庙列为"福建省第七批省级文化保护单位王氏家庙附属文物的涉台文化活动点"。

图6-8 闽南二王福德庙

综上可见，迁建在城市化过程中受到破坏的土地公庙，已经不是一个单纯的传统民俗文化场所的保护问题。台湾王金平家族的介入，使得土地公庙的迁建，与当地政府的对台工作结合到一起，从而引起了省市各级政府的重视。也就是说，白礁王氏宗亲通过血缘关系构建起来的海外关系网络，给当地的民俗文化保护渲染上了对台交流的色彩，使得民俗文化保护工作能够在后者的光环下，得以顺利完成。很明显，当地政府领导出席福德庙的奠基与落成仪式，并不是出于对传统民俗文化保护的目的，而是着眼于福德庙作为对台交流平台的意义。例如，龙海市文管会之所以将完全新建的、毫无文物价值的福德庙列为"福建省第七批省级文化保护单位王氏家庙附属文物的涉台文化活动点"，目的就是"进一步促进海峡两岸文化交流，增进台湾王氏宗亲友好往来"。总之，白礁王氏宗亲通过血缘关系构建起来的海外关系网络，是白礁当地的民俗文化得以保留与弘扬的一个重要外部因素。

（二）吸引台商投资，发展旅游经济，扩大本地经济的对外联系

调查中，笔者虽未收集到台商因为保生大帝的信仰纽带，或是王氏宗亲的血缘纽带而被吸引到白礁投资的事例，但不能因此而否定信仰纽带和血缘纽带在吸引台商投资方面的重要作用。

如前所述，台塑集团王永庆在白礁创建福欣钢铁公司，台湾灿坤集团在白礁设立工业园区等。白礁毗邻经济特区厦门，工人、原材料等成本较厦门低，产品生产出来后，又能够很便利地利用厦门港将之外销出去，这种有利的地理区位优势，应该是吸引台商到白礁投资设厂的最重要原因。在上述这个过程中，信仰纽带和血缘纽带并没有发生作用。

众所周知，台商基本都有宗教信仰，岁时年节都要虔诚地拈香祭拜。因此，他们在大陆投资设厂后长期定居于大陆的生活中，也有着过正常的宗教生活的需要。江苏省昆山市是全国最大的台商聚集区，在昆台商多是善男信女，来大陆后，没有心灵寄托，就特别想念家乡祭拜妈祖的情形。开始时，很多台商都会去拜华藏寺、寒山寺，"但都找不到妈祖文化的感觉，因为寺庙的装修、神像的摆放都不一样"。在昆山市领导的帮助下，在昆台商共同捐资修复昆山千年古刹慧聚寺，并于2010年从台湾鹿港龙山寺分灵妈祖香火到慧聚寺供奉①。从昆山台商的例子来看，大陆投资地的宗教信仰与台商原来的信仰情况是否接近，将很大程度上影响到台商在大陆的宗教生活的质量。白礁村的白礁慈济宫是保生大帝信仰的发源地，台湾保生大帝信仰与白礁一脉相承，不少王姓台商与白礁王氏之间还有着血缘关系，这些就使得白礁的宗教信仰情况与台湾极为接近，使台商在白礁就能过上与他们在家乡时类似的信仰生活。据白礁慈济宫管委会成员介绍，灿坤公司的老板以及其他一些从台湾来的管理人员，对保生大帝极为信仰，经常到白礁慈济宫上香拜拜。我们在闽南二王福德庙考察时，看到福德庙前殿的一对门联："帝殿惠布三州维正德，天麒祥开四柱拓南疆"，落款为"王瑞华，庚寅年仲秋"。王瑞华是王永庆的女儿，也是福欣钢铁公司的副总裁，白礁王氏宗亲，该对联为2010年她捐献给福德庙的礼物。由上可见，白礁的宗教场所确实较好地起到了服务于在地台胞的信仰需要

---

① 参见《慧聚寺重建背后的故事——第九届昆山台协会长孙德聪访谈录》，2010年昆山台湾民俗文化嘉年华内部材料。

的作用。

发展旅游经济，也是信仰纽带、血缘纽带构建起来的海外关系给白礁带来的变化之一。每年数十团的台湾进香团的进香活动，打响了白礁慈济宫作为保生大帝信仰圣地的旅游品牌，吸引了各地游客到白礁旅游观光（图6-9）。而迁建后的闽南二王福德庙，位于文圃山半山腰王氏祖陵园内，空气清新、风景秀丽，也成为现代都市人工作之余的休闲娱乐的一个很好的去处。目前，福德庙右边的福德亭、铁皮屋等，出租给白礁村民，开发为福德休闲山庄。据承租人介绍，休闲山庄生意甚好，到这里来休闲娱乐的人们络绎不绝。福德庙理事会目前也在推介土地公福德平安发财茶。福德庙背倚文圃山，药用植物丛生，是一个得天独厚的天然草药大宝库。福德庙理事会将优越的地理环境和当地的信仰文化资源相结合，指出保生大帝生前上文圃山采药时，都不忘到土地公庙朝拜，该茶叶使用了保生慈济中草药，具有清肺、保肝、明目、降火等功效，非常适合现代人饮用。也就是说，信仰资源在土地公茶叶向旅游产品的过渡过程中起到重要的包装效用。

图6-9 白礁慈济宫民俗文化节吸引众多的海内外香客

信仰纽带、血缘纽带构建起来的海外关系也成为白礁打开对外经济联系的重要渠道。2010年3月应王金平、王珠庆之邀，王永欧率白礁王氏宗亲和龙海电视台记者组成的访亲团到台湾访亲时，就接到了角美镇政府要求他们将角美镇与高雄县路竹乡、台南县安定乡结为友好乡镇的委托书。与安定乡结为友好乡镇的委托书内容如下："近年来，我镇白礁王氏家庙与台南县安定乡王氏宗亲交往日益加深，为进一步推进两地交流合作，本着'增进往来，扩大合作，互惠互利共同发展'的原则，我镇期望与台南县安定乡建立对口交流合作关系，特委托白礁王氏家庙理事会会长王永欧先生与台南县安定乡王氏宗亲协助促成此事。"3月24日，白礁王氏家庙理事会会长王永欧、副会长王厚文向高雄县路竹乡王和雄乡长转交"角美镇与路竹乡结为友好乡镇"的委托书，并赠送"增进交流，共同发展"锦旗。25日，王永欧向台南县安定乡王宝民乡长转交"角美镇与安定乡结为友好乡镇"的委托书和锦旗，王宝民乡长在委托书上签字。和台湾两个乡镇结为友好乡镇，就为角美镇的对外经济联系打开了窗口。当然，如同委托书所说的，这次交友活动能够成功，主要是因为安定乡和路竹镇都是王氏宗亲的聚居地，他们和白礁王氏之间已经构建起密切的往来关系，即血缘纽带起到了重要的牵线搭桥的作用（图6-10）。

图6-10　白礁吸引大批闽台民众前来寻根

(三) 回馈祖地，助力祖地公益事业

台湾的保生大帝信徒和王氏宗亲，也在信仰纽带和血缘纽带的桥梁作用下，积极回馈祖地，助力祖地公益事业。

白礁慈济宫后山盛产石材，不少人为利而来，肆意开采，对白礁慈济宫周围环境产生极为恶劣的影响。此事经白礁慈济宫反映后，台湾保生大帝庙宇联谊会认为，"漳州白礁慈济宫山后石头开采严重影响该宫之地理环境"[1]，且该宫为国家级文物保护单位，应行文国家文物局、漳州市政府、龙海市政府等单位投诉。1996 年 6 月 17 日，台湾联谊会组团参加青礁龙湫庵重建落成剪彩仪式后，当天下午，草湖玉尊宫主委李炳南先行与漳州市政府、龙海市政府、角美镇委员会书记等洽商停止开采白礁慈济宫后山石矿一事。当晚，联谊会会长赖焕樟与高雄鼓山亭主委孙松荣、顾问叶泽昭等人继续会商，最终得到龙海市政府的支持，答应立即停止石矿开采。如今，从后山回望白礁慈济宫，仍能看到一片巨大的凹陷地，上面长满水浮莲，这就是当年私人采石留下的痕迹。试想，如果当年台湾保生大帝信徒没有积极向龙海市政府交涉，私人采石活动仍然继续的话，白礁慈济宫的周边环境将不堪设想，白礁村的生态环境也会受到影响。正是在信仰纽带构建起来的海外关系的强大压力下，龙海市政府才下定决心，打击地方利益集团的私利，将发展眼光看得更为长远。

由于白礁慈济宫位于白礁村内，海内外信徒每年到白礁慈济宫进香的就有数百团，有的团规模极大，有数千人、数百辆车之多。白礁慈济宫过去只有单车道的道路和村外的 201 省道相连，进香团从 201 省道绕到白礁慈济宫极为拥挤。为了改变交通不便的状况，1999 年 12 月，白礁慈济宫管理委员会向海内外信众发起投建保生路的倡议。该倡议得到海内外信众的热烈支持，据《资助兴建保生路立碑芳名留念》记录，以单位名义捐款的东南亚保生大帝宫庙有：新加坡真人宫 68370 元、菲律宾马尼拉宝泉庵 12000 元、新加坡圣果院慈济宫 2000 元。台湾保生大帝宫庙有：台南学甲慈济宫 12500 元、云林县麦寮乡光大寮聚宝宫 12500 元、台中港三府殿 2500 元、台中市同兴宫 2000 元、无形宫 2000 元、东圣宫 2000 元，台

---

[1] 刘玉堂：《大道公传与"全国"保生大帝庙宇联谊会大事记》，"全国"保生大帝庙宇联谊会 2002 年，第 69 页。

商有福建省统一马口铁有限公司5000元、厦门市灿坤实业有限公司2000元①。此外，以个人名义捐款的台胞、侨胞、港胞数量极多，这里不一一列举。在海内外众多保生大帝信徒的踊跃捐资助建下，保生路于2001年1月底顺利竣工。一条宽敞便捷的保生路，将缩居于白礁村民居内的慈济祖宫，与201省道连接在一起，不仅方面了各地信徒的进香活动，也给白礁村民的出行提供了巨大的方便。

第二节 南靖县麟埜社的海外联系

一 南靖县和溪镇麟埜社

和溪镇位居九龙江西溪源头的闽西南结合部山区，全镇现有14个行政村、1个居委会，总人口2.2万人，辖区面积146.9平方公里，其中山地面积20.4万亩、耕地面积2.4万亩。

和溪镇下辖的林中村、林坂村，旧时合称麟埜社。林中村，地处九龙江西溪源头，与华安、永定、漳平、新罗等县区毗邻，漳龙高速公路、319国道和龙厦铁路穿境而过，山地面积8960亩，耕地面积2300亩，辖有林田、林溪、竹林3个自然村，15个村民小组，总人口3000余。林坂村，地处和溪镇镇区旁，紧挨林中村、迎富村，三面环山，一条S型小溪从村中穿境而过，风景优美，物产丰富，全村共有13个村民小组、580户、2000余人。两村村民的经济收入主要以种植花卉、七叶胆、蔬菜以及养殖业为主。

麟埜社（包括林中、林坂两村）村民绝大多数均为林姓，那么，林姓是怎样在麟埜开基的呢？商纣王时，比干忠言劝谏，反遭剖心酷刑。相传，其妻陈氏，率婢藏匿于长林石室时产子，取名"泉"。武王克商后，以泉为忠良之后，生于长林，赐姓"林"。林泉的后代林颖，西晋永嘉之乱时随晋元帝南渡，定居下邳。林颖次子林禄，太宁三年（325年）入闽任晋安太守，定居福州，为林姓入闽始祖。林禄十五世裔孙林万宠生有三子，其次子林披再传九子：苇、藻、著、荐、晔、蕴、蒙、迈、蔇。九子

---

① 《资助兴建保生路立碑芳名留念》，白礁慈济祖宫管理委员会2001年12月1日立，碑立于白礁慈济宫内。

分任九州刺史，故被称为"九牧"派。九牧第六房林蕴房后裔文德公，为宋末福清进士，任宁化知县。宋亡后，林文德不回福清上镜原籍，隐居宁化县西门外四十里石壁溪，生九子。元皇庆二年（1313年），江西赣州蔡九五起兵抗元。林文德的九子在战乱中分迁各处，其中九郎迁居漳平永福。元延祐二年（1315年），九郎又从永福里梨仔坪转迁龙岩县龙门里象山社开基。九朗生三子，长子三十五郎，传二十九郎，再传长清公。元末，林长清由象山迁居永丰里和溪墟麟埜社。该地原属龙岩，明时改隶南胜，即今南靖。林长清遂成为南靖和溪麟埜社林姓开基祖。

　　林长清迁居麟埜，耕垦持家。据《林氏族谱》载，明洪武三年（1370年）"丈粮当差，选青苗倍者为里长。公斯时想颇殷富，故入为永丰里四图四甲里长"①。从这一记载来看，林长清的"青苗"至少比一般人家多了一倍，才会被选为里长，说明林长清已在麟埜打下很好的基础。但是，在一个新的地方要站稳脚跟，繁衍壮大，并非易事。明初，连年兵乱，军差粮赋负担繁重，对林氏在麟埜的生存和发展造成极大威胁。林长清本人即有过被派差当兵的经历。其三子中，仅有次子卯治留居当地单传至四代。五代"茂"字辈五人中，有三兄弟"因畏军累"，害怕被抽调当兵而外迁，仅有三房茂兴、五房茂英两兄弟在麟埜苦苦支撑。此后或去或留，居徙不定。林氏在麟埜繁衍的艰难，也可以从当地人的生计中反映出来。整个明代270多年间，麟埜林氏传十代人，但基本都是务农为生，甚少读书仕进者②。

　　尽管有极大的困难，但麟埜一带优越的自然地理环境起到了一定的弥补作用。麟埜有山有河，植被繁茂，物产丰富，只要林氏族人辛勤农作，就能够在当地立足下来。此外，麟埜周围有高山深谷，草木丰茂，也有利在战乱时给族人提供避敌的去处。林氏族人利用优越的自然地理环境，逐渐繁衍壮大起来。经过几代人筚路蓝缕的开发，到了七八世后，地方稍为安宁，林氏族人开沟渠、修堤圳、筑良田，从原先的租他人田地的佃户转变为出租土地的地主。由于麟埜周围都是山地，林木资源丰富，林氏族人将田租收入转而

---

　　① 林黄河：《海峡两岸保生大帝民俗信仰及其祠庙文物调查研究计划报告》，中华海峡两岸文化资产交流促进会1995年版，第120页。
　　② 苏炳埜：《漳州氏族源流汇编》（第一辑），漳州市氏族源流研究会、地方志编纂委员会1992年编印，第154页。

投资山林，种植松、杉、竹等树木，运输到漳州、厦门甚至海外销售。还有不少族人经营米、烟等经济作物的种植与贩卖，获利极丰。

林氏在麟埜立足后，也极为重视宗族本身的建设。今天林中村鲤鱼山西麓有林氏大宗聚斯堂（图6-11），为明宣德年间林氏第五代兄弟共同创建，奉祀麟埜开基祖林长清。前面提到，麟埜林氏第五代"茂"字辈兄弟五人中，就有三人因为"军累"而外迁。但即使在这样的情况下，他们仍然创祠奉祀开基祖，可见他们对家族自身建设的重视。明嘉靖年间、清光绪二十一年（1895年）、民国二十一年（1932年），聚斯堂多次重修。麟埜林氏第三代仅有三子茂兴、五子茂英留居麟埜，茂兴派下称为竹林房（又称南邦房），茂英派下称平寨房（又称西洋房）。林氏第六世守勤派下分为大大房、七房、六房，守玉派下分为坂塘房、白鬓房和鹅房。各房均各修祠堂，纪念本房先祖。据《漳州氏族源流汇编》第一辑的介绍，麟埜林氏在历史上创建的大小祠堂就有大宗聚斯堂、竹林祠、平远祠、六松堂、永思堂、南园祠、树德堂、中孝朝宗祠、龙归堂、英美祠、萃美祠、世美堂、群美堂、琼园祠、象埔祠、龙聚祠、和贵祠、庆斯堂、蓝园祠、兴园祠、兴美祠、斯美堂、龙田堂、植德堂、锦园堂、安邦四美堂、南邦四美堂、俞外祖祠、华园祠、曲水堂等30座。

图6-11　麟埜林氏聚斯堂

林氏各房在为本房先祖创建祠堂的同时，也为之购买田地，置为公产。例如，大宗聚斯堂原有象山田地四段，税六石四斗，麟埜田地三段，税二十三石四斗，溪洲垦荒田地一段，税三石五斗，后来拓展至上百石。其他祠堂中，公产在上百至数百石的，也不在少数。有了丰硕的公产，林氏家族奖励读书，鼓励族人读书仕进，光宗耀祖。不少房头都设有书租，即从公产中提取固定的田谷，用以奖励秀才以上的登第士子读书、应试的费用。由此，林氏家族中，读书人逐渐增多。至明正德年间，第八世林文信、林文伟两人"谙书诗知义理"，才开始纂修族谱。这样，祠堂的修建、族谱的修纂，起到了很好的聚宗收族的作用，林氏族人团结为一个整体，在麟埜不断发展壮大。今天，林氏的居住地已经从林中、林坂两村扩展到坂场、月星等村，家族人口近6000人，成为和溪首屈一指的大族。

二 慈济行宫与龙显岩

林氏族人在麟埜开发有成，也离不开宗教信仰的精神抚慰作用。麟埜林氏的宫庙众多，"全族共建的寺庙，林坂村有：'龙显岩'，主供观音菩萨，兼奉三宝佛、玄天上帝、陈真祖师；'龙水宫'，主供天上圣母。林中村有'万灵宫'，主供保生大帝，兼奉哪吒、伽蓝；'古塘寨'，主供关圣帝君；碧云岩'棣华书院'，主供五文昌帝君"[①]。其中，最重要的是万灵宫和龙显岩。

（一）慈济行宫

万灵宫，又称慈济行宫。相传，宋末元初，元兵南下，许多寺庙都遭到破坏。当时，文天祥在江西赣州组织的勤王义军移师漳州，其队伍中有部分新近入伍的闽南军人，将白礁慈济祖宫的保生大帝神像带到和溪，作为军队的保护神。文天祥军队在麟埜社古塘埔科匙尾创建慈济行宫，奉祀保生大帝。今天，距和溪十多公里倒岭公路边尚有文天祥驻兵故垒遗址，称为"国公亭"，可知文天祥军队驻扎于和溪一事，当为历史真事。

元代，闽南一带的抗元起义不断，义军们极为敬仰保生大帝，多次对

---

① 苏炳埜：《漳州氏族源流汇编》（第一辑），漳州市氏族源流研究会、地方志编纂委员会1992年编印，第163—164页。

慈济行宫进行重修扩建。至元十七年（1280年），闽南农民陈大举起义抗元，其驻守和溪一带的义军对慈济行宫进行了修建。至正二年（1342年）漳州人曾飞、管德胜率领农民军攻下龙岩州城，其队伍经过和溪时，对慈济行宫进行了扩建增修。今天，慈济行宫还保存有一个铸铁香炉，上书"慈济行宫""元至正九年（1349年）""匠人许德兴"等镂文，可说是慈济行宫在元代极为兴旺发达的物证。

相传明代初期，白礁慈济宫曾派人到麟埜，要求索回保生大帝神像。和溪十八姓居民共同挽留，经神前掷筊决定，保生大帝金身继续留在麟埜，供当地信众膜拜。明正统年间，慈济行宫不慎失火，当地黄、林、郑等姓居民分别在火中抢出大帝、哪吒、伽蓝、土地公和铁香炉。其中，乐土社黄姓抢出保生大帝金身后，在社口圆楼临溪岸上建一小庙供奉。明成化年间的一次大水，又将保生大帝神像从乐土社漂到林中崎圳溪中。八斗洋林姓捞起后，在圳头桥头山边建溪东庵奉祀。由于庙宇偏处溪东一隅，族人特别是妇女往返祭拜极为不便，嘉靖年间在林氏第九代"廷"字辈兄弟的主持下，于林中村人口较集中的白楼仔街平寨仔附近，兴建万灵宫，将保生大帝、哪吒、伽蓝、土地等神像及铁香炉移供于此。万灵宫为一殿一天井一拜亭的建筑，后来就成为麟埜林氏整个家族的族庙。此后，万灵宫曾于雍正、光绪年间两次重修。

1966年，中国大陆进入"文化大革命"，横扫封建迷信等一切牛鬼蛇神。万灵宫也在劫中，但幸运的是，族人林甲头冒险将保生大帝神像抱入林家山藏匿，得以躲过一劫。"文化大革命"结束后，随着政治氛围的放宽，麟埜林氏族人长期被压制的宗教情感也跟着复苏。1985年，族人在严后岭上长圳边修建一座三面壁的小庙暂时安奉保生大帝神像，供族人年节祭拜。1993年，林氏族人有感于保生大帝庇佑麟埜七百多年，决心重建慈济行宫，以更好地安奉保生大帝金身。由于万灵宫旧庙址已被改建为民房，无法在原址复建。于是族人请保生大帝神驾自己择地于麟埜社中鲤鱼山西北向，该地"崎岗拱峦，带水抱村，中正宏丽，有七星拱月之称，洵钟灵毓秀之胜地也"[①]。此后，林氏族人又在正殿两侧修建厢房，作为香房、办公场所等配套设施，慈济行宫（图6-12）逐渐向一个宏大的宗教建筑群发展。

[①] 《重建慈济行宫（万灵宫）碑记（二）》，和溪麟埜慈济行宫董理事会1994年立碑。

图 6-12　麟埜慈济行宫

麟埜林氏对保生大帝极为崇信，年节习俗大多围绕慈济行宫展开。每年正月元旦，族人纷纷赶到慈济行宫，争取烧第一炉香，放第一串鞭炮，称为"抢头香"。正月初七、八、九，族人仿古代春祈仪式，集资请师公到行宫里举行一天一夜的梅花醮，祈求保生大帝保佑一年的平安顺利、五谷丰登。正月十四、十五，总理、首事等备办五牲等供品，到慈济行宫为三官大帝祝寿。一些族人将孩子的衣服交给师公，让师公作法后盖上天师法印，并赠送神符数张。据说孩子穿、戴衣服和神符后，可保一年无病无灾。正月十五元宵夜，慈济行宫挂上各种花灯，四周插以状元、将军、公主、宰相、员外、寿星、麒麟、马、鹿等纸塑形象。有求男丁、求发财、求读书等愿望者，可在总理或首事的安排下，在神前掷筊，掷得者可将花灯带回悬挂。愿望得到实现者，在第二年元宵夜赏灯时要准备酒菜柑蛋等赴庙参拜。有些人还放焰火、演傀儡戏答谢神恩。一些年份在立春后夜间，还要举办"迎桷仔灯"和火炬游行仪式。族人将数十条上面有盖房的桷片，榫接起来，连成长龙。桷片上安置火盏或油灯，黑夜中望去，仿如火龙在盘旋飞舞。同时，村民也抬上保生大帝等神轿，参与游行。据说这样做可以消除一年虫害，保证农作物丰收。秋收后，族人仿古代秋报仪式，集资请师公到行宫里举行三天大醮，或兼做下元答谢三官大帝。仪式过后，凡捐献钱物之人，按金额多少分给胙肉，称为"散福"。每年农历三月十五保生大帝寿诞，林氏全族分为大宗、竹林、西洋、南邦四甲轮选炉主。炉主要迎请保生大帝神像驻临家中，在师公主持下，备办寿龟、寿糕、寿面和牲酒等祭拜，之后迎大帝神像在本甲内游行。每十年逢天干甲、乙、丙年份，连续三年举行为期五天的大规模香会。香会前，在林中村园后厝大埔前旷地搭建临时庵寮，庵前建彩坊，并连演五天大戏。香会第一天，锣鼓仪仗迎请保生大帝以及其他神明到临时庵寮安座，师公安坛，全族男女吃素持斋。第二天，师公做起马供后，各个神明各回香火来源的祖庙进香。保生大帝神像则先到白礁割香火，再到青礁参香，俗称"白礁割，青礁迎"。第三天，扛抬各神庙神像到和溪墟头大埔，搭临时庵寮，由师公设祭，邀请各路神明降坛。第四天，各地进香的神轿、香篮回来，先在坂头林会齐，族中男女则到和溪墟头埔迎接。进香队伍到达庵寮外，在师公带领下环绕庵寮跑十数周后进庵，俗称"交火"。接着由师公举行交接香火拜祷仪式。交火过后，在各阵头的簇拥下，进香队伍绕境巡游，遍游和溪圩、林中、林坂各居民点，称为"游乡"。经过之处，族人纷纷在门前、路口设香案鸣炮迎接。第五天，师公主持安香、谢醮仪式，用锣鼓仪仗送各神明回庙。香会活动至此结束。

（二）龙显岩

林黄河在其1995年出版的《海峡两岸保生大帝民俗信仰及其祠庙文物调查研究计划报告》一书中认为，闽西民间普遍信仰雁石镇天宫山圆通寺观音佛祖和白土镇陈真祖师，过去和溪属龙岩，林长清从龙岩象山迁居麟埜时，必然承袭前代的信仰习惯，将观音佛祖和陈真祖师的香火带到麟埜[①]，此为龙显岩庙祀之始。1995年麟埜林氏族人林天麒在《重建龙显岩碑记》中，则进一步介绍了龙显岩创建与维修的情况："元至正年间，林姓始祖长清公由龙岩肇基麟埜，崇祀天宫山观音佛祖，迨嘉靖元年，支派繁衍，遂建庙于社东之麟板，名龙显岩。主祀观音、配祀玄天上帝、陈

[①] 林黄河：《海峡两岸保生大帝民俗信仰及其祠庙文物调查研究计划报告》，中华海峡两岸文化资产交流促进会1995年版，第150页。

真祖师及三宝佛。万历五年重修，历代屡有修葺，香火鼎盛"①。龙显岩至今仍保存有一口悬钟，钟上镌有："嘉靖元年架造龙显岩，铸造洪钟一口，崇奉三宝诸佛……年久破。缘首募众……愿拾花银重铸供奉。……万历五年冬吉日重建"等文字。这说明《重建龙显岩碑记》中有关龙显岩创建与维修时间的说法是有根据的。

1966 年"文化大革命"开始，龙显岩被拆毁，但观音佛祖神像由林甲头事先抢出，藏匿于林家山而得以保全。1994 年，林氏族人感恩观音佛祖五百年的庇佑，同时也为了保存地方历史文物，佥议重修。此举得到了分迁台湾南投县月眉厝的宗亲林维尧、林捷镇、林黄河等人的汇款资助，麟埜林氏族人遂请保生大帝神驾择地于社口七星宝地东麓，创建新宫，翌年告成。

龙显岩在麟埜林氏族人的生产生活中也扮演着重要角色。日常生活中，族人遇到事情，多到龙显岩卜杯抽签，解迷决疑。遇到节庆，龙显岩就更加热闹，林黄河在《海峡两岸保生大帝民俗信仰及其祠庙文物调查研究计划报告》一书中描写道："龙显岩观音佛祖和万灵宫保生大帝均为林氏家族守护神，逢年过节族众备办花茶果焚香叩拜不敢怠慢。他如每年元宵，各户备菜碗、红柑、红粿、茶酒等进庙庆赏花灯，或办牲醴炮烛答谢添丁，或新婚祈求新丁，锣鼓、鞭炮和人们欢呼笑语交织一起；每年农历六月十八佛祖诞辰，法师在庙内安坛设醮，恭祝佛祖无量上寿，各户备素菜、米粿、湘糕参拜，而后将糕、粿分赠亲友；每十年到龙岩天宫山圆通寺'割香'，全族各户派人参加游行，轿抬本庙和万灵宫神像绕境游乡，队队旌旗、锣鼓、铁炮，在庙前演戏二、三天，盛况虽稍逊于万灵宫'割香'，但亦为邻社不常见的迎神活动。"②

除了慈济行宫（万灵宫）和龙显岩两座全族共建的宫庙外，麟埜林氏以妈祖林默同为九牧林，于林坂村建龙水宫奉祀妈祖。林中村的古塘庵，奉祀关圣帝君、陈真祖师等神佛，为西洋房及其他姓氏所信奉。

---

① 林黄河：《月眉民俗》，北投埔福德庙 2000 年发行，第 64 页。
② 林黄河：《海峡两岸保生大帝民俗信仰及其祠庙文物调查研究计划报告》，中华海峡两岸文化资产交流促进会 1995 年版，第 151 页。

三 麟埜林氏外迁与台湾南投月眉厝信仰概况

(一) 林氏外迁简况

林氏开基麟埜之初，由于军差粮赋负担沉重，族人相继外迁，如第五代林茂清，"因畏军累，迁居广东英德县"。第七至十代，又有部分"外迁本省龙岩、仙游、漳州及广东普宁、英德、浙江温州、平阳等地"[①]。十代以后，外迁情况更为明显，特别是在十三至十六代，麟埜林氏迁居四川和台湾的最多，1997 年修《和溪麟埜林氏族谱》卷六《外迁概况》是这样描述的："康熙以后，十三代文现、文瑶等至十五代迁居四川南充、三台、成都、中江等县计百余人，大都是父子兄弟全家搬迁，在当地经营农业。康熙二十二年（1683 年），统一台湾，解除了'海禁'之后，十三代南绸、彩、耽等至十六代迁移台湾南投、嘉义、彰化等县计近百人，亦多数是父子叔侄相率渡海，在当地垦荒、经商、教书为业，尤以定居南投县草屯镇月眉厝里最多。此外，侨居南洋有鹅房芳沛、芳市、小长房荣金、小三房成汉等近十人。"[②] 林氏族人的外迁之所以以四川和台湾为多，与当时的社会背景息息相关。明末清初，张献忠割据四川，连年战乱，使四川人口大量减少。顺治以后，朝廷下旨外省向四川移民，实行奖励垦荒政策。而康熙统一台湾后，也迎来了漳州、泉州民众移民台湾的热潮。为了让读者对麟埜林氏的外迁情况有更直观的认识，我们将十世以下的外迁情况引述如下：

十一世
林思爵、林思号、林思尾（三兄弟同迁邠州）
十二世
林光任（携子水、岸、掌、养全家迁四川三台县葫芦溪）
林旺（迁湖广转四川）
十三世

[①] 苏炳埜：《漳州氏族源流汇编》（第一辑），漳州市氏族源流研究会、地方志编纂委员会 1992 年编印，第 154 页。
[②] 麟埜林氏族谱修谱委员会：《和溪麟埜林氏族谱》，1997 年印行，第 573 页。

林任（乾隆元年携子谨、束、传全家迁四川三台县）

林满（雍正年间携子宗和、彩全家迁四川三台县葫芦溪）

林寿（乾隆壬申年携子老、菽全家迁四川）

林文现（康熙辛丑年携六子：述、鹏、琏、六、汇、而全家迁四川南充县）

林瑶（康熙辛丑年携四子：楚、瞻、葛、深全家迁四川南充县水西里）

林成（渡台）

林矾（渡台）

林友茂（迁四川中江县）

林旺（乾隆丙申年携四子迁浙江温州）

林景、林安（乾隆庚申年兄弟同迁四川）

林南（渡台）

林光棍（渡台居草屯镇月眉厝里）

林源裕（渡台）

林绸（渡台）

林公福（兄弟同渡台）

十四世

林长瑞（居嘉义县崎头庄开元后）

林长松、林长哲（居彰化县北投庄中庄）

林延圣（渡台）

林雏（乾隆庚申年同父及母刘氏全家迁四川）

林宣荫（乾隆辛未年同子旺、春、选、智全家迁四川中江县）

林角（渡台）

林怀（兄弟同母游氏迁四川）

林镇（康熙年间同母吴氏迁四川）

林诰、林宙（兄弟同渡台居南投县草屯镇月眉厝）

林扶、林异、林吉、林霸、林雨、林袭、林商（七兄弟同渡台居草屯镇月眉厝）

林公报（乾隆丁未迁四川）

林哲（渡台）

林轩（康熙庚子年同祖母曹氏及父全家迁四川中江县）

林福星、林福顺、林福载（雍正丙午年三兄弟由瑞金转迁四川中江县）

林溪、林讫（兄弟同迁四川）

林赐、林清、林喜（兄弟同渡台居南投县草屯镇月眉厝）

林卢、林深、林歀（三兄弟同渡台居草屯镇月眉厝）

林潜（渡台）

林轳（乾隆庚申年携子通、串、抄、超全家迁四川三台县）

林蒲（迁四川三台县葫卢溪）

林克、林敛、林笃、林笑（四兄弟同渡台，居草屯镇月眉厝）

林山、林顺（兄弟同渡台居南投县草屯镇月眉厝里）

林福海、林福茫（兄弟随父渡台）

林瑞贤、林瑞满、林文美（三兄弟同渡台居南投县草屯镇月眉厝里）

林仁、林宣孝（二兄弟同渡台居南投县草屯镇月眉厝里）

十五世

林敦（乾隆己卯全家迁四川中江县）

林国市（同母游氏迁四川中江县）

林达、林达仁、林青山（三兄弟同渡台居草屯镇月眉厝）

林魁、林顿、林荐、林光（四兄弟同渡台居草屯镇月眉厝）

林玄黄、林却、林盒、林文炉、林文彪、林文扩（六兄弟同渡台居草屯镇月眉）

林肯（叔侄同渡台）

林助（乾隆辛酉年迁四川南充县）

林滚（渡台）

林叠、林邦、林庵（乾隆丙辰年三兄弟同迁四川成都县）

林泉、林漳、林府、林县（雍正丁未年四兄弟同祖母、父母迁四川三台县）

林周使、林祝、林永荫（居嘉义县崎头庄开元后）

林保、林界、林添（全家渡台）

林荐（同子鸳鸯渡台）

十六世

林云水、林庆（渡台居北投庄）

十七世

林光翔、林文轩、林充腊（居嘉义县崎头庄）①

（二）南投县月眉厝信仰情况

从上面的外迁情况可以看出，自十一世至十七世，迁台林氏族人主要定居于南投县月眉厝。林氏后裔渡台，初时暂居于嘉义梅仔坑，后而徙居南投月眉厝。初至月眉厝，林氏族人先住居于十一灶尾。据说林氏迁居此地时，共有十一口灶，故称为十一灶尾。此后，林氏族人又渐渐往八分仔、北投埔、头前厝等地拓垦。至日据台湾时期，林氏已成为月眉厝、北投埔的第一大姓。1945年前月眉厝庄包括月眉厝和溪洲，总户数579户，林姓342户，占59.1%，居各大姓氏之首。北投埔包括北投埔、白厝角，总户数322户，林姓227户，占70.5%，同样也居各大姓氏之首。

1. 祠堂

由于迁台林氏族人大多都是父子兄弟举家迁徙，他们在台湾立足之后，也仿照家乡，建立祠堂，以此来加强族人之间的团结合作。南投县北投埔恒隆堂，创建于嘉庆十四年（1809年），奉祀麟埜鹅房十五世林文品暨派下祖先。林文品举家迁徙台湾时，先到月眉厝。但当时月眉厝的开发已近饱和，于是转往东边的北投埔。其子拱郎挖到一瓮银子，以此为本钱，投资台湾与大陆之间的生意，获利极丰。另一子浸润则读书出仕。家族显赫起来后，即于嘉庆年间创建恒隆堂②。北投埔林氏家庙始建于民国6年（1917年），为月眉厝、北投埔、溪洲一带各房头共同奉祀麟埜开基祖林长清的祠堂。民国5年（1916年）8月，六房裔孙原准备创建十世祖林华翠的端康公祠堂，后来想到创建本房祠堂，不如共创来台各房头的大宗祠。该想法得到大长房、七房、坂塘房、白鬓房、鹅房等其他房头的一致赞同。于是，由祭祀公业拨款16000元，由六房出建筑费的70%，于1917年建成林氏家庙。林氏家庙是各房头共有的大宗祠，里面悬挂着各房头优秀后裔如抗日志士林万振、南投县长林源朗、台湾省政府主席林洋港等人的赠匾，诉说着这个家族的光辉历史。迁居台湾其他县市的麟埜

---

① 苏炳堃：《漳州氏族源流汇编》（第一辑），漳州市氏族源流研究会、地方志编纂委员会1992年编印，第155—162页。

② 林黄河：《月眉与麟埜》，月眉厝保生大帝二老爷会2000年发行，第54—55页。

林氏也建有祠堂，如嘉义县大林镇大埔美建有绎恩堂。

2. 宫庙

林氏移民台湾时，很自然地把他们在家乡的保生大帝信仰等带到台湾，并在垦荒有成之后，建庙奉祀。

（1）龙德庙与保生大帝信仰

麟垫林氏携带保生大帝香火来到月眉厝后，为保平安，于康熙六年雕刻保生大帝二老爷神像，九年雕刻保生大帝三老爷，十年又雕刻保生大帝四老爷，然后于北投山麓建一小庙奉祀，庙的后埕供奉观音佛祖。该庙被命名为龙德庙（图6-13），因祖地麟垫有土楼龙德楼，取"龙德"二字，"以示不忘故土"[①]。不久，猫罗溪水泛滥，小庙被冲毁，于是在月眉厝庄内重建新庙。新庙位于旧时彰化、鹿港、北投、南投的三岔路要道口，交通便利，再加上旧时瘟疫疾病流行，需要医神的庇佑，所以保生大帝的信徒不断增多。乾隆五十八年（1793年），六房林浸捐献毗邻庙宇的土地，创建新庙，即今庙址。道光十年（1830年），雕刻保生大帝大老爷，二十九年（1849年），庄民酿资重修。光绪三十年（1904年）再修。民国以后，龙德庙遭受多次的灾害破坏和重修。特别是1959年的"八七"

图6-13 台湾月眉厝龙德庙

---

① 林黄河：《月眉与麟垫》，月眉厝保生大帝二老爷会2000年发行，第44页。

水灾和1960年的"八一"水灾，龙德庙遭遇重创。1962年，林如斌倡首将正殿土角壁改为砖壁，并复建翼房。1968年，茂原企业公司在庙旁的十一灶巷和溃间巷间的厝地筹设工厂，遂由该公司斥资重修拜亭。此后，林氏族人又先后集资修理左右护龙、修建戏台、创建榕树公祠等。1966年以后，龙德庙多次受到政府机关为拓宽道路而欲拆除庙宇和砍伐庙边古榕的威胁。由林忠、林捷镇、林朝堂、林黄河等人倡首，六房族人持续不断的努力下，龙德庙最终于1985年被台湾"内政部"公布为第三级古迹，庙宇得到保全，庙边古榕也得以保存。被认定为古迹后，由"内政部"、"民政厅"、南投"县政府"及龙德庙联合出资，龙德庙进行了大规模修复。1994年重修落成，庄民举行三天的庆成醮，热闹非凡。

月眉厝林氏族人在龙德庙的基础上，组织了保生大帝大、二、三、四老爷会共四个神明会。大老爷会又称颂德社，以奉祀龙德庙保生大帝大老爷为宗旨。该会会员由居住于草屯、南投地区林长清派下子孙组成，每年轮流由大长房、七房、六房、坂塘房、白须房、鹅房六大房主祭。1969年当地非林长清派下林姓以及其他杂姓，也申请加入大老爷会。有感于非长清派下的林姓也属同源，杂姓则多是入赘林家的女婿，遂准许他们加入，在六房之外增加"异姓房"。二、三、四老爷会为自由参加，与林氏各大房头无关。

月眉厝林氏族人的生产生活习俗与龙德庙保生大帝有着密切的关系。每年正月初一清晨吉时，打开龙德庙大门，由管理人抽取两首签诗。第一首卜新一年里月眉厝人口是否平安，第二首卜新一年的年冬收成情况。其他族人则纷纷到庙里焚香祷告，卜问新年运途好坏。正月十五元宵节，从上一年正月十六到本年正月十五期间添丁与结婚的家庭，都要宰杀公鸡到庙里拜拜。元宵时，庙前挂花灯，新娘入庙参拜时需从花灯下走过，俗称"钻灯脚"。闽南语中"灯"与"丁"同音，寓意钻花灯后可以生男丁。花灯上还插满"春仔花"和"大瓶花"，女性可在保生大帝神前卜杯，卜到圣杯者可以取一朵"春仔花"插在头上。从三月十三到十六日，为庆贺保生大帝圣诞期，特别热闹。十三日晚，月眉厝昭乐轩乐团赶到保生大帝大老爷炉的炉主家演出，称"献敬"。十四日上午，族人抬保生大帝大老爷、二老爷两顶神轿到大老爷炉主家，昭乐轩扮仙演出后，将大老爷炉请回龙德庙。下午，二、三、四老爷会成员在龙德庙举办祭典，之后会员掷筊选拔新任炉主。选出的炉主要做"炉主粿"，分赠给每个会员。十五日，是保生大帝诞辰正日，保生大帝要出巡境内各庄，娘伞、执事牌、大旗、舞狮、舞龙、北管、歌仔戏和老爷会香炉，通通出动。各庄庄民则于门前或路口设香案迎接。庄内有给保生大帝做契子的家庭，必须于这一天到龙德庙"换串"，即更换新的红丝线，直到十六岁为止。十六日，新任各老爷会的炉主把香炉请回家中奉祀一年，称为"过炉"。大老爷炉要由大轿、二老爷，康、赵二元帅护送到新炉主家，称"押炉"。康、赵二元帅在炉主家押炉十二天后，才回龙德庙。七月二十九日下午小普，族人准备米粉等供品，龙德庙则准备三十六碗肉酒、马草、水用以奉祀保生大帝的兵将。本日小普，据说是因为同治初年，北势湳洪六头附和戴万生，欲攻打北投埔和月眉厝。保生大帝降乩捉住奸细，并布下神兵神将帮忙守卫月眉厝城。此后，龙德庙每年这天都要准备供品犒劳保生大帝的三十六兵将，族人也于此日小普。十月十五日，即秋收之后，族人演平安戏酬神。如果当年歉收或人口不平安，还要举行小普，普施好兄弟，以祈平安。除了以上年节习俗，族人遇到病痛时，常常到庙里抽取药签，相传很灵验。族人遇到大病，医院医不好时，请保生大帝二老爷神像到家中，两人扛抬"辇轿"，起辇后神明用轿篙写出药名，并祭冲犯处，据说也很灵验。

除了龙德庙，月眉厝一带奉祀保生大帝的宫庙还有龙圣宫（两座）、保龙宫、保玄宫、池圣宫等。龙圣宫源于1966年，外地人阿川到月眉里移村江其清家设坛，奉祀中坛元帅。由于信仰不盛，后来就由开设汉药店的本庄人林金水改祀保生大帝，由龙德庙保生大帝命名为龙圣宫，以示其与龙德庙的渊源关系。另一座龙圣宫位于番仔田乌溪底。日据时，不准百姓私人家中供神，北投埔林长庚只好将自家供奉的保生大帝送到龙德庙，后被命名为五老爷。日据末，萧糖等人经常到龙德庙迎请五老爷到家中医民济世。1981年，乌溪底庄民筹资建庙，奉祀五老爷。该庙也经龙德庙保生大帝命名为龙圣宫。保龙宫，位于复兴里集会所对面。1959年"八七"水灾后，月眉、溪洲两里集体搬迁至飞机场，更名为复兴里。庄民在复兴里集会所对面空地建保龙宫，奉祀原保安宫吴府王爷和龙德庙保生大帝。保玄宫，在复兴路603号，林氏六房林慎终在1965年充当龙德庙保生大帝乩童，后其子林炎庭在自家一楼建保玄宫，主祀保生大帝。池圣宫，在北投埔碧峰路179巷15号，创建于1976年，主祀保生大帝。月德堂，在月眉厝溪仔头，为斋房，祀保生大帝、观音佛祖等神佛。

（2）其他神明信仰

麟埜林氏迁居台湾月眉厝时，不仅带去保生大帝香火，也带去了观音、关帝、妈祖、陈真祖师、玄天上帝等香火。在月眉厝林氏六房里，有两平公，类似于今天的基金会。一为关老爷会（关老爷公），也称关老爷祭祀公业；一为观音妈公，也称观音妈祭祀公业。林氏守勤公派下的大长房、七房、六房奉祀关老爷，守玉公派下的坂塘房、白须房、鹅房奉祀观音妈。两平公都有公田，龙德庙、林氏家庙以及昭乐轩的开支，都由两平公负责。

碧山岩，俗称柴梳岩，主祀观音佛祖，并祀三宝佛、神农大帝、注生娘娘等。明末清初麟埜林氏初到台湾时，先在碧山岩处居住一两年。观察月眉厝没有水患之忧后，才定居月眉厝。康熙二十年（1681年），族人于北投山麓草创碧山岩，奉祀观音佛祖。道光二十一年（1841年），鹅房派下林浸润募捐重修，并建筑右护龙三室。民国17年（1928年）草屯洪源卿倡首改建，并筑两边护龙各三室。1947年寺的南北两边各增建三室。1958年建晨光塔。1963年聘南投名匠林庆尧重建为钢筋混凝土的北方宫殿式建筑。清时，碧山岩为彰化八景之一"碧山曙色"，号称"岩傍月眉窥色相，座朝火炎发恩光"。碧山岩原来一直是由林氏族人管理。1943年，管理人林登秋忙于教授北管，疏于管理，将管理权转交新竹人张秀月。碧山岩所在地及附近之山地，由林姓六房族人捐献予碧山岩。每逢龙眼成熟，碧山岩女尼必挑龙眼回赠六房头人林维尧。

林氏在麟埜建有龙水宫奉祀妈祖；渡台时要跨越波涛汹涌的台湾海峡，他们自然也请海神妈祖的香火护航。龙德庙中即奉祀有两尊妈祖：一为北港妈，割香于北港朝天宫；一为南门妈，割香于彰化南门南瑶宫。庙中保存有一顶清代雕置的神舆，正面题"保生大帝"额一方，反面题"天上圣母"额一方。此外，还有一个廿四庄妈祖的祭祀组织。该组织无固定庙址，由祖庙仔、柑仔井、西门、月眉厝、月眉厝（两份，含北投埔）、北门四庄联、外快官、市仔尾、北门口、中街仔、番社口、大竹、下廍仔、田中央、田中央、田中央（三份）、中寮、西门、番社、坑仔内、牛埔仔、过沟仔、东门、西庄仔等廿四个林氏庄头共同奉祀，每年轮流由其中一庄供奉祀妈祖。因廿四庄都是林姓，故庄民称之为"私妈祖姑婆"。每年新正（元宵以前）在值年炉主家吃会（聚餐），并掷筊选出下一年的轮值庄头。每年三月龙德庙保生大帝诞辰时，庄民将妈祖迎回膜拜，并与保生大帝一块巡境。

除了以上这些宫庙，月眉厝、北投埔一带还建有众多的土地公庙，以及泉发宫（主祀王爷等）、行天宫（主祀关帝）、溪洲保安宫（主祀吴府王爷）、百姓公庙（祀罗汉脚）、林仔头紫微宫（主祀玄天上帝）等。

四　月眉厝与麟埕的联系

明清时期，麟埕林氏大量向外移民，其中迁往四川、台湾和浙江者最多。这些外迁的林氏族人，仍然与麟埕林氏保持着较为密切的联系。据《和溪麟埕林氏族谱》记载："据传乾隆年间，本族外迁四川小四房的后代林中麟，举人中式之后，曾回乡拜祖会亲，竖旗挂匾，并捐资充建聚斯堂。民国三十六年，又有外迁四川南充县都井坝永年公派下宗亲，寄书本族大长房廿一世开万，叙述各房入川世系及繁衍情况颇详。民国三十七年，本族定居台湾南投县草屯镇月眉厝六房华翠公派下金江、春喜、绍鹏等，与祖地二十代金镇来往书信二十多封，并寄款千余元助建六房蓝园祠。"[1] 另外，也有传清代光绪年间，移居台湾草屯的林氏后裔曾汇款回乡扩建万灵宫。

20世纪90年代后，两岸往来渐频。在这种大形势下，台湾与麟埕的联系也在信仰纽带和血缘纽带的推动下渐入佳境。

首先来看信仰纽带。1992年，麟埕林氏族人准备重建慈济行宫，和溪当地政府拨给保生大帝驾辇择定的鲤鱼山山坡的30亩地。当时正值台湾保生大帝庙宇联谊会大力推动两岸保生大帝信仰文化交流之际。联谊会创会会长周大围先生，对保生大帝信仰极为虔诚，对弘扬保生大帝文化不遗余力。他听说和溪慈济行宫的保生大帝金身乃宋时之遗物，有着七百多年的历史，遂于1992年夏天和台湾宗教委员会的李炳南教授一起到和溪考察。经李炳南教授考定，和溪慈济行宫供奉的保生大帝神像和清初郑成功收复台湾时士兵带去的台湾学甲慈济宫的二大帝极其相似，乃同一个艺人雕刻。此后，周大围多次到和溪鲤鱼山勘察，对建庙地址表示满意，并亲自主持行宫奠基仪式。此次慈济行宫的重建，台湾以及东南亚有不少保生大帝信徒共襄盛举，1993年《重建慈济行宫（万灵宫）碑记》的《乐

---

[1] 麟埕林氏族谱修谱委员会：《和溪麟埕林氏族谱》，1997年印行，第573页。

捐芳名》记载了台湾和东南亚信徒的捐款情况：

> 台湾保生大帝庙宇联谊会会长周大围人民币二万元，金箔十一万二千片；
> 台湾宜兰县玉尊宫管委会主任委员李炳南人民币三千元；
> 台湾南投县草屯镇月眉厝龙德庙顾问林黄河人民币二千元；
> 台湾：周尚文人民币一千五百元、周尚荣人民币一千元、林美玉人民币六百三十元、刘玉堂人民币五百元、赖明源人民币三百元、邱汉财人民币三百元、陈振仪人民币三百元、李幸助人民币二百元；
> 台湾元保宫主任委员赖焕樟人民币二千五百元、副主任委员人民币二千五百元、委员赖明辉人民币五百元、委员赖朝枝人民币七百五十元、委员赖美兰人民币五百元、委员赖涂人民币一千五百元、委员赖明材人民币二百五十元、委员赖松来人民币二百五十元、委员杨山池人民币二百五十元、委员赖德顺人民币二百五十元、委员赖廖西人民币二百五十元；
> 永成旅行社人民币五百元；
> 台南天后宫曾吉连人民币一千二百五十元、郭金坤人民币一千二百五十元；
> 香港：张育勤人民币五百元、黄建兴人民币二百元、詹灿平人民币二百元；
> 马来西亚：周亚成人民币六百元。

从《乐捐芳名》记录的情况来看，台湾的捐款主要来自台南学甲慈济宫、宜兰玉尊宫、台中元保宫、南投草屯月眉厝龙德庙以及台南大天后宫。学甲慈济宫董事长周大围是联谊会会长，宜兰玉尊宫主委李炳南与周大围是好友，经常陪同周大围往返于两岸。台中元保宫在主委赖焕樟的带领下，也积极参与联谊会的活动，后来赖焕樟还当选为联谊会第二届会长。可见，台湾的这些宫庙之所以大力捐款助建慈济行宫，主要是由信仰纽带，特别是台湾保生大帝庙宇联谊会这个组织所带动起来的。今天，慈济行宫里悬挂着周大围赠送的"惠泽群生"匾额、李炳南赠送的"功高溥施"匾额、林黄河赠送的"东佑月眉"匾额（图6-14）、吴永成和林黄河赠送的"保国生民"匾额。以及周大围题写的对联"大道至公博厚

图6-14 月眉厝宗亲赠送慈济行宫的"东佑月眉"匾额

高明敷帝德，慈怀广济中西内外沐神恩"，李炳南的"麟埜独钟灵厚泽保生传大道，闽台同戴德慈怀济世沐鸿恩"，高雄市鼓山亭主委林益田"由医道以博施济众斯臻大道，既舍生而显迹化神永保群生"。其中，周大围的"惠泽群生"匾额被悬挂于慈济行宫正殿中央最上方的位置，据行宫管委会人员介绍，周大围对行宫的贡献最大，所以将最尊贵的位置留给他赠送的匾额。

1993年的重建工程，开启了与台湾众多保生大帝宫庙之间的交流之后，慈济行宫与台湾保生大帝信徒之间的联系就一直很密切（图6-15）。1998年夏天，台湾保生大帝联谊会会长赖焕樟一行30人带着元保宫的神像前来慈济行宫进香，并复印保生大帝230首处方回台湾。2006年11月，台湾保生大帝联谊会第四任会长廖武治率领进香团一行50人前往和溪慈济行宫进香，就两地保生大帝文化交流作了探讨，并提出迎请该宫保生大帝金身赴台巡安。2007年8月，廖武治先生托人专程前往慈济行宫，送来"德配天地"的牌匾。近年来，每年都有200多个的台湾信徒到慈济行宫进香。

在台湾信徒前来进香的同时，慈济行宫也抓住时机，组织信徒回访台

图 6-15　台湾宜兰县东山慈济景主宫到和溪宫进香谒祖

湾。1998 年 10 月，应北投埔福德庙以及林黄河的邀请，慈济行宫组团到台湾，参访了台中元保宫、月眉厝龙德庙、北投埔福德庙、林氏家庙、碧山岩、嘉义县大林镇大埔美林氏绎恩堂、新港奉天宫、北港朝天宫、台南大天后宫、台南兴济宫、赤崁楼、淡水红毛城、五股工业区联胜科技公司等地方①。2011 年 3 月 18—24 日，慈济行宫又组织文化交流团，赴台开展保生大帝信仰文化交流活动。在台期间，交流团参加了南投县北投埔林氏家庙的春祭典礼，考察了龙德庙，此外还参访了台北保安宫、台中元保宫、台湾学甲慈济宫等台湾最为有名的保生大帝宫庙，受到台湾保生大帝信仰总会会长廖武治先生、台南学甲慈济宫董事长周尚德先生等人的热情接待，进一步增强了双方之间的情谊。

接下来看血缘纽带，其实血缘纽带是与信仰纽带交织在一起而起到联系麟埜与月眉厝两地宗亲的作用的。

20 世纪 90 年代初，随着两岸关系的解冻，麟埜和月眉厝两地宗亲之间的联系也开始多了起来。月眉厝六房 21 世林黄河，曾长期从事银行工作，后担任中华海峡两岸文化资产交流促进会秘书长，热心两岸文化交流。1992 年后，林黄河前后寄给麟埜祖地"天麒、开万、宗熙、荣煌函信，附寄各房渡台祖派下世系图表及月眉厝林氏家庙、龙德庙等照片和有

---

① 林黄河：《月眉与麟埜》，南投，月眉厝保生大帝二老爷会 2000 年发行，第 36 页。

关资料数十件，介绍草屯林氏血缘聚落情况"①。这些信函，对于加深麟埜林氏对台湾月眉厝的了解，有重要作用。1993 年，在台湾保生大帝庙宇联谊会会长周大围的关怀下，慈济行宫进行了重建。林黄河听说此事，汇款人民币 2000 元助建，其妹妹林美玉亦慷慨解囊，捐献人民币 630 元。同时，林黄河与月眉厝十余位林姓宗亲共同汇款制作"东佑月眉"匾额给慈济行宫。1994 年麟埜林氏准备重建龙显岩，请求月眉厝龙德庙协助向南靖县政府申请重建事宜，但未得到龙德庙的同意。当年林黄河担任保生大帝值年炉主，保生大帝二老爷副驾奉祀于月眉厝老宅，二老爷炉则奉祀在台北市中山北路宿舍里。该年 4 月 27 日，二老爷炉突然发炉。经掷筊请示，原来是二老爷要求林黄河要全力协助重建麟埜龙显岩。接到保生大帝二老爷的指示后，林黄河以个人名义撰文向漳州市南靖县政府申请准予复建龙显岩。6 月 13 日，林黄河向龙显岩重建工程捐款新台币 11800 元，月眉厝宗亲林捷镇捐新台币 5000 元。第二年重建落成后，麟埜林氏组织到龙岩天宫山进香，月眉厝龙德庙前主委林维尧托林黄河代捐新台币 20000 元给龙显岩。

1995 年 2 月，林黄河及其侄女林淑冰、台湾"内部政"科长赵文杰到大陆旅游观光。在福建省政府台办张文林处长、漳州市政府台办王惠珍科长以及南靖县文化局长、宗教局长、台办主任的陪同下首次回祖籍地麟埜参访。林黄河一行带来了台北市林山林氏宗亲会会长林晋章、台北市中山林氏宗亲会会长林水火先生分赠给麟埜聚斯堂（"敦亲睦邻""源远流长"）、蓝园祠（"弘扬祖德""溯本追源"）、龙显岩（"威灵显赫"）等条幅。同时，他还调查了龙德楼、聚斯堂、慈济行宫和龙显岩的习俗，回台后撰写了《海峡两岸古迹及其民俗文物调查计划（第一辑）报告》和《海峡两岸保生大帝民俗信仰及其祠庙文物调查研究计划报告》。其中，后一书中对月眉厝和麟埜的血缘宗亲与信仰情况有详细深入的介绍。其后，林黄河又以中华海峡两岸文化交流促进会秘书长名义与该会理事长吴永成先生共同制匾分赠给聚斯堂（"祖德遗庥"）、萃美祠（"祖德宗功"）、蓝园祠（"祖德传芳"）、慈济行宫（"保国生民"）、龙显岩（"莲光普照"）等。

1996 年农历九月初十日，林黄河陪同 88 岁高龄的母亲与赵文杰先生

---

① 麟埜林氏族谱修谱委员会：《和溪麟埜林氏族谱》，1997 年印行，第 573 页。

图 6-16　赠送台湾龙德庙的"麟埜溯源"匾额

一起到福建、天津、北京等地旅游，顺道返乡谒祖，参拜保生大帝和观音佛祖。此行中，林黄河捐资人民币 3000 余元，并为其兄弟姐妹代捐人民币 900 余元助修麟埜林氏谱。林黄河还出资人民币 16000 元交麟埜六房林荣煌保本取息，作为六房子女的奖学金。1995 年后，经林黄河介绍，草屯大长房宗亲林德明，二次专程返乡会亲，捐人民币 1000 元助修族谱，3000 元作为大长房奖学金，交本房林开万代为分发。1997 年农历九月二十四日，林黄河第三次陪同月眉厝宗亲林捷镇、林代宽返乡会亲谒祖，并分赠聚斯堂、慈济行宫、龙显岩各台币 6000 元。1997 年农历十月初日，定居台北的大六房派下林思齐宗亲，赠聚斯堂美元 200 元[①]。

近年来，台湾南投县林氏宗亲组团回乡寻根谒祖、文化交流达十多次，并捐资支持配套设施建设。2004 年 11 月，南投县草屯镇月眉林氏宗亲恳亲谒祖团一行 59 人，前往和溪镇林中村慈济行宫和聚斯堂进香谒祖，赠送"祖荫闽台"和"广泽两岸"牌匾，并捐赠百本有关闽台两岸文化

---

① 以上来往捐赠情况，参见林黄河《月眉与麟埜》，月眉厝保生大帝二老爷会 2000 年发行，第 75 页。

渊源的书籍。

台湾宗亲在血缘纽带和信仰纽带的推动下持续不断地返乡谒祖会亲的同时,他们也多次邀请麟埄祖地的宗亲到台湾回访。前述1998年和2011年慈济行宫两次组团到台湾参访,都是应台湾林氏宗亲邀请。笔者在慈济行宫采访时,该宫管委会成员介绍说,林黄河曾多次邀请他们到台湾,但因各种原因,最后成行的只有这两次。林黄河等台湾宗亲不仅邀请他们访台,而且还将他们在台湾的参访活动安排得井井有条,让他们有宾至如归的感觉。该宫管委会副主任林志坚在介绍2011年赴台交流时说:"我们飞机是到台中的,第一站就到元保宫,非常大,一层又一层的。林黄河安排得很好,今天走哪里,明天走哪里,都是事先安排好的。我们两个人(林志坚和林黄河)弄了一个多月,临走的前九天定下来。"

总之,在麟埄与月眉厝两地林氏宗亲的交往与联系中,血缘纽带和信仰纽带是相互交织的。正如林志坚在访谈中所说的,台湾宗亲回来时,"一般都要到开基祖那边,还有慈济行宫,这两件事是必要的。有人再加,就加上龙显岩,但是比较少。慈济行宫肯定来,开基祖那里也肯定去,还有他本房的祖祠,他也去。"台湾宗亲回乡,不仅要到祖祠祭拜,也要到慈济行宫和龙显岩拜拜,说明血缘纽带和信仰纽带确实是不可分的。

五 麟埄的海外联系与地方社会变迁

麟埄的海外联系,推动了两岸交流,也带动了传统民俗文化的复兴,以及地方旅游经济的发展。

(一) 维护历史文物,带动传统民俗文化复兴

慈济行宫原名万灵宫,"文化大革命"时被拆除,"文化大革命"后仅建一简易小祠供族人膜拜。1992年,当地政府将鲤鱼山2公顷地划拨给慈济行宫使用,在很大程度上是考虑到了该宫在台湾的影响。而重建过程中,台湾保生大帝庙宇联谊会会长周大围多次到和溪勘察,主持奠基仪式并捐献大笔资金,又加重了慈济行宫在地方政府眼中的分量。而龙显岩的复建,也是在台湾林氏宗亲林黄河撰文向南靖县政府申请重建后,才得到当地政府批准的。1995年2月林黄河、林淑冰、赵文杰返回麟埄会亲

谒祖，福建省政府台办以及漳州市、南靖县相关政府官员全程陪同，也说明了地方政府对于将龙显岩作为对台交流平台的重视。此后，台湾林氏宗亲一拨又一拨地返乡朝拜，不断地强化当地政府对于慈济行宫在对台交流中的重要性的认识。由此，官方和民间在推动慈济行宫发展上达成共识，慈济行宫由此而获得更大的发展机遇。

首先，慈济行宫的历史文物得到认可与维护。2000年3月30日，慈济行宫报送两件文物给福建省文物管理委员会评鉴。一件是元至正九年（1349年）长方束腰四兽足铸铁炉，省文管会参照博物馆藏品定级标准，定为二级文物藏品；另一件是明末清初漆地彩绘描金堆贴龙纹吴夲座像，被定为三级文物藏品。2012年4月10日，慈济行宫又报送清嘉庆九年（1804年）阳月"万灵宫保生大帝"木刻神牌、清卢清"梧凤呈祥"设色轴、清卢清"羊鸦孝德"设色轴等三件文物，经福建省文管会根据文化部颁布的《文物藏品定级标准》评鉴，认定为三级文物。更重要的是，2009年11月，和溪慈济行宫被列为第七批省级文物单位，从而得到了全面保护。慈济行宫的历史虽然悠久，但目前的建筑全部都是1993年重建的，文物价值不高。但是，慈济行宫申报省级文物保护单位，走的是涉台文物的渠道。这样一来，慈济行宫在对台交流方面的重要价值，在很大程度上弥补了文物价值上的不足，从而使此次申报省级文保单位的行动得以成功。林志坚在访谈中也说："我们把很多对台的材料加下去，涉台很关键，主要是金身，我们的宫是新的。"由此可见，慈济行宫的海外联系，是申报省级文物成功的最关键因素。而被列入省级文保单位，使得慈济行宫的历史文物得到了更好的保护。

其次，传统民俗文化得以复兴。在南靖县和溪镇党务村务信息公开网上，有一则由南靖县和溪镇人民政府2012年12月发布的文章《"南靖县和溪镇慈济行宫保生大帝祭奠仪式"非物质文化遗产保护》，内容如下：

> 和溪慈济行宫坐落于南靖县和溪镇林中村鲤鱼山上，殿内供奉的保生大帝金身是海峡两岸仅存的两尊宋元时期雕刻的保生大帝金身神像之一（另一尊现存台湾学甲慈济宫），已有729年的历史。祀奉的宋代名医吴真人被海峡两岸人民称为"保生大帝"，俗称"大道公"。他医德高尚、医术精湛，先人将其演化为神，现殿内还藏有民间药方等书籍。它的香火现已遍布闽南一带和台湾省南投、嘉义、彰化、宜

兰等县。

　　近年来，台湾民众、政要和企业家回大陆人数日益增多，慈济行宫成了海峡两岸文化交流的一个纽带和窗口，两岸人民血肉相连的历史渊源关系充分体现出来。"中华民族是具有强大的生命力和凝聚力的"，中华民族在历史发展过程中有着许多特有的历史积淀，闽台民间共同信仰保生大帝就蕴含着中华民族传统文化的积淀，神缘文化就是这种历史积淀现象之一。因而，神缘文化可以作为发展海峡两岸关系，进而统一祖国大业的桥梁之一，闽台共同崇拜保生大帝这特有的神缘关系成为海峡两岸人民大众紧密团结的一种生命力和凝聚力。

　　祭典仪式流传至今没有完整的文字叙述，祭典仪式各项程序已经有所简化，加之农村青壮年外流现象严重，导致参与祭典仪式的人员老龄化，影响仪式的传承。为了更好地将祭奠仪式传承下去，以免失传，已申请"南靖县和溪镇慈济行宫保生大帝祭奠仪式"这项非物质文化遗产。①

从文章内容来看，和溪镇政府是因为慈济行宫的"神缘文化可以作为发展海峡两岸关系，进而统一祖国大业的桥梁之一"，才全力支持慈济行宫申请将"南靖县和溪镇慈济行宫保生大帝祭奠仪式"列为非物质文化遗产名录的。也就是说，慈济行宫的海外联系使得该宫的祭奠仪式更顺利地得到了官方的认可与保护。2014年7月27日，慈济行宫管委会副主任林志坚，又被南靖县政府确认为首批县级非物质文化遗产项目代表性传承人，其传承的非物质文化遗产项目是民俗类的"和溪慈济行宫保生大帝诞辰祭典"。

（二）推动两岸交流

麟埜村的海外联系，也有力地推动了两岸交流。

首先，麟埜与台湾月眉厝之间的血缘纽带和信仰纽带，加快了两岸人员往来的频率，使两岸民众能够在往来中增进彼此间的了解，增进彼此间的感情。2011年慈济行宫组团到台湾参访时，团里的一个八十几岁的老

---

① "南靖县和溪镇慈济行宫保生大帝祭奠仪式"非物质文化遗产保护，2012 – 11 – 05，http：//www.zzwhw.gov.cn/cms/html/njxdwcwxxgkpt/2012 – 12 – 19/1930734051.html。

人在台湾因水土不服生病了。月眉厝宗亲林黄河知道后，驱车40多公里赶去看望，让老人感动不已。后来林黄河返乡，老人给他包了100元红包。再次返乡，老人又给他包了200元红包。林黄河觉得老人都八十几岁了，不好意思拿他的红包。但林志坚认为，老人是上辈，林黄河是下辈，这红包是上辈给下辈的，劝林黄河收下。血缘伦理关系在两岸交流中的亲情作用一览无遗。此外，南靖和溪盛产中草药巴戟天，此次访台，交流团带了一百多包的巴戟天到台湾，分送各个宫庙以及林氏宗亲。这种以故乡特产为礼物的做法，也带有浓浓的故乡情，能够唤起台湾宗亲的血缘亲情。1994年麟埜龙显岩重建时，林黄河虽是林氏宗亲，但开始时并没有想要资助。不过，供在宿舍中的保生大帝二老爷炉突然发炉，指示林黄河必须资助祖籍地的龙显岩复建。这一宗教事件唤醒了两岸之间的信仰纽带，促使林黄河全力投入龙显岩的复建工程中，同时也促成了他的第一次返乡谒祖之行。

其次，慈济行宫为地方政府开展对台工作提供了一个重要的平台。南靖地处闽南，是台胞的重要祖籍地，当地政府负有做好对台工作的任务。但是，在两岸刚刚恢复交往之初，两岸之间基本上不存在政治上的对话，南靖地方政府要做好对台工作，就只能依靠当时渐趋繁盛的民间往来。拥有丰富对台关系的慈济行宫，自然就成为当地政府进行对台交流时可以依赖的一个重要的平台。1998年慈济行宫组团到台湾参访，该团就是由"和溪镇书记廖文彬率领，企业办林良才（前林坂村长）、林中村长林炳荣、林荣火、林荣煌等本宫副董事长、副理事长干部随行宗教文化交流"[①]。2011年慈济行宫赴台交流时，交流团团长虽由该宫管委会主任林永安担任，但县、镇两极的宣传委员、统战委员、书记、宗教局科员、人大主席等政府干部，也随团赴台交流。后来慈济行宫曾有意护送保生大帝金身到台湾巡游，南靖县政府对此极为重视，由县委常委、统战部部长亲自主抓。当时，分管副县长、台办主任、民宗局局长、镇长、书记、统战委员等政府干部，还为此事赶到东山关帝庙和青白礁慈济宫了解他们的神像赴台巡游的经验。由于慈济行宫在政府对台工作中的重要性，2003年至2011年一直被南靖县民族与宗教事务局评为先进单位。2009年被漳州市民族与宗教事务局和漳州市人民政府台湾事务办公室授予"漳州市对

---

① 林黄河：《月眉与麟埜》，月眉厝保生大帝二老爷会2000年发行，第36页。

台交流重点宫庙"的牌匾。

(三) 助力地方公益,带动旅游经济发展

台湾林氏宗亲在血缘纽带和信仰纽带的推动下,还极为关心祖籍地的公益事业。前面提到,1996年林黄河陪同其母亲返回祖地会亲时,出资人民币16000元,作为六房子女的奖学金。1995年后,经林黄河介绍,草屯大长房宗亲林德明也捐3000元作为大长房奖学金。2006年年初,在厦门投资办厂的月眉厝林氏宗亲林金生先生回到祖籍地恳亲谒祖,捐资人民币15000元,支持林中小学添置语音视听教室设备。同年4月,他在祖地建立"绿春"奖教助学基金会,设立特困优生、优秀学生、优秀园丁三个奖项,每学年评出28位优秀师生进行奖励,奖金1万元。受台湾宗亲热心祖地公益事业的影响,慈济行宫管委会也每年都拿出1万多元用于助学。助学主要面向林中小学,奖项分为总分前三名、满分奖、进步奖等。每年六一儿童节,以及每年高考放榜后,优秀小学生以及考上重点大学者,也都给予奖励。

慈济行宫后山有一片树林,大约400亩,旧时被称为林氏家族的风水林。1958年大炼钢铁运动中,风水林被砍伐下来当作炼钢的燃料。2008年,慈济行宫新一届管委会和林中、林坂两个村村委会商量,成立了绿化委员会,开始着手林氏家族风水林的复建工作。绿化造林,有助于保持水土、维持生态。这可说是慈济行宫为当地公益事业做出的另一个贡献。

麟埜的海外关系也有助于推动地方旅游经济的发展。旅游业是当今世界发展势头最为强劲的新兴产业,近年来,乡村生态游已经成为都市人逃离城市喧嚣、亲近大自然的一个重要选择。适应旅游经济的这一发展趋势,和溪镇投入1.6亿元,实施造林绿化、水土保持、绿色村庄创建等10多个生态保护项目,大力打造"雨林路生态文化景观大道""慈济行宫森林公园""恩来茗苑生态茶园之都"等别样的精品生态景观。例如,乐土雨林科普旅游区,是全球纬度最北、我国现存最小的森林生态自然保护区,也是我国东南沿海唯一的原始植物群落,面积仅0.22平方公里,但拥有1100多种植物种类、80多种鸟类。区内最为名贵的刺桫椤被国家列为一级保护植物,并被科学家誉为植物"活化石"。藤本植物达184种,其中"中华第一藤"盘旋3个山头,全长3800多米。乐土雨林是一处纯自然景观,但游客既有亲近自然景观的需要,也有认识人文景观的需

要。所以，与乐土雨林相距不到 1 公里的慈济行宫，很自然地被和溪镇政府打造成为一处与乐土雨林的自然景观相互补充的人文景观。和溪镇政府在相关旅游宣传中，一方面强调慈济行宫供奉的保生大帝金身是大陆地区现存最古老的保生大帝金身；另一方面也强调慈济行宫在对台交流方面的特色，以此来吸引游客。总之，慈济行宫凭借着它所拥有的海外关系，已经成为和溪镇旅游经济发展战略中举足轻重的一环。

第三节　平和心田的海外联系与地方社会变迁

一　赖氏与平和心田十三甲

心田，位于平和县城西南方十公里处的坂仔镇，为坂仔、南胜两溪交汇处，又称双溪。元末，赖氏一世祖卜隆公从诏安迁居这里，开基立业。卜隆公后裔现约 10 万人，其中，分布于心田周边六乡镇十三甲的有 6 万多人，迁居台湾的有 3 万多人。

赖氏先祖，据传为黄帝第二十世裔孙、周文王第十九子，名叔颖。因助周武王灭商兴周有功，被封于赖国。后世子孙，遂以国为姓，称赖姓，尊叔颖为始祖。传至第十四世赖添，赖国被楚灵王所灭。为避楚灵王之害，部分赖氏族人改罗、傅两姓，故有赖、罗、傅联宗之说。传至四十四世赖德，生有三子，于唐贞观年间迁入福建。其子赖标迁居上杭古田，赖极迁居宁化石牛村，枢公迁居清流黄加地。标公后裔五十七世赖朝英任宁化知县，其孙五十九世赖雍迁居诏安官坡田心。赖雍次子赖廷显生五子，其中长子第六十一世赖卜隆迁居平和县心田，成为心田赖氏开基祖。

据传，元末 1338—1339 年，诏安官坡田心发生特大洪水，连田心赖氏祖祠都被冲毁，田园颗粒无收，民不聊生。赖卜隆此时正值壮年，懂地理且胸怀大志。他听说高山之阳有南胜，心想南胜既以"胜"为名，必有胜概。于是他翻山越岭来到平和坂仔，发现这里山水钟灵，是个繁衍生息的好地方："有高崒巨山，名深寮者，耸拔于南，上出云霄，左右峰秀，但各朝揖；狮象砥柱于水口之地，紧水葫喉，坂仔、南胜两水汇合于北，地势宽平，舟车所至，商贾多集。可以养丁财，荫科甲，毓名贤，不衰不退，历久益彰，胜于田心数倍。"① 他回到诏安，立即与母亲钟氏以及诸子商议，择日迁徙平和坂仔，在今之下葛大洋径仔头定居下来。为勿忘本，赖卜隆将诏安故土"田心"两字反过来改为"心田"，命名他的新居地。

赖卜隆的儿子分居于浮山、大洋、石桥、庵坑等地。此后，随着后裔的开枝散叶，人口极速繁衍，逐渐扩大到坂仔周边十三甲以及其他地方。下面根据2014年1月出版的《心田宫》，列出十三甲所在地：

心田甲：古林、古林厝、立新、田中央、下土楼、麦高间、大学、下坂寨、云东坑、荔枝林、楼脚、外厝部、寮脚厝，总人口约1800人。

璋石甲：（又名内六甲）延山、璋石、碧岭、乾岭、平山，总人口约2500人。

新星甲：新城、虎耳、下汤、枣树下、东山、贵阳楼、新楼、甘同坑、大坵田、新兴、坟仔坑、龙坪、龙秋、胜利，总人口约4200人（2012年5月起新星甲分为"五星五甲"和"新城虎耳甲"，其中新城虎耳甲为新城甲，其余为五星五甲）。

吴坑甲：白楼、大洋、横江头、狮仔楼、沙墩、顶洋、崎沟、下欧、吴坑、双溪，总人口约3500人。

石路甲：后人、石路、坑坪、楼仔、新厝、山尾、水隙、炉内，总人口约950人。

东坑甲：顶炉、溪平楼、党厝楼、圆楼、新起楼、顶学、下学、马江、东仙、顶石、东坑洋、后溪、沓后、福阳、南安、大仁楼、山坪、三树，总人口约3500人。

军营甲：全新、建新，总人口约760人。

仁山甲：埔心、寨仔脚、横江、石桥，总人口约1500人。

西坑甲：甘坑、石厝寨、石壁下、东古、新楼、八坵、旧楼、大墘、大鹰新村、白水磜、洞内、坪坑、岭头，总人口约1800人。

井美甲：洞口、甘同坑、虎坪、崎脚、顶楼、顶楼尾、古仔乾、松柏乾、井美大楼、顶厝、大厝、荔枝脚，总人口约2000人。

缎山甲：顶山边、下山边、斜坑、缎洲，总人口约1200人。

杭埔甲：产坑、顶楼保生大帝庙、楼仔、下寮、杭埔、北山，总人口

---

① 《平和县心田赖氏渊源志》，平和赖氏渊源志编写委员会1994年印行，第68页。

约 1900 人。

豆坪甲：水尾、旧楼、大坑、新楼、虹头、石示脚、金交柚仔脚、墩仔湖、纳树脚，总人口 1500 人。

十三甲各片区：心田村寮里总人口约 450 人。

十三甲之外，赖卜隆派下后裔还分布在以下地点：

山边村：岩前，总人口约 300 人。

崎岭乡：溪头、上湖、外楼、中湖、坝头、苦石示、路脚、古坎、水尾，总人口约 1100 人。

霞寨大湖：总人口约 200 人，蛟洞 100 人。

国强：新建、三五、闽潭、白沙、田岜，总人口约 550 人。

安厚镇：东坡，总人口约 680 人。

山格：平寨，总人口约 240 人。

云宵县下河乡：龙头楼，总人口约 750 人。①

赖卜隆后裔从第八世起，开始大批渡台，开发宝岛台湾，相关情况我们后面再叙。

二 赖氏家庙、心田宫与蔡妈厅

（一）赖氏家庙

赖氏家庙（图 6-17），坐落于心田村内，心田宫右侧。坐丁向癸兼水午分金，形如猛虎下山，族人称之为虎穴，据说能出万丁。家庙背靠寮山，层峦叠翠，有众山朝岱之势。面朝双溪，有万壑赴荆门之概，且狮象砥柱于水口，远眺六十华里外的南靖县水尖山依稀可见。对此一地理形势，家庙中的对联中是这样描述的："耸寮崟以钟灵，水抱山朝，数百里来龙终趋虎穴；溯颖川之衍派，前开后继，亿万年种德总在心田。"②

赖氏家庙始建于明天启辛酉年（1621 年），由八、九、十、十一世等裔孙集资兴建，供奉一世至四世 30 对祖宗神位。当时，家庙地基乃八世祖邦畿公妈所有。经商量，邦畿公妈无偿献地，创建家庙。后来族人为纪

---

① 赖瀚钟、赖新民主编：《心田宫》，平和县心田宫管委会、赖氏监委会 2014 年印行，第 143—144 页。

② 《平和县心田赖氏渊源志》，平和赖氏渊源志编写委员会 1994 年印行，第 64 页。

图 6-17　赖氏家庙

念邦畿公妈，乃于家庙神龛右边另设神位，奉七世祖赖遗逸夫妇、八世祖赖邦畿公妈为家庙的地基主，并于嘉庆癸酉年（1813年）八月刻石立碑，永世颂扬其功德。此后，赖邦畿的后人被称为地基主，每年正月十四、十五家庙点灯，都由邦畿公的裔孙做主祭人，带领族人一起祭拜老祖宗。

赖氏家庙清代时有过三次重修，民国六年（1917年）再次进行大修。当时由绅士赖秉坤为首，族人集资，进行重修。竣工后，余下一笔款项。当时，修建董事会的成员皆为有识之士，遂议将这笔余款用于兴办教育事业，在家庙左右两侧之护屋各延建两间平房为教室，创办"私立心田国民学校"。1966年"文化大革命"开始，祠堂、宫庙等"封建迷信"的东西统统遭到冲击。所幸赖氏族人在家庙里办学校，家庙才得以逃过一劫。1989年，台中市赖氏宗亲返乡谒祖，看到家庙年久失修，在赖朝枝、赖焕樟的倡议下，筹集巨资，在家庙右边建一座教学楼，将小学与家庙分开。此后，赖朝枝、赖焕樟、赖诚吉、赖登铜、赖济汾、赖富雄、赖银福、赖大吉、赖添才、赖荣园、赖荣章、赖英乾等台湾宗亲，共捐献新台币121万元重修家庙。家庙于1991年2月兴工重修，1992年农历十月竣工落成。2009年，赖氏家庙被列为省级涉台重点文物保护单位。

(二) 心田宫

心田宫，位于坂仔南寮大山延伸出的一处缓山坡上，左右两旁有坂仔溪和南胜溪交汇于此。站在宫对面向远处的高山望去，此地形如一头雄象，伸出长鼻欲走向东边河里饮水。心田宫就坐落于象鼻的先端，据传乃方圆数百里绝无仅有的灵地，风水家称为"象地"，能管"万灵"。

据传赖卜隆在诏安时就已虔心奉祀保生大帝和蔡妈。从诏安迁徙平和心田时，随身携带保生大帝和蔡妈香火到心田，奉祀于葛平旧楼居住地的厝内。在保生大帝的庇佑下，心田赖氏人丁兴旺、事业顺利。到了明朝天启年间，信众益增，香火益旺。于是，赖氏族人发起倡议，选择现址象鼻穴建庙，取名心田宫。

心田宫奉祀赖卜隆从诏安带来的保生大帝金身，称为开祖金身。此外，族人将广受信众敬仰的三官大帝神龛安置在右侧上落前沿的墙上，把天公炉安置在天井右上角，把伽蓝爷、土地公神龛安置在左侧天井墙边。这种布局自建庙以来一直保持如此。观音佛祖在民间深受信众喜爱，为方便族人膜拜，宫的左边与宫相连处建造一间碧湖室，坐向与心田宫相同，奉祀观音佛祖。目前保留下的古物，除了开祖金身外，还有一个手工雕刻的石香炉以及两个木雕香炉。

心田宫建庙后的情况，文献无征，仅保存道光二十一年（1841年）太学生赖拔峰所立《心田宫》石碑。根据碑记记载，"嘉庆元年丙辰（1796年）族众重兴祖宫"，由赖拔峰的祖父赖金捷负责修建事宜。竣工后，剩余九千小钱，由赖金捷"设法生放，越明年收金钱占佛钱十三有奇"。到了赖拔峰父亲赖友功之手，"维其志、尊其法，镏累铢积增广田业银圆"共二百四十余元，小钱积累成了大钱[①]。综合碑记内容，可知心田宫在嘉庆元年（1796年）重修，道光二十一年（1841）再修。此后，又于民国34年（1945年）再修。

"文化大革命"期间，心田宫被毁。1984年，心田赖氏族人集资重建心田宫，1986年落成。由于这次重建是参照原庙规模，导致宫体矮小，殿堂狭窄，宽度和高度都不适合需要，再加上宫体属土木结构，基础很差，整体结构失调，屋顶楹木移位，遭受虫蚁侵蚀，严重漏雨渗水，有倒

---

① 该碑现立于心田宫左侧碧湖室内。

塌之危险。为了适应谒祖进香的台湾宗亲以及前来朝拜的当地信众越来越多的现实状况，在台中元保宫的支持下，2004年3月心田宫进行了扩建。扩建后的宫殿为钢筋混凝土结构，宫殿式仿古建筑，主体建筑面积366平方米。

宫内面宽三间，进深三间。宫门上悬"心田宫"三字，字体娟秀，乃当代中国著名文化人、十大书法家之一的梁披云先生在98岁时手书。正殿中的神龛雕花粘金，龛枋上雕刻神仙图案，造型美观。神龛内端坐着一尊镇殿保生大帝像，旁边放着令旗、宝剑、圣旨、印斗、签筒等。前面还有一尊黑脸保生大帝，端坐在一张红木椅上，为出社行香之神像。旁边有十四尊新雕的保生大帝神像，专供族人婚庆、乔迁、动土、安居等世事之用。宫殿上方悬挂着数块匾额，其中有青礁慈济祖宫赠送的"保生大帝"匾，台中元保宫赠送的"真人府第"匾。碧湖室位于正殿左侧，分上下两厅。上厅的内殿安奉如来佛祖，外殿安奉慈航真人（观音）。下厅右边是一个天井，养着许多寿龟。下厅左边是两间小厢房，作小仓库用。

心田宫左旁是一座两层钢筋水泥结构办公楼，为理事会办公及接待来宾之用。办公楼左边有一小公园，公园里有两棵高大的百年木棉树，树下有三副石桌椅，可供游人休憩。心田宫右边是一座戏台，台前为斜坡形露天场地，可容纳上万观众。戏台分两层，上层演戏，下层供演员及管理人员住宿膳食。宫前分上、下埕。上埕种植花草树木，下埕占地3亩，为台中元保宫购赠，宫里有民俗活动可在此举行，平时则作为元保小学和幼儿园学生的活动场所。

心田赖氏一年中最重要的民俗活动，是每年农历二月初一至初九的进香迎神活动，以及七月十五举办的传统普度盛会。

心田宫的祖宫是厦门市海沧区青礁慈济祖宫，也称东宫。心田赖氏分布于十三甲，按惯例十三甲轮流负责每年的进香活动，轮值的甲称为香主甲。传统时代，陆路交通不便，每年二月初一，香主甲组织族人奉请保生大帝金身、香炉到山边的岩前自然村，在这里上船，从水路至青礁慈济宫进香。返回时仍在岩前自然村上岸，在此设行宫奉祀香火，直到二月初九轮值的香主甲组织迎神队伍到岩前，迎请保生大帝回銮。

今天交通便利，进香改坐船为乘车。轮值的香主甲尽其所能，唯恐办不好十三年一轮的盛会。例如，2002如何由心田村吴坑甲轮值。吴坑甲组织到青礁进香的信众就有2000多人，客车、轿车有240多辆，长达数公里，可谓是盛况空前。二月初九到岩前迎请保生大帝回銮的仪式是最热闹的。迎神队伍最前面是彩车队、龙艺和彩旗队。香主甲凡是做爷爷的，都身着蓝长衫，头戴礼帽，紧随其后。接着是手捧花束或提着小花篮的少男少女们，他们的后面是举着五颜六色小旗帜的儿童们。被神明选为护送香炉、金身、令旗、宝剑、圣旨等圣物的长老们，坐在大轿里，由轿夫抬着走。曾孙、玄孙们，则身佩绶带、胸带红花，骑着高头大马前进。队伍中还穿插锣鼓队、西乐队、响枪队，鼓乐震天，鞭炮声不断。保生大帝回銮后，心田宫还要请道士设坛诵经作法，为合族祈安赐福，并演戏三天。从初十起，香主甲还要恭迎保生大帝绕境行香数日，并请戏班答谢神恩。

　　二月初九迎神这天，也是一个商品交易的盛会。由于迎神活动吸引了附近五六个乡镇的人流（图6-18），许多商贩也乘机摆摊设点，进行农具、农产品以及日常用品的大交易。群众既看热闹又购物，兼走亲访友，参拜神明，可谓一举数得，难怪有句俗语说："二月初九双溪圩，不去后悔到明年。"

图6-18　热闹非凡的心田宫迎神赛会

　　农历七月十五中元节，心田宫（图6-19）举行传统普度盛会。按惯例，心田十三甲每年轮流在宫前举办中元醮会。每年从三个甲头中选出会顶、会首、会副三名，负责主办谢中元事宜。轮值的全甲信众必须协力本甲当选人承办。是日，三名主事在宫前各搭彩楼一座，彩楼前供品、大米叠成小山。两旁猪头、雄羊，一只百余斤重的大寿龟，用水果糕点装饰的"大碗"，鸡、鸭鱼肉等供品不计其数。心田宫也置祭坛，请道士作法三天，昼夜为族人祈福消灾，并请戏团演戏谢神。第二天晚上举行"摆大碗"活动，心田宫前人山人海，热闹非凡①。

图 6-19　心田宫

（三）蔡妈厅

蔡妈厅，奉祀蔡妈，也称广济仙妃。据传广济仙妃姓蔡名惠娘，为晋朝谢安祖父谢衡收养的义女，后被选入宫中。她在宫中潜心学医，特别擅长医治儿童麻疹等儿科疑难杂症。蔡惠娘 32 岁仙逝后，被晋孝成帝追封为广济仙妃，民间则尊称为蔡妈夫人。公元 1338—1339 年，赖卜隆从诏安迁徙平和心田时，肩挑保生大帝和蔡妈两尊神像。当到达现在蔡妈厅所在地，停下歇息时，赖卜隆顺便问蔡妈，是否在此地开基。结果连着三圣杯同意，后来遂在那里建庙，称为蔡妈厅。历史上蔡妈厅有过多次重修，最近一次是 2012 年 4 月在原址上进行扩建，地基比原来提高，但坐向不变。

蔡妈的诞辰日为每年农历六月十五日。此外，每逢心田宫举行节庆活动，道士（和尚）做醮（道场）前，必先到蔡妈厅诵经作法，请蔡妈到心田宫后，道士（和尚）才开始进入程序，可见对蔡妈的敬仰。

---

① 以上进香与普度的情况，主要参考赖瀚钟主编《情系两岸·心田宫》，心田宫第八届管理委员会、13 甲董事会 2009 年编印，第 9—13 页。

三 赖氏迁台与台中元保宫

赖氏在心田繁衍的过程中，也出现了显著的向海外迁徙人口的现象。族谱记载，十三世赖圭荣、圭富两兄弟，都于乾隆时迁居菲律宾咬留吧城。迁居台湾的则更多。

(一) 赖氏迁台

心田赖氏从第八世赖大辉（明嘉靖万历年间）起，几乎每一代都有人渡台。据族谱记载，第九世有5位，十一世6位，十二世12位，十三世20位，十四世26位，十五世14位，十六世9位，十七世2位，十八世4位。现罗列于下：

八世：
赖大辉，迁居台湾。
九世：
赖清渠派下，迁居台湾；
孙、政、贯、科四兄弟，迁居深水。
十一世：
赖惠，迁居台湾；
赖锭、赖兴、赖淑、赖诚笃，迁居台湾大村；
赖窕，迁居台湾桃园。
十二世：
赖天，迁居台湾台中市北屯区；
赖仕荣、赖奕、赖孔严、赖榕、赖宽裕、赖纯德、赖檀、赖君山，迁居台湾；
赖福富之妻杨氏从子赖玩生、利生迁居台湾台中市北屯区；
赖新之妻周氏同赖丹、焰、田三子迁居台湾台中市北屯区；
赖潭迁居台湾台北五股乡。
十三世：
赖圭玷，迁居台湾彰化；
赖圭程之妻汪氏，偕二孙迁居台湾；

赖答、赖振旺、赖真、赖士荣、赖藤、赖峻山、赖行第、赖琢、赖等，迁居台湾；

赖帝，迁居台湾台中市北屯区；

赖栋直、赖珍明，迁居台湾大村；

赖文艳，迁居台湾台中市南屯区；

赖朴直，迁居台湾台北新庄；

赖科，迁居台湾南投竹山；

赖日明，迁居台湾台中市。

十四世：

赖厅、赖仰、赖继光、赖继明、赖文昭、赖世奇、赖翰、赖抽、赖孝用、赖间传、赖时正、赖时举、赖榜、赖枞、赖廷梅、赖俊、赖艺、赖新行，迁居台湾；

赖如宾，迁居台湾淡水；

赖继辉，迁居台湾大村；

赖凤、赖深、赖谈、赖揽，迁居台湾台中市北区；

赖立道，迁居台湾台北市北投区；

赖挺，迁居台湾云林古坑。

十五世：

赖云从、赖振渊，迁居台湾台中市北区；

赖敦正、赖绵、赖天命、赖箴、赖恭、赖刚义、赖敬良、赖荐、赖梗、赖敦腐、赖文炳、赖雷，迁居台湾；

十六世：

赖明善、明耀、明博兄弟，迁居台湾台中市西区；

赖国宝、赖濑、赖壬亭、赖良厚、赖怀德，迁居台湾。

赖全，迁居台湾桃园。

十七世：

赖哲、赖畴，迁居台湾。

十八世：

赖井辉、赖正直、赖厚生、赖其合，迁居台湾。①

---

① 《平和县心田赖氏渊源志》，平和赖氏渊源志编写委员会 1994 年印行，第 132—137 页。

据不完全统计："明朝嘉靖1500年至清朝光绪1800年共有97位祖先迁居台湾。分别居住在台湾省的大村、桃园、深水,台中市的北屯区、南充区、西区,台北市的五股乡、新庄、北投区,南投县的竹山、云林古坑,彰化县的嘉义、宜兰等十四区,其中以台中市最多,计有十五位祖先,台中市的赖厝部、乾沟仔、田心、犁头店、土库仔、麻园头、后垅仔、东大墩、邱厝仔、三十张犁、水景头、埔仔、军功寮、旧社、二份埔、三份埔、水楠等十七个村庄,都是赖氏后裔居住地。"[1]

(二) 台中元保宫

赖氏先人渡台,首先面临着波涛汹涌的台湾海峡的阻隔,到了台湾后面临的又是"瘴疠之地"、疾病流行的窘境。为了克服重重困难,先人们把家乡敬奉的保生大帝香火带到台湾,祈求平安顺利,人丁兴旺。等到拓垦有成之后,他们就开始建庙奉祀从故乡带来的保生大帝香火。台中元保宫就是其中一个最典型的个案。

元保宫,位于台中市北区赖厝里,旧称赖厝廊,以居民多为赖姓而得名。前述心田赖氏渡台的97个祖先中,居于台中市的有15位,而其中又有不少定居北区。可见,赖厝廊的赖姓,均为心田移来。根据元保宫简介,明末清初之际,赖氏先人听说台湾风光绮丽,亟思到台湾开荒,但"又恐风波险阻,迭生意外,遂往谒漳州府心田宫保生大帝庙,虔分大帝香火,恭祀舟上,以佑风平浪静、舟吉人安,更蒙圣佑,安抵台岛,辗转择居于赖厝廊等十七庄,开荒垦疆,广辟良域"[2]。

到了清乾隆年间,赖氏在台中开垦有成,人丁繁衍,街肆热闹。赖厝部、乾沟仔、田心、犁头店、土库仔、麻园头、后垅仔、东大墩、邱厝仔、三十张犁、水景头、铺仔、军功寮、旧社、三份埔、二份埔、水楠等十七庄士绅倡议建庙,得到各庄头的一致赞同。于是择址于赖厝廊,创建元保宫,奉祀保生大帝、三官大帝等神尊。元保宫于乾隆五十六年(1791年)落成,举行三朝庆成清醮大典。

元保宫创建后,人潮如涌,香火鼎盛。至道光丙午年(1846年),元

---

[1] 赖瀚钟、赖新民主编:《心田宫》,平和县心田宫管委会、赖氏监委会2014年印行,第83页。
[2] "全国"佛刹道观总览《保生大帝专辑》(上),桦林出版社1987年版,第146页。

保宫经历五十多个寒暑，已经破损不堪，十七庄赖氏集体重修。由于风雨侵蚀，栋折榱摧，倾塌倒坏的情况很严重，遂于日据台湾初期，召开十七庄信徒大会，改择赖孟元、赖世荣为管理人。赖世荣计划重修宫庙，发动全族信徒捐款，并任命赖以德为现场监督，防止偷工减料。民国十三年（1924年），元保宫（图6-20）重修落成，里里外外焕然一新，重现美轮美奂、庄严肃穆之宫貌。1969年，元保宫增建后殿，为二层楼的宫宇。1970年落成，奉祀玉皇上帝玉旨、观音菩萨、至圣先师孔子、关圣帝君以及十八尊者。1976年，为配合地方发展，美化市容，元保宫重修后殿楼下全部设施，添建戏台、六角凉亭。神龛改为石砌，雕奉三官大帝、注生娘娘、城隍尊神。1985年，元保宫旁边开辟了进化北路，且梅川东西路也要打通。如此一来，元保宫在都市化中已经成为一处交通便捷的要地，旁边有孔庙、忠烈祠、省立图书馆、文化中心、民俗文物馆、省立体专、"中国"医药学院、游泳池、体育场、中正公园等文化设施。为发展观光事业，带动地方繁荣，元保宫于1986年成立兴建委员会，推举赖坤鏮为主任委员，修筑牌楼、钟鼓楼等，使宫貌呈现出"凤阁龙楼连霄云，琼枝玉树作烟萝"的景象。1987年，规划兴建香客大楼、图书馆、医疗义诊所、凌霄宝殿以及交谊大楼，宫貌焕然一新。

图6-20 台中元保宫

元保宫创建之初，信徒订定于每年农历三月初一日，恭迎保生大帝绕境十七庄。后来，因为字姓之争，绕境范围逐渐缩小，最后以毗邻五庄为限，即由后垅仔为首，依次为麻园头、邱厝仔、三十张犁（今北屯）、二份埔等，循例每年农历二月初十起，恭迎保生大帝绕境，至二月十五日回銮赖厝廊。到了农历三月十五保生大帝诞辰，各方香客蜂拥而来进香朝拜，元保宫也举行盛大祭典，钟鼓齐鸣，摆香案、设牲醴，献供赞颂，祈求大帝庇佑地方安宁，风调雨顺。

元保宫为台中市的信仰中心，保生大帝灵验素著，各地到这里来分灵香火者不少，计有云林县崙背背乡大有村永安宫、五魁村巡浩宫、洲仔宫以及台中市军功里军福宫、和平里福顺宫等处。

四　海外宗亲与心田的联系

迁居海外的赖氏宗亲，始终与心田赖氏保持着紧密联系。今天心田宫前殿正上方，高高悬挂着两封海外宗亲写回来的书信。一封是1986年心田宫落成时新加坡南洋赖氏公会诸位宗亲写给心田宫的贺信，内容如下：

福建省平和县五三大队心田宫振声、荣海、尼姑暨全体理事先生：

欣悉心田宫落成，涓于本年农历十一月十六日恭迎保生大帝返宫大典，敬致热烈的祝贺，伏祈神灵显赫，神光普佑我黎民，福佑全境人民，平安康乐，百业兴旺，国泰民安，谨致专诚，顺致敬礼！

新加坡南洋赖氏公会主席　赖元祖

秘书：世界赖罗傅宗亲联谊会新加坡秘书长　赖炼杰

新加坡信女萧说英、陈凤莲　仝启

公历一九八六年十式月二日

另一封是日本宗亲赖英哲1987年省亲后的感谢信，内容为："一九八七年六月十四日初次回老乡省亲，受宗亲之热烈欢迎，心怀感激万分，望老乡日日发展，诸位宗亲事业成功，身体健康。住日本廿代赖英哲留。"仔细揣摩，以上两封信的字里行间中透露着海外宗亲对家乡的殷殷思念，以及对家乡发展情景的美好憧憬与深切寄望。

当然，跟心田赖氏保持着更为紧密和频繁联系的，还是台湾宗亲。据心田元保小学副校长、心田文史专家赖瀚钟的看法，心田赖氏迁居台湾之后，不忘祖地，历史以来就一直保持着与心田祖地的联系。台中元保宫简介中，有谈到该宫与心田村心田宫之间的联系："本宫曾于清季末叶及民国十五年至大陆平和县心田宫谒祖进香，以示传承不辍"①。清季末叶的这次进香情况不详，但民国14年（1925年，前述资料的15年有误）这次进香活动有文字资料保持下来。据记载，元保宫于1924年重修落成后，翌年二月由管理人赖世荣组织团员10人，前往大陆平和县心田宫谒祖进香。此次进香，原计划三月前就能回銮台中，但遇到台风，困居厦门，直到三月二十二才回宫。返驾台湾时，十七庄信众准备锣鼓阵、大旗鼓、南北管、乐队、狮阵、艺阁等一齐到丰原迎接，随香信徒万人以上，队伍长达数公里，非常壮观。回宫以后，信徒为保生大帝洗尘，演下马戏，"十七庄集中在本宫，每庄各一天举行祭典及演戏，其迎答神恩的盛况，信仰

图6-21　1926年台湾赖氏族亲回原乡寻根谒祖

---

① "全国"佛刹道观总览《保生大帝专辑》（上），桦林出版社1987年版，第152页。

奉敬之热忱，可以说是未曾有的"①。此外，台湾赖氏宗亲至今仍保存一张"民国十五年春侨湾裔孙旋和谒祖纪念"（图6-21）的老照片，说明1926年春，台湾赖氏宗亲曾再一次赴心田谒祖。

1949年两岸隔离后，台湾赖氏宗亲与心田祖地的联系被切断。20世纪80年代后，随着两岸关系的缓和，特别是1987年台湾当局开放台胞赴大陆旅游探亲之后，在血缘纽带和信仰纽带的推动下，台湾赖氏宗亲不断返祖地谒祖进香，迎来了两岸赖氏交流的高潮时期。据赖瀚钟、赖新民编《心田宫》一书，自1985—2013年，海外赖氏宗亲的谒祖和进香的记录（表6-2）如下：②

表6-2　　　　　海外赖氏宗亲回祖地进香谒祖记录

时间	宗亲来源地	次数、人数	带队人员
1985年	新加坡	1次、5人	赖氏公会秘书长、练杰
1986年	台湾	1次、24人	焕樟
1987年6月	日本、台中市	3次、8人	英哲、英泰
1988年	新加坡	1次、6人	赖氏公会主席、元祖
1988年	台中进香团	2次140多人	元保宫、焕樟、朝枝
1989年	台东、台中、高雄	6次、50多人	焕樟、济汾
1990年	台北、台中、宜兰、彰化	11次、150多人	焕樟、荣围
1991年2月	台中市元保宫进香团	1次、220多人	焕樟、朝枝
1991年9月	台中市赖罗傅宗亲会	2次、21人	会长、诚吉
1992年	台中、台北、嘉义、美国	9次、250多人	焕樟、朝枝、正雄参加大宗庆典
1993年	台中、彰化、嘉义、基隆	10次、100多人	焕樟、大鹰、宗仁、大连、金波
1994年	台中、彰化、嘉义	7次、50多人	焕樟、振兴、树欣、永清、宪情
1995年	台中、彰化、嘉义	7次、50多人	焕樟、俊良、大鹰、宗仁、显达、照然、树欣、德顺

---

① 《保生大帝图册》，台中元保宫管理委员会1992年印行，第81页。
② 表格资料来自赖瀚钟、赖新民主编《心田宫》，平和县心田宫管委会、赖氏监委会2014年印行，第88页。

续表

时间	宗亲来源地	次数、人数	带队人员
1996 年	台中、云林、嘉义	8 次、30 多人	英乾、资生、谷梁、跃先、永才
1997 年	台中市	5 次、20 多人	锦璋、英乾、秋水、树欣、树森
1998 年	台中、宜兰、彰化	9 次、60 多人	英乾、资生、焕樟、水圳、明聪、坤聪
1999	台中市元保宫、北屯区、台北	5 次、130 多人	焕樟、朝枝、仁波、聪文、泽涵
2000 年	元保宫、彰化县	4 次、30 多人	焕彬、明辉、大鹰
2001 年 2 月	台中市元保宫进香团	1 次、72 人	主任委员德顺、副主任委员明辉
2002 年 5 月	台中、台南	2 次、19 人	英乾、建中
2003 年 9 月	台中市	1 次、17 人	英乾
2004 年 5 月	台中市	2 次、4 人	明辉、英乾
2005 年 2 月	台中市	2 次、16 人	德顺、英乾
2006 年 9 月	台中市	2 次、8 人	焕彬、英乾
2007 年 3 月	台中市元保宫进香团	1 次、153 人	副主委明辉、明哲
2008 年	台中	8 人	诚吉
2009 年 4 月	台中赖兴公裔孙、谒祖	48 人	信全
2010 年 9 月	台中赖兴公谒祖、祭墓	43 人	信全
2010 年 12 月	台中市元保宫参加心田宫五朝庆典活动	143 人	副主委明辉
2011 年 4 月	台中、台南、台北	17 人	淑娟、信全
2011 年 7 月	台中	23 人	英乾
2011 年 9 月	台中尖石宗亲	33 人	宗茂
2011 年 10 月	台中、台北	5 人	英乾、宗烟
2012 年 5 月	台中、台北	13 人	位知、虹达
2013 年 2 月	台中市元保宫	6 人	明辉
2013 年 2 月	台湾赖氏宗亲会	6 人	淑娟
2013 年 3 月	台湾中华青少党主席	4 人	永清
2013 年 9 月	台中市赖树德祭祀公业	19 人	胜传

在上述这些谒祖进香活动中，有些宗亲是在血缘纽带推动下前来祖地谒祖寻根的。例如，2009年4月与2010年9月，台湾赖兴公裔孙返回祖地的目的写得很明白，就是为了谒祖和祭墓。此外，1991年十月二十九日由台中元保宫捐建的元保小学"元保楼"落成典礼和由台湾裔孙募捐重修的心田"赖氏家庙"竣工典礼同时举行，台湾赖罗傅宗亲会会长赖诚吉率领台湾宗亲庆典团200多人参加。广东普宁、晋江赖厝乡、诏安田心、南靖葛竹及平和县安厚乡的赖氏族人也都组团或派代表前来庆贺。像这些活动，主要是血缘纽带在其中起到黏合剂的作用。

有些宗亲是在信仰纽带的牵动下前来祖地进香拜拜，表6-2中"宗亲来源地"标明为"台中市元保宫进香团"，基本上属于此类。另如2010年农历十二月十一日心田宫举办五朝庆成圆醮大典时，台中元保宫副主委赖明辉率领该宫监察委员、各里里长、保生大帝善信143人奉请三尊元保宫保生大帝金身回母宫参加活动，也主要是信仰纽带牵动的。

但更多的宗亲应是谒祖和进香两种目的兼有（图6-22）。例如，2009年5月14日，台湾赖氏宗亲一行38人到心田村寻根谒祖。在平和县委常委、统战部部长黄文疆及有关单位领导的陪同下，台湾赖氏宗亲在心

图6-22　台湾赖氏族亲前来心田寻根谒祖

田宫举行敬拜活动,并与当地宗亲亲切座谈、共叙亲情。之后,赖氏宗亲到心田赖氏家庙上香,表达对祖先的无限怀念之情[①]。2010年9月17日,台湾赖氏宗亲一行32人到心田寻根谒祖,他们在心田的活动安排与上一年度谒祖团几乎如出一辙:"在心田村村民的夹道欢迎中,台湾赖氏宗亲首先参观了作为台湾元保宫母宫的坂仔镇心田宫,朝拜了香火远播台湾的保生大帝,向这位行医济世的'大道公'献上了自己的敬仰之情。朝拜后,两岸赖氏宗亲齐聚一堂,互相介绍了当地的风土人情,畅叙了两岸赖氏的深情厚谊。……随后,台湾赖氏宗亲一行来到赖氏祖庙,举行祭拜祖先仪式,表达台湾宗亲对祖先愈久愈烈的思念之情。"[②] 也就是说,几乎所有的赖氏宗亲到了心田之后,心田宫和赖氏家庙两个地方是一定要去的,血缘纽带和信仰纽带交织在一起,共同推动着两岸关系的发展。

海外宗亲与心田的联系,还表现在心田赖氏应台湾宗亲之邀,多次回访台湾。赖瀚钟副校长在接受采访时说:"到台湾后,元保宫安排我们到台湾主要宫庙去走走看看。到那边以后,吃啦、住啦、玩啦,都他们包啦。他们自己宫里有好几部车,就专门载我们到外面去走一走。"心田赖氏第一次赴台回访时,还引起了台湾媒体的高度关注。赖瀚钟说:"很稀罕,几百年了,祖地才有人过来,第二天报纸新闻都出来了。"最隆重的一次访台是2010年农历三月三十日至四月六日奉请心田宫保生大帝开祖金身首次赴台巡礼祈福(图6-23、图6-24)。此次赴台是应台北保安宫邀请。请柬虽然是保安宫董事长廖武治发的,但由于台中元保宫是心田宫的直接分灵庙,按照赖瀚钟副校长的说法,"元保宫是亲人啊",所以心田保生大帝赴台巡礼团赴台的第一站,不是去台北,而是台中。农历三月三十日(5月13日)巡礼团抵达台中机场时,台中元保宫组织的迎神队伍,已驱车30多公里恭候在那里。回到台中市赖氏十七庄地界时,车队改为步行,绕境3小时抵达元保宫。当天17点,在元保宫举行了隆重的三献礼仪式。之后,保生大帝金身在元保宫驻殿三朝,接受当地信众朝拜。三天后,巡礼团在台北保安宫和台中元保宫的安排下,继续参访台北

[①] 赖炳煌:"台湾赖氏宗亲到坂仔镇心田村寻根谒祖",2009年5月15日,http://www.fjph.com.cn/ShowInfo/9564.aspx。

[②] 张连清、何松山、林何新:"台湾赖氏宗亲到坂仔心田宫寻根谒祖",2010年9月22日,http://www.fjph.com.cn/ShowInfo/66265.aspx。

保安宫等其他宫庙，所到之处无不受到热烈欢迎和热情接待。

图6-23　心田宫保生大帝金身赴台巡游

图6-24　心田宫保生大帝金身巡游台湾的组织人员合影

五 心田的海外联系与地方社会变迁

心田的海外联系，通过推动地方经济发展、完善地方公益事业、促进两岸关系发展，来带动地方社会变迁。

（一）推动地方经济发展

心田村赖氏家庙和心田宫的复建，给在大陆投资的海外宗亲提供了信仰和亲情支持，成为他们工作之余的后花园，使他们能够在大陆更安心地创业和发展。这些海外侨亲，在厦门、东莞以及其他台商聚集区开设工厂企业，是改革开放后中国经济发展版图中不可或缺的重要一环。

我们在第一节中就提到，昆山台商的信仰需求在当地无法得到满足，所以他们不得不从台湾分灵妈祖到昆山。可见，对于台商来说，信仰需求和亲情需求能否满足，将很大程度影响到他们在他们大陆的工作与生活。对于心田的海外宗亲来说，情况也是如此。但幸运的是，祖地心田能够弥补他们的需要。第十届管委会的一个负责人在访谈中介绍说，台湾赖氏宗亲到大陆投资的，没有请他们，他们有时候也跑到这边来。赖瀚钟副校长也说，在大陆投资设厂的台湾宗亲，不论是在厦门，还是广东东莞，经常会过来心田走走看看。为了增加说服力，他还给我们介绍了一个典型的例子。原台中元保宫管委会主任委员赖焕樟的侄儿赖怡全，在20世纪80年代末就在厦门杏林开了一个元保运动器材公司。该公司很大，有3000个员工左右，每天生产4万个球，产品全部出口。后来，他又在漳州龙海市海澄镇开设分工厂。由于厦门、海澄离心田不远，赖怡全经常回祖地心田看看，参拜保生大帝、与宗亲共述亲情等。赖瀚钟还特意提到了他和赖怡全之间的私人往来："我暑假有去厦门，也会去他那边逛一下，有经过我就给他打电话，他就说过来啊，他非常高兴。我一去，他说你拿多少球，你车能载多少就载多少，大量供应。篮球、排球、足球全部都有。"从赖瀚钟的这番话中，完全可以体会到在大陆投资的台湾宗亲与祖地亲人之间浓浓的情谊。可见，心田邻近于海外宗亲的投资地点，就在很大程度上起到满足他们信仰需求和亲情需求的作用，使他们在大陆的工作和生活更加安心。

(二) 完善地方公益事业

首先，心田的海外联系对于保护赖氏家庙、心田宫等地方文化遗产起到重要作用。前面提到，1989 年，台湾赖氏宗亲回乡谒祖，看到家庙幸存十分欣慰，但对家庙年久失修而破烂不堪的景象也深感忧虑。在赖朝枝、赖焕樟的倡议下，台湾赖氏宗亲筹集巨资，在家庙右边建一座教学楼，将家庙与学校分开，从而避免了教学活动对家庙的危害。此后，赖朝枝、赖焕樟等台湾宗亲又捐献新台币 121 万元，用于赖氏家庙的重修。赖氏家庙的重修工程于 1991 年 2 月兴工，1992 年农历十月落成。重修后的赖氏家庙重新展现出美轮美奂的庙貌，并于 2009 年被列为福建省级涉台重点文物单位。心田宫 1984 年重修，1986 年落成，1998 年被列为平和县文物保护单位。2003 年台湾宗亲回心田母宫进香，看到心田宫屋脊断裂，墙壁裂缝，地基下陷，有倒塌的危险，倡议重建，保护古迹。于是，心田十三甲赖氏信徒组成"心田宫修建理事会"，并邀请台湾元保宫宗亲回来共商大计。在元保宫管委会副主任委员赖明辉、总干事赖松东、委员赖宗茂、赖文隆的努力倡导下，元保宫管委会捐款 423818 元人民币帮助重建心田宫和凉亭二座，包括其他台胞和宗亲个人捐款累计 45 万余元人民币。这样，心田宫这一文物单位也得到了很好的维护。此外，早在 1999 年 1—2 月，元保宫管委会将心田宫前一块 2000 平方米的土地购买下来，这为心田宫后来的发展拓展了空间。

其次，心田的海外联系对于改善心田当地的教育设施、形成积极向学的良好风气起到了重要作用。1987 年 11 月 26 日，元保宫管委会主任委员的夫人李赛莲首次来心田宫寻根认祖。当她得到"文化大革命"中赖氏家庙因里面设学校而未被毁时，当即到校访问。李回台后，即向台中亲人汇报祖地认亲情况。元保宫管委会听闻之后，当即决定组团回祖地谒祖进香，并帮助祖地发展教育事业，造福后代。1988 年 4 月 14 日，赖焕樟、赖坤鏽、赖朝枝、赖德顺等人先行到祖地谒祖，并到校共商兴学大计，同时捐资 1000 美元给学校购买彩电，添置教具，还带来圆珠笔、铅笔 3000 多支分赠给学生。同年 12 月，台中元保宫先后为学校捐建"元保楼"、校门、围墙、操场、篮球场、厕所等。为进一步表达两岸亲人的情谊，元保宫建议把"五三小学"更名为"心田元保小学"。1998 年，经有关部门批准,"五三小学"正式更名为"心田元保小学"(图6-25)①。其他台湾宗亲对祖地的教育事业也极为关心。现已七十多岁的赖英乾老先生,从1990年开始,就捐资支援祖地平和县坂仔镇仁山小学的建设,并为仁山小学和心田元保小学设立奖教奖学金,近二十年来资助仁山小学的资金累计已达200万元人民币。他的兄长赖英杰也是一位德高望重的慈善家,曾多次回祖地谒祖,关心祖籍地公益事业②。在这些海外宗亲的关心支持下,心田祖地的教育事业蒸蒸日上,近十几年来人才辈出,考上大中专以上的学生就有几百个。

图6-25 台湾同胞捐建的元保小学教学楼

再次,心田的海外联系对于祖地其他公益事业的发展,也起到了一定的作用。据赖瀚钟介绍,2008年坂仔镇军营大桥被大水冲坏,来往行人要过河,必须绕道走很远的路。台湾宗亲赖英乾为了尽快修好大桥,方便祖地民众出行,慷慨解囊捐助10万元人民币,用于重修大桥。此外,从2010年开始,心田宫预备投资2600万元,征地8000平方米,拟建一座

---

① 赖瀚钟、赖新民主编:《心田宫》,平和县心田宫管委会、赖氏监委会2014年印行,第153—154页。

② 赖瀚钟主编:《情系两岸·心田宫》,心田宫第八届管理委员会、13甲董事会2009年编印,第7页。

聚休闲娱乐、观景朝圣为一体的大型公园，称"元保公园"。该公园完成后，不仅可以为台胞返乡进香谒祖提供一处景观，更可以为当地民众的日常生活提供一个休闲娱乐的场所。

（三）推动两岸关系发展

心田与海外宗亲的民间交往有助于推动两岸关系的发展。首先，心田和海外宗亲之间的往来，建立在亲情和信仰两条纽带上，双方关系浑然天成，亲密无间。例如，在访谈中，当笔者质疑2010年5月赴台的邀请者是台北保安宫，可心田宫巡礼团的第一站却安排在台中元保宫时，赖瀚钟的回答非常简练："因为元保宫是亲人啊！"短短几个字，将心田和台中宗亲之间的亲情关系和信仰关系表露的淋漓尽致。是啊，元保宫的香火直接来自心田宫，元保宫的信徒也都是心田赖氏后裔，这岂是其他关系可以轻易取代得了的！谈起台湾巡礼，赖瀚钟极为感慨："他们（元保宫赖氏）的祠堂也都写心田，包括他们的祖坟、墓碑，全部都写心田。"与心田祖地一脉相承的地理景观，在撞击着巡礼团的心灵，让双方之间的情感不断升华。台湾宗亲到祖地心田谒祖认亲，也把祖地宗亲当成自己家人看待。赖英乾在坂仔仁山小学毕业典礼上深情地对宗亲们说："人生要留什么，我想不是金钱，是留文化，留文化给我们下一代，我是比较重视这一点的。"[①] 可见，台湾宗亲赖英乾前后投入200多万元，不断地资助祖地办学，就是因为他把祖地的宗亲看成家人，把祖地的孩子看成自己的孩子。大家知道，在传统时代，人群之间的整合主要靠血缘和地缘。地缘又表现为信仰关系，对同种神祇的奉祀将同一地缘的人们团结在一起，形成认同。今天，两岸赖氏宗亲也靠着这两条纽带，整合到了一起。

两岸赖氏宗亲之间的民间交流，也在一定程度上推动了两岸政治上的交流。台湾赖氏宗亲中，不乏政治人物，他们在血缘纽带和信仰纽带的推动下，也会到祖地心田谒祖寻根。例如，据赖瀚钟介绍，台湾"行政院"大陆委员会主委赖幸媛，就是心田赖氏后裔。在未担任大陆委员会主委之前，她曾跟叔父赖英乾一起到心田谒祖朝圣。赖英乾对心田祖地教育事业极为关心，每年都到大陆参加仁山小学的毕业典礼，从不间断。赖幸媛的

[①] 赖瀚钟主编：《情系两岸·心田宫》，心田宫第八届管理委员会、13甲董事会2009年编印，第7页。

父亲赖英杰对家族事业也极为热心,他在台中设"赖英杰文教基金会",为当地的教育事业做出卓有成效的贡献。此外,他也多次返回心田祖地谒祖。1992年仁山小学"英乾教学楼"落成庆典,他亲自为教学楼剪彩并捐资助学。谒祖进香的台湾宗亲中,也不乏基层官员,2010出席心田宫五朝庆成圆醮大典的台湾元保宫信徒中,就包括了台中赖氏十七庄的所有里长。

台湾赖氏宗亲返回祖地谒祖进香时,平和县政府相关部门领导都要陪同考察。例如,2009年和2010年台湾宗亲谒祖进香时,平和县委常委、统战部部长黄文疆带领相关部门领导,陪同他们到心田活动。这个接待的过程,也是两岸政治交流航程的开始。借助于民间平台,两岸政治人物才能无所顾虑地共处一堂,相互熟悉、加深感情、增强互信。当然,除了赖幸媛外,其他的都是基层官员。但交流本身就要从基层开始,只有夯实了基础,这种政治交流才有望逐渐扩展到上层。总之,量变的不断积累才会导致质变,基层政治交流的生发扩展,对于推动两岸关系良性发展来说,是极为必要的。

第二章

妈祖信仰的海外联系

妈祖，又称天妃、天后、天上圣母，是中国影响最大的海神。妈祖诞生于福建莆田湄洲岛，生前为女巫，因能"言人祸福"，且多救海难，公元987年去世后即被湄洲屿渔民奉为神祇，建庙立祀。此后，妈祖信仰被出海打鱼的渔民带到了莆田沿海港口，被当地的世家大族以及海商巨贾所接受。在后者的推动下，妈祖信仰的影响越来越大，进入了南宋王朝的视野，被敕封为夫人。接下来，在宋元明清历朝历代的漕运、海交、海战中，妈祖显灵的故事不断衍生，妈祖信仰也一再地得到王朝的封赠，封号从"夫人"到"天妃"直至"天上圣母"。与此同时，妈祖信仰也在中国大陆、台湾乃至世界各地的华人群体中快速传播。妈祖信仰在台湾极为普遍，有说法认为台湾3000万人口中，有2000万人是妈祖信徒。台湾的妈祖信仰大多是从福建沿海地区传过去的，与福建祖地之间保持着密切的联系。本章中，我们拟介绍台湾妈祖信徒返回漳州祖地重建妈祖庙的两个典型事例，以此分析妈祖信仰的海外联系是如何影响漳州社会变迁的。

第一节　角美镇锦宅五恩宫的海外联系

一　黄姓与锦宅

锦宅，位于今天漳州台商投资区角美镇，主要居民为黄姓，属"紫云黄"派系。"紫云黄"始祖守恭公，居泉州。唐垂拱二年（686年），黄守恭献宅建开元寺，其五子分迁南安、惠安、安溪、同安和诏安。其中，第四子肇纶，开基同安金柄，为泉州府同安县黄氏金山派开基祖。

明永乐年间，明成祖朱棣责怪翰林学生黄子澄辅佐建文帝削藩，祸其满门。同安黄氏因与黄子澄同姓而无端遭受池鱼之殃，备受株连。同安金柄黄英儒（黄肇纶二十七世孙）有五子，即振恩、振旬、振仙、振阳、振田，不得不各奔东西，迁居避祸。五子黄振田，避至沈宅（今龙海锦宅）。四子黄振扬避往陕西城池，改姓何。其时，其小老婆已经怀胎三月，寄居娘家郭府中。后生一子名始复，字才玉，号重兴，取黄氏重兴之意。后来，黄始复也迁到锦宅，与其五叔黄振田一起开发锦宅。黄始复也被族人称为十三公，其开发锦宅，繁衍人口万余人。

明末清初，部分锦宅黄氏族人迁居台南港仔佳里镇一带。清康熙年间，"三藩之乱"祸及锦宅，又有不少黄氏族人离乡往海外、台湾等地谋生。乾隆年间，社会安定，锦宅黄氏进入发展的鼎盛时期。二十五世祖进士黄涛修谱，开大祖定昭穆，字辈序十八代：宜、迪、其、得、在、茂、丕、基、允、色、时、献、永、须、乃、吕、帅、悉。至 2010 年，已繁衍到时字辈，人口 3800 多人。

二 三王二佛与黄氏迁居台南

按照台南佳里黄氏的说法，明永历十五年（1661 年）正月十五夜晚，适逢三官大帝圣诞，黄氏族人经锦宅五府庙梁府太师指示，趁霜寒之夜，收拾细软，携眷扬帆渡台。当时，锦宅五府庙奉祀有天上圣母、康府千岁、梁府千岁、池府千岁、杨府太师共六尊神，其中康府千岁、梁府千岁、池府千岁、杨府太师又称三王二佛，他们随族人搭船赴台，天上圣母则留守家乡。渡台途中，族人遇到狂风巨浪，危在旦夕，大家一起下跪，面朝故乡方向，祈求家乡的天上圣母"快来渡，快来渡"，救助他们脱险。族人还许下诺言，如能平安抵台，有朝一日，子孙发达，"定当做鸡做鸟飞回梓里报答圣母大恩大德"。说也奇怪，族人愿望许下后，瞬间风平浪静，一路平安地抵达台湾曾文溪口。到达台湾后，族人选择台南县沿海地区为安身立足之地，垦荒拓芜，在新的土地上重建家园。

图 6-26　锦宅五恩宫执事介绍该宫与台胞的渊源

清乾隆二十六年（1761年），黄氏族人在台湾立足下来，遂搭建草寮，奉祀三王二佛。自建庙后，黄氏族人居住区域年年风调雨顺、五谷丰登，族人偶尔染病，祈祷三王二佛后也很快就病愈。这样，在三王二佛的庇佑下，黄氏族人在台湾佳里人丁繁衍，各项事业欣欣向荣。随着人口的增加，黄氏族人逐渐移居各地，这就使得他们再回到庙里祭拜三王二佛不甚方便。在这样的情况下，清咸丰二年（1852年）族人公议将三王二佛分到六个村落去，一个村落奉祀一尊。当时的安排是这样的：康府千岁奉祀于树仔脚宝安宫，普庵祖师奉祀于溪南寮兴安宫，梁府千岁奉祀于竹桥、七十二份庆善宫，以及新市永就荣安宫，池府千岁奉祀于埕子内、蚶寮永昌宫，杨府太师奉祀于埔顶、东势寮通兴宫。这样，就形成了三王二佛五尊神像分镇六个村落六个宫庙的局面。由于六个村落居住的大部分都是黄氏族人，奉祀的三王二佛也都来自同一个源头，人同根，神同源，六村民众一脉相承、情同手足。如果某个村的宫庙的主神圣诞，其他五个庙的神尊都会被请到这个庙里，让他们团聚在一起，其他五个村的村民也都要组团过来拜寿。总之，每逢神明诞辰，六个村的黄氏族人就共聚一堂，共叙亲情。

三 台湾三王二佛信徒返乡寻根

黄氏族人渡台遇到危险时，得到了家乡妈祖的庇佑，才得以平安抵台。当时，黄氏曾经许下诺言，待子孙兴旺发达后，一定要返乡报答妈祖。但是，由于种种原因，黄氏后裔迟迟未能还愿。子孙在台湾兴盛起来了，祖地的妈祖却被忽视了。林奶红在五恩宫调查时，几位理事告诉她一个带有神话色彩的故事，梗概如下：有一天，黄氏后裔乘船于海上，由于船只搁浅，他在船上看着报纸却不料睡了过去。睡梦中，妈祖向他呈现了一幅锦宅祖地妈祖庙故址的画面："沧桑的古榕树下，妈祖神像奉于一破茅草屋内，前面则是一片汪洋大海湾……"妈祖还简略交代他，让黄氏的后代子孙务必找到故址。梦醒后，他就将这个梦境的画面画下来，作为后人寻找妈祖故里的依据。梦境图之外，还有梦录。五恩宫理事会会长说，当年黄氏后裔接受妈祖的托梦有三，妈祖托梦的内容被用红纸记录下来，称为梦录。今天梦录的那张红纸用玻璃框住，挂在五恩宫墙上。梦录的内容为：

一次
大树枯叶在一时　祝君向前莫迟疑
鱼水相逢圣母在　适遇贵人在身边
　　　农历七月十五夜一时二十八分
二次
三王二佛同一宫　三百年前奔南洋
欢画图能皇宫住　可惜圣母在故乡
　　　农历七月二十日夜一时四十八分
三次
冷暖食羞言未尽　孤苦守灯数百年
时代若念圣母庙　帮助事辈再复兴
　　　农历七月二十二日夜二时

林奶红调查时，红纸字迹有些模糊不清，个别字眼是她揣摩出来的。她认为，梦录中有几处关键词，如"大树""枯叶""鱼水""三王二佛"

"三百年前""南洋",如果结合时间、地点、人物、事件,试想当年情境,仿佛可以探寻到300年前锦宅故里的模样,于是后代人就根据梦录到福建寻找一个有古榕,有草屋,面向大海的地方。

其次是"祖上遗嘱"和"祖先偈语"。到台湾谋生的黄氏世世代代都铭记祖先留下来的嘱咐:"祖籍之址乃泉州府同安县十三烟屯。村口有座圣母宫,宫前有古榕,宫中有口井"或"祖籍之址乃泉州府同安县积善里十九都锦堂保,村口有座古宫,宫前有古榕,宫中有口井"。不管是前者或后者都很清晰地告诉黄氏后裔祖籍地在福建某地,黄氏后裔便以祖上遗嘱为线索,结合"祖先偈语"即"泉州牢记,同安认清,十三、五记"进行大陆寻根活动①。

笔者2014年2月间在五恩宫调查时,收集到《埔顶东势寮通兴宫圆通集成》以及其他一些材料,较为详细地提到了台南信徒寻根觅祖的经过。根据这些材料,台南黄氏祖辈间一直有妈祖济渡的故事在流传,但具体情况不详。1988年黄氏之所以会返回福建寻根觅祖,直接原因是受到了神明降乩的推动。根据收集到的材料,神明降乩一共有5次,神明指示的内容如下:

第一次:戊辰年三月初六日晚,梁府千岁降谕

杨府太师同胞,进台奉祀至今已有三百一拾伍年,回祖国谒祖二次,其外在台并无祖格,前日梁府出坛交代一句"天意"的由来,再次众弟子好好把握良机。到唐山自然明白。照梁府简单交代。当初名词。地名是"瞭闻"。弟子不可操之过急。一马成功。慢慢筹备。交代至此,有事后日再谈。

第二次:戊辰年四月初二日夜,梁府千岁降谕

三年一步。望我回首。是非怨曲。再仓甜来。莫非也义人和政和。俩和莫计。莫视我羽。腾空翔口。待全福音。扬名天下。好好研究。

第三次:戊辰年四月廿六日,梁府千岁降谕

绕境已过。人心平浪。在是我炉下。集思广力。仙鹤下凡好久未

---

① 关于梦境图、梦录、祖先遗嘱和祖先偈语,参见林奶红《福建龙海涉台文物研究》,硕士学位论文,福建师范大学,2011年,第41—43页。

返。洞鼠见影。弗入又出。心奈急操。指日未卜。思千里儿女。嗷心待哺。泪思干擦。何也怀襟。

第四次：戊辰年五月十二日，梁府千岁降谕

久违变迁。恐不能照始。非梁府能作主。本宫中门正联已形容在先，最后一字洲即"泉洲"。祖地俗称十三湾。同胞同苦患难镇岳洲。"洲洲一隔圣母在"。远走他乡仙台守。含怨任声，万代庇佑小犬宁。庙庙散居分手。各方团结。人心不一致。言语难逆入耳。遥遥无方。重振昔楣。弟子欲往祖国三思。口、耳、脑灵活。谨慎定决，庙宇同时草茅庙名"五府庙"现今不祥。五台旧名妙法寺。

第五次：戊辰年六月廿七日，梁府千岁降谕

这次三人行。任务艰巨。崎岖之路难行。此行可比红婴儿。千辛万苦。踏破铁鞋无觅处。忍受风霜之苦。结心体为重。千万不可好奇心。事事小心留意"泉洲留意，同安认清"十三、五记，草茅庙向南。杨府同胞祖庙。在十三附近。有二三间隔。无同胞言声。不可乱来。请勿奉回木像。其他信物不在此限。在进退两难之时。记住化符水食。符令不可带入污处。梁府交代至此。而后由杨府太师接谕

好久未出坛。众弟子不可受梁府同胞之骗。恐一去不乐观。欲往游山玩水是可。杨府无意让弟子多开金钱廿九日去。初十日回。不可居留他乡。不可贪恋山明水秀。恐水气不合。最后杨府交代二点。

1. 弟子到目的地。向内炉带些香灰回来。
2. 在进退两难之时。三枝清香为礼呼请"圣母娘娘久别大树叶落在何处"。快来渡。快来渡。

根据以上神明降谕的内容，以及《埔顶东势寮通兴宫圆通集成》一书的相关记载，我们还原1988年台南信徒赴福建寻根过程如下：

埔顶东势寮通兴宫刚于1987举办丁卯醮科，1988年台南西港的绕境活动又接踵而来，令通兴宫信徒疲于应付。在这种情况下，通兴宫信徒遂请示神明旨意，神明指示说信徒的祖地叫"瞭闽"，他们离开福建祖地已经315年，历史上曾两次返乡谒祖。通兴宫主任委员黄先巧先生听闻后为之感动，随即倡议组织信徒到福建去觅祖寻根，以慰三王二佛思乡之愿。此后，梁府千岁又多次降谕，对谒祖寻根一事做进一步交代。至6月下旬，通兴宫经过讨论，决定派遣黄唐舜、黄高白、许顺得等三人先行赴福

建寻根。由于远涉重洋，且不知祖地地址，临行前夕，梁府千岁和杨府太师再度指示：祖地在十三湾附近，有二三间隔，庙名五府庙。而且，担心信徒耽于游山玩水忘记寻根正事，或是遇到困难找不到解决办法，梁府和杨府再次示谕，告诫信徒要专心寻根，遇到困难可以焚香请祖地的妈祖显灵帮忙。

黄唐舜、黄高白、许顺得三人由神明示谕的翌日立即出发，赴福建谒祖寻根。在往福建的飞机上，黄、许等三人遇到一位陈翠红小姐，双方一见如故。陈翠红小姐是台北人，嫁在厦门。她了解到黄、许三人的大陆之行是为了寻根谒祖，当场表态说等她次日私事处理完毕，后日即与他们同行，帮助他们寻找祖地。接下来，黄、许一行的交通、住宿、引路诸事，全部由陈翠红小姐效劳，大大减轻了他们寻根之旅的负担。

关于祖地，没有明确记载，幸好出发之前，梁府和杨府多次降谕，提示了一些祖地的特征。所以，黄、许三人利用"祖地十三湾""五府庙""洲洲一隔圣母在"等示谕，先重点查访马巷、沃头赵厝等数十个村落。结果一无所获。在奔波数日没有结果的情况下，黄、许三人按照梁府王爷的交代，化符水食，然后三枝清香为礼，呼请妈祖娘娘显灵帮助，丝毫不敢怠慢。做完仪式的第二天，黄、许三人就想起了离台前夕神明的指示：泉洲留意、同安认清、十三五记。陈翠红小姐对闽南的地理、村落、民情极为了解，她建议去泉洲要认清同安，去同安要认清清朝地名。黄、许三人遂将寻根重点放在泉州和同安交界地带，查访是否有十三公及黄姓祖地的信息。在潘厝村，有一老伯指示说同安县城有五府庙，他们立即赶往查看，果然有一座坐西朝东的庙宇，不过是五显庙，不是五府庙。柳暗花明的是，此时司机问了一位老师，老师建议"欲寻祖地，先觅县府人"，即找同安县文化局负责人颜立水先生。颜立水是有名的"地方通"，对地方史志了然于胸，找他是最合适的。黄、许三人遂前往拜访颜立水。颜立水指出，明清时期的地名不同，有都、堡之分，1949年后行政区划又有调整。同安的紫云黄主要居于大埔，大埔黄济登于北宋年间高中进士，皇帝御赐东黄，并赐金一斗、马一匹，递出东门，所到之处皆黄济登所有。大埔埔仔顶有一条古道十八湾及千年古樟。颜立水还介绍说大埔有一位退休校长黄奕张，很熟悉当地历史。听完颜立水的介绍，黄、许一行马不停蹄，赶往大埔找黄奕张校长。黄校长指示说，大埔近山居民奉祀保生大帝，靠海居民奉祀妈祖娘娘，海边黄姓定居于崙上和角美锦宅。黄校长还介绍说，锦宅黄姓为一婢女传下的后代，原来属泉州府同安县，明清时代是西十三都（堡），现在隶属龙海县。黄、许三人听后，大为激动，梁府示谕的十三五记是否就是指"十三都"！带着这个疑问，黄、许三人急速赶路，于当天午夜十一点到到达锦宅。他们在村口找到一座三圣寺，经卜筊指示并非三王二佛的祖庙，只好等第二天再找。回到旅馆时，已经是凌晨二点。第二天，黄、许一行再到锦宅查寻，没想到锦宅乡亲早已在村口等候。锦宅乡亲将黄、许三人带到村中保生大帝庙查看，证实也不是三王二佛的祖庙。乡亲介绍说，村子东面还有一片妈祖庙灵惠宫的废墟。黄、许三人赶到灵惠宫废墟，结合三王二佛的示谕认真比对：灵惠宫前有一座保生大帝庙，村口有一座三圣庙，符合梁府千岁指示的"二三间隔"；宫前有一株枯榕树，枝叶凋落，也符合杨府"大树叶落在何处"的示谕。当天，锦宅乡亲热情款待，他们在聊天中又谈及灵惠宫前原来有一湾秀水环绕，宫的前案是一望无际的田畴（水稻田）。百年前，这片稻田是一片浅海，有十三海湾之称。日军入侵福建时，曾于此筑十三烟墩。这一点，又和梁府五月十二日示谕中的"祖地俗称十三湾"相符。锦宅乡亲介绍，灵惠宫俗称妈祖婆庵，奉祀天上圣母妈祖，住有尼姑数名。灵惠宫未毁前，香火十分鼎盛，每逢祭典，香客络绎不绝。1958年，灵惠宫被拆毁，妈祖金身也被焚化，片瓦无存。现灵惠宫废墟仅余枯榕树一株、古井一口（尼姑饮水使用）、残缺石柱一对、石碑两块。石碑风化很厉害，仔细查对，一块石碑上面内容为：

灵惠宫重修里人捐题金开列于左：

....

道光二十三年嘉平月董事黄炳良、君漢、炳辅、光溪、其荣、水泉仝立石

另一块石碑的碑文言及康府千岁及锦宅社妈祖庵事，与台南三王二佛的历史记载相符合。因此，石碑的出土，进一步证实锦宅就是台南信徒的祖地。

除了以上这些实物证据外，锦宅妈祖乩童的现场降乩，再一次从宗教情感的角度让黄、许三人相信这里就是他们的祖地。虽然灵惠宫和妈祖金身已毁，但据说妈祖仍灵显无比，在此两年前找到一个年仅十五岁的少女

黄月娇为自己的乩身。黄、许三人寻访到锦宅时，妈祖附身于黄月娇，现场降乩示谕："三王二佛同一宫，三百余载奔南洋，欣慰同胞皇宫住，感叹圣母在故乡，满腹含羞言未尽，孤苦伶仃数百年，世代若念圣母恩，复建祖庙再复兴"。妈祖还含泪托黄、许三人以重任，"来日有期唯求片瓦遮身，延续香火，重整庙貌。"①

祖地已经找到，黄、许三人的任务也已经完成。按照梁府、杨府"不可游山玩水"的示谕，黄、许三人在找到祖地的第二天，就带上灵惠宫妈祖香火，返抵台南。台南信徒在听了黄、许三人的陈述之后，出于慎重，请梁府千岁、杨府太师、普庵祖师、康府千岁、池府千岁到场，由神明出乩证实。此时，祖地来的妈祖娘娘也采出生乩（即找新的乩身给她代言）。妈祖与三王二佛出坛交谈，仿佛久别重逢，悲喜交集，共叙离情，热泪沾襟，场面温馨感人。在场的所有善男信女也忍不住热泪盈眶。同年10月15日，举行正式的分灵仪式，雕塑妈祖金尊，经开光点眼后，暂时安奉祀在埔顶北势寮通兴宫，供六村信众膜拜。

四 台南信徒复建祖庙五恩宫

台南信徒赴福建寻根觅祖，目的就是报答黄氏先人渡台时，妈祖的显灵济渡之恩。黄、许三人找到锦宅祖地后，灵惠宫妈祖又借乩童黄月娇之口，表达了希望台南三王二佛信徒帮助复建祖庙的强烈愿望。因此，台南信徒一确认祖地无误后，立即着手复建锦宅祖庙之事。

台南六村信众经过接洽、商讨，由六村六个宫庙的负责人的名义，发出《召集文》，号召成立"怀恩联谊会"。《召集文》由许顺得撰写，内容如下：

> 本会为追忆先人同舟共济，形影相依，三百年前自福建携眷扬帆渡台，共住一村，先人为求心灵上的付托，随身安奉"三王二佛"庇护万代儿孙，代代相沿迄今神人散居各地，而神每逢圣诞佳辰，一年即有数次聚会，而人自分手至今，虽相距咫尺比邻，即一直会晤无

---

① 台南佳里通兴宫管理委员会：《埔顶东势寮通兴宫圆通集成》，2008年印行，第23、26页。

期，适逢今岁三王二佛威灵显赫，曾经数度催促发往祖国访询，发现圣母已历劫数十余年，木偶金尊尚念手足之情，吾辈若能效尤先圣，不亦乐乎。

因此各方为之感动，故特成立本会，以促进庙庙团结一致，系念乡谊欢言一室重温昔楣，届时欢迎各庙董监委员同仁暨地方士绅，拨冗参加首次联谊圣会。为荷！

顺祝

鸿图万禄

三王二佛同根怀梓联谊会

永昌宫会长　陈永盛

宝安宫会长　黄焕桐

庆善宫主任委员　黄丁相

兴安宫主任委员　施天生

通兴宫主任委员　黄先巧

一同敬邀

日期：1989年元月7日

时间：下午一时二十分

地点：佳里镇通兴里通兴宫

此后不久，又在"怀恩联谊会"的基础上成立祖庙复建委员会，信徒们一致推选通兴宫主任委员黄先巧先生担任复建会主任委员，兴安宫主任委员施天生、宝安宫董事长黄焕桐、庆善宫主任委员黄丁相、荣安宫主任委员王伊转、永昌宫主任委员黄进行等出任副主任委员，通兴宫秘书许顺得出任总干事。一个月后，由40多人组成的首批"祖国龙海圣母进香寻根团"启程，回祖地锦宅寻根谒祖。在台南信徒的推动下，锦宅祖地也相应成立圣母宫复建理事会，推选黄万雷为理事长，聘任监工黄子照配合书记黄永顺及地方执事同仁协助复建事宜。

1990年5月9日下午，台南三王二佛六个宫庙的62个代表赶到锦宅，与锦宅复建委员会的乡亲们一起讨论复建事宜。根据五恩宫保存的会议笔记，当时由黄合源先生代表祖地乡亲致欢迎词，内容如下：

五府六宫诸位乡亲：

你们好，你们辛苦了！

首先，让我代表锦宅圣母庙筹建会以及全村三千八百多村民，向前来寻根谒祖的乡亲们致以热烈的欢迎和亲切的问候！

乡亲们，你们为了寻根，不辞劳苦，千里迢迢，来到大陆，找到锦宅，看到祖祠，回到了乡亲们的身边，实现了祖祖辈辈的夙愿，可喜、可贺！反映了两岸的同胞爱、骨肉情，表达了两岸同胞对生活和事业的共同向往。这真是：又有赤子心，淳淳骨肉情。

去年的五月，六宫乡亲首次回乡寻根，至今已然已近一年，但是众乡亲欢聚一堂的盛况还历历在目。相会时间虽短，但已结下深情厚谊。

有关筹建圣母庙之事，筹建会全体人员一致表示，要积极主动配合联谊会，认真做好地皮的规划和一切准备，让六宫乡亲放心。

乡亲们，我希望通过你们的桥梁作用，加强与海外亲友的联系，并把家乡优越的自然条件、稳定团结的局势和坚持改革开放的情况告诉海外亲友，让他们消除顾虑，回乡探亲、旅游、投资，为共同振兴家乡作出努力。

最后我祝愿：但愿人长久，千里共婵娟。

台南三王二佛的信徒们也相继在会上作了发言。例如："怀恩联谊会"发起人黄先巧先生重温了1988年第一次寻根的情景，指出妈祖很灵感，台南六宫信徒已决定在旧址重建妈祖庙。树子脚保安宫黄会长在发言中也作了表态，表示他一定会遵照妈祖和王爷的指示去做。台南信徒王德兴则建议祖庙复建后，要将通往祖庙的道路拓宽，建庙才有价值。此外，台南信徒还担心祖庙临近保生大帝庙，双方之间是否会发生冲突。锦宅乡亲说，该村几乎全部都姓黄，遇到事情容易协调，向台南信徒作了保证。

协调会开完后，复建祖庙一事正式纳入议程。台南复建会主委黄先巧、副主委施天生、王伊转，总干事许顺得等人负责全权监督，两岸奔波，为复建祖庙不遗余力。1991年农历十二月十五日，梁府千岁驾辇择地。之后，锦宅圣母宫委员会着手地皮的征迁，从村民李建定手中买下这块地，祖庙的复建工程由此拉开序幕。1993年十一月初七日，祖庙主体建筑完工，台南信徒迎请妈祖以及三王二佛的金身入庙进火安座，永镇祖地。台南信徒捐建祖庙是为了报答妈祖的济渡之恩，于是由梁府千岁出坛，将新建后的祖庙命名为"五恩宫"。1997年，五恩宫全部完工，于农历三月初七日举行落成谢土仪式，台南信徒200多人前来参加庆典并剪彩。此后，两岸乡亲又在村口建了座"五恩宫"牌坊，以迎接各方宾朋。

新建的五恩宫，坐北朝南，形似皇宫，金碧辉煌，是目前漳州市最为富丽堂皇的妈祖庙，也是福建省台湾风格庙宇建筑的第一家（图6-27）。宫庙占地2691平方米，建筑面积为547平方米，建筑规模极为庞大。整座建筑为混凝土木石结构，配以十分考究的木雕和石雕，是典型的台式宫宇建筑。宫殿为三层楼阁式，重檐歇山顶，上覆红色板瓦和琉璃瓦。门廊竖两根青褐色花岗岩雕蟠龙柱，正中门两侧踞一对石狮。无论是宫外墙上的青石浮雕鹿马梅竹，还是宫中用樟木雕刻而成的神龛、香案以及八卦式圆式拱顶，梁雕壁画都十分精致华贵。宫殿后两侧层钟、鼓楼。正殿神龛上供奉的是妈祖金身，妈祖前面自左至右排列池府千岁、普庵祖师、康府千岁、梁府千岁、杨府太师五尊神像。左右两边神龛分别奉祀土地和注生娘娘。神龛下面的底座正中部位凿空，里面奉祀虎爷。正殿里悬挂的匾额有台南县新市荣安宫后援会赠送的"溯源归根"匾、新市荣安宫管理委员会赠送的"荣业安民"匾、台湾省三王二佛联谊会赠送的"回报鸿恩"匾、嘉义县中国传统建筑师朴子涂水树赠送的"应天佑民"匾等。宫内还有

图6-27 龙海角美镇锦宅五恩宫

一口可以观天的古井"九龙泉"。据说这口井是三百多年前先人们建五府庙时挖掘的,见证了五府庙的兴衰。井水常年不涸,清澈甜润的泉水养育了一代代锦宅人。村人流传有"饮过九龙泉,离乡不忘乡"的说法。古井为什么可以观天呢?原来宫内的井正对上去有一块没有封口的屋顶,大约跟井口一样大。据五恩宫负责人介绍:"之所以这么设计,是当时来捐建的台胞说要求的,古井养育了一代又一代锦宅人,而从锦宅出去的黄氏后代,虽然人已经不在锦宅,但是心系祖地,人是有灵性的,以古井为镜,通过屋顶的'天窗',看到在外锦宅的子孙后代,以庇佑在台南的黄氏后代也能平安顺昌。"[①]

五 五恩宫的海外联系与地方社会变迁

五恩宫的海外联系,对于加强与台湾宗亲及在闽台商的联系,促进两岸关系发展,促成地方历史文物与民俗文化的保存,以及推动地方旅游经济的发展,起到重要作用。

(一)加强与台湾宗亲及在闽台商的联系,促进两岸关系发展

台湾信徒觅祖寻根创建五恩宫的故事,发生于20世纪80年代末90年代初。1987年,在台湾民众的强烈要求下,台湾当局被迫同意民众赴大陆旅游探亲。但是,台湾当局对台湾同胞赴大陆旅游探亲添加了重重限制:每年探亲次数为一次,时间不超过三个月,且必须经第三地转赴大陆等。在此情况下,台南佳里信徒于1988年6月赴福建觅祖寻根并全力资助家乡重建五恩宫的行为,对于当时的两岸关系发展具有重要的推动作用。

1988年6月,黄唐舜、黄高白、许顺得三人返乡寻根时,结识了婆家在厦门的陈翠红小姐,并得到她的大力帮助。此后,黄、许三人在厦门、集美、同安、泉州、龙海等地查访时,又得到颜立水、黄奕张等人的指导,顺利找到祖地锦宅,受到锦宅宗亲的热烈欢迎。因此,寻根的过程,其实就是两岸民众在阻隔四十年后重新接触、熟悉的过程。寻根成功后,祖庙的重建工程摆上了日程。重建过程中,两岸人民的往来愈加频繁,两岸亲情不断加深。例如,台湾祖庙复建委员会的成员,特

---

① 林奶红:《福建龙海涉台文物研究》,硕士学位论文,福建师范大学,2011年,第44页。

别是通兴宫主委黄先巧，秘书长许顺得等人，多次返乡主持重修大计，监督工程质量和进度。1991年梁府千岁驾辇给祖庙择地，1993年从台南分炉三王二佛香火回五恩宫进殿安座，以及1997年五恩宫谢土落成典礼等，也都是由台南信徒返乡策划和主导的。也就是说，通过重建工程及其相关的宗教仪式，两岸交往频率大大提高了。此外，台南信徒寻根成功后，多次邀请祖地锦宅的黄姓宗亲到台南佳里回访和参加宗教活动。例如，1998年10月台南佳里镇宝安宫新庙落成时，锦宅村圣母理事会黄会长赴台省亲，并作一对联祝贺，对联曰："宝安显赫神自灵惠五府庙，佳里拓基人来银同锦宅村。"以记载两地人同宗，庙同神的历史渊源关系。总之，宗教活动的在场，有力地推动了两岸往来向双向互动的方向发展。

五恩宫也起到了加强与在闽台商联系的作用。五恩宫的重建事宜基本上由台湾复建会负责，而复建会的成员基本都在台湾。他们为了装帧设计、监督工程质量与进度，时常往返于两岸，不仅辛苦，而且也不太方便。在此背景下，在闽台商就很自然地充当起两岸交流的桥梁。据《锦宅祖庙五恩宫沿革志》记载，厦门杏林台商来明公司董事长吴进家先生，义务充当五恩宫复建期间两岸之间的桥梁，并鼎力相助复建事宜。当时在晋江东石开设美山雕刻厂的台湾著名雕刻家陈惠德先生，也为五恩宫全力奉献木雕的义务设计和规划。总之，五恩宫的复建工程，不仅加强了锦宅与台南信徒之间的联系，也加强了与在闽台商之间的联系。

人与人之间的隔阂产生于彼此间的陌生，由寻根和重建五恩宫带动起来的海峡两岸之间的密切往来，使闽台民众加深了了解，增进了感情，这对于化解隔阂、促进两岸关系的良性发展是极其有利的。

（二）促成了地方历史文物与民俗文化的保存

锦宅村较大的宫庙有三座：三圣寺、保生大帝庙和灵惠宫。灵惠宫即五恩宫前身，尽管还保留有两方清代石碑、石柱一对、古井一口等历史文物，但1958年被拆毁后直至20世纪80年代末都一直没有复建，仍是一片废墟。除了妈祖有时借黄月娇降乩外，相关的宗教民俗活动也销声匿迹。也就是说，在台南信徒寻根之前，灵惠宫的历史文物和民俗文化一直未能得到保护。

1988年锦宅的祖地地位确证后,灵惠宫的复建工作开始摆上日程。当时台南信徒先成立复建会,锦宅才相应地成立复建圣母宫委员会,以配合台湾复建会的工作。尽管锦宅乡亲们也踊跃捐资,但五恩宫的重建经费主要仍由台南信徒负担。据《五恩宫复建工程捐款芳名录》记载,此次复建中,台南埔顶东势寮通兴宫管理委员会捐资160万元,新市永就荣安宫管理委员会65万元,溪南寮兴安宫管理委员会47万元,竹桥、七十二份庆善宫管理委员会47万元,树仔脚宝安宫董事会47万元,塭子内、蚶寮永昌宫管理委员会25万元,港墘港兴宫管理委员会20万元,中港广兴宫管理委员会26万元,再加上台湾信徒的个人捐献,台湾方面共捐献1200多万元人民币。可见,若没有台湾信徒的大力捐献,就没有今天五恩宫宏伟的庙貌。五恩宫复建后,该宫原有的历史文物得到了有效的保护,一块清代石碑被重新立于宫前,另一块则被砌到捐资榜上。而那口古井,位于宫内,也得到了相应的保护。

五恩宫复建后,相关的宗教活动也得以正常开展。例如,在复建中,五恩宫就在台湾信徒的主持下举办了驾辇择地、破土动工、进火安座以及落成谢土等宗教仪式。全部完工后,五恩宫每年农历三月廿三与九月初九妈祖诞辰日和升天日,都组团赴湄洲祖庙进香,并于九月初九组织妈祖游神活动三天,巡游25个村社,规模宏大,有彩旗、锣鼓、舞龙、舞狮、锣鼓、腰鼓队、大鼓凉伞、妈祖銮驾、神轿七座、各种兵器、妈祖路灯(金垂灯)4支等。三月二十三或九月初七至初九,宫里还上演歌仔戏,娱神娱人[①]。

1994年11月,五恩宫经市宗教部门登记为试点管理的民间信仰活动场所。此后,五恩宫因为其在对台交流方面的特殊意义被列为龙海市涉台文物保护单位。2010年,五恩宫又被漳州市民族与宗教事务局和漳州市人民政府台湾事务办公室共同授予"漳州市第二批对台交流重点宫庙"牌匾。政府有关部门授予的以上头衔,表明五恩宫的建筑与活动已得到了政府各相关部门的认可与保护。

---

① 孙英龙:《台胞捐建的锦宅村五恩宫》,2008-07-01, http://www.taiwan.cn/zppd/zp-dt/200807/t20080701_684502.htm。

(三) 促进地方旅游经济的发展

五恩宫的海外联系对地方旅游经济的推动作用，表现在两方面。一方面，五恩宫是台南信徒的祖庙，是他们谒祖进香的圣地，每年到这里膜拜的信徒络绎不绝，由此拉动了地方旅游经济的发展；另一方面，五恩宫是一座由台湾信徒投资1200多万元复建的台湾风格的妈祖庙，这一特殊性吸引了许多外地游客到此来寻幽探奇。

图6－28　锦宅祖庙五恩宫沿革志

首先，我们来看第一方面。五恩宫复建后，到这里进香的信徒络绎不绝，日益增多。每逢妈祖生日（农历三月二十三日）和升天日（九月初九），台南乡亲都组团前来谒拜，参与祖地的挂香活动。2002年农历九月初九，台南信徒还与锦宅乡亲一起，协力合作，隆重举办"九九"文化联谊活动，聚首共叙亲情。在信仰纽带的牵线搭桥下，台南信徒每年到五恩宫的进香谒祖活动，已构成一种宗教朝圣游。朝圣游的参加者为信徒，参加朝圣的目的主要是与神圣接触、净化心灵，从而使自己在宗教方面的情感和体验得到满足和安慰。尽管朝圣游具有精神上的超越性，但它并没能离开世俗。根据高德兴的观点，"朝圣者的旅行过程中，会进行'食、住、行、游、购、娱'等活动,涉及旅游业的各方面。朝圣者的旅行安排也越来越多地依赖旅行社"①。台南信徒到五恩宫的朝圣活动也涉及食、住、行、游、购、娱等活动,给锦宅当地留下旅游消费。此外,台南信徒的朝圣活动几乎都是交给旅行社办理的。他们在五恩宫参加宗教活动后,一般还会在旅行社的安排下到其他景点旅游,这就涉及更多的世俗旅游的方面。因此,台南信徒的朝圣行为,给地方旅游经济添注了活力。

其次,人们之所以选择旅游,很大一部分原因是他不满足于自己所处的文化环境,想要去了解不一样的文化形式。因此,"异质文化作为旅游资源的重要部分一直是吸引游客关注的焦点,是促使人们产生旅游动机的源泉"②。五恩宫是台湾信徒捐献1200万元复建的,规模庞大,而且是完全的台湾风格,这对于游客来说,也是一种前所未见的全新的文化形式。这种异质性的文化形式,也促使台湾信徒之外的其他游客的纷至沓来。正如五恩宫大门柱联所云:"四海五湖客到神宫沾圣泽,南辕北辙人来宝殿荐馨香",近十几年来到五恩宫的海外侨胞、港台同胞以及各地旅游观光者络绎不绝。

此外,从五恩宫相关信息充斥于各大网络的情况,也可以看出五恩宫与地方旅游业之间的密切关系。一起游网站(www.17u.com)是拥有国内外近8万个旅游目的地、超过200万篇旅游攻略与旅行游记的专业旅游媒体网站,专门帮助旅行者寻找优质的旅游景点、酒店、机票与度假线路。该网站就有五恩宫的专门介绍。此外,一起玩网站(www.yiqiwan.kuxun.cn)、蓝途旅游网(www.Landtu.com)等数十个旅游资讯和旅游攻略网站,也都有提供五恩宫的旅游情况说明。

---

① 高德兴:《浅析"朝圣旅游"的三层含义》,http://wenku.baidu.com/link? url = KSt-PukUQa809tmtS0EAazghlS8595ZacMmx2zSAmq5CsDNM3clkL14bkdpEJur00cw4Li − 0d5VcWZOOLG − rpWO4gP2ZbKO7dadJM_ IMsY_ O。

② 马丽卿:《论异质文化与旅游资源开发》,《浙江海洋学院学报》(人文科学版)2002年第2期,第41页。

第二节　乌石天后宫的海外联系
　　　　与地方社会变迁

一　乌石林氏概况

　　林氏入闽始祖林禄,西晋永嘉元年(307 年)以黄门侍郎随琅琊王司马睿迁徙南京。东晋太宁三年(325 年),林禄奉令守晋安,治所在福州。福州旧称三山,即屏山、于山和乌山(又称乌石山)。林禄奉守福州后,大概居于乌山一带,其后裔遂以"乌石"为郡望。例如,林禄第十七世裔孙林苇,迁居莆田西天尾澄渚村附近的龙山,后来就把龙山称为乌石。林禄第二十九世裔孙林安,原居福州长乐。南宋景定年间,林安"渡江逾岭,经莆而温陵,而霞漳,以抵金埔之浯江",即由长乐出发,翻山越岭,跨越莆田、泉州和漳州后,徙居漳浦东关外七都浯江保西径坊。林安娶西径宣教郎蔡某的女儿小九娘,传衍后代,是为乌石林氏始祖。西径地处浯江入海口西岸,后来,林安的长子林进溯江而上,"徙海云山下,因三山之乌石,名曰乌石,地之得名自此始"①。从此,乌石就成为漳浦旧镇林氏聚居村落的地名,一直沿用至今。林安的子孙在乌石繁衍生息,开枝散叶,逐渐蔚为大宗,至第四代分为苑上、乌石、大林、运头四支,总称乌石林。从福州长乐迁往漳浦的林氏除了乌石林一支外,还有鹭厦林,主要为盘龙支,佛昙港头林,以及沙西园头林、官浔溪仔林等。

　　乌石林氏人文鼎盛,科甲联第,高中进士、举人者,世代不绝,乌石林氏也因此而衍为闽南著名的望族。乌石林氏科举发迹始于明初。洪武五年(1372)年,五世林纯一中应天举人,十世林功懋、林策首登进士。自此之后、父子进士、兄弟进士等科举佳话络绎不绝。如十世林一初、林一阳、林一新三兄弟俱登科举,世称"三凤齐鸣",一时间享誉闽粤。嘉靖二十六年(1547 年),林聪的五个玄孙俱登科甲,林策、林一新进士、

---

①　陈国强、林瑶琪主编:《漳浦乌石天后宫》,漳浦县旧镇乌石旅游区管理委员会 1996 年编印,第 79 页。

林一初、林一阳、林成纲举人，世称"五桂联芳"。嘉靖三十八年（1559年），第十一世林士章探花及第，后来其子林汝诏也中进士，称父子进士。林功懋与其子林士宏也是父子进士。到了清代，乌石林氏缙绅不断，在科举上又出现了"文武世家""三世明经"等奇迹。总之，明清两代，乌石林氏共出现进士11人、举人26人、贡生40人、封赠17人、任子1人、敕建坊表17座。当地俗韵"秀才掉下厕，没人顾得捞"，譬喻乌石林历史上人才荟萃之盛况。

　　林氏在乌石开发有成后，开始修建祠堂，以加强族人之间的凝聚力和向心力。明正统十三年（1448年），七世祖林普玄偕侄儿林柔兴一起创建海云家庙，堂号"世德堂"。海云家庙又称乌石大厅，是乌石林氏大宗祠。正德十五年（1520年），林普玄第六子林震（今乌石六房公）率子侄辈重修。万历八年（1580年）；林普玄的曾孙林成纲，林柔兴的曾孙林楚、林士章等，在原址上重建。此次重建规模庞大，号称闽南第一大家庙（图6-29）。清代时，海云家庙又有过几次重修，但一直维持旧观。现海云家庙为漳浦县县级文物保护单位，乌石旅游区的主要景点之一。海云家庙坐落于乌石正中央，坐西朝东，面对丹山印石峰，左傍紫薇山（龙山），右列天马山等，背靠御屏紫帽石，浯江自西北来，从东南方汇入东海，地理风景极佳。家庙现为五开间三进的土木建筑，宽24米、长50米，面积1200平方米。家庙里挂满历朝历代王朝敕给的匾额，如嘉靖皇帝敕给六世妣陈氏的"旌表贞义"匾、林士章的"探花及第"匾，万历皇帝敕给林士章的"钟爱"匾等。家庙前有一个面积5000平方米的广场，前端竖着60多座旗杆石，其中探花林士章的八角旗杆竖立在左前的最前端，是漳浦县科举顶峰的标志。广场前还有一个大鱼池，长160米，宽70米，面积约12700平方米，波光粼粼，为家庙增添了灵气。①

---

　　① 以上有关科举、祠堂的内容，均参考陈国强/林瑶琪主编《漳浦乌石天后宫》与林仲文主编《乌石妈祖》。

图 6-29　乌石林氏大宗祠

二　林士章与乌石妈祖

妈祖名林默，是林氏入闽始祖林禄第二十二世裔孙。乌石林氏也是林禄裔孙，与妈祖同是林氏宗亲。乌石林氏开基祖林安原世居福州长乐，长乐与妈祖升天的湄洲仅一水之隔，因此，林氏在迁居乌石之前，很难不受到妈祖信仰的影响。林安迁居乌石，也很有可能将同宗的"姑婆祖"妈祖的香火带到乌石。乌石林氏第九世林廷希的经历中似乎就说明了这一点。传说林廷希是一位商人，一次用船只运载荔枝干到浙江贩卖。船到三沙时，忽遇飓风，狂风巨浪将船打得粉碎，数十名船工、乘客全部被狂涛吞噬。廷希在危难中边挣扎边哀号："祖姑救命……"说也奇怪，一个浪头过去，忽然他的面前出现了一根桅杆。林廷希紧紧抱住这根桅杆，随浪漂至马祖岛上，侥幸得以生还。林廷希是林士章的祖父，这个故事说明，在林士章从湄洲请来乌石妈祖之前，乌石林氏已经是妈祖的虔诚信徒了。

据说林廷希常将这次历险讲给儿孙听，所以林士章对祖父海上得妈祖救助一事，应该是印象极为深刻的。而在他参加科举考试时妈祖的再一次显灵，则进一步坚定了他从湄洲岛请一尊妈祖到乌石奉祀的决心。传说嘉靖三十八年（1559年），林士章赴京赶考的路上夜宿莆田。次日清早，有一女子提花篮向他兜售鲜花。林士章以急于赶考，买花无用回绝。没料到女子考验起这位考生来："客官既是应考举子，定是才高八斗、学富五车了，我出个上对，你续个下对怎样？"林士章点头答应。女子手指脚上绣鞋说了上对："鞋头绣菊，朝朝踏露蕊难开。"林士章想了半天，也没有合适的下对。这时，女子安慰说："客官不着急，若一时对不出，应考完再回来对也不迟。"这次会试，林士章发挥甚佳，顺利取得殿试资格。殿试时，皇帝手指自己的折扇出对："扇上画

图 6-30 乌石妈祖塑像

梅，日日摇风枝不动。"在考生们抓耳挠腮之际，林士章忽然想起莆田卖花姑娘给他出的上对，立即回皇帝："鞋头绣菊，朝朝踏露蕊难开。"皇帝看了他的下对，拍手称妙，但觉得其中的脂粉气太重，笑说："林士章真探花郎也！"林士章一听，忙跪下叩头谢恩，皇帝就顺水推舟点他为探花郎。事后，林士章认为莆田卖花女子定是妈祖化身，指点他此次得中探花的，心下极为感激。

林士章探花及第后，授翰林编修，后历任国子监司业、南京国子监祭酒、北京国子监祭酒、礼部右侍郎、礼部左侍郎、南京礼部尚书等职。万历九年（1581年），致仕归乡。返乡途经浙江舟山群岛，林士章顺道上普陀山朝拜紫金阁观音。夜宿禅房时，梦见观音菩萨和妈祖要随他到漳浦欣赏当地的"海云禅月"奇观。为此，在离开普陀山时，他特意迎回一尊观世音菩萨。返舟经过莆田湄洲岛时，林士章上岛朝拜妈祖，感谢妈祖的庇佑。拜毕，林士章召集湄洲父老，告以夜梦妈祖要随他去漳浦一事，请湄洲父老同意他将湄洲祖庙中的黑面"二妈"请走。湄洲父老说这尊黑

面二妈已经奉祀了六百余年,请林士章带回后一定要妥为照顾。林士章极为高兴,赐白银千两给湄洲父老重塑金身,然后张灯结彩将二妈请上船,一路顺风返回漳浦。

船只返抵浯江,乌石林氏全族的男女老幼,在喧天的锣鼓声中将妈祖请入海云家庙奉祀。这一天据说是农历八月十二,自此以后,每年的八月十二就成为乌石地区的"姑婆祖生",即乌石妈祖的诞日,届时信徒们准备各种供品前来祭拜,海云家庙人满为患。林士章在乌石祭祖后,就搬到漳浦邑内尚书府(即绥南城隍西边尚书府)居住,这尊乌石妈祖像也被请到邑内(城关内)奉祀。据说妈祖抬至漳浦城北路口时,舆轿不前,众人知妈祖欲以此为庙地,后遂于此建庙,称北门妈祖庙,后改称北门慈后宫。庙宇虽然建了,但每年中的大部分时间里,妈祖神像经常被乌石林氏请回沿海一带保境佑民,北门妈祖庙里仅供有神牌。妈祖平时在乌石沿海村庄巡回,没有巡村时,则供奉在海云家庙。这样,就形成了北门有庙无像,乌石有像无庙的状况。

1948年,地方动荡,乌石地方父老认为把妈祖宝像送回北门慈后宫很不保险,决定留在海云家庙供奉。20世纪50年代初,海云家庙辟为浯江小学,这尊妈祖像就迁到私人家中奉祀,但每年仍然遵照习俗到沿海各地绕境佑民。"文化大革命"期间,妈祖神像险些被烧毁,所幸林氏宗亲林天来、林寿通等人冒险将神像藏于石牛尾山顶的洞内。"文化大革命"结束后,妈祖神像从山洞中取回,供奉于打山社林永定宅。随着香火越来越鼎盛,林永定宅也不敷使用。在这样的背景下,台胞的返乡谒祖,就成为乌石妈祖宫创建的契机。乌石妈祖的历史也由此打开了全新的一页。

三 乌石妈祖的信仰仪式

乌石妈祖的信仰仪式主要包括巡村和节庆祭典。

(一)巡村

从农历二月十二日起,至十一月十一日止,各村轮流迎请妈祖行村出巡,绕境佑民。首先,由村庄主持人带领一群壮年男子,举着旗帜、敲着锣鼓,浩浩荡荡地前往妈祖金身前祭拜。然后,他们扛起妈祖文轿,巡游村里。沿途锣鼓喧天,鞭炮齐鸣,村民们纷纷执香为礼,迎送妈祖。村里准备丰富的祭品，对妈祖表示最高的敬意。特别是沿海渔民热情更高，如霞美大社以无数头小海龟为礼，还有用粳米麸加白糖制成的小龟子一千多双。此外，主持当年仪式的负责人，还要合伙特制大龟十多头，生猪一百多只。六鳌的东门社，每口捕鱼行网，供献生猪1头，总共36头，极为壮观。

以下列出漳浦各村迎请妈祖出巡的日期：

二月十二日，绥安镇的麦园埔社、岭头社（1982年改为九月十八日）；

三月初三日，赤土的前坂社；

三月十四日，赤土的下宫社；

三月十九日，城关的南门坑、街社；

四月初四日，赤土的万安、下占、井上、楼仔陆、顶草、下草、坂顶、埔仔寨；

四月十二日，城关的石厝、大埔、叶厝、鸡角过山、南面、六耳；

五月初一日，顶乌石的赤土岑、荷芽、瓦仔、伙窝兜、城仔埔、四甲、王公楼、下坂、过溪、下瓷窑、上柳、过田、宝中；

五月二十八日，六鳌的西门、北门；

六月初三日，六鳌的敖中、前后巷；

六月十一日，六鳌的新厝社；

六月十八日，六鳌的林尾、前吴；

六月二十四日，六鳌的东门、新、旧社；

七月二十三日，旧镇的径口村；

七月二十六日，旧镇的桥头、过田、港西社；

八月十二日，旧镇的乌石（下乌石）、深水坑、大厢、邱厝、山兜、岩下、埔仔、西坂、顶、下东乾、后埔边、溪尾、大学、三凤厅、南平、北平、新厝、顶围、山郑、南埔园、潭仔头、苑上、过田、大林、打山、下尾仔、顶下东埭、桥头圩、石牛尾、后垅、前后厝、大伙鼎、石坡、大油柑、芹山、牛运堀、马割等三十八个社；

九月初六日，霞美的下周社；

九月十五日，霞美的狮崎头、小白沙、香山、后田；

九月十六日，霞美的北江大社；

九月十八日，霞美的竹仔林社；

十月十七日，旧镇的东厝、眉力、坡内；

十月十九日，深土的顶下东坡、大白石；

十月二十日，深土的林前、下吴、下林、古石黄、张厝；

十月二十三日，深土的东埔、西雄、塘东；

十月二十五日，深土的锦江社（旧称江头）；

十月二十六日，深土的路下林、路下、西陈、坑内、山尾、山头余、山头曾、下曾、田厝、保陵、上内、苦著、庵下吴、坡东、东庵、新社、寨仔、东银、下山尾等十八社；

十一月初八日，霞美的霞美大社；

十一月十一日，霞美的中社、江边、南面。

此外，尚有一些村社没有固定的迎请妈祖行村出巡的日期，需每年向妈祖卜杯后确定，如沿海的后江社等。

（二）节庆祭典

乌石妈祖的节庆祭典以三月二十三妈祖诞辰以及八月十二妈祖圣寿祭典最为热闹（图6-31）。

图6-31 乌石妈祖文化节

1. 三月二十三妈祖诞辰

三月二十三是妈祖诞辰，海峡两岸的妈祖信众都于这天举行祭祀庆典。在1992年以前，妈祖金身在乌石没有自己的宫庙，所以信奉乌石妈祖的村民们，基本上是在自己家里举行庆祝活动。当天，各家各户都在自家的妈祖像前摆上丰盛的供品，包括鸡鸭、猪脚块肉、煎盒生礼、海产品、土特产品、米糕、米粿、酒菜等，焚香点烛，烧金放炮，隆重祭拜。

有的村社请来剧团演戏，或是放电影，更为热闹。1993年乌石天后宫创建后，改由宫庙管理人员负责妈祖的诞辰庆典。这一天，乌石天后宫张灯结彩，遍插五色彩旗，装点的分外隆重。由宫庙管理人员负责准备丰盛的供品进献妈祖，并聘请剧团演戏。附近村民也纷纷自发携带供品到庙里朝拜。

2. 八月十二日圣寿祭典

八月十二，据说是林士章携带妈祖神像到乌石的日子，后来乌石信众就把这天作为妈祖的诞辰进行庆祝，所以这一天的圣寿祭典是乌石妈祖节庆祭典中最为隆重的。

1992年以前，乌石妈祖未建庙，乌石信众就在海云家庙前的广场上举办圣寿祭典活动。这一天，海云家庙大厅前高挂"庆祝天上圣母寿诞"横幅，聘请八音五乐、歌舞队、锣鼓队、高跷队、弄龙队、潮剧团前来表演，同时举办攻炮城、猜谜语等活动。下乌石三十八个村社的各家各户都肩挑供品摆放在家庙左右以及后侧的荔枝树、松柏林下。据说在1950年代以前，供桌多达一千多席，热闹程度冠绝闽南。1958年松柏林被全部砍伐，有邻近几个村前来摆供，但也有数百桌，场面也很壮观。此外，这一天自发到海云家庙来朝拜妈祖者也有万人以上。信徒们向妈祖恭贺赠送龙袍、凤冠、金耳环、刺绣布联、桌裙、绣鞋、金花者不计其数，鞭炮声响彻云霄，金纸覆盖地面，硝烟弥漫天空。

八月十二，下午一时，隆重的祭典开始了。主祭一人，陪祭五人（五个行政村的代表），率小头家三十多人，司仪、司香各一人，读祝文一人，各就各位。接着钟鼓齐鸣，响铳三响，司仪唱："姑婆祖圣寿祭开始"，司香点燃香支，分给主祭、陪祭、小头家各一支，全体举香过额，朝拜妈祖。司香收香插入香炉，全体面朝妈祖三跪九叩。接下来，全体皆跪，读祝文。读毕，全体四叩头，礼毕起立。大铳三响后，连环炮齐鸣，焚烧寿金纸帛,戏班演员扮演"鼎甲及第"及文武官员、诰命夫人,在鼓乐声中向妈祖金身跪拜贺寿。整个祭典的过程达二小时,可说是隆重、庄严。

下午一时,海云家庙周围的二十多个自然村也于此时在各村晒谷场或自家门口设香案,摆放供品,焚香烧金放炮。同时各村都演唱芗剧、潮剧,或放电影。每个村民都要邀请亲朋好友前来做客,在这两三天内,外地人口大批涌入乌石,人潮如涌,一派节日气象,真是"日日满堂客,餐餐有佳肴"。而连续三晚的戏剧演出,也确是"霞光万道不夜天,笙歌达旦庆寿辰"。

除了三月二十三和八月十二外,每年旧历年底奉送妈祖上天庭的活动也很热闹。在乌石地区,传说妈祖是天下众神之首,上天时间为十二月三十或二十九日晚,当天下半夜就下天了。从十二月十六开始,乌石附近村民就开始携带供品、鞭炮、纸烛、金帛等,涌入庙里祭拜妈祖,每天都有千人或数千人,车流滚滚,人山人海[①]。

四 台胞谒祖与乌石妈祖庙的创建

20世纪80年代后,两岸关系逐渐缓和,两岸间的往来也逐渐增多。1987年台湾当局开放民众赴大陆旅游探亲后,台湾同胞纷纷返乡谒祖寻根,两岸关系迅速升温。台中县真生医院院长林瑶琪先生,也在这股台胞返乡潮流中,返回福建寻根觅祖。这次谒祖活动之后,创建乌石天后宫的计划才逐渐浮出水面。

(一) 林瑶琪寻根

林瑶琪,为乌石林氏后裔。其先祖林良兄弟从乌石迁居金门沙尾后坑,后又从金门迁入台湾。之后,长兄返回乌石侍奉父母之外,林良则继续留在台湾定居。此后250余年,林良一系在台湾已繁衍至数千人口的大族。林瑶琪即为林良的第九世裔孙。由于两岸交通阻隔,再加上政治上的障碍,林良子孙一直为未能返回乌石祖地谒祖而感到遗憾。林瑶琪的祖父

[①] 以上关于乌石妈祖信仰仪式的描述,主要参考陈国强、林瑶琪主编《漳浦乌石天后宫》,漳浦县旧镇乌石旅游区管理委员会1996年编印,第57—62页。

林薰本来想在抗战胜利后回乌石谒祖,但没料到内战随即而来,之后是两岸阻隔。大失所望的林薰在1955年逝世时,一再交代长孙林瑶琪一定要完成祖上遗愿。1987年台湾当局开放民众赴大陆旅游探亲,为两岸交流打开了闸门。1988年11月12日,林瑶琪偕夫人赵品琰女士,跨海回到乌石。

林瑶琪夫妇首先来到海云家庙,受到浯江中学(当时设于家庙内)校长林春藤及其他数位宗亲的热烈欢迎。林瑶琪随身带有《西河青龙族谱》,记载着渡台一世祖林良十一世裔孙的世系表。经与保存在海云家庙的浯江林氏族谱比对,世系源流完全吻合,证明了林瑶琪所在的龙井林家与乌石林氏之间血脉相连,手足情深。林春藤校长向林瑶琪介绍了乌石的概况,并提到乌石宗亲保存有一尊从湄洲请来的国宝级的千年乌面妈祖像。此行中,林瑶琪夫妇还参观了紫薇山等文物古迹,并祭奠了贞义祖妈墓。

林瑶琪回到台湾后,撰写了一篇《漳浦乌石寻根探亲记》,介绍他在漳浦乌石探亲时,偶然发现的一尊躲过"文化大革命"浩劫而幸存的千年妈祖像,号召台胞们都要乌石朝拜。该文发表于《中外杂志》月刊第46卷第3期,引起了海内外很多读者的反响,造成了台湾社会的轰动。

图6-32 台湾同胞林瑶琪多次参访乌石天后宫

在林瑶琪的宣传鼓动下，1989年4月6日，台中县龙井乡林开荣祭祀公业管理委员会派出以林腾泽、林贻谷为主的16人谒祖团（图6-32），在林瑶琪的带领下到漳浦乌石谒祖，受到乌石宗亲的热烈欢迎。当时两岸关系开始升温，这次谒祖活动就成为轰动闽南的一条大新闻。

1990年3月14日，林瑶琪夫妇第三次回到祖地乌石。他看到乌石妈祖奉祀于林永定家中，小小屋宅已经无法容纳络绎不绝的信徒，于是向宗亲林英俊、林春藤、林仁乐、林树森等提出创建妈祖庙的构想，得到他们一致的支持。

（二）乌石天后宫的创建

要建庙，涉及的事情方方面面，最重要的政府政策许可以及建庙经费。当时决定由乌石宗亲向上级申请建庙，建庙经费一方面发动乌石乡亲捐款，另一方面由林瑶琪返台募捐。

当时，漳浦县政府和旧镇镇政府正有意对乌石的文物风景进行开发，很快批准了乌石宗亲的建庙请求，并成立了"乌石林氏联谊会"，具体负责乌石地区的文物保护、天后宫筹建、林氏族谱纂修等工作。

关于天后宫的选址，经堪舆师林亚毅精心挑选，择定于紫薇山。紫薇山自然风景优美，奇峰怪石，千姿百态，有风动石、猴探井、石鹰、笔架石、"仙脚蹄""石甘泉""猫照镜"等。紫薇山的人文景观也极为丰富，山上有紫薇寺、文昌阁、紫薇洞，以及历代文人留下的题刻墨宝等。再者，紫薇山历史上培育了不少人才，是林氏的发祥地。

庙址择定之后，筹建委员会分头联系，四出劝募，在短短时间内就收到信众捐献的107000元人民币。与此同时，他们聘请建筑师绘图设计，制定工程预算。1992年5月24日，天后宫举行奠基典礼，林瑶琪专程赶到乌石主持奠基仪式，并在仪式上慷慨乐捐12000美元。

接下来，在投资过大造成资金不足而影响工程进度时，台湾宗亲林瑞国挺身而出，成为继林瑶琪之后乌石天后宫的最大功臣。

林瑞国的先祖也是漳浦乌石人，明末渡台，先在彰化开发，后迁移至南投县草屯镇发展。林瑞国性格豪爽，精力充沛，处事果断，乐于助人。他早年从政，后来投身商界。他当时担任以他父亲命名的长春关系企业、台臂建设股份有限公司、通力建设股份有限公司的董事长，在彰化、南投一带商界中有很高的声誉，是南投商界十杰之一。20世纪80年代末两岸关系缓和后，林瑞国敏锐地将投资眼光转向大陆市场，在广东东莞一带开办了企业。此后，为了寻找更理想的投资地，他多次到大陆的多个省份考察。1991年10月底，林瑞国携夫人到福建，一边寻找商机一边寻找祖地金浦七都。但跑遍莆田、泉州、安溪等地，均无结果。最后，在漳州市台办的帮助下，得悉自己的祖地就是在漳浦旧镇金浦乌石，祖先耕耘过的土地就在海云山下，浯江溪畔。

1992年10月，妈祖宫封顶大吉，当地信徒捐献的10.7万元以及林瑶琪的捐款已经用完。但由于庙建于半山腰，基础设施投入突破原先规划，再加上台阶、栏杆、广场等还得耗费巨资，资金方面遇到了严重困难。此时，适逢林瑞国到乌石认祖寻根。他听说乌石正在为一尊千年历史的妈祖金身建庙，立即赶到工地现场查看。林瑞国当场捐资1.25万美元和20万新台币，解决了建庙的资金问题。

图6-33 富丽堂皇的乌石妈祖庙

1993年1月3日，乌石隆重举行天后宫落成暨乌石妈祖进宫坐殿庆典，林瑞国先生家人共20多人赶来参加，并发表了祝词。此后至1994年6月短短一年半的时间里，林瑞国频繁往来于台湾与乌石之间，带领一波又一波的台湾香客到乌石妈祖庙进香，于中感到了乌石天后宫和台湾妈祖庙之间的差距。1994年6月，林瑞国和林瑶琪决定资助乌石天后宫兴建妈祖宝殿（中殿），让乌石天后宫更加壮观。后来，林瑶琪事业受损，资金出现问题，兴建妈祖宝殿的任务便由林瑞国一人独担。林瑞国捐献115

万元人民币，用了一年多的时间，建成了规模宏伟的妈祖宝殿，以及前后广场和停车场。1994年12月8日，妈祖宝殿举行落成庆典，同时把妈祖从后殿请到宝殿坐殿（图6-33）。

乌石天后宫拜埕左边竖有一块《瑞国林先生惠建妈祖宝殿功德碑》，用以感谢林瑞国的巨大贡献。碑文内容如下：

> 埔邑之有妈祖香火，由来久矣，稽考谱志，系明嘉靖间，先生贤璧东林先生，高中乙未科一甲探花，载誉归乡，舟船途径湄洲圣地，祈得妈祖金身，供奉于邑中。乌石林氏，源自闽中，为妈祖俗宗嫡传，故阖族咸以姑婆祖尊之。赖神光庇佑，乌石山水毓秀，历代人丁兴旺，人才辈出，居家者富庶，播迁者显达，堪为金浦望族。然妈祖庙宇不备，金身无妥，营建宝殿之议，历久而未行。俟有瑞国林先生，其高祖亦于明末由乌石迁台，定居于南投彰化。先生投身商界，事业有成，居南投商界十杰之列。先生信守先祖诺言，情系故园乡亲，于一九九一年辛未仲冬，初次回乡寻根认祖，朝拜妈祖，即慷慨解囊，于龙山之麓，紫薇洞前，创建天后宫后殿，工程既竣，又偕公司同仁，捐资一百二十万人民币，鼎建妈祖宝殿，自一九九四年甲戌仲春三月肇基，至冬十一月初六日告竣，历时八月。全构占地五百平方米，规模之大，为闽南妈祖庙之冠，自此金身有妥，慈光长护，乡民感戴，谨付贞珉，永志大德。
>
> 乌石天后宫筹建委员会
> 时一九九四年甲戌孟冬谷旦[①]

（三）乌石天后宫的后续发展

天后宫创建之后，到这里来进香朝拜的信徒与日俱增，道路交通成了大问题。1997年6月，漳州市慈善家、漳州全和公路工程养护有限公司董事长黄全和先生投资53万元，把原来的土路拓宽并铺设成柏油路，极大地方便了往来的香客。

2002年9月8日起，乌石妈祖巡游台湾，至2003年1月14日返回漳

[①] 有关台胞寻根、建庙的经过，主要参考陈国强、林瑶琪主编《漳浦乌石天后宫》与林仲文主编《乌石妈祖》。

浦乌石。此次出巡，林瑞国和在埔台商郭文仁先生做了大量的工作。郭文仁在漳浦投资创办仂元工业有限公司，他非常看好漳浦的投资环境，也十分热心漳浦的公益事业。乌石妈祖巡台回来的当天，乌石天后宫举行了"漳州乌石天后宫牌楼"的奠基仪式。牌楼坐落于漳东线与专用道交口处，由林瑞国和郭文仁共同投资18万元兴建。2003年6月竣工，牌楼共分两层，高9.6米，宽18.6米，3门4柱。牌楼为仿中国古建筑的钢筋水泥框架结构，红瓦白柱，气势壮观。

图 6-34　乌石妈祖金身赴台巡游

2002年乌石妈祖金身巡台活动（图6-34）主要是由台湾世界弘道协会会长陈再发先生策划和组织。这次活动让漳浦县政府有关部门以及乌石宗亲们看到了陈再发先生超强的组织能力与活动能力。为了顺应形势发展的需要，做强做大乌石天后宫，2005年6月，漳浦县旧镇镇人民政府和林瑞国先生经过认真和慎重的研究，决定聘请陈再发先生全面负责乌石天后宫的管理和开发。2006年11月18日，在第八届海峡两岸（福建漳州）花卉博览会上，陈再发先生与漳浦县旧镇镇人民政府签订了《乌石妈祖旅游区开发意向书》。2007年1月，漳浦县人民政府批准了"乌石妈祖旅游开发区"用地规划约 332 公顷。从 2007 年年初开始，陈再发先生成立"漳浦乌石旅游发展有限公司"，聘请漳浦规划队和浙江红树林规划设计院对规划区进行测量和规划设计，并在规划后着手建设香客楼、餐厅、文化楼、办公楼、钟鼓楼和山门，扩建第一广场，建设第二广场和第三广场。此外，陈再发对周边的文物古迹也进行了维护，对林士章读书处紫薇洞、科甲题名石、福建左布政使黄琮的《题紫薇山》诗碑、林昭的《冬游紫薇洞记》碑进行保护，把象征紫薇山的紫薇花加以培护和扩种，还着手整修和扩建广惠尊王庙（王公庙）。

2010 年后，随着两岸妈祖交流日益频繁，为更好地接待前来进香的台湾朋友，漳浦县有关部门及乌石天后宫管委会别出心裁，专门腾出场地供台湾妈祖宫庙建设他们专属的进香行宫（比如台湾的妈祖朝天宫可在乌石建设自己的"朝天宫进香行宫"），作为他们进香时的落脚点及办事处。进香行宫规划每座占地两百到三百平方米，装修风格由乌石天后宫和台湾各参建庙宇共同设计。台湾妈祖宫庙可以先向台湾妈祖信仰总会提交申请，与乌石天后宫对接后即可进行建设。乌石天后宫方面将全力配合，共同将乌石天后宫打造成全球最大妈祖文化信仰中心[①]。2011 年 1 月 18 日，彰化县南瑶宫十妈会及台湾南瑶宫、永兴宫、北圣天宫等二十几个妈祖宫庙的上百名信众赶到乌石天后宫进香，并举行了台湾中华妈祖联合会彰化会馆奠基仪式。国务院台湾事务办公室发来贺信表示祝贺，期望中华妈祖联合会彰化会馆早日落成，成为两岸妈祖文化交流新的平台和窗口，共同弘扬中华文化，不断推动两岸关系和平发展。此举在台湾岛内也引起了很大反响[②]。"中国国民党荣誉主席"吴伯雄专程发来贺电，表示彰化会馆的兴建将对弘扬妈祖文化、增进两岸交流做出重大贡献。台湾"新党主席"郁慕明发来贺词"普度众生"，台湾"民进党主席"蔡英文发来贺词"总德配天"，另外彰化"县长"卓伯源、台北市"议员"陈彦柏、前"民进党主席"苏贞昌等台湾各界人士也纷纷发来贺词表示祝贺。

乌石天后宫管委会表示，台湾的妈祖庙宇有上千座，在乌石妈祖宫建

---

① 吕叶松：《乌石天后宫拟建全球最大妈祖文化信仰中心》，2013 年 09 月 03 日，http://www.zijing.org/htmls/taiao/502435.shtml。

② 《台中华妈祖联合会驻漳州乌石天后宫会馆动工》，2011 年 01 月 21 日，http://www.fj.chinanews.com/news/2011/2011-01-21/123936.shtml。

100座台湾妈祖宫庙进香行宫只是初步规划，今后根据实际需要，还有可能建设更多的进香行宫。

五　乌石天后宫的海外联系与地方社会变迁

乌石天后宫完全是在台胞倡议与支持下才得以创建起来的，它的出现本身，就牵涉到了与广大台胞之间的互动，而它出现之后，又进一步拓宽了乌石的海外联系，使乌石成为当地政府对台交流的一个重要的窗口。其次，乌石自然风景优美，历史人文景观丰富，当地政府早有进行旅游开发的打算，而乌石天后宫的创建，给乌石的旅游开发添加了一个有力的引擎，带动乌石整个旅游观光事业的健康与快速发展。最后，乌石天后宫的海外联系，也进一步推动了乌石当地公益事业的发展。

（一）乌石天后宫的海外联系使当地成为对台交流的重要窗口

1988年林瑶琪夫妇结伴到乌石，主要目的是寻根觅祖，所以当时他们拿着《西河青龙族谱》到海云家庙进行对接。族谱《自序》中，林瑶琪写道："夫树有根本，人有祖先，绵长世泽，当悉源流，本固枝繁，祖荣孙盛，溯源追远，庶不愧为人之子孙。"[1] 可见他对家族的血缘传承很执着。1989年4月台中县林开荣祭祀公业管理委员会派遣16人的代表团到乌石，目的也是寻根谒祖。而1991年10月林瑞国夫妇奔走于福建沿海各地，一方面是为了寻找商机，另一方面是为了寻找祖地金浦七都。在漳州市和漳浦县台办帮助下找到祖地乌石时，离回台的时间已经很近，所以林瑞国利用简短的时间参观了海云家庙、紫薇山和祖妈墓等古迹。他当时向乌石宗亲介绍他这支的渡台先祖是南门外七都人，传到他已是第九代。他还满怀激情地说："任何人都有先祖，对先祖要尊敬，我会再来的……"[2] 以上这些，都说明台胞最初完全都是在血缘纽带的促动下，才和乌石发生联系。这种血缘上的联系，韧性强，剪不断，在时隔二三百年之后，仍然深深埋藏于台湾宗亲的心里。一旦时局许可，他们便千里迢迢义无反顾地回到乌石祖

---

[1] 陈国强、林瑶琪主编：《漳浦乌石天后宫》，漳浦县旧镇乌石旅游区管理委员会1996年编印，第44页。

[2] 同上书，第55页。

地。这种深厚的血缘纽带,也是林瑶琪和林瑞国发现了乌石宗亲保存下来的千年妈祖像后,为创建天后宫而竭尽全力的最重要的原因。

不过,血缘纽带尽管强韧,但毕竟范围有限,与乌石林氏没有宗亲关系的台胞,显然没有跟乌石发生联系的必要。乌石的对台交流窗口的作用,也会因此而小很多。保存于乌石宗亲手中的千年妈祖被发现后,情况有了巨大变化。有了妈祖的信仰纽带的作用后,乌石的对外关系一下子就扩大到了与乌石没有宗亲关系但信仰妈祖的台胞那里。例如,1994年鼎建妈祖宝殿时,殿中的"青石蟠龙柱及白石柱,先后由台湾上准衡量器股份有限公司董事长李武雄、台湾老金桥食品有限公司董事长白万春(二人一对)、台湾彰化钜茂五金有限公司董事长何桐地(一对),台湾彰化王木江(一对)等敬谢。白石柱由台湾彰化县芬园乡林进发、王火烈、洪庆章,南投县草屯镇张火文、纪安溪,云林县刘吉财,普大兴业人限公司纪清潭,台中大甲王银河,彰化市林瑞赞,升乐保龄球馆林金凤等人捐资敬谢"[①]。以上这些捐献者中,大多数都非林姓,说明他们是被妈祖这根信仰纽带牵引过来的。2002年8月至2003年1月乌石妈祖金身巡游台湾活动,一半是林氏宗亲林瑞国的推动;另一半则是台湾世界弘道协会会长陈再发的宣传发动与组织安排,此外,在埔台商郭文仁也起了很大的推动作用。此次巡游,自9月8日至12月30日,分30站巡行。这些站点,绝大多数都是妈祖宫庙,而非林氏宗亲。2001年元月1日至5日在埔里武岭顶举行天祭,更是有台湾各地妈祖信徒参与。2005年,陈再发愿意接受林瑞国的委托,接管乌石天后宫,虽说盛情难却,但也是因为他热心弘扬妈祖文化,对乌石妈祖的信仰极为虔诚[②]。以上这些台胞积极参与乌石妈祖的活动,主要是出于对乌石这尊千年妈祖宝像的崇拜。也就是说,是信仰纽带把他们与乌石妈祖紧紧地联系在一起。

乌石天后宫创建后,受千年妈祖宝像的吸引,台湾各地的妈祖宫庙与信徒纷纷到乌石朝拜、进香,乌石天后宫的对台联系愈来愈广泛。笔者2010年12月10日在乌石天后宫调查时,收集到该宫自2007年至2010年12月的进香记录,列表6-3:

---

① 陈国强、林瑶琪主编:《漳浦乌石天后宫》,漳浦县旧镇乌石旅游区管理委员会1996年编印,第50页。

② 参见林仲文主编《乌石妈祖》,海风出版社2009年版,第104—108页。

表6-3　　　乌石天后宫台胞进香记录（2007—2010）

日期	宫庙或团队名称	地址	领队姓名	进香人数
2007年3月25日	兴福宫	宜兰		36
3月26日	中华张三丰太极内丹			96
3月26日	中华灵乩协会			70
4月20日	道德院		王大明	30
4月20日	石碇彭山天后宫	台北		110
4月20日	高雄文龙南路	高雄	林嘉善	32
4月21日	台湾行政世界道场			45
4月25日	南投民代联谊会	南投		45
4月25日	高雄三民区	高雄		12
4月29日	慈圣宫	台北县板桥市		36
5月13日	泰源宫	彰化	林溪仁	60
5月24日		台北新庄市	陈诚石	35
5月28日		彰化县		32
5月28日	慈圣宫	彰化和美镇		40
5月28日		彰化和美镇柑井里		35
5月28日	龙德庙	南投草屯镇		50
5月28日	千灵宫			25
5月28日	无极五母宫	台中		18
5月28日	龙清庙			28
7月21日	千手观音庙	台北市士林区小东街		20
9月25日	埔心圣玄会妈宫			35
9月16日		屏东东港镇	谢贤瑜	19
10月18日	清水朝兴宫	台中	林俊荣	76
2008年6月16日	中华道教总会			616
9月1日	中华道教总会			246
9月7日	玄关圣院	高雄	魏师姐	24
10月12日	彰化团	彰化		12
10月17日	泽清宫	台南		14
11月14日	香山护港宫	新竹市海山港		40
2009年3月13日	彰化老人会	彰化		80
3月13日	无极九天玄申宫	台北新店市中兴路二段216号	张明发	28

续表

日期	宫庙或团队名称	地址	领队姓名	进香人数
3月15日	东山县参访团			60
3月16日	新竹市妈祖功德会	新竹市	蔡仁智	51
3月27日	先天三元无极金母宫		吴英	72
3月29日	太平无极圣灵靖山宫	台中	陈登聪	57
3月30日	天福学院（台商）	漳浦盘陀		40
4月11日	清水龙兴宫	台中	颜俊峰	49
4月15日	龙欣五金电镀厂（台商）	惠州市惠城区	张清发	62
4月16日	中坜千灵宫		杨千儒	18
5月19日	台中真生医院院长等		林瑶棋	68
6月6日	大溪美华慈圣宫	桃园大溪	简炳坤	55
6月6日	台南慈容宫	台南市安平路568号	黄江山	28
7月5日	桃园大溪湄圣宫	桃园		82
8月29日	台湾高雄林园广应庙	高雄林园广应村王公路340号		22
10月12日		台湾高雄		26
10月17日	彰化埔心圣玄会妈宫	彰化		30
2010年3月15日	台北圣贤宫	台北市新生北路三段十一巷61号		30
4月21日	彰化万兴宫	彰化市田中里		25
4月25日	苗栗进香团	苗栗		48
4月29日	德静宫	屏东县枋寮乡地利村庄敬路39号		34
5月16日	板桥慈圣宫	板桥市民族路170巷21号	张尧智	75
5月19日	世界天后宫	彰化石牌里田坑路1段369号	林阳明	85
6月20日	彰化市市长等台湾贵宾	彰化	邱建富	15
6月22日	大溪美华慈圣宫	桃园大溪	简炳坤	86
7月3日	台中清水寿天宫	台中清水镇文昌里西宁路16号	林秋雄	98
7月25日	高雄玄关圣院	高雄		24

续表

日期	宫庙或团队名称	地址	领队姓名	进香人数
7月25日	台湾吴志明、林丽芳彰化团、吴志明等			12
8月18日	彰化南瑶宫	彰化	邱建富	50
9月25日	慈航宫	基隆市新丰街303巷12弄9号	杨瑞茂	36
9月30日	乌日天圣圣母宫	台中乌日		28
10月15日	太平市无极妙圣宫	台中县太平市		30

2010年后，乌石天后宫鼓励台湾妈祖宫庙在乌石兴建自己专属的进香行宫，统称××会馆。目前，彰化南瑶宫已经于2011年1月在乌石天后宫奠基兴建"中华妈祖联合会彰化会馆"。我们相信，随着越来越多的台湾妈祖宫庙到乌石天后宫兴建进香行宫，乌石天后宫的对台联系会越来越广泛，其对台交流的窗口作用也会越来越突出（图6-35）。

图6-35 台湾信徒络绎不绝到乌石妈祖庙进香

(二) 乌石天后宫的海外联系推动了当地旅游观光事业的发展

乌石的自然风景优美，历史人文景观丰富。20 世纪 80 年代，海云家庙、林士章墓、林士章夫人郑氏墓道、林士章夫人墓等与林氏家族有关，或位于浯江流域的文物古迹先后被列为县级文物保护单位。1992 年，紫薇洞石刻、海云岩、垢洗岩、云岳钟秀坊、赤土窑址等乌石地区的五处文物古迹又被列为县级第五批文物保护单位。与此同时，当地政府也意识到了结合乌石的自然人文景观进行旅游开发的必要性与紧迫性。1986 年漳浦县人民政府发出埔政〔86〕综字第 311 号文《关于做好保护乌石山旅游风景区自然景色的通知》。

尽管乌石的旅游资源丰富，但旅游基础设施未建，知名度不高，吸引的旅游人潮也较为有限。要充分利用乌石的旅游资源，发展旅游观光事业，就必须解决以上这几个问题，也就是要完善乌石的旅游基础设施，提高知名度，吸引各地游客的到来。当时正值改革开放初期，政府与民间资金不多，对外联系也很有限，要解决上述的几个问题，面临着很多困难。在这样的背景下，台胞的谒祖探亲及其对乌石妈祖的崇信，就有了特别的意义。1988 年后，林瑶琪经常带着厦门大学人类学研究所的陈国强教授等一批妈祖文化研究专家，到乌石考察，并在厦门举办"闽台妈祖文化学术研究会"，大张旗鼓地宣传乌石妈祖。这些行为，引发了当地政府有关部门的关注，他们开始尝试以乌石妈祖为突破口，解决开展旅游观光的瓶颈问题。1989 年，时任漳浦县旧镇镇党委书记的杨荣忠先生提出以乌石妈祖为媒，招台商、引台资。他还把乌石妈祖恭请到海云家庙坐殿，方便广大信众朝拜，扩大妈祖的社会影响[①]。

1990 年台湾宗亲林瑶琪提出给乌石妈祖建庙的建议，乌石宗亲很快向上级有关部门提交了建庙申请。当时政府正试图在紫薇山上开发紫薇公园，收到建庙申请后，认为可以将天后宫作为紫薇公园的主体工程来开发。因此，政府有关部门马上批准了这一申请，并成立了"乌石林氏联谊会"，具体负责乌石地区的文物保护、天后宫筹建、林氏族谱纂修等工作。1991 年，漳浦县副县长林拱海和旧镇镇党委书记杨荣忠开始把乌石地区的文物保护和旅游开发作为一件重要的工作来抓。杨荣忠邀请县文物

---

① 林仲文主编：《乌石妈祖》，海风出版社 2009 年版，第 98 页。

部门对乌石地区的文物古迹进行系统的调查,提出对紫薇山、海云家庙以及妈祖文物的保护和利用计划。为了提高知名度,改善旅游环境,镇政府邀请县博物馆馆长王文径先生于海云家庙后堂布置《浯江地区历史名人名胜展览》,向游人展示乌石地区的历史文物、风景名胜、名人遗址等[①]。

1992年,旧镇镇政府指派林志忠负责紫薇公园的开发建设工作。接下来,乌石天后宫开始兴建。在工程进行过程中,吸引了林瑶琪、林瑞国等大批台湾宗亲的踊跃捐资,同时也吸引了台北板桥慈惠宫、彰化田中里万兴宫、台湾清水寿天宫等台湾妈祖宫庙的注意,赶来乌石捐资捐物。总之,创建天后宫过程中台胞的踊跃参与,让当地政府与民众看到了乌石妈祖信仰在吸纳资金,解决旅游区的基础设施建设经费,以及吸引人潮,带动台胞前来朝圣旅游方面的重要作用,极大地增强了他们开发紫薇公园的信心。1992年12月22日,漳浦县县长康天厚即亲临天后宫工地视察。康县长要求旧镇镇党委、政府要珍惜乌石妈祖这一不可多得的稀世资源,抓住台胞十分崇敬妈祖的大好机遇,做好对台关系这篇文章,广交台胞、广招台商、广引台资,为改革开放多做贡献。他还指示旧镇镇政府,必须拓宽漳东线直通庙区的专用道,以确保朝圣信众的交通安全、顺畅快捷[②]。康县长把乌石妈祖当成稀世资源来看待,说明他对妈祖信仰在乌石旅游观光区中的中心地位是看得很明白的。

2002年9月至2003年1月,在台湾世界弘道协会会长陈再发的组织安排下,乌石妈祖金身赴台巡游三十站,并在埔里武陵岭顶举行天祭,引起了台湾数百万妈祖信众的追随膜拜,也再一次让漳浦地方政府看到了乌石妈祖在吸引人潮以促进旅游方面的积极意义。2005年,漳浦地方政府彻底放手将乌石天后宫的管理权和开发权交给陈再发,利用他在台湾的人脉关系来发展旅游观光事业。陈再发于乌石天后宫成立旅游开发公司,完善天后宫配套设施,并对周边文物古迹及自然景观进行维护。在陈再发的努力下,乌石天后宫年年都吸引了数十个台湾进香团以及闽南地方旅游团前来进香旅游,成为继湄洲之后,又一个台湾信众寻根谒祖的圣地。据介绍,到乌石进香朝圣的"80%以上的台胞也在我县(漳浦)进行旅游、

[①] 陈国强、林瑶琪主编:《漳浦乌石天后宫》,漳浦县旧镇乌石旅游区管理委员会1996年编印,第52页。

[②] 林仲文主编:《乌石妈祖》,海风出版社2009年版,第101页。

食宿、购买我县特色产品以及参观考察"①。2010年以后，陈再发又以千年乌石妈祖金身为号召，规划一百座行宫，鼓励台湾的妈祖宫庙踊跃到乌石天后宫创建自己专属的进香行宫，力图把乌石天后宫打造成为世界妈祖文化信仰中心。

总之，乌石天后宫的海外联系在乌石地区的旅游开发中起着绝对核心的作用。借助于乌石妈祖的信仰纽带，乌石的旅游观光事业才得以解决基础设施建设的资金以及提升知名度、吸引人潮的问题。也由于乌石天后宫广泛的海外联系的存在，漳浦地方政府在乌石旅游开发中不断地将重心向天后宫的妈祖文化倾斜。林仲文是漳浦县主管旅游的副县长，他指出乌石旅游开发的总体目标是"建设成为以乌石天后宫为中心，以妈祖朝圣旅游和历史文化为主题的朝圣观光农业旅游区，分成妈祖文化区、迎宾会客区、果园观光区、岩石游览区，以及紫薇书院、紫薇寺、海云家庙、云岳钟秀坊、秀才村、海云岩、锦江楼等众多的名胜古迹，使之成为一个以弘扬妈祖文化而独具魅力、风光秀美的旅游景区"②。

（三）乌石天后宫的海外联系推动了当地的公益事业发展

改革开放之初，社会处于转型时期，政府和民众的注意力都放在经济建设上，公益事业往往受到忽视。在此背景下，乌石天后宫的海外关系为当地的公益事业的发展带来了推动力。

首先，乌石天后宫的海外关系对乌石地区的教育事业极为关注。1990年3月14日林瑶琪夫妇第三次回乌石时，在浯江祖籍地设立了"林青龙公奖学金"，鼓励祖地学子努力向学，继承昔日乌石世代书香的历史传统。林瑞国也有着和林瑶琪一样的愿望，希望为乌石祖地的孩子们提供优越的就学条件，重振紫薇书院的鼎盛学风。在一次考察中，他发现浯江中学还在借用海云家庙作为办学场所，感慨万千。听完旧镇王文平镇长有关浯江中学的搬迁计划后，当即表示要捐资为乌石新建一所中学，并重修海云祖庙。1995年10月，由林瑞国、阮富贵、林武雄先生共同捐资165万元巨资兴建的中学竣工，以林瑞国的父亲名字命名为长春中学（图6－36）。2006年乌石天后宫举办第三届乌石妈祖文化节时，林瑞国先生当场

---

① 林仲文主编：《乌石妈祖》，海风出版社2009年版，第134页。
② 同上书，第195—196页。

向乌石天后宫所在地的长春小学捐资人民币 10 万元，以奖励为该小学教学做出贡献的教师和学习成绩优良的学生。

图 6-36　台胞捐资修建的长春中学

其次，2005 年陈再发接管乌石天后宫后，开始筹措巨资设置"乌石妈祖奖学奖教金"、助困金和敬老金等，并结合传统节庆进行发放。每年元宵过后，乌石天后宫给当地学校学生发放"清寒奖学金"。召开乌石妈祖文化节时，发放"乌石妈祖奖学奖教金"。其他节庆则发放助困金和敬老金等。例如，2014 年端午，乌石天后宫为乌石地区的五保户发放电风扇和慰问金。2014 年农历七月十五中元节，民间也称普度节。乌石天后宫将普度后的供品全部赠送给漳浦县各敬老院、漳浦特殊教育学校，以及附近的五保户、困难户，让普度物资转化成社会温馨爱心物品。此次活动共赠送粮油、大米等物资合计 83200，送出慰问金 16600 元。按照乌石天后宫管委会主任委员吴欣瑜的看法，妈祖庙也是取之于民，用之于民，为了弘扬妈祖济世立人的精神，乌石天后宫每年都将普度后的物资发放给漳浦的养老院、孤儿院以及聋哑学校等①。此举在漳浦县影响极大，漳浦县政府办的网页上就以"乌石天后宫：'普度节'变身'爱心节'"的标题，报道了乌石天后宫的这一善举。

（四）乌石天后宫的海外关系也起到在精神上凝聚台商的作用

乌石妈祖乃是明末林士章从湄洲岛请来的，具有千年历史，这对信仰极为虔诚的台湾信众来说，有着很大的吸引力。这里需要指出的是，乌石妈祖在吸引台湾的妈祖信众纷纷前来进香朝圣的同时，也吸引了在闽粤两省投资的台商的目光。广东中山市瞻部洲胜母宫是一座由在广东办厂经商的台商共同创建的妈祖庙，他们因为妈祖信仰而走到一起。因久仰乌石妈祖大名，2012 年 9 月该宫董事长林莺飞率珠三角地区多家企业近 550 名妈祖信众到漳浦乌石天后宫进香交流②。可见，乌石天后宫有利于填补台商的信仰需求。

在漳浦一带投资设厂的台商，与乌石天后宫的关系就更为密切了。例如，在漳浦旧镇镇地域投资兴办天福高速公路服务区及"唐山过台湾"石雕公园的台商李瑞河先生，先祖也是从旧镇渡台的，至今祖墓上仍刻有"金浦"两字。现在他在旧镇投资，有地利之便，经常到乌石天后宫去拜妈祖。2003 年 9 月，乌石天后宫举办首届乌石妈祖文化节。200 多名台胞从金门、马祖乘船，或从澳门、香港转机赶赴漳浦，与漳浦当地信众欢聚一堂，共同庆祝这一民俗文化的节日。听说乌石举办妈祖文化节，李瑞河先生盛情邀请全体台胞到他那里做客。在宽敞的"唐山过台湾"大厅内，李先生与来自台湾的乡亲们边用餐边叙谈，气氛温馨而热烈③。从这个例子来看，在漳浦投资设厂的日常工作和生活中，台商李瑞河可以利用地利之便，经常到天后宫烧香膜拜，获取信仰感情和体验方面的满足感。而在乌石天后宫举办妈祖文化节等节庆活动时，大批台胞赶来进香朝圣，这又为台商李瑞河提供了与台湾家乡亲人之间欢聚的时机。与进香朝圣的台胞

---

① 漳浦县政府办：《乌石天后宫："普度节"变身"爱心节"》，2014 年 8 月 12 日，http://www.zhangzhou.gov.cn/cms/html/zzszf/2014-08-13/88191931.html。

② 林巧雪、黄辉：《广东胜母宫进香团赴乌石天后宫进香》，2012 年 9 月 26 日，http://www.zznews.cn/news/system/2012/09/26/000292833.shtml。

③ 严利人：《漳浦举办首届乌石妈祖文化节》，2003 年 9 月 12 日，http://www.people.com.cn/GB/wenhua/22219/2086255.html。

之间欢谈畅饮，可以满足他的思乡之情。总之，乌石天后宫的海外联系在很大程度上起到了在精神上凝聚台商，使他们更安心地在祖国大陆工作和生活的作用。

第三章

开漳圣王信仰的海外联系

开漳圣王，名陈元光，河南光州固始人。唐总章二年随父归德将军、岭南行军总管陈政率府兵平定了闽粤边陲骚乱。陈元光奏请朝廷在泉州和潮州之间设立漳州，他治理漳州二十五载，使"蛮獠"之区变成乐土。其率领的府兵52姓，在漳州定居下来，繁衍生息，成就今天漳州的人口主体。漳州人出于对陈元光开疆辟土伟大功绩的怀念，将陈元光及其家人、部将塑造为神，虔诚膜拜。明清以后，随着漳州人渡台湾、下南洋，开漳圣王信仰传播到了台湾与东南亚各地。今天，开漳圣王信仰已经成为各地漳州人跨地区联系的一条重要纽带。龙海市白水镇石龙宫和漳州市区官园威惠庙在2000年之后，由陈春生、杨以能两位企业家分别担任宫庙的负责人。本章试图对企业家领导的宫庙通过构建海外关系来推动当地社会变迁的过程进行探讨。

第一节 白水石龙宫的海外联系

一 白水石龙宫概况

白水石龙宫（图6-37）位于龙海市白水镇西凤村，南浮公路西凤段。石龙宫主祀开漳圣王陈元光，据白水方田慈济宫碑文记载，石龙宫的木雕开漳圣王神像在元朝至正二十四年（1364年）供奉于白水方田仙姑岭仁圣宫（岳庙）中。至于神像何年雕刻，则无从考证。元末暴政，元军南下时大烧寺庙，仁圣宫也在所难免。所幸当时西凤村坑西社蔡氏乡民不畏艰险，奋不顾身，冲入火海中抢救出开漳圣王和辅胜将军两尊神像。

后来，开漳圣王神像就奉祀于坑西社西凤宫。

图 6-37 龙海海澄白水石龙宫

明朝永乐年间，俊美陈氏五世祖肇基三台山麓。陈姓在坑西社发展顺利，人丁繁衍。而蔡氏则搬离了坑西社。此后，人丁兴旺的陈姓，联合郑、李两社，共建祖祠石室堂。三姓民众缅怀开漳圣王的丰功伟绩，自愿捐资，选择在一个能够覆盖陈、郑、李三社的中心位置，创建石龙宫。数月后，宫庙落成，乡民们把开漳圣王神像从坑西社西凤宫移驾到石龙宫。自此以后，神威显赫，香火鼎盛，有求必应，成为远近闻名的地方保护神。此后，经村中长者向开漳圣王卜杯，定每年农历正月十八日为开漳圣王巡安日，二月十五日为开漳圣王诞辰纪念日，以后便相沿成俗，延续至今。

经过历史的洗礼，至 21 世纪初，石龙宫仅余 70 多平方米，简陋狭窄，不能满足日益增加的信徒的朝拜需要。再加上风雨侵袭，年久失修，隐藏着倒塌之患。应广大信众之呼吁，2003 年 10 月成立碧南石龙宫重修理事会。同年 10 月龙海市民族与宗教事务局批准碧南石龙宫为民间信仰活动场所，准许重新修建。之后重修理事会筹募到资金 100 万元，开工重建，并于 2005 年 2 月竣工。

新庙在原址向前推进，左右拓宽，增建拜亭，占地面积 159 平方米，建广场 212.3 平方米，建戏台一座 145 平方米，配建二层楼房一幢 220 平方米，楼上为石龙宫管委会、慈善会办公场所，楼下为老年人活动中心。

附《重修碧南石龙宫碑记》：

> 碧南石龙宫始建于明初，迄今五百多年。先贤择宝地建庙宇。依三台雄伟，朝七星辉映，山川灵秀，风光迤逦，乃碧南一大圣地。宫内主奉开漳圣王和诸神，历来神光煊赫，香烟缭绕，蜚声海内外。
>
> 碧南石龙宫历史悠久，先哲垂范，多次修葺，永葆宫庙。由于岁月流长，深受风雨虫蚁侵袭，渐成危庙。且简陋狭窄，原庙只占地 104 平方米，难遂祈者所愿。今逢盛世，各业俱兴。在重修碧南石龙宫理事会的主持下，广大民众和衷共济，仁风义举，聚沙成塔。甲申年八月十九日动土，乙酉年二月十九日竣工，廿三日举行开光庆典。修建宫宇在原中心位上向前推进、左右拓宽、又造拜亭、拓广场、建戏台、迁民居、配厢楼。总建筑面积达 736.3 平方米，总耗资人民币百万余元。
>
> 宫宇修建后，宫殿拜亭，气势恢宏，崔巍壮观，雕龙画栋，碧瓦朱檐，剪塑雕刻，流光溢彩，描景绘物，飞禽走兽，各具形态，栩栩如生，龙盘虎踞，瑞气祥云，宛如仙阁，焕彩辉煌。
>
> 善男信女，有感圣恩，热爱家乡，力保文物，慷慨奉资，劭德可风。为昭楷模，立碑铭记。
>
> 重修碧南石龙宫理事会
乙酉年二月廿三日

二 企业家与石龙宫的开拓性发展

2003 年的重修理事会理事长陈建桃先生是位退休干部，白水人，原任龙海市海澄镇党委书记。他在白水有威信，做事有魄力，群众很拥护。为了推进石龙宫的重建工程，陈建桃挑选了几位当地的企业家，组成重修理事会的领导班子。理事会副理事长陈铁锤、陈建仁、陈春生等，据笔者所知，都是知名企业家。

陈铁锤，白水人，厦门天圣贸易有限公司董事长。该公司主要生产

53 加仑铁桶，因质量好，畅销省内外而受到广大客户的好评。陈铁锤为人随和，善于交际，乐善好施。他事业上取得重大成功后，为回报社会，为家乡扶持 30 个贫困生，多次为灾区捐款，并为厦门、龙海、漳浦、白水等地寺庙捐献巨资。陈建仁，白水人，为人豪爽，诚实稳重，慷慨大方，有领导者气魄。他在厦门经营各类再生资源的回收，生意兴旺，业绩辉煌。他对家乡感情极深，为家乡各项公益事业做出巨大贡献。陈铁锤和陈建仁都是事业有成的在外企业家，且对家乡公益事业极为热心，把他们吸收进重修理事会领导班子，一方面可以利用他们的经济实力为重修工程添砖加瓦；另一方面也可以利用他们人脉关系，吸引更多的企业家一起来帮助石龙宫。

不过，陈铁锤和陈建仁的公司都在厦门，平时也都在厦门上班，真正打理石龙宫事务的时间有限。所以陈建桃又挑选了本地企业家陈春生担任重修理事会的副理事长，负责日常事务。陈春生，白水崎岈村人，1955 年出生。高中毕业后在西凤附中任教 6 年。后步入社会下海经商，开创自己的事业。他创办南星花生加工厂，主要经营精选花生、芝麻、花生酱、芝麻酱等。由于质优物美，很快在同行业中脱颖而出。此后，在农产品原材料加工领域颇有成就的陈春生，进一步朝食品加工业发展，创办龙海市乐麦食品有限公司。该公司拥有先进的蒸煮类冷加工生产线、无菌车间、糕点生产线、面包生产线、燕麦巧克力生产线、酥饼生产线、烘焙生产线、油炸生产线等。主要产品有：黄金面包、芝麻酥饼、瑞士蛋卷、卷心酥、冰皮饼、干吃燕麦片、燕麦巧克力、金典方蛋糕、肉松卷、娃娃脸蛋糕、发财糕、粗粮糕、炭烤芝麻脆、拉丝麻薯、喜庆汤圆、干吃汤圆、日式草饼、QQ 雪果子、紫米汤圆、水果汤圆、馋豆、小脆花生、酒鬼花生、鱼皮花生、哈哈豆、蒜香青豆、烤肉青豆、夹心糕、咸味素糕、喜之乐蒜香青豆、阿扁豆、白果子青豆、什锦豆等系列休闲散装食品。产品出口到美国及东南亚等国家。陈春生为当地人，企业也在当地，相较于陈铁锤和陈建仁来说，参与石龙宫事务的时间，要宽裕得多。所以陈建桃让他担任自己的助手，负责石龙宫重修过程中的具体事务。第二届管委会成立时，陈铁锤担任管委会主任，陈春生担任副主任。访谈中，陈春生承认，无论是陈建桃还是陈铁锤担任正职期间，具体的事务都是他在做。到了第三届改选时，陈铁锤因为有担任其他寺庙的主任，再加上他的公司在厦门，往来奔波耗时又劳累，辞去了主任的职务。当时有一村民想先到石龙宫管委会主任的位置上锻炼，积累名气和威望，为以后竞选村长做铺垫。后来就由他出任主任。而陈春生因为自己的公司正在发展中，只兼任了一个副主任。第三届管委会主任长期在外承包田地搞种植，很少回白水，所以实际上石龙宫的日常事务仍由陈春生负责。

由上可见，自石龙宫重修后，该宫的领导班子一直都由几个企业家在组成，其中具体负责工作的是陈春生。企业家进入石龙宫的管理后，该宫的发展迎来了崭新的一页。石龙宫管委会在向上级汇报工作时，将该宫的特色总结为三方面。以下，我们就根据石龙宫自己的总结，将这三个特色展现给大家。

（一）办好正月十八圣王巡安活动，弘扬中华传统文化

每年正月十八，是石龙宫开漳圣王巡安出游日（图6-38），石龙宫下属的西凤、崎岎、楼埭、井园和白水五个自然村的村民（有三四千人）、出嫁的女儿、台湾同胞等都积极参与。

据陈春生介绍，巡安队伍经过的村落，除了西凤、崎岎、楼埭、井园和白水五个村子外，还途经金鳌村和方田村。正月十八早上，各个村（金鳌、方田除外）的大小神轿通通抬到石龙宫集中，再加上石龙宫的，神轿总数有五六十顶。公家每年聘请十余个文艺阵头，巡安时穿插于神轿之间，更显热闹、壮观。阵头结合当年年份略有调整，比如2014年是马年，巡安时就要准备马队，马上骑着小朋友，煞是好看。到了这天，在厦门等外地做生意的乡亲，都会回来参加。他们或是走路，或是乘坐小车，跟在巡安队伍后面，使整个队列长达1公里以上。巡安大约于早上9点开始，不管晴雨，都得上路。到了中午，巡安队伍到达楼埭村，在楼埭吃午饭（公餐），之后继续巡安，直到下午5点钟左右才结束。

由于巡安为规模极大的传统民俗文化活动，涉及数千人，石龙宫管委会都得先打报告给上级有关部门，向他们汇报活动方案，征得他们的同意。活动前几天，镇政府相关部门如统战科、派出所、各村村长以及各个宫庙的代表，集中于石龙宫开会，讨论活动的具体方案。到了正月十八这天，龙海市民宗局、市道教协会、国安局以及白水镇的相关领导都会赶到石龙宫，出席巡安前的启动仪式，发表讲话，一方面是肯定石龙宫弘扬传统民俗文化的做法，另一方面则是在安全方面提一些要求。

图 6-38 龙海海澄石龙宫开漳圣王巡安

关于巡安活动的盛况，相关的报道很多，这里列举两篇，以资说明。一篇为张达瑞的：《龙海白水石龙宫：弘扬圣王文化促进两岸交流》，写的是 2013 年正月十八巡安的情况：

> 昨天（2 月 27 日）是农历正月十八，位于龙海市白水镇的石龙宫迎来了一年一度的开漳圣王巡安踩街活动，来自海峡两岸的上万民众相聚一起，共同祭拜开漳圣王陈元光，祈求在新的一年里能够风调雨顺、国泰民安。
>
> 一大早，陈氏宗亲早早就汇集在一起，开始规模庞大的开漳圣王巡安踩街活动，有传统的龙艺队、撑轿队、舞龙队，还有腰鼓队、少数民族表演队等民俗文化表演吸引了各地民众前来观看。踩街队伍所到之处，锣鼓声、鞭炮声响彻云霄，当地村民无不沉浸在欢乐喜庆的节日当中。其中，走在踩街队伍前面的龙艺队最是引人注目，坐在"龙段"上面的是 8 至 12 岁的孩童，他们身着古装、按戏曲人物装扮成不同的形象，十分有趣。①

---

① 张达瑞：《龙海白水石龙宫：弘扬圣王文化促进两岸交流》，2013 年 2 月 28 日，http://www.zztv.fj.cn/column-jzzx-a-TVRVM013PT0=.html。

另一篇是郭百惠的《龙海白水：开漳圣王巡安踩街踏火舞龙热闹非凡》，写的是 2014 年正月十八巡安的情况（图 6 - 39）：

图 6 - 39　龙海海澄石龙宫开漳圣王巡安踩街

近日，龙海市数万名民众相聚白水镇，参与、观看当地庙宇石龙宫开漳圣王巡安活动，祭拜陈元光，祈求风调雨顺、幸福平安，场面热闹非常。

一直以来，开漳圣王陈元光都是白水民众心目中的守护神，每年农历正月十八，当地民众都会举行开漳圣王巡安踩街活动，缅怀开漳先贤建漳立郡、惠及民众的丰功伟绩，表达对陈元光及其将佐的敬仰之情。

当日一早，虽有阴雨绵绵，石龙宫广场的民俗文化表演仍吸引了各地民众前来观看。舞龙舞狮、八家将、腰鼓表演、电音三太子轮番登场，传统民俗特色与时代气息交织亮相。随后开始的踩街活动路线覆盖了半个白水镇，时间一直持续到下午四点。踩街的阵头包括了礼炮队、舞龙舞狮队、"大开道""大摇摆"、十二生肖队等，石龙宫 600 多年历史的开漳圣王木雕神像及本地其他庙宇所奉的 40 多尊神像同时出巡，队伍所到之处，民众纷纷点燃鞭炮，炮仗、锣鼓声响彻云霄,村民无不沉浸在欢乐喜庆的节日当中。①

(二) 助学救灾,推动社会公益事业发展

石龙宫从 2003 年重建后,就开始持续不断地从事助学救灾等慈善公益事业。救灾方面,除了当地的外,如果市民宗局、道教协会告知哪里遇灾,需要帮助时,石龙宫都会积极响应号召,踊跃捐资。石龙宫理事会、慈善会办公室的墙壁上,还挂着两张奖状,说明了石龙宫在救灾方面的贡献。一张为 2008 年 8 月龙海市道教协会颁发的 5·12 四川汶川大地震献爱心留念"心系灾区,爱心永存",另一张为 2009 年 8 月龙海市道教协会颁发的台湾八八风灾献爱心"情系两岸,人间大爱"。据石龙宫自己编撰的《龙海白水石龙宫》介绍,该宫先后捐赠冰雪灾、汶川地震等救灾款八万多元。

石龙宫在助学方面的表现也很突出。陈春生介绍说:"我们捐款帮助贫困学生,最主要还是每年六一儿童节,我们石龙宫巡安经过的这些学校都要捐,八间小学,从 03(2003 年,注)年到现在每年都一样,虽然是不多,从一开始,一个学校 800 元,但那只是一种心意嘛。我们这样开始以后,周边的很多宫庙都跟着我们这样子。主要是带了个好头,不是说我们捐多少,后来它们比我们捐得多,捐了千万了。因为我们收入有限,关键是起了带头作用,没有中断。"据《龙海白水石龙宫》介绍,该宫为白水镇七所小学及白水桃源中学"六一"儿童节捐赠 4 万多元,扶持西凤小学一至六年级贫困生 15 人共 3 万多元。

由于石龙宫在助学方面的积极表现,石龙宫收到了来自学校以及其他部门的奖状,兹不以为赘,罗列如下:(1)白水碧南石龙宫慈善基金会惠存:"热心为教育,利国又利民",西凤小学敬赠,2006 年 6 月;(2)白水碧南石龙宫慈善基金会惠存:"倾心助教育 造福众乡亲"(图 6-40),白水中心小学敬赠,2006 年 6 月;(3)白水碧南石龙宫慈善基金会惠存:"尊师扬古训,重教育英才",井园小学敬赠,2006 年 6 月;(4)授予:龙海市白水石龙宫管委会 2010—2011 学年"热心助学先进单位",中共白水镇委员会、白水镇人民政府,2011 年 9 月;(5)授予:龙海市白水石龙宫管委会 2011—2012 学年"热心助学先进单位",中共白

---

① 郭百惠:《龙海白水:开漳圣王巡安踩街踏火舞龙热闹非凡》,2014 年 2 月 20 日,http://www.fjzzjy.gov.cn/newsInfo.aspx? pkId = 155645。

水镇委员会、白水镇人民政府，2012年9月；（6）龙海市碧南石龙宫慈善基金会惠存（镜框），白水崎岈小学敬赠，2004年六一节；（7）龙海市碧南石龙宫慈善基金会惠存（镜框），白水楼埭小学敬赠，2004年六一节；（8）龙海市碧南石龙宫慈善基金会惠存（镜框），白水西凤小学敬赠，2004年六一节；等等。

（三）加强与海内外开漳圣王宫庙的联谊

鉴于其他的不少宫庙在弘扬传统文化、从事慈善公益方面大多都有所表现，笔者认为，加强与海内外开漳圣王宫庙之间的联谊，才是企业家群体进入石龙宫管理之后所

图6-40 白水中心小学赠送石龙宫的锦旗

带来的最大变化。石龙宫历史虽然悠久，但在历史上的影响并不大，香火也没有传播到其他地方，没有潜在的对台、对侨关系网络。因此，今天石龙宫与海内外开漳圣王宫庙之间的密切往来，完全是企业家进入管理后"做"出来的。

早在2003年重修时，重修理事会就已经注意到了对台、对侨联系的重要性，当时已经聘请旅居台、港的宗亲担任名誉理事长。此后，借助于开漳圣王联谊会的纽带，石龙宫不断拓宽自己的对台对侨关系网络。下面，笔者根据石龙宫管委会提供的《龙海市白水石龙宫对外文化交流与友好往来概况》，列出2006年至2013年7月石龙宫的对台、对侨联系情况：

2006年7月，由漳州市政协牵头，石龙宫应邀组团10人参加新加坡首届国际开漳圣王联谊会，途经新、马、泰等国家，与当地的华侨华人及外国朋友建立了友谊。

2006年12月7日，新加坡首届国际开漳圣王联谊会会长陈宽成率领联谊会代表团一行8人回访石龙宫。石龙宫以隆重礼节迎接客人，受到客人好评。

2007年1月19日，石龙宫应云霄统战部、民宗局、开漳圣王联谊会邀请，组织46人的代表团赴云霄开漳圣王发祥地参加联谊活动。会上，双方就弘扬陈元光精神，加强文化交流达成共识。

2008年3月8日，由云霄县统战部、民宗局率领的开漳圣王文化联谊代表团回访石龙宫。

2008年5月，石龙宫组团参加在台湾宜兰县举行的第二届国际开漳圣王文化交流联谊会，并与高雄市凤邑开漳圣王庙义结金兰，建立互访交流机制。

2009年5月，石龙宫组团40多人参加漳州芗城区威惠庙举办的开漳圣王文化交流活动，受到威惠庙管委会成员的热情接待。

2009年5月19日，高雄市凤邑开漳圣王庙组织台南、台北、台中十几间庙30多人首次回访石龙宫。

2010年6月，漳州举办第三届国际开漳圣王文化联谊会，石龙宫为分会场。17日，台湾及东南亚380多人到访石龙宫。会上，双方互相交流，共叙亲情，共创中华大家族的未来。

2010年6月18日，石龙宫19人参加在漳州举行的第三届国际开漳圣王文化联谊会活动。

2011年11月21日至12月1日，应金门陈氏宗亲、高雄凤邑开漳圣王庙、新加坡保赤宫三个单位的邀请，石龙宫组织69人的参访团，到金门、高雄、台北、香港、新加坡等地参访，受到热情接待。

2012年5月20日，石龙宫30多人参加马来西亚槟城举办的第四届国际开漳圣王文化联谊会。

2012年6月17日，台湾开漳圣王庙团发展协会代表团9人参访石龙宫。座谈会上，双方讨论了如何弘扬开漳圣王文化的问题，体现了漳台两岸一家的兄弟情谊。

2013年6月19日，台湾开漳圣王庙团发展协会及高雄凤邑开漳圣王庙代表一行28人参访石龙宫。双方祭拜开漳圣王后，举行了座谈会，交流互动。

三 石龙宫的海外联系与地方社会变迁

石龙宫的海外联系，引发了政府有关部门的重视，扩大了白水石龙宫的知名度；推动了两岸往来，塑造了大陆民间信仰宫庙的新形象；革新了传统，弘扬了风尚，为和谐社会建设添砖加瓦；促进了白水企业家之间的联系，拓宽了当地的商业纽带。

（一）引发了政府有关部门的重视，扩大了白水石龙宫的知名度

在企业家先进的经营管理理念的指导下，自2003年重修以来，白水石龙宫获得了开拓性的发展。特别是石龙宫积极参与海内外开漳圣王文化交流与联谊，积累了丰富的对台、对侨关系网络，使得石龙宫声名鹊起，引发了政府有关部门的高度重视。

每次台湾或东南亚开漳圣王组团到石龙团参访时，政府相关部门的领导都会参与活动。陈春生说："领导重视的庙不多，我们这个庙，有人说我们是含有政治身份，主要是对台啦，要活动什么啦，我们都要申请，比较规范嘛。领导都会来这边，跟我们大家一起交流。"例如，2010年6月17日，漳州市台办、民宗局、统战部，龙海市台办、民宗局，白水镇政府等有关部门领导纷纷来到石龙宫，参加第三届国际开漳圣王文化联谊会分会场的接待活动。由于参加此次活动的台胞、侨胞达380多人，龙海市还出动了国保大队、公安局、消防大队、电信局车、医疗车、媒体车等多部门联动，确保石龙宫的对台交流活动的顺利圆满。2013年6月19日，台湾开漳圣王庙团发展协会到石龙宫参访时，漳州市政协台侨委主任林少敏等多名领导也全程陪同。2014年3月23日，石龙宫举办两岸同胞祈福消灾法会，龙海市政协、统战部、宗教局等相关部门领导也出席活动。

石龙宫在对台交流方面的重要性提升了宫庙在政府有关部门心目中的形象。因此，除了对台交流活动外，石龙宫每年正月十八的圣王巡安活动也连带受到政府的重视。如前所述，每年圣王巡安前，龙海市、民宗局、道教协会以及白水镇的领导都会出席巡安前的启动仪式，并发表讲话。对此，陈春生在采访中也引以为傲："民俗活动领导也很重视，其他民俗活动的宫庙，领导没有那么重视，我们民俗活动还要市里面领导下来，还有我们镇里面的领导，村里面的领导。很少这样子的宫庙，别的宫庙活动就

去活动嘛,我们不给你管,不给你反对就行了。"①

对台、对侨方面丰富的关系网络,以及政府有关部门的重视,凸显了石龙宫的地位,使其名气在短短几年间一下子大了起来。例如,陈春生在谈到云霄县统战部和民宗局邀请他们去云霄进行开漳圣王文化交流,以及组团回访时,就指出石龙宫在当地颇有名气的事实:"一说起石龙宫,大家都很知道,在白水哪里,对台做得很好,大家有个印象起来。"② 对此,笔者感触也很深。2014年2月17日笔者在龙海市民宗局了解该市民间信仰宫庙的对台、对侨交流情况时,苏双来局长和陈南勇副局长都毫不犹豫地推荐白水石龙宫。

(二) 推动两岸往来,塑造大陆民间信仰宫庙的新形象

在积极参与对台交流,推动两岸友好往来的过程中,陈春生等企业家抱有的崭新理念,塑造了大陆民间信仰宫庙的新形象。

首先,"顾客至上",热情做好接待工作,使台胞和侨胞有宾至如归之感。陈春生说,现在台湾开漳圣王信徒如果来参加海峡论坛,就一定会来我们这里。有些台胞还对他说,如果没来石龙宫,他们就不来参加论坛。台胞在石龙宫的活动结束后,要离开石龙宫了,他们都会感到心里很难受。陈春生解释说:"为什么心里难受呢,说明他们来了我们很热情接待,交流中他很有好感。没有好感,他不会说不来石龙宫他很难受,说明我们的接待让他们满意。"

其次,注重活动规模,提升台湾友庙对自身的重视。高雄凤邑开漳圣王庙在台湾影响很大,与石龙宫义结金兰后的6年里,曾组团参访石龙宫5次,几乎年年都来。而且,凤邑宫每次来,不是单独一庙,而是组织十余个或数十个宫庙的代表一起来,规模都很大。这就给陈春生等企业家以很大的启发,让他们了解到两岸交流中规模大小的重要性。笔者2014年3月初采访陈春生时,他提到了4月率团到台湾访问一事。这次参访团由石龙宫管委会和陈氏宗祠的人一起组成,人数约100人。陈春生说:参访团到了高雄凤邑开漳圣王庙,大家就自我介绍说是石龙宫的代表,包括陈氏宗祠的人也这么说。我们这么多人来了,高雄那边非得3公里外来把我

---

① 2014年3月1日白水石龙宫调查笔记。
② 2014年3月1日白水石龙宫调查笔记。

们迎进去不可。隔天要去台湾的陈氏祠堂了，我们大家就说我们都是陈氏宗亲，这时就不要再说石龙宫了。这样做的目的是保持参访团的规模，扩大影响，"一百多人的参访团，人家要给我们招待比较有信心。如果你三五个，十几二十个，他们也就随便随便一下。陈氏祠堂那边，我们就不说是石龙宫代表。到了凤邑宫，就不讲家族的事。什么场合我们说什么话"①。

再次，注重台湾联络据点的建设。2008年5月，在台湾宜兰举办的第三届国际开漳圣王文化联谊会上，在漳州开漳圣王文化联谊会的安排下，石龙宫与高雄凤邑开漳圣王庙义结金兰。契文如下：

龙海白水石龙宫与高雄凤邑开漳圣王庙
金兰契文

  龙海石龙宫主祀开漳圣王，庙处龙海白水镇玳瑁山麓，始建于明永乐年间，五百年来，多次重修。公历2003年再修，更显巍峨庄严。西凤、崎汾、楼埭、井园、白水五自然村信众数万。

  高雄凤邑开漳圣王庙，台南最古城邑凤山西郊新子，始建于乾隆三十五年，后多次重修，与龙山寺、双慈亭、城隍庙并称台南四大古庙。农历二月十六日为圣诞千秋佳期，八方善信，纷至还来，盛况非凡。

  龙海白水石龙宫与凤邑开漳圣王庙隔海相望，神缘一脉，共祀圣王，用沐神恩。自即日起，义结金兰，携手共进，互信互爱，世代相继崇奉香火，齐颂圣王之大德，同祈平和之大愿，共谋两岸之福祉，立契为据，神人共鉴。

龙海白水石龙宫理事会
二〇〇八年五月廿六日
证信：台湾开漳圣王庙团发展协会
漳州开漳圣王文化联谊会
二〇〇八年五月廿六日
凤邑开漳圣王庙理事会
二〇〇八年五月廿六日

---

① 2014年3月1日白水石龙宫调查笔记。

与凤邑开漳圣王庙义结金兰后,石龙宫等于是在台湾拥有一个活动据点。陈春生说:"义结金兰的意义在哪?就是以后我们要互动,它来了,就可以依托我们石龙宫在大陆走动。我们到台湾,就依托于它。凤邑庙的主委在台湾影响很大,我们到了台湾,以它为大本营,要去哪里,他也可以陪同我们去哪里,到那边我们很方便就是啦。"① 例如,2014年农历二月二十三,石龙宫举办重建十年庆典,台湾的宫庙除了关系较好的由石龙宫管委会自己邀请外,其他的请柬全部交给凤邑开漳圣王庙理事会,由他们斟酌邀请。所以2014年3月1日笔者在石龙宫调查时,该宫管委会成员对于台湾最终会来多少人,心里还没底,他们正在等待凤邑开漳圣王庙的回音。

总之,在企业家的带领下,石龙宫在构建起丰富的对台关系网络的同时,也在交流中展现出了改革开放后大陆民间信仰宫庙的新风貌。

(三) 革新传统,助力和谐社会建设

在企业家的带领下,石龙宫管委会紧跟时代潮流,将传统做了创新与发扬,使之更有利于社会主义和谐社会的构建。

陈春生告诉笔者,他在龙海市道教协会的一次会议上,强调了宫庙文化的三大意义:"第一个,就是这一尊神,神以前也是人,它的历史,它为社会为民族做了多少好事,被老百姓记住,然后纪念它,供拜它,把这个传给下一代;第二个就是说,我们要建一个庙,这个庙提供信仰的人来供拜,成为活动的场所,场所凝聚很多人在这边,来交流啊,互动啦,你什么领导也要跪下来。你平时跟领导要见个面,机会很难,我们可以宫庙的活动来见到领导,我们有机会和领导以及各界人士交流;第三是说人,我们去拜一下,心境才会好,有善的心,才不会去犯罪啊,共同为社会发展。所以宫庙文化要从神、庙、人三个方面来讲。"② 陈春生此论一出,马上博得与会者的一片赞同。陈春生从神、庙、人三个视角入手,挖掘民间信仰的文化精华,确实会对当前的和谐社会建设产生积极影响。

---

① 2014年3月1日白水石龙宫调查笔记。
② 2014年3月1日白水石龙宫调查笔记。

图 6-41　一年一度的海澄石龙宫祭典盛况空前

　　陈春生还指出，政府在农村平时也没有什么活动，而民间信仰文化在农村比较流行，如果把它提升一下，可以起到丰富农村的文化生活，以及从信仰方面提升人的文明意识的作用。陈春生以石龙宫每年正月十八的圣王巡安活动为例，对此进行了说明。陈春生介绍说，以前巡安活动虽然也在举办，但规模小，零零散散，不成样子。所以以前西凤、崎岎、楼埭、井园、白水五个村子经常打架。成立管委会后，巡安活动规模扩大了，五个村子的村民都踊跃参加，"你来了我来了大家都来了，就一起，交流，见面。以前没有，很封闭，我不认识你，你不认识我，打起来就不知道是哪个地方。通过这个活动，大家交流频繁了，都是自己人，团结这方面很好"。如果发生了什么纠纷，石龙宫管委会还会出面调解，奉劝双方："都是自己人，你拿自己的骨头去打！"所以，当地打架的事情少了很多。石龙宫秘书陈长溪对此也深有体会。他说："我们通过信仰来消除不文明现象，建立和谐社会。以前正月十八，年年都要闹事，现在就不会了，所有事都安排好，按照安排的去做就可以了。"①

---

① 2014年3月1日白水石龙宫调查笔记。

图 6-42　石龙宫管委会办公楼（一楼为老人活动中心）

当前农村富裕了，一些歪风邪气也流行起来，不少地方的庙会庆典上，脱衣舞等淫秽表演甚嚣尘上。据石龙宫秘书陈长溪介绍，自 2003 年重修以来的十年，管委会从不让类似戏剧或歌舞团到宫庙表演。2014 年圣王巡安活动期间的一个晚上，已经 10 点多了，陈春生突然接到镇里打来的电话，说石龙宫戏台上马上要上演脱衣舞了。陈春生一听，着急了，因为石龙宫名气很大，如果这事被微博或微信曝光，将造成极坏的影响。他马上赶到宫里，要求歌舞团停止表演。由于歌舞团是信徒个人捐献的，该信徒说表演前圣王有允杯，同意演的。陈春生进庙里向圣王上香，告以现在全国正在扫黄、打黄，不能上演这些剧目，得到圣王同意。这样，通过陈春生的巧妙沟通，成功解决了这一起事件，维护了农村的健康向上的精神风貌。

总之，由于有企业家的积极运作，石龙宫在当地农村的精神文明建设中发挥着越来越大的作用。石龙宫也因此而得到了中共白水镇委员会、白水镇政府颁给的白水镇 2011 年度农村精神文明建设责任制考评"先进单位"的荣誉称号。

（四）促进了白水企业家之间的联系，拓宽了当地的商业纽带。

西凤村被一条小溪分隔为两半：一半在石龙宫前，称庙前；另一半在石龙宫后，称庙后。按民间传统，每年正月十八的圣王巡安活动，由庙前庙后轮流主办。轮到庙前（后），他们就以生产队为单位，产生代表，组成临时组织，负责巡安活动的具体事宜。2003年石龙宫组成理事会后，正月十八巡安活动的主办权归到理事会，但财权仍掌握在庙前（后）的手里。陈春生介绍说，每年正月十八前，庙前（后）就自发组成临时组织，收取村民的捐款，理事会不得过问。巡安活动结束后，余款没有转交理事会。等到下一次再轮到庙前（后），当年产生的临时组织与上一次的人员组成又不一定相同，结果上一次的余钱仍存在出纳手里，不愿移交给新成立的临时组织。对此，宫庙理事会曾试图整顿，将财权收回来，但没有成功。对于农村宫庙来说，神诞庆典时信徒的捐献是一年中最多的。正月十八巡安活动的财权收不回来，石龙宫管委会只能依赖村民平时零零星星的添油钱，经费十分困难。

柳暗花明的是，经费上困难反而促使石龙宫管委会尽力去团结白水当地以及从白水走出去的企业家群体，从而强化了白水企业家与地方公益事业之间的联系。据陈春生介绍，2010年石龙宫承办第三届国际开漳圣王联谊会的分会场时，接待了400多位的台湾信众，共花费20多万元。这些钱，绝大多数由当地企业家捐献。据笔者所知，龙海白水当地企业家南星花生加工厂陈春生捐献5000元、百族山庄陵园陈亚谊5000元、井园龟仔山液化气供应站陈清标5000元、崎岅福利养猪场陈港滨3000元、嘉利莱食品厂3000元、益源吸塑有限公司陈顺源3000元、庆丰食品有限公司陈惠龙3000元、锦隆豆类种子有限公司陈锦通2000元等。在厦门创业的白水企业家厦门再生资源回收公司陈建仁捐献10000元、厦门鼎信融通投资有限公司董事长陈碰辉10000元、厦门市尚好捷电动车陈财华8000元、厦门市阿里妈妈餐饮发展投资公司陈龙财8000元、厦门市湖里金融个体户陈添进5000元、厦门某物业公司陈高明5000元、厦门香榭雅阁物业有限公司陈国政3000元、厦门市中埔食杂经营部陈文辉3000元、厦门市安都畜产品经营部陈建龙3000元、厦铁专业队（装修专业队）陈亚海3000元。此外，深圳市明发纺织有限公司陈亚发捐献8122元，等等。不少企业家表示，如果石龙宫有什么需要，都可以找他们。石龙宫是白水历史古迹，也是白水知名宗教场所，白水企业家在地方荣誉感的支配下，全力支持它的相关活动。在这个过程中，石龙宫起到了纽带的作用，将白水当地企业家以及从白水走出去的企业家紧密地联系在一起（图6-43）。

图 6-43　海内外开漳圣王信众在参加石龙宫祭典的同时进行联谊

石龙宫的海外联系在将企业家联系在一起的同时，也使当地的商业网络得以在开漳圣王跨地区、跨国界的信徒网络的帮助下，得到极大的拓宽。漳州有开漳圣王文化联谊会，台湾有开漳圣王庙团发展协会，而国际上更有两年一届的国际开漳圣王文化联谊会。这些联谊组织的存在及其经常性的活动，使得海峡两岸以及世界各地的开漳圣王信徒们得以频繁交流和互动。一些白水企业家即借助于信徒网络，建立起跨地区的市场销售网络。2014 年 2 月 17 日在采访龙海市民宗局副局长陈南勇时，他就告诉我，石龙宫管委会主任陈春生公司生产的食品，通过开漳圣王联谊会卖到海外去。陈春生后来也对笔者简单提及此事："参加联谊会以后，漳州联谊会我是副会长嘛，接触很多人，那就是说我厂里的这些食品嘛，通过开漳圣王联谊会这边参与，结识了很多朋友。生意是互相运作的，第一个要感谢开漳圣王，第二个是感谢开漳圣王联谊会。"①

---

① 2014 年 2 月 17 日龙海调查笔记。

第二节　官园威惠庙的海外联系

一　官园威惠庙的历史沿革与现状

漳州官园社，位于漳州市芗城区。官园在古代时，四周都是河沟，故称"河园"。后来，社里出了六名先贤，都做了朝廷的大官，社里树起六支代表荣耀的石旗杆，从此改称"官园"。官园地处古漳州东大门，周围都是金铺，有"东门金"之美称。

官园威惠庙，俗称官园大庙，始建于宋建炎四年（1130年），奉祀开漳圣王陈元光、夫人种氏、圣王祖母魏太妈、圣王父亲陈政，以及圣王之子陈珦、孙陈酆、曾孙陈谟，为漳台一带唯一一家奉祀开漳圣王祖孙六代的宫庙。此后历代都有重修，宫中至今仍保存光绪己丑年（1889年）重修碑记一方（图6-44），记载太学生林玉堂等14人捐资助建情况。此外，还有一方嘉庆六年（1801年）碑刻，记载社中民众以开漳圣王名义捐资购买两处水潭，用以灌溉田地的情况①。除了两方古碑刻外，宫中还保存有石门墩、镂空雕花石门窗各一对、石香炉一个（图6-45，镌刻有"宋建炎四年"字样），以及清代开漳圣王神牌和民国荷花大缸等，这些都是威惠庙悠久历史之见证。

图6-44　光绪己丑年"官原大庙碑记"

---

①　两方碑记，现仍立于官园威惠庙。

图 6-45　相传为宋建炎四年（1130 年）簋式石香炉

　　1990 年，官园社民众集资重修威惠庙，并重塑神像金身。重修时，庙宇坐向有所改变，与旧庙的地理不符。2002 年农历三月初一午时正，威惠庙在重修十二年后突然失火焚毁，庙内的金身、器具全部化为灰烬。信众纷纷把这次失火事件，归因于 1990 年重修时庙宇坐向的擅自变更。经向大道公问笺，由官园社企业家杨以能担任"头家"，负责威惠庙的重建工程。杨以能以身作则，带头捐献巨款，再加上海内外善男信女的踊跃捐助，共集资一百七十多万元，威惠庙于 2002 年 9 月竣工。

　　此次重修，吸引了上次火灾的教训，特意保持了老庙的坐向和建筑规制。新庙坐东北向西南，庙前有石牌坊一座，石狮一对（图 6-46）。走入石牌坊，来到大埕，庙前一座陈元光骑马塑像引人注目，乃杨以能和杨树洲共同捐资雕刻。前殿大门前摆放两块鼓石，古色古香。门上高悬"官园威惠庙"牌匾，彰显圣王威仪。

　　威惠庙为砖木结构，庙分两进，中间有天井隔开，左右两边有两廊将前殿和正殿连接起来。前殿面阔三间，进深二间。正殿面阔三间，进深三间。前殿和正殿各有一对蟠龙石柱。正殿神龛透雕花纹，表面饰金粉，工艺精湛，富丽堂皇。屋脊以彩瓷雕塑四龙、二虎、八仙和花鸟，流光溢彩。梁架间安置十三块木雕花板，以陈元光生前事迹为主题，包括"万

图 6-46　官园慈惠庙牌楼

里提兵""蛮獠啸乱""入闽初捷""兵困九龙""拜谢师恩""半径守墓""成功回乡""设院修文""神安漳州"等。这些木雕造型栩栩如生，以图片形式向人们传达陈元光历史文化信息。

正殿正中神龛奉祀开漳圣王陈元光，陈元光前面是其祖母魏太妈，魏太妈的前面一左一右，分别站立着辅胜将军李伯瑶和辅顺将军马仁。左龛奉祀陈元光父亲祚昌开祐侯、玉钤卫翊府左郎将归德将军陈政。右龛奉祀陈元光夫人种氏，以及陈元光子陈珦、孙陈酆、曾孙陈谟。左右两廊壁上分别供奉伽蓝爷和土地公。

官园慧华寺始建于明初，至 21 世纪初仅剩石柱等遗物。2002 年杨以能重修威惠庙后，出于恢复历史古迹之目的，于庙左侧重建慧华寺。新建后的慧华寺为二进两廊的砖木式结构，屋面悬山顶，面阔三间，进深三间。前殿为地藏王殿，供奉地藏王菩萨，两边为十二生肖神像。正殿正中奉祀三宝佛，三宝佛前则是白玉雕观音菩萨神像。

官园慈惠宫（图 6-47）始建于明代，历代有重修。改革开放后，因旧城改造而被拆除。2002 年秋天，在杨以能的倡议下，重建于慧华寺左侧。慈惠宫面阔三间，进深三间。屋面为单檐歇山顶，顶脊以新瓷雕塑四龙二虎和凤凰、麒麟及历史人物等。殿中主祀保生大帝吴夲，俗称"大道公"。

图 6-47　官园慈惠宫

今天官园高楼林立，是一个集房地产开发、商业贸易、金融证券、科技文化和服务娱乐为一体的繁华区域，沃尔玛超市、东南商贸城、花鸟市场、丹霞书城、天下广场、都市阳光等现代建筑充斥其中。石牌坊将官园威惠庙、慧华寺和慈惠宫与外面的街道隔开，大埕里侧的官园武术馆则将三座宫庙与后面的民居隔开。这样一来，紧紧相连、坐向相同、一字排开的威惠庙建筑群就构成了一个封闭的空间，与周围繁华的都市区形成鲜明对照，成为都市里人们感触城市历史和休闲、观光的一个重要去处。

二　企业家的进入与威惠庙的开拓性发展

应该说，官园威惠庙的历史虽然悠久，但该宫的影响并不大。改革开放后，晋江、漳平、平和、华安、南靖等地不时有进香团到此进香，但台湾及东南亚地区却甚少信徒到此交流。2002年重修时，以杨以能为首的企业家群体进入宫庙管理后，在企业家独有理念的经营下，威惠庙不仅与台湾和东南亚开漳圣王宫庙之间构建起大量的关系网络，而且还成功地将魏太妈的香火传播到台湾与东南亚等地。可见，威惠庙21世纪以来的开拓性发展离不开企业家群体的进入。

（一）由企业家组成的管理委员会

2002年重修威惠庙时，官园本地人杨以能经神明择定为威惠庙管委会主任。据《官园威惠庙》一书介绍，杨以能1962年出生于官园一户农民家庭，初中毕业后在家乡担任生产队队长。后出任官园武术馆馆长，并创办果蔬加工厂。1999年杨以能又创办群勇房地产开发有限公司[1]。群勇房地产开发有限公司主营房地产开发与经营、物业管理服务，以及建筑材料的批发、零售，注册资本250万元[2]。

杨以能出任威惠庙"头家"后，利用自身的关系资源，吸收了一大批志同道合的企业家加入威惠庙，成为威惠庙管委会的中坚力量。副主任陈德鸿经营店面，副主任陈江海为原生产队长，现开办蘑菇厂；委员李龙泉开办冷冻厂，杨树洲、陈八斤各自开办罐头厂，唐历忠开办蘑菇加工厂，蔡林志伟从事观赏鱼销售，苏剑峰、谢富志从事建筑行业，杨为明办饮料厂，陈炳祥为面纸总经销；严荣泉为经济督察管理人员，林亚明为村社民俗管理；顾问陈钟辉经营对欧盟产品贸易。这些企业家在任职前，都立下誓言：积极推动官园威惠庙的建设，努力加强与海外乡亲的联系，传播陈圣王文化在海内外的影响[3]。这些企业家作为改革开放后经济领域的弄潮儿，经济殷实，视野开阔，敢做敢当。在他们的带领下，官园威惠庙迎来了开拓性发展的新阶段。

（二）威惠庙的开拓性发展

威惠庙的开拓性发展主要体现在弘扬传统民俗文化、投身慈善公益事业以及加强对台、对侨交流等方面。

1. 弘扬传统民俗文化

首先，威惠庙保存了宋代石香炉、石门墩、石门窗、神牌、荷花大

---

[1] 杨以能主编：《官园威惠庙·序》，漳州市芗城区官园威惠庙管理委员会2006年版。
[2] 《漳州市芗城群勇房地产开发有限公司》，http://zhangzhou04895.11467.com/。
[3] 杨以能口述、段凌平撰写：《漳州官园威惠庙及其在对台民间交流的作用》，2012年10月31日，http://www.cnscys.cn/News_Show.asp?id=684。

缸、碑刻等文物，这些文物是威惠庙民俗文化的物质载体，它们的保存对于弘扬传统民俗文化来说意义重大。

图 6-48　嘉庆六年古碑刻

其次，2002年重建中，在杨以能等企业家的指导下，威惠庙的建筑规制以及宗教礼仪尽可能使用传统形式。据杨以能口述、段凌平撰写的《漳州官园威惠庙及其在对台民间交流的作用》一文："威惠庙上中梁时、开光、龙柱、屋檐定位，在屋子的中轴线下放砖头，而且这些砖都要交错'交丁'，喻'代代有丁'。天井的深度1.28米，下面垫沙使天井带水，喻进来朝拜者财源广进；天井的下水道上层5个弯，为五子拜寿，子女孝顺；下水道的下层9个弯，为生财出贵。这两层的'九'与'五'，应对中国传统的九五之尊。在天井的出口处有石龟，喻建庙者健康长寿。"此外，神明开光时，管委会按传统做法，到厦门的海边进行"抓龙"仪式。并把"抓龙"的四个筐放在神像的下面。这表示庙宇对出洋到海外人的怀念，保持与海外华侨、华人的联系[①]。

再次，加强当地传统阵头与台湾、东南亚等地的交流。官园社历史以来习武之风甚盛，设有官园武术馆。杨以能先担任武术馆馆长，后又出任威惠庙管委会主任，威惠庙和武术馆遂成为统一管理的格局。这种统一管理，对于推动当地武术的对台、对侨交流来说，极为有利。杨以能在2014年7月14日的访谈中告诉笔者，每逢台湾和东南亚进香团到威惠庙进香时，民俗表演的第一个项目就是武术大家练，宾主双方进行武术交流。也就是说，借助于威惠庙的平台，官园武术得以更好地与台湾、东南亚武术进行交流。官园历史上流传下来的阵头还有锣鼓阵、凉伞阵、罗车鼓和南音等，也是迎接台湾和东南亚进香团的必备阵头。今天威惠庙展览室里保存有三块镜框，据杨以能介绍，就是2011年10月台北木偶剧团、台北兴洲园掌中剧团、高雄天宏园掌中剧团到官园威惠庙交流时，分别赠送给威惠庙的礼物。官园威惠庙制作的开漳一百二十三位将军服饰与旗帜以及开漳87姓的服装，在台湾与东南亚地区也颇负盛名。2010年马来西亚槟城举办第四届开漳圣王国际联谊会，会议主办方特意赶到官园威惠庙来学习和仿制这些服饰和旗帜，纳入联谊会召开时的文艺踩街活动。

2. 投身慈善公益事业

根据《漳州官园威惠庙及其在对台民间交流的作用》一文的介绍，在企业家的主导下，官园威惠庙也积极投身慈善公益事业。威惠庙常为社区的百岁老人过生日，并在每年的重阳节（老人节）、春节，安排人员走访慰问老人和残疾人，慰问金额达1万元以上。除此之外，官园威惠庙还积极开展扶贫助学活动，为贫困学生捐资助学，捐资金额5000元左右。自2009年起，官园威惠庙已在为漳州市芗城区巷口街道办事处官园社区避灾点，并储备各种物资，为避灾人员提供生活必需品。

3. 加强与台湾和东南亚陈氏宗亲与开漳圣王信徒之间的联系

企业家介入管理对官园威惠庙的最大影响，是广泛构建与台湾、东南亚等地陈氏宗亲和开漳圣王信徒的联系，使威惠庙从一座普通的社区宫庙

[①] 杨以能口述、段凌平撰写：《漳州官园威惠庙及其在对台民间交流的作用》，2012年10月31日，http://www.cnscys.cn/News_Show.asp?id=684。

一变而为漳州最有影响的开漳圣王宫庙之一。下面以威惠庙提供的《官园威惠庙2006年对外对台及省内文化交流情况》，介绍威惠庙的对台、对侨交流情况及其特点：

3月9日，台湾高雄市左营慈安宫一行7人来庙参拜陈圣王；

3月16日，应台湾净明道教会邀请，我庙开漳圣王祖母——魏太妈从官园起驾赴台湾巡境56天，并拜会台湾24家相关宫庙。同往的另一尊魏太妈金身定居台湾高雄市左营慈安宫。临行时的热烈欢送场面，为漳州市区文化交流活动所罕见；

3月26日，台湾新竹市杨尚罡（内园）23名信众来庙参拜陈圣王；

4月22日，我庙管委会主任杨以能率领赴台文化交流参访团一行20人（其中本庙9人）到台湾12天，走访在台24家庙宫；并与各庙主委、各行业主要人员进行圣王文化交流。参访团每当进入每家庙宫，领队带头添油香，杨以能主任还赠送一件古董石、一幅山水画给高雄慈安宫，虽不十分贵重，但可做永久留存；

5月11日，赴台巡境的魏太妈由台湾开漳圣王联谊会10名代表护送回漳州。本庙举行隆重的迎魏太妈庆典活动。市政协、区政协、区民宗局、区道教协会领导莅临，各有关部门、派出所、巷口办等都大力支持帮助，参与信众近2000人；

6月15日，台湾台中市北区郑振亨带领26个信众来庙参拜；

6月25日，漳州市开漳圣王文化联谊会隆重成立，国家、省、市及各县（区）领导和台湾同胞、海外侨胞以及各地代表参加庆祝大会。当天下午，除部分主要领导另有任务外，由大会统一安排，其他成员及海内外同胞100多名莅临我庙祭拜陈圣王一家六代，欢迎嘉宾的场面十分壮观和热闹，祭拜按中华传统仪式进行，祭拜落成后，举行各种文艺表演，深受嘉宾欢迎。据统计，台湾和海外代表主要有：新加坡保赤宫总务陈宽成夫妇，马来西亚陈氏总会陈义明，印尼棉兰颍川堂宗亲会副主席陈保安夫妇，台湾草湖玉尊宫管委会主任陈炳南，台湾区开漳圣王庙团联谊会会长林茂荣，台湾区开漳圣王庙团联谊会副会长陈梅芳，台湾宜兰后埤振安庙管委会主委张传，台湾桃园观音复兴宫管委会代表马来发、陈盛全、吴财来，高雄市左营慈安宫陈宋阿香，台湾南投草屯陈府将军庙管委会主委李朝华，台湾台中乌日圣兴宫管委会主委刘锦标，台湾台中武圣堂主持林金德，台湾台中大里圣隆宫主委高文辉，台湾屏东竹田建安宫余福泉、吴声铭，台湾安灵宫管委会……

7月6日，台湾北贸商社区一行34人来庙参拜陈圣王；

10月8日，台湾桃源县八德市参拜团一行25人来庙参拜陈圣王；

10月9日，台湾台中北民族路298号联诚旅行社带26人来庙参访；

10月15日，台湾台北市农会67位信众来庙进香；

10月16日，我庙代表13人应邀参加在新加坡召开的国际开漳圣王联谊会，从漳州出发飞往泰国、马来西亚和新加坡；

10月20日，漳州市政协代表4人（市政协副主席陈易洲、市开漳圣王文化联谊会会长陈诠、市港台澳侨委会副主任林少敏、本庙管委会主任杨以能）应国际开漳圣王文化联谊会邀请，飞往星岛参加庆祝大会；

10月21日，首届国际开漳圣王联谊会在新加坡召开，我庙代表14人参加，本庙主任杨以能被聘为国际开漳圣王联谊会顾问；

10月21日，我庙魏太妈神像幸驻星岛保赤宫，同时参加开漳圣王联谊会和保赤宫建庙130周年；

10月25日，漳州市政协副主席陈易洲、副秘书长陈诠、港台澳侨委会副主任林少敏和我庙管委会主任杨以能，又赴马来西亚柔佛、麻坡、马六甲吉隆坡及中国香港拜会福建闽南籍乡亲社团，并出席马来西亚陈氏宗亲会总会十八周年庆典大会；

11月6日，台湾台南市政府顾问、台北市如果出版社发现台湾系列顾问汤锦台先生在泉州市政协干部陪同下，一行6人来庙膜拜陈圣王并详细了解庙史；

11月7日，新加坡保赤宫正总务陈宽成一行7人来庙祭拜陈圣王；

11月18日，台湾台北联华23人来庙参访并了解庙史；

11月18日，印尼万隆圣王庙陈荣富3人来庙参拜陈圣王；

11月18日，台湾台中市一行7人来庙参拜开漳圣王；

11月19日，澳大利亚两位会说普通话的外国人详细参观后满意离去；

11月25日，台湾开漳圣王功德会22位信众在理事长陈信吉带领下来庙祭拜陈圣王；

12月6日，新加坡保赤宫正总务陈宽成一行15人来庙祭拜陈圣王；

12月7日，新加坡道教总会陈国显先生率领12人来庙祭拜陈圣王。①

从上面罗列的2006年威惠庙对台、对侨交流情况中，可以总结出几个特点。首先，交流的频率高。一年之中，威惠庙对台、对侨交流二十余次，有时甚至一天之中（11月18日）连续接待3个来访团。其次，对台、对侨交流均为双向互动，既有请进来的，也有走出去的。例如在台湾信众纷至沓来的同时，威惠庙4月22日组织参访团护送魏太妈到台湾巡境。此行中，共走访24间台湾宫庙。在对侨联系方面，威惠庙不仅率团参加10月21日在新加坡举行的国际开漳圣王文化联谊会，而且还走访马来西亚和香港的闽南籍宗亲社团。再次，对台与对侨交流并重。其他的很多宫庙或是偏重于对台交流，或是偏重于对侨交流，而威惠庙则对台与对侨并重，不断拓展与台湾和东南亚之间的关系网络。最后，在对外交流中向海外传播官园威惠庙的香火。例如，2006年4月魏太妈出巡台湾时，其中一尊魏太妈神像定居于高雄慈安宫。

图6-49 台中玄灵武圣堂分灵魏太妈金身契约

---

① 官园威惠庙管委会提供：《漳州官园威惠庙2006年对外对台及省内文化交流情况》，2007年1月5日撰写。

2006年6月25日，威惠庙又借漳州开漳圣王文化联谊会成立之机，分灵一尊魏太妈神像到新加坡保赤宫。分灵契书如下：

中国福建漳州官园威惠庙

　　开漳圣王之祖母魏太妈是开拓闽南漳州郡奠基创始人。

　　魏太妈生世为国为民，立不世之功。归神庇佑四方民众，使受历代万民所敬仰。

　　新加坡保赤宫，陈宽成先生向官园威惠庙祈求魏太妈金身一尊永镇保赤宫保境护民。

　　树高千丈始系于根，漳州官园威惠庙永远是我官魏太妈的祖宫庙。

　　为保持今后亲密往来，立帛二张各执一张作为永久性纪念。

岁丙戌年圊月吉日吉时立
漳州官园威惠庙
公元2006年6月25日

三　官园威惠庙的海外联系与地方社会变迁

（一）官园威惠庙的海外联系起到桥梁和纽带作用，带动漳州对台、对侨交流走向高潮

　　20世纪80年代以后，随着两岸关系的渐趋缓和，两岸的民间往来也逐渐频繁起来。值得注意的是，这些民间往来基本上都建立在历史已有纽带的基础上，如分灵庙回大陆祖庙进香，台胞和侨胞回祖籍地寻根谒祖等。缺乏已有对台、对侨关系资源的宫庙，还暂时无法加入对台、对侨交流的队伍中。在这样的背景下，官园威惠庙的海外联系起到了桥梁和纽带的作用，成功地将许多原来没有对台、对侨联系的宫庙，带入到对外交流中。

　　官园威惠庙原先也缺乏对台、对侨关系资源，但在企业家的积极运作下，逐渐构建起大量的对台、对侨关系网络。2006年漳州市开漳圣王文化联谊会成立后，杨以能担任联谊会副会长。借助于副会长的平台，杨以能将自己拥有的大量的对台、对侨关系网络，介绍给联谊会里的成员宫庙，带动他们加入到对台、对侨交流的时代大潮中。杨以能在访谈中就告诉笔者，白水石龙宫、漳州新桥威惠庙、平和开漳圣王庙等许多开漳圣王宫庙，最初都是由他牵线搭桥，才得以跨过海峡甚至走出国门的[1]。杨以能牵线搭桥带出去的这些宫庙，很快发展成为对台、对侨交流的主力军。例如，白水石龙宫因为其在对台、对侨交流中的积极作角色，其管委会副主任陈春生于2012年当选为漳州开漳圣王文化联谊会副会长。官园威惠庙的海外联系惠及其他宫庙，而其他宫庙在走出去之后，又带动了更新一批的宫庙，这样，就产生了连环效应，漳州开漳圣王宫庙对台、对侨交流的规模也就越来越大。

（二）改变大陆在对外民间交流中的被动局面，建立大陆宫庙的新形象

在改革开放初期，台胞与侨胞到大陆的寻根谒祖活动，使大陆官民双方都认识到了民间信仰在对台对侨交流中的重要性，开始自觉起来恢复民间信仰活动场所。此后，在台胞侨胞的踊跃捐输下，大陆的许多宫庙得以重修重建。在接下来的交流中，基本上也都是台胞侨胞到大陆的单向性的交往，大陆民间信仰宫庙主动出访的并不多。也就是说，改革开放后的对台对侨交流中，大陆宫庙基本上处于被动地位。

杨以能等企业家进入威惠庙管理后，完全改变了大陆宫庙在对外交流中的被动处境。杨以能认为，许多宫庙都由老人管理，老人身体不好，经济条件也不好，对中央号召的体会不深。所以，他试图改变这种状况。在吸纳新的管委会成员时，杨以能都要先告诉他以下五个方面：（1）中央精神；（2）陈元光历史；（3）对台交流的目的（不是赚钱，而是花钱）；（4）讲管理；（5）讲服务。杨以能介绍说，他们接待台湾与东南亚进香团时，注重的不是经济收益，而是对台交流的实效。台胞和侨胞来进香时，他们请吃饭、送礼物，花费经常比台胞、侨胞捐献的油香还要多。在到台湾交流时，杨以能让管委会成员将一些经济实力强的亲戚朋友都带到台湾去，一起做对台工作。杨以能说，到台湾时，他本人带十几万元，其他管委会成员每人带几万元，有去参访的宫庙都捐一万八千元的[2]。这样，威惠庙就在台胞和侨胞中树立崭新形象。

---

[1] 2014年7月14日漳州官园威惠庙调查笔记。
[2] 2010年12月9日漳州官园威惠庙调查笔记。

《漳州官园威惠庙及其在对台民间交流的作用》一文中，介绍了不少实例。兹不以为赘，引述如下：

> 2006年4月应台湾净明道教会邀请，官园威惠庙护送两尊魏太妈金身离漳，前往高雄。其中一尊魏太妈，定居于高雄慈安宫，是从漳州分灵的，所有资金费用由漳州官园威惠庙提供。另一尊巡境台湾、金门56天，由台湾陈元光联谊会护送回漳。陪同的官园威惠庙管委会杨以能主任等9人，先后拜会了台湾20多家威惠庙，并且送红包和添油香费用；
> 2006年，参加第一届开漳圣王国际联谊会于新加坡，为相关庙宇单位捐赠10万多元；
> 2006年，参加高雄慈安宫庆典，捐赠23万元；
> 2008年，参加第二届开漳圣王国际联谊会于台湾，计捐赠13万元；
> 2010年，参加第三届开漳圣王国际联谊会，花费40余万元。
> 2010年，参加新加坡保赤宫135周年庆典，捐赠8万元。①

杨以能主任兼营宾馆业务，只要有台湾与东南亚华人前来，都提供免费食宿，所有费用个人承担。台胞返程，都赠送漳州的土特产，以增进他们对故土的亲情。宫庙间的联谊，也带动了宫庙管理人之间的往来。两岸宫庙管委会成员的喜丧大事，都互相往来，情如一家。台湾开漳圣王联谊会会长病重期间，官园威惠庙管委会派代表三次赴台前往探望；仙逝后，又赴台悼念。新加坡保赤宫管委会主席陈宽成在漳心脏病突发，在大陆8天，官园威惠庙管委会派员时时照看②。

综上，威惠庙之所以能够改变大陆宫庙在对外交流中的被动局面，依赖于两点：（1）主动承担大部分的交流经费。在原来的局面中，大陆宫庙的修建经费由台胞侨胞负责，甚至出访台湾和东南亚的经费也由台胞侨胞负责。大陆宫庙不负担交流产生的经费，发言权就

---

① 杨以能口述、段凌平撰写：《漳州官园威惠庙及其在对台民间交流的作用》，2012年10月31日，http：//www.cnscys.cn/News_Show.asp?id=684。

② 同上。

自然转到了台胞侨胞的手中。什么时候交流，怎样交流，都由台胞侨胞说了算。威惠庙承担起对外交流的大部分经费后，交流的主动权回到了威惠庙的手中。威惠庙管委会可以通过控制交流的时间、地点、方式等，在对外交流中占据主动。（2）通过增加出访的规模和频率来改变被动局面。原来的被动局面，很大的一部分原因是坐等台胞侨胞上门，很少主动出访。企业家进入管理后，威惠庙经常组织大规模的出访活动。例如，2006 年的大型出访就有两次：一次是护送魏太妈巡境台湾，走访了 24 个台湾宫庙；另一次是参加新加坡举办的国际开漳圣王联谊会，同时走访马来西亚和香港的闽南籍宗亲组织。出访是由威惠庙自己决定的，出访的规模和频率提高了，威惠庙在对外交流中的主动性自然也就提高了。

如上所述，改被动为主动，是建立在承担交流经费以及提高出访规模和频率的基础上的，它有利于向台胞侨胞展示中国大陆在改革开放后的巨大变化，树立大陆宫庙的新形象，增强台胞侨胞对祖国大陆的信心。我们认为，这对于中国大陆在经济高速发展后做好台湾人民的工作来说，意义极为重大。

（三）利用民间交流推动两岸关系良性发展

对于党和政府提出的"由神引人，以民促官，推动两岸关系发展"的号召，相信很多人都不陌生。但这个号召在实践中究竟要怎样才能达成？知道的人可能不多。官园威惠庙在实践中走出了一条"由神引人，以民促官"的路子，真正达到了以民间交流来推动两岸关系良性发展的目的。

2002 年官园威惠庙失火时，据说当地信众看见庙上升起凤彩向东而去。过后，台湾高雄左营慈安宫乩童陈宋阿香女士接到魏太妈托言，说她从官园威惠庙来台避难。其时，陈宋阿香并不知道官园威惠庙失火一事。后来，魏太妈托言陈宋阿香，说她要回漳州官园威惠庙。陈宋阿香遂组团到官园威惠庙进香。当她看到威惠庙火灾后重修，才明白魏太妈赴台避难之语。她从台湾带来一件衣服，穿在威惠庙魏太妈神像身上居然十分合身，也让她感悟魏太妈之灵感。

威惠庙和高雄慈安宫结缘后，以慈安宫为纽带，又进一步与高雄市"市长"陈菊结缘。2006 年 4 月，官园威惠庙护送两尊魏太妈神像赴台巡游，其中一尊定居于高雄慈安宫。据陈宋阿香回忆："那一年，陈菊刚好在竞选高雄市长。我就说，咱陈家女儿若当选，那就得来拜'魏太妈'。没想到，掷筊结果是'竞选有惊无险，会赢1000多票'。我打电话告诉陈菊，她觉得这不可能。隔天开票后，真的仅差1125票。第二天早上7点多，陈菊来到慈安宫拜大陆来的'魏太妈'了。"① 此后，陈菊对魏太妈极为崇信，认魏太妈为契母，每两三个月就要到慈安宫祭拜魏太妈。如遇选举，更是虔心上香奉祀。由于慈安宫魏太妈来自官园威惠庙，每年逢年过节陈菊都委托慈安宫主持陈宋阿香替她到官园威惠庙朝拜魏太妈，并带来红包、礼品等。2014年，陈菊专门委派高雄"市政府法制局长"许铭春来官园威惠庙祭拜魏太妈。

　　与陈菊结缘后，威惠庙每次组团到高雄慈安宫交流时，都想方设法与陈菊见面。陈菊为民进党党员，威惠庙与她结识之初，送资料、礼物给她，她都是敢接受不敢拍照。跟她沟通，她敢听，不敢表态。得知陈菊的祖籍地也在漳州后，杨以能先后赠送陈菊漳州政协和人大编撰的《漳州与台湾族谱对接指南》《台湾政要的漳州祖根》《漳州人与台湾的开发》《漳台关系史》等10多本"大部头"书籍。这之后，陈菊在与威惠庙的往来中，态度有了变化，多次和来访的杨以能主任合影留念，并互赠礼物。2012年，杨以能与福建省电视台《海峡神祇》摄影组，一起赴台采访陈菊。陈菊表态说：她很尊重魏太妈，两岸互相来供养她，来发扬她，在两岸中有发展的，我们共同来发展②。2013年4月25日，陈菊表示乐见并肯定两岸关系和平发展及两岸人民密切交流互动③。对于陈菊态度的转变，杨以能认为，是他赠送的那些书籍起了作用。陈菊读了那些书后，了解到高雄与漳州同根同源，态度当然就与前不同了。访谈中，杨以能强调："不管什么党，只要它不分裂祖国，我们就跟他来往，到后面他就会慢慢了解啦。你没跟他来往，他会了解吗？你不理他也不是办法啊。"④ 杨以能的话直白朴素，但道出了当前两岸关

---

① 陈凌：《漳州女儿陈菊祖籍地成谜高雄市长盼回乡看看》，2013年5月13日，http：//fj.qq.com/a/20130513/000033.htm。
② 2014年7月14日漳州官园威惠庙调查笔记。
③ 陈凌：《漳州女儿陈菊祖籍地成谜高雄市长盼回乡看看》，2013年5月13日，http：//fj.qq.com/a/20130513/000033.htm。
④ 2014年7月14日漳州官园威惠庙调查笔记。

系的实质：两岸的对立在于陌生，民间交流有利于增进两岸之间的了解和信任，一旦两岸之间的了解和信任增加了，两岸关系就自然向前发展。①

---

① 本篇承蒙各宫庙及相关部门人员热忱支持，谨此向王永欧、陈春生、杨以能、赖瀚钟、林志坚、林连强、王振来、王加兴、王亚生以及龙海市民宗局副局长陈南勇等先生致谢。

第七篇
漳州民间信仰宫庙管理

第一章

中国古代的政教关系及其对民间信仰的管理

第一节 中国古代的政教关系

宗教是一种文化意识形态，在原始社会阶段，原始宗教甚至是等同于原始文化，成为主流意识，群巫之长也是氏族部落的领袖，政治和宗教交错为一体，宗教事务与政治事务重叠。中国古代的夏商周三代，实行神权政治，原始巫术、占卜、祭祀成为主要的治国手段，宗教在国家意识形态中占据统治地位，所谓"国之大事，在祀与戎"。夏朝发布的战争檄文——《甘誓》，通文论述夏王朝"奉天征讨"的军事合法性；出土文物中的玉圭、玉琮更是作为通天的法器而存在，这些都证明在夏王朝时期，古人的天命观已经初露端倪；商朝，宗教指导一切政治活动，"殷人尊神，率民以事神"，从已经出土的甲骨卜辞中可以发现，殷人占卜的内容包含着祭祀、战争、天气、迁都、疾病、出行、田猎等人类生活的所有内容；西周政权为了论证其合法性，进行宗教改革，创立了融合殷商上帝的至上神——天神，提出"以德配天""天命可移"的宗教观念，并且通过宗教祭祀制度明确周天子的特权，进行血缘亲疏的等级划分，进一步确立"嫡长子继承制"的政治制度。

春秋战国时期，礼崩乐坏，宗教政治势力瓦解，大量原来西周的宗教官员流落民间，神权政治的根基开始松动。诸子百家总结三代王朝的兴衰，纷纷著书立说参与政治，弱化神权，宗教的神圣性、超验性降低，逐渐成为政治统治的礼仪符号和教化工具。自秦汉肇始，中国进入了古代的帝制大一统阶段，儒家的政治哲学成为帝制社会的主流意识形态。古代国家宗教的祭祀仪礼也被吸收到儒家的文化体系，统治者推行"圣人以神道设教，而天下服矣"的宗教实用观，宗法性传统宗教被改造成为神化王权和教化万民的工具；佛教、道教以及其他自成体系的宗教，因为自身带有独立的教团组织，不仅其宗教信仰的文化内涵必须与帝制国家的主体文化相适从，而且各宗教组织管理本身也是属于国家社会管理的一部分。因此，进入古代帝制社会后，一切宗教都必须服从王权，依附君王，辅助政治，故有"不依国主，则法事难立"的说法。魏晋南北朝时期，僧官制度的创建标志着国家宗教管理体制的正式确立，以后的各个朝代都会参照前朝，设置专门的宗教管理机构来负责宗教事务，并且随着专制王权的不断强化，国家对于宗教的控制强度不断加强，至明清时期达到顶峰。古代政权设置宗教的具体管理机构可以参照表7-1的"历代宗教职官表"①。

表7-1　　　　　　　　历代宗教职官表

朝代	机构设置	性质
夏	君王与大祭司合一	神权政治
商	巫史、巫祝、祝史	神权政治
周	太史寮	神权政治
春秋战国	太祝、史官	神权政治动摇
秦	奉常（掌宗庙礼仪）	政教二元
两汉	汉承秦制，设奉常，后更为太常	政教二元
魏晋南北朝	晋代僧司、南朝僧司（僧正）、北魏监福曹（道人统）后改为昭玄寺（沙门统）和崇虚都尉、北周的春官府（主管各类宗教祭祀活动）	创立僧官制度，国家宗教管理体制的开始，政主教从
隋	鸿胪寺下设崇玄署专管佛道事务、寺监	政主教从
唐	鸿胪寺、左右街功德使和尚书祠部、宗正寺司封	政主教从
宋	左右街功德使后改为鸿胪寺领导（左右街僧录司和道录司）和尚书祠部	政主教从
元	释教总统所（总制院、宣政院）和道教的集贤院	政主教从
明	礼部祠祭司、僧录司和道录司，隶属礼部	政主教从
清	僧录司和道录司	政主教从

---

①　张践：《中国古代政教关系史》，中国社会科学出版社2012年版。笔者根据内容整合制作。

纵观中国古代宗教职官设置的历史,对于宗教事务的管理古已有之。在夏商周三代,宗教事务等同于政治事务而存在,属于"政教合一"的神权政治时期;三代以后,随着人文意识的萌发和诸子百家政治哲学的发展,宗教逐渐沦为帝制国家君王的工具,依附于王权,虽然朝代更迭,宗教职官机构不断变化,但职能大多是因袭旧例,宗教辅助王权的性质不变,因此逐渐形成了中国古代"政主教从"的历史传统。

第二节 历代政府对民间信仰的基本对策

民间信仰不具备宗教组织性的基本要素,没有系统的教义教规和严格的宗教仪轨,因为这种随意世俗的便利特征,使得民众可以享受到一种类似快餐式的宗教信仰生活,因此在民间流传甚广,颇具群众基础。其崇拜的对象、信仰的活动方式、宗教感情与佛道大致相同,同时夹杂着更贴近生活的功利性质,这些特征造成民间信仰更容易披着佛道的外衣,活跃在民间,满足民众的信仰生活。但是也由于民间信仰的较大随意性和广泛的参与性,容易为有心人所利用,民间信仰活动容易升温形成局部的狂热,可能成为社会的一个不稳定因素,历代政府对民间信仰不敢掉以轻心,想方设法予以管控。

在中国的帝制社会"政主教从"的政教背景下,民间信仰比之宗教更容易被政府肆意地摆弄并加以控制。古代民间信仰的命运不外乎有三种。

其一,通过政府赐额、封号,进入官方祀典,辅助王权教化百姓。

中国古代统治阶层的政治理念以儒家思想为主,统治者对于宗教事务,多是秉承"圣人以神道设教,而天下服矣"的原则,以神道为工具,实现教化天下的目的。因此,国家依照《礼记·祭法》:"夫圣王之制祭祀也,法施于民则祀之,以死勤事则祀之,以劳定国则祀之,能御大灾则祀之,能捍大患则祀之"[1],将符合标准的神明列入官方祀典,进行"追认"、加封。"唐宋时期,中央王朝都曾经对各地影响较大的神灵及其祠庙进行了加封、赐额。……中央王朝把与国家祭祀理念相一致的祠庙编入

---

[1] 陈戍国:《礼记校注》,岳麓出版社2007年版,第357页。

到祀典中去,对之实行奖励政策"。明洪武元年(1368年)十月丙子,朱元璋命中书省下文要求各地地方官"访求应祀神祇:名山、大川、圣帝、明王、忠臣、烈士",把其具体的事实罗列出来并上报中央,经过礼部审查合格,方许列入祀典,由有关官员定期举行祭祀活动①。《清史稿·志五十七》:"各省所祀,如社稷……关帝,文昌,名宦、贤良等祠;名臣、忠节专祠,以及为民御灾捍患者,悉颁于有司,春秋岁荐"。

同时,民间为了寻求其信仰的合法性,努力迎合封建政府,参照《礼记·祭法》的标准进行造神,希冀获得官方的匾额封赐。唐末五代宋明时期,福建民间为神明请求敕封和赐额蔚然成风。据林拓先生统计,政书中记载的敕封福建地方神明的有130次,赐庙额的有107次,而方志中记载的敕封福建地方神明的多达242人次,赐庙额的有159次②。由于帝制社会统治者"神道设教"的政治需要和民间谋求信仰合法性的诉求,因此能够被官方赐额、加封,进入官方祀典,辅助王权教化百姓的民间信仰神灵,多是符合礼法的人格神或是历史上的大儒大德、忠臣名将,如关圣帝君、妈祖、开漳圣王等。

关圣帝君又称关帝、关老爷、关公等,名关羽,字云长,公元219年败走麦城,刘备追谥"壮缪侯"。原只是荆州地区的地方神,宋代以后,才开始得到封建王朝的推崇走向全国。特别是元末《三国演义》长篇小说流行之后,集"仁义礼智信"于一身的关羽更是备受推崇,在民间声誉甚隆。由于关羽的忠义勇武的品格集中体现了封建伦理道德,历朝历代统治者为了教化万民对其进行敕封。北宋绍圣二年(1095年),湖北当阳县玉泉寺的关羽庙被赐予"显烈"庙额;崇宁元年(1102年),封"忠惠公";大观二年(1108年),加封武安王;元朝加封"显灵义勇武安英济王";明万历四十二年(1614年),加封"三界伏魔大帝神威远震天尊关圣帝君";清顺治九年(1652年),奉敕封"忠义神武关圣大帝"。由此,关帝信仰通过各个朝代帝王的封赐进入官方祀典,辅助政权教化百姓。天上圣母即妈祖,又称天妃、天后等,妈祖信仰最开始只限于湄洲

---

① 朱海滨:《祭祀政策与民间信仰变迁——近世浙江民间信仰研究》,复旦大学出版社2008年版,第6页。

② 参见林拓《文化的地理过程分析》,上海书店出版社2004年版,第364—366页。转引自林国平《去巫化与正统化:民间信仰的生存和发展之路——以福建民间信仰为例》,《世界宗教研究》2013年第1期。

岛。北宋宣和四年（1122年），给事中路允迪出使高丽，因受妈祖显灵指引而**免遭风浪**，上奏朝廷为妈祖请功，宋徽宗特赐莆田宁海圣墩庙庙额为"顺济"，妈祖信仰得到官方的认可，并通过海运迅速地对外传播，影响不断扩大，在众多的海神中占据主导地位。由于民间造神运动通过编制身世、改变传说、美化人格等手段，有意识地将妈祖的传说附会到儒家礼法标准上，顺应帝制王权的教化需要，因此历代朝廷开始大力扶植妈祖信仰，并且载入国家祀典，派大臣礼祭，宋元明清的14个皇帝赐给妈祖的封号多达28个，从"夫人""天妃""天后"，直至"天上圣母"。开漳圣王即陈元光，唐仪凤二年（677年）继承父亲的职务，率部平定叛乱，并于垂拱二年（686年）获准设立漳州，担任首任漳州刺史。当时漳州是未开化的"蛮荒之地"，陈元光鼓励农民开垦荒地，推广中原耕作技术，兴修水利，广施教化，经济文化得到长足的发展，号称"治平"，为漳州的开发和发展立下不朽的功勋。景云二年（711年），陈元光被少数民族残部杀害，"百姓闻之，如丧考妣，相与制服哭之，画像祀之"。历代帝王对开漳圣王有追封，唐代被封为"颍川侯"，宋代追赠"辅国将军""灵著顺应昭烈广济王"，明初封"威惠开漳圣王"等①。

其二，被当成淫祀、异端，进行扑杀毁灭。

帝制社会中政府出于巩固政权、维护社会秩序、教化百姓的需要，会对有政治倾向、不合礼法、扰乱社会秩序等类别的民间信仰进行暴力扑杀。

第一，将有政治意图，背离统治政权意识的民间信仰定为淫祀和异端，坚决扑杀取缔。宋朝重视对民间宗教的防范，尤其是有政治意图的民间宗教，颁布严厉的法令："凡传习明教者受绞刑，从犯发配千里之外，妇女入教者，千里编管。"明清时期，民间宗教迅速发展，异常活跃，许多教派都受到白莲教思想的影响，因此官方习惯用"白莲教"一词代指所有的邪教异端，若有牵连，一律镇压。官员把清除邪教，维护稳定作为头等大事，乾隆十二年（1747年），老官斋教在镇子搭棚举行"念经点蜡"活动，当地政府由于对民众聚众活动的恐惧，在没有谋反证据的情况下抓捕了教主陈光耀等5人，引起老官斋教民起事，但是很快就被官军镇压。

---

① 参见林国平《闽台民间信仰源流》，人民出版社2013年版，第102、116、122页。

第二，取缔不合礼法的祠庙和神灵祭祀活动。不合礼法包括"夫圣王之制祭祀也……，非此族也，不在祀典"和"非其所祭而祭之，名曰淫祀"。《新唐书·狄仁杰传》："吴楚俗多淫祠，仁杰一禁止，凡毁千七百房，止留夏禹、吴太伯、季札、伍员四祠而已。"明朝朱元璋颁布《正神号诏》："天下神祠，无功于民不应祀典者，即淫祀也。"颁布《禁淫祠制》："……亦不许塑书天神、地祇，及白莲社、明尊教、白云宗、巫觋、扶鸾祷圣、书符咒水诸术，并加禁止。庶几左道，民无惑志。"① 清朝对民间信仰的控制颇为严苛，地方政府往往将不合国家规制的祠庙予以禁止和取缔，康熙二十五年（1686年），江宁地方政府上疏要求将吴下淫祠五通、五显、刘猛将、五方贤圣等庙毁去。……这次以省府为领率的禁毁活动，影响极大②。

第三，打击扰乱社会秩序的民间信仰活动，移风易俗。唐玄宗时期对民间各类方术活动管理严格，颁布《严禁左道诏》"自今已后，辄有讬称佛法，因肆妖言，妄谈休咎行诳惑，诸如此类，法实难容。宜令所在长官，严加捉溺"，对于妖言惑众，制造社会动乱的民间信仰予以严格取缔③。明中后期的闻香教"辗转传教则辗转敛钱，愚民信以为生计"，以收取"根基钱"的方式，为王氏家族大范围地敛财。清乾隆三十二年（1767年）福建地方官府专门发布《禁迎神赛会》禁令云："查闽省向有迎神赛会陋习……合行明白示禁。"乾隆末期混元教教首王会用习练气功的方式哄诱无知妇女；闽台地区有"普度"和"抢孤"的民间信仰活动，但是"普度"奢靡铺张，"抢孤"经常造成人员伤亡，因此光绪十四年（1888年）台湾巡抚刘铭传下令严禁④。

其三，官方默认其存在，不褒不贬，根据现实利益的浮动和社会形势的变化，随时予以打压或扶植。

南宋时期淫祠特盛，在正祠和淫祠之间出现了广大中间地带的杂

---

① 路遥：《中国传统社会民间信仰之考察》，载路遥等编《中国民间信仰研究述评》，上海人民出版社2012年版，第19页。
② 冯贤亮：《明清江南的正统寺庙、民间信仰与政府控制》，《江苏社会科学》2002年第3期。
③ 张践：《中国古代政教关系史》，中国社会科学出版社2013年版，第714页。
④ 林国平：《闽台民间信仰源流》，人民出版社2013年版，第158—161页。

祠……在广大的中间地带出现了不少区域神①。这些地方神灵绝大多数没有纳入官方祀典中，不属于正祀，但是长期以来满足当地民众的信仰需求，深深地扎根在地方历史文化传统之中，如果政府进行粗暴的取缔，势必会造成民众的反抗甚至激发民变，不利于政权的稳定。因此，政府多采取放任的方式，默认其存在，根据统治和形势变化的需要进行态度和政策的转变置换。

五帝信仰。福建由于气候潮湿，古代瘟疫横行，百姓经常"舍医药而就鬼神"，因此瘟神信仰兴盛。《闽杂记补遗》："福州俗最敬五帝，以为瘟疫之神"。《乌石山志》记载："榕城内外，凡近水依寺之处，多祀疫神，称为涧，呼之为殿，名曰五帝"。《五杂俎》载："吾郡瘟疫大作，家家奉祀五圣甚严。"在古代医疗条件无法满足的条件下，封建统治者对于民间瘟神信仰采取默认的方式，允许民众通过祭祀五帝来谋求心灵的慰藉，同时民间试图通过造神运动推动五帝信仰的正统化：福州白龙庵曾有一块乾隆四十六年（1781年）碑刻，记录庵内供奉的五帝是官方祀典中五岳的转世。但是由于普通百姓对五帝信仰的狂热和迎神赛会对地方社会秩序的挑战，对官府礼法的僭越，对民众钱财的耗费，严重扰乱民众的日常生活，政府为了移风易俗，颁布公告打击五帝信仰。明末张肯堂颁布《闽中禁左道榜》："疫厉之作，固属于天行。……擅设仪卫，牌窃巡狩，示号法王……本院以提衡风俗为己任，此后有若等奸民，定行左道惑众之律，立置重典。"罗教又名罗道、罗祖教，创始人是山东即墨罗梦鸿。从明朝开始，罗教逐渐传入京杭大运河的漕运水手中间，不仅成为他们信仰的精神支柱，而且是他们自保的社会团体。清雍正五年（1727年），京杭大运河发生水手打架，政府发现其中罗教发展的情况，漕运总督张大有"又密访杭州地方有数处指称名色，开设庵店，容留粮船水手歇住"，江苏巡抚陈时夏："查粮船水手多有不法之徒……所有房屋尽行入官，拆变公用，以杜根诛。"浙江巡抚李卫为了保证漕运的畅通，不赞成对罗教进行深究，也不赞成拆毁庵堂。雍正皇帝基本肯定了李卫的意见，"查罗教始于明代，流传已久。……概严不可，概宽亦不可，惟在地方官随事因人分轻重，首倡生事者不可不惩，无知附和者量加宽宏……岂可株连无

---

① 路遥：《中国传统社会民间信仰之考察》，载路遥等编《中国民间信仰研究述评》，上海人民出版社2012年版，第18页。

辛"。乾隆三十三年（1768年）运河水手信奉罗教问题再次爆发，乾隆皇帝发上谕曰："……除将本案从重办理外，所有庵堂概行拆毁，毋得仍前留存，复贻后患。钦此。"① 义和团，原是山东农村练习拳棒的民间组织，借助传统信仰进行反洋教斗争，提出"扶清灭洋"的口号，在清廷有意利用扶植之下，走上了反侵略战争的最前线，但是在庚子国变之后，清政府将战争的责任推到义和团团身上，下令各地对其剿杀。

中华民国建立之后，坚持"政教分离"的原则，既在宪法上承认"人民有信教之自由"，废除了中国古代的僧官制度，但却又将宗教事务划归政府内务部管辖，政权依然凌驾于宗教。南京临时政府时期，在内务部设置第六局，其中第二科的职责即管理各种宗教及其他类于宗教的团体，制定约束办法。在地方上，各省设置民政厅，其任务之一是"掌握礼俗、宗教之争议"，县设置民政局科，职能类同②。南京国民政府统治时期，宗教事务由国民党中央民众运动指导委员会和政府内政部共同掌管，地方参照中央的党、政模式管理，实行党、政两条平行的垂直管理系统，并出台了一系列的宗教法律法规③，试图通过将宗教管理纳入法律轨道来实现对民间信仰的法制化、规范化管理。1928年10月，内政部出台了《神祠存废标准》，该标准：保留"对于民族发展确有功勋者；对于学术有所发明，利溥人群者；对于国家社会人民，有捍患御侮，兴利除弊之事迹者；忠烈节义，足为人类矜式者"的先哲信仰；废除"对日月星辰之神、山川土地之神、风云雷雨之神等古神类宗教信仰"。并且制定淫祠标准："附会宗教，实无崇拜价值者；意图借神敛钱，或秘密供奉，开堂惑众者；类似依草附木，牛鬼蛇神者；根据《齐东野语》，稗官小说，世俗传说，毫无事迹可考者。"④ 同时相应地制作了《淫祠邪祀调查表》，各地政府根据《神祠存废标准》，确定辖区内寺院属于淫祠邪祀，并填表上报，作为淫祠庙宇废除的依据⑤。政府以此标准，保留有益于风化的信

---

① 张践：《中国古代政教关系史》，中国社会科学出版社2013年版，第1089—1092页。
② 上海宗教志编纂委员会编：《上海宗教志》，上海社会科学院出版社2001年版，第602页。
③ 1928年的《寺庙登记条例》《废除卜筮星相巫觋堪舆办法》《神祠存废标准》；1929年《寺庙管理条例》；1935年《佛教寺庙兴办慈善公益事业规则》；1936年《寺庙登记规则》。
④ 《神祠存废标准》，1929年《绥远政府公报》第3期。
⑤ 郭华清：《国民党政府的宗教管理政策述略》，《世界宗教研究》2005年第2期。

仰，废除过滥的偶像崇拜和神祇信仰，对中国传统社会中的民间信仰进行标准化管理，试图以制度性宗教为模版建立一种"神祠存废标准"，对传统社会的民间信仰进行一次大规模的筛选整理。虽然这项措施因为过于简单和操之过急，甚至最后也不了了之，但是南京国民政府的这次管理"以法律为标准，对民间信仰进行规范化管理的尝试"为之后政府的民间信仰管理提供了宝贵的借鉴经验。

第 二 章

福建省政府的民间信仰庙宇管理

中华人民共和国建立后，由于政府强调"宗教鸦片论"和"破除封建迷信"等意识形态，对民间信仰进行政治性解读，将民间信仰置于社会的对立面，使其成为社会主义文化必须清除的封建糟粕。在此历史背景下，中国民间信仰遭受到巨大创伤，大量寺庙宫观被挪为他用，神像遭毁弃。改革开放后，宗教信仰自由的政策得到真正的落实，民间信仰也随之恢复和发展。福建作为改革开放的前沿地区，民间信仰具有涉外、涉台的特殊性质，政府实行宽松的民间信仰管理政策，民间信仰凭借其草根信仰旺盛生命力的特质，迅速恢复发展。据 2010 年的福建政府初步统计，建筑面积在 10 平方米以上的民间信仰庙宇达到 26130 处，面积未达到 10 平方米的据估计超过 10 万座，民间信仰庙宇的数量远超于福建现有五大宗教的建筑物的总和[①]。由于民间信仰的功利性、弥散性和民俗性，福建省民间信仰信徒人数庞大，涉及社会的各个阶层，群众信仰热情高。同时由于福建民间信仰与海外联系密切，国家出于政治、经济的需要，将福建当作"民间信仰特区"，允许对民间信仰管理先行先试，进行了长期的探索，取得一些经验。

第一节 福建省政府关于民间信仰管理的探索

福建省政府经过二十几年的民间信仰管理探索，确定了"民间信仰试点管理"的工作思路，鼓励各地市因地制宜，自主摸索民间信仰管理

---

① 陈进国："民间信仰事务的社会化管理问题研究"，国家宗教局编号 GK1307 课题。

模式。官方没有出台正式的文件对民间信仰的属性问题进行界定，多是地方县市将民间信仰直接纳入地方宗教工作的管理范畴，淡化其属性争议，就民间信仰的活动场所的各项具体事宜进行相关的引导和管理。

（一）20世纪90年代开始，福建省政府意识到"民间信仰需要管理"。

福建省在20世纪90年代初就开始针对本省民间信仰进行调查研究。1990年开展局部零星调查，并在福清首次召开了民间信仰问题研讨会，各地市民宗局人员和部分专家学者出席会议，交流了民间信仰的现状，初步分析了发展的趋向、社会功能等，并达成了初步的共识[1]。1992年，省委统战部在泉州召开海外统战工作座谈会上，省民宗局副局长余险峰分析了民间信仰在开展海外统战工作、促进祖国统一大业中的作用的同时，并提出加强对民间信仰管理的初步意见[2]。

1996年，中央办公厅〔1996〕38号文件，第一次提出"对属于当地民间信仰的小庙，应由当地党委、政府组织有关部门认真调查研究，采取切实可行的解决办法"，福建省行政部门召开清理违章寺庙工作会议，对民间信仰场所进行摸底调查和清理[3]。1997年，省委〔1997〕16号文件《关于进一步加强宗教工作的通知》提出："要对民间信仰进行正确引导和管理""各地要把民间信仰作为新情况、新问题认真对待，把民间信仰活动逐步纳入依法管理的范畴。"1998年，习近平同志在省民委、宗教局视察检查工作的讲话："我省民间信仰基本处于无人管的状态，管理亟待加强，福建宗教问题这么集中，宗教部门要研究，要摸索出规律，探索管理方法。"[4]

---

[1] 余险峰：《关于我省民间信仰问题的若干情况和思路》，福建省政府内部调查报告，2000年7月。

[2] 同上。

[3] 中央统战部、国务院台办、国家宗教局联合调研组：《关于福建省民间信仰问题的调研报告》，2006年3月10日，第13页。

[4] 习近平：《习近平同志在省民委、宗教局视察检查工作的讲话》，《福建宗教》1998年第2期，第4页。

(二) 2000—2004 年，逐步确定民宗部门为民间信仰管理的主管机关

2000 年，在省级机构改革工作中，省民宗厅的职能设置增加了"研究和实施民间信仰活动场所管理办法"一项，开始民间信仰活动场所管理方法的研究和尝试。2002 年，汪毅夫副省长在省政协座谈会上作了《关于民间信仰和民间信仰活动管理》的报告，就厦门的青礁慈济宫涉台事件中批示"民间信仰问题应由宗教管理部门管起来""先把民间信仰活动管起来，把新建、修复、扩建庙宇的活动管住，一般不予批准……把涉台、涉侨、涉外的民间信仰活动管好，批准后还应加以引导和管理。"①闽委办〔2002〕7 号文件《关于加强民间信仰活动管理的通知》，规定"县级以上人民政府宗教事务部门负责所在行政区域内的民间信仰活动的管理工作"，这是全国各省份中第一个出台的关于民间信仰管理的文件。

2004 年闽民宗〔2004〕29 号文件《关于增设民间信仰工作处和增加人员编制的报告》，省委机构编制委员会同意在省民宗厅设立民间信仰工作处，其主要职责：研究和实施民间信仰活动及场所的管理办法；对涉及民间信仰方面的有关重大问题进行调研并提出政策性意见；协助地方政府及时处理民间信仰方面的重大问题；指导地方民族宗教部门做好民间信仰活动的管理工作②。

(三) 2005 年至今，福建省政府坚持"民间信仰试点管理"

2005 年省民宗厅民间信仰工作处，在总结以往试点探索管理经验的基础上，酝酿起草了《福建省民间信仰活动场所试点管理暂行办法》③，组织民间信仰调研组，设计相关调查表对我省民宗部门多年来纳入试点管理的 749 处民间信仰活动场所进行备案④。2006 年，福建省民间信仰工作处制定下发《关于进一步开展民间信仰活动场所试点管理工作的通知》，指导推动全省各地把影响大，信众多，活动频繁，与海外联系密切的民间信仰活动场所纳入试点管理；继续协同有关部门巩固治理滥建寺观教堂和

---

① 汪毅夫：《关于民间信仰和民间信仰活动的管理》，《福建宗教》2002 年第 1 期，第 7 页。
② 《福建省民族与宗教事务厅政府信息公开》，2004 年 4 月 8 日，索引号：FJ00106 - 01 - 02 - 2008 - 00001。
③ 属于内部讨论稿，至今未在相关公开文件上见到。
④ 福建省民族与宗教厅：《福建省民间信仰工作情况报告》，2008 年 3 月 31 日，第 3 页。

民间信仰活动场所工作成果。"①

2008年，省民宗厅在福州召开全省民间信仰活动场所联系点工作座谈会，会议讨论通过了《福建省民间信仰活动场所联系点管理工作实施意见》（试行），此工作意见将在全省已确定的21个民间信仰活动场所联系点中试行②。2012年，国宗局开展以"安全年"为主题的"和谐寺观教堂创建活动"，福建省结合实际，做出进一步加强民间信仰活动管理的决定，对民间信仰活动、组织、场所等方面管理工作提出要求，不断在管理体制、机制、制度上深化试点，健全县、乡、村民间信仰管理工作网络，实施分级管理，把民间信仰和宗教工作齐抓共管，确保属地宗教和民间信仰领域安定稳定③。

第二节 福建省的民间信仰管理模式

福建省政府民间信仰管理工作的原则是："属地管理、齐抓共管、教育引导。"政府对民间信仰工作采取试点管理的办法，各地市因地制宜，积极探索民间信仰的发展规律，经过各地市多年的摸索试验，各地市形成各具特色的民间信仰管理模式。由于福建省政府不拘泥于固定、单一的管理模式，因此能够总揽全局，允许各地市根据民间信仰发展的差异采用不同方式和不同程度的管理，在此以"政府对民间信仰管理的松紧"为划分标准，将福建省民间信仰管理模式分为三种。

第一种：政府直接管理模式。行政部门对民间信仰庙宇实行直线式管理，将其纳入行政管理的范畴。其中包括"登记或备案管理模式"④ "分

---

① 《福建省民族与宗教事务厅政府信息公开》，2006年12月，索引号：FJ00106 - 25 - 04 - 2006 - 00015。

② 福建省民族与宗教厅：《全省民间信仰活动场所联系点工作座谈会会议纪要》，2008年10月24日。

③ 《福建省民族与宗教事务厅政府信息公开》，2012年8月22日，索引号：FJ00106 - 1005 - 2012 - 00037。

④ 登记或备案管理模式：政府对历史悠久、海外联系密切的民间信仰场所，设置登记管理的条件，实施登记或备案管理。但是由于法律未授权民宗工作部门设置涉及行政许可管理办法，因此在法律程序上是不完备的。同时，那些不能满足登记条件的归谁管，责任不清，难以归属。

级管理模式"①"对台交流重点宫庙挂牌管理模式"②"参照宗教事务管理条例管理模式"③"行政意见管理模式"④ 五种类型。

第二种：政府间接管理模式。政府部门借助第三方管理系统，实现对民间信仰的间接规范管理。主要有"民间信仰协会管理模式"⑤"挂靠佛、道教协会管理模式"⑥"村委会管理模式""老人会管理模式"四种类型。其中"村委会管理模式"和"老人会管理模式"⑦也出现在政府放任管理模式中，因此其归属要视具体的民间信仰庙宇而定。

第三种：政府放任管理模式。福建省民间信仰庙宇数量庞大，宫庙分布散落于城市、村庄的各个角落，杂乱无序，无法实现全方位的布控，因此目前大量的民间信仰庙宇尚处于自我管理状态，由乡村耆老、寺庙庙祝、村民轮庄等方式进行庙宇事务管理。但是大多宫庙的内部事务管理不规范，安全隐患多，遇到管理组织人员更迭、庙宇祭祀活动等更容易引发矛盾。

---

① 分级管理模式：采取县、乡、村的三级管理模式，坚持"抓大放小、齐抓共管"的方针。但是由于宗教部门人手奇缺，据2006年国宗局的《福建省民间信仰调查报告》："全省九设区市中福州核定人员编制2人，厦门核定人员编制3人，泉州核定编制1人，漳州、莆田、南平、龙岩、三明、宁德均未核定民间信仰人员编制。"许多地方更是对于民间信仰的管理流于形式，只在会议上强调管理，缺乏实际操作性。

② 对台交流重点宫庙挂牌模式：主要在厦门和漳州两个地方实行，由民宗局和市台办联合颁发"民间信仰对台交流重点宫庙"牌匾，但是对台交流场所数量大、分布广、活动多，无法全部涉及，而且经费缺，管理难度很大。

③ 参照宗教事务管理条例管理模式：各地有些试点的民间信仰活动场所，参照《宗教事务条例》进行管理。但是条例本身并未涵盖到民间信仰，如此行为容易引发行政复议。

④ 行政意见管理模式：即政府出台行政管理意见实现对民间信仰的管理，厦门、莆田、漳州先后以民宗局的名义出台了《关于加强民间信仰活动场所试点管理意见》等管理办法，使民间信仰活动场所内部事务管理有章可循，对外有法可依。但是民宗部门无权出台设置行政许可条款的管理办法，缺乏合法性。

⑤ 民间信仰协会管理模式：莆田的三一教协会和漳州市云霄和诏安成立的民间信仰管理协会，帮助宗教部门解决许多问题，评价颇高。但是从政治上考量，有可能形成新的一股社会势力，难以掌控。

⑥ 挂靠佛、道教协会管理模式：民间信仰本身难以界定，更不论分清其佛、道的归属，一些效益好的宫庙就容易引发佛、道之争。同时，民间信仰挂靠佛、道协会，会造成本身民间信仰文化的改变，被佛、道同化。

⑦ 老人会是目前基层政权承认的"合法性团体"，能够被政府认可，间接管理村落民间信仰。

第三章

漳州民间信仰宫庙管理

第一节 漳州民间信仰宫庙管理概况

漳州是福建民间信仰盛行的地区之一，据2013年不完全统计，有宫庙4300多间，所祀神明主神约有500种。在宫庙管理方面，历史上主要有三种管理方式：一是由一个家族或数个家族推举"头家"管理；二是请出家和尚或道士主持并管理；三是由某个机构代为管理。如有近千年历史的天宝路边威惠庙由韩氏家族管理；海澄山后红滚庙由黄、刘、宋三姓家族轮流管理；龙海榜山凤山岳庙则由陈、柯、李、高、黄五姓家族合作管理，并在五姓家族中推举出"头家"进行管理；平和三平寺从创建至清代，一直由住持僧人管理。

改革开放以来，随着漳州民间信仰的恢复和发展，漳州市政府也把民间信仰事务纳入其重要的工作职责中，成立民间信仰工作科，签订"漳州市宗教工作目标管理责任书"，明确乡、镇（场）、街道办事处对当地民间信仰活动负直接管理责任。市宗教局和市台办还联合制定了《对台交流重点寺庙、宫庙工作制度》文件，要求这些寺庙、庙宇建立管理机构、健全管理制度、加强业务学习、制作宣传材料、加强基础设施建设、树立良好社会形象、及时联络沟通[1]。

1994年，龙海市宗教部门就开始选择有代表性的民间庙宇进行试点管理，给管理比较规范的庙宇颁发"民间信仰活动许可证"，并且成立

---

[1] 漳州市民族与宗教事务局、漳州市人民政府台湾事务办公室：《漳州市对台交流重点寺庙、工作制度》，2009年3月。

"宫庙管理小组"（道协的前身），制定《宫庙活动六准、六不准》的规定。六准：一切宫庙活动必须在宫庙场所之内进行；信徒奉献及香油钱归宫庙集体所有；宫庙的维修改建必须报宗教部门批准；宫庙积累的资金大部分要用于公益事业；宫庙管理人员基本上是义务的；宫庙的活动要与社会主义相适应，要遵守政府的有关法规。六不准：不准上街抬神游神；不准乱摊派；不准利用宫庙搞宗派活动；不准个人称王称霸，重要事项须报宗教局及宫庙管理小组批准；不准请外地或无组织的道士主持宗教活动；不准请巫婆神汉装神弄鬼、敛财谋利[1]。

为了贯彻福建省民族与宗教事务厅发出的《福建省民间信仰活动场所联系点管理工作实施意见》（试行），漳州市选择了芗城德进宫、漳浦威惠庙、云霄威惠庙、诏安东岳庙、天宝玉尊宫、平和三平寺、芗城下沙齐天宫、龙文檀林威惠庙、林下圆通堂、东山前何威惠庙、南靖岱房庵、长泰城隍庙以及长泰正顺庙这13所宫庙作为联系点，并进行试点工作。

2007年，漳州在道教场所较少的诏安、云霄两个县试点成立县级民间信仰协会，弥补政府宗教部门管理力量薄弱的不足。民间信仰协会负责制定场所活动管理、财务管理、卫生管理、安全管理和基建管理等五项制度，并下达到纳入管理的民间庙宇执行；每年调研检查庙宇场所的情况，加强教育和宣传国家的法规政策，引导庙宇参与公益慈善事业，发挥对台交流的民间优势等。

漳州市芗城区在旧城改造中，尝试对民间信仰活动场所进行集中式的拆迁安置。其一，多庙合一，在丹霞北路改造中，对四座拆迁庙宇进行立项规划，既节省空间又方便管理，并且逐渐成为城市的旅游点；其二，集中安置，对片区较为分散的民间庙宇进行统一安置，形成某个大型庙宇为中心，周围其他小庙环绕的民间信仰区；其三，建设民俗文化村[2]。这些城市改造中针对民间庙宇的安置办法，尽管尚未能做到"文化优先"原则，坚持规划为庙宇让位，改变了地方信仰民俗文化的原有历史文化空间，但仍然给了地方信仰载体应有的文化尊重，应该是一种社会的进步。

---

[1] 漳州市政协社会法制办：《关于漳州市民间信仰管理情况的视察报告》，2002年5月17日，第3页。

[2] 孟庆丰：《旧城改造中宫庙安置方式初探》，《福建宗教》2007年第1期，第39页。

第二节　平和县三平寺管理沿革

三平寺位于漳州市平和县文峰镇三平村境内。为晚唐高僧释义中禅师于咸通七年所创建，迄今已有一千多年的历史。寺内主祀义中禅师，敕号广济大师，俗称三平祖师公。三平寺址处于岩谷深邃、结曲奇危的三平峡谷，坐北朝南，北靠狮头峰山脉，西邻九层岩。依山而筑，寺庙前低后高，结构匀称，寺之前方一箭之遥有一其状如龟的小山丘，谓上水龟，与寺之下水蛇南北呼应，相映成趣。寺为三进三开间的古朴殿宇。结构精致严谨，体现出中国传统纵轴式建筑风格，主体建筑面积3000平方米，在中轴线上依次为天王殿（半殿）、大雄宝殿、祖殿、塔殿。

三平寺天王殿殿门上的匾额"三平寺"为赵朴初居士所题。

一进大雄宝殿。面宽五间、单檐、歇山顶。两侧为二层的钟鼓楼，钟楼里置有一口一千多斤的大钟，其声洪亮清远，鼓楼里有大鼓。节日，钟鼓齐鸣，庄严肃穆。殿前埕中铸有一个一吨多重的万年宝鼎及一对栩栩如生的石狮。大雄宝殿内，供有三宝佛及十八罗汉金身塑像。左右单间供奉着伽蓝爷和开漳圣王陈元光夫妇的座像。

二进祖庙（广济大师殿舍）。面宽三间，堂中奉祀广济大师金身塑像，边立四位青面獠牙侍者公。殿舍左边单间为伽蓝爷斋堂，左单间为地藏王殿。

三进塔殿。它的基座高于二进祖殿两米余，两侧设台阶通往殿堂。殿为正方形，面积有200平方米左右。殿正中屋顶藻井谓蜘蛛结网八卦井，结构精巧。殿内有一石龛，当中端坐广济大师塑像，龛边对联曰"法大无边龙虎伏，道高有象鬼神惊"，龛后左边供有义中禅师的师父石巩、慧藏禅师，右边供奉着有功于三平寺的乡贤宋吏部尚书颜颐仲和明南京吏部尚书潘荣像。塔殿后面有一石刻佛像，谓之石公。

相传三平寺为蛇穴宝地，三殿之中轴线左右曲进，从后山俯瞰，有游蛇动感之美，整座建筑突出了三平寺中轴转动、蜘蛛结网、八卦门拱、雕龙饰凤、鬼斧神工之特色。

三平寺内有药签，也有卜事签，各有75首。抽签是占卜的一种形式，在民间广泛流行。三平寺的签诗内容多抽象含蓄，可作多种解释，中上签比例高达89%，故三平寺的香火旺盛。每年节庆活动及春节期间，三平寺游人云集。每年正月初六（祖师公出生之日）、六月初六（出家纪念日）、十一月初六（祖师公圆寂之日），三平寺均有隆重的庙会和祭祀活动，春节期间，还有一部分海内外信士前来参香礼拜，谓之与祖师公一起过年。三平寺祖师公信俗，具有浓厚的闽南民间宗教信仰文化特色。

一 管理机构

据《三平史考》（厦门大学颜亚玉著）载，宋元时期，三平寺属"十方住持院"，即由郡一级的地方长官出面，聘请各方著名僧人担任寺院住持。到了明清，三平寺仍是"十方住持院"，但其住持的继承，已改为师徒关系，即依法系相传，称"传法丛林"。

三平寺主持僧人录

三平寺无寺志，历代主持、僧人未详。兹将见载于史志及碑文者，考录于下。

唐

义中（略）。

宋

云岳 生卒年未详。曾于崇宁元年（1102年）奉命主持三平，至时见碑文缺坏，乃命工镂板以修。其修碑题识题于大观四年（1110年），可见其住三平，至少九载。

元

如璧 生卒年未详。锦桐僧。于大德元年（1297年）游三平，并奉命住持。至时见三平院宇倾颓，碑文烂坏，即有重修之意。次年，得温陵兄弟相助，令工解碑。三年，新碑修成。其为住持，大德元年至三年见在任。

庐云 生卒年未详。曾于天历庚午年（1330年）住三平，并为九层岩立石碑。残碑尚存。

明

古心 生卒年未详。弘治十五年（1502年）前曾为三平住持。

见三平寺碑坏，遂于弘治十五年，以退居住持身份募缘重立。

定祥　生卒年未详。弘治十五年前曾为三平住持，具体年代可能在古心任职之后。弘治十五年，以退居住持身份，与古心同修三平寺碑。

永原　生卒年未详。曾为三平寺住持，万历二年（1574年）见在任。

宗珍　生卒年未详。万历三十五年（1607年）修王讽碑时，为三平住持，题名于《行录》碑上。此次修碑，将木碑改为石碑，使《行录》得以流传至今，功绩不可磨灭。

道钦　生卒年未详。万历三十五年修碑时督工。

清

又庆　生卒年未详。康熙年间，三平寺"升平既久，众教寝衰"，僧徒"衣丰食廪"，"不知佛法为何物"，后寺宇颠倾，又庆禅师募修，并置田六十亩，康熙二十八年《重兴三平寺碑记》称"宗风赖以不坠者，盖庆师之力居多"。

木音　生卒年未详。为又庆禅师法嗣。继主法席之后，又募修三平寺。碑称"鸠工半载，而佛殿、祖堂、山门相继大新"。

道生　生卒年未详。参与康熙二十八年（1689年）修寺，题名碑上。

真通　生卒年未详。康熙二十八年修寺时，为主持。事成，刘勃撰碑，真通立石，以传后世。

昌茂　生卒年未详。雍正年间三平寺僧。八年（1730年），与乡人林振朝等广募众施，修三平石路，为三平乡人及游客提供了便利。

如兰　生卒年未详。雍正年间三平寺僧。与昌茂等人一同募修三平石路。

啟寅　生卒年未详。乾隆二十三年（1758年）《重兴三平寺碑记》称他为"嫡派住僧"，曾募修塔殿、山门及东西四十余舍。

绳其　生卒年未详。碑称"住席僧"。乾隆四十二年（1777年）募兴中殿。

万川　生卒年未详。乾隆四十二年监院，与绳其一同募兴中殿。

汉月　生卒年未详。乾隆四十九年（1784年）以"丁房住席僧"的身份，募修三平寺。

仰山　生卒年未详。乾隆四十九年监院，与汉月一同募修三平寺。

　　亦宽　生卒年未详。嘉庆十一年（1806年），住持见在任。是年修三平寺，亦宽与梵□等"同募化立石"。

　　梵□　生卒年未详。曾为三平寺住持。嘉庆十一年修寺时，与亦宽等人"同募化立石"。

　　五絃　生卒年未详。嘉庆二十三年（1818年）募修塔殿并义坛，署名"啟寅元孙"。又寺中殿西有一小碑，题为道光六年（1826年）僧五絃立启。道光六年离嘉庆二十三年仅八年，疑二碑所指同为一人。据道光六年碑云，五絃"自幼出家，俗无兄弟"。

　　性慕　生卒年未详。嘉庆年间三平寺僧，啟寅裔孙。与五絃等同募修塔殿并义坛。

　　性良　生卒年未详，嘉庆年间三平僧，啟寅裔孙。与五絃等同募修塔殿并义坛。

　　逊莲　生卒年未详。咸丰三年（1853年）三平寺重修石桥，逊莲立石以纪。题名"本山持僧"。

　　绍麟　生卒年未详。咸丰三年重修石桥时与逊莲同为立石，称逊莲之"徒"。

　　发　生卒年未详。同治九年（1870年）为"下房住持"。

　　见修　生卒年未详。①

1932年前后为三平寺住持。

民国27年（1938年）重建三平寺时，三坪村开始成立掌事会，负责寺庙的修建管理工作。

1951年土地改革，三平寺列为三坪乡公产，由乡公所负责管理。1955年，三平寺由三坪高级社管理。1959年冬，文峰公社成立三平寺管理委员会（刻公章一枚），负责管理三平寺。1963年，三平寺下放给三坪大队管理。1978年12月后，文峰公社和三坪大队共同管理三平寺。

1980年3月，平和县成立平和县三平旅游业管理委员会（表7-2），正式接管三平寺。当时确定，管委会为县、社（文峰公社）、大队（三坪大队）三级联办的独立核算的事业单位。

---

　　① 颜亚玉：《三平史考》，厦门大学出版社1995年版，第165—168页。

表7-2　　　　　　　　　　历任领导人员名表

职务	姓名	任职时间	备注
管委会主任	曾宪森	1980年3月—1984年7月	县委常委兼
管委会主任	张日	1984年7月—1986年7月	
		1986年7月—1993年6月	县旅游局副局长兼
		1993年6月—1999年1月	县旅游局副局长（正科）兼
		1999年1月—2003年7月	县政协副主席兼
管委会主任	卢振海	2003年1月—至今	县政协副主席兼
管委会副主任	赖九清	1980年3月—1995年7月	
管委会副主任	叶国华	1984年7月—1986年7月	
管委会副主任	叶振海	1987年1月—1991年6月	文峰乡副乡长兼
管委会副主任	林元宝	1987年1月—1993年6月	三坪村村长兼
管委会副主任	林长弓	1988年12月—1993年6月	
		1993年6月—1998年4月	副科级
		1998年4月—2004年3月	县旅游局副局长（正科）兼
		2004年3月—2007年8月	正科级
管委会副主任	林亚贞	1995年7月—2002年8月	副科级
管委会副主任	黄丰茂	2006年12月—至今	正科级
办公室主任	黄启文	2007年8月—至今	副科级
财务部主任	周建阳	2007年8月—至今	副科级
宗教事务部主任	罗中成	2007年8月—至今	副科级
规划建设部主任	吴伟民	2007年8月—至今	副科级
策划企管部主任	黄振平	2007年8月—至今	副科级
保安部主任	林锦山	2007年8月—至今	副科级

　　1986年12月，三平旅游业管理委员会更名为三平风景区管理委员会，管委会下设办公室、塔殿组、大门组、保卫组、后勤组、卫生组、食堂组、旅社组等，分别负责三平风景区的日常管理、服务工作。

　　1995年，县政府成立平和县三平旅游开发总公司，管辖三平风景区管委会。1999年7月，总公司解体，三平风景区管委会恢复独立管理职能。

　　2003年3月25日，经省委编制委员会批准，平和县三平风景区管理委员会定为副处级事业单位。

2004年，景区管委会下设办公室、财务科、寺庙管理科、规划建设科、企业管理科、保卫科等行政管理机构，以及塔殿组、二殿组、大殿组、大门组、环卫组、旅社组、护林组、百果园公司、广济园公司、仰圣山庄公司、三平旅行社等业务机构。

2005年4月6日，经漳州市委机构编制委员会核定，景区管委会下设"一室五部"副科级行政管理机构，即办公室、财务部、宗教事务部、规划建设部、策划企管部和保安部。

二 管理人员

民国前，三平寺的管理人员为住持与僧人，僧人多时有五六十人，另有解签人员若干名。

民国年间，三平寺管理人员有四部分：一是庙祝（俗称"庵公"）若干人，负责寺内祭祀（添油、点灯、点香等）；二是掌事（俗称"头家"）1人（须经掷杯确定），担任寺庙管理的总负责人；三是服务人员（俗称"水脚"），平时数人，春节旺季期间临时聘请，多达数十人，负责管理旅社和办理膳食；四是解签人员，系按祖传固定桌位，有18至24人。

解放初期，进行土地改革，破除迷信，禁止群众到寺庙朝拜，三平寺虽然收归集体，但无专人管理。1959年，文峰公社成立三平寺管理委员会后，正式派公社干部和抽调大队干部计七八人，驻寺院管理，分别担任会计、出纳、保管、总务和旅社、食堂管理人员。春节旺季临时增加管理人员，多达五六十人。另有聘请解签人员，平时七八人，旺季增到二三十人。

1978年后，文峰公社和三坪大队共同管理期间，公社和大队抽调干部和半脱产干部10多人驻寺庙管理，分别担任会计、出纳、保管、总务、保卫等；还有临时工20多人，分别当旅社、食堂管理人员和解签人员，旺季增聘临时工三四十人。

1980年县成立三平旅游业（后为三平风景区）管理委员会后，由县组织部门和劳动人事部门统一调配景区管理人员。1986年，景区管委会员工共计82人。其中国家干部6人、全民职工5人、集体职工27人、计划内临时工6人、自聘工38人。退休1人。

1995年，景区管委会员工共120人。其中国家干部7人、全民职工21人、集体职工30人、合同工5人、计划内临时工55人、自聘工2人。退休13人。

1998年，景区管委会员工共148人。其中国家干部11人、全民职工25人、集体职工30人、合同工7人、计划内临时工52人、自聘工23人。退休13人。

2004年年初按上级文件规定，清退自聘工46人，并将景区下属部分餐厅承包经营，景区员工共158人。其中国家干部21人（含借用干部6人）、全民职工35人、集体职工24人、合同工11人、计划内临时工51人、季节工16人。退休24人。

2007年，景区员工180人。其中国家干部23人、全民职工31人、集体职工19人、合同工14人、计划内临时工51人、季节工42人。退休28人。

每年春节旺季，因游客香客骤增，工作量增大，为做好接待服务工作，景区管委会聘请季节工二百多人。

三　管理办法

1. 修缮寺院，建设景区

古刹三平寺久历沧桑，饱经风雨，能够保存下来，全赖历代民众对祖师公的信仰，寺院屡坏屡修。宋元间，三平寺两次重修院宇，两次重修木碑。明清间，三平寺重修次数频繁，见载记录者修寺7次，修碑2次，修路1次。历次的修缮，多数由寺的住持和僧人主持，"广募众施"。

民国24年（1935年），三平寺被国民党军队烧毁。民国27年（1938年）开始重建，由三坪村群众推举掌事和理事数人主持，向各地募捐筹措资金，群众自动献工献料，历时十载，使三平寺重现原貌。当时因资金有限，所建殿宇比较简陋。

解放初期，破除迷信，尤其是"文化大革命"中破"四旧"，致三平寺残破不堪。1980年起，县政府把三平寺列为重要的文物保护单位，并以三平寺为中心，开辟宗教旅游胜地，对三平寺和三平景点实行统一管理和建设。聘请上海园林设计院，对景区进行总体规划。在海内外信众、企业家、友好人士的踊跃捐资支持下，1980年至1999年，耗资8000多万元，先后6次征地计11.3多公顷，对三平寺和景点进行全面整修和扩建。重新修建三平寺的塔殿、大雄宝殿、祖殿、地藏王殿、监斋爷殿、两侧画廊，新建侍郎亭、放生池、广济园、迎客园、"佛"字碑、九龙照壁等。同时，对景区的水、电、路，以及通信、商贸、食宿等基础设施和服务设施，进行配套建设。此后，逐年不断对寺院和景点进行修葺、建设。

2004年开始，景区管委会开展创建国家AAAA级旅游区工作。漳州市委、市政府和省、市旅游局的领导，多次莅临景区指导创建工作。县委、县政府加强组织领导，成立了以县长林忠为组长，副县长侯为东、县政协副主席、三平风景区管委会主任卢振海为副组长，县政府办、县委宣传部、县旅游局、县公安局、县计划局、县工商局、县建设局、县交通局、县环保局、三平风景区管委会等21个单位主要领导为成员的创建国家AAAA级旅游区领导小组。多次召开全县有关创建工作的成员单位动员大会。县委、县政府主要领导多次到景区现场办公。景区管委会制定了创建工作的实施方案和细则，并邀请有关专家前来实地规划指导。2004年至2005年，共投入831万元，对三平寺和景点进行全方位修建，扩大中心景区范围，完善基础设施。寺庙铺设大理石地面，各殿之间增设石栏杆，制作铜香炉和功德箱，新建长50米、宽3米的亭廊式鞭炮燃放场，改建寿金炉，兴建三平广场新大门，开辟占地面积2万平方米的生态停车场，重建"虎爬泉"景点，重新种植部分树木和草皮，绿化景区。2005年12月，荣获漳州市绿化委员会、漳州市人事局授予的"绿化先进单位"。12月22日，经全国旅游区（点）质量评定委员会验收评定，三平风景区正式成为国家AAAA级旅游区。2006年4月被福建省绿化委员会授予"省级花园式单位"。是年，景区管委会又聘请厦门规划设计专家，多次对中心景区进行实地规划设计，巩固国家AAAA级旅游区的创建成效。按照规划设计，2006年和2007年，投入2074多万元，先后增建了"尚书阁"和"广济潭水上观音"朝圣区，新造祖师公汉白玉雕像和一批铜制的供桌，雕制树立两根石经幢和两只大石象，新种风景树2000多棵，绿化草皮1000多平方米。又投入上千万元，对文峰桥头至三平寺的长14公里专线道路，重新铺设水泥路面，进一步完善景区的基础设施。根据国家AAAA级旅游区的要求，从2005年起，每两年定做一次员工制服，使景区员工的精神面貌焕然一新。

2006年5月至7月，景区连续遭受1号台风"珍珠"、4号台风"碧利斯"、5号台风"格美"的影响，景区水、电、路等设施受到严重破坏，造成直接损失700多万元。其中：5月17日，受1号台风"珍珠"影响，三平风景区降雨量达516毫米，员工宿舍区的溪水涨至桥面；广济潭水涨至九曲桥，从龟蛇坝涌向景区大门，祖师公汉白玉雕像前的洪水淹至人膝盖，贵宾接待室、游客中心、三平风景区商场、广场餐厅都被淹，整个三平广场被洪水淹没。强降雨对景区至文峰桥头14公里旅游交通线路造成严重损害，路面山体滑坡及路基塌方多达60多处，总土石方量达12000多立方米，大的塌方处，一处的土石方量就达2000多立方米，损坏路面达6公里长。景区领导班子把灾后自救工作作为当时最重要的一件工作来抓，及时成立以景区管委会主任卢振海为总指挥的"抢修三平旅游专线道路工程指挥部"，迅速修复毁坏路段。此外，景区管委会还及时制定《平和县三平风景区防汛抗洪抢险应急预案》，把4号台风、5号台风造成的损失降到最低限度。

2. 提高员工素质

景区管委会同和党支部重视加强员工的政治思想工作，不断进行爱岗敬业的教育，提高员工的职业道德水平。1995年以来，组织员工响应县委、县政府的号召，积极投入"创文明行业，建满意窗口"竞赛活动，引导全体员工，特别是要求党员、干部带好头，做到遵纪守法，廉洁奉公，文明礼貌待客。1998年和2000年，景区管委会先后被县委、县政府评为首届和第二届"创文明行业，建满意窗口"竞赛先进单位，第七届县级文明单位。2002年和2003年，景区管委会先后被漳州市委、市政府评为第二届、第三届全市文明行业先进单位。2004年以来，为适应创建国家AAAA级旅游区的要求，景区管委会与每一位员工签订一份廉洁自律的责任状，在员工中深入开展爱祖国、爱三平、爱旅游、讲道德的"三爱一讲"教育，在各旅游点开展优美环境、优良秩序、优质服务、让旅客满意的"三优一满意"活动；2005年12月，景区管委会荣获漳州市委、市政府授予第九届市级文明单位称号；2006年3月被漳州市人民政府授予2004—2005年度漳州市旅游工作"先进单位"。根据漳州市文明委〔2006〕9号文件精神，组织全体员工积极参与评选漳州市首届行业"星级示范窗口"单位活动，促使员工提高服务质量。

在加强思想教育的同时，认真抓好员工的职业培训，提高员工的服务水平。景区管委会每年组织员工到省、市参加岗位培训和技术等级考评。

1997年，有12人被评为高级工、9人被评为中级工、8人被评为初级工。2006年，有7人被评为高级工、7人被评为中级工、2人被评为初级工。2007年，有9人被评为高级工、5人被评为中级工。景区管委会还采取"请进来"的办法，于2003年10月、2004年4月，聘请大中专学校的老师、教授和县委党校、县文明办领导到三平风景区，举办4期的旅游知识和职业道德培训班；2005年5月，聘请中国方圆认证集团福建分中心的专家来景区，举办ISO 9001和ISO 14001培训班，按照国标质量管理体系和环境管理体系标准，对全体员工进行培训，全面提高员工的文化素质和服务水平。

3. 建立规章制度

景区管委会成立后，组织干部先后到北京、上海、四川、江苏、广东等地参观学习，吸取各地先进科学管理的经验，结合本地的实际，多次修订《三平风景区内部管理制度》。根据景区24小时对外开放的需要，建立值班制度和考勤制度，实行工资与工勤挂钩制度和奖罚制度。对寺庙的添油箱，平时都安上三把锁，分开管理，规定每次必须三把钥匙"一齐到位"才能开箱。算添油钱时，必须几位领导干部现场监督，当场点票记账。还规定，任何人不准向游客、香客索取款和物。凡是游客、香客捐赠的款和物，无论多少一律归公，违者给予严肃处理。

2004年，为了创建国家AAAA级旅游区，管委会先后完善六项制度，建立三项激励机制，更好地规范景区管理，调动员工积极性。完善"六项制度"：一是完善《三平风景区内部管理规章制度》，从员工的上下班、请假、福利待遇、车辆管理、宾客招待、出差补贴、电话费用等都作了明确规定；二是制定接待单制度，规范大门检票验票行为；三是制定商品进出仓制度，加强商品销售管理；四是完善《三平风景区财务制度》，实行政务公开，按月上墙公布收支情况及重大决策；五是完善轮岗、查岗制度，加强纪律监督；六是制定奖罚制度，年终考评。建立"三项激励机制"：一是商品销售激励机制；二是门票收入激励机制；三是保卫人员办案激励机制。此外，对管委会的下属企业进行改制，实行承包经营，促进增收节支。

4. 营造和谐环境

过去，三坪村民存在着"靠祖师公，吃祖师公"的思想，有些人沿途伸手向游客香客讨钱，影响并招徕两省十几个县的乞丐前来乞讨，甚至出现强卖祖师公香火袋等现象，游客、香客非常反感。1987年开始，县委、县政府采取措施，组织县公安局、文峰镇政府、三坪村委会和景区管委会四家力量，密切配合，一方面召开村民会议进行文明礼貌的宣传教育；一方面组织人员沿路巡视，劝说和制止乞讨、强卖行为。对个别情节恶劣者，依法给予严肃处理。经过持续一两年的治理，有效地刹住了"乞讨风"和强卖行为，使三平寺秩序井然，得到游客、香客好评。

景区管委会始终把旅游安全作为一项中心工作来抓。成立安全保卫科，配备专职保卫人员，文峰派出所也在景区设立警务室。各殿室和商店、宾馆，都配备消防措施。景区还设立医疗室和救援电话。倡导全体员工做到"想客人之所想，急客人之所急，帮客人之所需，解客人之所难"。1997年正月初二，香港皇家警察林某到三平风景区旅游朝圣，警察证件及钱包被外来惯偷盗走了，心情万分焦急。景区管委会接到报警后，立即向县领导和公安部门报警。在县公安局和景区保卫人员的认真侦查下，很快就破获此案，及时把警察证件和被盗款项如数送还失主。林某特意为景区送来一面题为"热心相助，爱心永存"的锦旗。2004年以来，管委会在主要景点和交通要道安装了闭路监控设备，加强了防盗管理。为了提高旅游区安全救助能力，管委会先后制定《高峰期游客安全处置预案》《消防灭火预案》等一系列安全防范制度，定人定时对景区进行安全巡查。在景区的危险地段，都设有醒目的安全警告标识，同时设置安全护栏，提高旅游区的安全性。景区管委会连续多年被漳州市委、市政府评为安全生产先进单位。

景区管委会坚持以游客满意为标准，不断完善服务设施，为游客营造方便舒适、整洁卫生的旅游环境。1995年以来，在景区主要景点设有观景台、休息廊、休息椅。特别是2004年以来，设计安装了导游全景图、景物介绍牌、引导标识图等共161块，所有标识有中英文对照。景区建立垃圾中转站，设置150个垃圾箱，配备30名环卫人员，坚持天天打扫环境卫生，并定期进行冲洗。建设旅游达标公厕5座、60个蹲位，均为冲水式，并设计残疾人专用厕位。景区餐饮业配备消毒器械，坚持日日清毒。为了防止水质污染，采用雨、污水分流制的方法建好排水设施，其中污水采用经污水管网输送，作为森林和农田的灌溉用水。生活给水管网，以枝状管网为主，分区分散布置。经有关部门的监测，景区的水质达到国家规定的卫生标准。

5. 分配经济收入

民国期间，三平寺的收入，除"过炉礼金"归和尚外，其他收入归掌事管理。寺庙的各项开支、节日活动、聘请戏班演出等，由掌事安排和支付费用。三平寺历史遗留下来的寺田，至民国年间尚有 30 亩左右，归村有公田（又称"上元田"）。其出租的收入，由掌事管理，主要用于农历正月十二日、十四日和十五日，为三坪村做"上元日"购买敬奉物品，及办理全村群众的聚餐。

1959 年文峰公社接管三平寺后，"添油钱""题缘"款、旅社和食堂的收入等归公社管理。解签人员的收入，按桌位核定上缴任务。"添油钱"采取"逢月半"由公社派员开箱清点记账，现金统一存入信用社。香客的捐款，由专人统一登记造册。寺庙的收入，除支付聘请人员的工资补贴、日常费用和上缴税收外，剩余均上缴公社财政。

1978 年冬，文峰公社和三坪大队共同管理三平寺后，寺庙的各种收入，扣除支付管理人员的工资补贴、日常费用、上缴税收以外，按"四六开"分红，即三坪大队分 40%，文峰公社分 60%。

1980 年 3 月三平寺收归县政府管理后，其经济收入归县财政管理。4 月开始设立门票收入。

为了提高经济效益，促进景区旅游事业的发展，经县政府研究决定，从 1995 年起，对景区实行承包经营责任制。营业收入除固定上缴后，则留归景区管委会作为事业发展基金（包括人员经费、公用经费等），福利基金和奖励基金。"题缘"款收入不参与上缴，由景区管委会专款用于基本建设。1999 年，在 1995 年承包经营责任制的基础上进一步细化，对上缴办法、发展基金、福利基金、奖励基金、费用支出等方面都作出了具体规定。

从 2002 年 1 月 1 日起，县政府决定，三平寺门票由县财政实行单列管理、资金专户存储，其他项目的收入按照原规定，仍归景区管委会管理、支配。

第三节　平和县山格慈惠宫管理沿革

山格慈惠宫，即山格大众爷公庙，址在福建省漳州市平和县山格镇山格圩米市街东端，背靠山格山（侯山），面朝九龙江西溪上游花山溪。慈惠宫原名马溪岩，又名观音亭，自北宋初年（公元960年）创建以来，经历了三毁三建，至今仍保存着历史价值丰富的文物。

慈惠宫坐北朝南，主体建筑为二进宫庙，包括：前殿、天井、左右过水廊房、正殿以及侧殿，保持着明清时期闽南传统建筑的风格。附属组群建筑有二层厢房、慈惠楼、四层后落楼房、两亭一阁、左右碑廊、剧场、文化中心、宫前大埕等，占地面积4312平方米，总建筑面积2571平方米。

山格慈惠宫主祀"大众爷公"，兼祀"众公妈"。时至2006年前，尚有人认为，主祀神是保生大帝或其他神明。经山格慈惠宫管委会联络、邀请，漳州市历史学会于2006年7月组织举办了"戚继光与山格大众爷文化学术研讨会"。来自厦门大学、泉州师范学院、漳州师范学院等学术单位的30多名专家、学者向大会提交论文20余篇，从各个学术角度论证了山格大众爷公是戚继光的化神，慈惠宫是漳州地区唯一祭祀明代抗倭烈士的宗教活动场所。明代，倭寇扰乱我国沿海，漳州一带亦遭倭患，总兵戚继光率军剿灭之，百姓得以保安。为感激戚将军的恩德以及纪念剿倭阵亡将士，人们便在庙中四时祭祀，这就是"大众爷"和"众公妈"的由来。然而，不论慈惠宫所奉祀的"大众爷"是戚继光还是为抗倭而阵亡的将士，民众将"大众爷"作为保护神，世世代代朝拜不息，正是反映了民众盼望国泰民安的心理，同时亦表达了对抵抗外来侵扰的英雄的崇敬。

每年的农历七月十九日是这里的庙会，俗称"大众爷生日"，实为大众爷神像入坛进火日。整个庙会活动包括"迎猪公""灵龟归庙""撒孤米""乞龟祈福""做醮""结彩棚""演戏酬神""大鼓凉伞踩街"等一系列民俗活动，吸引来自海峡两岸的游客和信众前来参与。山格慈惠宫香火兴旺，并分香至漳州各地甚至台湾地区。每年，各地的大众爷公庙都会组织香阵前来参加大众爷公诞的庙会活动，平日也有许多香客前来进香。一年四季，香客盈门，络绎不绝。

作为闽南侨乡著名的古迹之一，山格慈惠宫承载了丰富的文化内涵，先后被列为县级文物保护单位和省级涉台文物保护单位。山格慈惠宫戚家军祭祀仪式（漳台乞龟民俗）还于2007年被漳州市人民政府列入第二批非物质文化遗产名录，又于2009年被确认为第三批福建省非物质文化遗产。而今，山格慈惠宫日益成为集宗教文化活动、旅游观光、海内外联谊、休闲娱乐于一体的胜地。正是：

"慈心安居吉庙，家家朝拜为谢神恩；惠意定座祥宫，户户敬仰乃颂名德"。

一　管理机构

1. 山格大众爷二十会

山格大众爷二十会为山格慈惠宫最早的管理机构，系由山格地区的吴姓民众自发建立，且为世袭制的组织。相传明万历年间，在观音亭雕神奉祀"大众爷"后，山格乌石一带20名吴姓人家则商定成立二十会，负责给"大众爷"洗面、更换衣服、奉侍香火等。同时，确定四人负责征收和管理"香火田"的田租。每年的庙会活动，也由二十会和当地政府共同负责组织、接待等工作。从此，二十会由20名吴姓人家一代传一代，一直延续至今。现二十会仍配合慈惠宫管委会，参与日常事务和庙会活动的管理，以及财务管理工作。

民国时期，山格大众爷二十会成员是：

吴狗母 吴水情 吴老名 吴永泉 吴朝良

吴天发 吴九连 吴火龙 吴湘国 吴枝桃

吴竹林 吴酒 吴龟 吴歹 吴凿

吴成 吴辫 吴操 吴友梅 吴草蜢

2. 兴建慈惠宫（小庙）领导小组

1984年为了兴建山格慈惠宫（小庙），经过二十会成员的酝酿讨论，推荐九位信士组成领导小组，负责筹建小庙。经大众爷公明杯同意，领导小组成员组成如下：

组长：吴英文（山格村）　朱荣茂（山格村）

副组长：吴国良（山格村）　曾庆良（山格村）

成员：吴桂奇（山格村）　吴火林（新陂村）

吴火瑞（新陂村）　吴兆福（山格村）

吴海水（山格村）

3. 1984—1988年山格慈惠宫（小庙）理事会

1984年山格慈惠宫（小庙）建成后，经二十会和原兴建领导小组共同研究，决定成立理事会，负责小庙的日常管理、庙会活动的组织安排等

工作。主要负责人为吴英文、吴国良、曾庆良、吴海水等。理事会组成人员如下：（按姓氏笔画排列）

李火林（内林村）、吴英文（山格村）、吴国良（山格村）、
吴海水（山格村）、吴文贵（山格村）、吴水宽（旧县新店）、
吴成涛（山格村）、吴水情（山格村）、吴九斗（山格村）、
吴应（山格村）、吴丙生（山格村）、吴清水（山格村）、
吴丙丁（山格村）、吴其水（山格村）、吴茂东（山格村）、
吴可武（山格村）、吴澄海（山格村）、吴豸巴（山格村）、
吴金来（新陂村）、吴海土（新陂村）、吴水圳（新陂村）、
张竹林（白楼村）、曾庆良（山格村）、曾金銮（山格村）、
蔡主顾（隆庆村）

4. 重建山格慈惠宫领导小组

1988 年为了恢复古刹慈惠宫的原貌，经二十会和小庙理事会共同讨论研究，成立重建慈惠宫（大庙）领导小组，负责有关的联系事务、筹集资金、基建等工作。领导小组下设联络组、基建组、财务组等，主要负责人有赖振声、吴英文、曾天民、曾庆良、吴国良、黄文甫等。领导小组成员如下：（按姓氏笔画排列）

朱荣茂（山格村）、李行（白楼村）、吴英文（山格村）、
吴国良（山格村）、吴永成（山格村）、吴国辉（山格村）、
吴丙午（山格村）、吴腾章（山格村）、吴狮（山格村）、
吴文贵（新陂村）、吴火焰（新陂村）、吴金桃（新陂村）、
陈茂云（宝丰村）、陈火林（宝丰村）、林赤金（铜中村）、
林致志（山格村）、黄文甫（山格村）、黄中一（山格村）、
黄林（白楼村）、曾天民（山格村）、曾庆良（山格村）、
曾德威（山格村）、曾向荣（山格村）、曾九溪（新陂村）、
游素丹（山格村）、蔡茂才（厝垱村）、赖振声（小溪）

5. 重建慈惠宫上梁八老

1990 年动工重建慈惠宫期间，因安装大梁的需要，经大众爷公明杯特地挑选八位长辈（俗称八老），负责监督施工，历时 12 天，每天 2 人轮流值班，身穿长衫，服侍香火。

八老为：（按姓氏笔画排列）

吴有才（山格村）、吴柱（山格村）、吴柯（山格村）、

吴开通（新陂村）、吴香水（新陂村）、张金定（白楼村）、
杨乞食（高磜村）、赖振声（小溪）

6. 慈惠宫打庆成理事会

1993年农历十二月初八，举行山格慈惠宫庆成活动。为此，经大众爷公明杯同意，由15人组成打庆成理事会，具体成员为：

会首：张木根（平寨村）

会顶：陈裕顺（山格村）

会副：林溪山（山格村）

头家：（按姓氏笔画排列）

吴清海（山格村）、吴英文（山格村）、吴丙午（山格村）、
吴红霞（新陂村）、张清河（平寨村）、陈九溪（新陂村）、
林枋松（隆庆村）、黄火全（白楼村）、黄水深（高磜村）、
蔡木根（隆庆村）、蔡春木（隆庆村）、赖振声（小溪）

7. 1991—2005年山格大众爷公慈惠宫管委会

1991年慈惠宫重建落成后，为了加强新庙的管理和庙会活动的组织领导，经二十会和重建新庙领导小组讨论研究，正式成立首届山格大众爷公慈惠宫管委会。并通过大众爷公明杯同意管委会成员25名后，进行不记名民主投票选举，确定管委会成员组成如下：

庙主：胡捷允（台胞）

会长：赖振声（原平和县委常委）

副会长：曾天民（山格村）、张清河（平寨村）

主任：吴丙午（山格村）

副主任：吴英文（山格村）

委员：（按姓氏笔画排列）

朱荣生（高磜村）、李火林（内林村）、吴清海（山格村）、
吴国辉（山格村）、吴拥金（山格村）、吴国良（山格村）、
吴金桃（新陂村）、吴森林（新陂村）、吴水宽（旧县新店）、
张荣昌（平寨村）、陈茂云（宝丰村）、陈火茂（宝丰村）、
林亚想（白楼村）、林金山（三美村）、林汉（铜中村）、
林火水（白楼村）、杨大杰（高磜村）、曾九溪（新陂村）、
蔡连生（隆庆村）

8. 2006 年至今山格大众爷公慈惠宫管委会

2006 年 2 月 4 日（农历正月初七日），在慈惠宫会议厅召开二十会、首届管委会成员大会，回顾总结首届管委会的工作成果；并根据社会发展的新形势和慈惠宫事业发展的需要，协商改选、增选管委会成员。通过不记名民主投票选举，确定新一届管委会成员（含后来增补）组成如下：（按姓氏笔画排列）

顾问：曾南湖

名誉会长：吴炳如（原县人大主任）、杨木顺（高碴村）、

胡捷允（台胞）、赖振声（原县委常委）

会长：吴清海（山格村）

常务副会长：曾天民（山格村）

副会长：吴拥金（山格村）、吴英文（山格村）、

吴国辉（山格村）、张清河（平寨村）

常务委员：李火林（内林村）、吴文贵（新陂村）、

　　　　　吴仁德（旧县新店）、吴丙午（山格村）、

　　　　　吴永成（山格村）、林金山（三美村）、

　　　　　黄文甫（山格村）、黄榕城（山格村）

秘书长：吴阿山（山格村）

委员：许兆明（山格村）、朱荣生（高碴村）、

　　　李永福（内林村）、吴木长（山格村）、

　　　吴中文（山格村）、吴可武（山格村）、

　　　吴茂东（山格村）、吴清水（山格村）、

　　　吴金圳（新陂村）、吴金桃（新陂村）、

　　　吴海土（新陂村）、吴海水（山格村）、

　　　吴家要（山格村）、吴森林（新陂村）、

　　　吴锦来（信陂村）、张火茂（白楼村）、

　　　张竹林（白楼村）、张荣昌（平寨村）、

　　　陈茂云（宝丰村）、林丙生（山格村）、

　　　林亚想（白楼村）、杨大杰（高碴村）、

　　　黄火全（白楼村）、曾九溪（新陂村）、

　　　曾向荣（山格村）、曾庆良（山格村）、

　　　曾潮山（山格村）、游素丹（山格村）、

蔡主顾（隆庆村）、蔡素英（旧县新店）、曾清福（山格村）、蔡镇生（铜中村）

二　管理人员

民国及其以前，慈惠宫的日常管理人员为和尚和解签员。据传，清末由释文广（籍贯、生卒不详）主持；民国期间，由和尚吴守坐、吴练、吴龙、赖阿兴等主持。僧人住庙，负责日常的添油点灯、打扫卫生、解签接待等。庙会期间，由二十会成员参与管理、接待。民国时期，每年的庙会，乡公所派一班的警卫人员协助维持秩序。

解放后至1956年，慈惠宫的日常管理人员有吴榜（新陂村）、吴老名（山格村）、吴永泉（山格村）、吴澄海（山格村）、吴蜜（山格村）等，分别负责添油点灯、打扫卫生、解签接待等。庙会期间，仍由二十会成员负责接待工作。1956年后，禁止朝拜活动，庙宇被毁。

1984年兴建小庙后，日常管理人员有吴海水（山格村）、吴澄海（山格村）等，他们日夜值班，负责打扫卫生、解签接待、安全保卫等。同时，管委会和二十会也每天派员参与值班管理。庙会期间，由管委会和二十会负责组织接待。

1991年重建慈惠宫后，规模扩大，香客日增，工作量大，为加强日常管理工作，聘用3人驻庙日夜值班，每月由管委会发给一定的生活补贴。同时，管委会和二十会也每天派员参与值班管理。特别是庙会期间，夜以继日，四面八方香客纷至沓来，庙里按传统惯例为香客免费提供斋饭5天，故临时聘请一大批服务管理人员，包括接待人员、收款登记人员、解签人员、保卫人员、清炉人员、后勤人员等，人数多达二三百人。根据日夜活动需要，实行"三班制"轮流工作。这些服务管理人员，都是怀着虔诚之心的义务志愿者。

三　财务管理

民国及其以前，慈惠宫的经济收入：一是"香火田"的田租；二是庙会期间香客和"香火船"捐献的"许愿金"，俗称"会首钱"；三是平时的"添油钱"。

当时，山格地区（平东乡）设 13 个保，即山格、白楼、柯林、顶溪、隆庆、铜坂（即铜中）、厝美（即三美）、塔前、塔北、平寨、崎陂（即新陂）、旧陂、侯石（即乌石）。各保都置有"香火田"（又称"保公田"），数量一至五亩不等。香火田由农户承包耕耘，视收成情况向庙缴交一定比例的田租（遇有灾害歉收则少交或免交）。山格大众爷二十会每年派四位"头家"（由掷杯确定），负责收缴和管理田租。庙里设有专门仓库存放田租的谷子。每年庙会期间，香客和香火船都自动捐献"会首钱"。一般每人每只船捐 1 元和 2 升大米（俗称"孤米"），大米从市场上临时购买。（届时，山格圩通往慈惠宫的街道两旁，布满出售大米的摊店，故有米市街之称。）二十会派若干人负责收"会首钱"，并开给盖有"山格大众爷公会首"印章的收据。每年收到的田租和"会首钱"，作为庙会活动的经费，特别是用于为香客游客免费供应 5 天的斋饭和庙会活动结束时开斋备办的伙食（农历七月二十日子时开斋）。每年庙会用不完的大米，则捐献给当地同善社，由同善社救济给住在"乞丐营"的流浪者。

由于当时生产力低下，百姓生活贫困，平时进庙朝拜所捐献的"添油钱"仅为少量，故由管庙的和尚收入作为日常管理和生活费用。

解放后，"香火田"不存在了，慈惠宫的经济收入：一是香客平时朝拜捐献的"添油钱"；二是庙会期间，香客捐献的许愿钱，各地分庙、进香团的礼金；三是社会贤达、各界人乐捐善款。

1984 年后，尤其是 1991 年重建慈惠宫落成后，慈惠宫管委会加强财务管理，建立和健全财务管理制度。

（1）配备专职的会计和出纳，聘请有经验、责任心强的曾向荣担任会计、游素丹担任出纳。

（2）在银行开设专门账户，各项收入一律存入银行账户，开支从银行领出。

（3）慈惠宫对外开放，不收门票，香客游客入庙抽签占卜不收费。

（4）凡"添油钱"统一放入功德箱，属捐献善款、礼金则交出纳开具收据。庙里设置"功德箱"（即添油钱箱），安装三门锁，由二十会头家 1 人、理事会成员 1 人和会计分别掌管 1 支钥匙，规定每月 29 日，由其 3 人一同开箱清点金额，统一交出纳开具收据入账，并统一存入银行的账户。

（5）日常开支必须事先征得庙头家（或管委会领导）同意。各项开支凭发票报销,并须有经办人、证明人、庙头家(或管委会领导)等三人的签名方能报销。

(6)重大项目的开支,必须经过管委会集体开会研究决定。

每年庙会期间,各地前来参加的香客、分庙进香团捐献的许愿金、礼金很多。为做好接收工作,管委会临时增配18名财务人员,每天分3班轮流值班,负责收款、登记、开收据。同时,对每位捐资者,回赠一份礼品,内有印大众爷公像符1张、"孤米"1小包和大香1支,寓意愿大众爷公保庇合家平安富贵。属回赠各分庙进香团的礼品,则根据其礼金包含的户数而回赠多少份,做到每户有1份。每年庙会,慈惠宫管委会回赠的礼品达1万多份。

第四节 龙海市凤山岳庙和山后红滚庙管理概况

一 凤山岳庙

原名黄田岳,又名凤山岳,俗名岳岭。位于龙海市榜山、海澄两镇交界的凤山岳岭上。据传始建于南宋淳熙年间,迄今有八百多年历史。主祀五岳大帝,俗称岳帝祖。庙坐西朝东,并列三座各二进,面阔50.95米,进深26.65米,其中主殿面阔五间三门22.55米、进深三间26.65米,殿中有坍墀,总占地面积4000多平方米。主庙后殿乃五岳大帝殿,前殿和坍墀两庑为功德司官速报司和总头伯以及十二生相大夫办案之地。两座配殿:左翼有文昌楼、观音阁、天王殿;右翼有注生娘宫、众神殿。岳庙建设的布局与雕刻精致,是一座巧夺天工的古建筑,甚为巍峨壮观。

据耆老传说,五岳大帝姓名为黄飞虎、崇黑虎、崔英、文聘、蒋雄,分封东、西、北、南、中岳之神。以东岳大帝最为贵,为"东岳泰山天齐仁圣大帝",特敕封五岳之首。故各地多建东岳庙,而龙海凤山岳庙,五岳大帝皆祀奉,可称闽南"五岳独尊"。现庙之正殿有"五岳朝天"巨匾。正殿是五岳大帝并排,其左右两旁是十殿阎罗,还有阎罗手下十二管府官分列,十分威严。昔时里人有事愤争者,不之官,先之岳,即以得慰。庙中还配祀"道、佛、儒"三教所崇拜之神和菩萨。还有:站在五岳帝面前两侧的历代鲜明对比之神像;儒教圣人孔子对幼年博学聪颖项橐；长寿之彭祖对短命（12岁）之甘罗；气盖世而力拔山的楚霸王项羽对无缚鸡之力之汉元帅韩信；巨富大亨石崇对穷无衣遮之韩丹。计庙中供奉之神一百七十多尊，其众神像之多堪称闽南庙宇之最。

农历三月廿四日为凤山岳庙庙会，信众如织。凤山岳庙自明代迄今经多次重修，现存在古碑二十通，弥足珍贵。

1. 宫庙管委会职责

（1）拥护共产党领导，拥护社会主义制度，宣传党和国家有关宗教的政策、法律法规，每月至少组织一次宗教政策、法律法规及时事政治学习。

（2）负责宫庙的日常工作，依法开展正常的教务活动。

（3）制订宫庙年度工作计划，完成上级交给的各项任务。

（4）制定宫庙各项管理制度并监督执行。

（5）依法开展同港澳台及海外道教界的友好往来，促进文化交流，维护世界和平。

（6）爱护宫庙，保护文物古迹，搞好环境卫生和绿化，做好防火、防盗等安全工作。

（7）开展社会慈善公益活动，造福社会，利益人群。

2. 宫庙管理制度

（1）宫庙管理委员会由信徒民主选举产生，每届任期三至五年，可连选连任，若有人事变动应事先报市道教协会主管部门认可备案。

（2）举行较大规模活动应事先提出申请，经主管部门批准后方可举行。

（3）禁止在宫庙内进行各种违背道教教义的活动，不准神汉巫婆到宫庙内装神弄鬼、敛财牟利。

（4）宗教活动要做到"四不"：①不破坏社会的安定稳定；②不损害公民身体健康；③不妨碍国家教育制度；④不受任何境外势力支配。

（5）修建宫庙需经管委会集体研究，并报主管部门审批。

（6）社会人员进宫庙工作，须经宫庙管委会同意。

3. 财务管理制度

（1）宫庙财产（包括捐赠）归集体所有。严格实行"一支笔"审批制度。由宫庙管委会主任负责审批，开支五百元以上需经管委会集体研究同意，方可报支。

（2）财务人员要严格执行国家财经纪律，会计管账不管钱、出纳管钱不管账。

（3）信众捐款要坚持自愿原则，不得摊派。

（4）宫庙的添油箱设三把锁，有专人监督管理，开启添油箱时需三人以上在场，清点现金，开具收据入账，现金要存入合法金融机构。

（5）宫庙收支情况每月要公布一次，并实向主管部门申报。

（6）宫庙资金使用范围：①道仪费用；②修缮宫庙及添置应需用品；③购买日常办公用品；④补贴宫庙管理公务人员旅差费；⑤慈善公益事业。

4. 安全保卫制度

（1）建立安全值班制度，值勤人员必须坚守岗位，维护好宫殿及附属用房等安全工作。交班要办好移交，做好各项安全检查，如电源开关、液化气和宫殿的灯烛等，工作人员离开时要灭掉所有明火。

（2）宫庙内严禁酗酒、赌博、打架等破坏宗教活动场所正常秩序的不良行为。

（3）要经常巡视检查宫庙安全情况，发现安全隐患应及时排除，并视具体情况向有关部门求助，以保证人员、财产安全。

（4）宫庙内禁止存放易燃易爆品。

5. 卫生防疫制度

（1）认真贯彻执行国家食品卫生法和食品卫生"五四制"及有关法规和规章制度，成立卫生防疫领导机构，并有专人负责。

（2）经常打扫室内外卫生，保持干净整洁的环境，防止传染病的发生。

（3）建立食品监管制度，场所负责餐饮的工作人员，要具备对各种食品质量的鉴别能力，严把食品采购关、储存关和加工关。

（4）建立消毒制度，并设专职消毒员，餐具要经常进行煮沸消毒。

（5）保持个人卫生、勤洗手、勤剪指甲、勤洗衣服被褥、勤换工作服。

（6）经营性食堂必须持有卫生行政部门发放的卫生许可证方可进行营业。负责餐饮人员必须持有卫生防疫部门发放的健康证和经卫生知识培训合格后方可上岗，每年必须进行健康体验。

6. 文物保护制度

（1）各宗教活动场所凡具有历史、艺术、科学价值的古老文化遗址、古墓葬、古建筑、石窟寺、石刻、砖刻、木刻、古脊椎动物化石、古人类化石、古树名木以及附属物，要严格加以保护和管理，不得擅自倒卖、挖掘、开发等活动。

（2）凡属各级政府命名的文物保护单位的保护范围内不得进行其他建设工程。

（3）凡属各级政府命名的文物保护单位的保护范围内禁止存放易燃、易爆、放射性、毒害腐败性等危害文物安全的物品。在文物保护单位的建设控制地带内，禁止开山、采石、毁林、开荒、取土、射击、狩猎、砍伐古树，以及排放废水、废气、废渣等危害文物安全的活动。

（4）文化（文物）部门管理的寺观等文物单位，禁止进行宗教活动和封建迷信活动，严禁乱拆、乱建、乱挖、乱改、乱占等活动。

（5）各宗教活动场所的文物藏品的调拨、交换和出省展览，必须经有关部门批准。未经批准任何单位个人不得调取文物。

（6）私人收藏的文物，应妥善保管，并向有关部门登记备案，严禁倒卖牟利。

二 山后红滚庙

位于龙海市海澄镇山后村骑龙山脉祖山头，明万历九年（1581年）于此兴建。因以红滚木问卜，故以名庙，系白礁慈济祖宫分庙。面积1350多平方米，系三门二进式建筑。主殿后进主祀保生大帝，左右两边附祀镇南将军洪台爷和蔡妈夫人。庙左侧建有佛祖堂和永泰亭、红滚木碑、历代重建碑、保兴药店等，右侧有广慧殿、益智亭、三迁史碑、古雕龙珠香炉等。庙中文物古迹甚多，有明代保生大帝原雕木像、木滚签、药签等。

1. 宫庙管委会职责

（1）拥护共产党领导，拥护社会主义制度，宣传党和国家有关宗教的政策、法律法规，每月至少组织一次宗教政策、法律法规及时事政治学习。

（2）负责宫庙的日常工作，依法开展正常的教务活动。

（3）制定宫庙年度工作计划，完成上级交给的各项任务。

（4）制订宫庙各项管理制度并监督执行。

（5）依法开展同港澳台及海外道教界的友好往来，促进文化交流，维护世界和平。

（6）爱护宫庙，保护文物古迹，搞好环境卫生和绿化，做好防火、防盗等安全工作。

（7）开展社会慈善公益活动，造福社会，利益人群。

2. 宫庙管理制度

（1）宫庙管理委员会由信徒民主选举产生，每届任期三至五年，可连选连任，若有人事变动应事先报市道教协会主管部门认可备案。

（2）举行较大规模活动应事先提出申请，经主管部门批准后方可举行。

（3）禁止在宫庙内进行各种违背道教教义的活动，不准神汉巫婆到宫庙内装神弄鬼、敛财牟利。

（4）宗教活动要做到"四不"：①不破坏社会的安定稳定；②不损害公民身体健康；③不妨碍国家教育制度；④不受任何境外势力支配。

（5）修建宫庙需经管委会集体研究，并报主管部门审批。

（6）社会人员进宫庙工作，须经宫庙管委会同意。

3. 财务管理制度

（1）宫庙财产（包括捐赠）归集体所有。严格实行"一支笔"审批制度。由宫庙管委会主任负责审批，开支五百元以上需经管委会集体研究同意，方可报支。

（2）财务人员要严格执行国家财经纪律，会计管账不管钱、出纳管钱不管账。

（3）信众捐款要坚持自愿原则，不得摊派。

（4）宫庙的添油箱设三把锁，有专人监督管理，开启添油箱时需三人以上在场，清点现金，开具收据入账，现金要存入合法金融机构。

（5）宫庙收支情况每月要公布一次，并实向主管部门申报。

（6）宫庙资金使用范围：①道仪费用；②修缮宫庙及添置应需用品；③购买日常办公用品；④补贴宫庙管理公务人员旅差费；⑤慈善公益事业。

4. 安全保卫制度

（1）建立安全值班制度，值勤人员必须坚守岗位，维护好宫殿及附属用房等安全工作。交班要办好移交，做好各项安全检查，如电源开关、液化气和宫殿的灯烛等，工作人员离开时要灭掉所有明火。

（2）宫庙内严禁酗酒、赌博、打架等破坏宗教活动场所正常秩序的不良行为。

（3）要经常巡视检查宫庙安全情况，发现安全隐患应及时排除，并视具体情况向有关部门求助，以保证人员、财产安全。

（4）宫庙内禁止存放易燃易爆品。

5. 卫生防疫制度

（1）认真贯彻执行国家食品卫生法和食品卫生"五四制"及有关法规和规章制度，成立卫生防疫领导机构，并有专人负责。

（2）经常打扫室内外卫生，保持干净整洁的环境，防止传染病的发生。

（3）建立食品监管制度，场所负责餐饮的工作人员，要具备对各种食品质量的鉴别能力，严把食品采购关、储存关和加工关。

（4）建立消毒制度，并设专职消毒员，餐具要经常进行煮沸消毒。

（5）保持个人卫生、勤洗手、勤剪指甲、勤洗衣服被褥、勤换工作服。

（6）经营性食堂必须持有卫生行政部门发放的卫生许可证方可进行营业。负责餐饮人员必须持有卫生防疫部门发放的健康证和经卫生知识培训合格后方可上岗，每年必须进行健康体验。

6. 文物保护制度

（1）各宗教活动场所凡具有历史、艺术、科学价值的古老文化遗址、古墓葬、古建筑、石窟寺、石刻、砖刻、木刻、古脊椎动物化石、古人类化石、古树名木以及附属物，要严格加以保护和管理，不得擅自倒卖、挖掘、开发等活动。

（2）凡属各级政府命名的文物保护单位的保护范围内不得进行其他建设工程。

（3）凡属各级政府命名的文物保护单位的保护范围内禁止存放易燃、易爆、放射性、毒害腐败性等危害文物安全的物品。在文物保护单位的建设控制地带内，禁止开山、采石、毁林、开荒、取土、射击、狩猎、砍伐古树，以及排放废水、废气、废渣等危害文物安全的活动。

（4）文化（文物）部门管理的寺观等文物单位，禁止进行宗教活动和封建迷信活动，严禁乱拆、乱建、乱挖、乱改、乱占等活动。

（5）各宗教活动场所的文物藏品的调拨、交换和出省展览，必须经有关部门批准，未经批准的，任何单位个人不得调取文物。

（6）私人收藏的文物，应妥善保管，并向有关部门登记备案，严禁倒卖牟利。

7. 龙海市祖山红滚庙庙中工作人员岗位责任协议书

依法加强庙中管理工作，把各项工作的职责范围落实到人，坚持值班制度，提高安全防患意识，消除安全隐患，进一步明确岗位责任制，严肃各项管理，确保庙中的财产安全。工作人员在值班时间内，如出现违法、违规等不称职现象，造成庙中经济财产损失者，按照以下规定条款进行处理。具体事项如下：

（1）值班人员要坚守岗位、遵守制度、服从安排。

（2）对来庙朝拜的四方信众以及旅游观光客人，要和气礼貌，热情接待。

（3）对香客布施添油，由香客本人将添油金放入添油箱内，值班工作人员不得私自接手，对捐献款项要当场开票收入。

（4）坚持值班准时：早晨五点半开庙门，晚七点换班后待护庙人员交接完毕方可离开。

（5）白班工作人员不能随意离开岗位，有事要提前请假，领导同意后才能离开。在值班时间发现庙中丢失财物，除追究当日值班人员外，一律按以下规定的价格赔偿，夜间护庙人员也是负同样责任。

（6）庙中主要物件折价：大殿中八仙桌大圆锅炉按价1500元，辅信辅义、梁妈、三宝佛、地藏王菩萨、万岁爷、伽蓝爷六个铜炉每个定价5000元，中下坛、注生娘妈二个每个定价3000元，如发现神像被盗，罚金及责任由全村群众确定，其他小项物品遗失要按质论价赔偿，绝不宽容。

（7）白天值班人员要兼打扫庙里及院落卫生，并管理各个供桌和香炉的整洁（节日除外）。

（8）负责解滚签人员要兼早晚奉茶，不能马虎从事，每天都要在庙中，尽量做到方便香客，为信众服务。

（9）夜间值班人员要将庙中，包括神座内外进行检查，桌上明火熄灭，电器插头都要拔出，门户要特别注意关闭，方可休息。

（10）负责庙外环境卫生及花木管理人员，要自觉做到环境优美整洁、厕所卫生。

以上十点作为庙中工作人员的共同守则，希望互相遵守、共同执行，把祖山红滚庙的管理工作进一步更加巩固，更加规范化、民主化、公开化。为此，本制度作为工作人员的责任协议书，自签订之日起生效至换届交接后离开庙失效。本协议一式四份，值班人员及庙管委会各执一份。

庙中值班人员：庙中管委会及家长成员代表：

白天值班人员：

晚上值班人员：

二〇〇七年八月二十二日、农历七月初十订

初步结论

漳州市在民宗局登记为民间信仰的宫庙现有502座，各宫庙都根据具体情况制定了宫庙管理制度、财务管理制度、安全保卫制度、卫生防疫制度、文物保护制度和防火防盗制度，管理逐渐规范化。从1919年至今，漳州民间信仰管理状况呈现以下四个特点：宫庙事务管理规范化；宫庙空间使用公益化；宫庙资金流向多元化；信仰崇拜行为理性化。宫庙事务管理规范化体现在省、市、县（区）根据法规政策对民间信仰活动进行管理，使其逐步规范；宫庙空间使用公益化体现在除了做醮、神明诞辰等重大节日外，宫庙平日都开放作为民众活动场所，一些宫庙还挂牌成为村级老人协会，如1935年，中国工农红军闽南独立第三团（简称红三团）与中国工农红军闽西独立第九团（简称红九团）曾在三平寺胜利会师，作为中共曾经的活动据点，三平寺如今已成为青少年爱国主义教育基地；宫庙资金流向多元化体现在宫庙的香火收入被用来修建学校，修建道路，铺设自来水管道，甚至投入乡、镇、村的街市改建，如山格慈惠宫捐献香火钱修建公益图书室；信仰崇拜行为理性化则体现在改革开放以来，漳州再无出现因迎神赛会而引发的宗族械斗，贡品的铺张浪费现象也大为减少。

附　录

一、《中共福建省委办公厅、省人民政府办公厅关于加强民间信仰活动管理的通知》

（中共福建省委办公厅闽委办〔2002〕7号）

各市、县（区）委和人民政府，省直各单位：

　　为了加强民间信仰活动管理，进一步维护社会的安定稳定，促进社会主义两个文明建设，根据中央和省委有关文件精神，经省委、省政府同意，现作如下通知：

　　一、县级以上人民政府宗教事务部门负责所在行政区域内的民间信仰活动的管理工作，统战、宣传、公安、规划、土地、建设、对台、旅游、文化、精神文明等有关部门应当按照各自职责，配合做好民间信仰活动的管理工作。

　　二、禁止未经批准新建、重建、扩建民间信仰活动场所。因特殊情况需要新建、重建、扩建民间信仰活动场所的，由当地人民政府宗教事务部门逐级上报，征得省人民政府宗教事务部门同意。未经省人民政府宗教事务部门同意新建、重建、扩建民间信仰活动场所的，当地党委、政府应及时予以制止。同时，要严厉禁止乱建露天佛（神）像。

　　三、民间信仰活动应当在其活动场所内进行。特殊情况需要在场所外举行活动的，须征得当地乡（镇）人民政府、街道办事处及县级人民政府宗教事务部门同意。经同意举行活动的，人民政府宗教事务部门应当通报有关部门。未经同意进行活动的，当地党委、政府应当予以劝阻、制止。

　　在民间信仰活动场所进行民间信仰活动应当遵守国家法律、法规，任何组织和个人不得利用民间信仰活动场所进行破坏国家统一、危害国家安全、扰乱社会秩序、损害公民身心健康的活动。

四、举行涉台、涉侨、涉外民间信仰活动应先征得县级以上人民政府宗教事务部门同意后，按涉台、涉侨、涉外有关规定办理。

人民政府宗教事务部门和相关部门对经同意举行的涉台、涉侨、涉外民间信仰活动，应当加强引导和管理。

五、各级党和国家机关特别是党员领导干部不得以任何理由支持、参与乱建民间信仰活动场所和露天佛（神）像的活动。

人民政府宗教事务部门和其他有关部门不得借管理民间信仰活动收取费用。

各地党委和政府接到本通知后，结合本地区的实际情况，制定具体措施，认真贯彻执行。在贯彻实施过程中，有什么情况和问题，要及时报告上级党委、政府及省民族与宗教事务厅。①

二、《关于进一步开展民间信仰活动场所试点管理工作的通知》

（福建省民族与宗教事务厅〔2006〕57号）

各设区市民族与宗教事务局：

为促进民间信仰活动场所的管理逐步走上制度化、规范化和法制化的轨道，经研究，拟在我省十几年来民间信仰探索管理的基础上，在全省范围内普遍开展试点管理工作。现将有关事项通知如下：

一、指导思想

以邓小平理论和"三个代表"重要思想为指导，坚持以科学的发展观为统领，通过加强对民间信仰活动及场所的管理，团结信众，凝聚力量，促进海峡西岸经济区的建设，引导民间信仰与社会主义社会相适应。

二、工作目标

在深入调查研究、摸清民间信仰基本情况的基础上，在全省普遍开展民间信仰场所试点管理工作，积极探索有效的管理办法，为制定我省民间信仰活动场所管理的政府规章提供可借鉴的经验。

---

① 中共福建省委办公厅（通知），《关于加强民间信仰活动管理的通知》（闽委办〔2002〕7号），2002年。

三、管理依据

依据宪法第36条、中发〔1982〕19号文件、中办厅字〔1996〕38号文件、1998年闽委办5号文件，2001年中发3号文件、2002年闽委办7号文件的有关规定，开展试点管理工作。

四、工作要求

1. 加强对各地已纳入试点管理的民间信仰活动场所的管理和引导，探索民间信仰活动的有效管理办法，维护社会安定稳定。

2. 积极主动会同各有关部门严格按照有关规定，指导规范民间信仰活动场所的涉台、涉侨、涉外活动。

3. 定期排查、分析民间信仰活动领域存在的影响社会安定稳定的热点、难点问题，制定预案，及时妥善处理因民间信仰引发的突发性、群体性事件。

4. 建立民间信仰管理工作网络和信息报送制度，全面准确掌握民间信仰活动的动态。积极探索建立宗教工作部门为主，相关部门协同配合的民间信仰管理的长效机制。

5. 开展普法宣传教育工作，发挥民间信仰的积极因素，抑制其负面影响，走与社会主义社会相适应的道路。

五、工作安排

1. 试点对象的选择：可根据当地实际，把有一定规模，且具有代表性的各类民间信仰活动场所列入试点管理对象。如有信仰公民组成的管理组织或专职管理人员，且定期举行规模较大的集体崇拜活动，在当地或一定区域内影响大的民间信仰活动场所；与境外关系密切的祖宫祖庙；莆田"三一教"中有一定规模的活动场所；被列为文物保护单位的民间信仰活动场所；各地原试点管理的场所。

2. 试点场所数量：山区县（市、区）确定3—5处试点民间信仰活动场所，沿海县（市、区）确定5—10处试点民间信仰活动场所。部分原有试点管理场所已超过上述数量，可根据实际情况，适当扩大试点规模。

3. 试点场所申报办法：按照"引导场所自愿申请，征求当地村（居）、乡（镇）街道意见，经县级民族宗教局认可，报市、省级民族宗教厅（局）备案"的办法确定试点场所。民间信仰活动场所试点管理申报表由省民族宗教厅统一制作（一式三份，省、市、县各一份存档），设区市民宗局负责发放与回收，并于今年7月前将申报表（附电子版本）

上报省民族宗教厅民间信仰工作处（电子邮箱：mjxyc@126.com）。

4. 试点场所管理目标：试点管理场所应达到"制度健全、财务规范、活动有序、管理民主"的目标。

5. 试点场所管理要求：（1）建立健全场所管理组织；（2）建立健全人员、财务、会计、治安、消防、文物保护、卫生防疫等管理制度；（3）试点场所要自觉接受民族宗教局的监督检查与管理；（4）民间信仰活动做到有责任人、有安全预案；（5）对外对台交往应在当地民族宗教局和其他有关部门的指导下进行。

六、其他有关事项

1. 当地民族宗教局对试点管理的场所要加强检查指导，定期向相关部门通报检查情况，发生重大事件要及时报告。指导有关场所及时进行整改。

2. 主管部门应对试点民间信仰活动场所进行年度综合评估，并将评估情况汇总逐级上报省民宗厅。

3. 试点管理的场所，其管理组织软弱涣散、制度不健全、活动运作不规范、发生违法违规现象造成不良后果的，县级民宗局应及时取消其试点管理资格，及时向当地政府相关部门通报情况。对取消试点资格的民间信仰活动场所今后在开展活动、修建、扩建场所，以及对外交往等方面，应建议有关部门以适当方式给予限制，切实发挥省委、省政府赋予县级以上人民政府有关部门对民间信仰的管理履行齐抓共管的职责。

4. 加强对民间信仰问题的研究，对"民间信仰与宗教""民间信仰与构建和谐社会""民间信仰与建设社会主义新农村""民间信仰与扎实扩大两岸交流合作""民间信仰与改革开放""民间信仰与依法治国"等问题要组织专家学者和实际工作部门深入调查研究，省厅将适时总结全省民间信仰试点管理经验。[①]

三、《福建省民间信仰活动场所联系点管理工作实施意见》（试行）

（福建省民族与宗教事务厅　2008年）

为了研究和实施对民间信仰活动场所的管理办法，根据法律、法规和

[①] 福建省民族与宗教事务厅，《关于进一步开展民间信仰活动场所试点管理工作的通知》（闽民宗〔2006〕57号），2006年。

中央、省委有关文件精神，通过民间信仰活动场所自愿、各级人民政府宗教事务部门把关，建立少数有代表性的民间信仰活动场所联系点，共同积极稳妥探索我省民间信仰管理工作的有效途径与办法。与会人员共同研究、制定并实施以下条款，以达到探索民间信仰活动场所内部事务管理有章、各项活动安全有序、对外交往依法依规、回报社会积极有效的目标。

一、民间信仰活动场所联系点的管理组织与信仰公民自觉遵守宪法、法律、法规和规章，维护国家统一、民族团结和社会稳定。民间信仰活动场所联系点和民间信仰活动不受国（境）外组织和个人的支配。

二、民间信仰活动场所联系点自觉接受所在地乡（镇）人民政府（街道办事处）管理、监督，自愿接受县级以上人民政府宗教事务部门的指导。

三、民间信仰活动场所联系点管理组织应在当地人民政府有关管理部门指导下，经民主协商推选产生，并报县级民族宗教事务部门备案。

四、民间信仰活动场所联系点应当加强内部管理，依照有关法律、法规、规章的规定，建立健全人员、财务、会计、治安、消防、文物保护、卫生防疫等管理制度，自愿接受当地人民政府有关部门的指导、监督、检查。

五、民间信仰活动场所联系点需要迁建、扩建、修建的，联系点管理组织主动提前向当地乡（镇）人民政府（街道办事处）报告，经当地乡（镇）人民政府（街道办事处）实地查看，确需迁建、扩建、修建的，逐级上报省人民政府宗教事务部门备案后，由乡（镇）人民政府（街道办事处）指导其按国家相关规定办理有关手续。

六、民间信仰活动场所联系点的财产和收入属场所集体财产，应参照执行民间非营利性组织会计制度，用于与该场所宗旨相符的活动以及社会公益事业。任何组织和个人不得侵占或挪用。

七、民间信仰活动场所联系点可以参照执行国家有关宗教场所接受境内外组织和个人捐赠的规定，但不得进行摊派勒捐。

八、民间信仰活动场所联系点自觉将举办民间信仰活动控制在场所内进行。因特殊情况需要在场所外举行活动的，民间信仰活动场所联系点管理组织主动提前向当地乡（镇）人民政府（街道办事处）报告，经同意后，由乡镇人民政府（街道办事处）提前三个月报县级人民政府宗教事务部门认同，县级人民政府宗教事务部门视情，对在村（社）或乡镇人民政府（街道办事处）范围内举办的民间信仰活动，依照属地管理、分级负责的原则，交由乡镇人民政府（街道办事处）管理。对跨乡镇（街道办事处）举办的民间信仰活动，县级人民政府宗教事务部门应参照《大型群众性活动安全管理条例》的报批程序，指导民间信仰活动场所联系点管理组织与所在地乡镇人民政府（街道办事处）做好大型活动的报批与有关手续的办理。

经报批的民间信仰活动应按照相关部门要求进行。主办活动的民间信仰活动场所联系点管理组织主动采取有效措施防止意外事故的发生。所在地的县级人民政府宗教事务部门要提前将活动内容通报相关部门，并在当地党委、政府的统一领导下，协助做好各项协调工作，确保民间信仰活动安全、有序进行。

民间信仰活动场所联系点举行涉台、涉侨、涉外民间信仰活动，应主动提前三个月向县级以上人民政府宗教事务部门报告，并在各级人民政府宗教事务部门的指导下，按涉台、涉侨、涉外有关规定办理相关手续。

九、民间信仰活动场所联系点每半年自觉将遵守法律、法规、规章情况，建立和健全管理制度情况，民间信仰活动情况，接受捐赠情况，社会公益事业投入等方面情况以书面形式向县级上人民政府宗教事务部门报告，并自愿接受其监督、检查、指导。

十、本《意见》仅在民间信仰活动场所联系点中试行。①

四、《中共漳州市委办公室、漳州人民政府办公室关于加强民间信仰活动管理的通知》

（中共漳州市委办公室漳委办〔2003〕57号）

各县（市、区）委、政府，市直有关单位：

为加强对民间信仰活动的引导和管理，使其逐步走上较规范的轨道，进一步维护社会的安定稳定，促进社会主义的文明建设，根据中央和省委有关文件精神，结合我市实际情况，特作如下通知：

一、县级以上人民政府宗教事务部门负责所在行政区域内的民间信仰

---

① 福建省民族与宗教事务厅，《福建省民间信仰活动场所联系点管理工作实施意见》（试行），2008年。

活动的管理工作，作为业务主管部门对民间信仰活动进行业务指导；乡、镇（场）、街道办事处按属地管理的原则，对当地民间信仰活动场所负直接管理责任。统战、宣传、公安、规划、土地、建设、对台、旅游、文化、精神文明等有关部门要按照各自职责，主动工作，积极配合做好民间信仰活动的管理工作。

二、民间信仰活动应当崇敬民间信仰神的爱国、为民、扶贫济困、施医赠药等优秀传统，遵循"确定范围、区别对待、因势利导、趋利抑弊"的原则，不得延伸、拓展活动范围，未经批准禁止搞迎神、游神、进香等活动。

三、民间信仰活动场所应进行登记。登记机关为县级以上人民政府宗教事务部门。登记证书由市宗教事务部门统一制发。

民间信仰活动场所登记的基本条件：

1. 宫庙具有较悠久的历史，有一定的面积，拥有一定数量的信仰群众。

2. 建立由信仰群众组成的管理委员会作为管理组织，实行民主管理。

3. 建立健全各项管理制度，遵纪守法。

4. 不抬神游神、不搞任何封建迷信活动。

5. 不向群众摊派和变相摊派。

四、民间信仰活动场所必须成立管理委员会，建立健全宫庙管理、活动管理和财务管理制度，对民间信仰活动进行民主管理。

五、民间信仰宫庙之间不搞隶属关系，不成立协会组织。

六、民间信仰活动场所开展活动，不得向群众摊派费用和钱物以及变相捐钱捐物。

七、民间信仰活动应当在其宫庙内进行。如因特殊情况需要在宫庙范围外举行活动的，须逐级上报当地乡、镇（场）、街道办事处及县级人民政府宗教事务部门同意。经同意举行活动的，县级人民政府宗教事务部门应当通报有关部门。未经同意进行活动的，当地党委、政府应当及时予以劝阻、制止。

八、在民间信仰活动场所进行民间信仰活动应当遵守国家法律、法规，任何组织和个人不得利用民间信仰活动场所进行破坏国家统一、危害国家安全、扰乱社会秩序、影响学校教学秩序、损害公民身心健康的活动。

九、举行涉台、涉侨、涉外的民间信仰活动应先征得县级以上人民政府宗教事务部门同意后，再按涉台、涉侨、涉外有关规定办理方可进行。

人民政府宗教事务部门和相关部门对经同意举行的涉台、涉侨、涉外民间信仰活动，应当加强引导和管理。要在宗教事务部门指导下，遵守"坚持开放、抵制渗透、以我为主、对我有利、讲求实效、内外有别"和"互不干涉、互不隶属、互相尊重"的原则，事先确定活动范围和活动方式，由宫庙管理组织安排接待。

十、民间信仰活动场所的活动和管理事务不受境外任何组织和个人的干涉和控制。严禁境外民间信仰组织和个人在我市设点和收徒。

十一、因城市建设需要拆迁已登记的宫庙等房屋时，应征询当地政府宗教事务部门意见，并与产权当事人协商，合理补偿，适当照顾，妥善处理。

十二、禁止新建、重建、扩建民间信仰宫庙。因特殊情况需要新建、重建、扩建民间信仰活动场所的，由乡（镇）政府、街道办事处同意后，报县级人民政府宗教事务部门办理，经县（市、区）人民政府同意后报省人民政府宗教事务部门批准方可修建。未经省人民政府宗教事务部门批准新建、重建、扩建民间信仰活动场所的，当地党委、政府应及时予以制止和拆除。同时，严禁乱建露天佛（神）像。

十三、各级党、政机关和社会团体，特别是党员领导干部不得以任何理由支持、参与修建民间信仰活动场所及露天佛（神）像活动。

十四、共产党员和党政机关干部（包括离退休干部）不得参与民间信仰宫庙的管理，已参加的应当退出。老人会等组织不得在登记为民间信仰活动场所的宫庙内挂牌活动。

十五、民间信仰活动违反本通知的，由当地乡（镇）政府、街道办事处进行查处，并报当地县（市、区）人民政府宗教事务部门备案，情节严重者由县级以上人民政府处理。

十六、违反本通知，构成违反治安管理行为的，由公安机关依照《中华人民共和国治安管理处罚条例》有关规定处罚；构成犯罪的，由司法机关依法追究刑事责任。

十七、县级以上人民政府宗教事务部门对本通知的执行情况进行指导、监督。

十八、本通知所指的民间信仰活动系指对民间信仰神的崇拜活动，民间信仰活动场所系指开展民间信仰活动的宫庙。

  各县（市、区）党委和政府接到本通知后，结合当地的实际情况，制定具体措施，认真贯彻执行。在贯彻实施过程中，有什么情况和问题，要及时报告上级党委、政府及市民族与宗教事务局。①

---

  ① 中共漳州市委办公室漳委办，《关于加强民间信仰活动管理的通知》（〔2003〕57号），2003年。

后　记

　　任何学术研究都必须从基础开始，从微观到宏观，从具体到全面，从实证到理论，只有厚积才能薄发。闽南民间信仰研究亦然，应该从漳州民间信仰开始，逐渐扩大到闽南其他区域乃至世界闽南民间信仰，只要持之以恒，经过几代人的努力，一定能取得重大研究成果的。基于此认识，2012年我们向闽南师范大学闽南文化研究院申报"漳州民间信仰与闽南社会"课题，得到认可并被列为重点研究项目，该项目的研究目标有二：一是推进闽南民间信仰的研究；二是培养后备研究人才。课题组成员以历史学为本位，借助文化人类学研究方法，深入民间，开展田野调查，收集大量第一手资料，在此基础上，结合文献资料的考释，从不同角度对漳州民间信仰具体事项进行深入研究，呈现在诸位面前的这本著作就是课题组成员三年来精诚合作的研究成果。在项目的调研中，一些青年学者迅速成长起来，他们不仅掌握了历史学与人类学相结合的研究方法，更重要的是端正了科学研究态度，并从老一辈学者那里学到了求真务实的精神，这些青年学者在合作研究中所获得的品格无疑是一笔宝贵的财富，将对闽南文化研究院学术研究产生积极的影响。总之，合作是很愉快的，项目制定的研究目标业已达成，我们作为项目负责人备感欣慰。

　　本书分工如下：林国平撰写绪论，第三篇第一章、第二章；黄耀明撰写第三篇第三章；钟建华撰写第一篇；罗臻辉撰写第二篇；张晓松撰写第四篇；段凌平、张宏明撰写第五篇；马海燕、范正义撰写第六篇；郑镛、陈静撰写第七篇。

本项目研究中，邓文金院长多次参与研讨，提出许多宝贵意见，在调研中得到各地诸多朋友的大力帮助，不能一一列出姓名，谨代表课题组所有成员向各位朋友表示衷心感谢！

林国平　钟建华

2015 年 4 月 13 日